Sigmund Freud

Die platonische Liebe

Psychoanalytische Psychologie, ihre Grenzgebiete und Anwendungen

Verlag
der
Wissenschaften

Sigmund Freud

Die platonische Liebe

Psychoanalytische Psychologie, ihre Grenzgebiete und Anwendungen

ISBN/EAN: 9783957008589

Auflage: 1

Erscheinungsjahr: 2016

Erscheinungsort: Norderstedt, Deutschland

Hergestellt in Europa, USA, Kanada, Australien, Japan
Verlag der Wissenschaften in Hansebooks GmbH, Norderstedt

Cover: Sandro Botticelli "Die Geburt der Venus"

IMAGO

ZEITSCHRIFT FÜR PSYCHOANALYTISCHE
PSYCHOLOGIE, IHRE GRENZGEBIETE UND
ANWENDUNGEN

HERAUSGEGEBEN VON

SIGM. FREUD

REDIGIERT VON
ERNST KRIS UND ROBERT WÄLDER

XIX. BAND
(1933)

INTERNATIONALER
PSYCHOANALYTISCHER
VERLAG IN WIEN

IMAGO

ZEITSCHRIFT FÜR PSYCHOANALYTISCHE PSYCHOLOGIE,
IHRE GRENZGEBIETE UND ANWENDUNGEN

| XIX. Band | 1933 | Heft 1 |

Mütterlichkeit und Sexualität [1]

Helene Deutsch
Wien

Die uns bekannten Quellen der Sexualhemmung stammen aus dem Kastrationskomplex und dem Ödipuskomplex; das gilt für den Mann ebenso wie für das Weib. Das Wort „Sexualhemmung" soll hier den Zustand bezeichnen, der nicht mit neurotischen Symptombildungen einhergeht und der die erschwerte Sexualbefriedigung, beziehungsweise eine ganz gestörte oder eingeschränkte Liebesfähigkeit beinhaltet. Diese Hemmung kann verschiedene Grade und Formen annehmen, angefangen von völliger Unfähigkeit den Sexualtrieb zu befriedigen, ja ihn sogar überhaupt als bewußten Drang und als Sehnsucht zu empfinden, bis zu jenen Formen, in denen Empfindungs- und Befriedigungsmöglichkeit wohl vorhanden sind, aber nur unter bestimmten mehr oder weniger einengenden Bedingungen. Als Beispiel sei hier nur an die so häufige Bedingung des erniedrigten Objektes beim Manne erinnert.

Es liegt nicht im Plane dieser Arbeit, von verschiedenen Formen der weiblichen Frigidität zu sprechen. Diese deckt sich in ihren unbewußten Determinanten weitgehend mit der Impotenz des Mannes, hat ihre Quelle auch in den Schicksalen des Kastrations- und Ödipuskomplexes; ihr häufigstes Motiv ist der Protest gegen die weibliche passive Rolle, also jener Teil des weiblichen Kastrationskomplexes, den wir Männlichkeitskomplex nennen. Ich bin geneigt, die Tatsache der besonderen Verbreitung der Frigidität auf die masochistischen Strebungen der weiblichen Libido zurückzuführen. Die

---

[1] Aus einem Kurs über die seelische Entwicklung des Weibes. (Lehrinstitut der Wiener Psychoanalytischen Vereinigung im Sommersemester 1932.)

Angst vor der masochistischen Befriedigung und die Möglichkeit ihrer subli-
mierenden Befriedigung in der Mütterlichkeit führt die weibliche Sexualität
häufig von der normalen Befriedigungsform ab.[1]

Wenn sich diese Annahme als richtig erweisen sollte, so müßte man
die Mütterlichkeit in eine feindliche Konkurrenz zur Sexualbefriedigung
bringen und sich dadurch in Widerspruch zu anderweitigen vollkommen
gesicherten Erfahrungen setzen. Wissen wir doch aus den Analysen neurotischer Frauen und Mädchen, wie sehr die neurotische Verleugnung der
weiblich-libidinösen Einstellung gleichzeitig auch mit einer gestörten Bereitschaft zur Mutterschaft einhergeht. Ja, die Erfahrung lehrt uns immer
wieder, wie häufig die Sterilität denselben Quellen wie die Frigidität entspringt und wir erleben oft mit großer Genugtuung, wie die analytische
Kur die Konzeptionsbereitschaft ermöglicht und wie sich dann auch das
vorher gestörte Sexualempfinden einstellt, wenn auch häufig erst später als
die Konzeptionsbereitschaft.

Sexualbejahung und Mütterlichkeit fallen aber nicht immer zusammen;
die Loslösung der beiden voneinander kann verschiedene Grade annehmen
und zu Bedingungen im Liebesleben führen, denen wir einen neurotischen
Charakter zusprechen müssen. Es gibt hier eine Parallele zur schon erwähnten
Spaltung des Liebesleben beim Manne, zu jener Liebesbedingung, bei der
das keusche, treue Weib als Sexualobjekt abgelehnt wird und nur das an-
rüchige, dirnenhafte Weib den Sexualreiz ausüben kann. Freud hat diesen
Typus und seine verschiedenen Varianten beschrieben und seine Bedingtheit
durch den Ödipuskomplex aufgedeckt. Aus dem Gegensatzpaar „Mutter"
und „Dirne" wird durch das Tabugebot nur die Dirne als Sexualobjekt
akzeptiert und die Mutter ausgeschlossen. Die Analyse deckt dann auf, daß
diese im Bewußtsein vorgenommene Spaltung in tieferen Schichten des
Unbewußten dadurch zu einer Einheit zusammenfällt, daß die Mutter selbst
einmal der Untreue beschuldigt und durch die Entdeckung des sexuellen Ge-
heimnisses entwertet wurde.

Diese Art der Spaltung beim Manne hat wohl eine Parallele im weiblichen Liebesleben, aber mit der Variante, daß hier dem eigenen Ich zukommt,
was dort am Objekte vollzogen wird. Man ist dann „Mutter" oder „Dirne"
und der ganze innere Konflikt stellt den Kampf zwischen den zwei scheinbar
entgegengesetzten Strömungen dar, die auch hier letzten Endes in die Einheit
der entwerteten Mutter zusammenfließen.

---

1) Vgl. H. Deutsch: Der feminine Masochismus und seine Beziehung zur Frigidität. Int. Ztschr. f. PsA., XVI, S. 172 ff., 1930.

Die Formel für diesen unbewußten Gedanken lautet etwa: „Meine Mutter wurde für mich durch die Aufdeckung ihrer Rolle als Sexualobjekt niedrig und schmutzig. Bin ich so wie die Mutter, d. h. identifiziere ich mich mit ihr, so bin ich genau so wie sie, schmutzig und niedrig, d. h. eine Dirne."

Aus dem Drang zur Identifizierung mit der Mutter sowie auch aus einer entgegengesetzten Tendenz, d. h. aus dem Nicht-so-wie-die-Mutter-sein-wollen, ergibt sich eine große Anzahl seelischer Konstellationen, die wir nun besprechen wollen.

Gehen wir zunächst von der präödipalen Mutterbeziehung und ihrer Bedeutung für das spätere Leben des Mädchens aus. Den Gedankengängen Freuds folgend, dürfen wir von einer Identifizierung mit der aktiven Mutter sprechen, die noch ganz außerhalb des Ödipuskomplexes steht. In dieser Identifizierung trachtet das Kind selbst die Mutterrolle zu übernehmen und schiebt dabei seine eigene Kindesrolle auf ein anderes Objekt, etwa auf ein jüngeres Geschwister, auf die Puppe oder auf einen Erwachsenen, der sich im Spiele zur Übernahme dieser Rolle bereit findet. In diesem Spiele läßt das Kind den anderen das erleiden und genießen, was es von der Mutter erlitten oder genossen hat, oder verrät seine unerfüllten Wünsche, indem es das phantasierte Kind das erleben läßt, was es selbst bei der Mutter entbehrt hat. Findet dieses Spiel dadurch seine Fortsetzung im späteren Leben, daß die ursprüngliche passive und aktive Rolle in der Mutter-Kind-Beziehung libidinös festgehalten wird, so verläuft es unter dem Bilde der Homosexualität. In den Analysen weiblicher Homosexueller kommt man immer auf die präödipalen libidinösen Komponenten der Mutter-Kind-Beziehung zurück, wenn man auch in der Regel — wenigstens bei den Fällen, die ich analysiert habe — finden kann, daß das an die Mutter so hartnäckig gebundene weibliche Wesen in der Kindheit einen regelrechten, manchmal sogar besonders stark ausgebildeten Ödipuskomplex entwickelt hatte. Meist sind es eben Schwierigkeiten, die sich aus dem Ödipuskomplex ergeben, die das kleine Mädchen zur Rückkehr in die präödipale Mutterbeziehung drängen.

Doch soll hier die weibliche Homosexualität nicht weiter erörtert werden;[1] es sei an dieser Stelle nur betont, daß sie eine der Formen ist, in der die präödipale Mutterbeziehung ihre Fortsetzung findet. Obwohl wir, wie oben erwähnt, auch hier die Rolle aufdecken können, die der Vater im libidi-

[1] Vgl. H. Deutsch: Über die weibliche Homosexualität. Int. Ztschr. f. PsA., XVIII, S. 219 ff., 1932.

nösen Haushalt gespielt hat, so ist diese Situation letzten Endes eine sozusagen mannlose und die Rollenbesetzung in den libidinösen Beziehungen bezieht sich auf die Mutter und das Kind mit Verleugnung des Mannes.

Diese Verleugnung des Mannes kann verschiedene Quellen haben und zu verschiedenen Konsequenzen führen.

Unter den Identifizierungsmöglichkeiten mit der Mutter ist uns in der analytischen Arbeit die geläufigste die, die zur normalen weiblichen Einstellung führt. Das kleine Mädchen will so wie die Mutter vom Vater geliebt werden und wie die Mutter vom Vater ein Kind bekommen (passive Identifizierung). Das spätere Leben kann ihr eine volle Erfüllung dieses Wunsches unter der Voraussetzung bringen, daß sie das infantile Objekt, den Vater, zugunsten eines anderen Mannes aufgibt. Gelingt ihr dies nicht, so gerät sie in neurotische Schwierigkeiten, zu denen unter anderen auch Erschwerungen der Konzeption, der Schwangerschaft und des Gebärens gehören. Statt einer gelungenen Identifizierung mit der Mutter entwickelt sich im kleinen Mädchen ein gehässiges Rivalitätsverhältnis, dessen Folge schweres Schuldgefühl sein kann. Unter dem Drucke dieses Schuldgefühles verzichtet sie auch im späteren Leben auf die mütterliche Rolle, um sie durch Symptome zu ersetzen, die den Wunsch und seine Unerfüllbarkeit verraten. Einer anderen Entwicklungsmöglichkeit entspricht es, daß die Identifizierung mit der Mutter aufrecht erhalten, die Erzeugung des Kindes im Phantasieleben bejaht und nur das Eingreifen des Mannes verleugnet wird. Das Mädchen will Mutter werden und das Kind besitzen, aber in unbefleckter Empfängnis, von sich selbst, parthenogenetisch. Ich habe solche Wunschphantasien an anderer Stelle beschrieben,[1] doch habe ich zu jener Zeit nur eine Determinante dieser Phantasien, die aus dem Männlichkeitskomplex stammende, verstanden; ihre Formel lautet: „Ich besitze ein Kind aus mir selbst. Ich bin ihm Mutter und Vater. Ich brauche und will keinen Mann zur Zeugung meines Kindes." Diese Phantasie enthält, wie ich damals zu beweisen versuchte, Wunscherfüllungen nach mehreren Richtungen und verrät durch viele Determinanten die Einflüsse des Ödipuskomplexes, indem sie unter anderem dadurch der Entlastung des Schuldgefühles dient, daß sie die Herkunft des Kindes vom Vater ableugnet. Ihre wichtigste Komponente aber lautet: „Was der Mann tun kann, kann ich auch", und setzt direkt an die Stelle des verlorengegangenen Penis eine andere Vergrößerung des körperlichen Ichs durch das selbst erzeugte Kind.

---

1) H. Deutsch: Psychoanalyse der weiblichen Sexualfunktionen. S. 33 ff. Int. PsA. Verlag, Wien 1925.

Was ich aber damals in der Auffassung dieser Phantasie vernachlässigt habe, möchte ich heute nachholen, denn es gehört zum Thema der Mutter-Kind-Beziehung. Unter diesem Gesichtspunkt wird diese Phantasie eine Variante der früher erwähnten Fortsetzung der Mutter-Kind-Beziehung in der Homosexualität sein. Der störende Mann soll aus dieser Beziehung ausgeschaltet werden und an dem in der Phantasie selbst geborenen Kind wird, wie einst im Puppenspiel, die aktive Rolle der Mutter in der Identifizierung fortgesetzt. Auch die ursprüngliche hohe Bewertung der Mutter aber lebt hier wieder auf. Diese Phantasie wird zur Expiation der Mutter verwendet; sie ist ein Gegenpartner der Dirnenphantasie und eine Variante des Familienromanes, und zwar jenes Teiles des Familienromanes, der besagt: „ich bin nicht meiner Mutter Kind, denn meine Mutter macht solche Sachen nicht". Auch in der parthenogenetischen Phantasie macht die Mutter „solche Sachen" nicht, sie hat das Kind nicht nur selbst geboren, sondern auch selbst erzeugt, im Gegensatz zum Familienroman, in dem die Mutter nicht geboren hat. Die parthenogenetische Phantasie entspricht jener Sehnsucht des männlichen und des weiblichen Kindes, aus der auch der Mythos von der unbefleckten Empfängnis entstanden ist. Beim Weibe handelt es sich hier also um die Identifizierung mit der unbefleckten Mutter, deren Mütterlichkeit im eigenen Ich fortgesetzt wird, aber unter Verleugnung der Sexualität, wie diese denn auch bei der Mutter verleugnet worden ist. So sehen wir hier wieder eine Möglichkeit im Weibe, die Mütterlichkeit zu bejahen, die Sexualität aber zu verleugnen.

Wir wollen nun zusammenfassend überblicken, auf welchen Wegen das Weib zur Bejahung der Mütterlichkeit unter gleichzeitiger Verleugnung der normalen Sexualität gelangen kann.

Der eine führt auf den Spuren der präödipalen Mutter-Kind-Beziehung weiter, die ganze in der Identifizierung mit der Mutter verankerte mütterliche Libido strömt einem gleichgeschlechtlichen Wesen zu und die Rolle des Mannes im libidinösen Haushalt wird zu Null reduziert.

Die zweite Entwicklungsmöglichkeit ergibt sich aus der Tatsache, daß die starken, in der weiblichen Libido durchwegs vorherrschenden masochistischen Tendenzen so viel Befriedigung in der Mütterlichkeit, im Schicksal der „Mater dolorosa" finden, daß die Bedeutung der direkten Sexualbefriedigung dadurch zurücktritt.[1]

Die dritte Form der Mütterlichkeit ist die oben beschriebene, die parthenogenetische, in ihren verschiedenen Varianten. Auch diese letzte Kon-

[1] Vgl. H. Deutsch: Der feminine Masochismus und seine Beziehung zur Frigidität. L. c.

stellation hat, wie paradox es auch klingen mag, starke Beziehungen zum
Masochismus. Paradox deshalb, weil wir in ihr die starke Bedeutung des
Männlichkeitskomplexes bereits kennen gelernt haben. Doch habe ich die
Beobachtung gemacht, daß dort, wo das kleine Mädchen das Sexualerlebnis
der Mutter besonders masochistisch auffaßt, auch die Verleugnung dieses
mütterlichen Erlebnisses besonders stark einsetzt. In der Regel bewirkt es
die besonders starke sadistische Komponente im Kinde selbst, daß der Koitus
in diesem Sinne aufgefaßt wird. Das Erlebnis der Mutter ist dann ein besonders leidendes und die erniedrigte Situation der Mutter besonders er-
niedrigt. Nunmehr wird entweder die Identifizierung mit der Mutter abgelehnt, oder die Rolle der Mutter als Sexualobjekt wird nach dem oben
beschriebenen Mechanismus verleugnet und das Mädchen identifiziert sich
mit der unsexuellen Mutter. Ist der passiv-weibliche Wunsch des kleinen
Mädchens besonders masochistisch geartet, so wird aus Angst vor der gefahr-
bringenden masochistischen Wunscherfüllung die Sexualität abgelehnt, der
Wunsch des unsexuellen parthenogenetischen Kindes aber beibehalten.

Dieser von der Sexualität abgespaltenen Mütterlichkeit begegnen wir in
den Neurosen ebenso häufig wie in der Schicksalsgestaltung. Wir begegnen
ihr in den eingangs besprochenen Spaltungsphänomenen, in denen in ein
und demselben Individuum wohl beide Tendenzen vorhanden sind, ohne
aber eine Symbiose miteinander eingehen zu können. Dabei kann im bewußten Leben die eine oder die andere Komponente ganz vorherrschend
sein und erst der Analyse gelingt es, die im Unbewußten verborgene zu
entdecken. Was hier die mühevolle analytische Erfahrung aufzudecken
vermag, hatte das intuitive Genie eines großen Künstlers erfaßt. Diese zwei
entgegengesetzten Tendenzen der weiblichen Seele hatte Balzac in seinem
Buche „Zwei Frauen" meisterhaft gezeichnet. Zwei Frauen schildern in
einem Briefwechsel ihre Erlebnisse. Sie sind Repräsentanten gegensätzlicher
Typen; beide aber entdecken in der Belauschung der eigenen Seele die verborgene Sehnsucht nach dem andern, dem entgegengesetzten; diese Sehnsucht legt Zeugenschaft dafür ab, daß das andere auch vorhanden, aber
rudimentär und unterdrückt ist. Ja, es scheint, daß sich Balzac hier eines
von Dichtern beliebten Mechanismus bedient, entgegengesetzte seelische
Strömungen in zwei Gestalten zu zerlegen. Die beiden Frauen vertreten
eigentlich eine Frau mit jenen gegensätzlichen Strömungen der weiblichen
Seele, die auch dem normalen Seelenleben angehören. Erst das scharfe Überwiegen einer der beiden Komponenten führt zu Komplikationen und neurotischen Schwierigkeiten.

Baronin Louise de Macumère ist der Typus der Kurtisane, der Vestalin der Liebe, für die nur die heißen Leidenschaften der Erotik Lebenssinn enthalten. Ihre Freundin Renée de l'Estorade geht dagegen ganz in der Mutterschaft auf, auch in ihren Beziehungen zum Manne. Louise schreibt: *„Beide sind wir Frauen, ich die seligste aller Liebesgöttinen, Du die glücklichste der Mütter"* ... *„Es gibt nichts, was sich der Wollust der Liebe vergleichen ließe"* ... *„Du, meine Freundin, Du mußt mir die Mutterfreuden schildern, damit ich Mutter bin durch Dich".*

Doch mitten drin in den Seeligkeiten der Liebeserlebnisse erhebt sich in ihrer Seele der Schrei: *„Eine kinderlose Frau ist eine Ungeheuerlichkeit, wir sind dazu geschaffen, Mütter zu sein"* ... *„Auch ich will mich opfern können, und ich versinke jetzt häufig in düstere Gedanken: soll mich niemals ein zartes Geschöpf Mutter rufen?"*

Doch dieser Schimmer der Mutterschaft erlischt bei Louise im Feuer der brennenden Liebeserlebnisse und sie selbst verbrennt in diesem Feuer, ohne je Weib im Sinne der Mutterschaft geworden zu sein.

Die mütterliche Madame de l'Estorade dagegen schreibt: *„Meine einzige Freude — und sie war himmlisch! — entsprang der Gewißheit, diesem armen Mann das Leben neu geschenkt zu haben, noch ehe ich es einem Kinde gab!"* (Also Mütterlichkeit auch in den Liebesbeziehungen zum Manne.)

Das ganze Gefühlsleben dieser Frau war von Mutterschaft und Sehnsucht nach dem Kinde erfüllt. In der Verleugnung der Sexualität kannte sie nie ein anderes Gefühl als das der Mütterlichkeit. Und doch schreibt sie ihrer erotischen Freundin: *„Den Liebesfreuden, den Wonnen der Leidenschaft, die ich ersehne und nur durch Dich fühle, den nächtlichen Posten auf dem Balkon im Schein der Sterne, den unbändigen Liebesergüssen und dem Begehren mußte ich entsagen."*

Wie in der erotischen Louise die Sehnsucht nach der Mütterlichkeit, so lauert in der tugendhaften Renée die Sehnsucht nach Liebeswonnen. Ja, sie verrät uns, daß trotz der asketischen Mutterschaft ein wütender Protest und Haß gegen das zu gebärende und neugeborene Kind entstehen kann; ein Haß, der in der Entsagung der erotischen Befriedigung, in der Einschränkung des eigenen auf die erotische Erfüllung wartenden Ichs seine Quellen hat. Die mütterliche Madame de l'Estorade trägt das Kind in ihrem Schoße und schreibt ihrer frivolen Freundin: *„Mich aber hat die Ehe zur Mutter gemacht, und nun kommt das Glück auch zu mir"* ... Aber bald nachher: *„Jeder spricht mir von dem Glück, Mutter zu werden! Ach, nur*

ich allein spüre nichts davon, und ich schäme mich fast, Dir die ganze Fühl-
losigkeit zu gestehen, in der ich mich befinde" . . . *„Ich möchte wissen, in*
welchem Augenblick das Mutterglück wirklich einsetzt? Lebwohl meine Glück-
liche, Du, in der ich wiedererstehe und genieße jene betörenden Liebeswonnen,
Eifersucht um eines Blickes willen, heimliches Wort ins Ohr geflüstert . . ."

Also die Eine leidenschaftssehnsüchtige Mutter, die Andere mutterschafts-
sehnsüchtige Vestalin der Liebe. Kein klinisches Beispiel könnte das Spal-
tungsphänomen Mütterlichkeit und Erotik einleuchtender und packender
schildern als es der Dichter in diesen zwei entgegengesetzten und sich ergänzenden Typen gestaltet hat.

Natürlich weiß ich nicht, aus welchen Quellen die hartnäckige Mütterlichkeit der Madame de l'Estorade stammt, ob aus der Identifizierung mit
der präödipalen Mutter oder aus der Identifizierung mit der späteren Mutter,
deren Sexualität sie an sich zu verleugnen versucht.

Von meinen Patienten aber kann ich bestimmtere Aussagen machen.
Sie waren in ihrer Verdrängung der Sexualität und in der Abspaltung der
Mütterlichkeit radikaler. Madame de l'Estorade hatte — wenn auch sichtlich
sexuell unempfindlich — doch Kinder geboren und ihre Mütterlichkeit an
ihnen, ihren leiblichen Kindern, befriedigt. Die Frauen, von denen ich jetzt
berichten will, bringen auch diese Lösung nicht zustande. Sie tragen ihre
Mütterlichkeit anderen Objekten als den eigenen Kindern zu, den Kindern,
die andere Frauen geboren haben, oder erwachsenen Personen, über die sie
ihre mütterliche Obhut erstrecken; viele von ihnen wählen einen Beruf,
in dem sie ihre Mütterlichkeit unterbringen.

Eine meiner Patientinnen, eine deutsche Hebamme, hatte diesen für ihre
Gesellschaftsklasse sonderbaren Beruf erwählt, um jedesmal von neuem ein
Kind zu bekommen, — viele, viele Kinder, — je schwächer und obhut-
bedürftiger, desto lieber. Bei ihr spielte die Entbindungsangst eine wichtige
Rolle — sie mußte die Gefahrsituation der anderen Frau überlassen, um
sich dann im Besitz des Kindes mit ihr zu identifizieren.

Sie war in ihrem Berufe von grenzenloser Opferbereitschaft, eine hoch-
qualifizierte, wissende Entbinderin, und kam durch folgende sonderbare
Schwierigkeiten, die sich im Beruf einstellten, in die Analyse: „Eine Entbindung ist im Gange" — war für sie ein Ruf zur Schlacht, zu der sie wie
die alten Germanen mit einer großen Festlichkeit, allerdings in ihrem
Innenleben, rüstete. Die Qualen der Entbindung, die die andere Frau
durchmachte, waren für sie mit einem sonderbaren Gemisch von Angst
und Freude verbunden. Der Moment der Austreibung des Kindes und das

Übernehmen des Neugeborenen in die erste Pflege bildeten für sie ein
ekstatisches Glückserlebnis. Keine Arbeit war ihr zu viel, keine schlaflose
Nacht erschöpfend. Nur eines konnte sie nicht ertragen: daß der Akt der
Entbindung im Kreise ihrer Wirkung ohne sie vor sich gehe. Da diese Bedingung in einem Entbindungsheim nicht durchführbar war, verfiel sie in
einen Zustand der Erregung und der Erschöpfung, der sie in die Analyse führte.

Schon die Symptome sprechen eine deutliche Sprache. Ihr Beruf sollte
sie von einem schweren Schuldgefühl der Mutter gegenüber befreien und
aus der ursprünglichen Tötungsphantasie, nach der die Mutter und das
neugeborene Kind der Mutter sterben sollten, stammt der Rettungswunsch.
In ihren Kindheitsphantasien standen das Sterben und das Gebären sehr
nahe aneinander; hörte sie doch schon damals bei den zahlreichen Ent-
bindungen der Mutter, die sie als Kind miterlebte, von Schmerzen und
Gefahren. Daher bekam auch ihre ganze Auffassung der weiblichen Rolle
im Sexualakt einen tief masochistischen Charakter. Ihre eigenen masochistischen Wünsche hatten sich in der Pubertät in schweren blutrünstigen
Vergewaltigungsphantasien bewußt manifestiert. Die Erfüllung dieser Phantasien hätte für ihr Ich solche Gefahren bedeutet, daß sie auf ihre Sexualität vollkommen verzichtete und ihre Mütterlichkeit nur in der geschilderten Weise erleben konnte. So stand ihre Berufswahl im Dienste zweier
Herren: ihres Schuldgefühls und ihres Masochismus, den sie durch Identifizierung befriedigte. Ich bewahre eine Photographie, in der sie acht neugeborene Kinder in ihren Armen hält — ein Sinnbild der Mütterlichkeit.

Ich habe viele im Berufsleben stehende Frauen in der Analyse kennengelernt, die ihre wärmste intensivste Mütterlichkeit im Berufe unterbringen
konnten, die aber die gleichzeitige Verleugnung der Sexualität der Mutter
und ihrer eigenen Sexualität verhinderte, selbst Mütter zu werden.

Ein Beispiel verirrter Mütterlichkeit möchte ich noch aus meiner Erfahrung anführen: vielleicht wäre Balzacs Louise, hätten wir sie als Patientin
kennen gelernt, diesem Falle ähnlich gewesen. Es handelt sich um eine
Patientin, die die Behandlung wegen Nymphomanie aufgesucht hat. Seit
ihrem fünfzehnten Lebensjahr gab sie sich jedem hergelaufenen Burschen
hin, immer unbefriedigt, unglücklich, aber sonderbarer Weise trotz der
sehr puritanischen Erziehung vollkommen reuelos. Aus dieser Krankengeschichte soll hier nur einiges vorgebracht werden. Die Patientin wurde
zweimal durch ihre Freunde, die sie vor dem Dirnenleben retten wollten,
in solide Bürgerehen gedrängt, die natürlich beide mit einem Mißerfolg
endeten. Sie hatte nie Kinder gehabt, war konzeptionsunfähig und wünschte

auch keine Kinder. Die Worte „Mutterschaft" und „Mütterlichkeit" erzeugten in ihr Abscheu und Widerwillen, der sich von da aus auf alle Worte mit der Endsilbe „schaft" oder „keit" ausdehnte: eine durchaus unmütterliche Frau. Und doch war sie, wenn ich hier gleichsam das Schlüsselwort der langen Analyse verrate, in ihrem Triebleben eben nur Mutter. Alle die jungen Burschen, denen sie sich hingab, waren ihre drei jüngeren Brüder, denen sie immer etwas geben wollte, die sie in ihre Arme aufzunehmen versuchte, um auf dem genitalen Wege in eine Einheit mit den kleinen Jungen einzugehen; dabei identifizierte sie sich mit der Mutter und nahm ihr zugleich die kleinen Kinder weg.

Hier konnte man die Vorgänge der präödipalen Phase und eine überstarke primäre Mutterbindung für den ganzen neurotischen Vorgang verantwortlich machen. Sechs Jahre lang war sie allein, ein ungemein verhätscheltes und geliebtes Mutterkind. Nach dem sechsten Lebensjahr mußte sie in rascher Folge dreimal die Schwangerschaften der Mutter und den Entzug der Mutterliebe zugunsten der Neugeborenen erleben. Dabei hörte sie immer das Märchen von dem Kind unter dem Herzen und füllte ihre Seele mit grausamer Enttäuschung und Bitterkeit. Die Beziehung zwischen den kleinen Jungen und der Mutter hatte für sie einen libidinös-sexuellen Charakter und die Mutter-Kind-Einheit der Mutterleibs- und der Stillsituation, in der sie als Kind eifersüchtig beide Rollen spielen wollte, sollte dann im späteren Leben genital befriedigt werden. Sie blieb frigid, weil der Inhalt ihrer Phantasien die Sexualität ausschloß, und ihr Schuldgefühl blieb dabei deshalb scheinbar so unberührt, weil sie durch das mütterliche Geben ihre Feindseligkeit gegen die kleinen Jungen verleugnete und ihr Schuldgefühl dadurch entlastete.

Von dieser Patientin aus führt der Weg zu vielen seelischen Situationen, in denen die Mütterlichkeit entweder die Sexualität vollkommen verleugnet oder sie, wie in diesem Falle, zu ihren Zwecken benützt und somit die sexuelle Befriedigung hemmt; oder aber die Sexualität wird akzeptiert, doch nur unter Bedingungen, in denen die Mütterlichkeit abgespalten und verleugnet wird (ich erinnere Sie an die eingangs erörterte Spaltung); oder — der umgekehrte Fall — diese Bedingungen müssen weitgehend die Forderungen der Mütterlichkeit befriedigen. Dies drückt sich etwa in der Objektwahl aus, indem nur knabenhafte, hilfebedürftige Männer als Liebesobjekte gewählt werden.

Auch hier möchte ich ein Beispiel aus der Literatur anführen, das auf mich erschütternd gewirkt hat.

Es handelt sich um das Buch „Tante Tula" von dem bekannten spanischen Dichter M i g u e l d e U n a m u n o.

Tante Tula ist von ihrer Mütterlichkeit besessen. Ihre ganze Beziehung zur Welt ist nur Mütterlichkeit. Alles, was der Sinnlichkeit, der Erotik nahe steht, wird mit grausamer Verachtung und mit Haß belegt. Den Akt der Befruchtung umgibt sie bei einer anderen Frau mit sorgfältigster Pflege, wie der Züchter in seinem Arbeitsfelde, wie der Gärtner bei seinen Pflanzen. Erst das Produkt, das unter ihrer sorgsamen Pflege entsteht, wird zu ihrem Eigentum, dem sie sich restlos widmet und in dem sie aufgeht; so ist sie im geistigen Besitz dessen, was ein anderer Körper unter Qualen geboren hat. Tante Tula ist eine Zwillingsschwester unserer deutschen Hebamme, nur in ihrer unsexuellen Mütterlichkeit gewaltiger und herrschender. Die Kinder, die die andere Frau i h r geboren hatte, behält sie zeitlebens und läßt die Frau — auch hier konsequenter wie die Hebamme — grausam sterben, nachdem sich ihre Rolle als Gebärerin erschöpft hat. Auch den Mann macht sie zu ihrem Kinde; sie tötet seine erotische Leidenschaft zu ihr und lenkt sie mit eiserner Konsequenz zu einer anderen Frau.

Mit wunderbarer poetischer Kraft ist es dem Dichter gelungen, diese vollkommen von der Erotik abgespaltene Mütterlichkeit darzustellen. Man könnte fragen, woher ein Mann soviel Einfühlung in die tiefsten Tiefen einer weiblichen Seele nimmt.

Tante Tula läßt ihre Schwester den Mann heiraten, den sie liebt und von dem sie geliebt wird. Sie ist es, die die Ehe vermittelt, die zur Zeugung des Kindes drängt, um sich dann ganz des Kindes zu bemächtigen. Sie peitscht die schwache Schwester von einer Entbindung in die andere, bis sie an der Erschöpfung des Gebärens stirbt, um der Tante Tula, als der geistigen Mutter, ihre Kinder zu überlassen. Die sinnliche Leidenschaft des Schwagers, in dessen Hause sie als die Mutter seiner Kinder lebt, lenkt sie auf das Dienstmädchen ab, auf das „erniedrigte Sexualobjekt", um auch sie langsam sterben zu lassen, nachdem auch sie ihr, der Tante Tula, Kinder geboren hat. Tante Tula betont ihre Rolle der geistigen Mutter und läßt auch in der Phantasie ihrer Kinder nicht einen Moment den Glauben entstehen, daß sie — die geistige Mutter — sie körperlich empfangen oder geboren hat. Das Bewußtsein der körperlichen Mutter muß immer im Hause da sein, um die echte, wahre Mütterlichkeit der Tante Tula nicht durch den Verdacht zu beschmutzen, sie habe je körperlich an der Mütterlichkeit teilgenommen. Hie und da bricht die verdrängte Sehnsucht durch, und Tante Tula läuft aus dem Dorfe weg, in dem sie mit ihrem verwitweten Schwager lebt, in die lärmende Stadt zurück. *„Nein, auf dem Lande gibt es keine wahre Reinheit. Reinheit bildet sich nur aus, wo sich die Menschen in einem schmutzigen Knäuel von Häusern zusammenschließen, um sich um so besser zu isolieren. Die Stadt ist ein Kloster einsamer Menschen. Hier aber am Lande vereinigt sie die Erde, auf die sie sich fast alle niederlegen, wenn sie schlafen. Und die Tiere, das sind die alten Schlangen des Paradieses; zurück in die Stadt!"* Von ihm aber, dem Begehrenden, würde sie wünschen, daß er *„in vielen Dingen noch sehr kindisch"* wäre. *„Wie sollte sie ihn zu einem Kinde machen?"*

Noch ein andermal bricht aus der geistigen Mütterlichkeit die ungeistige Sehnsucht! *„Sie nahm ihren kleinen Neffen, der in Hunger wimmerte, und schloß sich mit ihm in ein Zimmer ein. Dann zog sie die rechte ihrer trockenen, jungfräulichen Brüste hervor, die hochrot war und zitterte, wie bei einer Fiebernden, erschüttert von den heftigen Schlägen ihres Herzens, und führte die Brustwarze in das blühende, sanftgerötete Mündchen des Kleinen ein, der nun noch mehr wimmerte, während er mit seinen bleichen Lippen an der trockenen bebenden Brustwarze kaute."*

Es ist meisterhaft gesehen und unserem analytischen Wissen so nahe, daß Tante Tula verleugnete, je einen Vater gehabt zu haben, der sie mit der Mutter gezeugt hat. Don Primitivo, der Ziehvater und Bruder der Mutter, ist der wahre große und geliebte Vater. Fein wird es unserem Verständnis nahegebracht, daß Tante Tula einst in ihrem Phantasieleben schon die Keuschheit der Mutter so bewahrt haben wollte, wie sie die eigene bewahrt, und daß ihre mütterliche Beziehung zu den Kindern eine Wiederholung dessen ist, was in ihrem Verhältnis zu der eigenen Mutter entstanden war.

Wie verständlich ist es uns, wenn Tante Tula von Don Primitivo zu ihrer Schwester sagt: *„Er weihte unser ganzes Leben immer still und schweigsam und fast ohne uns je ein Wort zu sagen dem Kult der Allerheiligsten Jungfrau, der Mutter Gottes, und zugleich dem Kult unserer Mutter, seiner Schwester, und unserer Großmutter, seiner Mutter. Mit dem Rosenkranz schenkte er uns eine Mutter und lehrte er dich, Mutter zu werden."* Man sieht hier sehr deutlich die Phantasie von der „unbefleckten Empfängnis" der Mutter, von der Mutterschaft ohne Vater, ja, man findet sogar in dem Buche Reminiszenzen an Puppenspiele in der Kindheit der Tante Tula, die schon alles spätere in diesem Sinne enthalten.

So könnte man eigentlich das ganze Buch zitieren, eine Dichtung, die hier dem psychoanalytischen Leser warm empfohlen sei.

Das Problem der doppelten Motivgestaltung[1]

Von

Ludwig Jekels

Wien

Auf einen Fehler meines Vortrages muß ich zunächst selbst verweisen; die Aufdeckung anderer muß ich wohl Ihnen, meine Damen und Herren, überlassen. Aus Gründen, die Sie alsbald hören sollen, muß ich in meine Darlegungen eine ältere Studie von mir einfügen, allerdings nicht ohne sie durch neue Einsichten zu ergänzen. Aber immerhin ist es eine Arbeit, die, wenn überhaupt je gelesen, so gewiß von Ihnen schon längst vergessen wurde, und deren Ergebnisse ich daher gezwungen bin, hier zu wiederholen.[2] Halten Sie es mir aber zugute, daß ich mich bemühen werde, es so schonend, d. h. so kurz und klar als irgend möglich, zu machen.

Nun aber zum Thema. Unter doppelter Motivgestaltung verstehe ich den Sachverhalt, daß ebenso auf den uns vertrauten Gebieten des Traumes, der Neurose, der gehäuften Fehlleistung, wie in dem unseren gewohnten Interesse ungleich ferneren der dramatischen Schöpfung eine Tendenz obwaltet, einer bedeutenden, sagen wir zentralen seelischen Konstellation doppelten Ausdruck zu verleihen, so daß sie in einer doppelten, zumeist voneinander verschiedenen Gestaltung im Bewußtsein aufscheint.

Während sie aber in den drei erstgenannten Kompromißbildungen bloß mit sehr wechselnder Regelmäßigkeit und sehr variablen Intensität auftritt, so daß sie hier nur fallweise oder bloß fragmentarisch zu beobachten ist, scheint sie mir im Drama eine durchgehende, ja ausnahmslose, meist mit unverkennbarer Deutlichkeit auftretende Regel zu sein.

Dieser Sachverhalt im Drama trat mir bereits vor vielen Jahren zuerst bei einer psychoanalytischen Untersuchung des Macbeth entgegen; die doppelte Gestaltung desselben Motivs war mir hier so einprägsam, daß ich bereits in dieser Studie die Vermutung wagte, ob wir uns nicht „in dem hier aufgezeigten Nebeneinander der verhüllteren und der direkteren Darstellungsweise des Hauptmotivs einem Grundphänomen der dramatischen Produktionsweise genähert haben". Mehrere Jahre später, nach fortgesetzten Untersuchungen auf diesem Gebiete, meinte ich: „Dies Phänomen ist so regelmäßig festzustellen, daß auch die umgekehrte Fassung: alles, was in

---

1) Vortrag am XII. Internationalen Psychoanalytischen Kongreß in Wiesbaden am 4. September 1932.

2) Vgl. Imago V, S. 170 ff. Dazu Freud, Ges. Schr., Bd. X, S. 296 ff.

einem Drama doppelt dargestellt erscheint, ist sein Grundmotiv, mir heute, nach reiflicher Nachprüfung, ganz verläßlich erscheint."

Zu dem zwingenden Umstand, daß die Untersuchung einer Erscheinung wohl am zweckmäßigsten dort vorgenommen werden soll, wo man ihr am deutlichsten und regelmäßig begegnet, kommt also noch, wie Sie sehen, ein sozusagen historisches Motiv, um mich zu veranlassen, Sie zunächst auf das Gebiet des Dramas zu führen, um dann von hier aus, an der Hand der hier gewonnenen Einsichten, dem Phänomen der doppelten Motivgestaltung auch auf anderen Gebieten nachzuspüren.

Als Untersuchungsobjekt wähle ich hier wieder Shakespeares Macbeth, dessen Inhalt ich Ihnen in zwei Sätzen, soweit eben, als es meine Untersuchung erheischt, in Erinnerung bringen will. Nach der Prophezeihung der Hexen, er, Macbeth, werde König, Banquo aber Vater von Königen werden, ermordet Macbeth den bei ihm zu Gaste weilenden König Duncan und wird dann zum Könige gekrönt; als solcher ist er ein Wüterich, der Banquo und seinen Sohn Fléance ermorden läßt, dieser jedoch entrinnt der Mörderhand; ebenso mißlingt der an Macduff geplante Mord, wohl aber fällt Macduffs kleines Söhnchen dem Wüterich zum Opfer. Es kommt zu einer von Macduff veranlaßten Erhebung gegen den Tyrannen, der von Macduff gefällt wird, worauf Malcolm, der vor Macbeths Anschlägen gleichfalls gerettete Sohn des ermordeten Königs Duncan, zum König erhoben wird.

In meiner Studie vermochte ich, wie ich meine, beweiskräftig nachzuweisen, daß diese Schöpfung zur Grundidee die wehmutsvolle Einsicht habe, daß ein schlechter Sohn auch ein schlechter Vater sei und sich dadurch der Segnungen der Generationsfolge begäbe.

Denn entsinnen Sie sich, bitte, an der Hand meiner Rekapitulation, daß Macbeth uns in dem Stücke in einer doppelten Funktion entgegentritt. Zunächst als Mörder des Königs Duncan, somit als schlechter, vatermörderischer Sohn. In der zweiten ist er aber selbst König, Vater, und als solcher blutiger Verfolger jeglicher Sohnesgestalt. „Nur einer liegt", meint der erste der zum Morde Banquos und seines Sohnes gedungenen Mörder, „Der Sohn entfloh", worauf der zweite: „So ist die beste Hälfte unserer Müh' verloren."

Aber ganz derselbe psychologische Sachverhalt, der innigste Zusammenhang der beiden Funktionen als Sohn und als Vater, wird uns in dem Drama noch in einer zweiten Gestaltung aufgezeigt, in der Figur des Macduff. Denn auch er ist ein schlechter, ein widerspenstiger Sohn. Nicht nur daß er demonstrativ zur Krönung von Macbeth nicht geht, aber er führt „dreiste Worte" gegen ihn, lehnt brüsk des Königs Einladung zur Krönungstafel ab; und schließlich ruft er ja zum bewaffneten Aufstand gegen Macbeth, in dem er ihn tötet. Aber dieser seiner vaterfeindlichen Gesinnung fällt ja, wie bereits erwähnt, sein kleiner Sohn zum Opfer, der vom geflüchteten Macduff verlassen und derart der Mörderhand preisgegeben wird.

Danach hoffe ich, Ihrem Widerspruche kaum zu begegnen, wenn ich, mich wiederholend, behaupte, es liege hier ein ganz deutlicher Fall von doppelter Motivgestaltung vor. Nur ist die Ausdrucksform beider Gestaltungen eine recht verschiedene; denn während die des Macbeth mit der Wucht ihrer Form, dem Wegfall von Nuancen und Abtönungen ungleich mehr den Eindruck des Visionären, etwa des Traumhaften, macht, nähert sich die Macduffgestaltung mehr der vorbewußten Fassung, erscheint uns menschlich näher gerückt, verständlicher.

Dieser Unterschied aber ebenso wie der vielsagende Umstand, daß der Dichter die in seiner Vorlage, der Holinshed-Sage, so dürftig gehaltene Gestalt Macduffs herausgehoben, isoliert, und so viel reichhaltiger ausgestaltet Macbeth an die Seite gestellt hat, — etwa wie eine konkrete, spezielle Abwandlung des im Macbeth ungleich allgemeiner gehaltenen Motivs, — all dies hat, wie ich seinerzeit nachzuweisen vermochte, eine ganz besondere Begründung. Und zwar die, daß genau so wie Macduff durch den Konflikt mit Macbeth gezwungen erscheint zu flüchten und die Seinigen zu verlassen, auch der Dichter in seiner Jugend in einem schweren Zerwürfnis mit seinem Vater Weib und Kinder fluchtartig verließ, um nach London zu ziehen. Die schwere Anklage der Lady Macduff gegen ihren Gatten:

> „Sein Weib und Kinder lassen ... an dem Ort,
> Von dem er selbst entflieht?
> Er liebt uns nicht,
> Ihm fehlt Naturgefühl!"

ist darnach eine schwere Selbstanklage des Dichters.

Und in der unmittelbar auf diese Szene folgenden Ermordung des Söhnchens von Macduff ist gleichfalls der furchtbare Selbstvorwurf des Dichters dargestellt, dem, als er nach der Flucht, um die Seinigen völlig unbekümmert, in London dahinlebte, sein einziger Sohn Hamnet und damit auch die Möglichkeit starb, sein Geschlecht und seinen ruhmvollen Namen fortzusetzen. Daher der Ausruf:

> „Macduff, für Deine Sünde starben sie!
> Oh, ich Nichtswürdiger, nicht um ihre Schuld,
> Um meine eigene traf der Mord ihr Leben!"

Nun aber dämmert uns bereits die Erkenntnis von der Bedeutung dieser zweiten Gestaltung. Sie dient eben als Ausdruck des Schuldgefühls, dessen Spuren wir bei der Macbethfigur ohnehin vergeblich suchen und restlos vermissen.

Aber nicht nur ihren Sinn, sondern·auch den Zweck dieser zweiten Niederschrift, die psychologische Bedeutung dieser besonderen Hervorhebung des Schuldgefühls, können wir nunmehr unschwer in Erfahrung bringen. Denn die Geschichte der Entstehung dieses Dramas sowie die Kenntnis der sie begleitenden Umstände verschafft uns darüber Aufschluß.

Es ist nämlich völlig sichergestellt, daß es vom Dichter als Huldigung für König James zu dessen Thronbesteigung verfaßt wurde; ein bei Shakespeare sehr befremdender Umstand, war er doch gegenüber der großen Elisabeth, der er soviel dankte, mit Huldigungen so zurückhaltend.

Als er die Dichtung verfaßte, stand Shakespeare unter dem tiefsten Eindruck des Ablebens der Königin, mit der ihn, wie ich bereits vor Jahren ausgeführt, vieles von ihm als gemeinsam Empfundene verband, — vor allem die ihnen beiden gleichsam als Strafe auferlegte „Unfruchtbarkeit" und der Verzicht auf Generationsfolge.

Konnte es aber dann anders sein, als daß vom Dichter die sonderbare Fügung, daß der Thron der Elisabeth gerade dem Sohne der von ihr gemordeten Mutter (Maria Stuart) zufiel, als ein befreiender, ja erlösender Akt der Gerechtigkeit empfunden wurde?

Darum die huldigende Dichtung, darum diese Konfliktslösung in ihr, daß in getreuester Nachbildung der sich vor dem Dichter entrollenden Wirklichkeit ebenfalls der Sohn des ermordeten Duncan den Thron besteigt.

Nunmehr glauben wir aber zu verstehen: dieses Herausheben des Schuldgefühls, wie es hier durch die zweite Niederschrift, die Macduffgestalt, geschieht, es vor sich klar hingestellt zu haben, ist die Vorbedingung dafür, daß das Ich sich mit ihm freimütig auseinandersetzt und es in die sozial produktive Form des Gerechtigkeitsgefühls überführen kann. — Jetzt wollen wir aber mit diesen der Dramastruktur abgewonnenen Einsichten an die Untersuchung der einschlägigen Verhältnisse bei der Neurose herantreten und die Frage aufwerfen, ob denn auch bei ihr die dort so evidente Tendenz zur doppelten Motivgestaltung vorhanden und irgendwie aufzeigbar sei? Ich glaube diese Frage eindeutig mit Ja und dahin beantworten zu können, daß Äußerungen dieser Tendenz in dem Reproduktionsvorgang beim analytischen Patienten deutlich hervortreten. Dabei habe ich das Erinnern und das Agieren im Auge. Ich weiß nämlich wirklich nicht, ob wir nicht allzu schematisierend denken, wenn wir diesen Reproduktionsvorgang, wie es gewöhnlich geschieht, in die Alternative erinnern oder agieren fassen. Ich kann mich auf Grund meiner Erfahrung kaum dem Eindruck verschließen, daß der Sachverhalt hier ungleich zutreffender so zu formulieren sei, daß im allgemeinen das verdrängte Motiv sowohl psychisch reproduziert, d. h. erinnert, als auch motorisch wiederbelebt, d. h. agiert wird. Auch Reik scheint mir dieser Ansicht zu sein, wenn er meint, „es gäbe verschiedene Übergänge von der erzählten Reproduktion zum Agieren". Um diese meine Ansicht durch ein Beispiel zu illustrieren, mache ich eine Anleihe bei Sachs, da mir ein gleich plastischer Fall eigener Erfahrung zur Zeit nicht gegenwärtig ist. In einer kleinen im Jahre 1929 publizierten Mitteilung schildert er eine Episode aus der Analyse einer jungen verheirateten Frau; sie stand unter dem Druck eines stark entwickelten Kastrationskomplexes, der in ihrer Kindheit durch den ihrem zweieinhalb Jahre jüngeren Bruder geltenden Penisneid geweckt und erhalten wurde. Unter intensivem sich lange hinziehendem Widerstand rollte sie allmählich das Thema der Enuresis auf; es folgten alsbald Erinnerungen, wie sie damals, mit etwa vier Jahren, mit dem Bruder in einem Bett schlief, wie dieser das Bett näßte, wie sie sich darob bei der Mutter beklagte, und diese dann die beschmutzte Wäsche abzog. Nach Hause von der Sitzung zurückgekehrt, machte die Patientin ihrem Gatten eine recht unerquickliche Szene wegen seines angeblich „hastigen, unreinlichen Essens, bei dem er immer Flüssigkeit auf das Tischtuch verspritze". Sachs beschließt die Mitteilung mit dem richtigen Hinweis, die Patientin habe aus der Entwertungstendenz heraus in oraler Verschiebung den dem Bruder geltenden Kindervorwurf auf den Mann angewendet, jener (der Bruder) sei ein schmutziges, inferiores Wesen, das trotz des Gliedes, das er vor ihr voraus habe, nicht einmal seine Urinentleerung beherrsche.

Ich meine, daß die Doppelgestaltung des Motivs, seine psychische und motorische Reproduktion, hier besonders schön zutage tritt.

Nunmehr tut es uns aber Not, auch hier die beiden Darstellungsweisen an der Hand der aus dem Drama geschöpften Einsicht, d. h. unter dem Gesichtspunkt: ihrer Beziehung zum Schuldgefühl, zu betrachten.

Diese beiden Vorgänge stehen ja unter dem Drucke der Forderung des Über-Ichs. Sollte sich eine eventuelle Polemik gegen diese das Erinnern betreffende Auffassung des Argumentes bedienen, sie beinhalte einen Widerspruch, denn es sei ja gerade die Verdrängung, die, wie wohl bekannt, im Auftrage des Über-Ichs vor sich gehe, — so müßte ich diesen Einwand durch den Hinweis erledigen, diese Argumentation beruhe auf einer offenkundig mißverständlichen Auffassung des Verdrängungsvorganges, auf einer unzulässigen Verwechslung von Verdrängen und Vergessen, während doch dieses mit dem Wesen der Verdrängung nichts zu tun habe und bloß eines der Mittel sei, deren sich die Verdrängung bedient.

Indessen scheint mir die Forderung des Über-Ichs nicht der einzige die Gestaltung des Reproduktionsvorganges entscheidende Faktor zu sein; es kommt vielmehr dabei auch, wie ich meine, auf die sehr variable und vielleicht doch nicht nur von der Strenge des Über-Ichs abhängige Größe der Angstreaktion des Ichs an. Ist sie übergroß, so kommt es eben zur Tatwiederholung, zum Agieren, welches, wie wir wissen, dem Strafbedürfnis entspringt, somit seinem Wesen nach eine nach masochistischer Befriedigung strebende Triebäußerung ist. Derart erscheint beim Agieren das Ich unter dem Drucke seines Über-Ichs völlig der Herrschaft des Es verfallen.

Ganz anders beim Erinnern. Dieses hat, wie ich meine, zur Voraussetzung, daß das Ich seine Angst irgendwie überwinden kann, sich frei fühlt von Leidsuche und Strafbedürfnis, daher seinem Gewissen nicht wie beim Agieren ausweichen muß, ihm vielmehr freimütig Rede und Antwort stehen kann.

Wir wissen ja, daß die Gestaltung eines solch starken Ichs das ideale Ziel unserer therapeutischen Bemühungen ist und daß dies der Grund ist, warum wir so eifrig darnach trachten, durch Auflösung des jeglichem Agieren zugrunde liegenden Widerstandes dieses nach Möglichkeit zu verhindern und es derart durch Erinnerung zu ersetzen. Beachten Sie doch, bitte, wie weit sich in einer derartigen Idealanalyse die Leistung des Analytikers mit der gestaltenden Kraft des Dramatikers deckt!

Nun aber zum Traum. Hier scheinen ja die Vorbedingungen für das Vorkommen einer Doppelgestaltung insoferne besonders gegeben, als ja, wie wir wissen, dem Traum ohnehin zwei Ausdrucksmittel — Sinnesbilder und Gedanken — eigen sind. Und doch sind solche doppel-gestaltende Träume ein relativ seltenes Vorkommnis. Warum dem so ist, darüber soll uns die nachfolgende Analyse gerade eines ausgesprochen doppelt gestaltenden Traumes belehren:

Eine etwa vierzigjährige Patientin mit nicht überwundenem Kastrationskomplex und dadurch bedingten empfindlichen Störungen ihres Geschlechtsempfindens sowie mit mannigfachen virilen Einschlägen erzählt nachstehenden Traum: *„Sie sieht Josef auf dem Tisch liegen, er hat an den Beinen eine schlechte Haut (Ausschlag), ihre Freundin Minna ist dabei.* Weiters:

Sie hat Willi zweitausend Schillinge genommen; er merkt den Abgang des Geldes, sie hat Angst vor Entdeckung und zerreißt das Geld in kleine Stücke, die sie wegwirft."

Für das auch sonst nicht schwierige Verständnis des Traumes sind nachstehende Vorkommnisse, die dem Traum und seiner Deutung vorangingen, wichtig:

1) Die Patientin, die die Analyse mit mir in der Sommerfrische fortsetzte, war sehr enttäuscht, daß sie auch hier mit mir bloß in einem offiziellen Kontakt stand, während doch gerade während des sommerlichen Landaufenthaltes in ihrer Kindheit die Beziehung zwischen ihr und dem Vater eine besondere innige war.

2) Sie hatte ein oder zwei Tage vor dem Traume die Lektüre von Wassermanns „Christian Wahnschaffe" jäh und mit großem Widerwillen abgebrochen, als sie unversehens auf die Stelle stieß, wo ein Mädchen ermordet — und zwar der Leichnam ohne Kopf — aufgefunden wird.

3) In den Tagen, da der Traum vorfiel, hatte sich bei der sonst regelmäßig menstruierenden Patientin die Periode nur zögernd, bloß für abnorm kurze Zeit und unter sehr spärlichen Abgängen eingestellt.

4) Die Patientin erging sich in einer sehr detaillierten Schilderung des Charakters ihres Vaters, die ausschließlich die Härte und Unzugänglichkeit des alten Geschäftsmannes in Geldsachen, nicht allein seinen Angestellten, sondern auch ihr, seiner Tochter, gegenüber, zum Inhalt hatte.

Willi, der in ihren Träumen bereits öfter für den Analytiker figurierte, ist angehender Arzt, der zur größten Empörung der Patientin seiner reichen Frau die freie Verfügung über ihr eigenes Geld brutal entzieht. Josef aber, sein Bruder, ist ein stadtbekannter Frauenoperateur. Um es abzukürzen: es ist kein Zweifel, daß sich ein ganzes Bündel triebhafter Strebungen, aggressiver, narzißtischer und anderer, in diesem Traume verdichtet hat, daß in beiden Szenen vorerst dasselbe Motiv, der Wunsch, den Vater zur Vergeltung zu kastrieren, zum Ausdruck gelangt. Denn in der ersten liegt ja der Operateur auf dem (Operations-)Tisch; er ist entstellt, zur Minna, die wirklich den schlechten Teint hat, d. h. zum Weibe gemacht. Dasselbe besagt auch die zweite Szene; denn sie nimmt dem Willi ebenso das Geld weg, wie er seiner Frau und der Vater ihr.

Wie ist es aber mit dem Rest des Traumes? Warum verzichtet darin die Patientin auf den väterlichen Phallus, den sie sich angeeignet? Wir finden die Antwort im Traumtext: Aus Angst vor dem Vater, wegen des Einspruchs des Über-Ichs, also aus Schuldgefühl. Für das Ich waren in dieser

Angstsituation die Möglichkeiten auf die beiden folgenden eingeschränkt: entweder auf das Erringen oder auf den Schlaf zu verzichten, aus dem es sonst die Angst unzweifelhaft aufgescheucht hätte. Es entschied sich für das erste, wodurch die Angst gebannt und das Weiterschlafen ermöglicht wurde.

Was uns aber hier besonders auffallen muß, ist, daß es auch hier, also auch im Traume — ganz analog der im Macbeth-Drama aufgezeigten Situation — die zweite Gestaltung ist, die das Schuldgefühl zum Ausdruck bringt: bloß daß die Reaktion des Ichs, die Art und Weise, wie es sich hier zu seinem Über-Ich stellt, eine ganz verschiedene, nein, eine ganz gegensätzliche ist. Denn, während es sich, wie bereits auseinandergesetzt, im Drama und auch beim Erinnern freimütig zu seiner Schuld bekennt, will es im Traume kaum etwas von ihr wissen, es flieht angstvoll davon. Denn der Verzicht der Patientin auf den geraubten väterlichen Phallus und das Verwischen der Spuren, ist ja seinem Wesen nach nichts anderes als ein Rückzug, nichts als ein Vermeiden der Auseinandersetzung, somit eine Flucht vor dem Über-Ich. Dies im Traum außerordentlich überwiegende Ausweichenwollen vor dem Über-Ich, dem Urquell der Angst, pflegt sich ja im Traume vorerst des Erwachens, überdies aber noch mannigfachster Ausdrucksmittel zu bedienen. So stellte mir O. Isakower, dem ich auch sonst manch wertvollen Hinweis danke, einige Träume eines seiner Patienten zur Verfügung. Jeder von ihnen bestand gleichsam aus einem Hauptstück, meist orgiastischen Inhalts, und einer Art von kurzem Nachtrag. Diese Nachträge boten die Eigentümlichkeit, daß der Patient niemals sicher war, ob dieser Nachtrag noch geträumt war oder dem Wachen entstammte. Wir verstehen diese seine Unsicherheit, wenn wir erfahren, daß all diese Nachträge Elemente enthielten, die wir kaum anders denn als Drohungen oder Mahnungen des Über-Ichs auffassen können, da doch in den meisten derselben der Analytiker sogar personaliter aufgetreten ist. So z. B. wenn der Träumer in einem solchen einem orgiastischen Traume folgenden Nachtrag eine Stimme hört, die ihm zuruft: *„Deine Liebesschweinereien werden schon herauskommen."* *Re vera* sind meiner Ansicht nach all diese Nachträge tatsächlich geträumt und die Unsicherheit des Patienten, ob sie noch in den Traum oder bereits ins Wachleben zu placieren seien, ist nichts anderes als ein verräterischer Ausdruck dafür, wie sehr er diese Über-Ich-Stimme im Traume nicht wahr haben, wie er sie fliehen wollte.

Welchem Umstande es zuzuschreiben ist, daß wir im Traume ungleich seltener der Situation begegnen, daß die Angst vor dem Über-Ich in ihr Wunschgegenteil verwandelt und auf diese Weise beschwichtigt wird, weiß ich nicht anzugeben. Ein derartiger, diesen Sachverhalt plastisch wiedergebender Traum, ist der folgende mir von einer Lehranalysandin mitgeteilte: „*Herr und Frau Doktor Bibring sprechen mit mir und sind sehr freundlich mit mir*" — was ihr große Freude bereitet. Der Sinn des Traumes wird Ihnen sofort klar, wenn ich hier mitteile, was die Kandidatin assoziierte: daß man im Kreise der Analysandin den Namen Bibring scherzhafter Weise in Biberich-Über-Ich umgestaltet hat.

Was schließlich die von uns als Wunschausdruck des Über-Ichs aufgefaßten Strafträume anlangt, so stehen sie dank eben dieses Charakters sowie dadurch, daß sie gegenüber den anderen in so unverhältnismäßiger Minderzahl auftreten, nicht nur in keinem Widerspruch mit dieser Ansicht, sondern bestätigen nachhaltig die Auffassung, daß sich im Traume das Ich energisch dagegen sträubt, sein Schuldgefühl anzuerkennen, sich von ihm abwendet, die Flucht vor seinem Über-Ich ergreift.

Das hier über den Traum gesagte ist gewiß kein Novum, da es sich doch geradezu zwangsläufig aus der Freudschen Auffassung über das der Traumbildung zugrunde liegende Kräftespiel ergibt. Denn daß sich das dem narzißtischen Schlafwunsch verfallene Ich, das den Es-Ansprüchen die Besetzung verweigert und für sie bestenfalls bloß unter sehr bedeutenden Modifikationen zu haben ist, gegenüber den Über-Ich-Forderungen bis auf seltene Fälle strikt ablehnend verhalten muß, ist wirklich eine bloße Selbstverständlichkeit.

Wenn wir nun die Ergebnisse unserer Untersuchung der drei hier besprochenen Gebiete aneinanderreihen, so finden wir: im Drama die gefaßte Anerkennung des Schuldgefühls, was seine Umgießung in die sozial produktive Form erst ermöglicht; in der Neurose seine mißbräuchliche, der Triebbefriedigung gemäße Verwendung, im Traume endlich das tunlichste Nichtanerkennenwollen des Schuldgefühls. Während sich also in den beiden letzten Fällen die Persönlichkeit in voller Entzweiung befindet, führt wie die korrekte Analyse so besonders das Drama zu ihrer Vereinheitlichung.

Wie intensiv dieser Sachverhalt offenbar unbewußt, intuitiv perzipiert wird, spiegelt sich darin, daß wir so oft der — allerdings auf irgendein Detail oder ferneres Gebiet verschobenen — Hervorhebung der Einheit in den kritischen Besprechungen dramatischer Schöpfungen begegnen. So z. B. wenn namhafte Shakespeare-Forscher wie Gervinus und andere vor ihm, wenn ich nicht irre, auch Lessing, das Streben dieses Dichters nach der moralischen Einheit in der Gestaltung seiner Charaktere so besonders hervorheben. — Ich halte auch die Annahme nicht für ganz absurd, daß die als Grundeigenschaft eines guten Dramas aufgestellte Forderung nach Einheit der

Zeit, Einheit des Ortes und Einheit der Handlung gleichfalls eine Betrachtung in diesem Lichte zuläßt. Der sonderbare Umstand, daß die Konzeption dieser Trias jahrhundertelang fälschlich Aristoteles zugeschrieben wurde, während er in Wirklichkeit lediglich die Einheit der Handlung gefordert haben soll, das Postulieren der beiden anderen Eigenschaften aber — neueren Forschungen zufolge — angeblich von französischen Tragikern und Kunstlehrern des achtzehnten Jahrhunderts stammt, widerlegt gewiß nicht diese meine Vermutung.

Nun, dies bloß so nebenbei; zu unserem eigentlichen Thema aber zurückkehrend sehen wir nach alledem, daß sich uns das Drama und eine korrekte Analyse als eine gelungene, dagegen Neurose wie Traum als eine mißglückte Lösung eines Konfliktes darstellt.

Meine Damen und Herren! Wie Sie also sehen, bin ich von ganz anderem her, von Formalem kommend, zu Ergebnissen gelangt, die schon längst zu den gesichertsten, aber vom Materialen und Inhaltlichen her gewonnenen Erkenntnissen der Psychoanalyse gehören, was mir immerhin als eine beweiskräftige Stütze der Richtigkeit der hier dargelegten Ansicht gilt.

Sollte ich daher mit dieser Annahme einer Tendenz zur Doppelgestaltung im Psychischen nicht einem Irrtum erlegen sein und nicht etwa ein Problem dort suchen, wo vielleicht keines vorhanden ist, — worüber nunmehr die Entscheidung bei Ihnen liegt, — so müssen wir auf eine Fülle von Fragen gefaßt sein, die sich daraus ergeben könnten. Nicht allein wegen der Kürze der Zeit, sondern weil diese in mir selbst noch nicht ausgereift sind, will ich mich indessen, wenn auch nicht auf die wichtigste, so doch die allgemeinste Frage beschränken: welcher Kategorie der uns bekannten Phänomene diese Doppelgestaltungstendenz eigentlich zuzusprechen wäre.

Wie Sie sahen, habe ich hier versucht, dieses Phänomen aus der Struktur der Persönlichkeit und der Beziehung einzelner ihrer Anteile zueinander abzuleiten. Derselbe Gesichtspunkt erweist sich aber auch als geeignet, die eben aufgeworfene Frage zu beantworten.

Danach müßte die Doppelgestaltung der von Silberer zuerst beobachteten und als „Autosymbolik" bezeichneten Kategorie zugerechnet und etwa dem noch lange nicht genügend aufgeklärten funktionalen Phänomen, allerdings als die weitaus umfassendere Erscheinungsform desselben, zur Seite gestellt werden. Denn, wie erinnerlich, hat Silberer die Autosymbolik gleichfalls durch zwei antagonistische Strebungen in der Persönlichkeit: den Schlafwunsch und die Selbstnötigung zum Denken erklärt, sohin, strukturell gefaßt, aus dem Widerstreit zwischen Ich und Über-Ich abgeleitet.

Über die frühkindliche
Sexualität des Menschen im Vergleich mit der
Geschlechtsreife bei Säugetieren

Von

Max Levy-Suhl

Berlin

I

Im Vorwort der vierten und fünften Auflage der „Drei Abhandlungen zur Sexualtheorie" (1920 und 1925) konnte Freud rückblickend feststellen, daß, ungeachtet des wiederholt verkündeten Zusammenbruchs der psychoanalytischen Lehre, auch nach dem Weltkriege „die rein psychologischen Aufstellungen und Ermittlungen der Psychoanalyse" sich fortschreitender Anerkennung und Beachtung, selbst bei prinzipiellen Gegnern, erfreuen. „Das an die Biologie angrenzende Stück der Lehre", fährt Freud fort, „dessen Grundlage in dieser kleinen Schrift gegeben wird, ruft noch immer unverminderten Widerspruch hervor".

Inzwischen sind auch hierin unverkennbar Fortschritte erfolgt, namentlich auch auf Seiten der Kinderheilkunde, in der Friedjung seit Jahrzehnten als Vorkämpfer wirkte. Aber noch immer treffen wir in weiten ärztlichen Kreisen — mehr noch fast als bei Laien — auf einen starken, psychoanalytisch leicht verstehbaren Widerstand gegen die Anerkennung eben jener biologischen Tatsachen. Insbesondere ist es das Sträuben gegen Freuds Feststellung, daß das menschliche Kind etwa vom dritten bis zum sechsten Lebensjahr von Triebregungen, Wünschen und Phantasien erfüllt ist, deren Inhalt wir beim Erwachsenen in den sogenannten Perversionen wieder finden und der Sexualpathologie zuzurechnen pflegen. (Das kleine Kind ist „polymorph-pervers" veranlagt.)

Das Verstehen der psychoanalytischen Theorie und ihre praktische Anwendung ist aber undenkbar ohne die Erkenntnis und die Inrechnungstellung gerade dieser biologischen Tatbestände. Daher wollen wir versuchen, durch den Hinweis auf andere unbestrittene biologische Tatsachen den Zweiflern jene Behauptungen der Psychoanalyse leichter annehmbar zu machen, den Stein des Anstoßes, den sie für viele bilden, aus dem Wege zu räumen, wenigstens für die unter ihnen, die einigermaßen bereit sind, auch subjektiv unlustvolle wissenschaftliche Ergebnisse in ihr geistiges

Blickfeld aufzunehmen. (Wenn wir bei einer solchen Betrachtung uns der
phylogenetischen Vergleichung bedienen, so dürfen wir uns auf die Anerkennung und die Fruchtbarkeit berufen, die dieses heuristische Verfahren auf
zahlreichen Gebieten der Physiologie und Biologie — ungeachtet der neuzeitlichen Vorbehalte gegen das schematisch angewandte „biogenetische Grundgesetz" — aufzuweisen hat.)

II

Freud selbst hat an zahlreichen Stellen seiner Werke (insbesondere in
den „Vorlesungen") phylogenetische Hinweise zur Verständlichmachung
verwendet. Zur Erklärung der frühkindlichen menschlichen Sexualentwicklung und ihrer nachfolgenden Latenzzeit bis zur Pubertät hat Freud
die Umwälzungen herangezogen, die die Eiszeit auf die Pflanzen- und
Tierwelt innerhalb großer Teile der Erde nachweislich ausgeübt hat.[1]
Vorläufer des Menschen finden sich, wie die paläontologischen Befunde
beweisen, in unvollkommener Form bereits in den weiter zurückliegenden Epochen der Tertiärzeit. Bevor die Eiszeit oder Eiszeiten der
Diluvialepoche — die erste Eiszeit wird auf 600.000 bis 550.000 Jahre
v. Chr. geschätzt[2] — ihr Vernichtungswerk und die vielfach aufzeigbaren
anatomisch-physiologischen Umwandlungen in der Tierwelt ausübten, wurde
der *homo sapiens* in einzeitiger Entwicklung in einem für unsere heutigen
Begriffe sehr frühen Lebensalter geschlechtsreif. Nehmen wir ruhig und
mit dem Vorbehalt der hier zu gebenden Bestätigung an, daß die Geschlechtsreife etwa mit vier bis fünf Jahren vollendet war. Der heutige „erste
Ansatz" der Sexualität wäre hiernach ein phylogenetischer Nachklang,[3]
eine stammesgeschichtliche Rückerinnerung, wie sie die entwicklungsgeschichtliche Forschung an zahlreichen anderen Erscheinungen kennt und
zum Verständnis gegenwärtiger Funktionen heranzieht.

Eine solche „Rekapitulation" des einstigen Zustandes darf, wie auch sonst, nur
in unvollständiger abortiver Form vorausgesetzt werden. Und dies um so mehr, als
ja die sexuelle Entwicklung des menschlichen Kindes in der heutigen Kulturwelt

---

1) Vgl. unter anderem Plate: Selektionsprinzip und Probleme der Artbildung.
Leipzig 1913.

2) Vgl. z. B. Olbrich: Klima und Entwicklung. G. Fischer. Jena 1923.

3) Die verschiedenen Formen der von Freud aufgezeigten frühkindlichen
Sexualität, insonders die orale, anale und genitale Stufe, hat vor allem Abraham
als abortive Wiederholung von phylogenetisch sehr weit zurückliegenden Vorbildern
zu erklären versucht. (Vgl. auch Freuds Hinweis auf die „Kloakentheorie" der Kinder.)

Ich erwähne noch Sadgers vielfache Verwendung des Prinzips und die sehr
weitgehenden Hypothesen Ferenczis. Die Konversionssymptome hat neuerdings
Fenichel in diesem Sinne verständlich zu machen versucht.

Einschränkungen und Deformationen vom ersten Lebenstage ab unterworfen wird. Der von der Psychoanalyse behaupteten Frühblüte der menschlichen Sexualität fehlen demgemäß die Vorbedingungen der zweckhaften Verwendung der keimenden Triebe, namentlich wegen der Unvollkommenheit der äußeren Zeugungsorgane wie des Gesamtorganismus; ferner wegen des noch ganz unvollendeten Zusammenschlusses der sexuellen Partialtriebe und mangels ihrer Gerichtetheit auf das physiologische Ziel der Zeugung.

III

Wir wollen hier systematisch untersuchen, ob sich das Auftreten des Geschlechtstriebs beim Menschen in einem so frühzeitigen Alter wie es Freud als „ersten Ansatz" darstellt, durch Vergleich mit anderen großen Säugetieren physiologisch stützen läßt, ob es theoretisch möglich erscheint, oder ob das Auftreten der Sexualität in so unerhört jugendlichem Zustande aus dem natürlichen Rahmen der Entwicklung der Säugetiere herausfällt.

Unsere Beweisfrage lautet demnach: Auf welcher Altersstufe (Lebensstufe) treten bei den verschiedenen Arten von Säugetieren durchschnittlich Äußerungen des erwachten Geschlechtstriebs zutage, oder aber, um sicher zu gehen, auf welcher Altersstufe tritt bei ihnen notorisch die Geschlechtsreife, d. h. Zeugungsfähigkeit auf?

Wir müssen dabei selbstverständlich die Altersstufe relativ nehmen, also die Jahre der natürlichen Lebensdauer mit den Jahren der Geschlechtsreife in Vergleich setzen. Dabei wollen wir für den Menschen das biblische Alter von siebzig Jahren ansetzen.

Die Zahl der mir zugänglichen sicheren Feststellungen der Altersstufe der Geschlechtsreife und zugleich der Lebensdauer größerer Säugetiere ist nicht hoch. Sie reicht aber völlig aus für den Zweck unserer Abhandlung, die erwähnten theoretischen Zweifel zu widerlegen.

Wir schicken zunächst eine allgemeinere Darstellung über die Entwicklung der Sexualität der Säugetiere voraus, und zwar aus einer der psychoanalytischen Voreingenommenheit völlig unverdächtigen Quelle. Es ist das Lehrbuch von R. Schmaltz,[1] das ich bereits an anderer Stelle[2] in gleichem Sinne verwendet habe.

Hiernach tritt beim Pferde, „dessen gewöhnliche Altersgrenze ... auf etwa dreißig Jahre angenommen werden kann, obwohl es vierzig Jahre und darüber leben kann", schon mit Ablauf des ersten Lebensalters bei beiden

---

1) R. Schmaltz: Das Geschlechtsleben der Haussäugetiere. 3. Aufl. Richard Schoetz, Berlin 1921. S. 121 ff.

2) M. Levy-Suhl: Die seelischen Heilmethoden des Arztes. F. Enke, Stuttgart 1930.

Geschlechtern Geschlechtsreife ein. Es wurden Säugefüllenhengste beobachtet, die Erektionen hatten und die Mutter damit „quälten". „Auch
von Oettingen betont, daß gleich nach dem Absetzen die Geschlechter
getrennt werden müssen, da Deckversuche bei gut genährten sechsmonatigen
Hengstfohlen ganz gewöhnlich seien..." „Bei Rindern ist der Eintritt der Geschlechtsreife bei beiden Geschlechtern nach Ablauf des ersten halben
Jahres in Einzelfällen erwiesen, bei frühreifen weiblichen Tieren im Alter
von sechs bis neun Monaten häufiger beobachtet..."; vom Schwein gewisser Rassen heißt es: „Schon mit zehn bis zwölf Wochen fängt der junge
Eber an, auf anderen Ferkeln zu ‚reiten', was als Erwachen des Geschlechtstriebes angesehen werden muß, gewöhnlich ist er zuchtfähig nach
Ablauf des ersten Jahres". Beim Rotwild wird nach demselben Autor die
schon im ersten Jahre mögliche Sexualbetätigung der Spießerchen und
Spießer durch die gewalttätige Alleinherrschaft des alten Hirsches verhindert.

Einige an gleicher Stelle sich findenden tierheilkundigen Beobachtungen über die
Sexualität mögen, wenn sie auch nicht ganz zu unserem Thema gehören, wegen des
hohen psychoanalytischen Interesses angefügt sein.

Von der Sexualität der Säugetiere heißt es allgemein, daß sie sich beim Männchen
häufig sehr früh verrate, und zwar bevor noch Spermabildung anzunehmen ist. Es
zeigt nämlich ein Benehmen, das „vielleicht einer noch unbewußten Regung entspringt,
wie sie beim Vorhandensein einer zentralen Anlage (sc. Gehirn, Geschlechtssinn-
Anlage) ganz erklärlich ist". Es sei gewissermaßen ein „Einspielen in den Trieb".
Als Beweis gilt dem Autor dafür die Erregung des Männchens durch das Weibchen.

Die Brunst der Kühe ist daran erkennbar, daß sie — ungedeckt — aufeinander
steigen, auf der Standwand reiten, sich gewisse Berührungen gerne gefallen lassen,
wobei die der Klitoris natürlich nicht typisch, sondern natürlich sei, dagegen auffälliger z. B. das Waschen des Euters und die Einführung des Thermometers in den
After (S. 157).

Der brünstige Ziegenbock steigert sich durch erregtes Urinlassen, den er fortwährend ausspritzt, bis zur Erektion. Dann „richtet er den Strahl so, daß er ihn mit
dem Maule auffangen kann, wobei seine Erregung sich immer mehr steigert". Er berauscht sich selbst an seinem eigenen Urin. (S. 162)

IV

In der folgenden tabellarischen Zusammenstellung[1] sind die in ihrem
Lebensalter und in der Sexualreife außerordentlich verschiedenen Affenarten, soweit diese Daten überhaupt zuverlässig bekannt sind, nicht berücksichtigt.

1) Nach „Brehms Tierleben", 4. Aufl., 1924—1927, R. Schmaltz, l. c. und Tabulae
biologicae, hsg. von W. Junk, Berlin.

	Lebensdauer in Jahren	Eintritt der Geschlechtsreife in Jahren
Mensch	70	5
Pferd	30	1 gilt im 2. Jahr als „erwachsen"
Esel (zahm) . . .	40	
Hausrind	20—30	1 1/2—2
Wildschwein . .	20—30	1 1/2
Schwein	18 und mehr	5—6 Monate
Haushund	15—20	9—10 Monate
Nilpferd	40	im 2., spätestens 3. Jahr
Kamel	etwa 35	etwa 3
Ziege	etwa 20	7—9 Monate
Unser Hochwild	etwa 20	1 1/4—1 1/2 Jahr

Ganz aus dem Rahmen fällt die Altersstufe der Geschlechtsreife des Elefanten. Sie entspricht in auffälliger Weise der Pubertät des Menschen, nämlich bei einem Lebensalter von achtzig bis hunderzwanzig Jahren der gezähmten und Arbeitstiere: sechzehn Jahre beim Weibchen, zwanzig Jahre beim Männchen; nach einer anderen Angabe noch später.

Hiervon zunächst abgesehen, ergibt sich somit, daß der von Freud behauptete und phylogenetisch erklärte erste Ansatz der menschlichen Sexualität im Alter von etwa zwei bis fünf Jahren durchaus der Altersstufe gemäß ist, in der die Natur noch heute zahlreiche große Säugetierarten geschlechtsreif und zeugungsfähig werden läßt.

V

Freuds Entdeckung erhält von einer anderen neuartigen entwicklungsgeschichtlichen Theorie aus, ebenfalls in völliger Unabhängigkeit von der Psychoanalyse, eine überraschende Bestätigung. Es ist die hormonale Hemmungtheorie des holländischen Anatomen L. Bolk.[1] Nach ihm müssen wir annehmen, daß die „Urvorfahren des heutigen Menschen, die Urhominiden, im fünften Lebensjahr geschlechtsreif wurden" (S. 24). Es sind nach ihm sogenannte „Retardierungs- und Fetalisierungsvorgänge", die zu dem Hinausschieben der sexuellen Reifung des Menschen bis zu dem heutigen Pubertätsalter geführt haben, und die er überhaupt als das Charakteristische des *homo sapiens* erkennt. Einen Beweis dafür sieht er in der merkwürdigen, spezifisch menschlichen, starken Diskrepanz

---

[1] L. Bolk: Das Problem der Menschwerdung. G. Fischer. Jena 1926. Den Hinweis auf dieses Buch verdanke ich G. Bally.

der Entwicklung des „Germa" und „Soma". Unverkennbar läßt sich dieses
beim weiblichen Menschen aufzeigen. „Das weibliche Germa ist, wenn
das Mädchen vier oder fünf Jahre alt ist, substantiell fertig." Nach dem
Handbuch von Keibel und Mall ist nämlich das Ovarium mit drei Wochen
17 mm lang, 5 mm breit; mit eindreiviertel Jahren 20 mm beziehungsweise 7 mm; mit vier Jahren 27 mm beziehungsweise 12 mm; mit vierzehn Jahren eher etwas kleiner, nämlich 26 mm beziehungsweise 12 mm.
„Es tritt also", wie Bolk sagt, „ungefähr im fünften Jahre eine
Ruhepause ein; die Funktion darf noch nicht anfangen, da das Soma
der Konsequenz dieser Funktion, der Konzeption, noch lange nicht gewachsen ist. Es muß eine Kraft im Organismus vorhanden sein, die sich
diesem In-Funktion-Treten entgegensetzt ..."

Unschwer erkennen wir hierin den biologischen Unterbau der
Freudschen Lehre von der frühkindlichen Phase der Sexualität und der
sich daran anschließenden Latenzzeit.

VI

Versuchen wir schließlich, eine Erklärung für die dem Menschen analoge
späte Pubertät des Elefanten zu geben. Diese Tatsache widerlegt zwar
Bolks Annahme von der Einzigartigkeit der menschlichen Entwicklung in
der gesamten Tierwelt, aber sie bringt uns zugleich eine neue Bestätigung
für Freuds Eiszeiterklärung:

Die Elefanten sind nämlich eine Tierart, die auch in anderer Hinsicht „in der heutigen Säugetierwelt", wie L. Heck sagt, „vollkommen
allein steht. Wenn man ein lebendiges Säugetier anführen will, von dem
heute keinerlei nähere Verwandte mehr leben, so darf man nicht etwa
an den Menschen denken, sondern man muß den Elefanten nennen.
Elefantenblut gibt mit keinem andern Säugetierblut im Reagensglas eine
Verwandtschaftsreaktion." (Brehm, S. 526.) Daß diese auch in paläontologischer
Betrachtung sehr eigenartige Tierform die gleiche Hinausschiebung der
sexuellen Reife hat wie der heutige Mensch, läßt auf gemeinsame äußere
Ursachen schließen. Während die Mammutformen und andere Vorstufen des
Elefanten, wie insbesondere das „altterziäre eozäne Moristier" (Brehm,
S. 579), untergingen, hat sich die neue Art der heutigen Elefantenfamilie
mit ihrer charakteristischen Spätpubertät erst in der Eiszeit entwickelt
Es ist offenbar der gleiche Anpassungsversuch der Natur, der diese einzig-
artigen Tiere und den damaligen Menschen zu der starken Retardierung

der Fortpflanzungsreife veranlaßte und damit zu dem zweizeitigen Ansatz der menschlichen Sexualität führte. [1] — Für eine tiefere Begründung der wundersamen Übereinstimmung müßten uns die zuständigen naturwissenschaftlichen Disziplinen oder ein paläontologisch gebildeter Analytiker zu Hilfe kommen.

[1) Daß etwa auch der Elefant einen atavistischen ersten Ansatz der Sexualität habe, ist nicht zu erwarten. Von anderen Faktoren abgesehen, ist er nach Heck eine selbständige Tierart und nicht als unmittelbare Fortsetzung der in der Eiszeit untergegangenen Mammute anzusehen.

Die platonische Liebe

Von

Hans Kelsen

Köln

I. Eros

§ 1. Das Erosproblem in der Platonforschung. Mehr noch als jedes andere geistige Schaffen ist das der großen Ethiker verwurzelt in ihrem persönlichen Leben, entspringt alle Gut-Böse-Spekulation — und Platons Philosophie ist im wesentlichen als eine solche zu verstehen[1] — aus dem den ganzen Menschen erschütternden ethischen Erlebnis. Und so ist auch das gewaltige Pathos, von dem das Werk Platons getragen wird, sein tragischer Dualismus und die heroische Anstrengung, ihn zu überwinden, zutiefst gegründet in dem besonderen Charakter dieser philosophischen Individualität, in der Eigenart ihres Schicksals und der dadurch bedingten, höchst persönlichen Einstellung zum Leben. Die Linie des platonischen Lebens aber wird grundlegend bestimmt durch die Leidenschaft der Liebe, durch den p l a t o n i s c h e n Eros. Das Bild, das wir uns vom Menschen Platon aus den von ihm hinterlassenen Dokumenten machen können, zeigt nicht eine kühl-kontemplative Gelehrtennatur, die ihr Genügen daran findet, die Welt erkennend zu erleben, keinen Philosophen, dessen Sinnen und Trachten nur darauf gerichtet ist, das Getriebe des menschlichen wie außermenschlichen Geschehens zu schauen und zu durchschauen, die verwirrende Fülle des Gegebenen klärend zu erklären; sondern eine von den gewaltigsten Affekten erschütterte Seele, in der — verschwistert mit ihrem Eros, von diesem nicht zu scheiden — ein nicht zu unterdrückender Wille zur Macht, zur Macht über Menschen lebt. Menschen liebend zu bilden, bildend zu lieben und ihre Gemeinschaft als eine Liebesgemeinschaft zu gestalten, ist die Sehnsucht dieses Lebens, die Form des Menschen und die

---

[1] Dies werde ich in einer demnächst zu publizierenden ausführlichen Untersuchung aufzeigen. Dieser ist die folgende Darstellung entnommen.

Reform seiner Gemeinschaft sein Ziel.[1] Darum nimmt sein Denken sich nichts anderes so sehr zum Gegenstand, wie die Erziehung und den Staat. Und darum wird ihm zum höchsten Problem: das Gute, die Gerechtigkeit, die die einzige Rechtfertigung für die Herrschaft von Mensch über Mensch, die einzige Legitimation der Paideia nicht weniger als der Politeia ist. Aber die pädagogisch-politische Leidenschaft Platons strömt aus der Quelle seines Eros. Ist einmal erkannt, daß von diesem Eros die Dynamik des platonischen Philosophierens ausgeht, dann darf man auch vor der Eigenart dieses platonischen Eros nicht die Augen verschließen. Denn die Eigenart dieses Eros ist es, die Platons persönliches Verhältnis zur Gesellschaft im allgemeinen und zur athenisch-demokratischen Gesellschaft im besonderen, die seine Flucht vor dieser Welt und zugleich seine Sehnsucht bestimmt, sie gestaltend zu beherrschen. Die Besonderheit dieses Eros ist es, die den platonischen Chorismos und zugleich den Drang erklärt, ihn zu überwinden. Ohne diesen besonderen Eros ist weder der Mensch noch sein Werk zu verstehen.

Dieser Eros, der in Platons Leben und Lehre die entscheidende Rolle spielt, ist nicht das Gefühl, an das man zunächst zu denken pflegt, wenn von Liebe die Rede ist; ist nicht die körperliche und seelische Anziehung, die Wesen verschiedenen Geschlechts miteinander verbindet, die das Männliche zum Weiblichen, die Frau zum Manne drängt, und in der wir ein Grundgesetz alles Lebens erkennen müssen. Der platonische Eros ist gleichsam eine Ausnahme von diesem Gesetz, eine Abweichung von der die große Masse der Menschen beherrschenden Norm. Er ist die Liebe zwischen gleichgeschlechtlichen Wesen, er ist im besonderen der Trieb, der den Mann zum Manne treibt und der in der antiken Welt in gewissen gesellschaftlichen Schichten als Knabenliebe (παιδεραστία) verbreitet war. Es ist ja noch nicht allzu lange her, daß man den Mut gefunden hat, jener falschen Prüderie entgegenzutreten, die den platonischen Eros nicht anders denn als eine Metapher für den Drang zur Philosophie deuten zu dürfen glaubt.[2] Aber

---

1) Vgl. dazu Kurt Singer: Platon der Gründer. 1927. S. 159.
2) Vgl. etwa Zeller: Die Philosophie der Griechen, II, 5. Aufl., S. 610, oder Robin: La théorie Platonicienne de l'amour, Paris 1908: „Néanmoins il est bien certain que l'amour des jeunes-gens dut lui sembler plus voisin qu'aucun autre de l'amour philosophique, pourvu que les inspirations auxquelles il donne lieu conservent un caractère tout moral et n'aient rien de commun avec la passion sensuelle. La grande raison qui fit préférer l'homme à la femme, c'est que l'immatérialité de cet amour, qui est tout idéal quand il est ce qu'il doit être, c'est que le culte de la Science, qui en est le moyen, et la connaissance du bon et du beau, qui en est la fin, ne permettent guère qu'il ne se développe qu'entre deux philosophes, l'un maître, l'autre disciple. (Manuel de Philos. anc., II, 104, e). Au reste le seul amour des jeunes-gens auquel les Lois consentent à faire place dans la cité est celui qui a la vertu pour but et qui vise à rendre

es ist freilich auch nicht allzu lange her, daß wir den homosexuellen Eros richtiger verstehen gelernt haben. Der modernen, auch in die Tiefe des Unbewußten dringenden Seelenforschung verdanken wir die Einsicht, daß der Gegensatz von gleich- und andersgeschlechtlicher Liebe keineswegs so schroff ist, wie man bisher geglaubt hat, daß in den Abgründen jedes Menschenherzens unter der manifesten Schichte der heterosexuellen auch die homosexuelle Libido schlummert; und daß schon darum allein den sogenannten Normalen vom sogenannten Abnormalen keineswegs jene Kluft trennt, die zu der empörten Verachtung des einen durch den anderen, die den Normalen berechtigen würde, den Abnormalen zu verabscheuen. Eine mit feineren Methoden arbeitende Psychologie und Charakterologie lehrt uns, daß es gerade das Bewußtsein normwidriger Veranlagung ist, dem die stärksten sittlichen Antriebe entspringen. Und die biographische Forschung zeigt uns in zunehmendem Maße die sexuell abnormale Veranlagung der größten Genies. Schon ein Blick in die Jugendentwicklung gerade der bedeutendsten Persönlichkeiten kann darüber belehren, wie vorsichtig man in der ethischen Beurteilung erotischer Abweichungen sein muß, wie wenig man die sexuelle mit der sittlichen Norm identifizieren darf. Und obgleich es heute schon eine Selbstverständlichkeit sein sollte, daß man die schuldige Ehrfurcht vor einem ganz Großen im Reiche des Geistes auch nicht im entferntesten verletzt, wenn man sich um Verständnis für seinen Eros bemüht, weil ohne diesen Eros kein Verständnis seiner Persönlichkeit und ohne dieses kein volles Verstehen seines Werkes möglich ist, und obgleich es sich heute nicht minder von selbst verstehen müßte, daß es der Größe und Verehrungswürdigkeit einer historischen Persönlichkeit keinerlei Ab-

---

meilleur celui qui en est l'objet (VIII, 837 B—D). *En resumé, l'amour tel que le comprend Platon c'est un amour dans lequel la passion n'a point de part: qu'il ait son origine dans l'émotion qui donne naissance à l'amour charnel, soit tel que le veut la nature, soit tel que l'a fait la dépravation des mœurs, ce n'en est pas moins tout autre chose. C'est un amour qui, détourné des objets sensibles accoutumés, tend seulement vers la science et vers la vertu, ce qui, d'ailleurs, n'est pour lui qu'un seul et même but."* Ferner C. Ritter, Platon, sein Leben, seine Schriften, seine Lehre, 1910—1923. I, S. 170: „Jedenfalls verdammt Platon aufs schärfste alle widernatürlichen Laster, namentlich die Päderastie in dem schlimmen Sinne eines unkeuschen sinnlichen Verhältnisses, in dem das Wort gewöhnlich von uns verstanden wird, obwohl es, wie jeder Leser des Symposion und Phaidros wissen kann, auch eine ganz andere Bedeutung des Wortes gibt, die für das Verhältnis des Sokrates oder des Platon zu ihren Schülern zutrifft: die Bedeutung eines auf gleiches wissenschaftliches und sittliches Streben gegründeten Zusammenschlusses von Älteren und Jüngeren zum Zweck gegenseitiger Anregung und Förderung." Vgl. dagegen Kurt Hildebrandt: Übersetzung von Platons Gastmahl (Philosoph. Bibliothek, Bd. 81, 2. Aufl.), Einleitung, S. 32.

bruch tun kann, wenn man erkennt, daß ihr Eros nicht den allgemeinen Weg alles Fleisches gegangen ist, so hat man doch auch in jenen Kreisen, die das größte Verdienst um eine richtige Deutung des Eros und damit des ganzen Werkes Platons erworben haben, noch immer nicht volle Klarheit über die Eigenart dieses Eros geschaffen und darum auch noch nicht das letzte Verständnis für wesentliche Punkte der platonischen Lehre gewonnen. Zwar daß Platon Liebe, die wirkliche Liebe und nicht etwas von ihr Wesensverschiedenes meint, wenn er von Eros spricht, das wird von dieser neuesten Platoninterpretation mit Nachdruck betont. Und so hat sie auch entdeckt, daß dieser Eros die Wurzel der ganzen platonischen Philosophie ist. Aber doch spricht man auch in diesen Kreisen nur recht allgemein von dem platonischen Eros, ohne seine — hier zweifellos erkannte — Besonderheit ins Licht zu rücken. Und da man von dieser Seite mehr auf eine Apotheose als auf eine objektiv-kritische Deutung Platons und insbesondere seiner sozialen Theorie abzielt, bleibt diese dort im Dunkel, wo ihr Verständnis sich nicht aus dem Eros überhaupt, sondern nur aus der Besonderheit des platonischen Eros ergibt.[1]

§ 2. *Der homosexuelle Eros*. Denn gerade für das Verhältnis zur Gesellschaft ist eine homosexuelle Anlage von der größten Bedeutung. Das Bewußtsein des „Andersseins als die anderen" drängt in eine schmerzvolle Isolierung und damit von vornherein in einen gewissen feindlichen Gegensatz zu der für die eigene Art verständnislosen Gesellschaft, die diese besondere Gestalt des Eros nicht nur verachtet, sondern seine Äußerungen in der Regel unter staatliche Strafe stellt. Die mit der sexuellen Normwidrigkeit bald mehr, bald weniger verbundene Verletzung auch der rechtlichen Norm, ja schon das Bewußtsein des Triebes zu solcher Rechtsverletzung erzeugt das Gefühl von Schuld und Minderwertigkeit, drängt zu einer pessimistischen Weltanschauung und schafft so den Boden für die Sehnsucht nach persönlicher Erlösung. Viel stärker noch als in dem normalen Eros ist in der homosexuellen Liebe von Mann zu Mann neben dem Wunsch sich unterordnender, ja sich verlierender Hingabe der Wille zur Herrschaft über das geliebte Wesen lebendig, zur Macht über Menschen überhaupt. Und so ist es die Eigentümlichkeit dieses Eros, daß er zwiespältig, ebenso wie gesellschafts-

---

1) Für diese Art der Platondeutung besonders charakteristisch und tonangebend: Heinrich Friedemann: Platon. Seine Gestalt. Berlin 1914. Eine übersichtliche Darstellung dieser Richtung bietet Franz Josef Brecht: Platon und der George-Kreis. (Das Erbe der Alten. Schriften über Wesen und Wirkung der Antike. Zweite Reihe. Gesammelt und herausgegeben von Otto Immisch. Heft XVII.) Leipzig 1929.

feindlich, ja weltverneinend, zur Flucht vor der sozialen Welt, so auch umgekehrt nach einer erhöhten Stellung in der Gellschaft, nach Macht und Herrschaft über sie und so zur Überwindung des Gegensatzes zu ihr, des pessimistischen Dualismus überhaupt, drängt. Das Schuld- und Minderwertigkeitsgefühl wird durch ein von sozialem Ehrgeiz gesteigertes Selbstbewußtsein kompensiert, ja überkompensiert. Es ist gerade der politische Trieb und die ihm verwandte pädagogische Leidenschaft, die in dieser seelischen Atmosphäre besonders gedeihen; aus der eben darum auch das Bedürfnis nach Rechtfertigung und damit das ethische Problem, die Frage nach der Gerechtigkeit hervorgeht, die die Legitimation der Herrschaft ist.

In einer besonderen Spielart zeigt dieser Charaktertypus eine starke Bindung an den Vater und die Brüder, Gleichgültigkeit, ja feindliche Einstellung gegen die Mutter. Mitunter liegt gerade in der Beziehung zur Mutter die Wurzel der sexuellen Perversion. Der nicht überwundene Inzestwunsch läßt den Liebenden in jedem Weibe nur die Mutter lieben und drängt daher überhaupt vom Weibe ab und dem eigenen Geschlechte zu.[1] Moralische Motive erzwingen dann immer wieder einen Verzicht auf Befriedigung des pervertierten Triebes; und diese seelische Situation liefert der melancholischdepressiven Komponente des Charakters, dem durch das hypertrophisch gesteigerte Selbstbewußtsein nie ganz kompensierten Gefühl der Minderwertigkeit und damit seiner Neigung zu pessimistischer Weltanschauung stets neue Nahrung. Dabei ist häufig ein gewisser Infantilismus zu beobachten. Es ist ein Nichthinauskönnen oder Nichthinauswollen über eine bestimmte Stufe jugendlicher Erotik. Der „ewige Jüngling" ist oft nur ein solcher, der nicht wagt, erwachsen zu sein, der sich den Erwachsenen nicht gewachsen fühlt, und eben darum seinen Wunsch, über Menschen zu herrschen, anderen seinen eigenen Willen aufzuzwingen, auf ein Objekt ablenkt, das er aus irgendwelchen Gründen für tauglicher hält. Er will in der Knabensphäre bleiben und, da er herrschen will, Lehrer werden, erziehen. Der pädagogische Trieb ist sehr häufig nur ein in bezug auf das Objekt sich dem Subjekt anpassender Wille zur Macht. Knabenliebe und Knabenzucht bleiben der Inhalt solchen Lebens, das sich seine eigene Situation dadurch ideologisch verhüllt, daß es die Welt der Erwachsenen als für zu verdorben erklärt, um überhaupt noch reformiert werden zu können. Erhebt sich aber solche Haltung über den Bereich des bloß Pädagogischen ins allgemein Politische, dann zeigt sie ausgesprochen konservative, ja reaktionäre Tendenz. Die Vergangenheit:

---

1) Vgl. O. Rank: Das Inzestmotiv in Dichtung und Sage. 1912, S. 274 f.; Lagerborg: Die platonische Liebe. 1926, S. 79, 230.

das ist für den vom Schuldgefühl Gequälten und davon selbst bei Gewinnung stärksten Selbstgefühls niemals ganz Befreiten die reine, vom Vater behütete, schuldlose Kindheit. Nur die Erinnerung, das ist die Erinnerung an die eigene Kindheit, ist gut und schön und trostreich. Wieder Kind werden, zurück zur Kindheit, zurück zum Vater oder den Vätern, der väterlichen Sitte, die Wiederaufrichtung der väterlichen Autorität, darauf kommt es auch politisch an. Wie denn auch eine ausgesprochen aristokratisch-konservative, antidemokratische Grundeinstellung sich aus dieser Art des Eros ergibt. Die Eigenart des Homosexuellen muß Ausnahme bleiben, kann und darf nicht allgemeine Regel werden, wenn nicht die Gesellschaft zugrundegehen (weil aussterben) soll. Es muß also ein soziales Schema postuliert werden, das nicht den Grundsatz des gleichen, sondern des ungleichen Rechts darstellt: es muß ein Sonderrecht, weil eine Sonderstellung für die wenigen, geben, die anders sind als die vielen, und die, sofern sie ihr Minderwertigkeitsgefühl überwinden und sich überhaupt positiv zur Gesellschaft einstellen, dies nur in der Weise tun können, daß sie sich besser als die anderen dünken, sich für wertvoller als die große Menge halten. Dem homosexuellen Eros kann, angesichts der fundamentalen Ungleichheit, die er mit seiner Existenz beweist, nichts verhaßter, nichts widernatürlicher, nichts ungerechter scheinen, als die Gleichheit der Demokratie. Und so wie er auf der einen Seite zu einer durchaus konservativen, ja reaktionären Gesinnung neigt, so muß er sich doch auch auf der anderen Seite — zwiespältig und in sich widerspruchsvoll —, sofern er nach Gerechtigkeit sucht, von allen ihren Formulierungen gerade zu jener am meisten hingezogen fühlen, die — ganz revolutionär — alles Heil nur von einer völligen Umkehr erwartet. Mag das nun die innere Umkehr seelischer Wandlung, mag das die radikale Umkehrung der bestehenden gesetzlichen Verhältnisse sein, wonach die Ersten die Letzten und die Letzten die Ersten, oder gerade die zur Herrschaft berufen sein werden, die man jetzt dafür für völlig ungeeignet hält: die Philosophen.

§ 3. *Platons Verhältnis zu seiner Familie.* Was wir aus dem Leben Platons wissen, ist wenig, und das wenige ungewiß. Sein eigentlicher Name war Aristokles. Den Beinamen „Platon", unter dem er in die Unsterblichkeit eingegangen ist, hat er wegen seines breiten Körperbaues erhalten. Sein Gesicht darf man sich auf Grund der erhaltenen Überlieferung vielleicht üppig, seine Züge weich, ja weichlich vorstellen.[1] Seine Stimme, so wird berichtet, soll dünn und schwach geblieben sein; was wohl mit ein Grund für seine

---

1) Ritter, a. a. O. S. 180.

Abneigung gegen den Rednerberuf gewesen sein dürfte.[1] Von seiner Gemütsart berichtet Aristoteles,[2] er sei ein Melancholiker gewesen.[3] Nicht einmal
in seiner Jugend habe man ihn übermäßig lachen sehen, erzählt Diogenes
Laertios,[4] dem wir auch diese Verse des Komikers Dexidemides verdanken:

> „O Platon, daß du doch ewig finster blickst und sonst nichts kennst,
> Der Schnecke gleich die Brauen runzelnd feierlichst."

„Traurig wie Platon" war denn auch ein schon im Altertum geflügeltes
Wort.[5] Aber diese Melancholie, deren dunkle Schatten sich immer wieder
auch auf sein Werk herabsenken, sie weicht immer wieder einem aufs
höchste gesteigerten Enthusiasmus, der nicht minder deutlich aus seinen
Dialogen hervorleuchtet. Und gerade dieser Wechsel verleiht dem Ganzen
der platonischen Philosophie einen überaus jugendlichen Charakter.[6] Von
Platons Familienverhältnissen ist bekannt, daß er einem sehr wohlhabenden
Hause entstammte. Den Vater, einen, wie es scheint, stillen und zurück-
gezogenen Mann, hat Platon schon in früher Jugend verloren. Man darf
vermuten, daß er ihn sehr geliebt hat. Noch als Mann gedenkt er seiner
in Verehrung, denn seine beiden Brüder Glaukon und Adeimantos, Teilnehmer an dem Dialog „Politeia", läßt er hier von Sokrates — das Gedicht
eines Liebhabers Glaukons zitierend — mit den Worten apostrophieren:

---

1) Diogenes Laertios III, 4/5. Vgl. Karl Steinhart: Platons Leben (Platons sämt-
liche Werke, übersetzt von Hieronymus Müller, mit Einleitung begleitet von Karl
Steinhart. IX. Bd., 1873, S. 69 und 72.

2) Aristoteles: Problemata XXX.

3) Pohlenz: Aus Platons Werdezeit, 1913, S. 129, bemerkt dazu, daß die Melancholiker, zu denen Aristoteles den Platon rechnete, nicht etwa unsere Melancholiker
seien. „Es sind περιττοὶ ἄνδρες, bei denen die schwarze Galle in der Mischung der
körperlichen Säfte überwiegt und eine Neigung zur Anormalität bedingt, die zum
Genie wie zum Irrsinn führen kann und sich beim einzelnen Menschen in starkem
Stimmungswechsel äußert. Daß Platon solchem Stimmungswechsel unterlag, das können
wir noch bei so manchen seiner Schriften feststellen." Platon scheint jenem Typus
angehört zu haben, den man heute als „manisch-depressiv" bezeichnet.

4) Diogenes Laertios III, 26, 28.

5) Lagerborg, a. a. O. S. 81.

6) Vgl. dazu Lagerborg, a. a. O. S. 180 ff., 196 ff.; Spranger: Psychologie des
Jugendalters, S. 193. „Aber für die Jugendpsychologie ist im besonderen hinzuzufügen:
auf dieser Entwicklungsstufe sieht man gleichsam noch den jenseitigen Ursprung
der Idee; sie lebt noch ein vom Erfahrungsstoff losgelöstes Leben, unbeirrt von all
den kleinen Nuancen und Kompromissen, die sich durch Anwendung auf einen bestimmten Kulturzustand ergeben. Das χωρίς der Idee (das Abgesondertexistieren), das
in Platons mittlerer Periode so stark betont wird, entspricht daher im höchsten Maße
der Jugendstruktur des Geistes. Platons Philosophie ist eine jugendliche Philosophie."
Lagerborg meint (a. a. O. S. 196), Platons Gemütsart sei gekennzeichnet durch eine
„wiederholte Pubertät".

„Söhne Aristons, göttlich Geschlecht eines ruhmvollen Mannes."[1] Viel bezeichnender aber noch ist, daß er an einem der Höhepunkte dieses Werkes, dort, wo er die Frage nach dem Wesen des Guten bis zur äußersten Grenze des noch Aussprechbaren verfolgt, die für alle Metaphysik des Guten charakteristische Verdoppelung desselben nicht anders und nicht besser auszudrücken weiß als in dem Gleichnis des Verhältnisses von Vater und Sohn. Nur vom Sohne des Guten könne er sprechen, nicht aber vom Guten selbst, dem Vater, der hier sichtlich schon Gott selbst ist.[2] Gerade den Vater aber versucht der Mythos, der sich Platons Gestalt schon sehr bald nach seinem Tode bemächtigte, beiseite zu schieben. Der Held und Heiland hat keinen oder doch keinen irdischen Vater. Und so ist denn auch (gar nicht lange nach Platons Tod) in Athen die Rede gegangen, der Philosoph sei von seiner Mutter in unbefleckter Empfängnis gezeugt worden. Nicht Ariston, sondern der Gott, Apollon, sei der wahre Vater.[3] Das Verhältnis zu den Brüdern scheint gut gewesen zu sein, ganz besonders zum jüngeren.[4] Platon zeigt das Bestreben, das Andenken der männlichen Angehörigen seiner Familie in seinen Werken zu erhalten. Auch seinen Halbbruder Antiphon hat er (in „Parmenides") verewigt. Was um so auffallender ist, da Platon die Familie, das ist die auf der Geschlechtsverbindung von Mann und Frau beruhende Gemeinschaft in seinem Idealstaat radikal aufhebt.[5] Für einen seiner Onkel, den glänzenden Kritias, hegt er schwärmerische Verehrung.[6] Eine Frau dagegen hat in Platons Leben keine Rolle gespielt.[7] Nicht einmal das Verhältnis zu seiner Mutter Periktione, die in zweiter Ehe den Politiker Pyrilampes heiratete, hat in seinen Werken eine Spur hinterlassen. Es wäre denn, daß man Wilamowitz-Moellendorff glaubt[8] und in der einzigen Frau, die Platon geschildert, dem ehrgeizigen Weibe, das er im VIII. Buch der Politeia beschreibt,[9] ein Porträt der Mutter Platons erblickt. Da ist von einem Jüngling, „dem Sohne eines trefflichen Vaters", die Rede, der, weil er „Bürger eines nicht wohlgeordneten Staates ist", „Ehrenämter, Rechts-

---

1) Politeia II, 10 (368 St.). Vgl. dazu auch Wilamowitz-Moellendorff, Platon, 2. Aufl. 1920, I, S. 37 ff.
2) Politeia VI, 18 (506/07 St.).
3) Diogenes Laertios III, 2. Vgl. auch Steinhart: Das Leben Platons. S. 45.
4) Vgl. Wilamowitz-Moellendorff, a. a. O. S. 37.
5) Vgl. Theodor Gomperz, Griechische Denker, II. Bd., 4. Aufl., 1925, S. 426.
6) Vgl. Wilamowitz-Moellendorff, a. a. O. S. 37.
7) Karl Steinhart drückt dies a. a. O. S. 166 so aus: daß „selbst die böswillige Klatschsucht seiner Gegner von seinen erotischen Beziehungen zu Frauen nichts zu fabeln wußte". Vgl. auch Wilamowitz-Moellendorff, a. a. O. S. 37.
8) Wilamowitz-Moellendorff, a. a. O. S. 434.
9) Politeia VIII, 5 (549/550).

handel, kurz die ganze Art von Betätigungssucht meidet und lieber hinter
den anderen zurückstehen als sich mit diesen Widerwärtigkeiten herum-
schlagen will"; und dann von der Mutter, „die sich nicht dareinfinden
kann, daß ihr Mann nicht zu den Spitzen des Staates gehört und sich
dadurch zurückgesetzt fühlt hinter den anderen Frauen, auch sieht, daß
er sich wenig um Gelderwerb kümmert..., ihr selbst aber weder mit
besonderer Achtung, aber auch nicht mit Mißachtung begegnet" und die
dann „durch alles dies tief gekränkt, zu ihrem Sohne sagt, sein Vater sei
unmännlich und über die Maßen schlapp und was sonst dergleichen die
Weiber in derartiger Lage einem zu hören geben"; und durch deren Einfluß schließlich Vater und Sohn nicht gerade zum Besten geführt werden.
Und vielleicht darf man auch eine leise Andeutung in der höchst merkwürdigen Schilderung des tyrannischen Charakters suchen, die Platon im
IX. Buch der Politeia gibt.[1] Er spricht dort von so intimen Angelegenheiten
der Seele, daß man selbst dann berechtigt wäre, hier Selbstbekenntnisse zu
vermuten, wenn Platon uns nicht selbst darauf hinweisen würde, indem
er sagt, daß diese ganze Darstellung von einem komme, der „mit dem
Auge seines Geistes in das sittliche Wesen" dieses Charakters eingedrungen
sei, „der nicht nur urteilsfähig ist, sondern auch unter einem Dache mit
einem Tyrannen gewohnt hat". Gewiß hat Platon, wie aus der unmittelbar darauffolgenden Bemerkung hervorgeht, in der Sokrates sich und die
anderen Teilnehmer am Dialog für Leute erklärt, die schon mit tyrannischen Männern zu tun gehabt hätten, auf Erlebnisse zeitgenössischer Geschichte hindeuten wollen, aber doch wohl nur a u c h auf solche, und in
zweiter Linie. Der tyrannische Charakter, als dessen verderbliche Wurzel
er die Leidenschaft des tyrannischen Eros bezeichnet, wird wohl nur das
eigene, gehaßte und immer wieder unterdrückte zweite Selbst Platons sein,
von dem nur er wirklich und in tiefstem Sinne sagen kann, daß er mit
ihm „unter demselben Dache wohnt". So wie er ja auch im größeren
„Hippias", um den Konflikt zwischen einem höheren und einem niederen
Ich in der Brust des Sokrates darzustellen, diesen von sich wie von einem
Doppelgänger sprechen und ihn von diesem zweiten Ich sagen läßt:

> „Er ist mein nächster Verwandter und wohnt mit mir in demselben Hause. Wenn
> ich also nach Hause komme, und er hört mich so reden, dann fragt er, ob ich mich
> nicht schäme..."[2]

---

1) Politeia IX, 4 (577 St.).
2) Vgl. dazu O. A p e l t s Übersetzung des „Hippias major", Philosophische Bibliothek,
Bd. 172 a, 2. Aufl., 1921, S. 6; und eine ähnliche Wendung im Dialog „Nomoi" IX,

Von welch anderem Tyrannen als von dem in seiner Brust kann Platon sprechen, wenn er ihn vor allem durch seine Träume charakterisiert, die so verbrecherisch sind, daß sie nur kennt, wer sie selber träumt. Es sind Träume, von denen Platon sagt, daß es

„keine Unvernünftigkeit und keine Schamlosigkeit gibt, auf die sich der Tyrann in ihnen nicht einließe, keine Blutschuld, die er auf sich zu laden nicht bereit wäre".

Und unter allen Verbrechen steht an erster Stelle:

„Der eigenen Mutter beizuwohnen, oder irgendwelchem anderen Wesen, sei es Mensch, Gott oder Tier."

Wäre es nicht die eigene Seele, die Platon damit enthüllt, nicht die verborgensten Wünsche, die er sich selbst zur Strafe preisgibt, wie wäre die Bemerkung zu verstehen:

„Wir sind damit allerdings etwas weiter gegangen, als unmittelbar nötig war; was wir uns klar machen wollen, ist doch nur dies, daß einem jeden eine gefährliche, wilde und ordnungswidrige Art von Begierden innewohnt, selbst manchen unter uns, die vollkommen tugendhaft zu sein scheinen, und dies gibt sich dann in den Träumen kund."[1]

§ 4. *Platons Stellung zur Frau.* Doch bedarf es gar nicht solcher gewiß recht schwankender Stützen, um Platons völlig abwegige Einstellung zur Frau als Gattin und insbesondere als Mutter zu erkennen. Denn der Wert oder Unwert, den ihr Platon zuerkennt, erhellt deutlich daraus, auf welcher Seite sie in dem zweigeteilten Weltgebäude der platonischen Gut-Böse-Spekulation steht. Wenn es Platon auch nicht ausdrücklich erklärt, so kann doch kein Zweifel daran bestehen, daß er im männlichen Prinzip das Gute, im weiblichen das Böse erblickt.

a) *„Philebos" und „Timaios."* Im „Philebos", wo der Kampf des Guten gegen das Böse als Unterwerfung der Lust unter die Vernunft dargestellt wird, tritt diese als männliche, jene aber als weibliche Gottheit auf. Sie wird wie dem Bereich des Werdens so dem des Apeiron, des Unbegrenzten, zugewiesen, die beide als der Bereich des Bösen im Gegensatz zur Idee, dem Guten, stehen.[2] Im Schöpfungsmythos des Dialogs Timaios, wo Platon bemüht ist, die empirische Welt des Werdens als eine Mischung zwischen dem Seienden der Idee, die für ihn das Gute ist, und der Materie, die hier die analoge Rolle spielt, wie in früheren Dialogen das Nicht-

---

873 C, wo Platon den Selbstmord mit den Worten umschreibt: „Wie aber soll es nun dem ergehen, der seinen allernächsten Verwandten und Geliebten, über den ihm nichts geht, umbringt?"

1) Politeia IX, 1 (571/72 St.).

2) Philebos XV (28 St.). Vgl. dazu Frie de mann, a. a. O. S. 99. „Als mischung ist die lust ein apeiron. Apeiron und lust sind grenzenlos, passiv und weiblich . . ."

seiende, das bei Platon der Repräsentant des Bösen ist, vergleicht er das
Seiende, die Idee oder das „Urbildliche", mit dem Vater, und die an Stelle
des Nichtseienden tretende Materie, das, worin das Werdende wird, das
Substrat des Werdens, mit der Mutter.[1] Und ganz ähnlich sind die Rollen
in dem Mythos von der Geburt des Eros verteilt, der im „Symposion" erzählt
wird. Sein Vater ist der Reichtum, der Sohn der Klugheit, seine Mutter
aber die törichte Armut. Diese listet dem betrunkenen Reichtum den Bei-
schlaf ab, in dem Eros erzeugt wird als Kind eines „weisen und gaben-
reichen Vaters" und einer „unweisen und unbegabten Mutter". Nur gegen
den Willen des Mannes kommt der Geschlechtsakt zustande, dessen Produkt
alles Gute vom Vater, alles Schlechte von der Mutter hat.[2] Noch deutlicher
aber drückt sich Platons sexualphilosophische Wertung der Frau in seiner
Seelenwanderungslehre aus, wie sie im „Timaios" — an zwei verschiedenen
Stellen — dargestellt ist. In der ersten heißt es, daß bei der Weltschöpfung
auf jeden Stern eine Seele kam. Die Einkörperung, das ist die irdische
Geburt, erfolgt in der Weise, daß die Seelen zunächst als Männer auf die
Welt kommen. Die erste Menschheit ist somit eine männliche; doch gibt
es in dieser frauenlosen Gesellschaft schon „Liebesleidenschaft". Wenn
diese Mann-Menschen über ihre Leidenschaften die Herrschaft behaupten,
d. h.: ein gerechtes Leben führen, kehren ihre Seelen wieder auf ihren
Stern zurück; wer aber, von seinen Leidenschaften überwältigt, ein un-
gerechtes Leben führt, der muß

„bei der zweiten Geburt die Natur des Weibes annehmen und wenn er auch in
dieser Gestalt sich noch nicht seiner Bösartigkeit entschlagen hätte, dann müßte er
sich entsprechend der Art seiner Schlechtigkeit jedesmal in ein tierisches Wesen von
ähnlicher Beschaffenheit verwandeln, wie er sie in sich selbst hätte entstehen lassen,
und könne dieses leidvollen Wechsels nicht eher ledig werden, als bis er . . . durch
vernünftige Einsicht Herr geworden und so wieder zu der Form seiner ersten und
edelsten Beschaffenheit zurückgekehrt wäre".[3]

Die Existenz des Weibes wird also geradezu gedeutet als Strafe für die
Sünde des Mannes. Im ersten Unschuldsstande ist der Mensch, der Gottheit
noch am nächsten, Mann. Im platonischen Paradies gibt es nur Männer.

---

1) Timaios 18 (50 St.). „Für jetzt müssen wir drei Gattungen in Betracht ziehen,
das Werdende, das worin es wird, und das Urbild, von dem das Werdende als Abbild herstammt; und es hat wohl seinen guten Sinn, wenn wir das Aufnehmende
vergleichen mit der Mutter, das Urbildliche mit dem Vater, und das zwischen beiden
Stehende mit dem Kinde". 49 St. wird die Materie als das Substrat des Werdens,
„als Empfängerin und gleichsam als Amme alles Werdens" bezeichnet.
2) Symposion 23 (203/04 St.).
3) Timaios 14 (41/42 St.). Vgl. auch Lagerborg, a. a. O. S. 25.

Im Schlußkapitel des Dialoges von der Weltschöpfung kommt Platon noch ein zweitesmal auf diesen Abstieg der Seelen von Mann zum Weib und vom Weib zum Tier zurück, und hier sagt er:

„Von denen, die als Männer geboren waren, wurden alle diejenigen, die feige waren, und ein frevelhaftes Leben führten, nach allem, was die Wahrscheinlichkeit lehrt, bei der zweiten Geburt in Weiber verwandelt. Und gleichzeitig damit schufen die Götter aus diesem Grunde den Zeugungstrieb durch Bildung einer Art beseelten Wesens, das sie in uns Männern, und eines anderen, das sie in den Weibern entstehen ließen."

Die Scheidung in zwei Geschlechter und der Trieb zur geschlechtlichen Zeugung, der den Mann mit dem eine böse Seele verkörpernden Weibe verbindet, ist hier — nicht die Ursache, sondern — die Folge des Sündenfalles.

In der nun folgenden Physiologie und Anatomie der beiden Geschlechter betont Platon

„die Unfügsamkeit und Selbstherrlichkeit der männlichen Schamteile, deren rasende Begierden keinen Widerstand dulden, unzugänglich wie ein Tier für jeden Zuspruch der Vernunft".

Von den weiblichen Geschlechtsorganen aber sagt er, daß sie „mit der Begierde nach Kindererzeugung" verbunden seien. Nur bei der Frau, nicht aber beim Manne, wird der Sexualtrieb als „Begierde nach Kindererzeugung" gedeutet. Der Weg zum Tier scheint aber hier nicht über das Weib zu gehen, denn Platon sagt, nachdem er die Entstehung des Weibes geschildert:

„So sind also Weiber und alles Weibliche entstanden. Das Geschlecht der Vögel aber entwickelte sich, indem es statt der Haare Federn bekam, durch Umgestaltung aus solchen Männern, die zwar harmlos, aber leichtsinnig waren und sich zwar mit den himmlischen Erscheinungen beschäftigten, aber so einfältig waren zu glauben, daß das Gesicht die sichersten Erklärungen dieser Dinge liefere. Das Geschlecht der Landtiere sodann entwickelte sich aus solchen, die aller Liebe zur Weisheit bar waren und sich der Betrachtung der Himmelserscheinungen völlig verschlossen ... Die unverständigsten unter den Männern aber ... wurden ... zu fußlosen, auf der Erde sich fortwindenden Geschöpfen gemacht. Das vierte Geschlecht endlich, die Wassertiere, entstanden aus den Allerunvernünftigsten und Unwissendsten ..., die zur Strafe für den tiefsten Grad der Unwissenheit auch die tiefsten Wohnsitze angewiesen erhielten. Und auf diese Weise werden denn noch jetzt wie damals alle lebenden Wesen ineinander verwandelt, indem sie je nach dem Verlust und Gewinn von Vernunft und Unvernunft ihre Gestalt wechseln."[1]

Bei dieser Darstellung der Seelenwanderungslehre hat es den Anschein, als ob die Wiedergeburt als Weib die Strafe für Frevel und Unsittlichkeit, die Wiedergeburt als Tier aber die Strafe für Dummheit und Unwissenheit wäre.

---

[1] Timaios 44 (90—92 St.).

b) „Politeia". Diese Anschauung Platons von der Identität oder doch Affinität des Weibes mit dem Prinzip des Bösen scheint der Stellung zu widersprechen, die Platon der Frau im Idealstaat der „Politeia" einräumt. Innerhalb der Ordnung, die dort für die herrschende Klasse der Krieger und der aus ihnen hervorgehenden Philosophen gilt, ist die Frau dem Manne grundsätzlich gleichgestellt, wird sie zu den gleichen Funktionen wie der Mann, insbesondere also zum Militärdienst, herangezogen. Aber diese Gleichstellung der Frau beruht nicht darauf, daß Platon dem weiblichen Geschlecht den gleichen Wert zuerkennt wie dem männlichen, sondern darauf, daß er die Frau als solche ignoriert, daß er ihre geschlechtliche Eigenart, für die er kein Empfinden hat, nicht anerkennt, ja geradezu verneint. Das zeigt sich deutlich genug, wenn Platon ernstlich den Vorschlag macht,

„daß sich die Frauen in den Ringschulen unbekleidet neben den Männern üben"

und daß er dabei besonderer Rechtfertigung nur für nötig hält, daß dies nicht nur für die jungen Frauen gelten soll, sondern sogar auch für

„die schon älteren; wie man es ja auch bei bejahrten Männern sieht, die ungeachtet ihrer Runzeln und ihres wenig erfreulichen Aussehens dennoch mit Eifer den Turnübungen obliegen".[1]

Die gleiche geschlechtliche Indifferenz der Frau gegenüber geht aus den Argumenten hervor, mit denen er die Gleichstellung der Frau gegen naheliegende Einwände begründet. So der eine: Wenn die Männer der herrschenden Klasse „gleichsam zu Hütern einer Herde" gemacht werden sollen — darin bestehe im wesentlichen die Funktion des Phylakes —, dann ist nicht einzusehen, warum nicht auch die Frauen das gleiche leisten sollen, so wie ja auch

„die weiblichen Schäferhunde den nämlichen Wachedienst mitübernehmen, den die männlichen verrichten und mit auf die Jagd gehen und gemeinsam mit ihnen auch die übrigen Obligationen verrichten, oder sollen sie nur drinnen das Haus hüten als unabkömmlich wegen des Gebärens und Ernährens der Jungen, die Männer aber allein den mühseligen Dienst tun und alle Fürsorge für die Herde auf sich nehmen?"[2]

Wenn Platon diese Frage entschieden verneint, und nur die schwächere Konstitution der Frau zu berücksichtigen für nötig erklärt, so ist dabei der Gedanke entscheidend, daß auch bei den Hündinnen das Gebären und Ernähren der Jungen keine von der Verwendung der männlichen Hunde verschiedene Behandlung begründet. Und noch blinder für die geschlecht-

---

1) Politeia V, 5 (452 St.). Vgl. auch Lagerborg, a. a. O. S. 13/14.
2) Politeia V, 5 (451 St.).

liche Wesensverschiedenheit der Frau ist das Argument, daß der Unterschied zwischen Mann und Frau kein anderer sei und daher bei der Einstellung der Frau in die soziale Gemeinschaft ebensowenig Berücksichtigung verdiene, als der zwischen Kahlköpfigen und Vollbehaarten.[1] Man könnte geltend machen, daß die ganze Institution der Weiber- und Kindergemeinschaft, die Platon für die herrschende Klasse seines Idealstaates vorschreibt, einem Doktrinarismus entstammen muß, dem kein tieferes Erlebnis der Liebesgemeinschaft mit einer Frau, dem keinerlei innere Anteilnahme an Ehe und Familie ein Gegengewicht bietet. Aber eine deutlichere Sprache als alle abstrakten Institutionen des platonischen Idealstaates spricht ein Detail, das bei der Darstellung der Kindergemeinschaft unterläuft.

Wenn jemand den Vorschlag macht, „daß die Frauen den Männern allen gemeinsam angehören und keine mit keinem für sich zusammen wohnen, und daß auch die Kinder gemeinsam sein sollen" und daß diese Kinder nach ihrer Geburt von den dazu bestellten Behörden übernommen werden sollen: auf welchen Einwand muß er gefaßt sein, wenn er bei den Frauen kein geringeres Muttergefühl voraussetzt, als es sogar unter Tieren zu beobachten ist? Daß die Mütter ihre Kinder bei den staatlichen Behörden werden nicht lassen, daß sie zumindest ihre eigenen selbst werden säugen wollen. Und der Staatsmann, der diesen Urtrieb sich nicht auswirken lassen will, wird vor allem dafür sorgen müssen, daß die Mütter ihre eigenen Kinder nicht kennen dürfen. Aber Platon glaubt nur fordern zu müssen, daß „weder der Vater sein Kind, noch das Kind seinen Vater" kenne.[2] Von der Mutter kein Wort. Wer an dieser Stelle von ihr schweigt, dem hat die Natur alles Wissen um Mütterlichkeit und damit das Verständnis für eine der gewaltigsten Triebkräfte des gesellschaftlichen Lebens versagt. Daher kommt es, daß Platon in seiner „Politeia" die Beziehung zwischen Mann und Frau nicht anders betrachtet als ein Züchter die zwischen männlichen und weiblichen Tieren, daß er auch in seinen „Nomoi", wo er den Gedanken der Weibergemeinschaft fallen und die Ehe wieder bestehen lassen hat, diese unter eine staatliche Kontrolle stellt, die jedes normale Gefühl verletzen muß.

c) Der Mythos des „Politikos". Aber sein innerstes Verhältnis zu diesem wie zu manch anderem Problem enthüllt er im Mythos. An dem — schon früher erwähnten — Mythos des „Timaios" muß auffallen, daß in dem Menschengeschlecht, das aus der ersten Verkörperung der Seelen entsteht,

1) Politeia V, 4/5 (454 St.).
2) Politeia V, 7 (457 St.).

eine geschlechtliche Fortpflanzung überhaupt nicht möglich ist, da dieses Geschlecht nur aus Männern besteht. In dem großen Mythos des „Politikos" aber, der auch eine Weltentwicklung schildert, wird die geschlechtliche Fortpflanzung in dem goldenen Zeitalter, in dem für die Bedürfnisse der Menschen ohne deren Zutun reichlich gesorgt ist und das ungefähr der Periode der Mann-Menschheit des „Timaios" entspricht, ausdrücklich ausgeschaltet und für sie ein höchst merkwürdiger Ersatz geschaffen. Es wird erzählt,[1] daß die Welt bald unter der Herrschaft der Gottheit stehe, bald nur von ihrer eigenen Kraft getrieben werde, dann nämlich, wenn die Gottheit das Steuerruder aus den Händen gebe und die Welt ihrem eigenen Lauf überlasse. Die unter der göttlichen Leitung sich vollziehende Bewegung führe zum Guten, die andere zum Bösen. Ist dieses bis zum Äußersten gediehen, ergreift Gott wieder das Regiment und lenkt die Welt in die entgegengesetzte Richtung. Der Wechsel der Leitung bedeutet eine völlige Umkehr aller Verhältnisse. Unter ihnen spielt die geschlechtliche Fortpflanzung eine höchst bemerkenswerte Rolle. Dieses Problem wird von Platon hier besonders ausführlich behandelt, es steht eigentlich im Mittelpunkt des ganzen Mythos. Und da ist es nun sehr auffallend, daß die geschlechtliche Fortpflanzung in die Periode des Bösen fällt, da die Welt, „dem eigenen Triebe folgend", sich bewegt. Und so müssen die Menschen in dieser Periode auch „durch eigene Kraft und durch Einfluß des nämlichen Triebes" — der ein Trieb des Bösen und zum Bösen ist — „zeugen und erziehen";[2] so wie sie in dieser Periode ja auch nur durch eigene Kraft, durch Arbeit für ihre anderen Bedürfnisse sorgen müssen. Da die Wendung, die die Wiederaufnahme der Regierung durch die Gottheit herbeiführt, eine Wendung vom Bösen zum Guten und damit eine vollkommene Umkehrung aller Verhältnisse in der von Gott verlassenen und ihrer eigenen Kraft, der Kraft des Bösen überlassenen Welt bedeutet, kann es unter dem göttlichen Weltregiment keine geschlechtliche Fortpflanzung geben. Nicht als Folge des Geschlechtsaktes werden die Menschen geboren, sie gehen nicht als Kinder aus dem Mutterleib hervor, um allmählich älter zu werden, zu sterben und begraben zu werden; sondern es ist gerade umgekehrt: Aus der Erde steigen die Menschen als Greise hervor, um allmählich jünger zu werden und schließlich als Samen wieder in die Erde zu fallen. Mit der Rückkehr der Greise zum Zustand des Kindes hängt zusammen, „daß auch die Gestorbenen, die in der Erde liegen, dort wieder Gestalt annehmen, und wieder zum

---

1) Politikos XIII ff. (269 St. ff.).
2) Politikos XVI (274 St.).

Leben gelangen, indem mit der Umkehrung des Alls auch die Entstehungsweise in das Gegenteil umschlug".[1] Es ist eine Auferstehung der Toten, die hier
neben der ursprünglichen Entstehung aus der Erde an Stelle der geschlechtlichen Fortpflanzung, an Stelle der „Erzeugung untereinander" tritt. Daß es
in dem Paradies des „Politikos"-Mythos keine Frauen gibt, das wird zwar
nicht behauptet, aber sie sind überflüssig: die Fortpflanzung erfolgt ohne sie.[2]

§ 5. „Der knabenliebende Eros." Daß Platon nicht nur kein Verständnis
für die geschlechtliche Eigenart der Frau gehabt hat, sondern daß ihm
die Liebe zur Frau völlig fremd gewesen sein muß, das geht auch daraus
hervor, daß er, der so viel von Liebe spricht, der der Liebe im Leben des
Einzelnen wie im Ganzen des Universums eine so zentrale Stelle einräumt,
dabei immer und ausschließlich nur die Knabenliebe im Auge hat. Daß
der Eros Platons nicht etwa dasjenige ist, was wir heute Freundschaft nennen,
sondern daß sein Eros auch noch auf der höchsten Stufe der Vergeistigung
eine ausgesprochen sinnliche Grundlage hat, daß es ein sexueller Eros ist,
der in seinem Leben und in seiner Lehre die Hauptrolle spielt, kann ernstlich
nicht bezweifelt werden.[3] Zu deutlich, kaum in einem anderen Punkte so
deutlich, ist die Sprache seiner Dialoge.

a) „Charmides" und „Lysis". Nur aus dem eigenen Erleben kann Platon
im „Charmides" die realistische Schilderung der Gefühle geben, die den
Sokrates beim Anblick des schönen Jünglings ergreifen. Schon die Szene,
die dem Auftreten des Charmides vorangeht, ist voll erotischen Fluidums.
Als ein guter Dramatiker schickt Platon erst eine Schar von Liebhabern
des schönen Charmides auf die Bühne. Wie dann er, der Vielgeliebte, selbst
kommt, will ein jeder ihm Platz machen auf der Bank und „wir hörten
damit erst auf", läßt Platon den Sokrates, den reifen Mann unter den verliebten Jünglingen, sagen,

„als wir den Letzten auf der einen Seite zum Aufstehen gebracht, den Letzten
auf der anderen Seite durch den Druck von seinem Sitz auf den Boden befördert

---

1) Politikos XV (271 St.).

2) Daß die geschlechtliche Fortpflanzung erst mit Beginn der zweiten Weltepoche
einsetzt, ist alte iranische Lehre. Auch sonst zeigt der Politikos-Mythos Elemente,
die einen Einfluß altpersischer religiöser Vorstellungen auf Platon wahrscheinlich
machen. Vgl. Reitzenstein, Platon und Zarathustra. Vorträge der Bibliothek War-
burg 1924/25. 4. Bd. 1927. S. 32 ff. Aus diesem Einfluß ließen sich auch gewisse
auffallende Parallelen erklären, die zwischen dem platonischen Mythos und der jüdisch-
christlichen Lehre vom messianischen Reiche bestehen, das als ein Zeitalter der
Gerechtigkeit auf die satanische Periode des Bösen folgen wird.

3) Vgl. dazu Bethe: Die dorische Knabenliebe, ihre Ethik und ihre Idee. Rheini-
sches Museum. Neue Folge. 62. Bd. 1907. S. 438 ff.

hatten. Er aber trat herzu und ließ sich zwischen mir und dem Kritias nieder. Schon da, mein Bester, kam ich aus dem Gleichgewicht und wie mit einem Schlage war es nun vorbei mit dem kühnen Selbstbewußtsein, das mich vorher glauben ließ, nichts würde mir leichter fallen, als mich mit ihm zu unterhalten. Als er aber nun ... seine Augen auf mich richtete und mir einen ganz unbeschreiblichen Blick zuwarf, und sich anschickte, mich zu befragen ..., da, mein edler Freund, fiel mein Blick in sein Gewand. Das zündete bei mir wie ein Feuerfunke: ich verlor alle Fassung und zweifelte nicht, daß in Liebessachen nichts über die Weisheit des Kydias gehe, der, von einem schönen Knaben redend, einem anderen den Rat gab, ,es soll sich das Reh hüten, dem Löwen in den Weg zu kommen und unvermögend sich zu retten, ihm zur leckeren Beute zu werden'. Denn mir kam es vor, als wäre ich selbst in die Gewalt eines solchen Ungeheuers gefallen."[1]

Sinnlichkeit ist auch der Kern der „Freundschaft", die das Thema des Dialogs „Lysis" bildet.[2] Diese Freundschaft ist der Eros des „Symposion" und des „Phaidros", ist die παιδεραστία in ihrer ganzen, für Platon so schmerzvollen und so beseligenden Eigenart.

Die Leidenschaft des Hippothales für den schönen Lysis, die den Ausgangspunkt des nach dem letzteren benannten Dialoges über die Freundschaft bildet, wird in ganz unzweideutiger Weise als sexuell geschildert. Der normal Empfindende muß sich anstrengen, in dem Gegenstand der Liebe des Hippothales nach den Symptomen, die Platon beschreibt, kein Mädchen zu sehen. Der Zustand des verliebten Jünglings zeigt alle typischen Merkmale sexueller Bindung: verschämtes Erröten, schüchterne Schwärmerei, Wunsch, den begehrten Gegenstand zu beschützen, Unfähigkeit, ihn anders als im rosigsten Lichte zu sehen, usw.[3] Das Verhältnis des offenkundig sexuell verliebten Hippothales wird in einem deutlichen Gegensatz zu der unsinnlichen Beziehung zwischen Lysis und Menexenos als einer echten Freundschaft und Hippothales als „echter Liebhaber" hingestellt. Und dabei läßt Platon den Sokrates ausdrücklich sagen:

„Notwendig muß dem echten und nicht verstellten Liebhaber von seinem Liebling liebreiche Freundschaft zuteil werden."

Nach dieser Äußerung des Sokrates

---

1) Charmides 4 (155 St.).
2) P. Friedländer: Platon II (Die platonischen Schriften), 1930, S. 102, bemerkt zu diesem Dialog: Er zeigt die „philosophische" Erotik „auf der Stufe des platonischen Frühwerks. Daß sich hinter der Philia dieses Dialoges wirklich der Eros verbirgt — ,wenn Freundschaft heftig wird, heißt es in den ,Gesetzen' (837), so nennen wir sie Liebe' — das verrät sich gleich zu Anfang. Von den ersten Worten an wird die Atmosphäre des παιδικὸς ἔρως fühlbar ..."
3) Lysis 1, 2 (203—207 St.).

„ließen sich Lysis und Menexenos kaum zu einer Andeutung von Beifall herbei, des Hippothales Freude dagegen spielte sich in dem raschen Wechsel seiner Gesichtsfarbe deutlich ab".[1]

b) „*Phaidros.*" Diese Knabenliebe ist es, zu deren Preis die Teilnehmer des „Symposion" ihre Reden halten und zu der sich Platon im „Phaidros" rückhaltlos bekennt. Viel deutlicher noch als in allen anderen Dialogen tritt hier zu der zweiten dieser beiden Liebesdichtungen die sexuelle Komponente des platonischen Eros hervor und stellt sich als wesentlicher Bestandteil, als letzte Grundlage, als der Nährboden gleichsam dar, aus dem der vergeistigte Eros emporwächst. Die leidenschaftliche Schilderung des beim Anblick eines schönen Knaben vom Liebeswahnsinn Ergriffenen ist eine der großartigsten Liebespoesien, eine von Sinnenglut erfüllte, in ihrer künstlerischen Schönheit hervorragende Darstellung der sexuellen Erregung. Der Eros, den die Schau des schönen Knabenleibes auslöst, wird hier als Erinnerung an die Schau des absolut Schönen gedeutet, der die Seele, die beflügelte Seele vor ihrer Geburt im Jenseits teilhaftig war. Die Schönheit des Knabenleibes ist ein Abglanz der ewigen Schönheit; darum durchrieselt den Liebhaber des Geliebten

„zuerst ein Schauer, und Nachwehen der Angstbeklemmungen von damals beschleichen sein Gemüt". „Und wie er ihn anblickt, befällt ihn wieder nach dem Schauer in Wechsel ungewohnte Hitze und Schweiß. Die Ausstrahlungen der Schönheit, die er mit seinen Augen aufgenommen hat, haben ihn durchglüht und wie Regen fällt es auf das sprossende Gefieder."

In der Liebe zum schönen Knaben beginnen der Seele des Mannes wieder die Flügel zu wachsen.

„Dieser warme Regen schmilzt die längst durch Dürre geschlossene spröde Oberschicht, die das Hervorkeimen verhinderte. Und wie jetzt Nahrung zuströmt, schwellen und treiben von den Wurzeln aus die Schößlinge der Federn unter der ganzen Oberfläche der Seele hin: Denn ganz war sie dereinst befiedert."

Dann wird der Wechsel von Qual und Lust geschildert, den die Liebe erzeugt.

„Indem beide Gefühle sich mischen, wird ihr (der liebenden Seele) unheimlich bei diesem seltsamen Zustand; ratlos wütet sie herum, die wahnsinnige Erregung läßt sie weder nachts schlafen noch am Tage ruhig auf der Stelle bleiben, sondern sehnsuchtsvoll eilt sie nach den Orten, wo sie den Träger der Schönheit zu erblicken vermeint. Erblickt sie ihn, und kann dadurch sich neuen Liebreiz zuleiten, so erweitern sich die vorher verstopften Gänge; aufatmend fühlt sie sich frei von Stichen und Qualen, und wieder genießt sie so in der Gegenwart die süßeste Lust. Weshalb sie auch freiwillig von dem schönen Geliebten sich nicht trennt und niemand höher schätzt als ihn, Mutter, Brüder und Freunde hat sie sämtlich vergessen; daß das Ver-

---

1) Lysis 17 (222 St.).

mögen, um das sie nicht sorgt, draufgeht, gilt ihr nichts; was Sitte und Anstand verlangen, und sie zuvor sich zur Ehre rechnete, verachtet sie alles, bereit, dem Gegenstand ihrer Sehnsucht dienstbar zu sein und so nah als ihr immer gestattet werden darf, bei ihm zu schlafen. Denn abgesehen von der Verehrung, die sie für den Träger der Schönheit empfindet, hat sie in ihm allein auch den Arzt gefunden für ihre größte Pein. Diesen Zustand, mein schöner Knabe, an den meine Rede gerichtet ist, nennen die Menschen ‚Eros‘: wie ihn aber die Götter bezeichnen, darüber wirst du vermutlich lachen, wenn du es hörst, weil es mutwillig klingt.“

Und nun zitiert Platon aus „geheimgehaltenen Gedichten“ einen Vers, in dem es heißt, daß nur die Sterblichen den geflügelten Gott Eros, die Unsterblichen aber ihn „Pteros“ nennen, „vom Schwingen treibenden Zwange“;[1] was, wörtlich genommen, vermutlich ein obszöner Ausdruck war. Ja, wenn, was nicht unwahrscheinlich, die fraglichen Verse von Platon selbst gemacht und nur zum Schein zitiert sind, so kann den Worten, nach Ritter, überhaupt keine andere Bedeutung zukommen.[2] Zwar wird im „Phaidros“ — wie auch sonst, wenn Platon von Eros spricht — die Forderung aufrechterhalten, die Befriedigung des sexuellen Triebes sich zu versagen. Aber nicht nur ist die schon die Grenzen des Obszönen streifende Darstellung des erotischen Gegenstandes selbst fast ein Ersatz solcher Befriedigung, die Darstellung Platons wird zu einer durch die Einschaltung retardierender Elemente geradezu raffinierten Beschreibung des über alle Hemmungen schließlich doch zum Ziele gelangenden Geschlechtsgenusses. Mit einer Lebendigkeit, mit der nur Selbsterlebtes ausgesprochen werden kann, wird der Kampf des sittlichen Bewußtseins gegen die Wünsche der Geschlechtlichkeit beschrieben. Die Seele wird mit einem Gespann verglichen, das von einem guten und einem bösen Rosse gezogen wird, wodurch die sittlich gerichtete Vernunft und die zur Unsittlichkeit drängenden Begierden symbolisiert werden.

„Wenn nun der Lenker, nachdem er das Liebesantlitz erblickt, und durch seine Anschauung die ganze Seele sich durchwärmt hat, von den Stacheln kitzelnden Verlangens gespornt wird, dann hält das dem Lenker gehorsame Roß, das, wie immer, auch jetzt durch Scham sich meistern läßt, selbst an sich, um nicht loszuspringen auf den Geliebten; das andere aber kehrt sich jetzt nicht länger an Lenkstacheln und an Peitsche, sondern in gewaltsamen Sprüngen stürzt es auf sein Ziel zu und zwingt den Spanngenossen und den Lenker, denen es alle mögliche Not bereitet, zu dem Geliebten hinzugehen und der Liebesgunst Erwähnung zu tun. Anfangs widerstreben die Beiden voll Unwillens im Gedanken, daß sie zu etwas Schrecklichem und Bösem gezwungen werden sollen: schließlich, aber, wenn des Übels kein Ende ist, nach-

---

1) Phaidros XXXI (251—253 St.).
2) In den Anmerkungen zu Ritters Übersetzung des „Phaidros“. Philosophische Bibliothek, Bd. 152, 2. Aufl., 1922, S. 129.

gebend und einwilligend, das Gebotene zu tun. Und so kommen sie hin und schauen des geliebten Knaben leuchtendes Angesicht."

Wenn es aber dem Wagenlenker gelingt, das Gespann doch noch zurück-zureißen, benetzt das eine Roß

„vor Beschämung und Verwirrung die ganze Seele mit Schweiß, das andere aber bricht, ... in zorniges Schelten aus und mit vielen Schmähungen gegen den Lenker und Spanngenossen, als feige Memmen wären sie ausgerissen und hätten ihr Wort gebrochen. Es will sie zwingen, obgleich sie nicht wollen, wieder hinzugehen und gibt nur endlich ihren Bitten um Aufschub für später nach. Und wie die verabredete Stunde kommt, mahnt es die beiden, die sich stellen, als dächten sie nicht daran, und nötigt sie mit Gewalt, wiehernd und vorwärtsziehend, daß sie wieder an den Knaben herantreten, ihm dieselben Anträge zu machen, da sie nahe sind, senkt es den Kopf, stellt den Schweif, beißt auf den Zaum und zieht mit Schamlosigkeit vorwärts".

Aber wiederum gelingt es dem Lenker, das böse Roß zu bändigen, so daß es, wenn es den schönen Knaben erblickt, „fast vor Furcht vergehen möchte". Doch dieser Sieg des Lenkers und seines edeln Rosses ist kein endgültiger. Jetzt wird erst geschildert, wie auch der geliebte Knabe vom Eros ergriffen wird. Wenn der Liebende und der Geliebte längere Zeit miteinander verkehren, wenn

„sie zueinander kommen und sich berühren, bei den Körperübungen und dem sonstigen Verkehr, dann ergießt sich die Quelle jenes Stromes, den Zeus als Lieb-haber des Ganymedes Himeros benannte, im vollen Schwalle gegen den Geliebten: Ein Teil dringt ein in ihn, ein anderer fließt, da er erfüllt ist, außen wieder ab. Nun ist auch der geliebte Knabe von Liebe erfüllt; er ist nun verliebt, weiß aber nicht, in was, und begreift nicht einmal seinen Zustand, noch kann er ihn be-schreiben ... und daß er wie in einem Spiegel in seinem Liebhaber nur sich selbst sieht, versteht er nicht. Ist der andere anwesend, so hat er genau wie dieser Ruhe vor seiner Qual, und ist er abwesend, so empfindet er genau so Sehnsucht und wird ersehnt, indem er als Nachbild der Liebe Gegenliebe in sich trägt. Er bezeichnet es aber und nimmt es nicht als Liebe, sondern als Freundschaft. Ähnlich wie jener, nur in schwächerem Grade, empfindet er das Verlangen, den anderen zu sehen, zu berühren, ihn zu küssen und neben ihm zu ruhen. Und wahrscheinlicherweise tut er das auch bald darauf. Wenn beide miteinander das Lager teilen, so braucht das zügellose Roß des Verliebten nicht nach Worten an seinen Lenker zu suchen, und verlangt als Entschädigung für viele Nöte einen kleinen Genuß. Das des Knaben aber findet keine Worte, doch voll brünstigen unbekannten Verlangens umfaßt es den Liebhaber und küßt ihn, im Gedanken, daß es doch ein gar treuer Freund sei, den er liebkose; und wenn sie nebeneinander sich niederlegen, so kann es sein, daß er, soviel an ihm liegt, sich nicht weigern würde, dem Liebhaber zu willen zu sein, wenn dieser darum bäte. Allein, das Nebenroß im Verein mit dem Lenker sträubt sich wieder dagegen mit Scham und Vernunft".

Aber vergeblich. Platon endet seine Beschreibung dieses Kampfes — in dem nur völlig lebensfremde Stubengelehrtheit oder verlogene Heuchelei

etwas anderes sehen kann, als den Kampf um die Befriedigung des Geschlechtstriebes — nicht mit dem alleinigen Sieg des guten Rosses. Er faßt
auch den Fall ins Auge, daß

„wohl einmal im Rausche oder sonst in einem schwachen Zustande die beiden
zuchtlosen Gespannspferde ihre Seelen unbewacht überraschen und, indem sie beide
zusammenführen, das von der Menge gepriesene Teil sich wählen und vollbringen;
und wenn sie es vollbracht, dann machen sie auch fernerhin davon Gebrauch, doch
nur selten, da sie damit etwas tun, was nicht der ganzen Seele genehm ist".[1]

Es ist derselbe Eros, der, die Sinnlichkeit überwindend, einen der „drei
wahrhaft olympischen Ringersiege" davonträgt, so „das Höchste erreicht,
was menschliche Besonnenheit oder göttlicher Wahnsinn einem Menschen
zu verschaffen imstande ist" und der „das von der Menge gepriesene Teil
wählt und vollbringt".

c) „Politeia." Aber auch in der „Politeia", die nicht wie „Lysis",
„Symposion" und „Phaidros" ein erotisches Hauptthema hat, verrät sich
Eros — wenn Platon hier von ihm spricht — deutlich als die nur mühsam
ihre Sinnlichkeit unterdrückende Knabenliebe. Im Rahmen der Vorschriften,
die den Zweck haben, die Tapferkeit der Krieger im Idealstaat zu heben,
schlägt Platon — durch den Mund des Sokrates — vor:

„Wer sich hervorgehoben und rühmlich ausgezeichnet hat, der muß doch wohl,
wie du zugeben wirst, zunächst noch im Feldzuge von dem mit im Felde stehenden
Jünglingen und Knaben, von jedem der Reihe nach, einen Kranz erhalten."

Daß dieses Heer des Idealstaates ebenso aus Männern wie aus Frauen gebildet ist, scheint hier vergessen. Sokrates fährt nach einer zustimmenden
Äußerung des Glaukon fort:

„Ferner auch durch Händedruck geehrt werden", darauf Glaukon: „Auch das."
Sokrates: „Aber was nun folgt, wirst du, fürchte ich, nicht mehr gut heißen"

— was scherzhaft gemeint ist, denn Glaukon wird als „eine besonders
verliebte Natur" hingestellt[2] —:

„Was denn?" fragt Glaukon; und darauf Sokrates: „Daß er einen jeden küssen
und wieder geküßt werden soll." Worauf Glaukon: „Dies erst recht! Und ich mache
auch den Zusatz zu dem Gesetz, daß während der ganzen Dauer des Feldzuges keiner,
den er küssen will, es ihm abschlagen darf, schon deshalb, damit wenn einer etwa
verliebt ist in einen Jüngling oder in ein Mädchen, sein Eifer, den Preis davonzu-
tragen, um so mehr entfacht werde."[3]

---

1) Phaidros XXXIV ff. (254—256 St.).
2) Politeia V, 19 (474 St.).
3) Politeia V, 14 (468 St.).

Man merkt, wie sehr mühsam dieses „oder in ein Mädchen" nachhinkt, nachdem von Händedruck und Küssen nur zwischen den Jünglingen die Rede war; und wird darum auch dem Umstand keine sonderliche Bedeutung beimessen können, daß Sokrates, dem Glaukon zustimmend, schließlich auch erklärt, daß „dem sich tüchtig Bewährenden mehr Gelegenheit zu ehelichen Freuden gegeben werden soll als den anderen", und dabei auch die Rücksicht auf einen guten Nachwuchs hervorhebt. — Wie sehr der platonische Eros doch nur die homosexuelle Liebe ist, das zeigt, daß Platon im Zusammenhang der Begründung einer seiner Hauptthesen: daß die Philosophen den Staat regieren sollen, bei der Erklärung des Wortes φιλόσοφος, das den die Weisheit Liebenden bezeichnet, die Liebe nur als Knabenliebe darstellt. Sokrates will darauf hinaus, daß der Philosoph von einem Verlangen nach der ganzen Weisheit erfüllt sei, und nicht etwa nur nach einem Teile, und stellt daher den Satz voran: Wenn wir von einem sagen, er liebe etwas (φιλεῖν), so bedeute das, daß er das Geliebte nicht nur in einer gewissen Beziehung liebe, sondern ganz in sein Herz geschlossen habe. Und da Glaukon eine nähere Erklärung verlangt, illustriert Sokrates seine Behauptung nicht etwa so, daß er daran erinnert, wie sehr doch ein liebender Jüngling sein Mädchen ganz und gar mit all ihren Vorzügen und Fehlern ins Herz schließt, sondern damit:

„daß alle in der Blüte stehenden Knaben den Knabenfreund und Geliebten irgendwie reizen und erregen, indem sie seiner Bemühung und zärtlichen Annäherung wert scheinen. Oder macht ihr es nicht so mit den Knaben? Der eine wird, weil er ein Stumpfnäschen hat von euch liebreizend genannt und gepriesen, des anderen Habichtsnase, sagt ihr, habe etwas Königliches, und wer zwischen beiden die Mitte hält, der übertreffe alle an Ebenmaß; die dunkeln seien von männlichem Aussehen, die blonden wären wahre Götterknaben; die honig-blassen aber — meinst du, sie entstammen, wie auch ihr Name, dem Hirne irgendeines anderen als eines Liebhabers, der ihre Blässe beschönigen will und sich gern mit ihr abfindet, wenn sie nur mit Jugendschönheit verbunden ist."[1]

Von der „rechten Liebe" ist im III. Buche die Rede. Und wenn Platon den Sokrates fordern läßt, daß diese Liebe, damit sie die „rechte" sei, von aller sinnlichen Lust frei bleiben müsse, so möchte man zunächst glauben, daß er die Liebe überhaupt, also auch die zwischen Mann und Frau, meint.

„Also darf ihr auch nicht diese Lust beigesellt werden, und Liebhaber wie Geliebter dürfen bei richtiger Liebe mit ihr nichts gemein haben."

Man merkt sogleich, daß Platon auch hier nur die Knabenliebe im Auge hat: Und so heißt es denn weiter, man müsse daher im Idealstaat die Bestimmung einführen,

---

1) Politeia V, 19 (474 St.).

„es dürfe der Liebhaber den Geliebten zwar küssen und mit ihm verkehren und ihn berühren wie einen Sohn, um des Schönen willen, wenn er ihn dazu bereit findet, im übrigen aber müsse sein Umgang mit dem, dem sein Bemühen gilt, derart sein, daß er niemals auch nur den Schein errege, als ginge er über diese Grenze hinaus".[1]

Es ist in der Tat nur die homosexuelle Liebe, der Platon Enthaltung von der Befriedigung des Triebes zumutet. Für die Beziehung zwischen den beiden verschiedenen Geschlechtern — die ihm überhaupt kein wahrer Eros sein kann — liegt ihm solche Forderung völlig fern. Stellt er doch selbst den normalen Geschlechtsverkehr, von der Regierung genau geregelt, in den Dienst der populationistischen Interessen seines Idealstaates. Die „platonische Liebe" ist — soll Platon nicht gröblich mißverstanden sein — wirklich nur die Knabenliebe.[2]

§ 6. Die Päderastie in Griechenland. a) Der dorische Kulturkreis. Zur Sublimierung seines Eros wurde Platon vor allem dadurch gedrängt, daß dieser sein Eros im Widerspruch zu den sittlichen und rechtlichen Anschauungen der athenischen Gesellschaft seiner Zeit stand. Die mitunter vertretene Meinung, daß die Knabenliebe in der antiken Welt ganz allgemein verbreitet gewesen und darum durchaus nicht wie in der christlichen Kultur ethisch abgelehnt worden sei, ist unrichtig. Nur für die sogenannten dorischen Staaten sind homosexuelle Gebräuche, Liebesverhältnisse zwischen älteren und jüngeren Männern als öffentlich anerkannt nachweisbar. Und auch hier ist die Päderastie eine nur auf die verhältnismäßig dünne, die adelige Oberschicht beschränkte soziale Erscheinung. Als eine spezifisch ritterliche Sitte oder Unsitte ist sie uns überliefert, die sich vermutlich aus der militärischen Funktion dieser Klasse, aus den ständigen Feldzügen, dem dauernden Lagerleben erklärt, das die Männer allzulange von den Frauen fernhält und sie zur wechselseitigen Befriedigung ihrer geschlechtlichen Bedürfnisse zwingt. Aber auch in der dorischen Gesellschaft war die Päderastie trotz öffentlicher Anerkennung oder gar religiöser Legitimierung keineswegs eine unangefochtene Institution.[3]

Auf Lykurg selbst wird ein Gesetz zurückgeführt, das die sexuelle Knabenliebe mit Tod und Verbannung bestraft.[4] Und von dem spartanischen König

---

1) Politeia III, 12 (403 St.).
2) Vgl. Lagerborg, a. a. O. Passim.
3) Vgl. dazu Bethe, a. a. O. S. 446.
4) Nach Xenophon: Über den lakonischen Staat, II, 13. Vgl. Symonds: Die Homosexualität in Griechenland, in Havelock Ellis und J. A. Symonds: Das konträre Geschlechtsempfinden (Bibliothek für Sozialwissenschaft, herausgegeben von Hans Kurella, 7. Bd., 1896), S. 54.

Agesilaos, dessen Verhalten, wie Theodor Gomperz bemerkt: „als typisch
für die vornehmen Kreise seiner Heimat gelten darf",[1] wird erzählt, er
habe sich heftig gegen die in ihm sehr lebendigen homosexuellen Neigungen gewehrt. Xenophon[2] berichtet von ihm, er habe gesagt: nicht um
alles Gold der Erde möchte er in einem solchen Kampfe unterliegen. Schon
einmal habe er ihn siegreich bestanden, als er sich versagte, einen Knaben,
der ihn durch seine Schönheit entzückte, zu küssen. Daraus geht zumindest
dies hervor, daß das gesellschaftliche Urteil über die Päderastie auch
in Sparta zumindest nicht eindeutig war. Über die Gründe, die den Gesetzgeber veranlassen konnten, dennoch gewisse homosexuelle Gebräuche
zu dulden oder gar zu fördern, sind wir nur auf Vermutungen angewiesen.
Eine allzu starke Vermehrung der auf einen beschränkten Grundbesitz an-
gewiesenen, militärisch organisierten Adelskaste lag jedenfalls nicht im
staatspolitischen Interesse. Bildet ja überhaupt die Übervölkerung für die
Kleinstaaten Griechenlands eine ständige Gefahr;[3] und Maßnahmen dagegen
sind keine Seltenheit. Unter diesem Gesichtspunkte ist insbesondere auch
die bekannte spartanische Sitte zu beurteilen, schwächliche oder verkrüppelte
Kinder auszusetzen. Aristoteles spricht direkt die Ansicht aus, in Kreta sei
die Päderastie eingeführt worden, um der Übervölkerung zu begegnen.[4]

b) Das Verhältnis von Religion und Dichtung zur Knabenliebe. Außerhalb
des dorischen Kulturkreises, insbesondere in Jonien und Athen war die
Päderastie sicherlich niemals bodenständig. Die griechische Religion[5] mit
ihrem die Frauen nur allzusehr liebenden Götterkönig und ihrer die Liebe
des Mannes zum Weib verkörpernden Aphrodite ist eine wahre Apotheose
des normalen Geschlechtstriebs. Die Ehe des Zeus und der Hera steht im
Mittelpunkt des olympischen Lebens.[6] Denn als heilige Institution gilt die
Ehe dem griechischen Volke, und Nachkommen zu haben, sich fortzu-

---

1) A. a. O. S. 299.
2) Xenophon, Agesilaos, c. 5, 5.
3) Theodor Gomperz, a. a. O. S. 402: „Für die kleinen und eng umgrenzten
Republiken Griechenlands bildete die Übervölkerung eine ständige Gefahr. Bei den
verhältnismäßig geringen wirtschaftlichen Hilfsmitteln und den primitiven Methoden
war die Gefahr der Verarmung sehr groß; zumal für die herrschende Klasse, deren
Einnahmen ausschließlich aus dem keiner Vermehrung fähigen Grundbesitz floß."
4) Aristoteles, Politik, II, 10; 1272 a, 23.
5) Vgl. Symonds, a. a. O. S. 118.
6) Die Ganymed-Sage dürfte wohl erst verhältnismäßig spät unter dem Einfluß
dorischer Sitten eine homosexuelle Umdeutung erfahren haben. Solche Umdeutungen
mußten sich auch gewisse historische Freundschaftsverhältnisse gefallen lassen, wie
das zwischen Achilles und Patrokles. Vgl. Symonds, a. a. O. S. 43.

pflanzen als eine der vornehmsten vaterländischen Pflichten. Für das durch-
schnittliche Urteil über die Knabenliebe ist nichts bezeichnender als die
Sage, die die Päderastie auf Laios, den Vater des Ödipus, zurückführt, der
den schönen Knaben Chrysippos entführt haben soll. Der Mythos deutet
den Fluch, der auf dem Königshaus der Labdakiden lag, als Rache der Hera,
der Schützerin der Ehe, und sohin als Strafe für ein Verhalten, das offenbar
für naturwidrig, für ein Laster angesehen wurde.[1] In den Homerischen
Gedichten findet sich denn auch keine Spur davon. Die Ehe Hektors mit
Andromache und Odysseus mit Penelope leuchten hier als unangefochtenes
Ideal, die Liebe des Menelaus zu Helena setzt das Ganze des heroischen
Geschehens in Bewegung. Und auch bei den großen Tragikern ist — zumindest in den uns erhaltenen Stücken — nichts von einer besonderen
Schätzung der Päderastie zu merken. Die Dramen, in denen Aischylos und
Sophokles das Problem behandelt haben sollen (so Aischylos in den „Myr-
midonen“), sind nicht auf uns gekommen; wir wissen daher nicht, in
welchem Sinne dieses geschah.[2] Dabei soll Sophoklos persönlich der Knabenliebe zugeneigt gewesen sein. Wie man dies aber zu seiner Zeit beurteilte,
kann man daraus ersehen, daß Jon nicht gerade in freundlicher Absicht
erzählt, Sophokles habe einmal einem ihm beim Mahl bedienenden schönen
Knaben durch eine scherzhafte List einen Kuß abgelockt.[3] Euripides —
auch in diesem Punkte in Übereinstimmung mit den Sophisten — lehnt
die Päderastie direkt ab. In seinem uns nur in Bruchstücken erhaltenen
„Chrysippos“ stellte er die obenerwähnte Laios-Sage, und zwar vermutlich in
dem Sinn einer Verurteilung des Lasters dar. Ein uns erhaltenes Fragment
des Dramas „Diktys“ lautet: „Er war mein Freund und niemals führte
mich meine Liebe zur Torheit oder nach Kypris. Ja, es gibt eine andere
Art der Liebe, Liebe für die Seele, rechtschaffen, selbstbeherrscht und gut.
Gewiß hätten die Menschen das Gesetz machen sollen, daß nur der Keusche
und sich selbst Beherrschende lieben sollte, und Zeus Tochter Kypris hätten
sie weiterschicken sollen.“[4] Das läßt über die Anschauung des Dichters

---

1) Vgl. S y m o n d s, a. a. O. S. 42. W. K r o l l: Freundschaft und Knabenliebe
(Tusculum-Schriften, IV. Heft). München 1927. S. 27.

2) Vgl. Symonds, a. a. O. S. 77, und W. Kroll, a. a. O. S. 29.

3) Jon, ap. Athen. XIII, 603/04. (Fragm. Hist. gr. II, 46, Müller.) Theodor G o m-
p e r z, a. a. O. S. 299, führt dies und die oben erwähnte Äußerung des Agesilaos als
ein Sympton für die „starken Gegenkräfte“ an, durch die die griechische Liebe „eingeschränkt und im Zaune gehalten“ wurde, als einen Beweis dafür, daß die öffentliche Meinung gegen jede sexuelle Betätigung, auch die unschuldigste gerichtet war.

4) Zitiert nach S y m o n d s, a. a. O. S. 71.

keine Zweifel. Auch ist zu beachten, daß das von ihm wiederholt dargestellte Freundschaftsverhältnis zwischen Orest und Pylades keine Spur einer
homosexuellen Färbung zeigt.[1] Besonders deutlich tritt die ablehnende
Haltung, die die athenische Gesellschaft gegen die Päderastie einnahm, in
der realistischeren Komödie, insbesondere des Aristophanes zutage. Seine
Haltung in dieser Frage ist darum so besonders symptomatisch für Athen,
weil er mit seiner Dichtung nicht nur dem derben Geschmack der großen
Masse der Kleinbürger, sondern auch den ethisch-politischen Anschauungen
der reaktionären Aristokratie Rechnung zu tragen verstand. Und Aristophanes wird nicht müde, seinen Spott über das homosexuelle Treiben gewisser Kreise auszugießen und läßt es auch nicht an ernsten Tönen fehlen,
die deutlich zeigen, wie sehr man sich der großen Gefahr bewußt war,
die für die Öffentlichkeit mit einer solchen Verkehrung des Geschlechtslebens verbunden ist. So wird in den „Wolken" vom Dikaios Logos der
homosexuelle Eros als unsittlich gegeißelt und als „das Allerschlimmste"
bezeichnet, was einen treffen kann.[2] Auch in den „Vögeln" brandmarkt
Aristophanes die Knabenliebe als Laster, indem er die Wünsche eines Homosexuellen satyrisch darstellt und die Gefahren zeigt, die dem Knaben, nach
der im Volk verbreiteten Meinung, davon drohen.[3] Gerade die Komödie
zeigt aber auch, wie stark die Päderastie in gewissen Kreisen verbreitet
gewesen sein muß. Aus dem dorischen Kulturkreis eingeschleppt, stieß sie
jedoch in Athen schon im fünften Jahrhundert auf eine starke moralische
Opposition,[4] deren Träger vor allem die von Platon so leidenschaftlich be-
kämpften Sophisten waren.

c) Die Stellung der Philosophie, insbesondere Xenophons. Besonders charakteristisch für diese Haltung der Aufklärungsphilosophie ist die Stelle aus
einer Schrift des Prodikos, die das bekannte Thema des „Herakles am
Scheidewege" zum Gegenstand hat. Da spricht die Tugend zum Laster:
„Du Elende, was hast denn Du, was ein Gut wäre oder wie willst Du denn
wissen, was eine Annehmlichkeit ist, ohne daß Du Dich darum irgend
bemühen magst. Du wartest ja nicht einmal bis sich die Lust nach einem
Genuß regt, sondern schon vorher sättigst Du mit allem ... Den Liebes-
genuß erzwingst Du, ehe das Bedürfnis danach erwacht durch allerlei künstliche Mittel und bedienst Dich dabei der Männer als wären sie

---

1) Vgl. Symonds, a. a. O. S. 77.
2) Aristophanes: Die Wolken, 973, 1085/86.
3) Aristophanes: Die Vögel, 137 ff. Vgl. auch „Die Ritter" 877, Eklesiazusen 112
4) Bethe, a. a. O. S. 439. Kroll, a. a. O. S. 27.

Weiber; so erziehst Du Deine Freunde, indem Du sie bei Nacht miß-
brauchst und sie bei Tag die besten Stunden verschlafen läßt . . ."[1] So kann
die Tugend nur sprechen, wenn Päderastie ganz allgemein als Laster gilt!
Auch von einem heftigsten Gegner Platons, von dem Sokrates-Schüler An-
tisthenes ist bekannt, daß er gegen die Knabenliebe aufgetreten.[2] Aus
dem sokratischen Kreis hat sich vor allem Xenophon — und zwar trotz
seiner offenkundigen Spartanerfreundlichkeit — entschieden gegen die
Päderastie gewendet. Man kann vielleicht wegen der Unsicherheit des Ab-
fassungsdatums darüber streiten, ob sein Dialog „Das Gastmahl" eine direkte
Gegenschrift gegen die gleichnamige Schrift Platons ist, obgleich auch dies
mehr als wahrscheinlich ist,[3] aber man kann nicht ernstlich bestreiten, daß
das Xenophontische Symposion seiner ganzen Tendenz nach unzweideutig
gegen die Knabenliebe gerichtet ist und eine Verherrlichung der ehelichen Ge-
schlechtsliebe sein will. Von den zahlreichen Stellen, aus denen dies deutlich
hervorgeht, sei nur auf einige verwiesen. So heißt es einmal, von der
geschlechtlichen Liebe mit einem Manne trage der Knabe „nur Schimpf
und Schande davon", und zwar von jeder, also wohl auch der nichtkäuf-
lichen; und wenn jemand einen Knaben durch Überredung gewinnt, „das
macht ihn noch hassenswerter".[4] Sehr deutlich spricht die folgende Stelle
die Ansicht Xenophons und damit wohl die Durchschnittsmeinung in Athen
aus. „Auch nimmt ja nicht einmal der Knabe mit dem Manne, wie das

1) Bei Xenophon: Memorabilien II, 1; 21—34. Die Übersetzung nach Nestle: Die
Vorsokratiker, S. 197. Doch ist im Text das Wort „ὑβρίζουσα" mit „mißbraucht"
statt wie bei Nestle mit „mißhandelst" übersetzt.

2) Diogenes Laertios VI, 18. Vgl. dazu Heinrich Gomperz, Psychologische
Beobachtungen an griechischen Philosophen, Imago, X. Bd., 1924, S. 45. Bruns,
Attische Liebestheorien usw. Neue Jahrbücher für das klassische Altertum, V. Bd.,
1900, S. 29. Kroll, a. a. O. S. 28. Ferner derselbe in dem Art. „Knabenliebe" in
Pauly-Wissowa, Realenzyklopädie der klassischen Altertumswissenschaft, XI. Bd.,
S. 197 ff.

3) So deutet insbesondere auch Bruns, a. a. O. S. 26, das Xenophontische Gastmahl entschieden als Polemik gegen Platons Symposion. „Während Platon die sinnliche Päderastie bedingt verteidigt" — im ‚Phaidros‘ — „verdammt sie Xenophon
schlechtweg." Vgl. auch Rettig: Knabenliebe und Frauenliebe in Platons Symposion.
Philologos, XLI. Bd. 1882. S. 429.

4) Xenophon: Symposion, VIII, 19. Vgl. auch IV, 52; VIII, 10/11; VIII, 31, 32.
Karl Steinhart sagt in der Einleitung zu seiner Übersetzung des platonischen Gast-
mahls von der Tendenz des Xenophontischen: Es habe eine offenbar polemische Beziehung auf Platons Gastmahl, und seine Absicht sei keine andere „als die Bekämpfung
der Knabenliebe". (Platons sämtl. Werke, übersetzt von Hieronymus Müller m. Einl.
begl. von K. Steinhart, IV. Bd. 1854. S. 268.) Steinhart schließt sich dabei der Ansicht K. F. Hermanns an, daß Xenophon bei seinem Gastmahl das Platonische schon
vor sich gehabt habe, a. a. O. S. 267.

Weib, an den Freuden des Liebesgenusses teil, sondern nüchtern sieht er dem von Wollust Trunkenen zu, weshalb es nicht zu verwundern ist, wenn sich selbst Verachtung gegen den Liebhaber bei ihm einfindet. Wollte aber jemand sein Augenmerk darauf richten, so würde er auch finden, daß zwar von denen, die sich ihrer Sitten wegen lieben, nichts Verwerfliches ausgegangen ist, daß hingegen der unzüchtige Umgang schon viele verabscheuungswürdige Taten erzeugt hat."[1] Besonders charakteristisch aber ist der Schluß des Dialogs. Sokrates hat den Syrakusaner mit seinen Gauklern ein Spiel vorbereiten lassen, „woran die Zuschauer am meisten Freude haben dürften".[2] Es wird eine Pantomime von Dionysos und Ariadne. Nach dem Anblick des Liebesspiels, das die beiden Schauspieler aufführten, „da schworen", heißt es bei Xenophon „die Unverheirateten zu heiraten, die Verheirateten aber schwangen sich auf ihre Pferde und ritten zu ihren Frauen, um dieser froh zu werden".[3] Vollends die nachplatonische Philosophie[4] steht der Päderastie durchaus feindlich gegenüber, erklärt sie für ein naturwidriges Laster. Aristoteles, der Schüler Platons, der mit ihm jahrelang in innigster Arbeitsgemeinschaft gelebt hatte, spricht in der Nikomachischen Ethik[5] von der Knabenliebe im Zusammenhang mit gewissen krankhaften Dispositionen. „Ich denke hier einmal an die Erscheinungen tierischer Wildheit wie bei jenem Weibe, das die Schwangeren aufgeschlitzt und die Kinder verzehrt haben soll, oder wie bei gewissen Völkerschaften, die ihre Lust darin finden sollen, rohes Fleisch oder auch Menschenfleisch zu fressen und ihre Kinder unter sich zum Schmause zu verschenken, oder auch an das, was man von Phalares[6] berichtet. Das sind also Erscheinungen, in denen eine tierische Art zutage tritt, andere treten hie und da infolge von Krankheiten und Wahnsinn auf, wie es bei jenem Menschen der Fall war, der seine Mutter schlachtete und aufaß, oder bei dem Sklaven, der die Leber seiner Mitsklaven verzehrte. Wieder andere Abnormitäten haben Ähnlichkeit mit krankhaften Zuständen oder kommen von der Gewohnheit her, so das Ausraufen der Haare, das Verzehren der Nägel, das Verschlingen von Kohlen und Erde. Auch die Päderastie gehört hieher, zu der den einen die Neigung von Natur anhaftet, den andern, z. B. solchen die von Jugend auf mißbraucht worden sind, infolge der Gewohnheit."

---

1) Xenophon: Symposion, VIII, 21/22.
2) A. a. O., VII, 2.
3) A. a. O. IX.
4) Vgl. W. Kroll, a. a. O. S. 28; Symonds, a. a. O. S. 106.
5) VII, 6 (1148 b).
6) Tyrann von Akragas, war wegen seiner Grausamkeit bekannt.

d) Die antipäderastische Tendenz der Strafgesetzgebung und der Moral.
Auch die athenische Gesetzgebung enthielt Bestimmungen, deren antipäderastische Tendenz offenkundig ist. So war die Anwesenheit Unbefugter,
d. h. von Personen über ein gewisses Alter, in den Ringschulen der Knaben
bei Todesstrafe verboten.[1] Nach dem sogenannten νόμος τῆς ἑταιρήσεως traf
den Jüngling, der sich zur Päderastie für Lohn gebrauchen ließ, die Strafe
der totalen Atimie, d. i. der Verlust aller bürgerlichen Ehrenrechte. Er
verliert die Fähigkeit, ein öffentliches Amt zu bekleiden, im Rat oder in
der Volksversammlung das Wort zu ergreifen oder vor Gericht aufzutreten.
Versucht ein der Atimie Verfallener ein solches Recht auszuüben, kann
gegen ihn mit der γραφή ἑταιρήσεως vorgegangen werden. Auf Verurteilung stand Todesstrafe. Die gleiche Klage richtete sich auch gegen Vermieter und Mieter minderjähriger Knaben.[2] Derartiger Klagen bediente man
sich auch gar nicht selten im Kampfe gegen politische Gegner.[3] Ein klas-
sisches Beispiel liefert die berühmte Rede des Aischines gegen Timarch.
Allein wenn auch nur die **käufliche** und **gewerbsmäßige** Päderastie
strafbar war, als **moralisch verwerflich** galt auch jede andere. Nur
daß das sittliche Urteil angesichts der tatsächlichen Verbreitung dieser Form
des Eros in den höchsten Schichten der Gesellschaft kein einheitliches war.
Offenbar kämpften zwei verschiedene Anschauungen miteinander. Ein typisches Symptom dafür ist die in der Literatur sehr beliebte Unterscheidung
zwischen einer edlen, unsinnlichen und einer gemeinen, sinnlichen Knabenliebe. Der Konflikt innerhalb der öffentlichen Meinung drückt sich in einer
von Plutarch vermittelten Anekdote aus, die sich an die aus Liebespaaren
gebildete „heilige Schar" des Pelopidas knüpft. Als Philipp von Makedonien
die 300 bei Chaironea Gefallenen erblickte, soll er ausgerufen haben: „Ver-
flucht sei jeder, der meint, daß diese Männer irgend etwas niedriges getan
oder geduldet haben."[4] Diese Meinung muß also doch wohl sehr verbreitet
gewesen sein. Sehr treffend bemerkt Bruns: „Das päderastische Problem
irritierte die Gesellschaft. Man hat nie ganz aufgehört, diese Verbindung

---

1) Aischines: Rede gegen Timarch, 9—12. Vgl. Symonds, a. a. O. S. 82, 87.
Licht: Sittengeschichte Griechenlands, II, S. 162.
2) Vgl. Lipsius: Attisches Recht und Rechtsverfahren, 1915. S. 435 f. Für die
Straffälligkeit des Mieters „machte es keinen Unterschied, ob er einen Minderjährigen
oder Volljährigen mietete. In beiden Fällen traf ihn im Falle der Verurteilung die
Todesstrafe, ebenso den, der einen Minderjährigen zu dem Zwecke vermietet hatte.
Aber nur dann unterlagen der Mieter wie der Vermieter dem Gesetze, wenn der
Gemißbrauchte dem Bürgerstande angehörte."
3) Vgl. Kroll, a. a. O. S. 24.
4) Vgl. Kroll: Pauly-Wissowa, XI, S. 900. Symonds, a. a. O. S. 61.

als widernatürlich zu verdammen." Er meint, es hätte „eine strenge Familientradition mit einer mehr oder weniger offenen Verteidigung der ernsten Verhältnisse dieser Art" gerungen.[1] Und Bethe stellt fest: Es muß immer — auch zur Zeit der höchsten Blüte der Knabenliebe — Sittenprediger gegeben haben, „die die Knabenliebe als widernatürliche Unzucht verdammten". „In den nichtdorischen Staaten, in denen allein diese Opposition aufkam und Fuß fassen konnte, war die Knabenliebe trotz öffentlicher Anerkennung ein Laster . . ."[2] Und Symonds betont, wie furchtbar den Griechen jene „Verirrung des Gefühls" war, die zwar jeder tieferen Art persönlicher Zuneigung anhaftet, aber „durch die unvermeidliche Eigenart der Knabenliebe gesteigert werden mußte." Er macht die sehr zutreffende Beobachtung, daß Dichter, die die Knabenliebe offen besangen, sich dabei doch sichtlich „gegen die Macht ihrer eigenen Gefühle auflehnten und entrüsteten", wie etwa Theognis, der seinen Eros als „bittersüß und angsterfüllt" schildert.[3]

e) *Zeugnisse aus Platons Schriften.* Vor allem aber kann man aus Platons eigenen Schriften ersehen, wie entschieden die Päderastie auch in der guten Gesellschaft Athens verpönt war. Im „Symposion" ist zu lesen, daß die Väter den Knaben Erzieher bestellten, hauptsächlich um zu verhindern, „daß sie sich mit ihren Liebhabern unterhalten, und dem Erzieher vor allem dies auftragen" und „daß die Altersgenossen und Gefährten des Knaben ihm Vorwürfe machen, wenn sie sehen, daß derartiges geschieht und bei diesen Vorwürfen von den Eltern nicht gehindert werden und nicht getadelt werden, daß sie Unrecht hätten."[4] Auch aus der Rede, die Pausanias hier zum Lobe des Eros hält, kann man deutlich das abfällige Urteil der Gesellschaft über die Knabenliebe heraushühlen. Offenbar um seinen Eros aus dem Bereich der schärfsten Angriffe auszuschalten, beeilt sich Platon zwischen der wahren Päderastie und der Liebe zu noch im Kindesalter stehenden Knaben einen deutlichen Trennungsstrich zu ziehen. Die richtigen Päderasten „lieben nicht Kinder, sondern solche, die schon anfangen Ver-

---

1) Bruns, a. a. O. S. 25.
2) Bethe, a. a. O. S. 446.
3) Symonds, a. a. O. S. 63. Er resümiert: „Wenn die griechische Literatur reich an Erwähnungen der Päderastie ist und wenn diese Leidenschaft eine bedeutende Rolle in der griechischen Geschichte gespielt hat, so darf man doch nicht glauben, die Mehrheit des Volkes wäre nicht viel mehr für weibliche Schönheit empfänglich gewesen. Im Gegenteil sprechen die besten Quellen von der Päderastie als einer Eigentümlichkeit, welche Krieger, Gymnasten, Dichter und Philosophen von der großen Masse unterschied. Was uns von Künstleranekdoten erhalten ist, bezieht sich im wesentlichen auf ihre Vorliebe für Frauen." A. a. O. S. 121.
4) Symposion 10 (183 St.).

nunft zu hegen", solche, denen schon anfängt der Bart zu keimen. Ja, er schlägt sogar ein Gesetz vor, das die Liebe mit Kindern verbietet. Die Liebhaber von Kindern sind es

„die die Schande gebracht haben, so daß manche zu sagen wagen, den Liebenden zu willfahren sei schimpflich. Sie sagen es mit dem Blick auf jene, da sie deren Ungebühr und Unrecht sehen."[1]

Von „Schande", „Ungebühr" und „Unrecht" muß also doch wohl im Zusammenhange mit der Päderastie ganz allgemein die Rede gewesen sein![2] Und der Dialog „Phaidros" ist es, aus dem man erfährt, daß das Liebesverhältnis eines Knaben zu einem Manne „aus Rücksicht auf die öffentliche Meinung" lieber geheimgehalten wird, da man fürchten muß, „es möchte Schande daraus entstehen, wenn die Leute davon erfahren";[3] und daß der Liebhaber in den Verwandten und Freunden seines Lieblings „nur die Störer und Tadler seines angenehmsten Verkehres mit dem Knaben"[4] erblickt; und daß, wenn der Verliebte in seiner Raserei dem Gegenstande seiner Sehnsucht dienstbar und ihm so nahe als nur möglich zu sein und bei ihm zu schlafen wünscht, er „was Sitte und Anstand verlangen und alles, was er zuvor sich zur Ehre rechnete, verachtet".[5] Diese durch den knabenliebenden Platon selbst bezeugten Tatsachen zeigen zur Genüge, daß man in Athen den homosexuellen Eros, ungeachtet seiner Verbreitung gerade in maßgebenden Kreisen, ja vielleicht vor allem deshalb, als eine schwere Gefahr für die Jugend und darum als schädlich für den Staat angesehen und demgemäß mit einer sittlichen Verurteilung darauf reagiert haben muß.

Und dies kann auch gar nicht anders sein in einer Gemeinschaft, die noch nicht ganz der inneren Auflösung verfallen ist, die sich selbst noch nicht ganz aufgegeben hat. Der primitivste Selbsterhaltungstrieb der Gesellschaft muß sich gegen eine Form des Eros wehren, die, allgemein geworden, mit dem Versagen der Fortpflanzung zum sozialen Tod, zum Aussterben der Gruppe führt. Aus diesem Instinkt heraus wird die Homosexualität überall dort, wo sie in einem noch lebensfähigen Volke auftritt und sich zu verbreiten droht, als wider die Natur gerichtet empfunden und darum als Laster stigmatisiert.

---

1) Symposion 9 (181/182 St.).
2) Vgl. dazu Rettig: Knabenliebe und Frauenliebe in Platons Symposion. Philologus, XLI. Bd, 1882, S. 414 ff. „Ein Makel muß also in jedem Falle, selbst nach Pausanias, auf dieser Art von Liebe gelastet haben . . ." a. a. O. S. 423.
3) Phaidros VII (252 St.).
4) Phaidros XVI (240 St.).
5) Phaidros XXXII (252 St.).

„Und wie man diese Dinge auch betrachten zu müssen glaubt, ob im Scherz oder im Ernst, so viel muß man sich doch klar machen, daß, was die Vereinigung des weiblichen und männlichen Geschlechts zum Zwecke der Zeugung betrifft, die daraus erwachsende Lust beiden Teilen eine naturgemäß verliehene zu sein scheint, während die Gemeinschaft von Männern mit Männern oder von Weibern mit Weibern wider-natürlich ist." „Aber die widernatürlichen Leidenschaften von Knaben für Knaben und Mädchen für Mädchen sowie von Männern für Männer und von Weibern für Weiber, diese Quelle unsäglichen Unheils für Einzelne wie für ganze Staaten — wie kann man diesen vorbeugen und welches Gegenmittel läßt sich finden, um einer solchen Gefahr zu entrinnen? Das ist wahrlich nichts Leichtes! Denn während bei vielen anderen Punkten, wo unsere Gesetzgebung mit den gemeinhin geltenden An-schauungen in Widerspruch steht, ganz Kreta und Sparta unsere willkommenen und vielvermögenden Bundesgenossen sind, sind sie — unter uns gesagt — in Sachen der Liebesbegierden unsere ausgesprochenen Widersacher. Denn wenn wir die in dieser Beziehung vor dem Laios herrschende naturgemäße Sitte zum Gesetz erheben und dafür geltend machen, daß es ganz in Ordnung war, daß Männer und Jünglinge nicht miteinander in einem Liebesverkehr wie mit Weibern standen, wobei wir uns auf das Beispiel der Tierwelt berufen und darauf hinweisen, daß da keine derartige Berührung stattfindet, eben weil sie widernatürlich ist, so wäre das doch ein durchaus vernunftgemäßes Vorgehen, das auf allgemeine Beistimmung rechnen müßte."

Denn wer sich der Knabenliebe hingibt,

„trägt vorsätzlich zum Absterben des menschlichen Geschlechts bei und säet auf Fels und Stein, wo der Zeugungskeim niemals feste Wurzel fassen und zu seiner natürlichen Entwicklung gelangen kann."

Es ist ein athenischer Schriftsteller, den wir hier zitieren, um ihn als Zeugen dafür anzuführen, daß im Athen Platons die Homosexualität als staatsgefährlich verabscheut war. Es ist Platon selbst, aus dessen „Nomoi" diese wichtige Anklage gegen die Päderastie stammt.[1] Aber es ist der alte Platon, der so spricht, der Greis, dessen Eros schon gestorben und in der Erinnerung nur mehr als die „Quelle unsäglichen Unheils" weiterlebt. Man spürt aus diesen Zeilen, wie der Jüngling und Mann unter ihm gelitten haben, wie sehr dieser ganz und gar auf Staat und Gesellschaft gerichtete Geist das Antisoziale seiner sexuellen Veranlagung erkannt, wie er bei seiner politischen Haltung gegen den sittlichen Verfall und für Wiederherstellung altväterlicher Sitte als Sünde empfunden haben muß, daß er sich unfähig

---

1) Nomoi I, 8 (656 St.), VIII, 5 (856 St.), VIII, 7 (859 St.); vgl. auch VIII, 8 (841 St.), wo Platon sagt, daß bei allen den Geschlechtsverkehr betreffenden Gesetzen es ins-besondere darauf ankomme, daß man mindestens der Päderastie gründlich den Garaus mache. Der Widerspruch, der in der Behandlung des Erosproblems zwischen den „Nomoi" und dem „Symposion" und „Phaidros" besteht, wurde zwar schon oft bemerkt. Vgl. z. B. Symonds, a. a. O. S. 96. Aber eine befriedigende psychologische Erklärung wurde bisher nicht gefunden.

fühlte, dem Vaterland durch Gründung einer Familie und Begründung von Nachkommenschaft zu dienen, und wie gewaltig der Kampf war, den er gegen seine innerste Natur geführt hat, wenn er sich heroisch den Verzicht auf Triebbefriedigung als sittliches Ideal auferlegt hat.

§ 7. *Platons Konflikt mit der Gesellschaft.* Diese Veranlagung Platons bedingte nicht nur ein Anderssein gegenüber der großen Masse der normal empfindenden Menschen, sondern drängte ihn wohl auch in eine gewisse Sonderstellung innerhalb der der üblichen Knabenliebe fröhnenden Kreise. Man hat durchaus den Eindruck, daß die meisten dieser Männer, die sich zu schönen Knaben hingezogen fühlten, auch der Liebe zum anderen Geschlecht fähig waren. Homosexuell waren sie vermutlich nur während einer gewissen Periode ihres Lebens, als Jünglinge, die noch mehr mit Knaben als mit Frauen Verkehr hatten, und in denen noch die Erotik der Knaben lebendig war. Aber, zu Männern geworden, nahmen sie Frauen und zeugten Kinder und blickten auf den knabenliebenden Eros als auf eine Jugendtorheit zurück. Die meisten der Männer, von denen berichtet wird, daß sie für Männerschönheit nicht unempfänglich waren — wie Solon, Aischylos, Sophokles u. a. —, waren verheiratet und hatten Nachkommenschaft; so insbesondere auch Platons Meister und Vorbild Sokrates[1] und dessen Liebling Alkibiades, so aber auch Dion, an den Platon in leidenschaftlicher Liebe gebunden war. In ihrer gewöhnlichen Erscheinungsform beruhte die Päderastie offenbar auf einer bisexuellen Veranlagung und somit nicht eigentlich auf einer Verkehrung, sondern auf einer Verdoppelung, einer reicheren Entfaltung des Geschlechtstriebes. Sie äußert sich symptomatisch darin, daß die Amazone und der Hermaphrodit Lieblingsmotive der darstellenden Kunst sind.[2] Sehr bezeichnend ist zum Beispiel, daß Xenophon in seinem „Gastmahl" den Kritobulos als jungen Ehemann und dabei zugleich als in den Kleinias verliebt darstellt. Xenophon trägt auch keine Bedenken, diesen knabenliebenden Mann sich am Schluß des Dialogs, veranlaßt durch das dargestellte Liebesspiel, beeilen zu lassen, ins Ehebett zu kommen.[3] Typisch

---

1) H. Gomperz, a. a. O. S. 40 f.: „Böse Zungen des nächsten Jahrhunderts behaupteten sogar, in seinen Beziehungen zum weiblichen Geschlecht habe Sokrates eher ein Zuwenig als ein Zuviel von Selbstbeherrschung gezeigt. Außer seiner Frau habe er sich auch mit öffentlichen Dirnen eingelassen." Und S. 62: „An und für sich war Sokrates ohne Zweifel für den Reiz beider Geschlechter empfänglich, und diese doppelte Empfänglichkeit war auch in dem Kreis, in dem sich sein Leben abspielte, im vornehmen athenischen Bürgertum der zweiten Hälfte des fünften Jahrhunderts, durchaus die Regel."

2) Wie Lagerborg, a. a. O. S. 46 hervorhebt.

3) Vgl. auch Symonds, a. a. O. S. 85.

auch der Bericht des Aristoteles von einem Zwist zwischen zwei vornehmen jungen Männern in Syrakus, der zu einem Verfassungssturz geführt haben soll: „Der eine nämlich hatte in Abwesenheit des andern dessen Geliebten verführt, darüber aufgebracht, verführt ihm nun wieder der andere seine Frau."[1] Solche Bisexualität ist vom sozialen Standpunkt aus viel weniger gefährlich und wurde darum subjektiv durchaus nicht als Minderwertigkeit empfunden;[2] denn sie drängt nicht von der Gesellschaft ab, sie läßt einen mit der Gesellschaft, der gegenüber man auch die Verpflichtung zur Fortpflanzung erfüllt, beinahe doppelt verbunden bleiben. Es scheint, daß Platon diese glücklichere Form des Eros nicht beschieden war, daß er, der nie an eine Familiengründung gedacht hat, dem tragischen Schicksal einseitiger Homosexualität verfallen war; und daß er eben darum in einen so tiefen und schmerzlichen Konflikt mit sich selbst, mit der Welt und insbesondere mit der Gesellschaft geraten mußte. Mehr noch als der Jubel des sich zu sich selbst bekennenden Eros tönt daher die Qual des sich seiner selbst schämenden, über sich selbst Gerichtstag haltenden, unselig verdammten Eros aus dem „Phaidros", dem Hohen Lied, das Platon auf die Knabenliebe geschrieben. Wie er aber diesen Eros als den Tyrann seiner Seele gehaßt haben mag, das verrät das mit leidenschaftlichem Abscheu gezeichnete Bild des tyrannischen Charakters im IX. Buch der „Politeia", als dessen tiefstes Geheimnis er den Eros preisgibt, eben jenen Eros, den er im „Symposion" über alles gepriesen. Dadurch wird der Jüngling verdorben, daß ihm in schlechter Gesellschaft „irgendeine Liebesleidenschaft (ein Eros) eingepflanzt wird, die über die faulen und den vorhandenen Besitz verschleudernden Begierden das Vorsteheramt erhält, so eine rechte, große, beflügelte Drohne". Dadurch wird er zum Tyrannen, daß er seine Seele ganz „mit jener eingeschleppten Wahnsinnskrankheit füllt", die Platon in seinem „Phaidros" als einen „göttlichen" Wahnsinn gedeutet. „Ist nicht

---

1) Politik V, 3, § 1 (1303 b).
2) Die sexuelle Zuneigung eines Mannes zu einem Manne ist zwar sehr häufig, aber durchaus nicht immer Symptom eines femininen Charakters. Es liegt nahe, daß sich zum Manne hingezogen, vom Weibe abgestoßen fühlt, wer selbst weiblich veranlagt ist. Und diese weibliche Veranlagung eines Mannes galt der offiziellen griechischen Moral als minderwertig, als „krankhafte Unmännlichkeit" (Symonds, a. a. O. S. 59). Aber gerade bisexuelle Anlage ist mit männlichem Charakter vereinbar. Hier ist es ja das Mädchenhafte an der Knabenschönheit, das anzieht. Daß das männliche und das weibliche Prinzip beim konkreten Menschen in verschiedenen Mischungsverhältnissen auftreten kann, daß es daher männliche Weiber und weibliche Männer gibt, diese Tatsache hat — wie H. Gomperz, a. a. O. S. 26, hervorhebt — schon Parmenides erkannt.

eben dies der Grund, daß Eros schon von altersher ein Tyrann heißt",
fragt Sokrates hier bei dieser Verdammung des Tyrannen, in dessen Innern
„Eros als Tyrann thront und das ganze Reich der Seele leitet". Ist das
noch derselbe Eros, den er im „Symposion" jubelnd zum König, ja zum
„König der Götter"[1] ausgerufen? Wie anders als hier und im „Phaidros"
hat Platon seinen Eros auch sehen müssen, wenn er diesen Eros, den Eros
schlechthin, als den Verführer des Jünglings zur Tyrannis brandmarkt.

„Und bei all diesem Treiben werden die Ansichten, die er bis dahin von Kind
auf über Tugend und Laster hatte, jene Ansichten, die der gewöhnlichen Anschauung
über Rechtlichkeit entsprechen, überwältigt werden von den neuerdings erst aus der
Knechtschaft befreiten, die im Bunde stehen mit Eros, dessen Leibwache sie bilden,
und die früher nur im Traum, wenn er schlief, sich freimachen konnten, solange er
noch unter dem Druck der Gesetze und seines Vaters, der demokratischen Richtung
in seinem Innern treu blieb; seit er aber unter des Eros tyrannische Herrschaft geraten
und nun für immer in Wirklichkeit ein solcher geworden ist, wie er es früher nur
ab und zu im Traume war, wird er vor keinem entsetzlichen Mord, vor keiner sünd-
lichen Speise oder Tat mehr zurückschrecken, sondern der Eros, der als tyrannischer
Gebieter in voller Ungebundenheit und Gesetzlosigkeit in ihm waltet, wird den, der
ihn, wie ein Staat seinen Herrscher, in sich hat, jedem Wagnis zuführen, das ihm
und dem ihn umgebenden lärmenden Schwarme Unterhalt verschafft; jenem Schwarme,
der teils von außen in ihn eingedrungen ist infolge schlechter Gesellschaft, teils von
innen aus durch die jenen gleichartigen Triebe, die sich auch in ihm selbst vorfanden,
entfesselt und in Freiheit gesetzt worden ist."[2]

Das ist der böse, teils durch schlechte Gesellschaft von außen ein-
gedrungene, teils schon im Innern angelegte, in seiner Entfesselung
furchtbare Trieb; das sind die „rasenden Begierden", „die keinen Widerstand dulden, unzugänglich wie ein Tier für jeden Zuspruch der Vernunft",
von denen Platon im „Timaios" spricht; das ist der Eros, gegen den Platon
seine Seele nicht anders zu wahren vermag als durch das rigorose Ideal
der Keuschheit.

§ 8. *Platons Ideal der Keuschheit: Sokrates.* Das hat ihn an Sokrates
gebunden. Auch in diesem dämonischen Manne sah er seinen Eros lebendig,
sah ihn unausgesetzt den Jünglingen nachstellen, sie mit den glänzenden
Gaben seines seltenen Geistes locken. Aber er, der wie kein anderer sich
auf das gefährliche Liebesspiel verstand, der trotz seiner Häßlichkeit wie
kein anderer die Liebe gerade der Schönsten zu gewinnen vermochte, rein
und unberührt und niemals besiegt vom irdischen Eros ging er aus all
seinen Liebeshändeln hervor. Im „Symposion" hat Platon der Keuschheit

1) Symposion, C 18 (195 St.).
2) Politeia IX, 1—3 (571/75 St.).

des Sokrates und damit aller Keuschheit überhaupt das unsterbliche Denkmal gesetzt. Von Wein berauscht, verrät Alkibiades das Geheimnis des seltenen Mannes; wie er, erst von seinem Geist gefangen, ja erschüttert und überwältigt wurde, wie ihm bei seinen Reden das Herz stärker klopfte als den korybantischen Tänzern und er bis zu Tränen gerührt wurde, wie er dann zu ihm, der sich ihm als Liebender gab, selbst von Liebe ergriffen wurde und demütig um seine Liebe buhlte, und wie doch alle Versuche des verführerischen Jünglings vergebens waren. Wohl war es ihm gelungen, den Sokrates dazu zu bringen, mit ihm allein in seinem Hause zu schlafen, wohl war er mit Sokrates unter einer Decke gelegen und hatte seine Arme um ihn geschlungen, eine ganze Nacht, aber „bei Göttern, bei Göttinnen, nicht anders stand ich auf, nachdem ich mit Sokrates geschlafen hatte, als wenn ich beim Vater oder älteren Bruder geschlafen hätte".[1] Solche Keuschheit mag dem kühleren Sokrates, der überdies zu Hause Weib und Kind hatte, leichter gefallen sein als dem leidenschaftlicheren Platon, dem die Ehe Zeit seines Lebens fremd blieb. Wohl war auch Sokrates eine erotische Natur und sein Rationalismus nur eine Maske, um seine Leidenschaften zu verbergen, aber Eros in ihm nicht so stark, als daß er der Vernunft hätte ernstlich den Sieg streitig machen können. Als der syrische Physiognomiker Zopyros aus den Gesichtszügen des Sokrates auf dessen Sinnlichkeit schloß, soll dieser — gegen den lebhaften Protest seiner Schüler — erklärt haben: „Zopyros hat richtig gesehen; doch bin ich dieser Begierden Herr geworden."[2] Auch Platon hat, seinem Meister folgend, die Vernunft zum Kampf gegen Eros angerufen; aber auf dem Weg zur Tugend ward sie

---

1) Symposion 32 (215 St.), C 34 (219 St.).

2) Vgl. Heinrich Gomperz, a. a. O. S. 37. Gomperz betont, daß bei Sokrates im Mittelpunkt seines Lebens- und Gedankenkreises „der Begriff der Selbstbeherrschung" steht und „daß das eigentliche Ziel dieser sokratischen Selbsterziehung die Überwindung des Verlangens nach dem körperlichen Besitz schöner Knaben gewesen ist" (a. a. O. S. 63). Sokrates ist im allgemeinen kein Asket, er duldet Speis und Trank und insbesondere auch Geschlechtsverkehr mit Frauen. Aber die einzige Selbstbeschränkung, von der er keine Ausnahme zuläßt, ist die sexuelle Knabenliebe (a. a. O. S. 65). Als Motiv dieses Liebesverzichtes und der mit ihm verbundenen Sublimierung des Eros vermutet H. Gomperz: „Sokrates war in dem Kreis, in dem er lebte, nicht geboren. Und dem athenischen Kleinbürgertum, dem er entstammte, war — wir sehen es aus der Komödie — die Knabenliebe immer fremd geblieben: die ‚gute Gesellschaft' Attikas hatte diese Gefühlsweise von den Dorern übernommen. Konnte so nicht das, was Sokrates den Willen und die Kraft gab, sein Verlangen nach dem körperlichen Besitz schöner Knaben zu überwinden, der Geist seines Elternhauses, die Umgebung, in der er aufwuchs, gewesen sein? Und wenn er dem Kritias vorhielt, das Verlangen nach dem Umgang mit Knaben sei etwas Schweinisches, hören wir in diesen Worten etwa den Nachklang des Urteils, das Sokrates von den

ihm keine ausreichende Stütze. Über allen sokratischen Rationalismus hinweg mußte Platon sein Heil in der Mystik suchen; nur durch sie erhoffte er den letzten Schritt zur Schau des sehnsüchtig gesuchten, des Ewig-Guten. Und obgleich Platon in der entscheidenden Phase seines Lebens und seines Denkens die sokratische Methode der kritischen Verstandesarbeit weit hinter sich gelassen, so hat er doch bis in seine Altersdialoge hinein an der Gestalt des Meisters festgehalten; hat sie zwar umgedeutet, hat aus dem alten, häßlichen einen „jüngeren und schöneren Sokrates"[1] gemacht, aber er ist dem Vorbild seiner Jugend treu geblieben, in dem er bis zu den letzten Regungen seines Eros das von ihm selbst nie erreichte Ideal der Keuschheit verehrt hat.

In den Gesprächen, mit denen Sokrates in der von Erotik geschwängerten Atmosphäre der guten Gesellschaft Athens die nach geistiger Kultur durstigen Seelen der aristokratischen Jünglinge faszinierte, ging es um die Tugend und vor allem um die Gerechtigkeit. Nicht Naturwissenschaft oder Soziologie war der Gegenstand der Begriffsspekulationen dieses Seelenfängers. Denn mehr als an allem anderen lag ihm an sittlicher Rechtfertigung des persönlichen Lebens.[2] Nach der schweren Erschütterung, die das sittliche

athenischen Kleinbürgern seit seiner Kindheit zu vernehmen gewohnt war?" (a. a. O. S. 67). Das mag sicherlich mitgespielt haben; aber es reicht keineswegs aus, um zu erklären, daß der Aristokrat Platon gerade in diesem Punkte seinem Meister zu folgen so leidenschaftlich bemüht war. Und gegen die Päderastie war man nicht nur in den Kleinbürgerkreisen Athens und daher nicht nur in der Komödie, sondern auch die ganze Sophistik und mit ihr die Tragödie des Euripides zeigen die gleiche Tendenz. H. Gomperz leugnet es zwar, aber es muß doch so etwas wie eine gegen die Päderastie „empörte öffentliche Meinung" gegeben haben, und in den Kreisen, in denen das Leben des Sokrates und der meisten seiner Jünger verlief, kann sich „die unvergeistigte oder doch nur wenig vergeistigte Knabenliebe" durchaus nicht so von selbst verstanden haben wie H. Gomperz annimmt. Schon aus Gründen, die er selbst feststellt. Einmal weil diese Knabenliebe in der großen Masse des Volkes als Laster galt, eine Auffassung, die unmöglich in der höheren Schichte einer Demokratie ohne Widerhall bleiben konnte: dann aber, weil sie aus dem dorischen Kulturkreis kam, dem das offizielle und ganz besonders von der „guten" Gesellschaft repräsentierte Athen stets feindlich gegenüber stand.

1) Briefe II (314 St.).

2) Heinrich Gomperz schreibt a. a. O. S. 68/69: „Wenn dann in Sokrates' Seele schwere sittliche Kämpfe stattfanden, konnte nicht auch die Vorherrschaft sittlicher Fragestellungen in seinem Denken eben in ihnen ihren letzten Grund haben? ... Unser Streben nach psychologischem Verständnis jedenfalls würde sich mehr befriedigt fühlen, dürften wir die Annahme machen, Sokrates habe also seine Frage: Was ist das Gute, das Anständige, das Rechte? nicht aus bloß theoretischer Wißbegierde gestellt, vielmehr ursprünglich darum, weil er wirklich nicht wußte, was für ihn gut, anständig und recht sei, mit andern Worten, wie er sich verhalten, sein Leben gestalten solle ... So darf es also wohl nicht unwahrscheinlich heißen, daß für Sokrates

Bewußtsein durch den Relativismus der Naturwissenschaft und der sophisti-
schen Gesellschaftslehre erfahren hatte, sucht Sokrates, als der erste große
Repräsentant der religiösen und politischen Reaktion, nach einer festen
Grundlage für den sittlichen Wert; und er glaubt ihn im Verstande des
Menschen gefunden zu haben. Tugend ist Wissen, das menschliches Verhalten nach erkennbaren Begriffen bestimmt, und diese Begriffe Begriffe der
Tugenden oder der Tugend, Wertbegriffe, sittliche Normen für die Gesellschaft. Die rationale Methode seiner ethischen Begriffsspekulation, die, eben
weil sie rationalistisch ist, nur eine Kritik moralischer Prinzipien aber keine
positive Moral geben kann, ist durch und durch sophistisch, wenn auch
sein Ziel: der absolute Wert, durch und durch antisophistisch ist. Um dieses
Zieles willen ist Platon sein Schüler geworden. Die leidenschaftliche Beharrlichkeit, mit der Sokrates immer wieder nach der Gerechtigkeit fragte,
muß den nach Rechtfertigung seiner selbst und der Welt sehnsüchtig
suchenden Jüngling Platon mächtig angezogen haben, obgleich ihm das
Vergebliche der sokratischen Bemühungen, die Unmöglichkeit, auf dem
Wege rationaler Erkenntnis zu einer befriedigenden Bestimmung der Gerechtigkeit zu gelangen, nicht verborgen geblieben ist. Das zeigen seine
ersten Dialoge, in denen er die Gestalt des Meisters so liebevoll zeichnet,
und die doch alle so ergebnislos enden. Aber vielleicht kam es Sokrates
selbst nicht so sehr darauf an, zu einem bestimmten sachlichen Ergebnis
zu gelangen, wie es ihm auch im Liebesspiel nicht darauf ankam, die
reife Frucht zu pflücken; vielleicht war etwas ganz anderes sein Ziel, das
Ziel seiner Beschäftigung mit den Jünglingen. Was dem jungen Platon
aus den vielen, mitunter recht krausen Reden seines Lehrers zu hören
verlangte, das war nicht so sehr die Antwort auf die Frage, was eigentlich
das Gute und Gerechte sei, sondern daß es überhaupt sei, daß es so etwas
wie einen sittlichen Wert im Leben des Einzelnen, und daß es eine Gerechtigkeit für die Gesellschaft wirklich gibt. Das aber war es gerade, was
Sokrates zu beteuern nicht müde wurde und was er besser als durch seine
logischen Argumentationen durch sein Leben bewies. War dem Sokrates
auch keine Begriffsbestimmung der Tugend, keine Definition der Gerechtigkeit
gelungen, in seiner Persönlichkeit selbst konnte Platon die Verwirklichung
der Tugend, die lebendige Gerechtigkeit sehen.

die Frage nach dem Wahren und Guten ursprünglich die Bedeutung einer ganz persönlichen Lebensfrage gehabt hat." Gomperz spricht es direkt aus, daß bei Sokrates
zwischen seiner ethischen Problemstellung und seinen päderastischen Regungen ein
Zusammenhang bestanden haben mag! (a. a. O. S. 70).

Darum mußte der Tod des Sokrates für Platon zu der gewaltigsten Erschütterung seines Lebens werden. Mit feinem Gefühl hat der russische
Mystiker Solowjew[1] gesehen, daß Sokrates dem Platon mehr als ein Lehrer,
daß er dem vaterlosen Jüngling der zweite, der geistige und sittliche Vater
war. In dem schweren Kampf, den Platon gegen seine eigene Natur zu
führen hatte, war ihm Sokrates die stärkste Stütze. Fühlte er sich schon
durch seine eigene Veranlagung in einen feindlichen Gegensatz zu dieser
demokratischen Gesellschaft gestellt, in der nur die Vielen und Vielzuvielen
nach dem schnöden Grundsatz der Gleichheit sich breit machten; zu einer
Flucht vor der Welt gedrängt, in der es nur wenig Hoffnung auf einen
Sieg des Guten gab, so drohte die Hinrichtung des Sokrates die letzten
Bande zu zerreißen. Eine Gesellschaft, die den einzig Gerechten zum Tode
verurteilt, eine Welt, in der der einzig Keusche sterben muß, kann nur
das Reich des Bösen sein. Für Platon tut sich beim Tode des Sokrates der
„Abgrund des Bösen"[2] auf. Das ist der Chorismos, der von nun an sein
ganzes Denken spaltet; das ist der Dualismus, der sein System beherrscht
und der unter dem Druck des erschütternden Erlebnisses einen tief pessimistischen Sinn annimmt.

§ 9. *Der platonische Pessimismus.* Diese Stimmung ist es, die aus den
Dialogen „Gorgias" und „Phaidon" spricht. Der wahre Philosoph kehrt
sich vom Staate, von diesem Staate einer verworfenen Demokratie ab.
„Eine tiefe Kluft liegt zwischen ihm und dem Staate", so charakterisiert
Apelt[3] Platons Haltung im „Gorgias". Und in der Tat, der platonische
Chorismos tut sich hier auf zwischen Staat und Philosophie, ja, zwischen
dieser und dem Leben überhaupt. Der Gedanke taucht auf: Wenn es wahr
ist, daß diejenigen die Glücklichsten sind, die nichts bedürfen, dann sind
am glücklichsten die Toten. „Mit dem Leben, so wie es die meisten auffassen, steht es in der Tat schlimm." Das düstere Wort des Euripides wird
zitiert: „Wer weiß, ob nicht das Leben Sterben, das Sterben aber Leben
ist." Und Platon läßt den Sokrates, ergänzend, hinzufügen: „und ob wir
in der Tat nicht vielleicht tot sind".[4] Das wahre Leben ist nicht im Diesseits. Und auf eine volle Verwirklichung der Gerechtigkeit kann man nur
im Jenseits hoffen, in das die Seele nach dem Tode eingehen muß, um

---

1) Solowjew: Das Lebensdrama Platons. Aus dem Russischen übersetzt von
Bertram Schmitt. Religiöse Geister, 23. Bd. 1926. S. 44.
2) Solowjew, a. a. O. S. 62.
3) Platons Dialog Gorgias, übersetzt und erläutert von Otto Apelt. 2. Aufl. Philos
Bibliothek. Bd. 148. Leipzig 1922. S. 8.
4) Gorgias XLVII (492, 493 St.).

ihren Lohn und ihre Strafe zu finden. Im „Phaidon" aber stoßen wir auf die Lehre, daß der Leib nur ein Kerker der Seele ist, dem der wahre Philosoph so bald als möglich zu entfliehen habe.[1] Der φιλόσοφος als Liebhaber der Weisheit wird in einen schroffen Gegensatz zum φιλοσώματος als Liebhaber des Körpers gesetzt.[2] Eine tiefe Todessehnsucht spricht aus diesem Dialog, dessen Szene das Sterben des Sokrates darstellt.

„Alle, die sich in rechter Weise mit Philosophie befassen, haben es im Grunde auf nichts anderes abgesehen, als darauf, zu sterben und tot zu sein."[3]

Wie im „Gorgias", so steht auch hier der gute, den Leib abtötende, die Sinne und die Sinnlichkeit unterdrückende, nur der Vernunft lebende „Philosoph", steht die ganze „Philosophie" in bewußtem Gegensatze zum bösen Leben. Der Philosoph muß sich, wenn er seinen Beruf wahrhaft erfüllen will, vom Leben und insbesondere von der Liebe abwenden.

„Die ganze Arbeit der Philosophen ist ja nichts anderes als Lösung und Trennung der Seele vom Leib."[4]

Denn Philosophie ist auf Erkenntnis des Wahren, des wahren Seins gerichtet und dieses kann nur durch das reine Denken, nicht aber durch die sinnliche Wahrnehmung erfaßt werden. Durch die Sinne wird die Seele nur „irregeführt".[5] Es ist klar, „daß die Betrachtung durch das Auge voll ist von Täuschung, nicht minder die durch das Ohr und die übrigen Sinne" und daß man „davon nichts für wahr zu halten habe".[6] Etwas durch die Sinne betrachten, heißt aber so viel, wie: „durch den Leib etwas betrachten".[7]

„Beim Betrachten mittels des reinen Denkens scheint uns gewissermaßen die Todesgöttin mit sich davonzuführen; denn solange wir mit dem Körper behaftet sind und unsere Seele mit diesem Übel verwachsen ist, werden wir niemals in vollem Maße erreichen, wonach wir streben."[8]

Das ist vor allem die Erkenntnis des Guten und des Gerechten; dessen Ansichsein, das die sinnliche Wahrnehmung nicht zu geben vermag, und das daher — da seine Existenz als selbstverständlich vorausgesetzt wird — nur der Gegenstand des reinen, von aller Körperlichkeit und Sinnlichkeit befreiten Denkens sein kann. Wenn Platon immer wieder mit Nachdruck

---

1) Phaidon XXIII (82 St.).
2) Phaidon XIII (68 St.).
3) Phaidon IX (64 St.).
4) Phaidon XII (67 St.).
5) Phaidon X (65 St.).
6) Phaidon XXXIII (83 St.).
7) Phaidon XXVII (79 St.).
8) Phaidon XI (66 St.)

betont, daß nur der Verstand, nicht aber die Sinne die Wahrheit, das wahre
Sein erfassen können, so meint er eben in erster Linie das Sein des Guten,
Schönen, Gerechten. Und unter den „tausenderlei Unruhen", die uns der
Körper verursacht und die uns hindern „in der Jagd nach dem Seienden",
d. h. die uns verhindern, zum Guten zu gelangen, wird das „Liebesver-
langen" hervorgehoben und besonders betont, daß „auch Kriege, Aufruhr
und Schlachten" allein eine Folge des Körpers und seiner Begierden sind.

„Es ist also für uns in der Tat eine ausgemachte Sache, daß, wenn wir jemals
eine reine Erkenntnis erlangen wollen, wir uns von ihm freimachen und allein mit
der Seele die Dinge betrachten müssen. Und nicht eher, scheint es, wird uns das
zuteil werden, wonach wir streben und was der Gegenstand unserer Seele ist, nämlich
die Vernünftigkeit, als bis wir gestorben sind — das zeigt sich ganz klar —, solange
wir leben aber nicht."

Ja, in seinem tiefen Pessimismus in bezug auf das Diesseits, dem ein hoch-
fliegender Optimismus in bezug auf das Jenseits entspricht, versteigt sich
Platon bis zum Standpunkt eines völligen Agnostizismus; er geht so weit,
zu behaupten:

„Entweder ist es überhaupt unmöglich, ein Wissen zu erlangen oder erst nach
unserem Tode. Denn dann wird die Seele ganz für sich sein, getrennt vom Körper,
eher aber nicht."[1]

Im Diesseits gibt es ebenso wie keine Gerechtigkeit auch keine wahre
Erkenntnis, die ja nur auf die Gerechtigkeit gerichtet ist. Es ist die Alternative gestellt: Agnostizismus oder Transzendenz nicht nur des Objekts,
sondern auch des Prozesses der Erkenntnis selbst. Dieses von allem Leiblich-
Sinnlichen losgelöste Erkennen verrät schon deutlich die Tendenz zur Mystik;
sie ist eine Konsequenz des pessimistischen Dualismus, der im „Phaidon"
bis zum Äußersten gesteigert ist. Das drückt sich in der hier zuerst voll
entfalteten Ideenlehre aus. Der Gegensatz zwischen den ewig unveränderlichen unsichtbaren Ideen und den sich stetig wandelnden, sinnlich wahr-
nehmbaren Einzeldingen wird mit dem Gegensatz von Seele und Leib verknüpft, der gerade hier sichtlich den Gegensatz von Gut und Böse darstellt. Die Loslösung der Seele vom Leib wird als eine „Reinigung", als
„Befreiung von einem Übel" bezeichnet.[2] Die Seele entweicht nach dem
Tode des Leibes „nach einem ihrem Wesen gleichartigen Ort". Und dieser
Ort wird als ein „würdiger, reiner" dargestellt, es ist der Ort „des guten
und vernünftigen Gottes".[3]

---

1) Phaidon XI (66 St.).
2) Phaidon XI (66/67 St.).
3) Phaidon XXIX (88 St.).

„Dem Göttlichen und Unsterblichen" (— was für Platon immer nur das Gute ist —) „und Übersinnlichen und Einfachen und Unauflöslichen und Immer-sich-Gleich-bleibenden ist am ähnlichsten die Seele, dem Menschlichen und Sterblichen und Mannigfaltigen und Sinnlichen und Auflöslichen und Niemals-sich-Gleichbleibenden am ähnlichsten hinwiederum der Leib."[1]

Das Wesen der vernünftigen Seele also ist das Gute. Und da der Leib mit seinen Begierden ihr entgegengesetzt ist, so kann sein Wesen nur — was freilich nicht ausdrücklich gesagt wird — das Böse sein. Der Leib ist ein „Körperartiges" und dieses ist,

„wie man annehmen muß etwas Niederdrückendes und Belastendes und Erdartiges und Sichtbares. Mit ihm behaftet wird denn die eben geschilderte Seele, gehemmt und wieder in die sichtbare Welt zurückgezogen".[2]

Offenbar wird hier durch die Schwerkraft das Böse symbolisiert. Die un-sichtbare Seele ist den unsichtbaren Ideen verwandt, der Leib aber gehört zu den sichtbaren Einzeldingen.[3] Und der Bereich der Ideen muß der Ort sein, zu dem die Seele nach dem Tode des Leibes gelangt, der Bereich des guten Gottes. Auch das wird nicht direkt gesagt, sondern geht indirekt daraus hervor, daß im „Phaidon" als die erste Idee, das erste „Ding an sich", das erste Objekt der Erkenntnis dessen, „was in Wahrheit ist",[4] „das Ge-rechte an sich" und sodann das „Schöne und Gute an sich" bezeichnet werden. Das Gute ist zwar noch nicht, wie in der „Politeia", als die Zentralidee erklärt, aber die „Jagd nach dem Seienden",[5] die Philosophie als Erkenntnis der wahren Realität ist auch im „Phaidon" vor allem und in erster Linie Erkenntnis des Gerechten, Guten, Schönen. Wenn Platon hier von Ideen als von den Dingen an sich spricht, so ist fast ausschließlich von dem Gerechten, dem Schönen, dem Guten, dem Frommen die Rede,[6] im wesentlichen also von Werten. Der Gegensatz von Idee und Einzelding erscheint hier hauptsächlich als Gegensatz von Wert und Wirklichkeit.

1) Phaidon XXVIII (80 St.).
2) Phaidon XXX (81 St.).
3) Phaidon XXV (79 St.).
4) Phaidon X (65 St.).
5) Phaidon XI (66 St.).
6) Vgl. Phaidon XX (75 St.): „Denn unsere jetzige Untersuchung geht nicht bloß auf das Gleiche, sondern ebensogut auf das Schöne an sich, und das Gute und Ge-rechte und Fromme an sich, kurz, wie gesagt, dem wir in unseren in Fragen und Antworten sich bewegenden Verhandlungen das Siegel des ‚an sich' aufdrücken". Ferner XX (76 St.): „Wenn dem, was wir immer im Munde führen, dem Schönen und Guten und jeder solchen Weisheit, ein wirkliches Sein zukommt ..." Ferner XX (77 St.): „Denn für mich steht nichts so unzweifelhaft fest wie dies, daß all diesen Vorstellungen, dem Schönen und Guten und allem, was du sonst eben nanntest, das wahrhaftigste Sein zukommt." Vgl. ferner L (78 St.).

Mit der Maßgabe allerdings, daß den Werten, d. h. dem absoluten Wert
allein, die Wirklichkeit des wahren Seins zugesprochen, dem, was man
gewöhnlich Wirklichkeit nennt, den Einzeldingen aber, wahres Sein abgesprochen wird. Und weil die Welt der Ideen im „Phaidon" eine Welt
der Werte ist, ist die Weltanschauung, auf die hier Platon abzielt, eine
durchaus normative, eine Werterkenntnis, die letztlich nur eine Erkenntnis
von Gut und Böse sein kann; und die er — in der Polemik gegen Anaxa-
goras — bewußt in Gegensatz zu einer naturwissenschaftlichen Welterklärung
stellt. Und so wie der Gegensatz von Leib und Seele dadurch verabsolutiert
wird, daß der Leib ganz und gar das Böse und die — einheitliche — Seele
ganz und gar das Gute darstellt, wird auch der Gegensatz von Idee und
Einzelding zu einem absoluten gestaltet, indem nur der mit der Seele verwandten Welt der Ideen, nicht aber der Welt der Einzeldinge, der körperlich-
sinnlichen Erfahrung, wahres Sein zugesprochen wird. Die der Welt der
Ideen, dem Bereiche des guten Gottes entgegengesetzte nur scheinbare
Wirklichkeit, sie ist — und auch das wird nicht ausdrücklich gesagt, geht
aber indirekt aus ihrem Gegensatz zur Welt des Guten hervor — böse und
wird darum negiert.

Und auch die antisoziale Tendenz dieses pessimistischen Dualismus tritt
hier deutlich hervor: „Wer nicht selbst rein ist, soll auch ausgeschlossen sein
von der Berührung mit dem Reinen."[1] Die „richtig Philosophierenden",
die „sich standhaft aller körperlichen Begierden enthalten", „denen es mit
ihrer Seele ernst ist und die nicht aufgehen in der zärtlichen Pflege des
Leibes" und die daher „schon im irdischen Leben dem Wissen des Guten,
des Gerechten an sich möglichst nahekommen", diese „sagen sich los"
von den anderen, den „Herrsch- und Ehrsüchtigen", die ihrem Leib untertan
sind „und wandeln nicht denselben Weg mit ihnen als mit Leuten, die
nicht wissen, wohin sie gehen; sie selbst aber, überzeugt, daß sie nicht im
Widerspruch mit der Philosophie und dem Befreiungs- und Reinigungs-
werk derselben handeln dürfen, wenden sich ihrer Leitung folgend dahin,
wohin sie den Weg weist".[2] Es ist ein Weg der persönlichen „Befreiung
und Reinigung", ein Weg der individuellen Erlösung! Der Philosoph
sondert sich von der Menge ab und sorgt für sein Seelenheil.[3] So weit
entfernt ist Platon hier von dem Grundgedanken seiner „Politeia", daß der
Philosoph die Gerechtigkeit nicht nur für sich, daß er sie für alle anderen,

---

1) Phaidon XI (67 St.).
2) Phaidon XI (67 St.), XXXII (82 St.).
3) Phaidon LXIV (115 St.).

und sei es auch gegen deren Willen und sei es auch mit Zwang, zu verwirklichen habe, daß der Philosoph, und nur er, zur Herrschaft im Staate
berufen sei.

§ 10. *Die optimistische Wendung: Das Bekenntnis zum Eros.* Aber dieser
Pessimismus in bezug auf das Diesseits, diese Tendenz, den Gegensatz
zwischen sich und der Welt und den in ihr erkannten Dualismus zu ver-
absolutieren, diese Abkehr von der Gesellschaft, diese Flucht vor dem Leben
und vor allem vor dem Eros ist durchaus keine Grundstimmung, die das
ganze Leben und das ganze Werk Platons beherrscht. Gerade auf dem Höhepunkt beider siegt eine entgegengesetzte Tendenz, siegt der Wille zum Leben
und zur Liebe. Soll Platon den Weg zurückfinden zur Welt und vor allem
zur Gesellschaft, soll sich der Abgrund schließen, der seine Philosophie
von dem irdischen Dasein und insbesondere vom Staate trennt, soll der
Philosoph zum Herrscher werden können, dann muß vor allem die Kluft
in seinem eigenen Innern, muß die diese Kluft allererst aufreißende anti-
erotische, asketisch-selbstzerstörerische Verzweiflung überwunden werden,
Platon muß den Mut finden, sich zu sich selbst, d. h. zu seinem Eros,
zu bekennen. Und diesen Mut hat er gefunden. Eines seiner herrlichsten
Werke, eine der schönsten Dichtungen, die je geschaffen wurde, der Dialog
„Symposion" gibt davon Zeugnis.

a) Lysis. Schon aus den etwas dunklen Gedankengängen des Dialogs, der
dem Wesen der Freundschaft gewidmet ist, schon aus der nicht sehr harmoni-
schen Musik des „Lysis" hört man deutlich das Motiv heraus, das dann in
gewaltigen Akkorden aus dem „Symposion" ertönt: Die Rechtfertigung des
platonischen Eros. Es ist nicht leicht, in den zum Teil völlig leeren Begriffsspekulationen dieses äußerlich ganz ergebnislos endenden Gespräches, das
Sokrates mit zwei Freunden, Menexenos und Lysis, in Gegenwart des
Hippothales in deutlicher Beziehung auf diesen führt, der der Liebhaber
des Lysis ist, die eigentlichen Anschauungen Platons herauszufinden. Denn
kaum wird eine These aufgestellt, wird sie wieder fallen gelassen. Doch
tauchen dabei Meinungen auf, zu denen sich Platon in späteren Dialogen,
insbesondere im „Symposion" und „Phaidros", rückhaltlos bekennt. Und
so bietet der Vergleich mit diesen beiden Gesprächen die Möglichkeit, auch
in den beinahe nebelhaft schwankenden Gestaltungen des „Lysis" zu erkennen, worauf Platon hinauswill. Aus dem Labyrinth des Wortstreits, durch
den „man in die Irre geraten",[1] sucht Platon einen Ausweg, indem er „die

---

1) Lysis X (213 St.).

Betrachtung an Hand der Dichter" fortführen will. Denn „diese sind uns gleichsam Väter und Lehrmeister der Weisheit". Die Auskunft nun, die sie uns über das etwaige Zustandekommen von Freundschaften geben, ist gar nicht übel: „Der Gott selbst nämlich", sagen sie, „mache sie zu Freunden, indem er sie einander zuführe."[1] Also auch diese Ehen werden im Himmel geschlossen. Mit Berufung auf die Dichter wird der — von Platon auch sonst häufig verwendete — Grundsatz aufgestellt, „das Gleiche sei mit dem Gleichen notwendig immer befreundet", ein Grundsatz, der sich mehr als jeder andere zur Rechtfertigung des platonischen Eros eignet. Zumal dann, wenn er, wie im „Lysis", in dem Sinne verstanden sein will, daß „nur die Guten einander gleich und befreundet seien, die Bösen dagegen entsprechend auch dem gangbaren Urteil über sie, niemals gleich, nicht einmal mit sich selbst, sondern flatterhaft und unberechenbar"[2] und daher zur Freundschaft gänzlich ungeeignet. Als das erste Ergebnis darf man also — obgleich es im Gespräch nicht festgehalten wird — annehmen: „Daß einzig und allein der Gute dem Guten Freund sei, der Böse jedoch weder mit dem Guten noch mit dem Bösen jemals zu wahrer Freundschaft gelange." Freunde — wie Lysis und Menexenos oder Lysis und Hippothales — können nur Menschen sein, die gut sind.

Und auch die Freundschaft selbst, von der das Gespräch ein Beispiel in dem unsinnlichen Verhältnis des Menexenos wie in dem ganz und gar sinnlichen des Hippothales zu Lysis gibt, ist etwas Gutes; auch die Freundschaft, deren Grund die Begierde ist. Denn selbst wenn das Böse aus der Welt verschwände, gäbe es noch immer, so wie Hunger und Durst und die sonstigen Begierden, so auch Freundschaft und Liebe, und das könnte nicht der Fall sein, wenn Freundschaft oder Liebe, auch die auf der Begierde beruhende Freundschaft oder Liebe, etwas Böses wäre. Das ist der Grundgedanke, den man wohl aus der folgenden Partie des Dialogs heraushören kann.

„Gibt es nun etwa, fuhr ich fort, beim Zeus, wenn das Schlechte geschwunden ist, auch keinen Hunger mehr und keinen Durst und was dergleichen mehr ist? Oder wird es auch weiter Hunger geben, so lange es Menschen und sonstige lebendige Wesen gibt, nur daß er nicht (mehr) schädlich ist? Und auch weiter Durst und die sonstigen Begierden, nur eben nicht mehr mit Schlechtigkeit behaftet, da ja das Schlechte entschwunden ist? Oder ist es überhaupt lächerlich zu fragen, was dann sein wird oder nicht sein wird? Denn wer weiß es? Aber das wissen wir bestimmt, daß auch jetzt schon ein Hungernder zuweilen Schaden, zuweilen aber auch Nutzen von

---

1) Lysis X (215/14 St.).
2) Lysis X (214 St.).

diesem seinem Zustand hat; nicht wahr? — Sicherlich. — Und auch mit den Durstenden und allen nach etwas sonst Begierigen steht es so: Zuweilen ist ihre Begierde nützlich, zuweilen schädlich, zuweilen keines von beiden. — Allerdings. — Wenn also das Schlechte verschwindet, verdient dann etwa auch dasjenige, was ja nicht schlecht ist, mit dem Schlechten zu verschwinden? — Nein. — Die weder guten noch schlechten Begierden werden also weiter bestehen, auch wenn das Schlechte verschwunden ist. — Offenbar. — Ist es nun möglich, daß ein von Begierde und Liebe Erfüllter demjenigen, was er begehrt und liebt, nicht befreundet sei? — Meiner Meinung nach nicht. — Es gibt also nach dem Verschwinden des Schlechten, wie es scheint, noch Befreundetes. — Ja. — Das würde aber nicht der Fall sein, wenn das Schlechte die Ursache davon wäre, daß irgend etwas (einem anderen) befreundet ist. Ist nämlich das Schlechte verschwunden, so könnte dann nichts mehr einem anderen befreundet sein. Denn wenn der Grund davon weggefallen ist, so könnte unmöglich dasjenige noch vorhanden sein, was die Folge dieses Grundes war. — Du hast recht. — Wir waren aber doch darüber einverstanden, daß das Befreundete mit irgend etwas befreundet sei, und zwar wegen irgend eines Dinges; und wir waren damals wenigstens des Glaubens, wegen des Schlechten sei das Gute dem weder Guten noch Schlechten befreundet. Nicht wahr? — Allerdings. — Jetzt aber, scheints, drängt sich uns ein anderer Grund für das Begehren und Genießen der Freundschaft auf. — Allem Anschein nach. — Ist nun in Wahrheit, wie wir vorher behaupteten, die Begierde der Grund der Freundschaft, und ist das Begehrende dem fremd, wonach es begehrt, und dann, wenn es begehrt?"[1]

Die Begierde, die „der Grund der Freundschaft" ist, d. h. aber: der Leib, den man wohl wird im Sinne der Anschauungen, die Platon insbesondere im „Phaidon" ausgesprochen, als den Begierden verwandt, den Begierden wird gleichsetzen dürfen, ist — hier im „Lysis" — nicht das Böse, ist nicht mehr als das Böse der Seele als dem Guten, absolut entgegengesetzt. Er ist zwar auch nicht das Gute:

„Der Körper ist, rein als der Körper betrachtet, etwas weder Gutes noch Schlechtes."[2]

So charakterisiert Platon später im „Symposion" den Trieb des Eros. Und wie noch viel deutlicher im „Symposion", so ist schon im „Lysis" der Gegensatz zwischen Gut und Böse aus der Starre seiner Absolutheit gelöst, er ist relativiert. Es gibt etwas Weder-Gutes-Noch-Böses und das ist der Leib. Als das Weder-Gute-Noch-Böse ist er — nicht wie im „Phaidon" der Kerker der Seele, sondern — ein durchaus berechtigtes Element der Freundschaft; denn gerade als solches ist er die Wurzel des Strebens nach dem Guten. Denn anstreben, begehren kann man nur, was man selbst nicht ist oder hat. „So behaupte ich denn ahnenden Geistes" — diese

---

1) Lysis XVII (221 St.).
2) Lysis XIV (217 St.).

Ahnung wird im „Symposion" zur Gewißheit, — „dem Schönen und Guten sei das Weder-Gute-Noch-Böse befreundet."[1] Und darum ist es das Weder-Gute-Noch-Böse, das dem Guten Freund wird.[2] Die Begierde, die der Grund der Freundschaft ist, wird als οἰκεῖον, d. h. wörtlich: das Angehörige, das Einem-angehörig-Sein (daß der Freund, der Geliebte einem angehörig sei) bezeichnet. Dieses οἰκεῖον ist im Grunde das Gute. „Wenn wir das Gute und das sich Angehörige als ein und dasselbe anerkennen, ist da nicht einzig der Gute dem Guten Freund?", fragt Sokrates unter Zustimmung seines Partners.[3] Das aber ist der tiefste Sinn der Freundschaft, darauf ist der in den Freunden lebendige Drang, ihr Streben gerichtet: auf das wahrhaft Gute. „Alle anderen Dinge, die wir als lieb" — das ist als den Gegenstand unseres Liebens — „bezeichneten, sind gleichsam nur Abbilder desselben, die uns täuschen, jenes Ursprüngliche dagegen ist das wahrhaft Liebe."[4] Platon spricht es nicht ausdrücklich aus, aber es kann nur das absolut Gute sein, das um seiner selbst willen und um keines anderen willen geliebt wird.[5]

„Alles, was wir befreundet nennen, um eines Befreundeten willen, nennen wir offenbar nur mit uneigentlichem Ausdruck so; das wahrhaft und eigentlich Befreundete dagegen ist aller Wahrscheinlichkeit nach dasjenige, auf das alle diese sogenannten Freundschaften hinweisen, als auf ihr letztes Ziel."[6]

Ist dieses letzte Ziel aber die Idee des Guten, dann ist solche Deutung des Eros seine höchste Rechtfertigung.

Doch der Dialog „Lysis" ist nur der erste tastende Versuch einer philosophischen Verklärung des Eros, der hier noch als φιλία auftritt, sich noch lieber Freundschaft nennt. Aber es ist schon dieselbe Grundhaltung, die uns im „Symposion" so kraftvoll entgegentritt.[7]

---

1) Lysis XIII (215 St.).
2) Lysis XI—XIII (216—218 St.).
3) Lysis XVIII (222 St.).
4) Lysis XVI (219 St.).
5) Treffend bemerkt Apelt in der Einleitung zu seiner Übersetzung des Lysis (Philosoph. Bibliothek, Bd. 177, 2. Aufl., 1922, S. 71): „Der Hauptpunkt, auf den es ankommt, die Beziehung auf die Idee des Guten, tritt erkennbar aus der Nebelumhüllung hervor, und wenn sich auch bald wieder Gewölk sammelt, so hat der aufmerksame Leser doch das deutliche Gefühl, daß damit der Schlüssel zur Lösung des Rätsels gegeben ist: Wahre Freundschaft ist nur zwischen guten Menschen möglich; denn sie ist nichts anderes als Einheit in der Liebe zum Guten."
6) Lysis XVI (220 St.).
7) Schon darum halte ich es für ganz unwahrscheinlich, daß der „Lysis" nach dem „Symposion" geschrieben wurde. Vergleicht man die Haltung, die Platon in beiden Dialogen zum Problem des Eros einnimmt, kann nur das umgekehrte Verhältnis in Frage kommen. Vgl. dazu Raeder: Platons philosophische Entwicklung, 2. Aufl. 1920. S. 154 ff; und insbes. Lagerborg, a. a. O. S. 92.

b) Symposion. Eine Apologie des besonderen platonischen Eros, eine Verteidigung der homosexuellen Liebe gegen die üblichen Vorwürfe, die im Dialog nicht ausgesprochen, sondern stillschweigend vorausgesetzt werden, eine Verteidigung vor allem gegen die Anklage des antisozialen Charakters dieses Eros ist diese unsterbliche Dichtung und ist nicht, wie man wohl meist annimmt und wie es nach den in der Einleitung zitierten Worten des Phaidros scheinen mag, eine Lobpreisung der Liebe überhaupt, der Liebe in all ihren mannigfaltigen Erscheinungsformen. „Ist es nicht unerhört, daß den anderen Göttern Hymnen und Danklieder von den Dichtern gedichtet sind, dem Eros aber, dem so großen, so mächtigen Gotte, kein einziger der Dichter, soviele schon gelebt haben, einen Lobgesang gedichtet hat?"[1] Denn der Eros, auf den jeder der zum Gelage vereinten Freunde — „rechts herum" — eine Lobrede halten soll, ist kein anderer als der knabenliebende Eros. Darüber läßt schon Phaidros selbst, von dem der Vorschlag ausgeht, keinen Zweifel. Mit einer Selbstverständlichkeit, als ob es eine andere als homosexuelle Liebe gar nicht gäbe, beginnt er diesen Eros als ältesten Gott und zugleich als der größten Güter Urheber zu preisen. Er beruft sich auf Hesiod, Parmenides und Akusilaos und fährt fort:

„Wie der älteste, so ist er uns der größten Güter Urheber; ja ich wüßte kein größeres Gut zu nennen, als schon dem Jüngling ein wahrer Liebender und dem Liebenden ein Liebling."[2]

Das ist der Eros, den Phaidros und mit ihm auch alle anderen Redner meinen. Und gleich in dieser ersten Rede ist Platon darauf bedacht, die gesellschaftsfördernde Funktion dieses Eros hervorzuheben: Ohne ihn könne weder der Einzelne noch vor allem der Staat große und schöne Werke wirken. Denn das Verhältnis zwischen dem Liebhaber und dem Geliebten erwecke und erhalte Ehrgefühl, Mut, Aufopferungsbereitschaft, alles Eigenschaften, die den Bestand der Gesellschaft garantieren. Aus den Beispielen, die Phaidros bringt: Alkestis, die für ihren Gatten zu sterben bereit ist, Orpheus, der für seine Gattin in den Hades steigt, Achill, der den Patroklos rächend stirbt, geht hervor, daß zwar auch die Liebe zwischen Mann und Frau nicht ohne sittlichen Wert ist,[3] aber sie zeigen deutlich, daß Platon hoch über sie die gleichgeschlechtliche stellt, und zwar gerade

---

1) Symposion 5 (177 St.).
2) Symposion 6 (178 St.).
3) An dem Beispiel der Alkestis fällt in diesem Zusammenhange auf, daß die Frau hier nicht die ihr naturgemäße Rolle der passiv Geliebten, sondern — umgekehrt — die des — aktiven — Liebhabers spielt. Vgl. Rettig, a. a. O. S. 424.

was ihren Wert für die Gesellschaft betrifft: mehr als Alkestis ehrten die
Götter den Achill, und entrückten ihn auf die Insel der Seligen.[1]

Und auch die zweite Lobrede, die des Pausanias, gilt nur der Knabenliebe und hebt noch viel deutlicher als der Gesang des Phaidros diese über
die Liebe zwischen Mann und Frau. Auch in dieser Rede wird mit Nachdruck der staatsbejahende Charakter der Homosexualität betont. Pausanias
deutet die — damals wohl schon geläufige — Unterscheidung zwischen
einer höheren geistig-himmlischen und einer niederen, bloß irdischen Liebe,
zwischen dem Eros Uranios und dem Eros Pandemos ganz einseitig zugunsten der homosexuellen. Schon dadurch, daß von der Aphrodite, der
der Eros Uranios beigesellt ist, gesagt wird, sie, des Uranos Tochter, sei
„älter und mutterlos", zeigt sich das homosexuelle Ideal mutterloser Zeugung
an. Und eben daraus wird abgeleitet, daß dieser Eros Uranios, diese höhere
Form geistiger Liebe, nur die Knabenliebe sei, daß nur die Liebe von Mann
zu Mann, die homosexuelle Liebe, sich zu dieser höheren Form entfalten
könne. Dieser Eros stammt nämlich

> „von der Himmlischen, welche erstens an Weiblichem nicht teil hat, sondern an
> Männlichem allein; — und er ist der Eros zu Knaben — welche ferner älter ist,
> frei von Ausschweifungen; daher sich zu Männlichem wendet, wen dieser Eros an-
> haucht, indem er das von Natur stärkere und mehr Vernunft Enthaltende gern hat."[2]

Nichts ist wohl bezeichnender für Platon, als daß er den Eros Uranios nur
in der Knabenliebe sieht, nichts zeigt deutlicher den Abstand, der in diesem
Punkte — aber nur in diesem — zwischen ihm und der Welt des Christen-
tums besteht, dessen himmlische Liebe der Jungfrau-Mutter gilt, nichts ist
bezeichnender für die Tendenz des ganzen Dialogs als dies: daß er nur
die gleichgeschlechtliche, nicht aber die andersgeschlechtliche Liebe für
fähig erklärt, sich aus den Niederungen des bloß Sinnlichen zu erheben,
sich zu vergeistigen. Die Wendung, daß die Knabenliebe ihrer Natur nach
eine höhere geistige Liebe sei, daß sie — ganz anders als die zu Frauen —
zu einer solch himmlischen Form sich zu veredeln die innere Tendenz
habe, dient im wesentlichen dem Beweis, daß dieser Eros mit der athenischen Sitte in Einklang stehe. Diese scheint, so wird ausgeführt, da sie
den Knaben den Verkehr mit Liebhabern verbiete, die Homosexualität zu
verpönen.[3] Platon läßt nun den Pausanias versuchen, diese Sitte — um sie
mit seinem Eros doch in Einklang zu bringen — so zu deuten, daß sie

---

1) Symposion, C 7 (180 St.).
2) Symposion, C 9 (181 St.).
3) Symposion, C 10 (182/83 St.)

nur die sinnliche, nicht aber auch die geistige Liebe verbiete. Der Eros
wird spiritualisiert, um gesellschaftsfähig zu werden. Und er unterstützt
diese Deutung dadurch, daß er auch den Pausanias den gesellschaftsfördernden
Charakter dieser Liebe in den Vordergrund stellen läßt. Die — geistige —
Knabenliebe habe den Zweck, den geliebten Knaben zu ertüchtigen.[1] Daher
könne man auch im Sinne der athenischen Sitte — obgleich diese den
Knaben jeden Verkehr mit den Liebhabern verbiete — zu dem Ergebnis
kommen: „Es sei schön, daß der Geliebte dem Liebenden zu willen sei;"[2]
man müsse eben nur das Gesetz, das die Knabenliebe verbietet, und das
Gesetz, das Tüchtigkeit fordert, miteinander verbinden,

„wenn sich ergeben soll, es sei schön, daß der Geliebte dem Liebenden zu willen
sei." „So ist es überall schön, um Tüchtigkeit willen sich hinzugeben. Dies ist der
himmlischen Göttin Eros, er selbst himmlisch und hoch zu würdigen, für Staat und
Einzelne, da er große Sorge auf die Tüchtigkeit zu wenden zwingt, den Liebenden
um seiner selbst willen und den Geliebten."[3]

Hoch zu würdigen vor allem: für den Staat! Denn daß er dem Staat gefährlich sei, dagegen gilt es vor allem Stellung zu nehmen. Ja, Pausanias
scheut nicht einmal davor zurück, parteipolitische Interessen für die Homo-

---

1) Nach Bethe, a. a. O. S. 462 ff., rechtfertigen die Dorer auch den homosexuellen
Geschlechtsakt durch die Vorstellung, daß der Mann dem Knaben mit seinem Samen
in magischer Weise seine Seele und damit seine Tüchtigkeit mitteile und „spiri-
tualisieren" so auf ihre Weise die Päderastie. In dieser Ideologie der Homosexualität
wird dem männlichen Samen — so wie sonst dem Blut oder dem Hauch — der
Charakter oder die Kräfte der Seele zugesprochen (Bethe, a. a. O. S. 466). Das heißt,
er wird als sittliche Substanz angesehen, so wie ja die Seele selbst in erster Linie
als Substanzialisierung ethischer Werte in Betracht kommt. Im übrigen findet sich
auch bei Platon die Vorstellung, daß der männliche Same beseelt sei. Im „Timaios"
vertritt er die Meinung, daß der Same aus dem Rückenmark hervorquelle,
daß also das Rückenmark die Samensubstanz enthalte beziehungsweise darstelle (41,
86 St.). Hier (44, 91 St.) sagt er: Die Götter schufen den Zeugungstrieb „durch Bildung
einer Art beseelten Wesens, das sie in uns Männern und eines anderen, das sie in
den Weibern entstehen ließen, und zwar jedes von beiden in folgender Weise. Dem
Kanal für Getränke gaben sie da, wo sie die aufgenommene Flüssigkeit ... in die
Blase führt, und sich ihrer unter dem Druck der Luft entäußert, eine Öffnung nach
dem Marke, das sich als zusammenhängender Strang vom Kopfe am Nacken herunter
durch das Rückgrat zieht, und dem wir früher die Bezeichnung ‚Samen' gaben.
Dies Mark, weil beseelt, und nun der Atembewegung teilhaftig geworden, macht
eben die Stelle, wo diese Bewegung erfolgt, zum ‚Zeugungstrieb', indem es ihr die
Leben erweckende Begierde nach Ausströmung einpflanzt. Daher denn auch die Unfügsamkeit und Selbstherrlichkeit der männlichen Schamteile ..." Platon hat offenbar
die Vorstellung, daß der männliche Same „Markkörperchen" sind, „die sich von der
Hauptmasse ablösen" (Ritter, Platons Dialoge I, 1903, S. 144/45).

2) Symposion, C 11 (184 St.).

3) Symposion, C 11 (185 St.).

sexualität zu verwerten, wenn er sie dem athenischen Demos — als demokratisch empfiehlt. Der männliche Eros sei tyrannenfeindlich, führt er aus, das beweise Harmodios und Aristogeiton, deren Liebe der Tyrannis das Ende bereitet habe. „Wo also bestimmt ist, die Hingabe an den Liebenden sei häßlich, da beruht es auf der Schlechtigkeit der Bestimmenden: auf der Gewinnsucht der Herrschenden, auf der Feigheit der Beherrschten. Wo es aber **einfach** als schön geachtet wird", das heißt wohl, wo nicht gefordert wird, daß „der Liebling dem Liebenden nur in schöner", d. h. geistiger Weise, „um der Tüchtigkeit willen zu Willen"[1] sein soll, „da geschieht es durch Seelenträgheit der Bestimmenden".[2] Die Milde dieses Urteils über den knabenliebenden Eros Pandemos ist angesichts der energischen Tendenz, ihn durch seine Spiritualisierung zu rechtfertigen, bemerkenswert.[3]

Und diese Milde tritt noch deutlicher im „Phaidros" hervor. Dort ist nach dem Schicksal die Frage, das die Freunde, die in einem schwachen Augenblick „das von der Menge gepriesene Teil sich wählen und vollbringen", im Jenseits erwartet. Und es heißt:

„Am Ende gehen sie zwar unbeschwingt, doch mit dem Triebe zum Wachsen der Schwingen aus dem Körper, so daß sie keinen geringen Lohn für den Wahnsinn der Liebe davontragen. Denn in Finsternis zu kommen, und den unterirdischen Wandel anzutreten, ist denen nicht mehr bestimmt, die schon den himmlischen Wandel begonnen haben, sondern sie dürfen ein Leben im Lichte führen und miteinander dahinwandelnd glücklich sein, um dann, wenn dereinst die Zeit kommt, miteinander zugleich beschwingt zu werden um ihrer Liebe willen."[4]

In der Rede des Arztes Eryximachos macht sich die Bevorzugung des homosexuellen gegenüber dem heterosexuellen Eros begreiflicherweise am wenigsten fühlbar. Platon begnügt sich hier, den Eros, bei dem man auch in dieser Rede an den knabenliebenden denken muß, vom medizinischen Standpunkt rechtfertigen zu lassen, von dem aus man wohl auch Einwände

---

1) Symposion, C 10 (184 St.).
2) Symposion, C 9 (182 St.).
3) Die Rede des Pausanias macht in der Tat — wie Jowett (in seiner Ausgabe des Symposion, S. 182) konstatiert — einen recht verwirrten Eindruck. Aber der Widerspruch, in dem sie sich bewegt, löst sich, wenn man in ihr die Absicht erkennt, den päderastischen Eros mit der ihn verpönenden Sitte Athens doch irgendwie in Einklang zu bringen. Aber man kann verstehen, wenn Symonds gerade im Hinblick auf diese Partie des Symposions von einer „Verwirrung des Gewissens der Athener" spricht (a. a. O. S. 73). Das sittliche Urteil war tatsächlich gespalten. Und der moralische Konflikt, in den das Problem der Päderastie die Gesellschaft gerissen, er wird zum tragischen Konflikt in der Brust Platons.
4) Phaidros, XXXVII (256 St.).

erhoben haben mochte. Das Fazit der Rede des Arztes ist, daß Eros, wenn er nicht „ausschweifend" ist, nicht schadet und — was besonders bezeichnend ist — kein Unrecht tut. „Denn wenn ... der edle Eros waltet, ... dann kommt er und bringt Fruchtbarkeit und Gesundheit den Menschen und allen Tieren und Pflanzen, und er tut kein Unrecht. Wenn aber jener ausschweifende Eros in den Gezeiten des Jahres überhand nimmt, so verdirbt er viel und tut Unrecht."[1] Auch hier wird der soziale Standpunkt nicht vergessen.

c) *Der Erosmythos des Aristophanes.* Am aufschlußreichsten für die Natur des Eros, dem die Reden beim Gastmahl des Phaidon gelten, ist wohl die des Aristophanes. Denn der Mythos, den Platon dem Komödiendichter in den Mund legt, soll der homosexuellen Männerliebe, und zwar auch in ihrer irdischen Form[2] nicht nur ihren Rang gegenüber jedem andersartigen Eros sicherstellen, sondern von ihr den Schimpf abwehren, sie sei wider die Natur. Die mehr als paradoxe Phantasie dieses Mythos läßt sich kaum anders erklären; denn worauf kann wohl Platon mit der schon an das Grotesk-Komische streifenden Vorstellung der drei Arten von Kugelmenschen hinauswollen, die vier Beine und vier Arme, ein doppeltes Gesicht und insbesondere ein doppeltes Geschlechtsorgan haben? Nirgends drückt er seine Überzeugung von der Höherwertigkeit der männlichen Homosexualität gegenüber jeder anderen Art von Erotik so drastisch aus wie hier, wo er den kugeligen Doppelmann von der Sonne, das Doppelweib von der Erde, das Mannweib aber vom Mond stammen läßt, und dieses — gewiß nicht ohne Absicht — zu dem Hermaphroditismus in Beziehung setzt, wenn er von dem aus Männlichem und Weiblichem zusammengesetzten Doppelmenschen sagt: „Jetzt ist aber der Name ins Schimpfliche gewendet."[3] Da Zeus die Kugelmenschen zur Strafe für ihre Hybris spaltet,[4] entstehen aus der minderwertigsten Sorte, den Mannweibern, die

---

1) Symposion 15 (188 St.).
2) Vgl. Symposion 15 (191 St.).
3) Symposion, C 14 (189 St.).
4) Gerade bei dieser Spaltung der Kugelmenschen treten in der Darstellung des Aristophanes die grotesk-komischen Züge besonders kraß hervor. Zeus zerschneidet sie in zwei Hälften, „wie man Birnen zerschneidet, um sie einzumachen, oder wie man Eier mit einem Haar zerschneidet". Jetzt müssen sie sich auf zwei Beinen fortbewegen, während vordem ihr Lauf — sie selbst „rund" war, d. h. daß sie sich radartig rollend fortbewegten, weil sie ihren Eltern, nämlich Sonne, Mond, Erde, ähnlich waren. (C 14, 190 St.) Zeus droht, er werde, wenn sie nicht Ruhe halten, sie noch einmal entzwei schneiden, so daß sie sich auf einem Bein fortbewegen, wie beim Sackhüpfen". Die durch Halbierung entstandenen Menschen hatten jeder nur

jetzt für normalgeschlechtlich gehaltenen, einander gegenseitig erotisch anziehenden Männer und Frauen. Platon weiß von ihnen nichts anderes
zu sagen, als: „Die Ehebrecher und die Frauen, die den Mann lieben"
— daß auch Männer die Frauen lieben, wird gar nicht erwähnt — „und
ehebrecherisch sind, entstammen diesem Geschlecht." [1] Von denen aber, die
aus einem Doppelmann entstanden sind, und das sind die Männer, die nur
Männer lieben können, weil Liebe im Sinne dieses Mythos nur bedeutet,
sich nach seiner anderen Hälfte sehnen und mit ihr vereint sein wollen,
heißt es:

> „Alle, die Stücke des Männlichen sind, folgen dem Männlichen, und als Knaben
> lieben sie, weil sie ja Teile von Männlichem sind, die Männer, und sind froh, wenn
> sie bei den Männern liegen und sich umarmen; und diese sind die Besten unter den
> Knaben und Jünglingen, weil sie von Natur die mannhaftesten sind. Manche sagen,
> sie seien schamlos, aber das ist Lüge; denn sie tun nicht aus Schamlosigkeit so,
> sondern aus Mut und Mannheit und Männlichkeit: das ihnen Ähnliche haben sie gern.
> Das ist sicher bewiesen: denn diese allein landen, wenn sie zu Männern gereift sind,
> im Staatsleben. Nachdem sie erwachsen sind, lieben sie Knaben, und auf Ehe und
> Kindererzeugung lenken sie nicht von Natur den Sinn, sondern sie werden durch
> das Gesetz genötigt; sie selbst wären zufrieden, miteinander ehelos zu leben." [2]

An dieser Charakteristik ist besonders bedeutsam, daß die Homosexuellen
allein für das Staatsleben prädestiniert sind. Das entscheidende Wort aber,

---

einen Geschlechtsteil. Den trugen sie aber hinten und waren daher unfähig, ihren
Geschlechtstrieb aneinander zu befriedigen. „Und sie befruchteten und zeugten nicht
ineinander, sondern in die Erde wie die Zikaden." Da erbarmte sich Zeus ihrer und
„versetzte ihre Zeugungsglieder nach vorn und machte, daß sie ineinander zeugten,
das Männliche im Weiblichen; deswegen, damit in der Umarmung ein Mann, wenn
er mit einem Weib zusammenkommt, zeugt und Nachkommenschaft entsteht; wenn
aber Männliches mit Männlichem, ihnen wenigstens Sättigung würde aus der Vereinigung und sie sich beruhigten und zum Werke wendeten und auf das andere
Leben bedacht seien". C 15 (191 St.). Damit die Menschen glücklich werden sollen,
muß Zeus an ihren Geschlechtsteilen eine Umkehrung vornehmen, er muß sie von
außen nach innen kehren. Es ist dieselbe Vorstellung einer radikalen „Umkehrung",
die auch im „Politikos"-Mythos eine entscheidende Rolle spielt und für die Psychologie der Homosexuellen sehr charakteristisch ist.

1) Symposion, C 16 (191 St.). Reitzenstein, a. a. O. S. 24, verweist darauf, daß
die Vorstellung eines Doppelmenschen, der die Vereinigung eines Mannes mit einer
Frau darstellt und von Gott zu Beginn der zweiten Weltperiode in zwei geschlecht-
verschiedene Menschen aufgelöst wird, zum Ideenkreis der altpersischen Religion
gehört. Er hält für möglich, daß der Aristophanes-Mythos aus dieser Quelle schöpft.
Aber das Schwergewicht in der Darstellung, die Platon dem Aristoteles in den Mund
legt, liegt nicht auf dem mann-weiblichen, sondern auf dem mann-männlichen Doppelmenschen. Dieser ist wohl ein höchst persönliches Produkt der platonischen Phantasie,
denn mit dieser Erfindung soll die homosexuelle Liebe gerechtfertigt werden.

2) Symposion, C 16 (192 St.).

das den eigentlichsten und tiefsten Sinn dieses wohl seltsamsten aller platonischen Mythen enthüllt, ist dies:

„Wenn Hephaistos, sein Werkzeug in der Hand" — läßt Platon den Aristophanes sagen — „zwei liebende Männer beisammenliegen sähe und sie fragte: Was ist es, ihr Menschen, was ihr voneinander haben wollt? und sie wüßten es nicht und er fragte wieder: Begehrt ihr wohl dies, so sehr als möglich in eines zusammenzugehen, so daß ihr Tag und Nacht voneinander nicht ablaßt? Denn wenn ihr das begehrt, so will ich euch in eines zusammenschmelzen und schweißen, so daß ihr, die zwei, Einer geworden seid, und solange ihr lebt, beide als Einer gemeinsam lebt, und wenn ihr gestorben, auch dort im Hades Einer statt Zweien seid; gemeinsam im Tode? Wohlan, so seht, ob ihr das erstrebt und euch diese Erfüllung zufrieden macht! — Wir wissen, das hörend, würde nicht einer nein sagen oder einen anderen Wunsch verraten, sondern würde meinen, genau das gehört zu haben, was er von je begehrte: Vereint und verschweißt mit dem Geliebten aus zweien Einer zu werden. Daran ist schuld, daß unsere ursprüngliche Natur so war und wir ganz waren. Nun trägt die Begierde und Jagd nach der Ganzheit den Namen Eros,"[1]

Schon früher hat Aristophanes gesagt, daß die knabenliebenden Männer „von Natur" ihren Sinn nicht auf Ehe und Kindererzeugung lenken, sondern durch das Gesetz genötigt. Jetzt spricht er es auch positiv aus, daß es die „ursprüngliche Natur" ist, die den Mann zum Manne drängt. Die Frage des Hephaistos ist, wie aus dem Zusammenhange unzweideutig hervorgeht, nur an die sich gegenseitig liebenden Männer gerichtet. Ihr Eros wird vor allem als die „Jagd nach der Ganzheit" gedeutet. Erst im weiteren Verlaufe wird die Rede des Aristophanes so allgemein, daß sie auch auf die anderen Formen des Eros bezogen werden kann. Wenn er am Ende in alle Welt hinausruft: „Wir alle, Männer und Frauen, unser ganzes Geschlecht kann nur glücklich werden, wenn wir die Liebe vollenden und jeder den im eigenen Geliebten gewinnt, rückkehrend zur alten Natur", und diese Rede mit der Bitte an Eros schließt, „daß er uns in die uralte Natur zurückversetze und uns heile, und selig und glücklich mache,[2] so will er mit besonderem Nachdruck dafür plädieren, daß die gleichgeschlechtliche Liebe ebenso wie die andersgeschlechtliche durchaus nicht wider die Natur ist, wie man ihr vorhält und wie ihr selbst Platon in seinem späten Alter wieder vorgehalten hat; daß sie das gerade Gegenteil davon ist, weil sie zur ursprünglichen Natur erst zurückführt. Dies zu zeigen, hat Platon den Mythos vor allem erdacht; von dem Vorwurf der Widernatürlichkeit die Knabenliebe zu reinigen, ist er bis zum äußersten des ästhetisch noch Möglichen, ist seine Darstellung bis zu einem Punkte gegangen, wo das

---

1) Symposion, C 16, (192 St.).
2) Symposion, C 16 (193 St.).

Tragische fast schon an das Komische streift und der Ernst vom Scherz
nicht mehr zu unterscheiden ist. Vielleicht nicht ohne Absicht; vielleicht
haben wir es in der Tat hier mit einer Äußerung jener rätselhaften platonischen Ironie zu tun, in der dieser eigenartige Geist gerade das auszudrücken
pflegt, womit es ihm am ernstesten ist. Und vielleicht zeigt sich gerade
hier die tiefste Wurzel dieser Ironie: die nur aus dem Erotischen stammende
Scham, die Scham, sein Letztes zu entblößen, diese beinahe rührende Geste
der Verlegenheit, den Ernst mit Scherz zu verhüllen, sich scherzend zu geben,
wo man sich schämt Ernst, d. h. sich selbst, sein Innerstes nackt zu zeigen.

d) Die Liebeslehre der Diotima. Das letzte Wort freilich, das Platon zur
Verteidigung seines Eros zu sagen hat, ist des Aristophanes ironischer Mythos
nicht. Es ist des Sokrates Bericht über die Liebeslehre der Diotima, dem
die Rede des Agathon das Stichwort zu liefern hat. Aber auch in dieser
relativ bescheidenen Rolle sagt Agathon zur Rechtfertigung der Knabenliebe vom Standpunkt Platons Wichtiges genug. Und es ist wiederum der
Vorwurf der Staatsfeindlichkeit, gegen den sich die Rede des schönen und
vielgeliebten Jünglings richtet. Indem er den mann-männlichen Eros als
Ausdruck eines höchsten Gesetzes darstellt: daß Ähnliches Ähnlichem immer
zustrebt,[1] will er ihn selbst als gesetzgeberische, gesellschaftsordnende, staats-
erhaltende Kraft aufzeigen. Freundschaft und daher Friede herrscht, „seitdem
Eros König unter den Göttern ist".[2] Das Größte, was von ihm zu sagen ist:

„daß Eros Unrecht weder tut noch leidet, weder *gegen* Götter noch von Göttern,
weder *gegen* Menschen noch von Menschen, denn nicht leidet er durch Gewalt,
wenn er etwas leidet, denn Gewalt berührt den Eros nicht, noch bedient er sich
ihrer. Denn *willig* sind alle dem Eros in allem zu Diensten; was man aber *willig* dem
Willigen zugesteht, das erklären die Gesetze, die Könige sind des Staates, für gerecht".[3]

Das ist der Kern der Rede des Agathon. Und sie kommt zu dem Schlusse,
daß Eros, der Eros, von dem in diesem Kreise gesprochen wird, gut und
darum auch schön sei.

„So scheint mir, o Phaidros, Eros zuerst selber der Schönste und Beste zu sein,
dann aber dasselbe auch den anderen zu verleihen." „Schönster und bester Führer,
dem jeglicher Mann folgen muß."[4]

Hier setzt nun der Gedankengang ein, mit dem Platon, wie gewöhnlich
unter der Maske des Sokrates, die Apotheose seines Eros vollzieht, ihn vor
sich selbst und vor der Welt rechtfertigt, indem er ihn verklärt.

---

1) Symposion, C 18 (195 St.).
2) Symposion, C 18 (195 St.).
3) Symposion, C 19 (196 St.).
4) Symposion, C 19 (197 St.).

Zwar, die Brücke, über die Platon den Dialog von der Position des Agathon zu der des Sokrates führt, steht logisch auf recht schwachen Stützen. Es ist ein Trugschluß, wenn Sokrates zu beweisen sucht, daß Eros weder gut noch schön sein könne, weil er Begehren jemandes nach etwas sei; und da man nicht begehren könne, was man besitzt, Eros als Begehren nach Gutem und Schönem nicht selbst gut und schön sein könne. Denn Eros ist das Begehren, nicht der Begehrende, und das Begehren nach Gutem und Schönem könnte gut und schön sein, wenn es der Begehrende selbst nicht wäre. Ganz abgesehen von dieser Verschiebung des Subjektes vom Begehren zum Begehrenden — erleichtert durch die Personifikation des Begehrens, die im Eros dargestellt ist —, ist die Liebe zu einem Menschen, von der bisher allein die Rede war, etwas anderes, als das Begehren einer Sache; selbst wenn man jene mit der „Liebe" zu einer Tugend, dem Guten oder Schönen, identifiziert. Was von dem Begehren einer Sache gilt: daß man nur begehren kann, was man nicht hat, gilt nicht von der Liebe eines Menschen zu einem Menschen oder zu einer Tugend. Wird dem Eros Güte und Schönheit darum abgesprochen, weil er das Begehren nach Gutem und Schönem sei, so liegt kein logischer Schluß, sondern höchstens eine Analogie und noch dazu eine falsche vor. Aber Platon kommt es offenbar gar nicht auf eine logische Beweisführung an.[1] Worauf er abzielt, ist die sittliche Rechtfertigung seines Eros. Vor die furchtbare Alternative des absoluten Gegensatzes von Gut und Böse gestellt, konnte er — das fühlte Platon zutiefst — nicht bestehen. Daß dieser Recht und Sitte zuwiderlaufende Trieb absolut gut, daß er zur Gänze und in allen seinen Äußerungen rein, daß er in keiner Weise und mit keiner seiner Regungen den bösen, den dunklen Mächten verhaftet, das kann der unter dieser Leidenschaft Leidende, sie immer wieder zu überwinden Suchende guten Gewissens nicht zu behaupten wagen. Aber was Menschliches, was dem Menschen erfahrungsgemäß Gegebenes in dieser Welt kann denn überhaupt vor dem absoluten Gegensatz des Guten und Bösen bestehen? Dieser muß relativiert werden, wenn der Mensch, wenn seine ganze Welt nicht sittlich verloren sein soll. Nicht als gut oder böse, sondern nur als gut und böse zugleich

---

1) Sehr treffend bemerkt Kurt Hildebrandt in der Einleitung zu seiner Übersetzung von Platons Gastmahl (Phil. Bibl., Bd. 81, 3. Aufl., 1912, S. 16): „Daß aber Sokrates nach unseren Begriffen nicht sehr logisch verfährt, kann aus seiner Rede leicht entnommen werden. Daraus kann man schließen, daß für Sokrates die logische Beweisführung nicht das allerletzte Ziel ist. Er will die neue, größere Idee vom Eros bringen ... Ihm ist die Logik nur ein Mittel, und ein kleiner Mangel daran ist ihm nicht gar so wichtig; Urgrund und Ziel seines Wesens liegen anderswo."

muß der Mensch und diese ganze Welt der Erfahrung begriffen werden.
Man muß auf den Versuch verzichten, beide nur für das eine zu halten,
um nicht gezwungen zu sein, in beiden bloß das andere zu erkennen. Nicht
nach dem Sein, dem Gut- oder Bösesein des Menschen oder der Welt darf
man fragen, dann wären beide verloren. Nur nach einem Werden, das vom
Bösen zum Guten, in der Richtung zum Guten führen kann. Dann sind
sie gerettet. Vom Sein zwar, der Existenzform des absolut Guten, bleiben
sie ausgeschlossen. Aber das Werden, dem sie angehören, ist Bewegung zum
Guten hin, birgt die Möglichkeit des Aufstiegs zum Sinn des Absoluten.
Das ist die Lösung des furchtbaren Chorismos, der die platonische Welt
zerspaltet, und zugleich eine Erlösung von dem Konflikt zwischen dem als
Sünde empfundenen, von der Gesellschaft abdrängenden Trieb und der sittlichen Forderung der Gesellschaft in der eigenen Brust. Der platonische
Dualismus nimmt eine optimistische Wendung, das platonische Problem
eine Richtung, die wieder in das Diesseits weist.

Es ist Diotima, die diese Lösung bringt. Sie ist das sozial-sittliche Bewußtsein, das den sich über sich selbst Rechenschaft gebenden Sokrates-
Platon zu dem Eingeständnis zwingt, daß sein Eros nicht gut und schön
sei. Aber auf die bange Frage: „Wie meinst du das, Diotima? Häßlich also
ist Eros und böse?" wird ihm die Antwort: „Lästere nicht! Oder glaubst
du, was nicht schön ist, sei notwendig häßlich? . . . Oder was nicht weise,
das töricht? Oder hast du nicht bemerkt, daß etwas ist zwischen Weisheit
und Torheit?" Zwischen Gut und Böse, denn das Gute und das Wissen
um das Gute sind für Sokrates eins und das Böse nur ein Nichtwissen des
Guten, nur Torheit. Es gibt, lehrt Diotima, etwas, das

„mitten zwischen Erkenntnis und Torheit" ist, „das Richtig-Vorstellen". „Fordere
also nicht, was nicht schön ist, sei häßlich und was nicht gut ist, sei schlecht. Und
so glaube auch nicht, daß Eros, wenn du selbst zugibst, er sei nicht gut und nicht
schön, darum schon häßlich und schlecht sein müsse, sondern etwas zwischen beiden."[1]

Das, gerade das ist die Lösung und Erlösung! Und nun ist der Weg
freigemacht zur höchsen Rechtfertigung des Eros. Nachdem der für Platon
so wichtige, so befreiende Gedanke, daß sein Eros eine Mischung von Gut
und Böse, ein Zwischending zwischen Irdischem und Himmlischem, ein
Mittler zwischen Menschlichem und Göttlichem, wenn auch kein Gott also,
so ein Dämon sei, noch einmal, und zwar mythologisch dargestellt, indem
Eros als Kind des männlich-weisen Reichtums und der weiblich-törichten
Armut gedeutet wird, steuert der Dialog in rascher, zielsicherer Fahrt auf

---

1) **Symposion** 22 (202 St.).

den schwersten Einwand zu, der gegen die mann-männliche Liebe erhoben
wird — und auch diesen hat Platon selbst als Greis in seinen „Nomoi"
erhoben —: Daß sie keine fortpflanzende, keine zeugende Liebe sei. Und
gerade darin verrät sich das „Symposion" als Verteidigungsschrift, daß es
auf seinem Höhepunkt nichts anderes zeigen will, nichts anderes mit dem
allergrößten Aufwand von Geist und Temperament zu beweisen sucht: als
daß· der platonische Eros, ganz ebenso wie die Liebe zwischen Mann und
Frau, eine zeugende, ja mehr noch und in einem höheren Sinn als diese,
eine befruchtende und gebärende Liebe sei. Zu diesem Zweck muß Platon
zunächst den Begriff des Eros in der Weise erweitern, daß die geschlechtliche Liebe nur der Spezialfall eines Eros wird, den er als Begierde nach
dem Guten und dem Glücklichsein bestimmt. So glaubt er, den Fehler gutzumachen, den wir begehen, „wenn wir von der Liebe eine Form heraus-
nehmen, und ihr den Namen des Ganzen geben."[1] Das Ziel aller Liebe ist
Glücklichsein. Da Glücklichsein aber nur möglich ist als Gutsein: „so gibt
es nichts anderes, was Menschen lieben, als das Gute."[2] Auch hier wird
man nicht auf die Logik des Schlusses sehen, sondern nur das Ziel der Ge-
dankenführung im Auge behalten müssen, die schon im „Lysis" angedeutet
ist: Wie aller Liebe, ist auch des platonischen Eros Ziel das Gute.

Die Erweiterung des Erosbegriffs über das unmittelbar Sexuelle hinaus,
seine — schon in der Rede des Pausanias versuchte — Spiritualisierung
ist die notwendige Voraussetzung dafür, den Eros mit einer anderen als
einer bloß physischen Zeugung in Verbindung zu bringen. Platon stellt —
und das ist für die hier in Betracht kommende Beweisführung der entscheidende Schritt — neben die „Zeugung im Leib" die „Zeugung in der
Seele", neben die körperliche die seelische Fortpflanzung, neben die materielle
die geistige Unsterblichkeit. Diese Wendung nimmt hier das Gespräch
zwischen Diotima und Sokrates:

„Wohlan, ich will es dir sagen. Es ist nämlich — die Liebe — ein Zeugen im
Schönen, sei es im Leibe, sei es in der Seele. — Man bedarf der Seherkunst für den
Sinn deiner Worte, sprach ich. Und ich begreife nicht. — So will ich deutlicher
sagen, nämlich brünstig sind alle Menschen, Sokrates, an Leib und Seele, und wenn
sie in ihr Alter gekommen sind, so begehrt unsere Natur zu erzeugen. Doch im Häßlichen vermag sie nicht zu zeugen, aber im Schönen. Denn des Mannes und Weibes
Gemeinschaft ist Zeugung. Dieser Vorgang aber ist göttlich, und dies ist im sterblichen Wesen das Unsterbliche: die Befruchtung und die Geburt . . . Wenn das Rei-
fende einem Schönen naht, so wird es heiter und von Freude durchströmt, und es

---

1) Symposion 24 (205 St.).
2) Symposion 24 (206 St.).

zeugt und befruchtet. Wenn es aber dem Häßlichen naht, so zieht es sich unwillig und trauernd in sich zurück und wendet sich ab und sinkt zusammen und zeugt nicht, sondern behält und trägt schwer seine Bürde. Daher wird im Reifenden und schon Geschwellten soviel Eifer um das Schöne, weil es dem, der es besitzt, von großen Wehen befreit. Denn die Liebe, Sokrates, gilt nicht dem Schönen, wie du glaubst. — Aber wem denn? — Der Zeugung und dem Gebären im Schönen. — So mag es sein, sagte ich. — Und sie: Sicherlich. — Warum denn nur der Zeugung? — Weil das Ewige und Unsterbliche im Sterblichen die Zeugung ist. Mit dem Guten aber Unsterblichkeit zu begehren, ist notwendig, wenn wir doch fanden, daß Liebe das Gute für immer zu besitzen trachtet. Notwendig ist nach dieser Lehre, daß Liebe auch nach der Unsterblichkeit trachtet."[1]

Indem als Sinn der Zeugung die Unsterblichkeit behauptet wird, ist der geistigen Zeugung, auf die dieser ganze Gedankengang zielt, schon der Vorrang vor der körperlichen gesichert. Denn bei dieser kann von „Unsterblichkeit" nur in einem sehr uneigentlichen Sinn die Rede sein. Gerade die geistige Zeugung aber ist mit dem platonischen Eros und nur mit ihm, nicht aber mit der — schon darum niederen — Form der Liebe zum anderen Geschlecht verbunden. Daß es aber ein „Zeugen" und „Gebären" sei, durch das die geistige Unsterblichkeit bewirkt wird, das glaubt Platon mit dem allergrößten Nachdruck und immer wieder betonen zu müssen. Zu diesem Zweck wird, wie früher der Begriff der Liebe, so jetzt der Begriff der auf Unsterblichkeit zielenden Zeugung in eigenartiger Weise bestimmt. Alles Sterbliche, sagt Diotima, werde erhalten,

„nicht dadurch, daß es in jeder Beziehung immer dasselbe bleibet wie das Göttliche, sondern indem das Verschwindende und Alternde ein Anderes, Neues von der Art, wie es selbst war, zurückläßt. Durch diese Einrichtung, Sokrates, hat Sterbliches an der Unsterblichkeit teil, der Leib und alles übrige; niemals durch eine andere."[2]

Dadurch also wird man unsterblich, daß man etwas zurückläßt, was von der eigenen Art ist. Das trifft ebenso wie auf ein Kind auf ein geistiges Werk zu. Und so führt denn Diotima als Beispiel für solche Zeugung zum Zwecke der Unsterblichkeit die „Liebe" der Menschen an,

„berühmt zu werden und für immer einen unsterblichen Namen zu erwerben. Und dafür sind sie bereit, sich in allen Gefahren zu gefährden, mehr als für ihre Kinder ... Denn, meinst du, Alkestis sei für Admet gestorben oder Achilleus dem Patroklos in den Tod gefolgt oder euer Kodros voraus für das Königtum der Kinder gestorben, wenn sie nicht geglaubt hätten, unsterbliches Gedenken ihrer Tüchtigkeit werde um sie sein, welches wir nun auch bewahren. Nein, weit entfernt, sondern ich glaube, für unsterbliche Tugend und solchen hochklingenden Namen tun alle

---

1) Symposion 25 (206 St.).
2) Symposion 26 (207 St.).

Alles, um so mehr, je edler sie sind, denn das Unsterbliche lieben sie. Welche nun körperlich reif sind, die wenden sich mehr den Frauen zu und hier sind sie verliebt, durch Kinderzeugen erwerben sie sich Unsterblichkeit und Andenken und Glückseligkeit, wie sie glauben, für alle folgende Zeit. Welche aber in der Seele — denn es gibt solche, die in den Seelen noch mehr zeugen als in den Leibern was der Seele zu zeugen und zu empfangen gemäß ist ...“ [1]

Die aber in der Seele reif werden und darum in der Seele zu zeugen begehren, das sind die Männer, die sich nicht den Frauen zuwenden, sondern den Männern. Das wird mehr als selbstverständlich vorausgesetzt denn ausdrücklich betont.

„Wenn einem nun von Jugend auf dies in der Seele reift, da er göttlich ist und er, da seine Zeit kommt, nun mehr zu befruchten und zu zeugen begehrt, schweift dieser umher — nicht wahr? Und sucht das Schöne, in dem er zeugen könnte; denn im Häßlichen wird er niemals zeugen. Zu den schönen Leibern fühlt er sich mehr hingezogen als zu den häßlichen, wenn er brünstig ist, und wenn er dabei auf eine schöne und edle und wohlgewachsene Seele trifft, so fühlt er sich heftig hingezogen zur Vereinigung dieser zwei,“

daß es aber Leib und Seele eines Jünglings ist, zu dem sich dieser in der Seele gereifte Mann, der nicht im Leib sondern in der Seele zeugen will, hingezogen fühlt, das geht daraus hervor, daß es im folgenden heißt:

„Und zu diesem Menschen ist er sogleich voll von Reden über Tüchtigkeit und über das, was Not ist, damit ein Mann gut sei und wonach man streben muß, und bemüht sich, ihn zu erziehen. Denn, glaube ich, indem er den Schönen anfaßt und mit ihm umgeht, zeugt und gebiert er, womit er längst trächtig ist. Und anwesend und abwesend daran denkend, zieht er gemeinschaftlich mit jenem das Erzeugte auf, so daß sie viel engere Gemeinschaft als die durch Kinder miteinander haben und festere Freundschaft, weil sie durch schönere und unsterblichere Kinder miteinander verbunden sind. Und jeder würde sich lieber solche Kinder geboren sehen als die menschlichen, wenn er auf Homer schaut und Hesiod und die anderen tüchtigen Dichter, sie beneidend, daß sie solche Kinder zurücklassen, die ihnen unsterblichen Ruhm und Gedächtnis bereiten, da sie ja selbst so sind.“ [2]

Indem also Platon die geistige Produktion in Parallele zur körperlichen Zeugung stellt, kann er jene wie diese als eine Funktion des Eros deuten. Nur durch Liebe kann man zeugen. Und wie die Liebe zwischen Mann und Frau zum Zeugen und Gebären leiblicher Kinder, so führt die Liebe von Mann zu Mann — deren sexueller Charakter gerade an dieser Stelle ziemlich deutlich hervortritt — zum Zeugen und Gebären von geistigen Kindern, von unsterblichen Werken. Die Liebe zum schönen Jüngling löst

---

1) Symposion 27 (208 St.).
2) Symposion 27 (209 St.).

gleichsam das schöpferische Schaffen in dem liebenden Manne aus, läßt
ihn gebären, „womit er längst schon trächtig ist". Deutlich geht schon
aus der eben zitierten Stelle hervor, daß Platon es nicht dabei bewenden
läßt, daß sein Eros ebenso wie der zwischen Mann und Frau ein zeugender,
gebärender Eros sei, sondern daß er überzeugt ist und auch die anderen
davon überzeugen will, sein Eros stehe gerade als zeugende und gebärende
Liebe hoch über der normalgeschlechtlichen Beziehung. Geistige Werke
sind mehr wert als leibliche Kinder. Denn wegen ihrer geistigen Kinder
hat man großen Männern, schon Denkmale, ja Heiligtümer gesetzt, „wegen
menschlicher Kinder aber noch keinem".[1]

Gerade in diesem Punkte ist Platon — wie in manchen anderen seiner
Erostheorie — im „Phaidros" noch einen Schritt weiter gegangen. Hier
ist Eros nicht bloß Daimon, sondern Gott, obgleich Eros auch hier als
ein Mittleres zwischen Gut und Böse gesehen wird. Nur liegt hier das
Übergewicht sichtlich auf dem Guten, das Böse an ihm, die sinnliche
Komponente, wiegt noch weniger schwer als im „Symposion", wird noch
milder beurteilt, die geistige Komponente noch höher gehoben als dort.
Der Liebeszustand wird als „Wahnsinn" bezeichnet; dieser Wahnsinn keineswegs als etwas absolut Schlechtes, sondern als etwas relativ Gutes, als ein
göttlicher Wahnsinn dargestellt.

„Ja, wenn einfach der Satz gälte, der Wahnsinn sei etwas Schlimmes, dann wäre
jene Vorschrift (daß man dem Nichtverliebten eher zu Willen sein solle als dem
Verliebten) richtig. In Wirklichkeit jedoch vermittelt uns Wahnsinn die wertvollsten
unserer Güter: ein Wahnsinn eben, der als göttliches Geschenk uns verliehen wird."[2]

Ein solches göttliches Geschenk ist der Liebeswahnsinn. Geschenk ist das
Symbol der Vermittlung zwischen Gottheit und Mensch; Eros, der den
Menschen in den Zustand göttlichen Wahnsinns versetzt und so der Gottheit
annähert, ganz ähnlich wie im „Symposion" ein Mittleres zwischen Göttlichem und Menschlichem. Den Liebeswahnsinn deutet Platon rechtfertigend
im „Phaidros" als Erinnerung an das ewig Schöne, das absolut Gute, das
die Seele vor ihrer körperlichen Existenz im Jenseits gesehen hat. Er stellt
ihn so auf eine Stufe mit der wahren Erkenntnis, die er — im „Menon" —
als Wiedererinnerung an das von der Seele in ihrer Präexistenz geschaute
wahre Wesen der Dinge erklärt. Der Anblick des schönen und darum
geliebten Menschen erinnert den Liebenden „an die wahre Schönheit",
deren er im Jenseits vor seiner Geburt teilhaftig war.

---

1) Symposion, C 27 (209 St.).
2) Phaidros XXII (244 St.).

„Jede Menschenseele hat von Natur das Seiende geschaut, sonst wäre sie nicht in diese Lebensform eingegangen. Doch wird es nicht einer jeden leicht, von den Dingen hienieden aus sich an die droben zu erinnern."[1]

Platon unterscheidet zwei Arten der Liebe je nach dem Grad dieser Wiedererinnerung:

„Wer nun nicht frisch geweiht ist oder wer verdorben ist, der dringt nicht rasch von hier dorthin vor zur Schönheit selbst, wenn er betrachtet, was hier den gleichen Namen trägt. So wird er nicht zur Verehrung gestimmt durch den Anblick, sondern, der Sinnenlust hingegeben, sucht er, gleich dem Vieh, mit körperlichem Umfassen Kinder zu zeugen, und, der Ausgelassenheit vertraut, fürchtet und schämt er sich nicht, wider die Natur der Lust nachzugehen. Der jüngst Geweihte dagegen, der vormals viel erschaut hat: Wenn er ein göttergleiches Angesicht erblickt, das die Schönheit gut widergibt, oder eine solche Körpergestalt, dann durchrieselt ihn zuerst ein Schauer, und Nachwehen der Angstbeklemmungen von damals beschleichen sein Gemüt; dann aber verehrt er den, den er vor sich sieht, wie einen Gott, und scheute er nicht den Schein hochgradigen Wahnsinns, so opferte er seinem Geliebten ..."[2]

Der Geliebte ist, wie aus dem folgenden unzweideutig hervorgeht, ein Knabe. Nur der „Blick auf die Schönheit des Knaben" treibt bei dem Liebenden das Gefieder heraus, läßt seiner Seele die Flügel wachsen. Es ist der homosexuelle Eros, den Platon hier meint, und dessen sinnliche Glut er — wie wir schon früher gesehen — im „Phaidros" ebenso leidenschaftlich schildert wie nachsichtig beurteilt. Es kann keinem Zweifel unterliegen, daß Platon hier der homosexuellen Liebe als der Liebe dessen, der sich leichter und besser erinnert an das im Jenseits Geschaute, der Liebe zu einem schönen Knaben, die vom Standpunkt dieser Erinnerungstheorie die höhere Liebe ist, die normalgeschlechtliche Liebe als die Liebe desjenigen entgegenstellt, der sich weniger und schlechter erinnert, der nicht rasch von hier dorthin zur Schönheit selbst vordringen kann, dem es schwerer fällt, von den Dingen hienieden aus sich an die droben zu erinnern. Ja, mit einer beispiellosen Kühnheit kehrt er das landläufige Werturteil in sexuellen Dingen geradezu um und setzt die heterosexuelle Liebe als viehisch und wider die Natur gerichtet gegenüber der homosexuellen Liebe herab.[5]

---

1) Phaidros XXX (250 St.).
2) Phaidros XXXI (250/51.).
5) Bruns, a. a. O. S. 21 f., stellt in bezug auf den „Phaidros" „mit Befremden" fest, daß Platon hier das Wesen der Liebe überhaupt behandelt, aber nur von dem homosexuellen Eros spricht. „Wir können nur die Lücke feststellen und den Schluß ziehen, daß die Liebe zwischen den verschiedenen Geschlechtern, bei den Erwägungen Platons, die zu der Theorie des „Phaidros" führten, vollkommen ignoriert wurde. — Diese Einseitigkeit ist historisch wohl verständlich. Auch Pausanias und Phaidros im

Daß die „echte Liebe zu Knaben"[1] eine im höchsten Sinne des Wortes
„zeugende" und „gebärende" Liebe sei, daß soll nach Platons „Symposion"
nicht einmal ihre höchste Rechtfertigung sein. Denn erst nachdem Diotima
dies eröffnet, schickt sie sich an, das letzte Geheimnis des Eros zu enthüllen.
Sie deutet die Stufen des Weges an, der zum obersten Ziele aller wahren
Philosophie, zum höchsten Gipfel echter Erkenntnis, zur Schau des absolut
Guten führt. Und die erste Stufe dieses Weges ist die liebende Schau des
schönen Knabenleibes!

„Denn wer in der rechten Weise dieser Sache nachgeht, der muß jung beginnen,
den schönen Leibern nachzugehen und zuerst, wenn der Geführte richtig geführt
wird, einen schönen Leib lieben und ihm schöne Worte zeugen."[2]

Von der liebenden Schau des schönen Knabenleibes aber führt der Weg
über die Liebe zur schönen Gestalt als solcher, und die sich anschließende
Erkenntnis der schönen, d. i. der guten Lebensweise zur letzten Stufe der
Schau: der Schau des ewig Schönen, das hier — in einer für die Liebes-
philosophie des „Symposion" überaus bezeichnenden Weise — mit dem
absolut Guten gleichgesetzt wird;[3] und das zu schauen nur dem vergönnt
ist, der auf dem Weg des knabenliebenden Eros aufzusteigen versucht.

Symposion und später Xenophon meinen über den Eros an sich zu sprechen, handeln
aber nur von dem päderastischen. Nur die Knabenliebe gab jenen Männern zu denken,
die Liebe zur Frau stellte ihnen kein Problem." Im „Symposion" aber, das Bruns für
das spätere Werk hält, habe Platon die Lücke des „Phaidros" ausgefüllt. Als er im
„Symposion" der Frage zum zweiten Mal nähergetreten sei, habe er mit seiner ersten
Erklärung in vielen Stücken gebrochen. Insbesondere baue er jetzt die Theorie der
Liebe, „nicht mehr auf der Betrachtung der Männerliebe, sondern der Liebe zwischen
den verschiedenen Geschlechtern" auf. Das trifft nicht zu. Im „Phaidros" wird die
normalgeschlechtliche Liebe keineswegs ignoriert, sondern — wie oben im Text
gezeigt wird — ausdrücklich erwähnt, nur daß sie eben als tierisches Begehren
disqualifiziert wird. Xenophon erwähnt sie nicht nur, sondern er läßt sogar sein
Symposion geradezu in einer Apotheose dieses Eros gipfeln. Gerade darin liegt die
Spitze gegen Platons „Einseitigkeit", die freilich nicht „historisch", sondern nur
psychologisch erklärt werden kann. Diese macht sich in seinem „Symposion" nicht
weniger bemerkbar wie im „Phaidros". Zwar erkennt er hier die Zeugungsfunktion
als für die Liebe wesentlich an und geht so scheinbar von dem normalgeschlechtlichen Eros aus; aber nur zu dem Zweck, um den homosexuellen als die höhere
Form der zeugenden Liebe zu rechtfertigen. Auch im „Symposion" ist Platons Eros
mit der Knabenliebe identisch.

1) Symposion, C 29 (211 St.).
2) Symposion, C 28 (210 St.).
3) Es ist Diotima, die diese Identität des Guten mit dem Schönen ausspricht.
In ihrem Gespräch mit Sokrates ist die Einsicht gereift, Eros sei Liebe zum Schönen.
„Was aber liebt Eros am Schönen?", müsse man fragen. „Wer das Schöne liebt, was
liebt er?" Worauf Sokrates: „daß es ihm werde". Und nun fragt Diotima: „Was

„Wenn aber einer von diesem anderen aufsteigend durch die echte Liebe zu Knaben jenes Schöne zu schauen beginnt, dann berührt er fast das Ziel. Denn dies heißt richtig zum Erotischen gehen oder geführt werden, daß man von diesen schönen Dingen beginnend, jenes Schönen wegen immer hinaufsteige, gleichsam auf Stufen steigend, von einem zu zweien und von zweien zu allen schönen Leibern, und von den schönen Leibern zur schönen Lebensführung, und von der schönen Lebensführung zu den schönen Erkenntnissen, bis man von den Erkenntnissen endlich zu jener Erkenntnis gelangt, welche die Erkenntnis von nichts anderem als jenem Schönen selbst ist, und man am Ende jenes Selbst, welches schön ist, erkenne."[1]

Welcher Wandel der Anschauung liegt zwischen dem „Gorgias" und dem „Phaidon" auf der einen Seite, und dem „Symposion" und „Phaidros" auf der anderen! Der Leib mit seiner Sinnlichkeit, das ist nicht mehr das schlechthin Irdisch-Böse, der Kerker der himmlischen Seele, der Leib, den der Philosoph abzutöten, dem er sobald als möglich zu entfliehen hat, um zu seinem Ziele zu gelangen. Das ist jetzt die unumgängliche Voraussetzung dafür, dies Ziel zu erreichen; die Liebe zu ihm schon der erste, der bedeutsamste Schritt auf dem Wege zum Guten, ein Schritt, mit dem schon auf Erden der „himmlische Wandel" beginnt,[2] weil mit ihm das Beste im irdischen Leben: die echte Erkenntnis einsetzt, die nur die Wiedererinnerung der Seele ist an die Schau der ewigen Wesenheiten im Jenseits. Das ist wohl die höchste Verklärung, deren jemals die Liebe teilhaftig geworden ist: Höher noch als das spätere Christentum, das die Liebe des Mannes zur Frau und Mutter geheiligt hat in der Gestalt der jungfräulichen Mutter des Heilands, hat hier Platon die Liebe des Mannes zum Mann in den Himmel metaphysischer Erkenntnis erhoben. Er hat seinen Eros, unter dem er mehr gelitten haben mag, als die Dialoge verraten, vor sich selbst und der Welt, und hat damit die Welt vor sich selbst sittlich gerechtfertigt. Zu dieser Rechtfertigung der Welt war ihm Eros Brücke und Weg; Eros, den ihm Diotima als den dämonischen Mittler zwischen Gott und der Welt,

---

geschieht jenem, dem das Schöne wird?" Die Antwort soll lauten: Daß er glücklich wird. Um sie leichter zu gewinnen, schlägt Diotima vor, an Stelle des Schönen vom Guten zu sprechen, da sie offenbar voraussetzt, daß beide identisch seien. „Aber", sagte sie, „wenn jemand statt des Schönen das Gute einsetzte und fragte: Sprich, Sokrates, wer das Gute liebt, was liebt er? — Daß es ihm werde, sagte ich. — Und was geschieht jenem, dem das Gute wird? — Das habe ich leichter zu beantworten, sagte ich: daß er glücklich sein wird. — Denn, sagte sie, durch den Besitz des Guten sind die Glücklichen glücklich. Und weiter zu fragen, bedarfs nicht, weshalb denn, der glücklich sein will, der es will, sondern die Beantwortung scheint vollendet zu sein". C 24 (204/05 St.).

1) Symposion, C 29 (211 St,).
2) Phaidros XXXVII (256 St.).

zwischen dem Guten und dem Bösen enthüllt. Auf die Frage des Sokrates, was eigentlich Eros sei, antwortet sie:

„Ein großer Dämon, o Sokrates, denn alles Dämonische ist mitten zwischen Gott und Sterbling ... In der Mitte von beiden ist es erfüllend, so daß das All selbst in sich selbst gebunden ist."[1]

Was die platonische Welt gespalten, verbindet sie wieder. Eros hat den Chorismos erzeugt, Eros hebt ihn wieder auf.

Damit erhält der platonische Dualismus eine optimistische Wendung. Die platonische Philosophie nimmt — mit der Tendenz, den Gegensatz von Gut und Böse zu relativieren — eine Richtung, die wieder in das Diesseits weist, und dann auf ein einheitliches Weltbild zielt, das auch die — nicht mehr nur ethisch gedeutete, sondern als seiend begriffene, weil nicht schlechthin böse — Natur umfaßt; eine Richtung, die vor allem zu Staat und Gesellschaft zurückführt.

---

1) Symposion 23 (202 St.).

Dichtung als archaisches Erbe

Von

Walter Muschg

Zürich

Ein Kind wächst auf in dieser Welt, den Eltern vertrauend, Nahrung und Spiele genießend, der Menschen und des Lichtes froh. Eines Tages zum erstenmal, dann immer öfter und unzweifelhafter wird es die schwankende Fragwürdigkeit des Menschendaseins schmecken: die Nähe von Schmerz und Tod, die blutig brutalen Zwecke hinter dem freundlichen Anschein der Welt. Es stehen seit alters die Tore offen, in die der zur Reife erwachende Mensch sich vor dem Grauen der Erkenntnis retten kann. Das offenste und einladendste von allen ist in Europa seit dem Zerfall der Kirche die Kunst.

Ein Mensch hat sich, dieser breiten Straße folgend, dem liebhaberischen Genuß, der wissenschaftlichen Erforschung der Literatur, vielleicht sogar der Schriftstellerei ergeben (von den Schöpfern im strengsten Sinn ist hier nicht die Rede). Was wird er darin suchen und willkommen heißen? Eben die keusche Reinheit und Gefahrlosigkeit des Lebensaspekts, deren Fehlen in der Realität ihn so tief zurückschreckte und in das Reich der Phantasie hineintrieb. Kunst und Dichtung, so verstanden, sind herrliche Zufluchtsorte vor der grausam handelnden Welt, die schönste Entschädigung für das verlorene Paradies. Kein Wunder, daß sie so fanatisch als das Reich des Schönen, des Maßes, der sichtbaren Harmonie gepriesen werden; immer wieder haben ganze Epochen in diesem unschuldigen Glanz das einzige Recht der Dichtung gesehen. Aber er ist nur das Idol einer neuen Un-wissenheit, die Kulisse einer höheren Unreife. Auch hier wird einmal das Erwachen unabwendbar sein. Nur daß sich dieser Bruch selten im Rahmen des Einzellebens, — man denke an Tolstoi, — meist im größeren Zu-sammenhang der allgemeinen Entwicklung vollzieht, als Revolution eines Zeitstils, die, wenn sie tief greift, aus einer solchen Umdeutung der Kunst selber hervorgeht. Dann bricht die tröstliche bessere Welt, das Elysium der blut- und schreckenlosen Beseligungen, das eine ganze Epoche in der Dichtung besaß, als eine bloße Wunschgewißheit unversehens so gänzlich zusammen, daß die Neuerer gar nicht begreifen, was mit ihr verloren gehen soll, während die Alten den Sinn ihres ganzen Daseins angegriffen sehen und den Künstlern, wie politischen Rebellen, mit Gewehrläufen drohen. So stehen heute die Dinge — teilweise schon im Bewußtsein des Publikums, dem die sichere Freude an Theatern, Konzertsälen, Galerien vergällt ist, und ausnahmslos im Geist jener wenigen, auf denen das Schicksal der Kunst zu jeder Zeit geruht hat. Die meisten von ihnen haben schon bezeugt, daß sie den Glauben an jene unverbindliche Idealität der Kunst nicht teilen, daß ihn nach ihrer Meinung stets nur die abgeleiteten Talente vertreten haben. Es ist der Standpunkt, von dem wir hoffen, daß ihm die Zukunft gehöre.

Blickt man unvoreingenommen, nicht durch die Brille des nachklassisch-bürgerlichen Historikers auf die Geschichte der Literatur zurück, dann befällt einen zunächst ein Staunen über die Verschiedenartigkeit der Phänomene, die in den kursierenden Handbüchern unter dem gleichen Titel verarbeitet werden. Es ist da ein biederes Neben- und Nacheinander von Lebensläufen und Leistungen, eine Bilderbuchlandschaft für erwachsene Leute, die wahrhaftig verdient, eine Welt für sich zu heißen. Das Lebensgeräusch dringt nicht in den abgeschlossenen Raum dieses Pantheons, dieser stil- oder geistesgeschichtlichen Wandelgänge, in denen ein kultivierter Mann nach getanem Lebenswerk, eine geistvolle Dame der Gesellschaft sich heimisch fühlen können wie nirgends sonst. Ein wirklicher Dichter, die Geburt eines echten Kunstwerks sehen freilich so völlig anders aus, daß die Verfasser dieser Lehrbücher und ihre Leser ahnungslos an ihnen vorübergehen, sofern sie ihnen je begegnen. Zieht man einen Faden aus dem malerisch komponierten Teppich der geschriebenen Historie, geht man einem ihrer Fakten, dann einem zweiten, dann vielen in die realen Voraussetzungen nach, so verändert sich das Bild unabsehbar. Es wird zu einem Konglomerat von ungelösten, weil unlösbaren Problemen, ja von finster erregenden Katastrophen, denen nur die geschichtliche Einreihung das Entsetzliche, Aufwühlende, Moral und Gesellschaft Aufhebende nehmen kann. Wo hängt in der Wirklichkeit der furchtbare Kriminalfall von Kleists Selbstmord am Wannsee mit Hebbels Untreue an Elise Lensing, mit der Pathologie von Flauberts Einsamkeit oder Dostojewskis Martergram zusammen? Noch rätselhafter ist, welche wechselnden Funktionen die Dichtung in der Geschichte erfüllt hat: Dionysosfeier und Ahnenkult der attischen Tragödie, — wer wagt zu sagen, daß er dies versteht, — Vagantengesang der mittelalterlichen Volksepik, provençalische Minnelyrik, die luxuriösen Spiele in Rokoko-Schlössern: wie läßt sich dies alles in einem Atem nennen? Ist der Name Dichtung Band genug dafür? Muß er nicht reißen, wenn man ihn über solche Berge und Abgründe der Fremdartigkeit spannt? Am merkwürdigsten aber kontrastiert der Gehalt, die Substanz der Dichtung mit der geltenden Meinung von ihr. Es wäre nicht möglich, daß die Extravaganz jeder neu auftretenden

Dichtergeneration als abscheuliche Tempelverunreinigung abgelehnt würde, wenn nicht ein so einseitiges Vorurteil über die Dichtung in Kraft stünde. Ich meine, jeder vollsinnige Mensch, den man mit den großen Werken der Weltliteratur ohne viele Phrasen bekannt macht, müßte umgekehrt Ekel und Aberwillen vor so viel Blut, Verbrechen, Wollust und Perversität empfinden. Vergewaltigung, Blutschande, Flucht vor dem Doppelgänger, Aufruhr gegen Gesetz und Sitte, ein grelles Überschreiten aller Grenzen, dessen geringste Anzeichen in der Realität mit allen Machtmitteln der Justiz, des Staates, der sittlichen und geistigen Autorität unterdrückt werden, sind das tägliche Brot und Handwerkszeug der Dichtung. Wer diese nächtige Seite an ihr einmal gewahrt hat, fragt sich im Ernst, wie es möglich ist, daß ehrliche Männer seit langem mit Vorliebe solchen Greuel und Wahnsinn registrieren, ohne ihn ganz abnorm zu finden. Wer näher zusieht, bemerkt allerdings rasch, daß dieses Dunkel von der Geschichtsschreibung mit absichtlicher oder unbewußter Konsequenz an die Peripherie geräumt, in ästhetischen oder moralischen Bann getan oder verschwiegen wird. Der Psychologe erkennt überdies, daß sich in der beliebten Herabsetzung des einen Dichters gegen den andern — etwa Kleists gegen Goethe, Goethes gegen Schiller — viel unbewußter Haß gegen den Dichter schlechthin verrät. Es gibt kaum einen großen Schöpfer, der in der Literaturgeschichte nicht schon geschmäht oder von einem andern Stilideal her verkleinert worden wäre. In der ganzen Kleist-Literatur spielt Goethe die Rolle des verständnislosen olympischen Bonzen, den Aposteln Weimars sind die Romantiker ein Literatengelichter geblieben, für die Hölderlin-Forschung ist Schiller der Widersacher des lyrischen Genies. Wir verstehen nur schwer, welche glückliche Norm öffentlicher Übereinkunft die Historiker gehindert hat, eine so unsaubere Materie fahren zu lassen, ja sie vielmehr in Stand setzt, sie volksbildend und erhebend zu finden. Wir verstehen es deshalb nicht, weil wir in diesen Hintergründen nicht mehr bloß peinliche Begleitumstände, sondern das Wesen der Sache sehen.

Ein großes Beispiel für die befremdliche Natur des Dichters ist Österreichs Klassiker: Franz Grillparzer. Wenige haben sie so sorgfältig und erfolgreich verhüllt wie er, bei wenigen widerspricht die tiefere Erkenntnis ihrer Gestalt so deutlich der Legende, die von ihnen umgeht. Das biographische Märchen weiß hier von dem ängstlichen Untertan Metternichs, dem verbitterten Archivdirektor zu erzählen, der von Zeit zu Zeit der unerträglichen inneren Spannung in Unbotmäßigkeiten gegen Vorgesetzte und Obrigkeit Luft verschafft: wer schlöße jedoch daraus auf „der Phantasie

verworrne Riesenträume", die in seinem Werk gestaltet sind? Dies Werk
selbst zerfällt wieder in zwei Sphären, die den Zwiespalt des Lebens in
der dichterischen Ebene wiederholen: in einen Traum von unendlicher
Schönheit und Schmerzverklärung, — „Sappho", „Des Meeres und der Liebe
Wellen", — der Grillparzer berühmt gemacht hat, und eine Vision sinn-
raubenden Grauens und lähmender Gefahr, — „Ahnfrau", „Das goldene
Vließ", „Ein treuer Diener seines Herrn", — vor der man erst begreifen
lernt, aus welchen Quellen jene kristallische Flut von Wohllaut und Schönheit entsprang. Es ist kein Zufall, daß Grillparzers größtes, mythisches
Werk, „Das goldene Vließ", in der öffentlichen Schätzung so weit hinter
seinen lichteren Träumen zurücksteht. Seine Medea läßt sich als erotische
Wunsch- und Schreckgestalt nur mit Kleists Konzeptionen vergleichen, der
Name Liebe reicht nicht zu für die Gefühle, die um sie entfesselt sind.
Ihre Heimat Kolchis: ein giftiger Zauberboden, ein Acheron, wo unter
einer Falltür in der Erde das von der Schlange bewachte Vließ mit Ver-
derben droht. Dieses Vließ: bei allem Glanz eine ganz irreale Scheußlich-
keit, Hände verbrennend, mit Blut besudelnd. Medea zeigt dem Geliebten
den Weg zu ihm.

> Medea (wild lachend).
>
> Bebst du? Schauert dir das Gebein?
> Hast's ja gewollt, warum gehst du nicht?
> Starker, Kühner, Gewaltiger!
> Nur gegen mich hast du Mut?
> Bebst vor der Schlange? Schlange!
> Die mich umwunden, die mich umstrickt,
> Die mich verderbt, die mich getötet!
> Blick hin, blick's an, das Scheusal,
> Und geh und stirb!
>
> Jason.
>
> Haltet aus, meine Sinne, haltet aus!
> Was bebst du, Herz? Was ist's mehr, als sterben?
>
> Medea.
>
> Sterben? Sterben! Es gilt den Tod!
> Geh hin, mein süßer Bräutigam,
> Wie züngelt deine Braut!
> — — — — — — —
> Kein Götterauge seh es,
> Dunkel hülle die Nacht
> Unser Tun und uns!

Jason erholt sich nicht von dieser Tat, das Erbeben darüber bleibt in ihm, ohne daß er Worte dafür fände; er beschwört nur die Zauberin, von den wilden Bräuchen ihrer Heimat abzulassen, und zieht sie mit sich in sein helles Griechenland. Sie folgt ihm widerstrebend, sie gräbt bei der Ankunft ihr „Blutgerät", die Requisiten ihrer Macht in die Erde — dorthin, wo auch das Vließ hätte bleiben sollen, da es offenbar mit schwarzem Stab und rotem Schleier eines Sinnes ist: ein Attribut des Weibes als Dämon. Dennoch ist das Unheil unvermeidlich. Die zaubernde Geliebte, die in ihrer Heimat dem Räuber als ein Lichtstrahl im Finstern erschien, steht in der hellenischen Tageshelle ganz dunkel da. Sie ist in Nacht und Graus gewonnen, die Menschen Korinths begegnen ihr mit Abscheu — aber nur ihr; den Jason nähmen alle auf, wenn er sie von sich täte. Und dieser sucht sie loszuwerden, verleugnet sich in ihr, der Geschwächten, Betrogenen — welcher Alptraum von Schuld, welche Mystik der Liebe. Der Mann ein Opfer der Verführung: dies ist Grillparzers besondere Wendung des Mythus. Sein Jason wendet sich von Medea, die nicht die Leier spielen, nur jagen, Spieße werfen und Tränke mischen kann, der Jugendgeliebten Kreusa zu: der Unberührten, Nie Befleckten, Reinen . . . Ist nicht dies alles erregender, vielsagender als Medeas rächender Kindermord? Wie wird diese Sphinx über die Grenze zwischen Nacht- und Tagwelt hin- und hergezogen, wie schön und furchtbar zugleich verkörpert sie die Unterwelt, mit der man nicht in Frieden leben kann. Der Wurm in der Höhle blinkt Jason aus ihrem Auge entgegen. „Und nur mit Schaudern nenn ich sie mein Weib." Wer sieht nicht die Ähnlichkeit dieses drachenhaften Urweibes mit Brünhilde vor und nach der Bändigung? Wer nicht den Zusammenhang solcher Bilder mit den Entscheidungen, die Grillparzers Leben bestimmten: dem Gram über den Selbstmord der Mutter, mit der er zusammenwohnte, dem unerhörten Verzicht auf die schöne Kathi Fröhlich, die er als seine ewige Braut neben sich verwelken ließ?

Die Wahrheit ist: fast niemand sieht dies, niemand will es sehen oder mag es gelten lassen. Die unheimlichen Mysterien des Argonauten-Zyklus — um nur von ihm zu reden — sind aus dem Antlitz Grillparzers, das der Gebildete kennt, wie fortgewischt. Sie haben keinen wesentlichen Anteil an seinem Ruhm und seiner Gestalt. Dies rührt von jener Übereinkunft her, auf Grund deren die Kunst in der Zivilisation als ein Hort der Beruhigung, des Schönheitsgenusses gilt. Sie ist der zauberhafte Ersatz für die amorphe, bedrückend mit Häßlichkeit vermischte Realität. Was heißt das aber anderes, als daß die Kategorien einer als unerträglich empfundenen

Wirklichkeit, wenn auch gegensätzlich, auf sie übertragen werden? Ihr
ganzes Anderssein soll in der Abwesenheit jener Kategorien bestehen. Sie
wird also indirekt, unbewußt durch die Bewertung der außerkünstlerischen
Wirklichkeit bestimmt. Sie wird nicht dem Namen nach, aber faktisch an
dem Realitätsbegriff gemessen, den man in ihr außer Kraft sehen will.
Das ist eine rein negative, unschöpferische Bestimmung der Kunst. Man
darf sie nicht einfach verlogen nennen, da ihr die Tragödie einer Epoche
zugrunde liegt. Sie hat aber, wegen ihrer Unreife und Blindheit, zur Folge,
daß auf den Bahnen der Verdrängung jener selbe Realitätsbegriff gleichwohl alle Urteile über die Dichtung trägt. Sie ist mit ihrer Leere auch
schuld daran, daß die lebendige Beziehung zwischen Kunst und Gesellschaft
seit langem so heillos zerfällt. Denn dieser Begriff von Wirklichkeit ist
seinerseits falsch. Es ist der platt rationale, utilitarische Naturalismus, der
die moderne Welt verseucht und ihr zum vornherein den Zutritt in die
Sphäre der großen Dichtung verwehrt. Nur die konventionelle Schätzung
der Kunst, die wieder ihre besondere Geschichte hat, verhindert die Wahrnehmung dieser Tatsache und versucht statt dessen, an den künstlerischen
Leistungen für sich zu retten, was zu retten ist. Was die Größe von Kunst
und Dichtung ausmacht, läßt sich vom Standpunkt des neuzeitlichen
Naturalismus nicht erkennen, geschweige denn rechtfertigen. Ihm muß, was
den Dichter am tiefsten bewegt, absurd oder monströs erscheinen. Die Aufnahme fast aller ursprünglichen Gestaltungen durch das Publikum und seine
Kritiker, das äußere Los der Dichter zeigt es kraß genug. Eine Zeit des
triumphierenden Materialismus, der moralischen Sekurität sichtet den Dichter
notwendig aus einer falschen, feindlichen Perspektive. Sie schätzt seinen
Wert am Maßstab des Intellekts, der politischen Vernunft und Humanität,
der bestenfalls seinen Wirkungen angemessen ist. Goethes Bild hat darunter
bis zur grotesken Verzerrung gelitten.

Dichtung hat mit dem modernen Begriff von Realität nichts zu schaffen.
Ihr Gehalt ist in einer ganz andern Weise konkret, als der Mensch von
heute und gestern glaubt. Der Vernunftmensch nimmt die Handlung eines
klassischen Dramas für ein zwar erfabeltes oder phantasievoll verfärbtes,
im Grund aber in seinem Sinn reales Geschehen. Die preußischen Offiziere
der Louisen-Zeit sabotieren die Aufführung des „Prinzen von Homburg",
weil in dem Stück ihre Standesehre durch die Todesangst des Helden an-
getastet sei; die Schweizer begeistern sich am „Wilhelm Tell", dessen
Sentenzen sie für die Wahlpropaganda benützen; der österreichische Kaiser
versucht Grillparzer den „Treuen Diener seines Herrn" abzukaufen und

als Manuskript aus der Welt zu schaffen, weil er das Werk als politisch gefährlich taxiert. Dies alles sind Episoden aus der Wirkung von Kunstwerken auf die Außenwelt; sie berühren sich nirgends mit dem Wesentlichsten der Werke, mit dem Geheimnis ihrer Entstehung. Und doch zeigt schon der formale Anblick etwa eines klassischen Dramas die Irrealität seines Gehalts. Seine Jamben, seine Monologe, sein Beiseitesprechen, die Personen, die nicht sehen und hören, wie zwei Schritte abseits ihre Ermordung ausgemacht wird: dies alles ist nicht real, sondern Spiel, es ist einer Mozartschen Spieloper verwandter als unserer Wirklichkeit. Dennoch benimmt sich im gegebenen Augenblick der Theaterbesucher oder Ästhetiker ganz so, wie wenn hier Realitäten zu würdigen wären, weil ihm jedes Unterscheidungsvermögen in dieser Richtung verloren gegangen ist. Er weiß nicht mehr mit dem Blut, was das heißt: Verwandlung, Spiel, und trägt einen trostlos verkehrten Ernst in das Ereignis hinein, der teils zu schwer, teils noch viel zu sorglos ist. Selbst wenn die Aufführung von Grillparzers Bancban-Tragödie einen österreichisch-ungarischen Krieg veranlaßt hätte, wäre dadurch nicht das Geringste über die Entstehungsmöglichkeit des Stückes ausgesagt gewesen. Der Krieg wäre irrelevant gewesen im Vergleich zu der verborgenen Tatsache, daß Grillparzer in der Bancban-Handlung ein weiteres ungeheuerliches Gleichnis seiner eigenen Existenz geschaffen hat. Auch sie ist einer der verworrnen Riesenträume, in denen er Schuld und Sühne seiner Seele in geisterhafter Vergrößerung durchlebte. Die ganze Reihe seiner geschichtlichen Tragödien, zum Stolz und Rückhalt eines staatlichen Systems geworden, steht, wie das Werk jedes anerkannten Dichters, in diesem Doppellicht: sie ist die welthistorische Projektion von Konflikten in des Schöpfers Brust. Wer dieses gewaltige Schauspiel wahrhaft verstehen will, wird seine öffentliche Seite den klatschenden oder pfeifenden Theaterbesuchern überlassen. Er wird die unermeßlich ragenden Strahlenbündel der Dichterphantasie an ihren Brennpunkt zurückverfolgen und ihr geheimes Urbild in der Seelenkammer des Schöpfers suchen. Was dort draußen Wirkung war, ist hier Ursache, was dort Stoff, hier Erregung, was dort der Soziologie, der Weltgeschichte angehört, fordert hier, im Innern, Psychologie.

Die herrschende Meinung wehrt sich aufs äußerste gegen eine solche Umkehrung der Dinge, die den schöpferischen Menschen und sein Tun als das Erstgegebene nimmt. Tatsächlich muß sie die populäre Auffassung über den Dichter zerstören. Denn sein Weg durch die Geschichte, die Summe seiner sittlichen Wirkungen auf den Einzelnen und auf die Nation, also eben jene Brauchbarkeit, die man ihm zuschreibt, stellt sich, soweit sie

nicht rückstrahlend sein Schaffen beeinflußt hat, als eine Erscheinung zweiten
Ranges dar. Es entspricht dieser Überzeugung, daß sich in der Betrachtung
der Kunst heute ein soziologischer Gesichtspunkt von einem psychologischen
abspaltet — die Sauberkeit der Forschung kann von dieser Trennung nur
gewinnen und setzt das primäre Phänomen für den Sehenden desto klarer
ins Licht. Diese primäre Erscheinung liegt in der Hervorbringung des Werks
durch den Dichter: in einem Geschehen, einem nie ganz zu durchschauenden
Prozeß, während für den, der nur die Wirkungen betrachtet, das Vorhandensein des Werks die selbstverständliche Voraussetzung ist. Tatsächlich gerät
also auch der Begriff des Werkes für uns in wunderbare Bewegung. Nicht das
Werk allein oder der Dichter allein, sondern das Zusammenbestehen beider
ist das Urphänomen: die Bewegung des Dichtens selber. Das Schöpferische,
nicht die öffentliche Meinung über seine Vorzüge und Schwächen steht uns
in Frage. Es gibt kein wichtigeres geistiges Problem als dieses, aber auch kein
gefährlicheres. Zu viele Interessen, die mit dem Urphänomen Dichtung nichts
zu schaffen haben, aber sich auf seine Wirkungen beziehen, werden durch
die Unterscheidung betroffen — man denke allein an die Schule, die Staats-
raison. Ob die neue Auffassung sich durchzusetzen vermag, ob dieses oder
das kommende Jahrhundert ihre Vorstellung von der Problematik des Dichters
bis zu jener Ursprünglichkeit revidieren werden, die wir in früheren Zeiten
ganz offensichtlich und erschütternd in Kraft sehen, ist nicht vorauszusagen.
Die konventionelle Übereinkunft über das Wesen der Kunst wurzelt so tief,
die Überzeugung von der vernünftigen Grundlage des Daseins und also auch
der künstlerischen Gestaltung gibt sich so unantastbar, daß wir alle — die
Gegenwart beweist es — weit eher in Klagen über die unaufhaltsame
Rationalisierung und Entzauberung der Erde ausbrechen, als daß wir uns zur
Erkenntnis vom Vorhandensein des Wunderbaren bekehren ließen. Jeder
schärft seinen Blick bereitwilliger für das rettungslose Verschwinden alles
altertümlichen Menschheitserbes als für die Unbegreiflichkeit der Dichtung,
obschon, wenn die Technik wirklich den Sieg erringt, den alle fürchtend
oder hoffend kommen sehen, die Zukunft mit demselben Kopfschütteln die
Existenz von Dichtern im zwanzigsten Jahrhundert feststellen wird, mit dem
wir heute von Menschen lesen, die Götterbesuch empfingen oder vor Sauriern
fliehen mußten. Niemand wundert sich darüber, daß es heute noch Dichter
gibt, keiner weiß, was das in Wahrheit bedeutet.

Die Kunst steht in einer uralten Tradition. Nichts, was wir in der Buntheit
der Welt erblicken können, ist mit einem Maler oder Bildhauer so verwandt
wie ein afrikanischer Wilder, der ein Bild von seinem Vorfahren oder seinem

Jagdtier verfertigt, um seiner Herr zu werden. Was immer für Strecken der Entwicklung dazwischen liegen mögen: diese Ahnenschaft des Künstlers ist die offenkundigste, und sie ist unmittelbar gegeben, da in der Kindheit des einzelnen Menschen jene frühe Stufe noch immer wirksam ist. Auch der Dichter macht sich ein Bild von der Welt — diese Übereinstimmung überschattet alle Unterschiede im Gebrauch der Mittel. Nur unter diesem Vorzeichen ist heute noch eine Grundlegung der Kunst- und Literaturwissenschaft möglich. Die Hingabe des Schöpfers an sein Werk, seine Art des Umgangs mit der Welt und ihrer Verwendung für seine Absichten sind zu lächerlich oder unheimlich von den Gebräuchen des aufgeklärten Bürgers verschieden, hängen zu durchsichtig mit jener Vergangenheit zusammen, als daß dieser Satz sich widerlegen ließe. Wir wissen durch Freud, wo die wichtigste Brücke liegt, die uns mit der archaischen Welt verbindet: im Traum. Freud hat auch die Fingerzeige für den Traumcharakter der Dichtung gegeben. Ich halte deshalb seine „Traumdeutung", über alles Spezielle ihrer Methode hinaus, für die vornehmste Urkunde einer neuen Betrachtung der Literatur. Am Traum ist mehr über das Wesen der Dichtung, über das Verfahren der dichterischen Intuition abzulesen als aus irgendeiner andern Erscheinung, die sich uns innerhalb der Kulturwelt zeigt. Der Professorenstreit über die Kunst als Nachahmung der Natur, der noch heute in etwas geschmeidigeren Begriffen geführt wird, erledigt sich im Hinblick auf die Gesetze der Traumbildung, selbst wenn sie uns nur oberflächlich zugänglich wären. Die Dichtung als Urphänomen hat am ehesten die Realität des Traums, sie ist durch und durch symbolisch wie er, naturalistisch wie er, geordnet und genau innerhalb rätselhafter Voraussetzungen wie er. Ihre Vorliebe für geschichtliche und mythologische Räume z. B. ist nicht würdiger zu erklären als mit den Besonderheiten der Traumszenerie, ihr Grundgesetz der Metamorphose nicht tiefer als mit den Verwandlungen der Traumgestalten, ihre Tiefe nicht schöner zu deuten als durch jene, die der Traum im schlafenden Menschen noch erschließt. Es gibt keine große Dichtung ohne die überwältigende Beziehung zum archaischen Grund, aus dem auch der Traum sich nährt. Dies ist das Furchtbare und Berückende an ihr, dies die Unwirklichkeit, die man an ihren Gebilden wahrnimmt. Sie ist ein Rückfall in diesen Grund, ein Relikt aus ihm. Deshalb paßt der Dichter nicht in seine Zeit, erweist er sich in seiner sozialen Verwendbarkeit jedem Buchhalter unterlegen. Er ist minderwertig, weil er gänzlich andersartig ist; er geht unter, weil er so unsinnig ist, das Gebilde von seiner Hand vollkommen ernst zu nehmen, ernster als irgend etwas um ihn her. Er zieht aus dieser wahnsinnigen Anlage jede Konsequenz: er mißhandelt Menschen, läßt sich selber mißhandeln, steigt auf Barrikaden, läuft wie ein Tropf herum, schlägt Vorteile aus, zieht sich in Wälder zurück, tötet andere oder sich selber. Seine Verwandtschaft mit dem Verbrecher, dem Geisteskranken ist unverkennbar, was ja nur seine archaische Richtung in anderer Weise bestätigt. Das Ziel, um dessenwillen er sich so verhält, — natürlich ist mit alldem nicht der Literatentyp, sondern der seltene schöpferische Gestalter gemeint, — ist ein fast verschollenes Ziel. Dinge, die niemand mehr kennt und glaubt, stehen dahinter und sind seine ehrwürdigste Legitimation — man muß nur bereit sein, die Linien seines Tuns weit genug nach der Seite zu verlängern, nach der sie zeigen. Hinter jedem Theaterstück spukt vorzeitliche Frühlingsfeier, Opferhandlung, perverser Maskentaumel alter Naturreligionen. Hinter einem Roman: der Gesang heidnischer fahrender Rhapsoden. Hinter einem Gedicht: der orgiastische Taumel exotischer Tänzer, die in tagelanger Orgie ihre Rhythmen schreien, bis sie sich schäumend am Boden wälzen. Nur wenige Dichter wissen um diese Vergangenheit und wecken sie in sich auf, aber diese wenigen sind die großen und ketten die gezähmten Kräfte wieder los. Ein Zacharias Werner ist nicht wegen seiner Hymnen auf Ausschweifung und Verwesung weniger mächtig als Kleist, — nur der Spießer glaubt dies, und selbst darin übertrifft die „Penthesilea" Werners Dramen, — sondern weil er diese Gesichte aus geringerer Tiefe heraufholt. Wer die erotische Zügellosigkeit Rabelais' oder der orientalischen Märchen, die Unflätigkeit spätmittelalterlicher Fabulierer verachtet, sagt sich von breiten Epochen der Dichtung los. Dasselbe gilt von der zeitgenössischen Kunst: nur wer Grillparzers Behandlung des Stoffes blind gelesen hat, verwirft Hans Henny Jahnns atridenhafte „Medea" wegen ihrer steinernen Greuelhaftigkeit. Er mißt Dichtung an der kümmerlich-zufälligen Realität, in der er zu Hause ist, nicht an ihrer eigenen. Er fürchtet sich vor einer Abgründigkeit, die vor ihm war, ohne die es kein fruchtbares Schaffen gibt, die das Sein erhält. Da diese Furcht allmächtig ist, kann man vermuten, daß sie auch die offene Anerkennung der dichterischen Dämonie verhindern wird. Ohne Zweifel liegt hier, jenseits der sachlichen Auseinandersetzung, der Widerstand, der die Aufnahme der modernen Forschungsprinzipien erschwert. Das Verständnis für die Tiefendimension der Lebensvorgänge, das nicht aus reinem Registrieren oder bloß denkerischer Beschäftigung resultiert, ist die seltenste, im Grund eben dichterische Begabung, weil sie selber Tiefe und Leidenschaft erfordert. Ein Mensch des ordnenden Intellekts wird immer nur konkrete Tatsachen, niemals dämonische Bewegung konstatieren. Man sehe sich die Stoffhuberei der meisten Kunst- und Literaturgeschichten daraufhin an. Nicht nur die Darstellung der schöpferischen Persönlichkeit, auch die Erfassung der ästhetischen Teilprobleme verrät fast durchwegs die unbewußte Verneinung des Dichterischen. Ich greife irgendein Beispiel heraus — sei es die vieldiskutierte Frage der historischen Treue in der Kunst. Es ist Tatsache, daß kein großer Dichter die geschichtliche Überlieferung, wenn er sie aufgreift, ohne willkürliche Veränderung behandelt. Man nennt dies seine poetische Freiheit und streitet über ihre Berechtigung — schon aus dem Namen spricht die bloß negative Wertung. Vom Standpunkt der geschichtlichen und politischen Vernunft ist sie auch das einzig Mögliche und Erlaubte, was daraus hervorgeht, daß wir dem Dichter bei einer Gestalt der aktuellen Geschichte — nennen wir Hindenburg oder Stalin — unter keinen Umständen die Souveränität zubilligen würden, mit der Goethe den Egmont, Kleist den Prinzen von Homburg, Schiller die Elisabeth umgebildet haben. Der Dichter selbst wird schaffend diese Unterscheidung nie anerkennen, da sie sein Hoheitsrecht beleidigt, das der wissenschaftlich-rationalen Haltung unversöhnlich entgegensteht. Was uns an ihm als poetische Lizenz auffällt, ist nur ein aus dem Dunkel ins Tageslicht ragendes kleines Stück Kontur seiner wahren Geistigkeit. Wischen wir den Sand davon, so ahnen wir bald, welchem Ganzen es angehört: dem Mythus, der da verschüttet, riesengroß im Boden ruht. Dichterische Freiheit gegenüber den Geschehnissen ist ein Rest der mythischen, geschichtslosen Geistesverfassung. Geschichtliche Dichtung kann in ihrer Gesamtheit nur als das Fortleben dieses offiziell geächteten Vergangenheitsbildes voll gewürdigt werden. Der spätbürgerliche Novellist vom Schlag C. F. Meyers, der Archive durchsieht, sich aber trotzdem im Einzelnen kleine Abweichungen von den Quellen gestattet, steht in sehr lockerer Beziehung zu diesem vorwissenschaftlichen Prinzip, aber in Kleists „Penthesilea" oder in Gotthelfs „Schwarzer Spinne" triumphiert es noch ungebrochen und kann nicht mehr kritisch abgeurteilt werden, ohne daß die Werke selbst verworfen werden. Und was vom Verhalten des Dichters gegenüber der Geschichte gilt, haftet der dichterischen Welterfassung als solcher an. Sie hängt aufs engste mit jenem zugleich Primitivsten und Größten zusammen, das wir kennen: der Mythenbildung, deren Gehalt eine visionäre Wahrheit, nicht rationale Richtigkeit, deren Mittel das Symbol, nicht die logische Verbindung ist. Auch dafür gibt es keine in Form und Bedeutung reichere Parallele als den Traum.

Die Abwehr, die diese Behauptungen zu gewärtigen haben, erklärt sich daraus, daß sie dem dichterischen Werk die Wirklichkeit, d. h. die bisher

an ihm geschätzte und gepflegte Wirksamkeit rauben. Sie befreien es tatsächlich von jenem falschen Anspruch auf Realität, der ihm in unserer Zeit
unterschoben wird. Die reine Imagination, das spielende Strahlungswunder,
als welches es nach Abzug der handgreiflichen Konkretheit übrig bleibt,
ist keine Lebensluft für den heutigen Durchschnittsmenschen mehr. Nun,
diesem revoltierenden Liebhaber wäre ein Trost entgegenzuhalten, der ihn
freilich kaum versöhnen wird. Die dichterischen Phantasien fallen allerdings
mit einer Wirklichkeit zusammen, aber nicht mit der neuzeitlichen, sondern
mit einer archaischen. In sehr alter Zeit ist wahrscheinlich der Held einer
Tragödie wirklich gemordet, ist jeder gesungene Exzeß wirklich begangen
worden. Das sind die frühesten, verlorenen Hintergründe jedes künstlerischen
Spiels. Nur daß sie einst bestanden, kann die Dauer der Kunst erklären.
Noch trifft man ja im Osten und Süden die kultischen Institutionen an,
in denen sie weiterleben. Es regt sich nichts auf Erden, was nicht einmal die Autorität des Realen besessen hätte. Kein Kinderspiel, das nicht
einmal blutig ernst, kein Zeitvertreib, der nicht einmal tödlich schwer gewesen wäre. Die Inspirationen der Dichter sind Erinnerungen daran, je
älter desto bezaubernder, je ernster desto größer. Ihre Werke haben seither
diesen Charakter preisgegeben. Aber die Dichter selber verfallen ihm zuweilen noch, — auf katastrophalen Höhepunkten der Literaturgeschichte,
die diese nach Möglichkeit zu verwischen sucht, — indem sie jenen alten
Weg in traumhaftem Zwang zu Ende gehen.

Diese Einschränkung ist die einzige Erleichterung, die die große Dichtung
in historischer Zeit durchgeführt hat. Die Katharsis, auf die sie abzielt,
bedeutet noch immer die Bedrohung unseres gewohnten Lebensgefühls.
Man sieht, diese These vom Wesen der Kunst führt nicht zu ihrer Ver-
flüchtigung ins bloß Geträumte, sondern zu einer Steigerung ihres Charakters
bis zur Furchtbarkeit. Das Spiel, das sie treibt, ist noch immer gefährlicher
als der meiste Ernst des Lebens, dem wir uns widmen. Seine Tragweite
ist so ungeheuer, daß wir allen Widerspruch und Spott, den es hervorruft,
auf sich beruhen lassen können: den Widerspruch jener, die es nie fassen
werden, daß in der Dichtung die Tiefe des Seins selber widerhallt, und das
Lachen jener, die zwar Hölderlin in den Literaturgeschichten einen großen
Dichter nennen, aber in der Wirklichkeit die Partei des Bankiers Gontard
ergreifen, der den Sänger Diotimas aus seinem Hause wies. Es handelt sich
darum, ob man die Dichtung ernst nimmt und bis wohin man ihr im Ernst
zu folgen vermag. Sie ist entweder ein Organon des Lebens oder ein Ärgernis
und eine Torheit.

Der archaische Charakter der Dichtung ist ihre höchste Würde und die wahre, echte Magie, die ihr innewohnt. Sie entschleiert das Alter der Welt, die meerhafte Tiefe, die das Heute trägt und die Zukunft verbürgt. Verlegen wir den Sinn ihrer Gebilde nicht weiter dorthin, wo er nicht sein kann: in die klare Vernünftigkeit, in die strahlende Eignung für die rastlose Zweckhaftigkeit des Tages. In einem nach konsequenten Vernunftprinzipien geordneten Leben haben die Dichter keinen Raum. Plato verbannte sie aus seinem Staat, in Nietzsches wissenden Augen logen sie zu viel. Beide vertraten den Standpunkt der Utopie, der wahren Antithese zur dichterischen Schau. Der heutige Zustand der europäischen Kultur, deren Basis sich nicht so bald verschieben wird, erfordert eine ganz andere Einordnung der Kunst. Dieser Zustand ist so geartet, daß künstlerische Schöpfung in ihm noch immer den obersten Rang alles Schaffens behauptet: deshalb nämlich, weil diese Kultur ihrerseits archaisch gebunden ist und ihr tiefster Ausdruck nur in ihrer eigenen Richtung liegen kann. Erst wenn diese Richtung umgewälzt würde, wäre der Grundcharakter der Dichtung selbst in Frage gestellt — die Lage der Dichtung im heutigen Rußland rührt an dieses Problem. Mit der Aufhebung der archaischen Bindungen fällt wahrscheinlich die Kunst selbst dahin; es ist kaum möglich, sie in ein vergangenheitsloses Leben zu verpflanzen. Damit müssen wir uns begnügen. Wir können auf die Frage nach dem Sinn der künstlerischen Schöpfung nur diese Antwort geben:

Es gibt Lebewesen in der Natur, die in Reaktion auf einen Defekt, einen schmerzhaften Eingriff in ihren Organismus Perlen produzieren. Der Zauber dieser Gebilde liegt nicht nur in ihrer Form und in ihrem Material, sondern in dem unbewußten Grauen des Menschen über ihre Herkunft, über die Geschichte ihrer Entstehung. Dies ist die Schönheit, die der Mensch seiner Vernunft zum Trotz am höchsten schätzt und am liebsten sammelt — im Grund gibt es keine, die nicht so beschaffen wäre. In der Menschenwelt leben ähnlich rätselhafte Geschöpfe, die eine gramvolle Störung ihrer Existenz mit der Bildung von Schönheit erwidern: einem Wert, der ursprunghaft verbunden ist mit Krankheit und Bedrohung des Lebens. Nur die verborgene Schicksalsverwandtschaft kann es erklären, daß diese Frucht des Leides und der Todesnähe so hohe Würdigung erfährt. Wer dies verneint, leugnet die großartigste Legitimität der Kunst: ihre lebenstiefe Unergründlichkeit. Etwas anderes ist es, ob man den Marktwert ihrer Gestaltungen für nebensächlich hält; er hat mit dem mysteriösen Sinn ihres Wachstums nichts zu tun. Ihr ganzes Geheimnis liegt in jener anfänglichen Doppelwirkung: der Versehrung eines Menschen und der Hervorbringung des heilenden Werks. Nur das Gesetz dieser Urerscheinung kann eine auf das Wesentliche blickende Kunstforschung interessieren. Sie lehnt schon die Kinderfrage nach dem Wert der beteiligten Schicksalsträger ab: ob dem Dichter oder seinem Werk mehr Ehre gebühre. Grillparzer, der seiner irdischen Braut das Glück vorenthält und sie statt dessen in so mancher Königin seiner Dichtung erhöht, ist über eine so befangene Alternative erhaben. Es ist nicht damit getan, daß man die verklärte Gestalt mit dem privaten Urbild identifiziert; sie läßt sich ja nicht „wirklich" auf dieses reduzieren, und selbst wenn es möglich wäre, hätte man nur einen Lebensvorgang rückgängig zu machen versucht und ihn überdies nur zur Hälfte nachgezeichnet. Das Neben- und Ineinander beider Größen ist das letztlich Sichtbare. Es spottet jeder vernünftigen Ableitung der einen aus der andern, weil der archaische Lebensgrund dazwischen liegt und beide rechtfertigt, indem er sie trägt. Wir sehen nur dieses: ein Menschenschicksal — die Schale, und die Perle — das Werk.

———

MITTEILUNGEN UND DISKUSSIONEN

Zum Triebleben der Primaten

Bemerkungen zu S. Zuckerman: Social life of monkeys and apes[1]

Von

Imre Hermann

Budapest

Das Triebleben der Affen kann der Psychoanalyse für das Verständnis des Trieblebens des Menschen ein wichtiges Vergleichsmaterial bieten, wichtiger vermutlich als physikalische Erscheinungen oder biologische Verläufe an einzelligen Lebewesen. Die Affen stehen den Menschen am nächsten, und daß dieser Umstand wissenschaftlich nicht genügend verwertet wird, liegt wohl an dem „Narzißmus der kleinen Unterschiede".

Soeben erschien ein Buch zur Psychologie der Affen, das an Ausführlichkeit und Verläßlichkeit der Beobachtungen wohl einzig dasteht; S. Zuckermans „Social life of monkeys and apes".[2] Die nachstehenden Ausführungen stützen sich zum größten Teil auf das dort dargebotene Material; vieles davon wird auch von anderen Forschern bestätigt, manches ergänzt. Das Material von Zuckerman bezieht sich hauptsächlich auf Paviane, die teilweise freilebend in Südafrika mittels starker Ferngläser, teilweise zwei Jahre hindurch am sogenannten „Monkey Hill" des Londoner Zoologischen Gartens, einer Affenkolonie, wie sie jetzt an einigen zoologischen Gärten bestehen, von ihm beobachtet wurden: An einem künstlichen Felsengebilde bedeutenden Umfanges lebt eine größere Anzahl von Affen verschiedenen Geschlechts und Lebensalters unter Verhältnissen, die den natürlichen so nahe wie möglich kommen. Die Londoner Affenkolonie wurde im Jahre 1925 gegründet; den ursprünglichen Stock bildeten etwa hundert Paviane, mit Ausnahme von sechs Exemplaren alle männlichen Geschlechts, denen zwei Jahre später dreißig Weibchen zugesellt wurden. Diese Zahl schrumpfte im Verlauf der nächsten Jahre stark zusammen, teils durch Krankheiten, teils infolge erbitterter Kämpfe.

Die Familie besteht beim Pavian — aber auch bei vielen anderen Affenarten, so unter den Menschenaffen beim Gorilla — aus folgenden Mitgliedern: dem Männchen, das Herrscher und Gebieter in der Familie ist, einem oder mehreren Weibchen, deren Zahl von der „Dominanz"-Fähigkeit des Männchens abhängt, den Jungen, um die sich beim Pavian nur die Mutter, bei anderen Arten eventuell auch das Männchen kümmert, und in vielen Fällen noch aus

---

1) Vortrag in der Ungarischen Psychoanalytischen Vereinigung am 5. Februar 1932.
2) International Library of Psychology, Philosophy and Scientific Method. London 1932.

einem sogenannten „Junggesellen", der etwas loser als die anderen Mitglieder, aber doch ziemlich beständig an die Familie attachiert ist. Wahrscheinlich knüpft ihn die sexuelle Anziehungskraft des Weibchens an die Familie; dabei kann er aber auch homosexuelle Beziehungen zum Männchen und Geschlechtsbeziehungen beider Art zu den Jungen der Familie unterhalten. Dasselbe Bild bietet die Familie auch im Freien; an beiden Orten gibt es außer den Familienverbänden noch eine Anzahl alleinstehender Junggesellen, die sich infolge der Dominanz der stärkeren Tiere kein Weibchen erwerben konnten. Ihr Geschlechtsleben beschränkt sich auf Onanie, auf homosexuellen Verkehr und auf Verkehr mit noch unreifen Tieren. Homosexualität ist übrigens auch unter den „Ehemännern" („Ehemann" und „Junggeselle") und unter den Weibchen desselben Harems verbreitet. Heterosexuelle Promiskuität gehört — den Verkehr mit noch unreifen Tieren abgerechnet — zu ziemlich seltenen Ausnahmen: die Dominanz der „Ehemänner" wacht über die „geregelten" sexuellen Beziehungen, in denen sich eine Änderung nur auf dem Wege scharfer und tödlicher Kämpfe einstellen kann.

Eine der wichtigsten das Geschlechtsleben betreffenden Feststellungen besagt, daß es beim Affen keine Brunstzeit gibt. Das bezieht sich auf Anthropoide ebenso wie auf Affen niederer Art und darf auf Grund zahlreicher Beobachtungen (z. B. Uterusbefunde gleichzeitig erlegter Weibchen, die alle Phasen des Fortpflanzungsverlaufs aufwiesen) als gesichert angesehen werden. Der sexuelle Verkehr findet das ganze Jahr hindurch statt, ist während der Zeit der Trächtigkeit und des Stillens zwar seltener, doch nie vollständig abgebrochen. Dabei unterliegt die Stärke des sexuellen Begehrens und Begehrtseins beim Weibchen einer periodischen Schwankung, die mit den monatlich wiederkehrenden Veränderungen im weiblichen Sexualapparat zusammenhängt und sich auch äußerlich sichtbar an der Schwellung oder Rötung der ano-genitalen Schleimhaut (*sexual skin*) kundgibt. Dieses Oestrum des Weibchens fällt zwischen zwei Menstruationen; beim Pavian fängt die Schwellung und Rötung der äußeren Genitalteile bald nach der Menstruation an und erreicht den Höhepunkt nach etwa zwei Wochen — also auch zwei Wochen vor der nächsten Menstruation. Obwohl das Affenweibchen das Männchen auch sonst ausnahmslos annimmt, benimmt es sich während der Zeit des Anschwellens sexuell viel herausfordernder und wird auch vom Männchen öfter bestiegen. In einer polygamen Familie gehört die Vorzugsstellung stets dem Weibchen, dessen ano-genitale Zone angeschwollen ist; es weicht um diese Zeit nicht von der Seite des Männchens und wagt es auch eher, vom gemeinsamen Futter zu nehmen.

Die herausfordernde sexuelle Gebärde des Weibchens (bei passiv-homosexuellen Beziehungen auch des Männchens) ist das sogenannte „Präsentieren". Das Weibchen stellt sich mit dem hinteren Teil dem Manne gegenüber, spreizt die Hinterbeine, biegt den Körper ein, fixiert dabei manchmal, den Kopf rückwärts gewendet, das Männchen und gibt hohe, wimmernde Töne von sich. Das Männchen antwortet auf das Präsentieren des Weibchens mit schnellen, schnalzenden Lippenbewegungen, mit manueller, manchmal oraler Berührung ihrer Genitalteile und endlich mit ihrer Besteigung, worauf, während der Zeit des Oestrums, das Weibchen sofort wieder präsentiert. Die ganze Szene — Präsentieren und Besteigen — kann sich binnen einigen Minuten vier- bis fünfmal wiederholen; jedenfalls sind die Besteigungen manchmal ganz kurz, es scheint sich um nicht ganz vollzogene Kopulationsakte zu handeln.

Was uns dabei auffallen kann, ist die herausfordernde Aktivität des Weibchens. Das unersättliche, wiederholte Präsentieren widerspricht ziemlich deutlich der so viel berufenen „sexuellen Passivität" des Weibes. Die unvoreingenommene — einfache und analytische — Erfahrung zeigt jedenfalls, daß „weiblich" und „passiv" keineswegs koordinierte Begriffe sind. Die weiblich-sexuelle Aktivität kommt nur in anderen Phasen des Verlaufs und in anderen Erscheinungsformen zum Durchbruch als die männliche. Passiv wäre höchstens das Sozial-Weibliche.[1]

Sehr interessant ist die Beobachtung, daß der Affengemahl auf das wiederholte Präsentieren seines Weibchens manchmal mit Aggression reagiert; anstatt sie zu besteigen, fällt er sie mit Händen und Zähnen an, zieht sie am Haar und beißt sie in den Nacken. Aber auch homosexuelle Fortsetzungen sind zu beobachten: Nachdem ein Weibchen mehrmals präsentiert und das Männchen sie mehrmals bestiegen hat, wendet sich das Männchen von dem noch immer präsentierenden Weibchen ab und besteigt einen Junggesellen.

Zuckerman weiß nicht zu entscheiden, ob die sadistischen Attacken als Ermüdungsreaktionen oder als Transformationen der Sexualität zu deuten sind. Uns scheint die zweite Deutung um so einleuchtender, als auch der umgekehrte Weg, die Umkehrung einer Aggression ins Sexuelle, beschrieben worden ist. Hat ein Tier Ursache, sich vor einem stärkeren, „dominanteren" Tier zu fürchten, hat es z. B. vom Futter genommen, so präsentiert es schnell vor ihm, um seine Aggression sexuell abzuleiten.[2] Dasselbe wiederholt sich in den übrigens ziemlich seltenen Fällen der weiblichen Untreue. Zuckerman beobachtete am *Monkey Hill* insgesamt drei Weibchen, bei denen sexuelle „Untreue" vorkam. In allen Fällen geschah es hinter dem Rücken des Gemahls, zumeist während der Ruheperiode des *sexual skin*, wo das Weib sich vom Mann etwas entfernter aufhält. Die „illegitimen" Kopulationen sind ganz kurz, auf

---

1) Vgl. die in einer Fußnote geäußerte Ansicht von Freud, wonach „wir allzu unbedenklich die Aktivität mit der Männlichkeit, die Passivität mit der Weiblichkeit zusammenfallen lassen, was sich in der Tierreihe keineswegs ausnahmslos bestätigt." (Das Unbehagen in der Kultur, S. 72 f.)

2) Auch die Wendung einer gegen äußere Objekte gerichteten Aggression gegen die eigene Person wird beschrieben.

Augenblicke beschränkt; sie werden manchmal, doch nicht immer, mit dem
an die Familie attachierten Junggesellen vollzogen. Erscheint nun der Gemahl
wieder auf der Szene, so präsentiert ihm das Weibchen sofort und macht dabei
drohende Gesten gegen den vorigen Partner (der übrigens nur auf ihr Präsentieren hin
zum „Verführer" wurde). Präsentieren vor dem Mann nach begangener Untreue
wurde in mehreren Fällen beobachtet. Sexuelle Annäherungen — von gegenseitiger genitaler Betrachtung an bis zur Kopulation — mit noch unreifen
Tieren werden nicht als Untreue betrachtet und vollziehen sich vor den Augen
des Gemahls.

Eine uns interessierende sexuell anregende Wirkung kommt der Sonnen-
wärme zu. Kommt die Sonne zum Vorschein, so wird sie mit denselben
brummenden Tönen begrüßt, wie sie in Begleitung der ebenfalls sexuellen Betätigung des „Lausens" vorkommen. Sie regt ebenso zum Lausen wie zur direkten
sexuellen Aktivität an.

Die Ansätze des späteren Sexuallebens[1] melden sich bereits in den
ersten Lebenstagen. Den ersten äußeren Anreiz — wie den ersten Eindruck
von der Außenwelt überhaupt — bietet dem Affenkind das Fell der Mutter,
an das es sich klammert, und in dem es vom ersten Tage an herumwühlt.
Ein Rhesusaffe wurde beobachtet, der im Alter von zwei Monaten beim Herum-
suchen im Fell der Mutter und Hantieren an ihren Genitalteilen eine Erektion
bekam. Ein Paviankind vollzog rhythmische Beckenbewegungen am dreizehnten
Tage seines Lebens, am selben Tage, an dem es zu laufen begann. Ein männliches Schweinsaffenbaby, das, vom Vater isoliert, in einem Käfig mit der Mutter
aufwuchs, wurde von Zuckerman selbst beobachtet. Das Herumwühlen im
Fell der Mutter, das von häufigem Anstarren der ano-genitalen Zone unterbrochen war, begann zu gleicher Zeit wie die Koordination der Bewegungen
überhaupt. Beim Herumklettern am mütterlichen Körper blieb das Affenkind
oft an den Hinterschenkeln der Mutter stehen, die Füsse um ihre Lenden legend
und sich an beiden Seiten ihres Körpers festhaltend; es verharrte ein bis zwei
Minuten in dieser Position. Das Kind war sechs Monate alt, als es die Mutter,
in Beantwortung ihres wiederholten Präsentierens, zum erstenmal bestieg; einen
Monat später war dieses Verfahren schon von rhythmischen Beckenbewegungen
und Erektion begleitet. Um diese Zeit präsentierte es auch selbst der Mutter
und den Tieren des Nachbarkäfigs. Bei der Besteigung der Mutter wurde es
manchmal von ihr abgeschüttelt; manchmal wieder schien die Initiative von
ihr auszugehen. Das um diese Zeit acht Monate alte Junge (nach dem Stand
des Zahndurchbruchs entspricht dieses Alter dem eines Menschenkindes von
etwa zwei Jahren) war eigentlich ein richtiger „Gemahl" seiner Mutter, wobei

---

1) Zuckerman beruft sich bei der Beschreibung der sexuellen Entwicklung des
Affen für die Analogien mit der infantilen Sexualität selbst auf Freud.

es noch an der Brust trank, zeitweise in der ursprünglichen Position des Neugeborenen — Anklammern am Fell ihres Bauches — von der Mutter herumgeschleppt wurde und stets in den Armen der Mutter schlief. Zuckerman hält den beschriebenen Entwicklungsgang insofern für atypisch, als Mutter und Junges vom Männchen isoliert waren: die Gegenwart des Vaters hätte das Affenkind zweifellos mehr eingeschüchtert. Das intime sexuelle Verhältnis zwischen Mutter und Affenkind wurde übrigens beim weiblichen Affenkind derselben Mutter — aber auch bei den sich sexuell langsamer entwickelnden Menschenaffen — beobachtet. Ein achtzehn Monate altes Schimpansenkind nahm z. B. die Genitalien der Mutter in den Mund, ein Benehmen, das unter Schimpansen bei hetero- und homosexuellen Annäherungen gleichermaßen vorkommt.

Das in der Affengesellschaft heranwachsende Junge unterhält allerhand sexuelle Beziehungen zu seinen Genossen. So war ein junger weiblicher Pavian vom sechsten Monat an mit unreifen männlichen Tieren, mit Junggesellen und weiblichen Tieren aus verschiedenen Harems befreundet. Besonders starke Annäherungen fanden zwischen ihr und dem zur Familie gehörenden Junggesellen statt. Später wurde sie von mehreren männlichen Tieren als erwachsenes Weibchen behandelt und vom achtzehnten Monate an schloß sie sich einem Junggesellen an. Ihr Verhältnis schien sich in nichts vom Sexualleben erwachsener Tiere zu unterscheiden, obwohl richtige Kopulation den Größenverhältnissen zufolge nicht möglich war. Junge Tiere — männliche ebenso wie weibliche — genießen sehr viel sexuelle Freiheit; sie werden nicht als Rivalen betrachtet und es scheint, als ob ihnen jedes hetero- und homosexuelle Verhältnis offen stünde.

Alle diese Beobachtungen besagen, daß in der Entwicklungslinie der Sexualität des Affen an irgendeinem Punkt ein Bruch entstehen muß, der der größeren sexuellen Freiheit ein Ende macht und die Versagung wirksam werden läßt, die von der durch die Dominanzkraft stärkerer Tiere geregelten „Gesellschaftsordnung" gefordert wird. Bevor sich das Tier kraft seiner eigenen Dominanz nicht selbst Platz in dieser Gesellschaftsordnung schafft, ist ihm nun der normale und regelmäßige Sexualverkehr verschlossen. Diese Zwischenzeit kann man, worauf ich schon hingewiesen habe,[1] der menschlichen Latenzperiode vergleichen.

Auch „Modelle" zum menschlichen Ödipuskomplex bei Affen wurden in derselben Arbeit aufgezeigt. Eine neuere Beobachtung von Pfungst stellt „die starke Besorgnis junger Affen für ihre Mutter bei deren Kopulation mit dem Männchen" fest.[2]

---

1) Modelle zu den Ödipus- und Kastrationskomplexen bei Affen, Imago XII, 1926.
2) Pfungst: Über Verhaltungsweisen junger Affen (Vortrag in der Berliner Gesellschaft für Psychiatrie und Nervenkrankheiten, gehalten am 9. Februar 1931).

Pfungst berichtet auch über drei von ihm aufgezogene mutterlose Affen. Ihr Benehmen bringt interessante Belege für die Bedeutung des Mutter-Kind-Verhältnisses bei Affen, auf dessen Wichtigkeit ich ebenfalls schon hingewiesen habe. Das Affenbaby klammert sich bekanntlich von Geburt an am Fell des Bauches der Mutter fest. Die Dauer dieser innigen Verbindung mit dem mütterlichen Körper ist bei den einzelnen Affenarten verschieden. Das von Allesch beschriebene Schimpansenkind[1] verließ drei Monate lang nicht den mütterlichen Körper; beim Pavian dauert die ungelöste Verknüpfung zwei bis sechs Wochen, nach deren Ablauf aber das Junge noch immer bei vielen Gelegenheiten (Fortbewegung der Gruppe, Gefahrsituation usw.) von der Mutter aufgelesen und getragen wird. Das postnatale Anklammern an die Mutter dürfte neue Ausblicke auf den Kastrationskomplex und die infantile Sexualentwicklung eröffnen: man könnte darauf hinweisen, daß das menschliche Kind im Verhältnis zu seiner Triebentwicklung vom Körper der Mutter frühzeitig losgerissen wird,[2] ein phylogenetisches Trauma, das dem ontogenetischen der Geburt vergleichbar ist. Meine Vermutung, daß hier eine egoistische Tat des urzeitlichen Vaters wirksam war, wird durch direkte Beobachtungen von Zuckerman bestätigt, der in zwei Fällen sah, daß das Affenkind von einem männlichen Tier angegriffen wurde; beide Kinder sind dem Angriff zum Opfer gefallen.

Die von Pfungst aufgezogenen mutterlosen Affen zeigten deutlich, in welch tiefen Triebschichten das körperliche Verhältnis zur Mutter verankert ist: Zwei Tiere lutschten am Finger und das dritte drückte allerhand Stoffetzen an sich; Pfungst selbst betrachtet dieses Verhalten als Ersatz für Handlungen, die der Mutter gelten.

Es gibt aber auch im normalen Affenleben einen Ersatz und eine direkte Fortsetzung des Mutter-Kind-Verhältnisses: das sogenannte „Lausen", das nach gesicherten Feststellungen seinen Namen zu Unrecht führt. Läuse sind bei freien sowie bei gefangenen Tieren gleichmäßig selten; als Ergebnis des Herumsuchens werden nur schuppige Hautteilchen, Hautexkremente, Splitter oder andere Fremdkörper gefunden und zum Mund geführt. Das Lausen, diese wichtige Beschäftigung der Affengemeinschaft habe ich schon früher als Wiederherstellung des Mutter-Kind-Verhältnisses gedeutet.[3] Zuckerman faßt es nun als geradlinige Fortsetzung des physiologischen Herumsuchens (Suchen der Brustwarze und Anklammern) am Fell der Mutter auf. Die Ähnlichkeit mit dem mütterlichen Fell verleiht später jedem behaarten Geschöpf oder Objekt einen be-

---

1) J. A. von Allesch: Bericht über die drei ersten Lebensmonate eines Schimpansen. Sitzungsbericht d. Preuß. Akad. d. Wissensch. 1921.

2) Zur Psychologie der Schimpansen. Internat. Zeitschrift f. Psychoanalyse, IX, S. 84 f. 1923.

3) A. a. O. S. 85.

sonderen Anreiz. Auch zwei weitere Erkenntnisse hält Zuckerman durch seine Beobachtungen für erwiesen — Erkenntnisse, die uns nach dem Gesagten jedenfalls nicht überraschen. Die eine ist die deutlich sexuelle Natur des Lausens, das sehr oft in ano-genitale Manipulationen und auch in Kopulation übergeht (in der Entwicklung des Affenkindes ist dies auch in seiner Genese zu beobachten), — die zweite seine gemeinschaftsbildende Funktion. Auch nach der Meinung anderer Forscher ist das Lausen einer der wichtigsten Faktoren, der die Gesellschaft der Affen zusammenhält. Somit wäre das Mutter-Kind-Verhältnis Ausgangspunkt und Vorbild jeder sozialen Beziehung.

Eine Reihe oraler Reaktionen der Mutter ziehen ihrerseits unsere Aufmerksamkeit auf sich. Die Plazenta wird ausnahmslos aufgefressen, die Nabelschnurreste werden vom Säugling abgebissen.[1] Der Kopf des von Allesch beobachteten Schimpansenkindes wurde von der Mutter in den Mund genommen, ein Verhalten, das entweder symbolisch, als Einverleibungsersatz, zu deuten ist (die verstorbenen Säuglinge werden von der Mutter wahrscheinlich verzehrt) — oder aber einen Realsinn durch die Annahme eines Forschers erhält, nach der die Mutter Luft in den Mund des Neugeborenen bläst;[2] es würde sich danach darum handeln, die Lungenatmung in Gang zu setzen. Das neugeborene Affenkind wird von der Mutter mit großer Aufmerksamkeit betrachtet, mit Lippen, Zunge und Fingern examiniert, überall beleckt und betastet. Dieses Verhalten dauert längere Zeit an; es scheint, als ob das Kind für die Mutter lediglich „ein Ding zum Beobachten" wäre. Sonst bezeigt die Mutter dem Jungen nicht viel Zärtlichkeit; der Ruhm der „Affenliebe" beruht auf anekdotischem Material. Zuckerman beobachtete mehrere Junge, die durch das zu starke Andrücken der Mutter (im Kampfe) erstickt worden sind, und eines, das infolge der Unachtsamkeit der Mutter zugrunde ging. Bei der Nahrungsaufnahme herrscht ein sichtbares Dominanzverhältnis zwischen Mutter und Kind; die Mutter ist die stärkere, die das Futter selbst aus der Hand oder aus dem Mund des Jungen nimmt.

Wir haben bereits mehrmals die Kämpfe erwähnt, die in der Affengesellschaft toben; ihre Beschreibung gehört zum Interessantesten in dem Buch von Zuckerman.

Von den alltäglichen Zwistigkeiten, die oft ohne besonderen Anlaß, etwa auf das Aufquieken eines Tieres hin, entstehen, unterscheiden sich die ernsten, blutigen Kämpfe, die ausschließlich sexueller Natur sind: die Männchen kämpfen um das Weibchen.

Die sexuellen Relationen sind, wie erwähnt, durch die Dominanz der „Ehemänner" geregelt; ihre Kraft bestimmt die Zahl der Weibchen, die sie besitzen;

---

1) Letzteres nach E. A. Hooton: Up from the Ape, 1931.
2) Hooton, a. a. O.

alle reifen Weibchen sind „besetzt" und die Gemeinschaft hat sich mit dieser Tatsache abzufinden.

Dieser Ruhezustand dauert nun so lange, bis das Gleichgewicht in der Gemeinschaft gestört wird. Tritt eine Störung ein, so bricht unvermittelt der Kampf aus. Eine solche Störung ergab die Ansiedelung der dreißig Weibchen am *Monkey Hill;* die älteren Männchen begannen sofort einen Kampf um ihren Besitz, dem von dreißig Weibchen fünfzehn zum Opfer fielen. Eine Gleichgewichtsstörung anderer Art bietet der Tod eines Männchens: sofort bricht der Kampf um seine Frau oder seine Frauen aus. In einem Falle, wo ein verstorbenes Männchen zwei stillende Weibchen hinterließ, gingen in dem darauffolgenden Kampfe beide Jungen und das eine Weibchen zugrunde; das andere ging in den Besitz eines bisherigen Junggesellen über — übrigens der einzige Gattenwechsel, der in der Geschichte von *Monkey Hill* vorkam: Eine dritte Art von Gleichgewichtsstörung ist die Schwächung der Dominanz des einen oder anderen „Ehemannes". Zeichen dieser Schwächung lassen sich nach Zuckerman schon Monate vor dem Ausbruch des Kampfes beobachten: der zur Familie gehörende Junggeselle wagt sich mehr in die Nähe des Weibchens, beobachtet auch stärker die Bewegungen des „Gemahls" und bedroht ihn endlich. In allen diesen Fällen ändert sich plötzlich die Atmosphäre der Gemeinschaft; die gewöhnliche passive Indifferenz der Junggesellen macht einer starken Aufregung Platz, es scheint, als ob alle Männchen der Gruppe sich um jeden Preis ein Weibchen erobern wollten. Der eine wird vom andern angesteckt, gewöhnlich nehmen alle am Kampfe teil. Sichert sich der eine das umkämpfte Weibchen, so kann er sich seines Besitzes nicht lange freuen, denn sofort wird er von einem andern angegriffen. Das Weibchen, um das der Kampf tobt, spielt während des Gefechtes eine völlig passive Rolle. Sobald der Kampf beginnt, wird sie vom Tiere, in dessen Besitz sie sich gerade befindet, bestiegen; er kämpft in dieser Position, während die Gegner (im Kampf stehen gewöhnlich alle gegen einen) ihm das Weibchen wegzuziehen trachten. Gelingt es einem, so übernimmt er die Stellung am Weibchen, das alles über sich ergehen läßt und von allen Tieren, in deren Besitz es für eine Zeit übergeht, bestiegen wird. Während des zwei bis drei Tage dauernden Kampfes muß es arge Zerrungen und Schläge erfahren und kann sich wahrscheinlich auch nicht nähren. In den Pausen des Gefechtes wird es vom jeweiligen Besitzer gelaust und bestiegen. Interessanterweise erregen die anderen Weibchen der Gemeinschaft, die an der Seite ihrer am Kampfe teilnehmenden Männer eine Kampfstellung einnehmen — wahrscheinlich eben deshalb — nicht die Begierde der übrigen Männer.

Was ist nun der Ausgang dieser Kämpfe? Die diesbezügliche Erfahrung ist wohl eine der überraschendsten. Die von Zuckerman am *Monkey Hill* beobachteten Kämpfe endeten mit der einen schon erwähnten Ausnahme sämtlich mit dem Tod des umstrittenen Weibchens. Das im Kampfe getötete Weibchen wird noch so lange umstritten und als sexuelles Objekt benutzt, bis der Kadaver entfernt wird. Was das weitere Los des getöteten Kadavers unter natürlichen Verhältnissen betrifft, so verweist Z u c k e r m a n auf einige Beschreibungen, wonach die Affen ihre Toten auffressen. (Bei Kinderleichen scheint dies ziemlich sicher zuzutreffen.) Erst, nachdem der gleichgewichtsstörende Faktor ausgeschaltet ist, stellt sich wieder Ruhe ein. Die seltsame Erfahrung von Z u c k e r m a n — seine Beobachtungen beschränken sich auf zwei Jahre aus dem Leben des *Monkey Hill* — wird durch die Todesursachenstatistik der Kolonie bestätigt: Von insgesamt einundsechzig Männchen gingen dreiundfünfzig durch Krankheit und acht durch im Kampf erlittene Wunden ein, von dreiunddreißig Weibchen erlagen dreißig im Kampf und nur drei fanden ein natürliches Ende. Die Leichenbefunde der im Kampf Verendeten zeigten die verschiedensten Verletzungen — Bein-, Rippen- und Schädelbrüche und in vielen Fällen schwere Verletzungen der ano-genitalen Region.

Der tragische Ausgang der Kämpfe, der die Leitung des Tierparks bewog, die noch übriggebliebenen Weibchen vom *Monkey Hill* zu entfernen, ist wohl nur zum geringeren Teil den nicht ganz natürlichen Verhältnissen der Affenkolonie zuzuschreiben. Nach den Beobachtungen von Z u c k e r m a n und vielen andern Forschern wird auch im Freien scharf gekämpft; Z u c k e r m a n selbst, der auch an mehreren Affenjagden teilnahm, ist noch nie in den Besitz einer Leiche gekommen, die nicht Spuren von Kämpfen aufgewiesen hätte. Da kein Grund zur Annahme besteht, daß die Kampfart im Freien andersartig sei, glauben wir das Resultat des Kampfes — daß in ihm nämlich eher das Weibchen als das Männchen unterliegt — verallgemeinern zu dürfen. Versuchen wir uns in die Kampfessituation einzufühlen, so finden wir es auch einleuchtend, daß dasjenige, worum gekämpft wird, im Mittelpunkt des Kampfes stehen muß, und die uns seltsam berührende Tatsache, daß das umkämpfte Weibchen dem Kampf zum Opfer fällt, findet eine situationsbedingte Erklärung.

Natürlich paßt diese Tatsache nicht recht in das Bild, das die Psychoanalyse von der Entwicklung der Ödipussituation und von den Geschehnissen in der Urhorde entworfen hat. Doch möchte ich das hier gewonnene Material nicht zur Seite schieben, obwohl ich mir auch dessen voll bewußt bin, wie gefährlich die Nebeneinanderstellung zweier verschiedener Erfahrungsgebiete aus methodologischen Gründen ist.

Gewisse analytische Erfahrungen lehrten mich diese Einsicht schätzen. Aus dem Verlauf dieses ursprünglichen Sexualkampfes kann man, meiner Meinung nach, Unterlagen für das Verständnis wenn auch nicht des Ödipuskonfliktes, so doch des Kastrationskomplexes gewinnen.

Meine Erfahrungen, die sich besonders in einem Gedankenaustausch mit Frau Dr. K. R o t t e r klärten, beziehen sich zunächst auf die weibliche Sexualentwicklung. In einigen von mir analysierten Fällen ergab es sich, daß das kleine Mädchen

sehr wohl die Wirkung merkt, die es bei Männern und Knaben hervorruft;
es betrachtet dann in seiner magischen Denkart den Mann und das männliche
Genitale als sein Eigentum, als ergänzenden Teil seines eigenen Körpers.
„Kastration" bedeutete in diesen Fällen — und meiner Annahme nach kommt
dieser Auffassung allgemeinere Bedeutung zu — den Verlust des männlichen
Genitales, und zwar nicht in dem uns geläufigen Sinne, des Genitales, das
anatomisch zum Körper gehört hätte oder gehören sollte, sondern des Genitales
des Partners, das im Unbewußten mit dem eigenen eine (Dual-) Einheit bildet,
dessen Besitz ja auch real das eigene Genitale erst funktionsfähig macht.[1] Jeder
Verlust des sexuellen Partners bringt den Verlust des Genitales, die Kastration
des Weibes.

Freud selbst bezieht die traumatische Wirkung der Kastrationsangst auf
das Trauma des Objektverlustes. Unserer Meinung nach handelt es sich hier
um ein und dasselbe. Wie das Dualverhältnis von Mutter und Kind auch post-
natal eine biologische Einheit darstellt und als solche empfunden wird, so
empfindet das weibliche Individuum auch die Einheit des männlichen Genitales
mit dem eigenen und betrachtet den Verlust des männlichen Genitales als
Kastration. Das vom Sexualpartner isolierte Weib fühlt sich kastriert.

Obwohl ich diese Annahme über die Genese des weiblichen Kastrationskomplexes für einigermaßen gesichert ansehe, — in einem Fall, in dem diese
Zusammenhänge im Mittelpunkt des Krankheitsbildes standen, wurde ich auch
durch den seit Jahren andauernden Heilerfolg in meiner Ansicht bestärkt, —
so wagte ich es dennoch nicht, den nächsten Schritt der Verallgemeinerung
zu unternehmen und auch den männlichen Kastrationskomplex in diesem Sinne
zu deuten. An solcher Deutung hinderte hauptsächlich die Erwägung, daß der
Mann ja nicht wie die Frau deutliche äußere Anzeichen der sexuellen Erregung beim Partner wahrzunehmen und daher auch nicht dessen Zugehörigkeit zu sich selbst entsprechend zu empfinden vermag. Allerdings könnte uns
die Angst nachdenklich machen, die Knaben bei Zwistigkeiten der Eltern, also
in Situationen empfinden, die sie auf Grund der reinen Ödipuseinstellung
eigentlich angenehm berühren sollten. Im besonderen erinnere ich mich eines
Falles, bei dem ich damals die ständig wiederkehrenden Versuche des Knaben,
die Eltern miteinander zu versöhnen, auf ein dem Ödipuskomplex entstammendes
Schuldgefühl bezog. Heute würde ich auch hier eher an die Angst vor dem
Verlust der Mutter denken, besonders da wir um die Angst des Kindes wissen,
die Mutter könnte beim Koitus getötet werden.

Die Geschehnisse in der Affenhorde geben nun hier weiter zu denken.
Der Mann wird durch den Verlust des Weibes „kastriert": der Verlust der

---

1) Man vergegenwärtige sich, daß es bereits eine Abstraktion ist, die nicht der
Denkweise des Unbewußten entspricht, wenn wir vom isolierten Genitalorgan sprechen.

Mutter wird durch den Ausgang der Sexualkämpfe auf zweiter Stufe wiederholt. Von der analytischen Auffassung, daß der Verlust der Mutter bei der
Geburt und bei der Entwöhnung das Modell zum späteren Kastrationskomplex
abgibt, unterscheidet sich der hier vorgetragene Deutungsvorschlag dadurch,
daß hier nicht eine Analogie, sondern eine Identität vermutet wird. Mit dem
Objektverlust wird das eigene Genitale in seiner Funktion entwertet.

Wir haben zwar bisher nicht ausdrücklich von der sozialen Einrichtung
der Affengesellschaft gesprochen; aber alles diesbezüglich Bedeutsame hat dennoch in dem bisher Gesagten bereits Erwähnung gefunden. Wie Zuckerman
selbst scharf und bestimmt feststellt und auch im Aufbau seines Buches zum
Ausdruck bringt, ist „das gegenseitige Verhältnis der Individuen innerhalb
einer Gruppe durch den physiologischen Mechanismus der Fortpflanzungs-
funktion in primärer Weise geregelt". Zwei Faktoren sind es, die die Gruppe
zusammenhalten: die sexuelle Anziehungskraft der Weiber, die — wie wir
sahen — nicht nur den sexuellen Partner, d. h. das Oberhaupt des Harems,
in ihrem Bannkreis hält, sondern auch männliche Individuen, die diese Nähe
nur ausnahmsweise oder überhaupt nicht ausbeuten dürfen — und das Lausen,
dessen sexuelle Natur von Zuckerman erkannt und gewürdigt wird. Die
soziale Rangordnung der Tiere wird durch die auf Körperkraft beruhende
Dominanz der einzelnen Individuen bestimmt; die Generalprobe dieser Dominanz
wird im sexuellen Machtbereich geliefert. Wie schon erwähnt, hängt es von
der Dominanzfähigkeit der Männchen ab, ob und wieviel Weibchen sie erobern
können — und sie verlieren ihre dominante Position, sobald sie die Weibchen
nicht mehr behalten dürfen. Im Kampf um das Futter kann ein dominanter
Besitzer eines Weibchens hin und wieder einem Junggesellen weichen, ohne
daß damit seine Position gefährdet wäre: wird er aber im sexuellen Kampf
geschlagen, so ist es mit seiner Dominanz zu Ende.[1]

In der Dominanz liegt eine große, aber nicht unumschränkte Macht. Ein
schwächeres Tier wagt vor einem dominanteren nicht vom gemeinsamen Futter
zu nehmen oder Besitz von irgend etwas zu ergreifen, die Dominanz des Familien-
oberhauptes entzieht den Weibern das Futter (nur die Bevorzugte mit den
jeweils geschwollenen Genitalteilen kann hievon eine Ausnahme machen) und
versperrt ihnen auch den Verkehr mit anderen Tieren. Beschränkt ist die
Macht des dominanten Tieres aber insofern, als es einerseits die Dominanz
der anderen Tiere respektiert, — ein Familienoberhaupt wird nicht die Weibchen
eines andern Harems verfolgen, — sodann dadurch, daß diese Dominanz an

---

[1] Es könnte gefragt werden, wo eine größere individuelle Freiheit bestehe, in
der Affengemeinschaft oder in der Kulturgemeinschaft. Ich wäre versucht, den Satz
Freuds, die individuelle Freiheit sei am größten vor jeder Kultur (Das Unbehagen
in der Kultur, S. 56), anzuzweifeln.

seine körperliche Gegenwart gebunden ist. Hinter seinem Rücken kommen, wie wir gesehen haben, auch Fälle sexueller Treubrüche vor.

Die erste dieser Beschränkungen erlaubt es vielleicht, von der Dominanzordnung in der Affengesellschaft als von einer Art „allgemeinen Moral" zu sprechen, die zweite unterscheidet diese Moral aber von der Über-Ich-Moral menschlicher Individuen. Zum Wesen der Über-Ich-Moral gehört es, daß die Abwesenheit der Autoritätsperson den Befehl eher verstärkt als schwächt: das ist es, was wir in der Affengesellschaft vermissen.

Wie steht es aber diesbezüglich in der menschlichen Gesellschaft? Ist sie wirklich durchaus durch die Über-Ich-Moral geregelt? Wir müssen auf die anscheinend noch zu wenig beachteten Einschränkungen Freuds verweisen, denen zufolge die meisten Menschen eher im Zustand einer sozialen Furcht leben, die sie vor als unmoralisch geltenden Handlungen zurückhält, und außerdem die Frau ein der Kastrationsangst entstammendes eigentliches Über-Ich überhaupt nicht besitzen kann.

Ich versuchte nun auf Grund von klinischem Material den Nachweis eines Pseudo-Über-Ichs, das sich aus Erziehungseinflüssen gebildet hat und das auf einem durch einen einheitlichen Libidostrahl zusammengehaltenen „Kollektivschema" beruht.[1] Dieses Pseudo-Über-Ich läßt sich schon eher mit der Dominanzmoral der Affengesellschaft vergleichen, so daß deren Genealogie auch menschlich verwertbare Aufschlüsse verschaffen könnte.

Wenn wir die „Güter" nennen, die durch die Dominanz dem dominierten Tiere entzogen werden: Nahrung und Verkehr mit fremden Tieren — so imponieren sie als Verzichte, die bei dem geschädigten Tier eine depressive Einstellung hervorrufen können. Und hier denken wir an die Ausdrücke, mit denen verschiedene Beobachter Mimik und Haltung des lausenden Affen schildern: „ernstes Nachdenken", „gespannte Miene", „vollständiges Stillhalten", — Ausdrücke, die ebenso geeignet wären, eine depressive Stimmungslage zu beschreiben. Es scheint, als ob wir unsere Deutung des Lausens ergänzen müßten: es dürfte sich hier nicht nur um die Herstellung des Mutter-Kind-Verhältnisses, sondern auch um die gefühlsmäßig depressive Stabilisierung der Trennung handeln.

Auf die Dominanzmoral übertragen, hieße das, daß hier eine Kompromißbildung stattfindet: Die Mutter wird ersetzt, doch auch die Trauer der Trennung wird in der durch den dominanzbedingten Entzug hervorgerufenen Depression stabilisiert. Es wäre wieder ein Verzicht, der im Grunde der Dominanzmoral angenommen werden muß: der Verlust und das Vermissen der Mutter. Und wir wollen auch darauf hinweisen, daß es sich bei der Bildung des echten

---

1) Die Zwangsneurose und ein historisches Moment in der Über-Ich-Bildung. Internationale Zeitschrift für Psychoanalyse. XV, S. 478 ff., 1929; Das Ich und das Denken. S. 25 ff., Wien 1929.

Über-Ichs ebenfalls um ein Kompromiß zwischen Entfernen und Verinnerlichen des Vaters handelt.

Endlich sei noch etwas Prinzipielles zur Massenpsychologie bemerkt. Wir sind seit Freud gewohnt, unser Augenmerk auf die Identifizierungen innerhalb der Masse zu richten. Ichpsychologische Erwägungen führten mich zur Annahme einer Alterifikationsfunktion.[1] Jetzt werden wir von einer anderen Seite her gewarnt, die Wichtigkeit dieser Alterifikation, der Gegenüberstellung des eigenen Bereichs und anderer Individuen und Massen, nicht zu unterschätzen. Anders: Eine Masse kann nur gegenüber einer anderen bestehen. Nur mit der Abgrenzungsbetonung kann sich eine „Einheit" vom fließenden „All" abheben. Die Alterifikation kann ebenso als Produkt des Aggressionstriebes aufgefaßt werden wie die Identifikation als Produkt des Eros. Mit anderen Worten: An der Massenbildung selbst ist bereits der Aggressionstrieb beteiligt, wie er auch späterhin, mit Freud gesprochen, eine zweite Masse zur Auswirkung verlangt.[2] Doch in der Affengemeinschaft haben wir die Massenauswirkung des Aggressionstriebes historisch als Wiederholungssituation der deprimierenden (postnatalen) Trennung von der Mutter gedeutet. Verlangt diese Deutung nicht etwa eine verallgemeinerte Anwendung?

---

[1] Das Ich und das Denken. A. a. O. S. 29.
[2] Das Unbehagen in der Kultur. S. 85.

BESPRECHUNGEN

Aus der psychoanalytischen Literatur

Bernfeld, S., Der Begriff der Deutung in der Psychoanalyse. Ztschr. f. angew. Psychologie. Bd. 42, S. 448—497, 1932.

Methodologische Untersuchungen gehören nicht an den Anfang einer Wissenschaft. Die Erfahrung lehrt, daß die methodologische Besinnung erst in relativ späten Entwicklungsstadien der Wissenschaften einsetzt. Es ist deshalb nicht erstaunlich, daß eine so junge Wissenschaft wie die Psychoanalyse bisher kaum an die Aufgabe herangetreten ist, in einer Art der Selbstbesinnung sich ihrer Eigenart als Wissenschaft bewußt zu werden. Es scheint aber, daß in dem jetzigen Entwicklungsstadium der Psychoanalyse, solche methodologische oder besser gesagt wissenschaftstheoretische Untersuchungen notwendig sind und fruchtbar werden können. Deshalb ist die Arbeit von Bernfeld, die an einem speziellen Gebiet eine solche Untersuchung durchführt, außerordentlich zu begrüßen. B. schlägt den richtigen Weg ein, indem er nicht von unfruchtbaren Verallgemeinerungen ausgeht, sondern die wirkliche Forschungspraxis der Psychoanalyse untersucht, die Eigenart ihrer Begriffsbildung freilegt. Er beschäftigt sich in dieser Arbeit nicht mit der psychoanalytischen Deutung als einem Bestandteil der Therapie. Deshalb geht er den Problemen der Einfühlung, des Ausdrucksverstehens u. dgl. m. in dieser Arbeit nicht nach. Sondern was B. interessiert, ist die spezifische Logik der Psychoanalyse als Wissenschaft, insbesondere der Deutung in der Psychoanalyse als wissenschaftlichem Verfahren.

In der Psychoanalyse werden recht verschiedene Verfahren als Deutung bezeichnet. Erste Aufgabe einer methodologischen Untersuchung ist die Sonderung dieser verschiedenen Bedeutungen des Begriffes Deutung.

Die erste allgemeinste Charakterisierung der Deutung in der Psychoanalyse lautet nach B.: „Den Sinn eines Traumes deuten, heißt für Freud und für die Psychoanalyse: ihn in einen personalen Zusammenhang einordnen und ebenso heißt neurotische Symptome, Tagträume, Fehlhandlungen oder Kunstwerke psychoanalytisch deuten, nichts anderes als sie in den Gesamtzusammenhang der Person einordnen." Als erster Typ der Deutung in der Psychoanalyse ergibt sich somit die finale Deutung. Final deuten heißt Handlungen in einen Absichtzusammenhang einzuordnen. Dieser Art von Deutung begegnen wir auch in der vorwissenschaftlichen Psychologie. Der Menschenkenner deutet so, indem er einen „durchschaut", verborgene Absichtzusammenhänge aufdeckt, verstehen lernt wie eine Handlung aus undurchsichtigen Motiven folgt.

Aus dieser vorwissenschaftlichen Kunst wurde eine wissenschaftliche Methode durch die Entdeckung Freuds, daß verdrängte Absichten und Vorsätze lange nachwirkende Kraft haben, daß solche Absichten und Vorsätze menschliches Tun im weiten Umfange bestimmen.

Eine wissenschaftstheoretische Untersuchung kann darüber nichts aussagen, ob die finalen Deutungen Freuds und seiner Schule richtig sind. Was eine solche Untersuchung leisten kann und muß, ist: nach Kriterien zu suchen, die die Zulässigkeit finalen Deutens beurteilen lassen. B. kommt zu dem zunächst paradox scheinenden Resultat, daß Voraussetzung finalen Deutens ist, daß der Vorsatz oder die Absicht von vornherein festgestellt sind. Damit korrigiert er die irrigen Ansichten, die außerhalb der Psychoanalyse über die analytische Deutungsmethode verbreitet sind. Man denkt sich das Verfahren des Analytikers so, daß er einen Traum, eine Fehlleistung „deutet", indem er spontan aus dem immanenten Zusammenhang des Traumes verdrängte Wünsche ableitet oder aus der bloßen Tatsache einer Fehlleistung unbewußte Absichten herausliest. B. widerlegt diese Meinung und stellt fest, daß „. . . die Fehlleistung als solche überhaupt keine Deutung ermöglicht . . . Erst muß durch Einfälle, Kenntnis der Umstände oder äquivalente Fakten genügend Indizienmaterial herangeschafft sein, ehe eine Deutung vorgenommen werden kann; die Indizien erst entscheiden, ob sie als final zulässig sein mag; dies ist der Fall, wenn im Einfallsmaterial entsprechende Absichten auftauchen".

Durch die Feststellung, daß finale Deutungen die Kenntnis des Absichtzusammenhanges, den sie erdeuten wollen, schon voraussetzen, ist der Wert dieses Verfahrens sehr in Frage gestellt. B. meint auch: die Schwierigkeit besteht darin, „. . . daß finale Deutungen so schwer verifizierbar sind, während sie so sehr plausibel sind". Eine weitere Einschränkung ergibt sich aus der Erkenntnis, daß die Aufdeckung eines Absichtzusammenhanges noch keine kausale Erklärung ist. „Den zwischen den Gliedern eines Absichtzusammenhanges besteht nicht notwendig die Relation Ursache und Wirkung . . ." Diese Überlegungen klingen vielleicht überraschend. Man darf aber nicht vergessen, daß B. nicht über die therapeutische Deutung spricht. Sonst wäre auch die Behauptung kaum verständlich: „. . . im ganzen der Psychoanalyse hat der Typus der finalen Deutung überhaupt kaum einen Platz." Damit will B. sagen, daß die Psychoanalyse als Wissenschaft nicht personale Zusammenhänge feststellen will, sondern die Gesetze des psychischen Geschehens aufzufinden sucht. Die Traumformel F r e u d s: der Traum sei der Hüter des Schlafes, ist z. B. eine funktionelle Aussage. Sie formuliert die allgemeine Funktion des Traumes im biologisch-physiologischen Zusammenhang der Person. Wenn dagegen ein konkreter Weckreiztraum gedeutet wird als Erfüllung des Wunsches weiterzuschlafen, so handelt es sich dabei um eine finale Deutung, um die Feststellung eines personellen Absichtzusammenhanges. Die finalen Deutungen der Psychoanalyse müssen aber von ihren funktionellen Aussagen getrennt werden. Aus solchen funktionellen Aussagen baut sich, so meint B., die psychoanalytische Psychologie hauptsächlich auf, sie sind das Gerüst jener Wissenschaft, die Psychoanalyse heißt. Unter funktionellen Aussagen versteht B. vor allem jene Erklärungen, die in der Psychoanalyse mit dem Namen „ökonomischer Gesichtspunkt" bezeichnet werden. Die ökonomischen Erklärungen haben für B. innerhalb der Psychoanalyse eine bestimmte Vorzugsstellung. Und zwar jene, daß sie die möglichst größte Annäherung an die Denkweise der exakten Naturwissenschaften repräsentieren. Denn, führt B. aus, Freud dokumentiert mit der Bezeichnung „ökonomischer Gesichtspunkt" die Absicht „. . . die qualitativen Aussagen an Beziehungen zwischen Quanten irgendeiner — noch unbekannten — physiologisch-physikalischen Größe, die er Libido, Besetzungsenergie usw. nennt, zu binden. Die

Freudschen funktionellen Aussagen sind qualitative. Sie tendieren aber nach der Bedeutung hin, die das Wort Funktion in der Mathematik hat." B. spricht in solchem Fall von funktionaler Beziehung. „Funktionale Beziehung meint die Zuordnung von Quantitäten, im Gegensatz zur funktionellen Beziehung, die Qualitäten zwischen Teilen und ihrem Ganzen meint."

Die Psychoanalyse tendiert letzten Endes nach B.s Meinung auf eine Psychologie, die funktionale Aussagen macht. Das Streben der Psychoanalyse, qualitative Aussagen an quantitative zu binden, ist ja bekanntlich ein Zukunftsideal. Gleichwohl bedeutet für B. schon diese Tendenz einen Maßstab, an dem, sozusagen, der wissenschaftliche Ernst der Psychoanalyse abzulesen ist. Und zwar deshalb, weil nach seiner Ansicht die qualitativen Aussagen der Psychoanalyse nur durch Messung, nur durch Feststellung der quantitativen Änderungen verifizierbar sind. Die funktionellen Aussagen der Psychoanalyse sind vieldeutig. „Freud bestimmt die Funktionen eines Phänomens für das Über-Ich, das Ich, das Es, oder für die Libidobindung, der Angstabwehr usw. Er befolgt das Prinzip der Überdeterminierung oder, wie man auch sagte, der mehrfachen Funktion. Die Person, die der Gegenstand der psychoanalytischen Forschung ist, wird als so sehr vielfach geschichtetes, reich strukturiertes Gefüge vorgestellt, daß kaum von einem Element die Funktion in der Person schlechthin ausgesagt werden kann, sondern immer nur in einem Unterganzen dieses umfassendsten Ganzen." Wie wird nun geprüft, fragt B., ob eine behauptete funktionelle Beziehung richtig statt hat? Wenn etwa ein bestimmtes Geschehen als Angstersparnis erklärt wird, so ist dies eine funktionelle Aussage, bezogen auf den Libidozusammenhang, dasselbe Geschehen kann auch in anderen Zusammenhängen eine andere funktionelle Bedeutung haben. Aber wie stellt man fest, ob die Behauptung: „Angstersparnis" tatsächlich den funktionellen Wert des Geschehens für den Libidozusammenhang zutreffend feststellt? Innerhalb der funktionellen Betrachtung — meint B. — ist darüber ein sicherer Entscheid nicht möglich. „Nur wenn es Quanta gibt, die bestimmten Angstzuständen äquivalent sind, sagen wir Libidoquanta, bekommt der Begriff der Angstersparnis einen präzisen verifizierbaren Sinn. Die an sich sinnvolle funktionelle Aussage wird erst als funktionale zu ‚richtigen' oder ‚falschen'."

Die These B.s, daß funktionelle Aussagen nur durch Messung verifizierbar sind, führt zu den schwierigsten wissenschaftstheoretischen und philosophischen Problemen. Mir will es scheinen, daß B. „exakt" und „meßbar" als äquivalente Begriffe verwendet. Er meint, wenn wir bloß qualitativ angeben, in welcher Beziehung ein Teilgeschehen zu einem Gesamtkomplex des Geschehens steht, so mag das sinnvoll sein, aber niemals scharf beweisbar oder widerlegbar. Es bleibt immer eine gewisse Willkür bei dieser Art der Charakterisierung. Jede Willkür ist hingegen ausgeschlossen und jede Behauptung wird scharf als wahr oder falsch ausweisbar, wenn es gelingt, die Beschreibung in Quantitätsbegriffe zu kleiden. Dann haben wir nämlich bloß die in Frage kommenden Größen nachzumessen und aus der Messung erweist sich automatisch Wahrheit oder Falschheit unserer Behauptung. In dieser B.schen Auffassung liegt meines Erachtens eine unzulässige Vereinfachung und eine willkürliche Scheidung der wissenschaftlichen Operationen. Man könnte mit ebensoviel Recht behaupten, daß rein quantitative Aussagen, zumal in der Psychologie, sinnlos sind ohne Erfüllung durch qualitative Begriffe. Ferner ist es nicht gesagt, daß eine rein quantitative Aussage als solche immer eindeutig verifizierbar ist. Denn wenn eine Messung einer Behauptung widerspricht, so bedeutet das keineswegs immer, daß die betreffende qualitative Behauptung falsch war, sondern es kann sehr wohl sein, daß die Inkongruenz auf den besonderen Bedingungen der Messungsoperation beruht. Und wenn man die Praxis der Wissenschaften ansieht: hat etwa die experimentelle Psychologie an Exaktheit und Bedeutung ihrer Ergebnisse gewonnen, seitdem sie mathematische Methoden anwendet, sorgfältige Messungen durchführt? Selbst in der Physik ist „Exaktheit" nicht identisch mit Genauigkeit der Messung bis auf die soundsovielte Dezimale, wie das z. B. K. Lewin in seiner schönen Arbeit „Der Übergang von der aristotelischen zur galileischen Denkweise in Biologie und Psychologie" [1] zeigt.

B. gibt zwar zu, daß die Psychologie auf funktionelle Aussagen nicht verzichten kann, aber er schränkt die Richtigkeit seiner Behauptung selber ein, wenn er meint, daß funktionelle, d. h. qualitative Beschreibung nur „sinnvoll", aber nicht im wissenschaftlichen Sinn verifizierbar ist. Mir will dagegen scheinen, daß für die logische Eigenart der Psychologie und der Psychoanalyse gerade der Zusammenhang zwischen qualitativen und quantitativen, funktionellen und funktionalen Aussagen entscheidend ist. Was anders formuliert heißt, daß die Psychologie und die Psychoanalyse nicht mit physikalischen Systemen zu tun haben, ihre Aufgabe daher nicht auf eine messende Feststellung von Wachsen oder Abnehmen von „Energien" beschränkt sein kann, sondern Gegenstand der Psychologie und der Psychoanalyse ist der Mensch, in Beziehung zu seiner Umwelt, d. h. als handelndes, empfindendes, leidendes Wesen, das einer Welt von Objekten, sinnvollen Situationen gegenübersteht. Und Aufgabe einer wissenschaftstheoretischen Untersuchung kann nur sein, herauszufinden, durch welche begriffliche Bemühungen eine Wissenschaft ihr spezifisches Objekt am adäquatesten erfassen kann. Denn die Kriterien der Exaktheit und Verifizierbarkeit liegen in der Beziehung der einzelnen Wissenschaften zu ihrem Gegenstand und können nicht an den Methoden der anderen Wissenschaften gemessen werden. Uns scheint ein Irrtum B.s darin zu liegen, daß er, stillschweigend, das Exaktheitsideal der Physik auch für die Psychologie als bindend zugrunde legt.

In dem zweiten Teil der Arbeit hingegen, in dem sich B. mit der genetischen Deutung beschäftigt, finden wir jenes Gebot der Gegenstandsnähe, das für eine wissenschaftstheoretische Untersuchung verpflichtend ist, wirklich bewahrt. In diesem Teil der Arbeit untersucht B. jene Voraussetzungen der psychoanalytischen Forschung, jene Methoden und Verfahrungsweisen, durch die die Psychoanalyse ihre eigensten Aufgaben realisiert.

Denn nicht die finale und funktionelle Deutung, meint B. mit Recht, ist das wesentlichste Verfahren, das die Psychoanalyse anwendet und dem sie ihre Resultate verdankt. Sondern die wesentlichste Zielsetzung der Psychoanalyse ist

---

[1] Erkenntnis, Bd. I, S. 421 ff., 1950/51.

die Rekonstruktion eines konkreten, abgelaufenen, seelischen Vorganges. „Als Rekonstruktion vergangener personaler Geschehnisse, aus den Spuren, die sie selbst hinterlassen haben, wäre ... das zentrale Forschungsverfahren der Psychoanalyse zu charakterisieren. Es hieße Rekonstruktion besser als Deutung ..."
Die Möglichkeit einer solchen Rekonstruktion ist an zwei Voraussetzungen gebunden. Erstens: der Vorgang, um dessen Rekonstruktion es geht, muß Spuren hinterlassen haben. Zweitens: zwischen bestimmten seelischen, personalen Geschehnissen und den Spuren, die sie hinterlassen, muß eine regelhafte gesetzmäßige Beziehung bestehen, damit jene aus diesem „deutbar" werden. Mit anderen Worten: erst eine Theorie über bestimmte Geschehenstypen ermöglicht es, aus den Spuren den wirklichen Vorgang zu rekonstruieren. Traumarbeit, Konversion, Sublimierung, Verdrängung sind Begriffe, die solche eigentümliche Geschehenstypen bezeichnen. B. zeigt, daß alles, was der Psychoanalytiker unternimmt, um den Geschehenstyp zu erkennen, dem ein bestimmtes Phänomen angehört, alles, was er versucht, um den Vorgang zu rekonstruieren, gelegentlich Deutung heißt. Aber dieser gemeinsame Name deckt sehr verschiedene Operationen. Daß das komplexe Verfahren der Rekonstruktion so oft als Deutung bezeichnet wird, hat einen guten Sinn. Denn bei der Rekonstruktion handelt es sich um die Einordnung in einen konkreten Zusammenhang, um die Ergänzung von konkreten Bruchstücken zu einem Ganzen, um die deutliche Abgrenzung von Zusammenhängen gegeneinander. Und B. hat sicher recht, daß es dieser Akt ist, den die Sprache als Deutung heraushebt. Darum bezeichnet B. die psychoanalytischen Rekonstruktionen als genetische Deutungen.

Wie steht es mit der Verifizierbarkeit der psychoanalytischen Rekonstruktionen? B. glaubt, daß die Verifikation nicht mit genügender Sicherheit möglich ist. „Es gibt kein Kriterium dafür, daß der rekonstruierte Vorgang auch wirklich so ablief wie die Deutung ergab ..." Diese Unsicherheiten bestehen für die Psychoanalyse ebenso wie für die anderen geschichtlichen Wissenschaften. B. ist der Ansicht, daß man eigentlich sagen müßte: wir rekonstruieren nicht den Vorgang, sondern bauen ein Modell von ihm. Gewöhnlich werden deren mehrere möglich sein, die Entscheidung zwischen diesen Modellen bleibt meist offen.

Ist aber die Psychoanalyse bei ihren Rekonstruktionen wirklich in der gleichen Lage wie etwa die Archäologie oder Paleontologie? Oder ist das Verhältnis von Vergangenheit und Gegenwart, Geschichte und Aktualität, das sie vorfindet, ein anderes, wie sonst in der Historie? Für den neurotischen Menschen, der das ursprüngliche Objekt der psychoanalytischen Forschung ist, ist die Vergangenheit noch ein Stück Aktualität. Und jenes Phänomen, das man Übertragung nennt, gibt eine solche Möglichkeit, die Vergangenheit zu aktivieren, wie Forscher anderer historischen Wissenschaften sie nicht haben und die ihren Neid erwecken könnte. Mir scheint, erst eine eingehende Analyse der methodologischen Bedeutung des Phänomens der Übertragung und der durch sie erweckten Erinnerungen könnte über die Verifizierbarkeit der genetischen Deutungen der Psychoanalyse Aufklärung geben.

B. führt weiter aus, welcher Methoden sich die Psychoanalyse bedient, um ihre wesentlichsten Aufgaben, den genetischen Zusammenhang der seelischen

Geschehnisse aufzudecken, zu erfüllen. Die Technik der Psychoanalyse ist, aus diesem Gesichtspunkte betrachtet, eine Technik der Rekonstruktion. B. beschäftigt sich vor allem mit der „Methode der freien Einfälle" und zeigt, daß ihr Sinn darin besteht, gewohnte Zusammenhänge umzubrechen, um eine neue Ordnung des Materials, etwa nach Affektwerten, zu ermöglichen. Man wird dieser Methode nicht gerecht, wenn man sie mit den Mitteln der Assoziationspsychologie erfassen will. Sehr viel eher kommt man der Tatsache nahe, die ihr zugrunde liegt, wenn man die „freien Einfälle" als neue Zusammenhangsbildungen auslegt, die ihre innere, „personale" Logik haben.

B.s Arbeit bedeutet einen Vorstoß in ein bisher unbearbeitetes Gebiet. Es gilt, die Eigenart einer Wissenschaft herauszuarbeiten, die ein Tatsachengebiet, das sie neu gesehen und dessen wirkliche Bedeutung sie erst entdeckt hat, mit teilweise ganz neuartigen methodologischen Mitteln, aufzuarbeiten sucht. Die Fülle und Schwierigkeit der Probleme, die sich für eine solche Untersuchung ergeben, macht es selbstverständlich, daß dabei noch keine erschöpfenden Resultate zu erwarten sind. Die Arbeit B.s bringt aber schon eine Reihe wichtiger und zweifellos gültiger Erkenntnisse. B. hat in dieser Arbeit die Bedingungen und die Zulässigkeit der finalen Deutungen aufgezeigt, den Unterschied zwischen finalen Deutungen und funktionellen Aussagen in der Psychoanalyse deutlich gemacht, die Arbeitsweise jener „Spurenwissenschaft", die Psychoanalyse heißt, schärfer beleuchtet. Uns scheint namentlich der Nachweis bedeutungsvoll, wie die Theorie über die Geschehenstypen die Rekonstruktion eines abgelaufenen seelischen Vorganges aus ihren Spuren ermöglicht.

Diese Arbeit hat die wissenschaftliche Selbsterkenntnis der Psychoanalyse ein Stück weit gefördert.

Die Meinungen über den Wert solcher methodologischen Untersuchungen sind verschieden. Unseres Erachtens kommt ihnen eine hohe Bedeutung zu. Denn sie zeigen uns, wo unsere wirklichen wissenschaftlichen Aufgaben liegen, und welche Wege wir einschlagen müssen, wenn wir sie adäquat lösen wollen.

G. Gerö (Berlin)

Schjelderup, Harald und Kristiaan: Über die drei Haupttypen der religiösen Erlebnisformen und ihre psychologische Grundlage. Berlin und Leipzig, Walter de Gruyter & Co., 1932, 180 Seiten.

Von den drei Haupttypen religiösen Erlebens erwächst die erste aus der Beziehung zur Mutter. Er zielt auf die mystische Vereinigung mit Gott. Der zweite Typus ist durch Schuldgefühl, Furcht und Sühneverlangen charakterisiert und stammt vorwiegend aus dem Verhältnis zum Vater. Der dritte Typus zeigt die Tendenz zur Selbstvergöttlichung und stammt aus dem infantilen Narzißmus. Die Verfasser bezeichnen die drei Typen als Mutter-Religion, Vater-Religion und Selbst-Religion. Die in der Analyse von Neurotikern gefundenen Typen lassen sich auch an Gesunden und in der Religionsgeschichte wiederfinden. Die Verfasser belegen sie durch Betrachtung des indischen Mystikers Ramakrishna,

Martin Luthers und des Zen-Mönches Bodhidharma. „Ganz allgemein könnte man sagen, daß der Hinduismus seiner ganzen Grundtendenz nach als Mutter-Religion, der ursprüngliche Buddhismus als Selbst-Religion und Christentum wie Mohammedanismus ihren ursprünglichen Intentionen nach als ausgesprochene Vater-Religion anzusprechen seien." (S. 99.)

Die Verfasser sehen ihre Arbeit als eine Weiterführung und Ergänzung von Freuds Untersuchungen an: Neben dem „Vatermotiv" spielen eine ebenso wichtige, ja vielleicht noch wichtigere Rolle das „Muttermotiv" und das narzißtische „Selbstmotiv". Auf diese beiden ergänzenden Motive hatten bereits hingewiesen: Pfister, Jones, Storfer, Lorenz, Dietrich, Fromm, Silberer, Alexander. Während es sich bei den Arbeiten dieser Autoren aber im wesentlichen nur um Symboldeutungen und um die Beleuchtung von Einzelproblemen der Religionsgeschichte handelt, versuchen die Autoren der vorliegenden Schrift eine auf direkte empirische Analyse von Einzelfällen religiöser Menschen gegründete Klarlegung der Motive der Religionsentwicklung. Die Kasuistik dieser Fälle nimmt die erste Hälfte der 100 Seiten langen Schrift ein und zeigt ebenso wie der theoretische Teil eine gründliche Kenntnis der psychoanalytischen Funde und ihre fruchtbare Anwendung auf den Gegenstand des religiösen Erlebens. Die letzten Schriften Freuds, in denen er selbst über das „Vatermotiv" hinausgeht, insbesondere die Bemerkungen über das „ozeanische Gefühl" im „Unbehagen in der Kultur" und in der „Neuen Folge der Vorlesungen", sind den Verfassern wohl nicht mehr zugänglich gewesen.   C. Müller-Braunschweig (Berlin)

Aus der Literatur der Grenzgebiete

Alverdes, Friedrich: Die Tierpsychologie in ihren Beziehungen zur Psychologie des Menschen. Leipzig, C. L. Hirschfeld, 1932. 120. Seiten.

Die bedeutsame, weite Ausblicke gewährende Vortragsreihe steht unter den Aspekten des „Fiktionalismus" in der Erkenntnis und der „ganzheitlichen" Erscheinungsweise der Lebewesen. Ich weise im Folgenden auf die Berührungspunkte mit der Psychoanalyse hin.

Mehr programmatisch aufgestellt als einzeln durchgeführt wird die Rolle der triebmäßigen Komponenten auch an einsichtigen Handlungen. Die verstehende, einfühlende Methode der medizinischen Psychologie wird immer wieder als Vorbild hingestellt. Unter Berufung auf Erfahrungen der Tiefenpsychologie wird die, auch von mehreren tierpsychologischen Richtungen vertretene Auffassung angenommen, die Bewußtseinsqualität einer Handlung sei für ihre Erforschung irrelevant. Damit gelangt das Unbewußte sozusagen von seiner negativen Seite her in die Ideengänge des Verfassers. Die positiv bestimmten Arbeitsweisen des menschlichen Unbewußten auch in der Tierpsychologie zu untersuchen, scheint dem Verfasser nicht vorgeschwebt zu haben. Auch die Plastizität der Triebe wird beschrieben, — ohne die in der menschlichen Sexualität sich äußernde Plastizität als Vorbild zu betrachten.

Wichtig scheint mir der Hinweis auf das, was die Psychoanalyse aus der Tierpsychologie von Alverdes lernen kann. Das gilt ganz besonders für die Reihe der ererbten Triebe des Neugeborenen: Saugen, Schlucken und die „eigentümliche Klammerreaktion — offenbar ein uraltes Erbgut, das beim jetzigen Menschen sehr an Bedeutung verloren hat. Für den Vorfahren des Menschen war diese Reaktion jedoch gewiss von Wichtigkeit, wie sie es für die heute lebenden Affen jetzt noch ist, denn sie führt hier dazu, daß der Säugling sich an dem Mutterindividuum festklammert." Hier sei nur bemerkt, daß diese Reaktion an Bedeutung nicht verloren hat; sie ist in den Gefühlsbeziehungen als grundlegend für die Verhaltungsweise des Menschen außer- und innerhalb der Analyse sicher und oft zu beobachten. I. Hermann (Budapest)

Bericht über den XII. Kongreß der Deutschen Gesellschaft für Psychologie in Hamburg vom 12. bis 16. April 1931. Herausgegeben von Gustav Kafka. Jena, G. Fischer, 1932. 480 Seiten. Mit 14 Abbildungen und 2 Tafeln.

Die große Anzahl von Vorträgen und Sammelreferaten erlauben nicht, sie auf dem verfügbaren Raum inhaltlich zu kennzeichnen. Weygandt stellt fest, daß — im Gegensatz zu Amerika, Sowjetrußland und Japan — nur in zwei deutschen psychiatrischen Kliniken psychologische Laboratorien bestehen. Er fordert, daß Psychologie Unterrichts- und Prüfungsfach für Mediziner werden müsse, er stellt fest, daß vor allem Psychiater eine psychologische Ausbildung dringend benötigen, denn es sei bisher üblich gewesen, daß jeder Psychiater seine eigene Psychologie konstruiere.

Über die Grundaxiome der Sprachtheorie sprachen Forscher der verschiedensten psychologischen und philosophischen Schulen. Cassirer und Strauß sehen die Sprache an als symbolische Form, als autochthone Schöpferin ihrer Welt im Sinne eines Kantschen oder Humboldtschen Idealismus. N. Ach fordert von jeder Sprachforschung die Durchführung des psychologischen Experiments, um von hier aus ihre Bedeutung zu klären. K. Bühler vertritt den Standpunkt: „Man kann die These von der Zeichennatur der Sprache als eine höchste Induktionsidee der Sprachforschung betrachten und nachforschen, welche Zeichenfunktionen die Sprache erfüllt. Auf diese Weise gewinnt man einen systematischen Einblick in das, was man die Struktur der Sprache nennen kann. Die Psychologie ist nicht als einzige Einzelwissenschaft berufen, diese Induktionsidee zu verifizieren. Wir können, auch wenn wir die Sprachentwicklung beim Kind verfolgen, nur festlegen, wann, d. h. in welchen Stadien der Reife und in welcher Reihenfolge diese Zeichenfunktionen auftreten und ausgestaltet werden. Das konsequente Durchdenken der Tatsachen von der höchsten Induktionsidee aus ist eine Angelegenheit, die nur der Logik, nicht der Erkenntnistheorie untersteht."

S. Bernfeld behandelte das Thema „Über den Begriff der Deutung in der Psychoanalyse". „Das Wort Deutung hat in der Psychoanalyse keinen eindeutig bestimmten Sinn. Es sind recht verschiedenartige Verfahren und Operationen, die mit ihm bezeichnet werden. Insbesondere wären die therapeutisch-diagnostische, die finale und die funktionelle Deutung voneinander zu unterscheiden. Für die Forschungsmethode der Psychoanalyse und für ihre Ergebnisse ist aber keiner dieser Deutungstypen bezeichnend und bedeutsam. Die psychoanalytische Forschung ist vielmehr aufgebaut auf einem Verfahren, in dessen Mittelpunkt die genetische beziehungsweise historische Rekonstruktion steht. So wie der Detektiv (im Roman) aus den Spuren, die ein kriminelles Geschehnis hinterlassen hat, den vergangenen und nur in seinen Spuren vorhandenen Vorgang rekonstruiert, so verfährt der Psychoanalytiker, indem er aus den Spuren abgelaufener personaler Prozesse diese selbst zu rekonstruieren versucht. Auch die Archäologie und jede genetische, beziehungsweise historische Wissenschaft bedient sich dieser Methode der Rekonstruktion. Nach der Terminologie, die Stern vorgeschlagen hat, wäre der wesentlichste Anteil der psychoanalytischen ‚Deutungen‘ nicht zu den Deutungen zu rechnen.“

Aus der Kretschmerschen Klinik wird durch Enke auf die Rorschachschen Formdeuteversuche als eines der Mittel tiefenpsychologischer Diagnostik eingehend verwiesen. Durch diese und andere tiefenpsychologische Versuche wurden bei verschiedenen Konstitutionstypen folgende Grundhaltungen experimentell diagnostiziert: „Die affektive Ansprechbarkeit oder Irritierbarkeit auf ganz bestimmte äußere Reize körperlicher wie seelischer Natur, die Denk-, Auffassungs- und Verarbeitungsarten, theoretische oder praktische Arbeitsweisen, Arbeitstempo, geistige und motorische Umstellbarkeit oder Beharrlichkeit, Ein- und Unterordnungsfähigkeit, Eigenarten der Körperbewegungen und Handfertigkeiten sowie ihrer verwandten Funktionen.“

Erismann nimmt Stellung zu den psychologischen Problemen im Fall Halsmann, der in der psychoanalytischen Literatur durch Freud und Fromm behandelt wurde. Der Autor lehnt — auch auf Grund seiner Versuche am Tatort — die Annahme ab, daß Philipp Halsmann der Mörder seines Vaters sei.

Iwai und Volkelt stellen in ihrer Arbeit über den Umgang des Kindes mit verschieden geformten Körpern im neunten bis zwölften Lebensmonat fest, daß der Ring der am meisten bevorzugte, der Würfel der am wenigsten bevorzugte Gegenstand des Kindes sei. Daneben wird auch die Schale verhältnismäßig stark beachtet.

Schmeïng verweist unter anderem auf Arbeiten von Freud und Bernfeld über Pubertätsperioden. Er nimmt neben der Kindheitspubertät (um das vierte Lebensjahr) und der Jugendpubertät eine dritte Reifungsstufe (Erwachsenenpubertät) im Anfang der Zwanzigerjahre an. — Über den Vortrag von Felix Krueger, der auch als Sonderabdruck erschienen ist, wird gesondert berichtet. Kurze Referate über die Aufgaben einzelner Fachgruppen beschließen den Band. Sie fordern, daß für den Psychologieunterricht in der neuen Lehrerbildung die Methoden und Ergebnisse der Selbst- und der Fremdbeobachtung vermittelt werden und in der forensischen Psychologie die bestehenden Möglichkeiten und Notwendigkeiten für das Wiederaufnahmeverfahren in ähnlichen Fällen wie im Prozesse Halsmann bearbeitet werden. Um diese Aufgaben zu lösen, ist aber die Heranziehung der Psychoanalyse notwendig.   H. Meng (Frankfurt a. M.)

Dorer, M.: Historische Grundlagen der Psychoanalyse. Leipzig, Felix Meiner, 1932. 184 Seiten.

Die historischen Grundlagen der Psychoanalyse aufzuzeigen ist eine Aufgabe, die — voll ausgeschöpft — die Problemgeschichte der Psychologie und Philosophie überschreiten müßte. Verfasserin schränkt ihre Arbeit bewußt auf den psychologisch-philosophischen Untergrund der Psychoanalyse ein und läßt somit eine Reihe von medizinhistorischen (aber auch von soziologischen und anderen) Fragen außer Betracht, die für eine Geschichte des psychoanalytischen Gedankenkreises von Belang sein könnten. Trotz dieser Einschränkung — die übrigens schon durch den Fortfall des bestimmten Artikels im Titel des Buches angedeutet scheint — verdient die Arbeit als erste umfassende und ernste Spezialuntersuchung, die von nichtanalytischer Seite zu diesem Thema vorliegt, unser volles Interesse. Als Ausgangspunkt für die Untersuchung der historischen Grundlagen nimmt die Autorin das Begriffsgerüst der Freudschen Psychologie; sie stellt Freuds Auffassung vom „Mechanismus des psychischen Apparates" in den Vordergrund (unter vornehmlicher Berücksichtigung der früheren Schriften). Im einzelnen werden Freuds Eintreten für den psychophysischen Parallelismus, seine Fortbildung der Aphasielehre, sein Verhältnis zum Sensualismus, zur Assoziationstheorie, zur Frage der Quantifizierbarkeit im Seelischen, seine Auffassung des Mechanismusbegriffes und des Unbewußten, schließlich die Beziehungen analytischer Grundbegriffe zum Reflexschema und überhaupt zur Physiologie geschickt und — soweit ein Querschnitt durch Freuds frühere Werke gemeint ist — auch zutreffend skizziert; die (anhangsweise) Darstellung der späteren Funde und Gedanken Freuds ist freilich allzu dürftig ausgefallen. Nach einer kurzen Charakteristik der Persönlichkeit Freuds (die sich im wesentlichen auf seine Selbstzeugnisse stützt) geht dann Verfasserin auf Grund jener Skizze des analytischen Begriffsgerüstes den Einflüssen und Anregungen nach, welche die Psychoanalyse aufgenommen und verarbeitet hat. Aus der Einstellung Freuds zu Philosophie und Psychologie entnimmt die Autorin, daß von einem direkten umfassenden Einfluß von Psychologen oder Philosophen auf ihn nicht gesprochen werden kann (vielleicht mit einziger Ausnahme von Fechner). Dennoch ergibt eine vergleichende Untersuchung weitgehende (und nicht nur äußerliche) Übereinstimmungen mit bestimmten psychologischen Theorien; zunächst mit Herbart (und Fechner). Der nun folgende, sachliche und gründliche Beitrag zur vergleichenden Psychologiegeschichte macht wohl den wertvollsten Abschnitt des Buches aus; sein Inhalt kann hier natürlich nur andeutend wiedergegeben werden. Theoretische Übereinstimmungen zwischen Herbart und Freud sieht die Autorin zunächst in beider Intention auf naturwissenschaftliche Gesetzmäßigkeit und in der Betonung des quantitativen Moments. Beide Theorien sind einerseits „mechanistisch", anderseits „individualistisch"; beide können als „Energetismus" und „Dynamismus" bezeichnet werden. „Die Grundkonzeption des ‚psychischen Mechanismus‘, der nach Art physikalischer Gebilde gebauten ‚Maschine‘ beziehungsweise des ‚Apparates‘, dessen einzelne Glieder als selbständige ‚Kräfte‘ ihre ‚Energie‘ allmählich ‚aufarbeiten‘, ist demnach bei Herbart und Freud dieselbe." Der wesent-

lichste Unterschied ergibt sich in der Auffassung beider über das Verhältnis von
Affekt und Vorstellung: „Herbarts Psychologie ist nur Vorstellungsdynamik: Freuds
Psychologie entwickelt sich aus einer Vorstellungs- zu einer Affektdynamik." Das
zweite psychologische System, mit welchem D o r e r die Lehre F r e u d s konfrontiert, ist dasjenige G. Th. F e c h n e r s; hier hat ja bekanntlich Freud selbst
schon verwandte Gedankengänge gefunden.

Um den konkreten historischen Wegen nachzuspüren, die von jenen beiden
Systemen der Psychologie zu F r e u d hinüberleiten, gibt Verfasserin eine kurze
Übersicht über die wissenschaftliche Umwelt, in der die Psychoanalyse erwachsen
ist. Es wird die bedeutende Rolle aufgezeigt, die H e r b a r t s Lehre gerade an
der Wiener Universität (und darüber hinaus im österreichischen Bildungswesen
überhaupt) gespielt hat. Aus dem Kreis der Lehrer und Freunde F r e u d s werden
B r ü c k e, B r e u e r, F l e i s c h l und insbesondere M e y n e r t hervorgehoben und in
ihrer wissenschaftlichen Stellung umrissen. M e y n e r t s Gehirnmechanik aber weist
in ihren psychologischen Grundlagen unmittelbar auf die Psychologie H e r b a r t s
und die Psychophysik F e c h n e r s zurück.

In M e y n e r t s Lehre findet nun D o r e r die nächsten, unmittelbar wirksamen Einflüsse, die für die Entwicklung der F r e u d schen Gedanken von
Belang gewesen sind; wie in H e r b a r t und F e c h n e r die „historisch früheren
Schichten". An einer Reihe von Beispielen wird die Parallelisierung F r e u d -
scher und M e y n e r t scher Begriffe durchgeführt. Daß manche Begriffsbildungen
verwandte Merkmale erkennen lassen, ist in der Tat unbestreitbar und offensichtlich; doch möchte Referent diesen Analogien keine so zentrale Bedeutung
für die Psychoanalyse einräumen, wie es die Autorin tut. Etwas von dieser
wissenschaftlichen Ahnenreihe ist sicherlich in die Form des F r e u d schen Denkens
übergegangen — aber im einzelnen klingen alle diese analogen Bildungen bei
F r e u d doch ganz anders als bei M e y n e r t und die Übereinstimmungen im Begriff-
lichen und gelegentlich auch im sprachlichen Ausdruck dürfen nicht darüber
täuschen, daß ihr wissenschaftlicher Stellenwert da und dort ein verschiedener ist.

Mit der allzu betonten Herausarbeitung dieser einen Ahnenreihe der Psychoanalyse hängt es auch zusammen, daß in der Darstellung der Verfasserin andere
historische Linien entschieden zu kurz kommen; so die Bedeutung C h a r c o t s —
vor allem aber die ideengeschichtlich sehr interessanten Beziehungen zu N i e t z s c h e
und S c h o p e n h a u e r und zur deutschen Romantik. Freilich, sofern die Autorin
sich auf ihr Programm beschränkt, nicht mögliche geschichtliche Zusammenhänge, sondern nur konkret nachweisbare Einflüsse herauszustellen, dürfen wir
ihr aus dieser Unterlassung kaum einen Vorwurf machen; trotz allen weitgehenden inhaltlichen Übereinstimmungen, vor allem mit Gedanken N i e t z s c h e s,
liegt hier — wie F r e u d selbst gelegentlich erklärt hat — ein direkter Einfluß nicht vor. Da aber D o r e r zum Schluß eine Kritik der Psychoanalyse auf
deren Stellung in der Geschichte der Psychologie aufbauen will, hätte sie —
selbst zugegeben, daß ein solches Verfahren gegenüber der Psychoanalyse uns
mehr als nur partielle Einsichten eröffnen könnte — jene anderen Elemente
des F r e u d schen Gedankenbaues nicht vernachlässigen dürfen, die in der Reihe
H e r b a r t - F e c h n e r - M e y n e r t keine Entsprechung haben.

Diese Kritik nun erscheint als eine Art Draufgabe (sie umfaßt 5 Seiten von 184.), die durch das eigentliche Thema des Buches nicht gefordert ist. Sie richtet sich in erster Linie gegen Freuds Darstellung des Seelischen als Mechanismus oder Apparat: „es gibt darüber hinaus noch Seelisches, es gibt Geistiges, besonders im gesunden Menschen, das nicht ‚mechanisch' funktioniert, das nicht ‚Apparat' ist. Dieses Seelisch-Geistige kann die Psychoanalyse nicht fassen; es entzieht sich ihren ‚wenigen psychologischen Formeln'." Und: es kann „auch nicht angenommen werden, daß die Energietransformationen im Innern des mit der Umwelt korrespondierenden psychophysischen Apparates das Letzte seien, von dem die Psychologie zu handeln habe. Damit ist aber implicite eine prinzipielle Kritik der Libidotheorie, der Affekttheorie überhaupt wie von hier aus auch wichtiger Teilprobleme der Psychoanalyse gegeben". Wir wollen uns jedoch an dieser Stelle mit den kritischen Anmerkungen der Verfasserin, die zum Teil offenbar ein Mißverstehen der analytischen Grundpositionen zur Voraussetzung haben, nicht auseinandersetzen, möchten vielmehr zum Schluß das Buch, weil es eine Fülle ehrlicher positiver Arbeit enthält, und weil es eine erste und weitgehend geglückte Antwort auf Fragen gibt, die alle Analytiker interessieren, ausdrücklich zur Lektüre empfehlen. H. Hartmann (Wien)

Herbert, S.; The Unconscious in Life and Art. London, Allen & Unwin, 1932.

Herbert gibt eine populäre Darstellung einiger Anwendungen psychoanalytischer Erkenntnisse auf Fragen der menschlichen Kultur. Die Darstellung bleibt, teils infolge des Bestrebens zur Popularität, teils infolge der Eigenart des Autors überhaupt, bedauerlich oberflächlich. Was über die Psychoanalyse ausgesagt wird, ist zwar durchwegs richtig und zeugt von der Belesenheit des Autors, bleibt aber trotz des ehrlichen Enthusiasmus Herberts für die „neue Psychologie" reichlich unzulänglich und naiv. (So unterscheidet er unter anderem nicht genügend zwischen der von der Psychoanalyse in den Äußerungen des Unbewußten aufgedeckten „Symbolik" und dem, was man sonst unter diesem Wort verstand, z. B. dem „symbolischen" Gehalt eines musikalischen Themas.) Die Jungsche Unterscheidung von extro- und introvertierten Menschen wird den Ergebnissen der Psychoanalyse zugerechnet und als Schlüssel zum Verständnis von Kunst- und Kulturgeschichte hingestellt. In moralischer Hinsicht werden liberale Ideale verfochten, in soziologischer denkt der Autor extrem psychologistisch, und zwar etwa so: „Liebe ist gegenüber dem Haß sekundär und kann ihn nur nach einer langen Periode der Gewöhnung an Fremde übertreffen. Das kann uns das merkwürdige Paradoxon erklären, daß, während jedermann vom Frieden redet, die Völker sich für den Krieg rüsten." Oder: „Es ist die Vernachlässigung der aufs höchste spezialisierten sexuellen Funktionen, was zu den Eheschwierigkeiten der Gegenwart geführt hat."

O. Fenichel (Berlin)

Kobler, Richard: Der Weg des Menschen vom Links- zum Rechts-
händer. Ein Beitrag zur Vor- und Kulturgeschichte des Menschen.
Wien, Moritz Perles, 1932. IX u. 142 Seiten.

Der Autor macht in der vorliegenden Schrift den Versuch, die Geschichte
des Funktionswechsels und -wandels der Hände als ein wesentliches Moment
der Gestaltung der menschlichen Kultur darzustellen. Die Auffassung einer
ursprünglichen Gleichwertigkeit der beiden Hände sowohl als auch die Ergebnisse der biologisch-physiologischen Forschungen über die Ursachen der
Rechtshändigkeit lehnt er ab und stellt die These auf, daß die Überwertigkeit
einer Hand vor der anderen ein Urgut des Menschen bilde. Er nimmt es auf
Grund von Befunden an steinzeitlichen Werkzeugen als erwiesen an, daß in
der Urzeit des Menschen die Linkshändigkeit vorgeherrscht habe, die dann
durch das Aufkommen des Waffengebrauches von der Rechtshändigkeit abgelöst worden sei. Dann werden in Verwertung der Forschungen von Fließ
die Beziehungen der Linkshändigkeit zur Bisexualität und zum Künstlertum
erörtert und schließlich an der Entwicklungsgeschichte der Kulte gezeigt, wie
die linke Seite einen Bedeutungswandel vom Guten zum Bösen erfahren habe.
Die Bemühungen um das hochbedeutsame Problem der Rechts- und Linkshändigkeit haben mit dieser Schrift einen Beitrag in Gestalt einer Hypothese
erhalten, die Interesse verdient.   O. Isakower (Wien)

Le Bon, Gustave: Psychologie der Massen. Leipzig, Alfred Kröner,
1932. 186 Seiten.

Das klassische Werk zur Massenpsychologie liegt hier in einer sauberen und
wohlfeilen (fünften) deutschen Auflage vor, die auf der alten Eislerschen Übersetzung beruht, deren zahlreiche stilistische Fehler und Unkorrektheiten jedoch
glücklicherweise ausgemerzt hat. Dem Buch ist die Übersetzung des Vorworts
zur achtunddreißigsten französischen Auflage vorausgeschickt, das der Autor
kurz vor seinem Tode im Jahre 1931 geschrieben hat. Die Einführung von
Moede weist auf die Bedeutung des Werkes für die praktische Psychologie,
insbesondere für die moderne Psychotechnik hin, vergißt aber leider zu erwähnen, welch wesentlichen Anteil an der Fortbildung und Verbreitung der
Le Bonschen Gedankengänge Freuds „Massenpsychologie und Ich-Analyse"
gehabt hat.   F. Schottlaender (Stuttgart)

Licht, Hans: Sexual Life in Ancient Greece. London, George
Routledge & Sons, Ltd. 1932. 557 Seiten.

Dieses glänzend geschriebene Buch enthält eine leicht zugängliche Zusammenstellung all dessen, was über das Sexualleben der alten Griechen bekannt ist.
Es ist, vielleicht zu seinem Schaden, in zwei Hauptabschnitte unterteilt, von
denen der erste es mit der Erotik im allgemeinen zu tun hat, und unter
anderem die Themen: Ehe, das Leben der Frauen, das Verhältnis zum Körper

behandelt, während der zweite das Sexualleben in einem engeren Sinne des Wortes betrifft. Das Buch bespricht ausführlich die verschiedenen Perversionen und stellt natürlich mit besonderer Genauigkeit die eigenartige Form dar, in der die Homosexualität in Griechenland verbreitet war. Von ihr betont der Verfasser mit Recht, daß sie keinesfalls ausschließlich grob-sexuellen Impulsen entsprang, sondern daß sie auch ein Mittel war, gewisse, den Griechen teuere Ideale zu verwirklichen, insbesondere das einer kameradschaftlichen Bindung zwischen den Männern. Das Material, das er hiefür beibringt, wird gewiß vor allem die Analytiker interessieren und sie anregen, es vom Standpunkt unserer gegenwärtigen Auffassung vom Ursprung der sexuellen Inversion zu betrachten. Der Verfasser hat aus den ursprünglichen Quellen geschöpft und in besonderen Kapiteln die betreffende Literatur besprochen. Das Buch ist mit Illustrationen reich ausgestattet.   E. J. (London)

Rogge, Christian: **Der Notstand der heutigen Sprachwissenschaft. Eine Einführung in die Psychologie des sprachschaffenden Menschen.** München, Max Hueber Verlag, 1929. 224 Seiten.

Rogges Schrift unternimmt eine umfassende Kritik an der modernen Sprachforschung. Sie ist einer jener Aufrufe zur Revision überlebter Begriffe, wie sie in unserer Zeit auf allen Arbeitsgebieten auftauchen, und basiert auf Erkenntnissen, die dem Fachmann ein Staunen, dem Psychoanalytiker größtes Interesse abnötigen müssen.

In der modernen Linguistik herrscht offiziell eine grundsätzlich mechanistische, materialistische Auffassung des sprachlichen Geschehens. Sie hat sich aus dem Historismus mit seinem Post hoc, propter hoc zur seelenlosen Lautphysiologie verfeinert, die einen (gut darwinistisch gemeinten) Daseinskampf der Laute untereinander mit immer raffinierteren Methoden beobachtet. Ein j hatte einmal die Fähigkeit, den allmählichen Übergang des voraufgehenden Vokals in den Umlaut zu bewirken, gewisse konsonantische Elemente, die dazwischen standen, vermochten diesen Übergang zu verhindern. Ein System unzähliger solcher „Lautgesetze" ergibt insgesamt die Richtung, in der die Sprachentwicklung ohne Zutun des Menschen abläuft. Rogge sieht in ihm nur den Apparat von Hebeln und Schrauben, der die Beschreibung der Vorgänge für ihre Erklärung ausgibt, eine Mythologie, die dem Bewegten die Ursache der Bewegung zuschreibt. Die Allmählichkeit der Übergänge ist ihm bloß ein anderer Name für ihre faktische Unvorstellbarkeit, das Operieren mit astronomisch aufgeblähten Zeiträumen ein Entweichen ins Unerreichbare, wo doch Sprache, als stets lebendige Gegenwart, vom Nächsten her sollte erklärt werden können.

Was ist dieses nächstliegende Objekt der Sprachforschung? Der sprechende Mensch. Sprache ist kein Werk (keine Materie), sondern eine Tätigkeit. Dieser geniale Satz Wilhelm von Humboldts ist Rogges Ausgangspunkt. Einzig der biologische Habitus des Menschen und seine jeweiligen kulturgeschichtlichen Erlebnisse können das Sprachgeschehen erklären. Der Anstoß zum Wandel ist immer nur psychologisch, erst die Auswirkung ist physiologisch faßbar. Nicht in den Lauten, im Menschen liegt das Dasein der Sprache. Der Sprache selber wohnen keine Gesetze inne, ihre vermeintliche Auswirkung ist nur Reflex des menschlichen Erlebens. Von Zeit zu Zeit erlebt der Mensch die Welt der Dinge neu, und daraufhin verändern sich auch die zugehörigen Worte. Wenn der Sinn eines Wortes andern Assoziationen ruft, schließt sich eine Lautveränderung an, die von dem neu assoziierten Begriff, d. h. einem unbewußt anklingenden Wort, bestimmt sein wird. Aller Lautwandel, aller Formwandel, schlechthin alles sprachliche Leben (also auch Wortbildung, Wortzusammensetzung und -ableitung, Flexion usw.) ist Bedeutungswandel, ist Verschmelzung sinnhaft sich nähernder Worte. Das Gesetz, nach dem sie sich vollzieht, ist die Angleichung, die Analogie. Wenn sich sunne und mâne in Sonne und Mond verändern, so haben hier nicht Laute ihre Kraft geltend gemacht, sondern die beiden Wörter haben sich gegenseitig — sprunghaft — angeglichen, weil sie in einem bestimmten Zeitpunkt sachlich als Paar erlebt wurden. Der sein Sprechen ändernde Mensch verfährt überdies niemals logisch, sondern unbewußt. Die Grammatik unterschiebt ihm eine Zielstrebigkeit und Abhängigkeit vom „Paradigma", die ihm völlig fremd ist. Woher kommt es denn, daß sinngleiche Wörter so häufig ähnliche Lautgestalt zeigen? Warum steht zupfen neben rupfen? Weil zupfen aus einer assoziativen Verschmelzung von ziehen und rupfen hervorgegangen ist, ebenso etwa schwanken aus der von schweben und wanken. Die sachlichen Anlässe dieses assoziativen Spiels kann nur die Kulturgeschichte aufdecken, die Formen, in denen es sich vollzieht, nur die Psychologie. Sprachwandel ist Wandel des Denkens. Sprachforschung ist psychologisch fundierte Geistesgeschichte.

Es verrät ein unerschöpfliches psychologisches Feingefühl, wie Rogge diesen Gedanken durch alle Kategorien der historischen Grammatik abwandelt und dabei häufig die Gebräuche der lebenden Alltagssprache heranzieht. Ich habe nie ein geistvolleres linguistisches Buch gelesen. Seine Gesichtspunkte — sie sind nur im Allerwichtigsten angedeutet worden —, sind, so sicher sie die offene Ketzerei darstellen, nicht durchaus neu. Rogge setzt sich eingehend mit so bedeutenden Philologen wie Schuchhardt, Noreen, Vossler auseinander, mit denen er sich vielfach berührt. Indem er die Angleichung zum Grundcharakter des Sprachlebens erhebt, verbindlich für die Urzeit wie für die kontrollierbaren Geschichtsepochen, gelangt er zu einer radikalen, umfassenden Umstellung. Lautgesetze sinken zur glücklichen Statistik gleichartiger Fälle von unbewußter Analogie herab, die der psychologischen Durchleuchtung erst noch bedürfen. Eine Unmenge von Beispielen und glänzenden Aperçus belegt, daß auch die Veränderung des Akzents, der Eigennamen oder etwa die Einführung der Zeitformen in der Konjugation auf solcher Angleichung beruhen könnten. Der geltende Begriff der Flexion, die Einteilung der Wortklassen fallen vor dieser Betrachtungsweise dahin.

Rogge verteidigt, wohl mit Recht, nicht jede seiner kühnen Kombinationen, wohl aber das Prinzip. Wenn es richtig ist, dann schließt sich die Sprachforschung als eine unabsehbare Domäne jenen Erscheinungen an, die Freud zuerst in der „Psychopathologie des Alltagslebens" untersucht hat. Das Material, das Rogge aus der indogermanischen Grammatik vorlegt, wird zur großartigen, weltgeschichtlichen Illustration der dort umschriebenen Psychologie und die Sprachforschung zu ihrem legitimen Arbeitsgebiet.

W. Muschg (Zürich)

Schmitz, Oskar A. H.: Märchen aus dem Unbewußten. Mit einem Vorwort von C. G. Jung. München, Carl Hanser Verlag, 1932. 221 Seiten.

„Nach der Jungschen Lehre ist das persönliche Unbewußte des Menschen, das Freud zuerst erforscht hat, in ein viel tieferes kollektives Unbewußtes eingetaucht und gehört zu ihm, so wie unsere bewußte Person ein Teil der äußeren Kollektivität ist", heißt es im Vorwort zu einem der drei Märchen. In den Märchen selbst versucht der kürzlich verstorbene Autor etwas wie einen gefühlsmäßigen Beweis für die Existenz dieses kollektiven Unbewußten, wie Jung es lehrt. Er beruft sich auf die Wirkung des Beginnes eines der Märchen auf literarisch erfahrene Personen. Seine Sekretärin z. B. habe danach die Nacht schlecht geschlafen vor Unruhe, wie die Geschichte weiterginge. Und daß das Märchen so wirke, ohne verstanden worden zu sein — es stammt aus Einfällen, die wie frei dem absichtslos sich ihnen hingebenden Autor kamen, durfte also auf Verständnis nicht gefaßt sein —, daß es also so wirkte, lasse sich uns dadurch erklären, „daß hier Vorgänge des kollektiven Unbewußten so weit ins Helle oder wenigstens in die Dämmerung gerückt wurden, daß darin allgemeine, viele angehende und von manchen schon geahnte un- und vorbewußte Zeitprobleme berührt worden sind". Aber die Wirkung — sie war auf den Referenten nicht sehr stark und hat seinen Schlaf nicht zu stören vermocht — bedarf zu ihrer Erklärung nicht eines kollektiven Unbewußten. Es genügt, Freuds Aufsatz über „Das Unheimliche" zu kennen und man weiß, woher sie kommt. Die Märchen strotzen von Sexual-, besonders Kastrationssymbolen. Das Großteil der unheimlichen Wirkung ist ihrer Verwendung unter animistischen Bedingungen zuzuschreiben. C. G. Jung versucht in seinem Vorwort zu dem Büchlein, vorsichtig im Urteil über seinen literarischen Gehalt, eine Deutung des ersten Märchens als eines rührenden und bescheidenen Ausdrucks einer alles ergreifenden und verwandelnden Initiation. Man kann leicht finden, daß dies der oberflächlichste Gehalt des Märchens ist, prospektiv gedeutet und anagogisch hervorgehoben. Sein weit stärker Erlebnisgehalt liegt in der tragischen Entthronung des Vaters in Gestalt eines Königs, dem die drei letzten Fische entschwimmen und dessen Thron ein Fischotter einnimmt, durch einen langen, auffälligen Schwanz nach einer beigegebenen Zeichnung Kubins gekennzeichnet. — Der literarische Wert der Produktionen leidet durch den Versuch, das kollektive Unbewußte deutlich werden zu lassen. Man merkt diese Absicht und sie verschüttet durch ihre Gewaltsamkeit an vielen Stellen die Wirkung, die unter einfacherer Klarheit möglich gewesen wäre.

R. Sterba (Wien)

Siebert, Karl: Fehlleistung und Traum. (Neue Wege wissenschaftlicher Traumdeutung.) Wien u. Leipzig, W. Braumüller, 1932. VIII u. 179 Seiten.

Hier wird wieder einmal dem Unbewußten die Sinnhaltigkeit abgesprochen: Man „beweist", Unbewußtes sei lediglich „undiszipliniert", indem man das Entstehen von Fehlleistungen und Träumen — aus den Unvollkommenheiten der psychischen Funktionen (mangelnde Aufmerksamkeit, Unklarheit der Willensentschlüsse, Ausschaltung der Urteilsfähigkeit usw.) ableitet. Warum der Autor nicht merkt, daß er die Armut mit der Pauvreté erklärt und sich damit in grotesker Weise um das eigentliche Problem herumdrückt, verrät er uns sehr hübsch in einer seiner „Traumanalysen":

„Ich befinde mich in einem Universitätshörsaal in München und habe den Eindruck der Vorlesung eines mir bekannten Professors, des Saales und der Studenten, so wie ihn mir damals alltäglich die Wirklickkeit bot. Plötzlich höre ich einige Studenten vor der Tür pfeifen. Ich gehe darauf zur Türe und schließe sie. Ich bemerke hier, daß diesem Traum kein wirkliches Erlebnis entsprach. Das einzige von wirklichen Erlebnissen, woran bei diesem Traum zu denken war, war eine Bemerkung Freuds, die ich in seinen „Vorlesungen zur Einführung in die Psychoanalyse" gelesen hatte. Er verglich dort störende Studenten vor dem Hörsaal mit den andrängenden Komplexen. Wie der gewöhnliche Mensch andrängende Komplexe einfach verdrängt, so würde auch der Naive die Türe vor den lärmenden Studenten zusperren, ohne davon einen Erfolg zu haben, statt hinauszugehen und mit ihnen zu verhandeln ..."   G. Bally (Zürich)

Velikovsky, Immanuel: Über die Energetik der Psyche und die physikalische Existenz der Gedankenwelt. Mit Geleitwort von E. Bleuler. Bd. 133, Heft 3 und 4 der Zschr. f. d. ges. Neurologie u. Psychiatrie. Berlin 1931.

Eine weltanschauliche Betrachtung, die die parapsychischen Phänomen mit Hilfe des Energiebegriffes unserem Verständnisse näherbringen will. Der Verfasser betont die gemeinsame physikalische Natur der Gedanken als Energie und der Körper als materialisierte Energie. Die Telepathie hält er für experimentell bewiesen und versucht, durch sie auch die Erscheinungen des physikalischen Mediumismus zu erklären. Die Psychoanalyse wird nicht erwähnt, wenn auch vom „Unterbewußtsein" die Rede ist. Manche Gedankengänge des Autors berühren sich mit Annahmen der Tiefenpsychologie.   A. Winterstein (Wien)

Vergin, Fedor: Das unbewußte Europa. Psychoanalyse der europäischen Politik. Wien u. Leipzig, Heß & Co. Verlag, 1931 .343 Seiten.

Der Verfasser behandelt eines der interessantesten und aktuellsten Themen analytischer Sozialpsychologie. Die neugierige Erwartung des Lesers wird noch erhöht, wenn er außer vom Titel auch noch vom Inhaltsverzeichnis Kenntnis nimmt. Militarismus, Monarchismus, religiöse Politik, Parlamentarismus, deutscher Vor- und Nachkriegsnationalismus, Nationalismus anderer Völker, Zionismus, Paneuropa, Bolschewismus, Sozialismus sollen auf ihre verborgenen psychischen Hintergründe hin untersucht werden. Die Analyse Mussolinis, Poincarés, Macdonalds, Masaryks und noch eine Reihe anderer Politiker wird uns versprochen und in einem Schlußkapitel „Prognose und Therapie" soll ein Ausweg aus allen politischen Schwierigkeiten gezeigt werden.

Wie geht der Verfasser vor? Er beginnt mit einer ganz richtigen Feststellung: „Da die Politik sich mit Menschen beschäftigt, ist es wichtig, in Erwägung zu ziehen, inwieweit die Psyche des Menschen in der Politik entscheidend wirkt" (S. 12). Anschließend an diesen Satz überrascht er uns mit einer fulminanten Feststellung: „Für die Politik ist fast alles aus den Lehren der Psychoanalyse bedeutsam. Sowohl wissenschaftlich, also theoretisch, als auch praktisch wird die Politik gänzlich umlernen müssen, sowie die Psychoanalyse in die politische Betrachtungsweise Eingang gefunden hat. Dies ist in diesem Buch auf verkürzter Basis geschehen" (S. 12). Und weiter: „Seele, im Sinne der Psychoanalyse, bedeutet die Summe der Kräfte, die den lebenden Zellen des menschlichen Gesamtorganismus entstammen und die sich durch Symptome allein kundgeben" (!) (S. 12). Nachdem noch einige mit ähnlichem psychologischen Tiefsinn angefüllte Seiten folgen, kommt der Autor zu einem Versuch, etwas über die Methode seiner Untersuchung zu sagen. Er unterscheidet „äußere Einflüsse und Bedingungen", die „durch die Wirtschaftsform für jeden und alle gegeben sind" und andrerseits die ebenso „hart fixierte und gesetzmäßig gegebene" psychische Einstellung. Der Verfasser erhebt die Forderung, daß „die politischen Erscheinungen in ihren übertriebenen Symptomen als seelisch krankhaft erkannt und anerkannt werden. Weiters müßte das politische Leben von seelisch Todkranken, wie von körperlich Schwerkranken befreit werden" (S. 17). V. kommt dann kurz auf die Rolle wirtschaftlicher Faktoren zu sprechen. Er sagt: „Von Wichtigkeit bei dieser Beurteilung sind allerdings alle rein materiellen, rein wirtschaftlichen Ursachen. Diese wurden, wenn auch vielfach stillschweigend, in Rechnung gestellt" (S. 17). V. verrät uns dann weiter, was er sich unter den „wirtschaftlichen Ursachen" vorstellt. Er versteht darunter die „Propaganda des Geldes", die Finanzierung der Politik durch das internationale Kapital, und die einzige Quelle, die er für die Frage der wirtschaftlichen Ursachen der Politik angibt, ist das Buch von Lewinsohn-Morus. Auf den nächsten Seiten seiner Einleitung spricht V. von den Idealen, hinter denen die Kraft des Triebes stehe und die daher zu gefährlichen, meist todbringenden Waffen werden. Weiter über Massenwahn und über Rechtsgefühl. Soweit in diesen Bemerkungen über Rechtsgefühl Richtiges enthalten ist, ist es schon in der Arbeit von Alexander und Staub über den Verbrecher und seine Richter zu lesen.

Durch diese Einleitung vorbereitet, kann der Leser durch das nun Folgende kaum noch sehr erschreckt werden. Da es nicht möglich ist, zusammenhängend den Inhalt anzugeben, begnügen wir uns damit, aus einigen Kapiteln herausgegriffene Stellen zu zitieren, ziemlich gleich aus welchen, man trifft überall auf die gleiche Methode und das gleiche Niveau. Hatten wir bisher gedacht,

Manöver dienten dem Zweck der militärischen Ausbildung der Truppe, so belehrt uns V. auf Seite 32, daß ihre Zwecke magische Amtshandlungen seien.

Über seine Meinung von den in der Politik wirksamen Kräften gibt der Verfasser folgende Auskunft: „Seine (Mussolinis) Symptome sind von schicksalsschwerer Bedeutung für das Leben und Wohlergehen von Millionen Europäern. Bricht durch einen verhältnismäßig winzigen Umstand bei Mussolini eine neue Phase seiner Neurose aus, so ist der Friede gefährdet ..." (S. 180). Es wundert uns auch nicht, wenn erklärt wird: „Der Nachahmungstrieb bewirkte eine faszistische Welle über halb Europa" (S. 191). Selbstverständlich erfahren wir auch über den Bolschewismus ganz überraschende Dinge. Er ist „der moderne Ersatz für die magische Kultform der alten Aramäer".

Verfasser schließt mit einem „Vermächtnis" an „die künftigen Erforscher der europäischen Wüste". „So Ihr in einigen Jahrzehnten die europäische Wüste durchforscht, nachdem die Giftgase des letzten Krieges sich zersetzt haben, und findet dies Büchlein, wisset, daß die Europäer sich selbst zugrunde gerichtet haben, daß sie sich mit allen Mitteln der Wissenschaft einfach, praktisch und realistisch gegenseitig ausgerottet haben" (S. 342). Referent fürchtet, daß, wenn dieses Büchlein auf den Trümmern gefunden werden sollte, jene Gelehrten tatsächlich keine große Meinung von den „Mitteln der Wissenschaft" bekommen werden.

Aber warum von diesem Buch überhaupt so ausführlich Notiz nehmen? Zunächst einmal, weil es nötig ist, klar und deutlich zu erklären, daß es sich hier nicht um das Werk eines Psychoanalytikers handelt, und zu verhindern, daß die Psychoanalyse mit diesen „Theorien" belastet werde, sodann auch, weil das Verginsche Buch uns sehr geeignet scheint, als Paradigma einer sozialpsychologischen Methode, wie sie nicht sein darf, zu dienen. Hätte V. die Absicht gehabt, eine stark übertreibende und vergröbernde Parodie jener psychologistischen Soziologie zu schreiben, wie sie auch von manchen analytischen Autoren verwendet wird, die Absicht wäre ihm geglückt. Er zeigt bis zum Extrem, wohin es führt, wenn man sozialpsychologische Erscheinungen nicht mehr, wie dies der klassischen Methode der Freudschen Personalpsychologie entspricht, aus der Einwirkung der Lebensbedingungen, d. h. aber bei der Gesellschaft der sozialökonomischen Situation, auf die mitgebrachte Triebstruktur erklärt, sondern wenn man durch wilde Analogien zwischen sozialpsychischen und personalpsychischen Tatbeständen scheinbar analysiert, aber den Boden völlig unter den Füßen verliert und sich auf einem Niveau bewegt, welches etwa dem vergleichbar ist, wo Träume als Gesellschaftsspiel, ohne jede weitere Kenntnis des Träumers oder auch nur seiner Einfälle „analysiert" werden.

Sein negativer didaktischer Wert mag dem Buch also als Verdienst angerechnet werden, wenngleich 343 Seiten für diesen Zweck etwas reichlich sind.

E. Fromm (Berlin)

IMAGO

ZEITSCHRIFT FÜR PSYCHOANALYTISCHE PSYCHOLOGIE, IHRE GRENZGEBIETE UND ANWENDUNGEN

| XIX. Band | 1933 | Heft 2 |

Über Dichtung und orale Befriedigung[1]

Von

A. A. Brill

New York

Unter den prägenitalen Betätigungen des Individuums ist die an die orale Zone geknüpfte nicht nur die zeitlich früheste, sondern auch die wichtigste. Wenn der Säugling anfängt, an der Mutterbrust zu trinken, macht er bald die Entdeckung, daß er nicht nur seinen Hunger stillt, sondern auch orale Lust empfindet. Diese primäre Lust ist so eindrucksvoll, daß der Säugling bald versucht, sie im Daumenlutschen zu wiederholen. Das Lutschen am Daumen setzt das Saugen an der Brust fort; es unterscheidet sich aber insoferne, als das Saugen an der Brust die höchste Steigerung der Kind-Mutter-Beziehung in seiner Vereinigung von Hunger und Liebe darstellt, während das Daumenlutschen die autoerotische Befriedigung par excellence ist und als erste Äußerung des kindlichen Unabhängigkeitskampfes angesehen werden kann. Das Kind will jetzt alles von sich selbst bekommen und nicht mehr auf seine Mutter angewiesen sein. Später wird das Daumenlutschen durch andere Reizmittel ersetzt, die zur Ernährung beitragen mögen oder auch nicht, die aber auf jeden Fall Lust verschaffen. So besteht seit undenklichen Zeiten der Wunsch der Menschen nach Geschmacksfreuden (in Form von Süssigkeiten, Tabak usw.), nach allem, was die orale Zone zu reizen imstande ist. Dieser Hang zu oraler Lust wurde mit fortschreitender Zivilisation intensiver. Die Franzosen etwa bewerten die Geschmackskunst so hoch, daß zweien ihrer gastronomischen Genies, Closé und Marie Harel, sogar Statuen dafür errichtet wurden, daß sie der Welt Gänseleberpastete und Camembertkäse geschenkt hatten, Delikatessen, die zur Stillung des Hungers sicher nicht unbedingt nötig sind.

Wenn wir aber daran denken, wie nahe die Organe, die die Geschmackszellen beherbergen, mit dem ganzen Muskelsystem des Mundes und den mit ihm verbundenen Körperteilen zusammenhängen, mit der Nase, den Zähnen, dem Kehlkopf und der Lunge — sie alle haben teil an jeder oralen Befriedigung —, dann müssen wir zugeben, daß Frankreich nicht das einzige Land war, das orale Befriedigungen gepflegt hat. Und ist nicht auch die Dichtkunst Ausdruck der Geheimnisse oraler Erotik, ist sie nicht eine sinnliche oder mystische Befriedigung, gleichsam durch Kauen und Saugen schöner Worte und Sätze? Der Dichter spielt mit Rhythmus und Reim der Worte, wie ein Feinschmecker mit köstlicher Speise oder berauschendem altem Wein. Liest man Longfellow, Shelley oder Whitman, so billigt man die Definition, die in der Encyclopedia Britannica von der Dichtkunst gegeben wird: „Freie Dichtkunst ist der konkrete und künstlerische Ausdruck des menschlichen Geistes in emotioneller und rhythmischer Sprache." Immerhin darf man nicht vergessen, daß es sich bei diesen Dichtern um Höchstleistungen der Kunst handelt, und daß Dichtkunst und Dichtkunst zweierlei ist. In der Tat ist es zweifelhaft, ob diese Definition für viele von den in den letzten fünfundzwanzig Jahren entstandenen „Dichtungen" gilt und ob diese Definition überhaupt exakt ist. Denn um Dichtkunst zu definieren, müßte man bis in die Anfänge ihrer Entwicklung zurückgehen. Die Kenntnis von Homer, Shakespeare, Goethe, Dante, Emerson, Byron oder Longfellow einem Urteil über Wesen und Entstehung der Dichtung zugrunde zu legen, wäre so trügerisch und unsinnig, wie etwa der Versuch, das Studium des Wesens der Verkehrsentwicklung auf die Untersuchung der Mechanismen eines Motors unseres schnellsten Flugzeugs zu gründen. Bleiben wir darum in unseren psychoanalytischen Geleisen und suchen wir Material über die Entstehung dieser oralen Befriedigung beim Neurotiker, beim Psychotiker, beim Kind und beim Primitiven.

Wenn wir die Entwicklung des Sprachgebrauchs beim Kinde beobachten, so sehen wir, daß es lange vor dem Gebrauch zusammenhängender Worte zu seiner Mutter in einer Sprache spricht, die nur ihm allein eigen ist. Es braucht diese Sprache, wenn es seine Wünsche nach Nahrung und Bequemlichkeit ausdrücken will. Mütter und Kinderkenner können die verschiedenen

Wünsche, die das Kind im Schreien ausdrückt, genau unterscheiden. Nach Jespersen[1] hat die sprachliche Entwicklung des Kindes drei Perioden: Schreien, Krähen oder Lallen und Sprechen. Das Schreien des Kindes holt die Eltern in seine Nähe, und das Kind lernt bald, davon Gebrauch zu machen, wenn es sich nicht behaglich fühlt oder etwas wünscht. Später benützt das Kind dieses orale Mittel, um die Eltern zu tyrannisieren. Weiterhin bringt das Kind auch fröhliche Laute hervor, wie Gurren, Krähen, Lallen, manchmal schon von der dritten, manchmal erst von der siebenten oder achten Woche an. Aber auch noch lange nachdem es den Gebrauch der Wörter erlernt hat, bezieht es Lust aus dem Hervorbringen sinnloser Laute. Vom zweiten Jahre bis zum Schulalter zeigt das Kind eine ausgesprochene Tendenz, mit Worten als Klängen zu spielen. Eltern sind über diese Leistungen zuerst entzückt, später verärgert. Irgend ein Wort oder ein Satz wird aufgegriffen, in Kauderwelsch verdreht und minuten- und stundenlang wiederholt. So machte es einem dreijährigen Knaben sichtlich Vergnügen, als das Kindermädchen *„rye bread"* (Roggenbrot) sagte. Er wiederholte es immer und immer wieder, bis es klang wie *ryebredryebred*, und achtzehn Minuten später war es in ein stereotypes *Rybrrrrrrrbbrrrrd* verkümmert, das er lange Zeit hindurch immer wieder sagte und sang. Jespersen zitiert folgende Sätze von Hawthorne beziehungsweise Rob. Louis Stevenson, um diese Beobachtung zu stützen:[2]

„Pearl murmelte etwas in sein Ohr, was zwar wie menschliche Sprache klang, aber nur Kauderwelsch war, wie man es von Kindern hört, die sich damit stundenlang belustigen" (*„Scarlet Letter"*), und „Kinder ziehen den Schein der Wirklichkeit vor. Wo sie verständlich miteinander sprechen könnten, schwatzen sie stundenlang sinnloses Kauderwelsch und sind ganz glücklich im Vorgeben, französisch zu sprechen." (*„Virginibus Puerisque".*)

Ich beobachtete einmal etwa ein Dutzend Kinder, die im Central-Park spielten. Sie waren wohl zwischen vier und sechs Jahren, der führende Knabe, der meine Aufmerksamkeit auf sich zog, war nach Aussage seiner Erzieherin etwas über fünf. Der kleine Kerl griff jeden Satz auf und sang und reimte ihn mit allen möglichen sinnlosen Silben, zur großen Freude aller übrigen. Zum Beispiel rief eine der Gouvernanten ihrem Schützling zu: *„Don't run up the rock!"*, und schon begann der zukünftige *Poeta laureatus* zu singen:

---

1) Language: Its Nature, Development, and Origin, S. 103, Henry Holt & Co., New York 1922.
2) l. c., S. 149.

„Don't run up the rock
Don't bun up the dock
Don't bun bon the nock
Don't don't don't the dock usw."*

Die anderen Kinder mußten seine dichterischen Fähigkeiten bemerkt haben, denn sie sahen ihn begeistert an und schrien vor Lachen. Das Spiel dauerte geraume Zeit, bis das Kindermädchen, gelangweilt durch den Unsinn, den Knaben unterbrach. Bei der Beobachtung solcher oraler Leistungen spürt man, daß Wörter dem Kinde jahrelang zuweilen nicht mehr bedeuten, als dem dressierten Papagei oder Star. Unser Star Ned, den wir im Hause haben, seitdem er flügge wurde, lernte nicht bloß den Yankee Doodle und andere Lieder zu pfeifen, sondern er erwarb einen Wortschatz von etwa einem Dutzend Wörtern und Sätzen, die er sehr gut ausspricht. Er spricht: *Hello, Ned, hello sweet Neddie, hello Neddie boy, come on, come on, water, bath, worms* usw. Er schnappte diese Wörter im Laufe der Zeit auf und sprach sie uns nach. Er gewöhnte sich bald daran, jeden Morgen zu baden; wir sagten dabei: „*Come on, get your bath*", und diese und andere Wörter wurden ihm dann gleichsam Bedingung. Wenn es gelegentlich vorkam, daß wir ihm sein Bad etwas später zurechtmachten, konnte er in unser Zimmer kommen und „*bath, bath*" sagen. In derselben Weise verband sich ihm das Wort „*worms*" mit seinem Frühstück, da er dann immer Mehlwürmer bekam. So weit wir sehen konnten, handelte er in dieser Hinsicht — wie ein Kind. Aber wenn er Lust hat, zu singen, wiederholt er nacheinander alle Worte und Lieder, die er beherrscht; anscheinend ist er nicht fähig, zwischen Singen einerseits, Wohlbefinden und Bedürfnis anderseits zu unterscheiden. Wenn er ärgerlich und böse ist, hackt er nach einem und schreit: „*Hello! Hello! Come on, come on!*". Diese Wörter bedeuten für Ned Bedürfnis, Vergnügen und Ärger, noch jetzt, da er fünf Jahre alt ist. Nun handeln Kinder ganz genau so, solange sie noch klein sind. Ein Kind von zweieinhalb Jahren drückte seine Wut gegen die Eltern aus, indem es sie „Orangen", „Stuhl" und „Schokoladen" rief. Aber die Differenz zwischen dem Star und dem Kind liegt darin, daß das normale Kind, körperlich und geistig anders strukturiert, seine Sprache allmählich zu einem höher dimensionierten Gebilde entwickelt. Das zurückgebliebene Kind mag, je nach dem Grade seines Defekts, etwa bei Idiotie nicht weiter kommen als bis zum Hervorbringen einfacher und farbloser Laute oder, wie es bei manchen Imbezillen der Fall ist, eine gewisse Wortarmut oder einen unrichtigen Gebrauch des Wortschatzes aufweisen.

Die kindliche Lust am Spiel mit Wörtern[1] war die Quelle unzähliger Kinderreime sowie von Werken, in denen — wie etwa in „Alice im Wunderland" — sinnlose Neologismen und Reime eine große Rolle spielen. Aber noch im erwachsenen Alter gefällt sich das normale Individuum gelegentlich darin, mit Wörtern als mit sinnlosen Klängen direkt zu spielen. Schul- und College-Rufe — *Rah, rah, rah, boom, boom, boom, Zoopolica, boomalika* usw. — erweisen das hinlänglich. Dauernd werden neue und sinnlose Wörter und Ausdrücke geprägt und mit einem speziellen, meist suggestiven Sinn versehen, und bald finden sie ihren Weg in unsere Alltagssprache und manchmal sogar ins Lexikon. So ist z. B. heute das Wort „*whoopee*" sehr populär geworden. Jung und alt gebrauchen es, um etwas Verbotenes, Tolles zu bezeichnen. Vor langer Zeit waren ähnliche sinnlose Neologismen viele Jahre populär: „*Hey tidle-dee didle-dee yum-ti-dum-deeda*" und „*Tararaboom-deay*".

Daß alle diese Ausdrücke auf ein Freiwerden oraler Lust schließen lassen, sieht man sehr schön an den Kosenamen, die Kindern und geliebten Personen gegeben werden. Wenn eine Mutter ihre kleinen Jungen „*Honey boy*" nennt, so liegt offenbar kein Irrtum in der Geschmacksempfindung zugrunde. Besonders die Liebessprache fügt den Namen gern honigsüße Attribute und sinnlose Silben hinzu; Anreden wie „*sweetheart*", „*honey*", „*sugar-plum*", „*snookey wookey*" etc. sind außerordentlich verbreitet. Überdies überwiegen bei diesen „normalen" wie bei den abnormen Regressionen auf prägenitale Organisationsstufen die sprachlichen Manifestationen. Liebende regredieren häufig zur „Babysprache", besonders Frauen. Nach Jespersen ist die Frau

> „sprachlich schneller als der Mann: schneller im Lernen, schneller im Hören und schneller im Antworten. Der Mann ist langsamer; er zögert, er käut wieder, um sich des Geschmacks der Wörter zu vergewissern, entdeckt so Ähnlichkeiten und Differenzen in Klang und Sinn der verschiedenen Wörter und rüstet sich auf diese Weise zum angemessenen Gebrauch des passendsten Haupt- oder Eigenschaftswortes."[2]

Mit anderen Worten: die Frau geht leichter aber oberflächlicher mit ihrer Zunge um als der Mann, die emotionellen Elemente überwiegen über die intellektuellen. Viele Männer haben mich schon um eine Erklärung gebeten, warum Frauen in der Liebe sich in die Babysprache flüchten, besonders während intimerer Situationen. Die Antwort muß zweifellos lauten, daß eine Regression in die früheste prägenitale Periode vorliegt,

---

1) Siehe Freud: Der Witz und seine Beziehung zum Unbewußten. Ges. W., Bd. IX.
2) l. c., S. 29.

als des kleinen Mädchens größter Wunsch — den Vater ganz für sich zu haben — nicht restlos erfüllt werden konnte. Die betreffenden Männer waren meistens mittleren Alters, die betreffenden Frauen eher jung. Die Babysprache ist eine unbewußte Wiederbelebung früh-infantiler prägenitaler Erfahrungen mit dem Vater.[1]

Es sei festgestellt, daß alle diese Versuche, orale Besetzungen zur Abfuhr zu bringen, Leistungen des Unbewußten sind. Es könnte scheinen, daß wir es hier mit Automatismen zu tun haben, die sich dem Bewußtsein in besonders affektiven Situationen aufdrängen. Vor vielen Jahren hatte ich eine hysterische Patientin mit großen hysterischen Anfällen, die während der Anfälle automatisch sprach und schrieb. Sie schwang ihren Körper oder nur ihren Kopf hin und her und sprach oder schrieb Wörter oder Sätze, die niemand verstand. Die Patientin war im normalen Zustand ganz begabt und schrieb beachtenswerte Gedichte. Ein charakteristisches Beispiel ihrer Leistungen während des Anfalls: *„Dub-jumble-bumble-dumble-dill-doll-doll-dell-ell-ill-hill-hill-jill-go-gu-giu-ju-jup"* usw. Die Analyse zeigte, daß diese sinnlosen Silben sich auf die Kinderreime von *„Jack and Jill"* und *„Rub-a-dub-dub"* bezogen. Solches Kauderwelsch wurde gewöhnlich produziert, wenn sie nach irgend einer Gemütserregung in einen träumerischen Zustand versank. Freilich deutete diese Patientin, die unter spiritistischem Einfluß stand, alle möglichen mystischen Bedeutungen in ihre Leistungen.

Zungenreden und andere Formen der Glossolalie, über die es eine sehr umfangreiche Literatur gibt, gehören zu derselben Kategorie oraler Befriedigungen.[2] Die von mir beobachteten und studierten Fälle zeigten deutlich, daß selbst diese gänzlich unsinnigen Produktionen der Analyse unterworfen werden können, ebenso wie Träume und schizophrene Verbigerationen. Von letzteren gibt Jung[3] eine Anzahl von Beispielen, deren eines ich zitiere: Ein Katatoniker sang zeitweilig stundenlang ein religiöses Lied mit dem Refrain „Hallelujah". Dieser verkümmerte allmählich zu „Hallo-ha" schließlich zu „ha-ha-ha", begleitet von konvulsivischem Gelächter. Ein von mir

---

1) Anderseits hörte ich von einer Anzahl Männer, die in ähnlichen Situationen, besonders während des Koitus, das Wiehern des Hengstes, das Knurren des Hundes oder ähnliche Laute nachahmten; alle diese Fälle ließen sich auf eine Identifizierung mit dem betreffenden Tier hinsichtlich der sexuellen Potenz zurückführen.

2) Wer sich dafür interessiert, sei auf G. B. Cuttens sehr interessantes Buch Speaking with Tongues hingewiesen; vgl. auch Monroe Meyer in Int. Journal of Psychoanalysis, 1928, S. 269—271.

3) C. G. Jung: Die Psychologie der Dementia praecox. Halle a. S. 1907.

beobachteter Schizophrene schloß sein Gelächter an „komische Wörter" an, die sich ihm gegen seinen Willen aufdrängten. Die Wörter *„stipulate"*, *„tripodate"*, *„manipulate"* und ähnliche Ausdrücke wiederholten sich dauernd in seinem Denken und machten ihn lachen, trotzdem sie eigentlich gar nicht komisch waren. Die Analyse deckte auf, daß er mit fünf oder sechs Jahren ein Lied gehört hatte, in dem die Buchstabenfolge des Refrains „Mississippi", folgenderweise in Silben abgeteilt, buchstabiert wurde: *Mis-sis-sip-pi.*[1] Als er das Lied zum ersten Male hörte, amüsierte es ihn sehr, und er lachte so unmäßig, daß es seine Eltern bald sehr störte. Was ihn so belustigte, waren die letzten Silben, die ihm so klangen wie *„as I pee, pee I".* Noch wochenlang zwang ihn allein der Gedanke an das Wort Mississippi zum Lachen, und als er das Lied schließlich vergaß, ersetzte er es durch andere Wörter und Silben, die ihm ab und zu rhythmisch durch den Kopf giengen. *„As I pee, pee I"* klang ihm so komisch, weil er seine Blase noch nicht beherrschen konnte. Diese Schwierigkeit war in seinem Denken natürlich mit erheblicher Unlust verknüpft, und er gab sich die größte Mühe, sie zu verdrängen; das Wort Mississippi mit den suggestiven Schlußsilben *„as I pee, pee I" (sip-pi)* mußte als Reizwort wirken und den Betrag psychischer Energie, der bisher in der Gegenbesetzung gebunden war, unmittelbar freisetzen und entbinden.[2] Die Automatismen, die im späteren Leben zum Vorschein kamen und gewöhnlich Gelächter erzwangen, enthielten die Silbe „ip" und bezogen sich in der Regel auf Dinge sexueller oder genitaler Natur; sie wurden meistens in entstellter Form gedacht. So erklärte sich *„stipulate"* aus *„to stand up late"* und bezog sich auf seine geschwächte Potenz; *„tripodate"* löste sich in *„tripod and date"* auf, etwas, was aufsteht und zur Zeit da ist, und *„manipulate"* bezog sich auf seine verbotenen „Manipulationen". Ich habe viele ähnliche Automatismen in zugänglichen Fällen von Katatonie beobachtet und analysiert.

Aber auch normale Personen erinnern sich, daß sie in ihrer Kindheit gezwungen waren, bei bestimmten Wörtern oder Sätzen zu lachen Ein 45jähriger Mann konnte nicht erklären, warum er als Junge immer lachen mußte, wenn er die Worte *„scarlet macaw"* hörte. Irgendwie entdeckten das die Eltern, und sie benützten es immer, wenn er aufhören sollte zu weinen: man brauchte nur *„scarlet macaw"* zu rufen, und er mußte lachen. Eine junge Frau von 25 Jahren mußte zwanghaft lachen,

---

1) Populär geworden durch die begabte Schauspielerin Frances White.
2 Freud, l. c., S. 228.

wenn sie das Wort „Candida"[1] hörte. In diesen und ähnlichen Fällen
konnte der Grund des Lachens leicht auf frühe verbotene Freuden zurückgeführt werden, die später verdrängt werden mußten; die Betreffenden
zeigten starke prägenitale Fixierungen.

Ähnliche Mechanismen ergeben die Basis der oralen Störungen bei den
Psychotikern. In den Krankenblättern meiner Anstaltspatienten finden sich
zahlreiche Beispiele von „Stereotypien und Verbigerationen". So wiederholte
ein Katatoniker von 26 Jahren rhythmisch tagaus tagein, jahrelang:

> *I didn't do it*
> *You didn't do it*
> *I didn't do it*
> *You didn't do it usw.*

Man mußte schon sehr genau hinhören, um den Klang der Worte zu
erfassen; der monotone Rhythmus ähnelte etwas dem Grillenruf „*Katy-
did-it*"[2] den man so oft an Herbstabenden hört. Ein anderer Patient wiederholte dauernd: „*hochee, hochee, notchee, datchee, mutchee, mutchee, practchee,
lacchee, whatchesay, whatchesay?*" Diese und ähnliche schizophrene Produktionen ähneln außerordentlich den stereotypen Wiederholungen, die
man von Kindern und Zungenrednern hört. Cutten muß sich darüber klar
gewesen sein, daß es sich bei Zungenreden um einen Infantilismus und
etwas Psychopathologisches handelt, wenn er feststellt, daß ein bemerkens-
wertes Charakteristikum der Wortbeispiele im Zungenreden die Alliteration
und die Wiederholung ist. Z. B. „*prou, pray, praddy*", „*pa palassate pa
pan pu pe*", „*telli, teratte, taw*", „*terrei te te-te-te*", „*vole virte vum*". —
Es erinnert uns an die sinnlosen Silben, mit denen Kinder ihre Spiele
auszählen, „*enee menee minee mo*", was ursprünglich sicher ein Versuch
war, in einer fremden Sprache zu reden.[3] Dieselbe Ausdrucksweise findet
sich auch in den von Kindern erfundenen Sprachen und in den Glossolalien
der Psychopathen. Vor einiger Zeit untersuchte ich eine Choristin in der
Psychopathenabteilung des Bellevue-Hospital (New York), die sich für eine
ägyptische Prinzessin hielt und behauptete, nur ägyptisch zu sprechen. Mein
Ruf als Sprachkenner verleitete den Direktor dieses Krankenhauses, M. S.
Gregory, mich um eine Untersuchung dieser Patientin zu bitten. Ich fragte sie,
wie „gib mir Brot" auf ägyptisch heiße, und sie antworte: „*jimman jumjum*

---

1) Dieses Wort deckte „Zuckerwerk (engl. = *candy*), gestohlene Süßigkeiten, Bestrafung" und bezog sich direkt auf eine Reihe von unangenehmen Erlebnissen.

2) „*Katydid*" = nordamerikanische Hausgrille, Heimchen.

3) l. c., S. 174.

mumi". Ein Stenograph hielt ihre Antworten phonetisch fest, und mit leichten Klangabweichungen bat sie mit denselben sinnlosen Silben um Brot, Liebe und Geld.

Aus den bisher gegebenen Beispielen können wir feststellen, daß durch Affektstörungen orale Äußerungen hervorgerufen werden können, die anscheinend jeder sprachlichen Logik und Ordnung entbehren und bei denen der psychische Akzent vom Wortsinn auf den Wortklang verschoben ist. In den sinnlosen Silbenwiederholungen der Kinder, den Stereotypien der Schizophrenen, den Ausdrücken der Zungenredner und ähnlichen psychopathischen Produktionen wird das deutlich. Aber da alle diese Erscheinungen entweder beibehaltene infantile Oralerotismen oder Regressionen sind, dürfte die Frage Beachtung verdienen, wie die Primitiven sich ausdrücken, wenn sie in ähnliche Gefühlssituationen geraten.

Theodore Roosevelt stellt in seinen „African Game Trails" fest, daß jedes gefühlsbetonte Erlebnis, sei es noch so geringfügig, die Eingeborenen zum Singen reizt. Gewöhnlich war es „ein Stegreifgedicht über irgend etwas, was sie im Moment interessierte. Eine halbe Stunde besangen sie das Fest des *Bwana Makuba* (großer Meister oder Häuptling, mein Name), der das Flußpferd tötete; besonders wurde betont, wieviel vortreffliches Fleisch es geben und wie sehr gut das Mahl sein würde. Gewöhnlich improvisierte einer das Lied, die anderen fielen im Chor ein." (S. 260.) Ein solcher Gefühlsüberschwang wegen großer Fleischmengen, die ein gutes Mahl liefern würden, dünkt unserem Ex-Präsidenten etwas Besonderes; unterscheidet sich dieses Verhalten aber gar so sehr von den Lobliedern, die von unseren zivilisierten Rassen dem Essen gesungen werden? Man denkt zwangsläufig an das Lied vom „Altenglischen Roastbeef", das im Anfange des siebzehnten Jahrhunderts in Großbritannien außerordentlich populär war.[1]

Man kann wohl sagen, daß das Loblied auf das Roastbeef, Englands gastronomische *Pièce de resistance*, die Gefühlskonkurrenz mit den Liedern

---

1) Es lautet:

Das mächtige Roastbeef	Wenn Briten verachten,
Tat dem Engländer gut!	Was jetzt sie ergötzt,
Es adelt die Herzen	Womit Welsche und Spanier
Und kräftigt das Blut,	Das Futter ersetzt,
Den Höfling macht's tüchtig,	Das gewaltige Roastbeef
Dem Krieger gab's Mut.	Bleibt Sieger zuletzt.
Oh! das altenglische Roastbeef!	Oh! das altenglische Roastbeef!
Und oh! das Roastbeef Alt-Englands!	Und oh! das Roastbeef Alt-Englands!

aufnehmen kann, in denen die Wilden sich auf die großen Massen von Flußpferdfleisch freuen.

Immerhin muß man zugeben, daß die Primitiven aus Anlässen in Affekt geraten, die uns unwichtig scheinen. Das geht deutlich aus Roosevelts spannendem Werk hervor, in dem wir lesen können, wie die Eingeborenen einander feierliche Lobgesänge singen, in denen immer der eine die zahlreichen guten Eigenschaften des andern rühmt, oder daß sie auch so banale Leistungen wie etwa das Holzholen besingen. Letzteres beschreibt Roosevelt wie folgt:

„Die ersten warteten in der Mitte des Lagers, bis alle zusammen waren, dann fingen sie an, im Takt mit den Füßen zu stampfen. Der Führer oder *shanty* ruft: „*Kooni*" (Holz), alle anderen brummen zustimmend unisono: „*Kooni telli*" (viel Holz). „*Kooni*" ruft wieder der Führer, „*Kooni*" ist die Antwort. „*Kooni*" der Führer; diesmal kommt von den anderen nur ein langgezogenes „*Hum-m-m*". So geht es weiter, bis die Lasten abgeladen sind. Ihr Gefühlsaufwand variierte natürlich je nach der Situation. Der Tod eines Löwen regte sie mehr auf; dann sangen sie ihre rauhen Jagdgesänge oder Siegeslieder, bis die monotonen, rhythmischen Wiederholungen sie beinahe von Sinnen brachten."

Dieselben Gefühlsausbrüche von Wilden hat auch Updegraff in seinen „Kopfjägern vom Amazonenstrom" beschrieben:

„Eine Gruppe von Burschen ist in aufgeregter Unterhaltung. Anscheinend agieren sie alle die Bewegungen des Trombonspielers, ihre rechte Hand fliegt hin und her, vom Mund bis zur vollen Armlänge, die Handfläche nach innen. Ihre Stimmen sind laut und tief, und das Leuchten ihrer dunklen Augen verrät ihre Aufregung. Sie sprechen vom Krieg, das wissen wir, denn nur dann gestatten sie sich diese Gesten und diesen forcierten Ton."

Diese monotone Wiederholung von improvisierten Sätzen oder sinnlosen Wörtern ist bei allen Primitiven in allen Erdteilen beobachtet worden. So berichtet R. F. Barton[1] über die Ifugaos, einen ziemlich primitiven Philipinnenstamm, bei dem jeder außereheliche Verkehr unter strengem Tabu steht; er zitiert folgendes Lied, in dem sinnlose Wortfolgen gebraucht werden:

„Die Jungen sitzen in einer Reihe unter den Häusern, nach Geschlechtern getrennt, und kritisieren einander abwechselnd singend. Einer improvisiert, ein anderer aus dem gleichen Geschlecht fällt bei „*Di-din-ay-an!*" (jetzt jedenfalls sinnlos) ein.

Die Männer: „Ihr Frauen, *Di-din-ay-an!*
Ihr sammelt Schnecken auf den Reisfeldern, *Di-din-ay-an!*
Ihr kocht und eßt und verbergt den Rest, *Di-din-ay-an!*
Ihr lasset eure Männer dürr werden, *Di-din-ay-an!*"

---

1) R. F. Barton: „Hunting Soul Stuff", Asia, März 1930.

Die Frauen: „Ihr Männer, *Di-din-ay-an!*

Ihr geht weg mit euren Netzen, *Di-din-ay-an!*
Ihr fangt einen großen Flußfisch, *Di-din-ay-an!*
Ihr kocht ihn in einem großen Topf, *Di-din-ay-an!*
Ihr eßt ihn in einen großen Dickwanst, *Di-din-ay-an!*"

Dieses Thema wird stundenlang ohne irgend eine Änderung wiederholt. Der Autor versucht, den Grund, warum die Nahrung das Thema für Musik, Dichtung und Unterhaltung abgibt, dahin zu erklären, daß das Gesungene irgend einmal wahr gewesen sein mag.

„Man glaubt", sagt er. „daß bei allen Völkern der Selbstschutz zuerst Handlungen erforderte, die dann als Liederthemen reproduziert werden. Diese Freßgesänge mögen die Überbleibsel einer solchen Zeit sein und jetzt als ein Mittel gebraucht werden, einen tabufreien Kontakt zwischen den Geschlechtern zu ermöglichen."

Vielleicht gibt es da Improvisationen, die unter der Blume das Tabu verletzen. Was uns an diesen Freßliedern der Ifugaos interessiert, ist die Verwendung sinnloser Silbenfolgen und die Tatsache, daß tabuierte Sexualität, um zur Abfuhr zu gelangen, auf eine prägenitale, die orale Phase, regrediert.

Margaret Mead gibt in ihrem Buch *„Growing up in New Guinea"* einen ähnlichen Bericht über die Lieder und Gesänge der Manus auf den Admiralitätsinseln:

„Eine Gruppe hat auch die Tendenz, Sätze aufzugreifen und zu wiederholen oder in einen leisen, eintönigen Gesang zu verwandeln. Besonders, wenn man zufällig einen Satz in singendem Tone äußert, oder einen Ausruf in einer anderen Tonart als die sonstige Unterhaltung, oder wenn man etwas vor sich hinmurmelt. Die zufälligsten und gewöhnlichsten Sätze, wie: ‚ich verstehe nicht', oder ‚wo ist mein Kanu', werden mit größter Genugtuung noch mehrere Minuten lang wiederholt. Ich habe bis zu sechzig Wiederholungen eines einzigen einsilbigen Wortes gezählt, entweder eines richtigen Wortes, oder einer sinnlosen Silbe. Und nach der sechzigsten Wiederholung war es weder jung noch alt zu viel."

Die Verfasserin beobachtete auch, daß diese Eingeborenen

„singen, wenn ihnen kalt und elend ist, oder wenn sie sich nachts fürchten. Wenn sie müde sind, finden sie sich in Gruppen zusammen und singen lange eintönige Gesänge immer und immer wieder:

I am a man
I have no wife
I am a man
I have no wife" usw.

Clark Wissler zitiert in seinem Buche *„The American Indian"* eine Anzahl von Dichtungen in der Form von Hymnen, Gebeten und Kriegsliedern von unseren Indianern und Eskimos, in denen er dieselbe Art der oralen Abfuhr aufzeigt. Er sagt: „Bei diesen Texten sehen wir, daß viele Zeilen eines Verses mit sinnlosen Silben ausgefüllt sind."

Was nun diese sinnlosen Wörter oder Silben bei den Primitiven bedeuten, ist unmöglich festzustellen; auch wäre eine solche Feststellung kaum von großer Bedeutung für unsere These. Es mögen etwa in Vergessenheit geratene Wörter sein; aber ähnliche Leistungen von Kindern und Erwachsenen lassen mit Sicherheit annehmen, daß solche sinnlose Wörter oder Silben, wie *„Whoopee, Tar-a-ra-boom-di-ya-hi-didle-dee, didle-dee boom de yun, de-a"* usw., einen Ausdruck von Gefühlserregungen bedeuten. Man braucht die onomatopoetische Theorie der Entstehung der Sprache nicht in ihrer Gänze anzunehmen, und kann doch davon überzeugt sein, daß sehr viele Wörter und Ausdrücke auf diese Weise entstehen.[1] Ferner machte ich Beobachtungen über die Entstehungsweise sogenannter „dichterischer" Leistungen bei Patienten, die Dichtungen geschrieben und publiziert hatten, die mich zu dem Schluß führten, daß zuerst das Gefühl, die Stimmung da ist, und dann erst die Worte ihr angepaßt werden. So hat eine meiner früheren Patientinnen, Miß X., eine bekannte Dichterin, in gehobener Stimmung den außerordentlich starken Drang zu dichten. Diesem gesteigerten oder manischen Zustand geht immer eine Depression voraus, aber bevor jener voll entfaltet ist, wiederholt sie innerlich immer folgendes: *„He hem, he hem, dem dem, nem nem, he hem, he hem . . ."*, was sie als synchron mit ihrem Herzschlag empfindet. Diese Wiederholungen ohne Sinn dauern ein paar Tage, ehe sie einen Sinn bekommen. Wirkliche Wörter und Sätze kommen dann gelegentlich vor, aber sie unterliegen demselben Rhythmus. Zwanghaft bleibt sie dabei, innerlich zu wiederholen: *„me, me great, me, me great"* usw., oder *„I'm a wonder, I'm a wonder, I'm a wonder"* usw.; bald wird die Patientin erregter und wiederholt immer längere Sätze. Ein typisches Beispiel für deren pathetischen Charakter lautet:

„She is Sheba the queen
Behold her splendor!
Her eyes gleam green
None dare offend her."

Bei zunehmender Manie äußert sich der Tätigkeitsdrang in ununterbrochenem Schreiben in großen umfangreichen Buchstaben, achtzig und

[1] Über den Ursprung der Sprache vgl. Sapir: „Language." Harcourt, Brace & Co., New York.

mehr Seiten, auf denen die Ideenflucht immer deutlicher wird; der Schluß ist dann richtiger Wortsalat. Um den Leser nicht zu sehr durch lange Zitate zu belasten, will ich nur ein paar Sätze anführen, um Richtung und Stimmung ihrer Gedanken zu charakterisieren. Das folgende stammt aus einem Brief an einen Verwandten, den sie heimlich verehrte:

„I have never experienced in all my days never never never anything like this of the eight minutes blood pressures and pain the second four less pain and then four minutes the worst suppressed excitement with heart affected by this, I have never experienced in all my days with heavy heartedness same as first to five minute chills once in a while and the beginning of this was fierce cold for this combination to tell of the severity and enormity of this suffering of the code of 7—999, 999, 999. 999, 999, 999, 999, 999, times by —999, 999, —999, so as the better to tell you with this weight on head an chin and neck but a dead weight on two to three counts of forty-five seconds to a minute same code."

Das zeigt ihre Verfassung, bevor sie in eine Art erschöpfter Depression fällt, die manchmal dem manischen Stupor ähnelt. Der depressive Zustand tritt ziemlich rasch ein. Innerhalb weniger Tage wird die Patientin schwer depressiv und gehemmt. Manchmal wird die Retardation so stark, daß die Patientin ihre Gedanken nicht festhalten kann, „es ist wie eine komprimierte Dunkelheit, in der nichts zu unterscheiden ist". Aber eine andere schizoid-manische Patientin, die ebenfalls dichterisch veranlagt ist, beschreibt ihre Depressionen:

„Seitdem ich mich meiner depressiven Stimmungen erinnern kann, verursachten alle Klänge einen merkwürdigen, immer wiederholten Rhythmus in mir — fast eine Melodie mit einem höhnischen Beiklang, begleitet von Worten wie: ‚Hm, hm, hm, you're a devil, you're a devil, you're a devil'. Das wiederholte sich in meinem Kopf stundenlang. Andere Male, im selben Zustand, quälten mich Worte wie: ‚You're a bad girl, bad girl, bad girl', oder ‚Mother hates you'."

„In Träumen kehrte dieser selbe Rhythmus wieder, besonders in einem Alpdruck, der mich zwischen meinem 8. und 12. Jahre quälte. In diesem Alpdruck hing ich mit dem Rücken an einem Seil über einer weiten blauschwarzen Wasserfläche, jede Minute kann ich mein Gleichgewicht verlieren und in die Finsternis da unten stürzen. Das Wasser stöhnte in dem gleichen Singsang zu mir herauf, es sang dieselben vorwurfsvollen Worte, die ich tagsüber hörte. Wenn ich Angst habe, so fühle ich den Zwang, diese kurzen Sätze ununterbrochen herzusagen, und ich bin nicht fähig, die Wiederholung zu unterdrücken."

So fühlt und handelt diese begabte Frau dann wie die Manus von Neuguinea: in Erregungs- oder Angstzuständen sucht sie Zuflucht in einer oralen Abfuhr. Aber anders als die Primitiven, die sinnlose Wörter oder Sätze singen, wiederholt diese kultivierte syntonische Frau in ihren Zwangsphrasen das Schelten ihres Über-Ichs, dem sie sich demütig unterwirft.

Eine andere Patientin, Miß Z., die einen Band Gedichte herausgegeben
hat, klinisch eine Schizoid-Manische, berichtet, daß sich während ihrer Depressionen entweder sinnlose Silben monoton wiederholen oder aber alberne
Reime, die sie oft in all ihrem Elend lächeln machen. Ein Beispiel dafür
lautet:

> *„See Saw See Saw*
> *See Saw See Saw*
> *See Saw See Saw*
> *See Saw See Saw."*

Dieser Text, der die Wiegenlieder ihrer frühen Kindheit zurückruft, geht
im Takt ihres Atems. Manchmal begleitet sie die innerlichen Wiederholungen von *„see saw"* mit einem tickartigen Stöhnen, das sie kaum unterdrücken kann. Andere sinnlose Dichtleistungen derselben Patientin:

> *„Stung (Bee)*
> *Dunc Dunc*
> *Bunc Bunc*
> *Hunc Hunc"*, oder

> *„Candles Candles Mantles Candles*
> *Squat on Mantles Candles Candles*
> *Hoi Hoi Toi Hoi*
> *Oi Oi Oi Oi."*

Diese Produktionen beziehen sich auf bestimmte Ereignisse im Leben
der Patientin, auf die hier nicht eingegangen werden kann. Beachtenswert
ist, daß diese Patientin besonders empfindlich in Bezug auf Geräusche ist,
die sie sowohl als äußerst störend wie auch als beruhigend empfindet. Die
beruhigende Wirkung beschreibt sie folgendermaßen:

> „Oft empfinde ich eine entschiedene gefühlsmäßige Erleichterung durch Lärm,
> etwa durch das Dröhnen der Untergrundbahn oder das Schreien der Zeitungsjungen.
> Es ist, als ob ich den Lärm gemacht hätte; das schreckliche Kreischen der Züge
> wird zu meiner Stimme — und plötzlich bin ich ruhig und wie erlöst von dem ent-
> setzlichen Druck des Stillhaltens. Das Getöse und Durcheinander eines Nachtlokals
> verschafft mir dasselbe Gefühl der Erleichterung."

Diese Patientinnen waren mittleren Alters und, wie schon erwähnt, dichterisch
begabt; die sonderbaren Produktionen, von denen ich einige zitierte, entstehen gewöhnlich während ihrer Anfälle, manche auch im freien Intervall,
in dem sie wirkliche Dichtungen schreiben können.

Im Gegensatz zu diesen Patienten möchte ich jene erwähnen, die im
Normalzustand nicht dichten, aber im Ausnahmezustand zu „Dichtern"

werden. Ein ausgezeichnetes Beispiel bietet der Patient W., den ich im Central Islip State Hospital behandelte. Er war 62 Jahre alt und wurde eingeliefert, weil er dauernd schrie und kreischte. Er gab an, er könne es nicht ändern, er müsse schreien, weil er sich so sehr über den Verlust von Geld und Besitz ärgere. Im allgemeinen zeigte der Patient einige senile Züge: seine Stimmung war depressiv. Nachdem er vier Monate lang die anderen Spitalsinsassen durch sein Schreien und Stöhnen geärgert hatte, trat ein gewisser Rauschzustand ein, und er entdeckte plötzlich, daß er ein Dichter sei, „ein großer Dichter", wie er sagte. Ein Beispiel seiner poetischen Leistungen:

Thou old Adonis
Thought you at Rest
  asleep
Anew causing
  Displeasure Pain
Awake again
I pray for dispense
  a glorious Bliss
Masters of Temptation
A sorrowful Cruelty

Ever since Creation
Yes, it is easily said
Millions know the old
  Time story
All for that tempting
  Bait
Adam and Eve
Lost the paradise
Halleluya Glorious!

Man sieht leicht, daß es sich um ein schwaches Bemühen handelt, zu reimen. Den Inhalt kann man verstehen, wenn man weiß, daß der gesteigerte Zustand seine Sexualität plötzlich aktivierte. Während der depressiven Phase war er ins primitiv-kindische Schreien, Kreischen und Jammern geflüchtet, während der gesteigerten Phase bemühte er sich, seine oralen Regungen in eine der Konvention besser entsprechende Form zu bringen. Wie bei den anderen obenerwähnten „wirklichen" Dichtern handelte es sich um eine syntonische Persönlichkeit von schizoid-manischem Typus mit milden hypomanischen Perioden während des ganzen Lebens. Als Dichter versuchte er sich das erste Mal, und wenn wir unser Wissen über den Ablauf der Einfälle auf seine Leistung anwenden, sehen wir, daß der Patient oberflächliche oder „äußerliche" Assoziationen den „innerlichen" vorzieht. Immerhin macht er von den vielen klanglichen Assoziationen, die für Kinder, manche Psychotiker und schließlich auch für manche hypermoderne Dichtung charakteristisch sind, keinen Gebrauch.

Oben haben wir Beispiele für diese Art des Gedankenablaufs gegeben; zum Vergleich zitieren wir noch aus den „dichterischen" Leistungen der Gertrude Stein, einer Pionierin modernistischer Dichtung, aus *„Sacred Emily"*:

„*Next to barber.*   *Next to barber and hurry.*
Next to barber bury.   *Next to hurry.*
Next to barber bury china.   *Next to hurry and glass and china.*
Next to barber bury china glass.   *Next to hurry and glass and hurry.*
Next to barber bury china and glass.   *Next to hurry and hurry.*
Next to barber and china.   *Next to hurry and hurry.*"[1]

Im Gegensatz zu diesen stereotypen Wiederholungen zeigt das folgende Gedicht, wie vielseitig Miß Steins kosmisches Bewußtsein ist:

„*Here is a poem*   *All animals howl.*
Amber.   *All animals or a barnyard fowl.*
Ambler Curran.   *All animals are stars.*
Amber is found on the shores of the Baltic.   *All animals and bars.*
Like wild asparagus you must have an eye   *Please pay a monkey a dear or a sweet.*
   for it.   *Please pay a lion a pheasant or a street.*"[2]

Diese Produktionen ähneln zweifellos den oben zitierten Stereotypien, und wenn wir sie nach den Regeln über die Assoziation analysieren, können wir sagen, daß in ihnen die äußerlichen Assoziationen auf Kosten der innerlichen vorherrschen. Anscheinend fehlt jede Ideenverbindung, jede logische Konsequenz; es gibt nur unverständlichen Wortschwall und Klangassoziationen. Ich glaube nicht, daß wir diesen Gedichten Gewalt antun, wenn wir sie neben die Produktionen der Geisteskranken stellen. Wie man am nachfolgenden Beispiel leicht sehen kann, herrscht eine gewisse Ähnlichkeit zwischen beiden, obwohl das folgende logischen Zusammenhang und einen Ideenkern hat.[3]

„*I am the president*
I am the ex-president
Of the United States.
I have been a decent president
Just at present
   I was present president
Of many towns in China, Japan and Europe and Pennsylvania
   When you are president
You are the head
   Of all.
You are the head
   Of everyone of those
You have a big head
You are the smartest man in the world."

1) Gertrude Stein: Geography and Plays. S. 181. The Four Seas Press, Boston 1922.
2) l. c. S. 408.
3) Bleuler: Textbook f. Psychiatry. S. 72.

Vor weiteren theoretischen Erörterungen möchte ich feststellen, daß mit Ausnahme des Patienten W., der in meine voranalytische Zeit fiel — ich war damals strenger Kräpelin-Anhänger —, die Analysen aller hier zitierten Patienten die Abrahamschen Theorien über Manie und Melancholie[1] vollinhaltlich bestätigen. Soviel auch zur Psychologie der Dichtung gesagt worden ist, hat meines Wissens niemand die oralen Stadien in der Entwicklung des Dichters näher untersucht; auch ich nicht. Aus verschiedenen Gründen konnten die Fälle, die zu meiner Kenntnis kamen, nicht wirklich analysiert werden. Aber nach dem vorliegenden Material glaube ich sagen zu dürfen, daß die Bedeutung der prägenitalen Phase für die Psychologie des Dichters wesentlich sei. Manche kommen nicht weit über die (erste oder zweite) orale Stufe hinaus, während andere, selbst wenn sie die genitale Stufe erreichen, trotzdem Anzeichen der Fixierung in der oralen, urethralen und analsadistischen Stufe der Libidoentwicklung aufweisen. Nach meinen bisherigen Beobachtungen stimme ich vollständig mit Clark Wissler überein, der feststellt: „Unter uns herrscht die naive Vorstellung daß Dichtung und Gesang zu den fortgeschrittensten Kulturstadien gehören; und doch kommt es der Wahrheit näher, sie die wahrhaft primitive Form künstlerischen Ausdruckes zu nennen."[2] Sicherlich ist die Dichtung der Kulturvölker anders zu beurteilen als die der Primitiven. Jahrtausende der Entwicklung brachten viele Veränderungen in ihre Struktur. Eine Strophe von Emerson oder Browning kann mit den Produktionen der Primitiven kaum verglichen werden; aber auch sie zeigen noch denselben Mechanismus. Alle meine Analysanden, die dichterisches Talent besaßen, Freude an der Reimbildung hatten und als Dichter anerkannt waren, zeigten deutliche oralerotische Fixierungen, und ihre Neurosen waren auf oraler Regression oder Mangel an Sublimierung des Oralen aufgebaut. Ich wiederhole, daß meine Erfahrung auf diesem Gebiete sehr begrenzt ist, aber ein wenn auch noch so oberflächlicher Blick in die Literaturgeschichte stützt meine Annahme. Viele der größten Dichter weisen deutliche oralerotische Erscheinungen in mehr als einer Form auf. So soll Goethe ein außerordentlich starker Esser gewesen sein.[3] Nach Möbius, der hier verläßlich ist, war Goethe zyklothym.

---

1) „Entwicklungsgeschichte der Libido." Internationaler Psychoanalytischer Verlag, Wien 1924.

2) Wissler, The American Indian, S. 149.

3) G. H. Lewes teilt darüber mit: „Sein Appetit war ungeheuer. Selbst an Tagen, an denen er über Appetitlosigkeit klagte, aß er viel mehr, als die meisten anderen Menschen. Puddings, Süssigkeiten und Kuchen waren jederzeit willkommen." (Lewes: Life and Works of Goethe. S. 452.)

Wenn wir den Alkoholismus als orale Befriedigungsform anerkennen, was uns Psychoanalytikern selbstverständlich ist, kann man die Vorliebe für Alkohol bei vielen Dichtern nicht übersehen. Als einen der auffallendsten Trinker von dipsomanischem Typus erwähnen wir Edgar Allan Poe. Er gelangte niemals bis zur Stufe der Objektbeziehung, Leben und Werk beweisen, daß er auf oralem, anal-sadistischem Niveau verblieb. Seine Persönlichkeit war entschieden schizoid-manisch, seine affektive Unschlüssigkeit erinnert an den epileptoiden Reaktionstypus. Sein Werk ist erfüllt von Fäulnis und Grauen, und er scheint Freude daran gehabt zu haben. Die orale Fixierung zeigt sich deutlich in seiner *„Berenice"*, in der der Held gewaltsam in das Grab seiner Geliebten eindringt, um ihr die Zähne auszuziehen, an denen seine ganze Libido hängt. Ohne auf Nietzsches Liebesleben einzugehen, das wohl allen Lesern bekannt ist, will ich hier einige Verse aus dem vierten Teil des „Zarathustra" anführen, die auf Nietzsches oralerotische Einstellungen schließen lassen:

> „Da sitze ich nun,
> In dieser kleinsten Oasis[1]
> Einer Dattel gleich,
> Braun, durchsüßt, goldschwürig, lüstern
> Nach einem runden Mädchenmunde,
> Mehr noch aber nach mädchenhaften
> Eiskalten schneeweißen schneidigen
> Beißzähnen: nach denen nämlich
> Lechzt das Herz allen heißen Datteln. Sela."

Dean Swift war ebenfalls ein oraler und analsadistischer Charakter. Er erreichte nie die objektlibidinöse Reife, obgleich er darum kämpfte. Sein ganzes Leben lang war er deutlich oral und analsadistisch, und seine Äußerungen waren erfüllt von Ironie und Zynismen ohnegleichen gegen alle gesellschaftlichen Einrichtungen. Wie bei Poe kamen seine oralen Verdrängungen gelegentlich zum Durchbruch. So macht er in *„Modest Proposal"* einen bescheidenen Vorschlag, wie das Los der Armen zu lindern sei: Eine gewisse Anzahl von Kindern solle geschlachtet werden, um als Nahrung zu dienen. Er geht auch ins Detail, etwa wie viele Personen durch ein Kind gesättigt werden könnten, und gibt Anregungen, wie man diese Kinder mästen und zubereiten solle. In diesem Zusammenhang ist es nicht ohne Bedeutung, daß weder Poe noch Swift Väter hatten, die das

---

[1] Die ihn vorher in ihrem „lieblichen" Maul verschluckt hatte, dem „wohlriechendsten" aller Mäulchen.

Sexualleben der Kinder hätten leiten können. Auch der Einfluß des Alkoholismus macht sich in ihren Werken bemerkbar. Swifts Liliputaner und Riesen haben sicher mit den Erscheinungen der Mikroskopie und Makroskopie zu tun, die man bei Alkoholismus so häufig beobachtet.[1] Als Dichter, die Alkoholiker und Süchtige waren, können wir etwa noch Verlaine, E. T. A. Hoffmann, Coleridge, De Quincey, Blake und wohl noch viele andere nennen. Die meisten von ihnen hatten entweder manische oder schizoid-manische Schübe: einige starben im Wahnsinn. Des „Dichters Wahnsinn" ist wirklich beobachtet und schon seit Plato immer wieder diskutiert worden. Shakespeare stellt den Dichter in eine Reihe mit dem Verliebten und dem Wahnsinnigen, und Heine gibt die Krankhaftigkeit der Dichtung zu, wenn er fragt: „Oder ist die Poesie vielleicht eine Krankheit des Menschen, wie die Perle nur der Krankheitsstoff ist, woran das arme Austertier leidet?"[2]

Der Volksmund hat seit jeher die Dichter mit der Nahrung oder vielmehr mit dem Nahrungsmangel in Verbindung gebracht. Der „hungrige Poet" ist sprichwörtlich. Die Wüstenaraber, von deren dauerndem Hunger und seltenem Sattsein alle Kenner berichten, sind wegen ihrer dichterischen Begabung berühmt. So berichtet etwa Musil:[3] „Es ist zweifellos, daß die Beduinen dichterisch begabt sind. Das Abfassen aller Arten von Liedern und Gesängen ist für sie reines Spiel, und auch längere Dichtungen machen ihnen keine Schwierigkeit." Unter der Wirkung großer Gemütserregungen bekommt die Sprache der Araber deutlich erkennbares Versmaß. Sie sprechen beinahe in Versen, und Sale behauptet, daß es schon vor Mohammed „Sängerkriege" unter ihnen gegeben habe.

Diese und andere Beispiele, die angeführt werden könnten, weisen in die Richtung, daß Dichtung eine orale Befriedigungsart darstelle, eine Abfuhr durch Worte und Sätze, um eine innerliche Erregung zu bewältigen. Neurotiker und Psychotiker können in ihrer Regression auf die orale Stufe auch zu Dichtern werden, da ihr syntonischer Ausgleich sie zum rhythmisch geformten Ausdruck zwingt. Schließlich ist es der Dichter, der diese orale

---

1) Vgl. dazu S. Ferenczi: Gulliverphantasien. Bausteine zur Psychoanalyse, Internationaler Psychoanalytischer Verlag, Wien 1928. — Shakespeare läßt Tamora in seinem Titus Andronicus die in einen Kuchen eingebackenen Köpfe ihrer beiden Söhne essen.

2) Nach F. C. Prescott: The Poetic Mind. S. 270. The Macmillan Co., New York 1922.

3) The Manners and Customs of the Rwala Beduins. Am. Geographic Soc. Oriental Expl. and Studies No. 6.

Aktivität bis zum höchsten Grade der Verfeinerung und Bereicherung entwickelt, und dessen sublimierte Befriedigungen der oben angeführten Definition der Dichtung entsprechen. Sicherlich unterscheiden sich die Dichtungen eines Byron, Shelley oder Whitman doch entscheidend von den hier gegebenen Beispielen. Nichtsdestoweniger habe ich in den Fällen X. und Z. gezeigt, daß jene Patienten, die sonst gute Verse schreiben können, unter dem Druck gewisser seelischer Erlebnisse auf ein infantiles und primitives Ausdrucksniveau zurückkehren und dann auch ihrerseits zu sinnlosen und monotonen Worten und Wortfolgen ihre Zuflucht nehmen, die denen von Kindern und Wilden ähnlich sind. Vorherrschend im Dichter ist nicht die Noopsyche, sondern die Thymopsyche, nicht der Intellekt, sondern die Emotion. Immer ordnet der Dichter den Gedanken dem Fühlen unter; immer kommt zuerst der Affekt, dann erst Wort und Gedanke. Wie ein Vogel in der Falle, ist der Dichter in Affektnöten gezwungen, den Gedanken dem Klang zu opfern, die Logik dem Rhythmus, das Sprachgesetz der „poetischen Lizenz".[1] Noch immer ist der Dichter von der Allmacht der Gedanken beherrscht, die zwar ihre erste brutale Enttäuschung erfuhr, als das Kind nach der Mutterbrust schreien mußte, die aber schließlich durch rhythmisches Saugen befriedigt wurde. Zwangsweise wiederholt er diesen ganzen Ablauf, und ähnlich wie beim Kinde kann sein Affektzustand nur durch ein rhythmisches Äußern klingender Worte beruhigt werden. Eine sekundäre Bearbeitung kann aus dieser primitiven oralen Abfuhr entweder eine große dichterische oder eine lächerliche „modernistische" Leistung machen. Natürlich hängt das von der Konstitution (dem Talent) und von der Entwicklungsstufe ab, die die Libido des Betreffenden erreicht hat. Aber doch scheint das Ich des Dichters aus der oralen Zone seine größte Befriedigung zu schöpfen. Die obenerwähnte Patientin X. äußert sich über diesen Punkt:

„Wenn ich dichte, bin ich glücklicher, als zu irgend einer anderen Zeit. Der Klang der Worte macht mich trunken. Dichtung ist für mich ein schöner Wahnsinn; der völlige Frieden der einen Dichtung und die zermalmende Wucht der anderen gibt mir das Gefühl, meinen eigenen lästigen Körper zu verlieren."

Mit anderen Worten: Orale Befriedigungen in Form von Klängen oder Rhythmen können Miss X. veranlassen, ihren lästigen Körper aufzugeben und sich in das früheste infantile Ich zurückzuversetzen, das weder durch

---

1) Ist „poetische Lizenz" doch auch zuweilen eine Verzerrung von Worten, Sätzen und Gedanken zugunsten von Versmaß und Reim.

Außenwelt, noch durch Über-Ich gestört war. Hier darf denn auch an Heines Beschreibung der Goetheschen Lieder erinnert werden:

> „Diese Goetheschen Lieder haben einen neckischen Zauber, der unbeschreibbar ist. Die harmonischen Verse umschlingen dein Herz wie eine zärtliche Geliebte; das Wort umarmt dich, während der Gedanke dich küßt.“

Heine selbst bietet ein ausgezeichnetes Beispiel für eine Regression zum Oralen oder zum infantilen, vom Über-Ich eingeschüchterten Ich. Voll Humor erzählt er von seinem ersten Zusammentreffen mit Goethe, daß er während seiner Reise von Jena nach Weimar eine sorgfältig vorbereitete Anrede memorierte, die in der Gegenwart des jupitergleichen Goethe wie aus seinem Hirn gelöscht war. Als er das Zimmer betrat, konnte er nur eine kindische Bemerkung über die Güte der Pflaumen machen, die auf dem Wege nach Weimar wachsen.

Aber während bei den großen Meistern der Dichtkunst die infantile Oralerotik in der Regel hinter hochorganisierten Kulturformen in Zucht gehalten und verborgen wird, behalten manche sogenannten „modernen“ Dichter diese Oralerotik vollkommen unverkleidet und offen bei. Unter dem Zauber der poetischen Inspiration entladen sich die meisten dieser „Dichter“ mit kaum mehr Rücksicht auf Form und Rhythmus als die kulturärmsten Primitiven und die Geisteskranken. Sie repräsentieren in der Regel nicht so sehr Regressionen zum Infantilen, als dessen Beibehaltung. Der wahre Dichter erlaubt sich die Freude am Infantilismus durch den gelegentlichen Kunstgriff der „poetischen Lizenz“ und des Versmaßes; bei jenem heutigen „Dichter“ ist dieser Infantilismus Alleinherrscher. Beim wahren Dichter kann man zu den oralen Regressionen nur durch Analyse vordringen; bei den andern bedarf es keiner Analyse. Der „moderne“ Dichter repräsentiert den Infantilismus der Poesie ohne jegliche Verkleidung. Er läßt seine Phantasien ausschweifen, ohne Reim oder Rhythmus zu beachten. Er ist der „Erfinder“ *par excellence*; und was ist Dichtung anderes als „Erfindung“? Etymologisch betrachtet, bedeutet das griechische Wort für Dichtung „schaffen“, „erfinden“. Aber „erfinden“, „erlügen“ ist im Normalbereiche charakteristisch für das Kind, im Pathologischen für den entwicklungsgestörten Erwachsenen oder den Lügner.[1] So muß also das Dichten dem Kindlichen und dem Lügnerischen verwandt sein. Wem diese Feststellung zu seltsam klingt, der möge der Tatsache Beachtung

---

1) Siehe des Autors „Fundamental Conceptions of Psychoanalysis“. S. 204. Harcourt, Brace & Co., New York.

schenken, daß Prescott[1] nicht nur die enge Verwandtschaft zwischen Dichtung und *Pseudologia phantastica* feststellt, sondern auch viele bekannte Dichter erwähnt, denen dieser Zug anhaftet.

Die Araber, als Rasse dichterisch so hochbegabt, betrachten trotzdem die berufsmäßigen Dichter als Schwindler. Musil[2] erzählt:

> „Sie sagen, ein Dichter sei ein Lügner. Wenn ein Dichter erfährt, daß seine Verse von jemand anderem in Anspruch genommen werden, klagt er bei den Häuptlingen, oder sogar bei Gericht; aber sie hören ihn gar nicht an, weil einem Dichter nicht zu trauen sei."

Araber und Europäer werten den Dichter als infantil. Mit anderen Worten, er ist oralerotisch in jedem Sinne. Sein chronischer affektiver Hunger braucht dauernd orale Befriedigung. Er hat Hunger nach Nahrung und Hunger nach Selbstbehauptung, aber während jener gewöhnlich direkt befriedigt wird, kann dieser nur indirekt erledigt werden, meist in Phantasie, Reim und Rhythmus. Und je nach seiner Begabung und der Entwicklungsstufe seiner Libido wird er entweder ein reifer Dichter oder ein infantiler Dichterling. Hat er die objekt-libidinöse Stufe trotz gewisser oraler Fixierungen erreicht, so besingt er Natur und Menschheit in verständlichen, reifen Formen. Fehlt ihm die Begabung und ist er von Kindesbeinen an mit oralerotischen Einstellungen schwer beladen, dann dichtet er wie etwa Gertrude Stein und nennt sich einen „modernen" Dichter. Der wahre Dichter bietet uns eine Ersatzbefriedigung, denn wir können uns leicht mit ihm identifizieren oder uns sozusagen in seine Gefühle und Konflikte einlesen, wie sie in seinen Dichtungen dargestellt sind. Walt Whitmans Narzißmus in seinem *„Song about myself"* und seine Homosexualität in seinen „Grashalmen" haben ihre Wurzeln zwar im Infantilen des Dichters, sind aber nicht nur verständlich, sondern sogar erschütternd, während *„Tender Buttons"* oder *„Pink Melon Joy"* uns kalt lassen oder zum Lachen bringen.

Nun gibt es zwischen diesen beiden Extremen noch eine Gruppe von Dichtern, zu deren Werke man schwer Zugang findet. So bieten einige der Dichtungen von Poe, Coleridge und anderen nicht nur dem Verständnis Schwierigkeiten, sodern sie erfüllen uns mit einem geheimnisvollen mystischen Gefühl. Die Dichter selbst sind außerstande, über diese Dichtungen Rechenschaft abzulegen. Sie unterliegen einer gewissen Stimmung, die sie in Worte kleiden müssen. Es ist derselbe Affekt, der alle

---

1) l. c. S. 203.
2) Musil, l. c.

Mystiker begeistert und ihre Äußerungen beherrscht. Dies muß Carlyle
gemeint haben, wenn er von Odin sprach als von „einer großen, tiefen
Seele mit der Inspiration und dem geheimnisvollen Aufsteigen von Ge-
sichten und Antrieben, die über ihn fallen, er weiß nicht, woher".[1] Anscheinend lassen Regressionen oder Fixierungen solche Werke aus der frühesten Phase der Ichentwicklung aufsteigen, aus jener Zeit, als das Ich
Alles umfaßte und von der Außenwelt noch nicht differenziert
war. Das seltsame aber faszinierende Gefühl, das solche Werke in uns erwecken, ist nur ein Echo jener unbestimmten, grenzenlosen und geheimnisvollen Zeit frühester Kindheit, als der Mund noch alles in sich begriff
und alle Befriedigung im rhythmischen Saugen an der Brust zentriert war.
Im Anfang war das „ozeanische Gefühl".[2]

Psychoanalyse und Biologie

Von

Paul Schilder

New York

Freud selbst hat immer wieder die Psychoanalyse als biologische Wissenschaft betrachtet. Die Studien über Hysterie (mit Breuer) betrachten es als selbstverständlich, daß es sich in der Hysterie, im hypnoiden Zustand und in der Hypnose um Mechanismen handelt, welche vom Standpunkt der Hirnphysiologie aus betrachtet werden können, ja betrachtet werden müssen. Man kann beinahe sagen, daß der Begriff der seelischen Energie im Zentrum des psychoanalytischen Lehrgebäudes steht. Die Begriffe der freien und gebundenen Energie spielen nicht nur in dem Buche von Breuer und Freud eine Rolle, sondern sind auch maßgebend für die spätere Theorienbildung, wie sie etwa in „Jenseits des Lustprinzips" entwickelt wird. Es ist für Freud selbstverständlich, daß dieser Begriff der Energie ein naturwissenschaftlicher Begriff ist und daß seelische Energie und die Energie, welche sich in den Gehirnvorgängen entwickelt, als im wesentlichen identisch angesehen werden können. „Da die freien Energiequanten nach Freud wesentlich im Trieb ihren Ursprung haben, bedeutet die energetische Betrachtungsweise gleichzeitig die Grundlegung der Psychologie auf dem Triebbegriff" (H. Hartmann). Die Energien der Triebe sind nun nicht nur in Zusammenhang mit den zerebralen Prozessen, sondern sie sind wesentlich abhängig von den chemischen und hormonalen Vorgängen im Organismus. Der Begriff der Libido in der Psychoanalyse meint nicht nur den inneren Drang, die Richtung, den Trieb, sondern auch die chemisch-physiologischen Prozesse, welche mit dem Triebleben verbunden sind. Von diesem Gesichtspunkte aus hat Freud und die Psychoanalyse der inneren Sekretion und besonders den Sexualhormonen stets ein besonderes Interesse zugewendet. Es hängt mit dieser Tendenz der Psychoanalyse zusammen, daß Freud und Ferenczi dem organischen Leben als solchem eine besondere Aufmerksamkeit schenken. In „Jenseits des Lustprinzipes" wird der Biologie der Protozoen eine erhöhte Beachtung zugewendet, und Freud basiert seine Formulierung über den Todestrieb zumindest zum Teil auf die Vorgänge, welche bei der Fortpflanzung und beim Tod der Einzeller beobachtet werden können.

Die Psychoanalyse hat fernerhin, besonders unter dem Einfluß von Groddeck, Jelliffe und F. Deutsch, die weitgehende Plastizität des

Organismus unter seelischen Einflüssen studiert, hat sich mit der Psychogenese organischer Erkrankungen beschäftigt und hat so die seelischen Faktoren, welche in der Analyse zu Tage treten, in unmittelbare Beziehung zum Geschehen im Organismus gebracht.

Im Organismus und im seelischen Geschehen kommen entsprechend der Grundeinstellung der Psychoanalyse die gleichen fundamentalen Gesetzmäßigkeiten zum Ausdruck. Das Studium biologischer Vorgänge ist daher für die Psychoanalyse von grundlegender Bedeutung. Man mag hoffen, daß Teilprobleme der Analyse durch den Vergleich mit den Vorgängen im Organismus zur klareren Gegebenheit kommen können, ja daß Probleme durch biologisches Studium manifest werden können, welche sonst der Aufmerksamkeit des Analytikers entgangen waren. Das Eindringen in biologische Probleme ist sicherlich von fundamentaler Bedeutung für die Psychoanalyse und es wäre zweifellos interessant festzustellen, an welchen Punkten die analytische Theorienbildung durch das Studium der Biologie befruchtet worden ist. Es kann anderseits keinem Zweifel unterliegen, daß die Psychoanalyse einen unvergleichlichen Einblick in das komplizierte Getriebe des Seelenlebens ermöglicht, welches die biologische Funktion katexochen ist. Wir dürfen daher erwarten, daß die Methode der Psychoanalyse dem Biologen nützlich sein kann und ihm neue Problemstellungen ermöglicht, die auf andere Weise nicht in den Blickpunkt seiner Aufmerksamkeit gekommen waren. Hierüber sind alle Psychoanalytiker einig (vgl. dazu auch Alexander).[1] Die Diskussion der Beziehungen zwischen Psychoanalyse und Biologie gliedert sich demgemäß in die Erörterung biologischer Vorgänge im engeren Sinn und in Diskussion der Funktionen des Nervensystems.

I) Allgemeine Biologie und Psychoanalyse

Wenn eine rot und eine weiß blühende Erbsenrasse miteinander gekreuzt werden, blühen alle Bastarde tiefrot. Kreuzt man nunmehr zwei Exemplare dieser ersten Tochtergeneration, so blüht ein Viertel der Enkelgeneration weiß, während drei Viertel eine tiefrote Farbe der Blüten zeigen. Von

---

[1] Lediglich Marjorie Brierley ist der Ansicht, daß Versuche, die Korrelation zwischen Hirnmechanismen und Psychoanalyse aufzuzeigen, für die Analyse ziemlich wenig Wert haben. Psychologische Funktionen und Hirnmechanismus seien Begriffe, die auf verschiedenen Erfahrungsgebieten gewonnen seien, auf einer Doppelheit der Erkenntnisquellen. Sie hat sich offenbar mit den einschlägigen Problemen nur ungenügend beschäftigt.

diesen drei Blüten gibt jedoch nur eine in der nächsten Generation vier rote Blüten, während zwei, wenn sie miteinander gekreuzt werden, wiederum in dem Verhältnis von eins zu drei in weiß und rot blühende Exemplare aufspalten. Dies ist der grundlegende Versuch Mendels. Das Merkmal rot ist dominant über das Merkmal weiß. Die Tochtergeneration enthält Exemplare, in welchen das rezessive Merkmal (weiß) und das dominante Merkmal (rot) vorhanden ist. Oder, mit anderen Worten, in allen Exemplaren der ersten Tochtergeneration ist eine Mischung von R (dominant) und W (rezessiv) vorhanden. Nach den Gesetzen der Wahrscheinlichkeit finden wir dementsprechend bei der folgenden Kreuzung die folgenden Exemplare: RR, RW und WW. Kreuzt man nun in der dritten Generation ein Exemplar WW mit einem Exemplar WW, so werden alle Nachkomen wiederum WW enthalten, d. h. weißblühend sein. Kreuzt man RR mit RR, so wird die nächste Generation gleichfalls wiederum aus rotblühenden Exemplaren bestehen. Kreuzt man jedoch RW mit RW, so wird ein Exemplar RR ein Exemplar WW und zwei Exemplare RW resultieren; da R dominant ist über W, werden die Exemplare RW gleichfalls eine rote Blüte haben. Sie enthalten jedoch in ihrer inneren Struktur das Merkmal W, das aber nicht in Erscheinung tritt. Diese Mendelsche Grundregel hat eine allgemeine Bedeutung: sie regelt die Vererbung, und wir wissen, daß diese Mendelsche Vererbung im Chromosomenmechanismus begründet ist. Man hat nun die Meinung vertreten, daß das dominante Merkmal einer positiven Eigenschaft entspricht, welche durchbricht, wenn sie vorhanden ist. Das rezessive Merkmal wäre dann lediglich negativ charakterisiert. Doch ist man gegenwärtig von dieser „presence-absence"-Theorie abgekommen, und wir wollen für unsere Erörterungen den Grundsatz festhalten, daß sehr vieles von dem, was in der Erbmasse vorhanden ist, in der Erscheinung nicht zu Tage tritt. Die rote Blüte, welche das Merkmal weiß rezessiv enthält, ist von der roten Blüte RR im Aussehen nicht zu unterscheiden. Der Genotypus ist vom Phänotypus zu unterscheiden. Hier tritt uns die fundamentale Tatsache entgegen, daß es biologische Eigenschaften gibt, welche unterdrückt bleiben. Man mag der Ansicht sein, daß es sich hier nur um eine mehr oder minder oberflächliche Analogie zum Verdrängungsmechanismus handelt, aber man wird doch nicht verkennen dürfen, daß die Erscheinung des Organismus keinen eindeutigen Schluß erlaubt auf das, was im Bestande des Organismus wirklich vorhanden ist. Wir wissen, daß der manifeste seelische Inhalt nur zum geringen Teile einen Rückschluß auf die wirklich bewegenden seelischen Kräfte zuläßt. Man wird zumindest schließen dürfen, daß Analogien zwischen den Vererbungsmechanismen und den seelischen Mechanismen bestehen.

Das rezessive Merkmal kommt nur unter bestimmten Erblichkeitsbedingungen zur Erscheinung. Aber auch in der individuellen Entwicklung des Embryos kommt nur eine begrenzte Anzahl der Möglichkeiten einer Zelle zur wirklichen Entfaltung. Driesch hat die prospektive Bedeutung und die prospektive Potenz von Zellen unterschieden. Er hat gefunden, daß im Seeigel ein halbes Ei den ganzen Körper hervorbringen kann. Allerdings hat Roux bei der Teilung eines Froscheies lediglich die Hälfte des Körpers sich entwickeln sehen. Spätere Forschung hat es klargemacht, daß die Resultate bei verschiedenen Tierarten verschieden sind, und daß die Unterschiede auf der verschiedenen Verteilung des Zellplasmas beruhen. Die Entwicklung verteilt nicht das verschiedene Kern- und Erbmaterial in verschiedene Zellen, aber sie verteilt das Zellenmaterial und gestaltet es unter dem Einfluß der Gene, welche das Erbmaterial im Kerne darstellen. Wenn die Entwicklung fortschreitet, differenziert sich das Plasma der verschiedenen Teile des Organismus immer mehr, so daß schließlich verschiedene Gewebe und verschiedene Organe entstehen. Die wachsende Verschiedenheit im Zellplasma ist das Resultat fortdauernder Einwirkung der Gene, welche in den Chromosomen lokalisiert sind. Sie absorbieren Plasmamaterial und ändern es. Auf diese Weise bearbeiten die Gene fortwährend das Zellplasma, ändern es und bewirken so die Verschiedenheiten im Körper. Die Zellen, aus denen Gewebe und Organe zusammengesetzt sind, enthalten in der überwiegenden Mehrzahl der Organismen denselben Genbestand, aber sie sind verschieden in der Konstitution des Plasmas. Man sieht also, daß nur wenige der Möglichkeiten einer Zelle zu Wirklichkeiten werden. Im Laufe der Entwicklung erlangen die Zellen eine endgültige Struktur und können nicht länger alle Teile des Individuums produzieren. Ihr Schicksal ist dann endgültig bestimmt. Dieser Prozeß geht in einer Anzahl von Stufen vonstatten. Die Versuche von Spemann haben gezeigt, welch weitgehende Plastizität noch in relativ späten Stadien der Entwicklung besteht. Wenn kleine Stücke, welche im Laufe der normalen Entwicklung zu einem bestimmten Teil der Medullarplatte geworden wären, an eine Stelle verpflanzt werden, welche sich sonst zu Epidermis entwickelt hätte, so zeigt sich, daß sich nach vollendeter Gastrulation das Transplantat ortsgemäß entwickeln kann. Der Teil, der im Laufe der normalen Entwicklung Epidermis geworden wäre, wird zur Medullarplatte. Er entwickelt sich, wie man sagt, ortsgemäß. In späteren Stadien der Entwicklung

entwickelt sich jedoch das Transplantat nicht ortsgemäß, sondern herkunfts-
gemäß. Man kann solche Transplantationen mit dem gleichen Resultat
zwischen Keimen verschiedener Arten ausführen. Es existieren Keimbezirke,
die imstande sind, bestimmte Entwicklungsprozesse hervorzurufen, und
zwar an Stellen, an denen diese normalerweise nicht auftreten, sobald ein
solcher Organisator verpflanzt wird. Es ist anzunehmen, daß jede Zelle
noch Möglichkeiten enthält, die im Gewebsverbande nicht zum Ausdruck
kommen. Es ist also ein durchgehendes Prinzip organischer Entwicklung,
daß viele der Entwicklungsmöglichkeiten der Einzelzelle niemals zur Wirklichkeit werden. Es ist richtig, daß im Laufe der fortschreitenden Entwicklung auch die Möglichkeiten der Zelle sich immer mehr und mehr
verringern und daß die Organisation eine immer starrere wird, doch glaube
ich nicht, daß der Organismus, so lange er lebt, jemals seine Möglichkeiten
vollständig erschöpft.

Wir begegnen hier wiederum Tatsachen, welche zumindest eine Analogie zum Verdrängungsprozeß zeigen. Die biologische Gesamtsituation
bestimmt, was von den Möglichkeiten der Zelle zur Wirklichkeit werden
soll. Dieser innere Plan der Entwicklung unterdrückt notwendigerweise
eine Fülle prospektiver Tendenzen. Die Analogie zum Verdrängungsprozeß ist insofern nicht so vollständig wie bei der Vererbung nach
Mendelistischen Regeln, als bei dieser das rezessive Gen grundsätzlich erhalten bleibt, während die prospektive Potenz der Zellen eine zweifellose Verminderung erfährt. Es ist richtig, daß in verschiedenen Tieren das Maß,
nach welchem das Zellschicksal fixiert wird, sehr verschieden ist. Bei
niedrigen Tieren ist es entweder stets veränderlich oder eine große Anzahl
von Zellen verbleiben in ihrem ursprünglichen Zustand und diese embryonalen Zellen können die Teile, welche entfernt werden, regenerieren. Sogar
in Salamandern ist die Fähigkeit zur Regeneration in beträchtlichem Maße
erhalten. Jedenfalls gehen aber in der Entwicklung von Zellen und fertigen
Geweben prospektive Potenzen verloren.

Man mag natürlich die Frage aufwerfen, ob diese Analogien überhaupt
eine Bedeutung haben. Es würde langgestreckter philosophischer Erörterungen
bedürfen, um zu einer endgültigen Entscheidung zu kommen. Die theoretische Grundposition der Analyse nimmt an, daß organisches Geschehen
einen Sinn hat. Die Sinnhaftigkeit des organischen Geschehens muß jedoch mit analytischen Mitteln verstanden werden können. Die Analogien,
welche hervorgehoben wurden, müssen demnach mehr als Analogien sein
und teilweise Identität der Vorgänge in sich schließen.

Bei den vielzelligen Organismen führt der Lebensvorgang schließlich zum Tode. Das Charakteristische des Todes ist nach Weismann die Leiche. Es ist bekannt, daß bei den Einzellern eine große Reihe von Teilungen stattfinden kann, ohne daß eine Leiche zurückbleibt. Man hat daher von der Unsterblichkeit der Einzeller gesprochen. Man könnte allerdings den Vermehrungsvorgang durch Zweiteilung als Tod bezeichnen. Es ist Woodruff gelungen, Paramäzien unter voller Ausschaltung der Befruchtung durch achttausend Generationen zu züchten, wenn schädigende Einflüsse des Kulturverfahrens ausgeschaltet wurden. Es zeigte sich jedoch, daß periodisch ein Absinken der Teilfrequenz auftritt, welche mit einem Zugrundegehen des Alten und der Bildung eines neuen Makronukleus aus Teilungsprodukten des Mikronukleus verbunden sind. Man kann von Parthenogenese sprechen. Diese parthenogenetischen Prozesse sind durch äußere Faktoren bedingt. Es tritt also im Laufe dieser fortgesetzten Kulturen ein innerer Befruchtungsvorgang ein und es bleibt fraglich, ob Fortsetzung des Lebens in die „Unsterblichkeit" ohne Befruchtung möglich ist. M. Hartmann konnte jedoch die Volvocinee *Eudorina elegans* bisher durch dreitausendsechshundert Generationen züchten, ohne daß Befruchtung eintrat. Betrachtet man daher nicht bereits die Zweiteilung als Tod, so kann man hier wirklich von einer potentiellen Unsterblichkeit sprechen. Das Sterben wäre demnach nicht notwendig mit dem Lebensvorgang verknüpft und wäre sozusagen nur ein Unfall. Es bedarf allerdings besonderer Vorsichtsmaßregeln, um diesen Unfall zu vermeiden. Normalerweise gehen die Einzeller an ihren eigenen Stoffwechselprodukten zugrunde, falls sie von äußeren Schädlichkeiten bewahrt bleiben. Freud sieht hierin bekanntlich einen Beweis für die Annahme eines Todestriebes, der das Individuum dazu drängt, die eigenen Vitaldifferenzen abzuleben und seinem eigenen Tode zuzustreben. Schreibt man den Versuchen M. Hartmanns eine endgültige Beweiskraft zu, so müßte man die Existenz eines inneren Todestriebes ablehnen und zu der Annahme kommen, daß das Leben in sich selbst unerschöpflich sei und der Trieb der eigenen Erhaltung und Mehrung zustrebe. Das ist die Annahme, welche ich auf Grund der psychologischen Untersuchung des Triebes für die richtige halte. Es erhebt sich sofort die allgemeine Frage, wieweit es berechtigt sei, das biologische Geschehen als solches als den Ausdruck eines triebhaften Verhaltens anzusehen. Diese Frage kann wiederum nur aus den allgemeinen Grundsätzen der Psychoanalyse beantwortet werden. Wenn man der mannigfaltigen körperlichen Äußerungen seelischer Zustände gedenkt und wenn man ferner in Betracht zieht, daß es der

Konversion gelingt, den Körper im Sinne der unbewußten Triebregungen
zu gestalten, wird man der Annahme jedenfalls Berechtigung zuschreiben
dürfen, daß biologische Vorgänge sinnhaft und gerichtet sind. Man wird
auch über die Annahme Drieschs hinausgehen dürfen, daß es sich lediglich
um eine Entelechie handle, die nicht als psychisch betrachtet werden darf.
Ich glaube daher an den seelischen Sinn biologischen Geschehens. Ehrenberg kommt zu der Anschauung, daß alles Leben nur ein Ablauf zum
Tode ist. Die Gestaltung und Formausprägung bedeutet, daß die Substanz
aus dem Flüssigen und Gelösten in den festen und unlöslichen Zustand
übergegangen ist. Das Leben tendiert zur Strukturbildung, die Struktur
ist aber schließlich der Tod. „Der Unterschied zwischen der Theorie
Ehrenbergs und der Schlackentheorie, die auch besagt, daß das Individuum
in seinen Abfallprodukten stirbt, ist der, daß das Formen dieser Produkte
für Ehrenberg das einzige Ziel des Lebens ist." (A. J. Westermann
Holstijn.) Aber die erwähnten Versuche von M. Hartmann zeigen, daß
Leben auch ohne solche Strukturbildung möglich ist. Die Theorie Ehrenbergs kann demnach nicht richtig sein. Sie geht insofern weit über die
Freudsche Theorie hinaus, als für Freud das Leben nicht nur aus dem
Todestrieb besteht, sondern aus der Mischung von Lebens- und Todes-
trieben. An der Existenz der Schlackenbildung und der Strukturierung,
welche zumindest eine Einschränkung des Lebens bedeutet, kann jedoch nicht gezweifelt werden. Auch besteht die Tatsache zurecht, daß die
Einzeller sowohl als die Vielzeller dem Tode verfallen sind. Haben biologische Vorgänge einen Sinn, so wäre die Annahme naheliegend, auch
nach dem Sinn der Schlackenbildung und des Todes zu fragen, und es
wäre sehr einfach, Schlackenbildung und Tod als den Ausdruck eines
Todestriebes anzusehen. Es ist jedoch die Frage, ob jedes Geschehen
im Organismus einen Sinn haben müsse. Dem sinnhaften Geschehen im
seelischen Erleben steht die relative oder absolute Sinnlosigkeit der Außenwelt gegenüber. In der Natur geschehen Dinge, Wolkenbrüche, Erdbeben,
Gewitter, Blitzschlag oder gar säkulare Katastrophen. Es besteht zumindest
die Denkmöglichkeit, daß Schlackenbildung und Tod auch etwas ist, was
lediglich in der Welt geschieht und nicht aus einem inneren Drang des
Individuums erfließt. In einer anderen Ausdrucksweise könnte man sagen,
daß es auch ein anorganisches Geschehen im Organismus gibt. Man könnte
hieran die weitere Theorie knüpfen, daß ebenso wie die Realität der
Außenwelt zu einer Fülle von seelischen Haltungen den Anlaß gibt, obgleich sie nicht unmittelbar gewollt ist, auch das innere anorganische

Geschehen eine Fülle von Haltungen hervorruft. Meine psychologischen Untersuchungen mit Bromberg über die Haltung zum Tode weisen in der Tat auf solche Zusammenhänge hin. Diese Bemerkungen sollen keineswegs eine abgerundete Theorie darstellen, sondern sollen lediglich zu einer Vertiefung der Diskussion über den Todestrieb führen. Die Schlackenbildung und der Tod wären nach dieser Anschauung lediglich ein Kennzeichen, daß das sinnhafte Streben der Außenwelt im Organismus nicht voll gewachsen ist.

Der gegenwärtige Stand der Biologie und die mitgeteilten Versuche weisen mit Entschiedenheit darauf hin, daß der Lebensprozeß auch dann nach Vermehrung drängt, wenn Befruchtung und Sexualität keine Rolle spielen. Hier ist wiederum interessanter Versuche M. Hartmanns zu gedenken. Die Zellteilung als solche bedeutet bereits Verjüngung. Sie ist mit der Verkleinerung des Systems verbunden. „Von *Amoeba proteus* wurden einzelne Individuen vom 14. Oktober bis 21. Februar, also während eines Zeitraums von 130 Tagen, durch 130 periodische Amputationen von Teilen des Zelleibes in ungestörter dauernder Assimilation und Wachstum am Leben erhalten ohne Kern- und Zellteilung. Da unter denselben Kulturbedingungen diese Individuallinie von *Amoeba proteus* sich jeden zweiten Tag teilt, so haben unsere dauernd amputierten Amöbenindividuen am Ende der Versuchsdauer ein Alter erreicht, das 65mal so lang war als das ihrer Schwesterzellen. Man darf wohl annehmen, daß diese Amöben bei längerer Durchführung der Versuche auch länger, potentiell ad infinitum, ohne Teilung am Leben hätten erhalten werden können. Durch derartige experimentelle periodische Verkleinerung des Systems kann also auch bei einkernigen Protozoen jegliche Fortpflanzung ausgeschaltet und die sonst nur durch die Fortsetzung bewirkte dauernde Erhaltung des Lebens erzielt werden" (M. Hartmann). Da auch bei diesen Versuchen Befruchtung ausgeschlossen ist, kann man in ihnen den Beweis für Erhaltungs- und Mehrungstriebe sehen, welche scheitern, wenn sie sich zu große Aufgaben stellen. Diese Vergrößerungs-, Mehrungs- und Erhaltungstriebe würden im analytischen Sinne den Ichtrieben entsprechen, die an der anorganischen Welt zugrunde gehen, wenn sie ihren Machtbereich übersteigen. Die Vorgänge der Befruchtung und Sexualität sind von diesen Vorgängen der Fortpflanzung und Vermehrung zu unterscheiden.

Sexualität ist eine allgemeine Eigenschaft der Organismen. Nach M. Hartmann enthält jedes sexuell differenzierte Individuum (männlich oder weiblich) sowie jede sexuell differenzierte Gamete die vollständigen Anlagen zur

Erzeugung des entgegengesetzten Geschlechtes. Wenn die Geschlechtsorgane
der Krabben durch Infektion verkümmern, so erfahren diese kastrierten
Männchen nicht nur eine weitgehende Umwandlung ihrer sekundären
Geschlechtsmerkmale, sondern bei der Regeneration der Hodenreste können
sich auch rudimentäre Eier ausbilden. Ja sogar Geschlechtszellen, wenn
sie bereits sexuell differenziert sind, können Geschlechtszellen des anderen
Geschlechtes produzieren. Die Geschlechtsbestimmung ist demgemäß die
Hemmung der Entfaltung der weiblichen oder männlichen Anlagen und
nicht deren Beseitigung. Die Geschlechtsverteilung und Bestimmung kann
während der vegetativen Phase durch äußere oder innere Bedingungen verursacht werden, oder sie wird durch besondere, geschlechtsbestimmende,
erheblich festgelegte Faktoren, also mendelistisch, bestimmt (nach Hartmann).
Die sexuelle Spannung führt zu dem Befruchtungsvorgang. Die weitgehende
Unabhängigkeit des Befruchtungsvorganges von der Vermehrung geht andern-
teils daraus hervor, daß es ja sehr häufig zu einem Vermehrungsvorgang
kommt, ohne daß eine Befruchtung stattgefunden hat. Ich darf auf die
weitverbreitete und wohlbekannte Erscheinung der Parthenogenese verweisen.
Eine Keimplasmamischung ist zwar sehr häufig mit der Befruchtung verbunden, doch gibt es so viele Selbstbefruchtungsvorgänge, daß von einem
gesetzmäßigen Zusammenhang nicht mehr gesprochen werden kann. Ich
erinnere an die endomyktischen Phänomene, die besonders von Erdmann
bei Protozoen studiert worden sind.

Bei der Befruchtung kommt es zu einer Verschmelzung zweier sexuell
differenzierter Zellen. Eine solche Verschmelzung findet jedoch nur statt,
wenn der Chromosomenbestand in der Reduktionsteilung auf die Hälfte
reduziert worden ist. Nach der Befruchtung bereitet sich in den Reduktions-
teilungen die neue sexuelle Spannung vor, die wiederum zur Befruchtung
führt. Die Reduktionsteilung gehört demnach zum Wesen der Sexualität und
des Befruchtungsvorganges. Diese Formulierungen Hartmanns machen die
grundsätzliche Sonderung der Sexualität von andersartigen Lebensvorgängen
erforderlich und geben so dem von Freud postulierten Triebdualismus eine
solide biologische Fundierung. Wie immer man sich zu den Formulierungen
Freuds im einzelnen stellen mag, man wird den Grundgedanken mit aller
Entschiedenheit verfechten müssen, daß sich die Lebensvorgänge in den
Trieben widerspiegeln und daß sich das Studium der Triebvorgänge, der
organischen Formentwicklung und des biologischen Geschehens den gleichen
Gesetzmäßigkeiten unterordnen. Auch Ferenczi hat diesen Grundgedanken
mit großer Energie vertreten.

Männlich und weiblich scheinen auch bei den primitivsten Organismen wohl voneinander unterschieden zu sein. Der neueren Biologie ist es zweifelhaft geworden, ob Isogametismus, d. h. Gleichheit der kopulierenden Zellen, überhaupt jemals besteht, und man würde männlich und weiblich als Grundeigenschaften des Lebendigen betrachten müssen. Bei den primitiven Organismen besteht anscheinend das Wesen der Männlichkeit in der größeren Beweglichkeit, während das Wesen der Weiblichkeit in der größeren Stabilität liegt. Meistens sind die männlichen Geschlechtszellen kleiner als die weiblichen. Es ist in dieser Hinsicht bemerkenswert, daß das weibliche Geschlechtschromosom meistens größer ist als das männliche, ja es kann sogar das männliche Geschlechtschromosom fehlen. Doch ist das nur eine Regel. Bei Vögeln und Schmetterlingen enthält die weibliche Zelle das überzählige Chromosom. Es ist natürlich mißlich, das Wesen der Männlichkeit in einem so einfachen biologischen und dementsprechend psychologischen Merkmal zu suchen wie größere Beweglichkeit und größere Energie der Beweglichkeit. Ich bin zu der Anschauung gekommen, daß der größeren Aktivität der Männlichkeit in der ersten Phase ein Überwiegen der weiblichen Potenz in der zweiten Phase der Befruchtung entspricht. Das kommt unter anderem auch dadurch zum Ausdruck, daß für die weitere Entwicklung das Plasma der weiblichen Keimzelle von ausschlaggebender Bedeutung ist. Ich würde also weiblich und männlich dahin charakterisieren, daß die größere Aktivität der Männlichkeit in der ersten Phase von einer Passivität in der zweiten Phase gefolgt ist. Die weibliche Zelle hingegen ist zunächst passiv und in der zweiten Phase aktiv. Ferenczi hat mit Recht darauf hingewiesen, daß bei der menschlichen Paarung die Geschlechtszellen im kleinen wiederholen, was das menschliche Individuum als Ganzes tut. Er hat ferner darauf verwiesen, daß auch die Geschlechtsorgane sich diesem allgemeinen Bauplan einfügen. In der gleichen Weise wie das männliche Spermatozoon in die Eizelle dringt der männliche Geschlechtsteil in den weiblichen Körper ein. Das männliche Individuum sucht das weibliche, wird aber schließlich von der Frau umschlossen und ist in der zweiten Phase passiv gegenüber der Frau. Man sieht also, daß das gleiche Motiv in den verschiedenen Transpositionen im Organismus erscheint und sich letzten Endes im Verhalten ausprägt. Der Trieb, die psychologische Haltung (Behaviour) ist der Ausdruck von Grundtendenzen im Organismus, welche sich auch in Formbildung und physiologischen Mechanismen äußern. Es kann keine Frage sein, daß sich in der menschlichen Liebesbeziehung die Befruchtungstendenzen in symbolischer Weise widerspiegeln. Die Umarmung, das Küssen drückt die gleiche sexuelle Spannung aus, welche zu der Vereinigung der Geschlechtszellen führt. Sie sind gleichzeitig der Versuch, die Unvollständigkeit zu überbrücken, welche biologisch durch die Reduktionsteilung ausgedrückt ist. Freud hat auf den tiefsinnigen Mythus von Plato verwiesen, daß die Liebe darin bestehe, daß man nach dem Geschlechtspartner suche, der ursprünglich mit dem Selbst vereinigt war und durch des Geschickes Mächte von dem Partner losgetrennt wurde. Daß eine solche Verschiebung der Geschlechtsspannung von den Geschlechtszellen auf die übrigen Teile des Organismus und auf das psychologische Verhalten möglich ist, findet darin eine Analogie, daß die Geschlechtsdifferenzierung in jeder Zelle des menschlichen Körpers vorhanden ist. Man darf erwarten, daß jene Teile des Organismus, welche entwicklungsgeschichtlich mit den Geschlechtsorganen verwandt sind, sich zu solchen Verschiebungen besonders leicht hergeben. Es sind das gleichzeitig jene Teile, welche embryologisch und im entwickelten Organismus topographisch den Geschlechtsorganen nahestehen. Man versteht so, daß der Geschlechtsverkehr des Vielzellers eine Angelegenheit des Gesamtorganismus sein muß. Bezüglich der Einzelheiten verweise ich wiederum auf die Studie von Ferenczi. Freud hat wiederholt darauf verwiesen, daß im Seelenleben der unbewußten Schichten eine Sexualfunktion erscheint, welche anale und urethrale Tendenzen mit den genitalen vereinigt. Es spiegelt sich hierin eine Entwicklungsstufe des Organismus, in welcher all diese Funktionen das gemeinsame Organ der Kloake besitzen.

Wir nähern uns dem Grundgedanken Freuds, wenn wir in der Sexualfunktion und Befruchtung einen Versuch sehen, die Reduktionsteilung ungeschehen zu machen. Nach Ferenczi ist der Begattungsakt ein Versuch zur Wiederkehr des Ichs in den Mutterleib. Das Ich identifiziert sich mit dem Penis und dem Genitalsekret. Der ganze Organismus erreicht dieses Ziel des Mutterleibs halluzinatorisch, dem Penis gelingt es partiell oder symbolisch, das Genitalsekret erreicht auch real die Mutterleibssituation in Vertretung des Ich und seines narzißtischen Doppelgängers, des Genitales. Man kann leicht analoge Erwägungen für die weibliche Situation vornehmen. Ferenczi schreibt: „Wir müssen gestehen, daß wir die Beharrlichkeit, am zentralen Gedanken des maternalen Regressionszuges trotz aller Denkschwierigkeiten festzuhalten, hauptsächlich einer psychoanalytischen Erfahrung verdanken. Es ist zu auffällig, mit welcher Konsequenz und in welch verschiedenartigen psychischen Gebilden (Traum, Neurose, Mythus, Folklore usw.) Koitus und Geburt mit dem gleichen Symbol der Rettung aus einer Gefahr, insbesondere mit dem Wasser (Fruchtwasser) dargestellt ist; wie die Sensationen des Schwimmens, Schwebens, Fliegens gleicherweise die Empfindungen beim Koitus wie auch die der Mutterleibsexistenz ausdrücken, und schließlich wie das Genitale so vielfach mit dem Kinde symbolisch gleichgesetzt wird. Sollte sich unsere Hypothese einmal bewahrheiten, so würde sie ihrerseits klärend auf die Entstehungsweise der Symbole überhaupt rückwirken. Den echten Symbolen käme dann der Wert historischer Denkmäler zu, sie waren geschichtliche Vorläufer aktueller Betätigungsarten und Erinnerungsreste, zu denen man physisch und psychisch zu regredieren geneigt bleibt."

Man mag der Ansicht sein, daß es sich hier lediglich um Analogien handelt. denen eine innere Beweiskraft nicht zukommt, aber es erscheint doch zumindest wahrscheinlich, daß der Organismus und die psychologische Funktion Beziehungen zueinander haben, und die Analogien sind so zahlreich. daß es sich wohl kaum um etwas lediglich Äußeres handeln kann. Wir sind vielmehr zu der Annahme eines inneren Wesenszusammenhanges genötigt. Es bleibt freilich eine offene Frage, inwieweit die jeweilige Einzeldeutung den Tatsachen gerecht wird. Man darf nicht vergessen, daß die Theorien der Biologie in einem stetigen Fluß begriffen sind. Die analytische Theorie ist gleichfalls Wandlungen unterworfen. Derartige Betrachtungen können demgemäß nicht mehr sein als ein Hinweis auf wichtige, derzeit noch unerforschte Problemstellungen, die eine stetige Durcharbeitung erfordern.

Entsprechend dem Grundgedanken Freuds müssen wir Leben, Wachstum und Organbildung mit den beiden Grundtendenzen des Lebens, den Ichtrieben und Sexualtrieben, in Zusammenhang bringen. Die Erhaltungs- und Mehrungsfunktion wird zur Zellvermehrung führen, welche, wenn sie unregelmäßig wird, für alle Falten-, Leisten- und Höhlenbildung verantwortlich zu machen ist. Falten-, Höhlen- und Leistenbildung muß aber notwendigerweise zu der Bildung von Organen führen, welche der Aufnahme der Nahrung dienen. Ebenso wie der Einzeller vor das Problem gestellt ist, der Ausscheidungsprodukte Herr zu werden, wird der vielzellige Organismus nicht nur Organe zur Nahrungsaufnahme, sondern auch Organe zur Schlackenabgabe bilden müssen. Die gleichen Grundtendenzen werden sich also in der Organbildung ausdrücken müssen. Die Organbildung ist letzten Endes auf die Schwierigkeiten zurückzuführen, welche sich der Beherrschung zu großen Materiales entgegenstellen. Der Organismus wird fortwährend nicht nur aufnehmen, sondern auch abgeben müssen, wenn er seinen Bestand behaupten will. Ich erinnere an die Proteusexperimente von Hartmann, wo die Verkleinerung des Systems zur Bedingung der Lebenserhaltung wird. Umschmelzungen, welche zu zeitweiser Verkleinerung führen, sind daher im Tierreiche häufig. Man mag die Metamorphosen im Tierreich unter ähnlichen Gesichtspunkten betrachten. Jede Embryonalentwicklung ist nicht lediglich Vermehrung, sondern auch Umschmelzung und Aufgabe von Teilen des Organismus. Die Beobachtungen von Child an Planarien sind besonders beachtenswert. Hier erhält das Tier erneute Lebenskraft, nachdem es einen Teil des Organismus abgestoßen hat. Man mag hier auch der Autotomie gedenken, in welcher das Tier den Schwanz oder ein Bein an präformierten Stellen abbricht, wenn es die äußere Situation erfordert. Manche Würmer geben unter solchen Umständen ihren ganzen Darm ab, andere zerspringen im ganzen in kleine Stücke. Hier handelt es sich wohl um einen Sicherungs-mechanismus durch Verkleinerung des Systems. Sollte sich diese Annahme als richtig erweisen, so würde Aufgabe von Körperteilen auch unter dem Einflusse von Ichtrieben möglich sein. Jedenfalls hat aber der Organismus die Fähigkeit, Teile abzugeben, wann immer die gesamte Lebenssituation es notwendig macht. Ferenczi sieht in diesen Erscheinungen eine biologische Vorstufe der Verdrängung. Man wird bei der Schwierigkeit der Abgrenzung zwischen Ichtrieben und Sexualtrieben gut tun, vorläufig nicht über diese allgemeine Formulierung hinauszugehen.

In den erwähnten Beobachtungen von Child an Planarien ist die Ab-stoßung des hinteren Körperendes verbunden mit einer Verjüngung, welche mit einer Um- und Rückdifferenzierung verbunden ist. Die psychoanalytische Forschung hat gezeigt, daß das Individuum zu früheren Stufen der Ent-wicklung zurückgeht, wann immer die Schwierigkeiten der gegenwärtigen Situation so groß sind, daß eine Bewältigung nicht mehr möglich erscheint. Wir sprechen von Regression, einer Rückkehr zum infantilen Triebleben. Analogien zu diesen Erscheinungen in der tierischen Formbildung sind keineswegs selten. Unter bestimmten Bedingungen lösen die Seescheiden (Aszidien) ihre ganze Organisation auf, das ganze Tier stellt einen unorgani-sierten, weißlichen Klumpen dar, und aus der formlosen Masse bilden sich dann die Organe abermals heraus. Nach der einen Annahme handelt es sich um Entdifferenzierung von Zellmaterial, nach Schaxel geht jedoch die Re-generation von Komplexen indifferenter Zellen aus. Die Neubildung erfolgt in einer der normalen Entwicklung entsprechenden Weise.

Bei Planarien und Hydren, denen man durch Wochen und Monate die Nahrung entzog, tritt nicht nur eine enorme Verringerung des Körper-volumens ein, sondern auch eine starke Reduktion in der Organisation.

Bei Süßwasserpolypen ist die Organisation sogar einfacher als die eines eben ausschlüpfenden Embryos. Wenn diese Individuen wieder richtig gehalten und mit Nahrung versorgt werden, so können sie sich sogar als besonders lebenskräftig erweisen. Jedenfalls kann man den allgemeinen Grundsatz festhalten, daß die entwickelte Organisation dann aufgegeben wird, wenn besondere Schwierigkeiten in der Lebenssituation auftreten und daß dann eine Regression zu primitiverer Gestaltung eintritt.

Es ist eine weitere, weittragende Analogie, daß die darauffolgende Regeneration nicht zu der vollentwickelten Gestaltung führen muß. Eidechsen entwickeln bei der Regeneration eines Beines Formen, welche einem primitiveren Typus entsprechen. Wir wissen, daß der Restitutionsversuch bei der Schizophrenie, welche bis zum Stadium des Narzißmus regrediert hat, nicht zu der voll entwickelten Sexualität führen muß, sondern sehr häufig auf einer primitiveren Stufe, etwa der oralen oder anal-homosexuellen, stecken bleibt. Man wird jedenfalls zu der Anschauung kommen, daß die Gesetze organischer Formbildung eine enge Beziehung aufweisen zu jenen Gesetzen des Seelenlebens, welche mit der psychoanalytischen Methode erforscht und dargestellt werden.

Organische Form ist aber gleichzeitig organische Funktion und biologisches Verhalten. Es wird uns nicht schwer fallen, in den Handlungen der Tiere und in ihren Instinkten die gleichen Gesetzmäßigkeiten nachzuweisen wie in der Formbildung. Es verdient zunächst angemerkt zu werden, daß die Analyse gezeigt hat, daß sadistische und kannibalistische Tendenzen eine primitive Geschlechtshaltung darstellen. Wir werden uns daher nicht wundern, wenn wir bei Insekten, wie der Gottesanbeterin, die Tendenz des Weibchens finden, das Männchen, das die Kopulation zu vollziehen gedenkt oder vollzogen hat, zu verschlingen. Wir finden in den Phantasien und in den primitiven Gestaltungen des Seelenlebens des Menschen alle jene Formen der Sexualität realisiert, welche wir im Tierreich antreffen. Ich habe auf die psychologische Bedeutung der Kloake bereits hingewiesen, aber man wird auch leicht psychische Analogien zur Parthenogenese und zu automiktischen Befruchtungsvorgängen finden; (wir sprechen von Automixis, wenn die männlichen und weiblichen Geschlechtselemente von einem und demselben Individuum gebildet werden, so daß wenigstens potentiell eine Selbstbefruchtung zwischen den männlichen und weiblichen Geschlechtszellen desselben Individuums möglich ist). Bei den Nematoden findet eine derartige strenge Inzucht tatsächlich statt. Man mag dahin formulieren, daß die seelischen Möglichkeiten der menschlichen Geschlechtlichkeit in der

Formbildung und in dem Verhalten der Mannigfaltigkeit des Tierreiches erwirklicht sind. Wir möchten diesen Satz auch umkehren und erwarten, daß jede biologische Form und jedes biologische geschlechtliche Verhalten in der Tierreihe sein Gegenstück im menschlichen Unbewußten (im psychoanalytischen Sinne) haben muß. Man kommt von hier aus zu dem allgemeineren Satze, daß die Mannigfaltigkeit des Tierreiches (und Pflanzenreiches) die Kristallisation, Ausfällung und Darstellung der Triebregungen sei.

Ferenczi hat besonders versucht, die sekundären Geschlechtscharaktere unter einem ähnlichen Gesichtspunkt zu betrachten. Er betrachtet die Daumenschwielen des Froschmännchens als Kampforgane. Die Entfaltung mächtiger Hautlappen, fleischiger Anhänge von Kröpfen dienen der Einschüchterung des Weibchens. Von hier aus eröffnen sich auch neue Gesichtspunkte für die Tierpsychologie und wir erwarten grundlegende Aufschlüsse für sie durch das Studium der menschlichen Handlung und Motivierung mit Hilfe der Psychoanalyse. Ich habe diesen allgemeinen Grundsatz wiederholt vertreten und verweise jene, welche sich für das Material der Tierpsychologie interessieren, lediglich auf das erschöpfende Buch von Hempelmann. Eine eingehendere Diskussion würde den Rahmen dieser Abhandlung überschreiten. Jedenfalls befürworte ich Tierpsychologie von oben, d. h. beginnend mit dem Studium des menschlichen Unbewußten.[1]

Die bisherigen Betrachtungen beschäftigen sich im wesentlichen mit der individuellen Formbildung in ihrer Beziehung zu analytischen Gedankengängen. Wir sind bisher der Betrachtung der Phylogenese ausgewichen. Die ungemeine Schwierigkeit phylogenetischer Erörterungen liegt darin, daß über die Vererbung erworbener Eigenschaften im lamarckistischen Sinne noch immer nichts Bindendes ausgesagt werden kann. Die allgemeine Tendenz der Biologen geht zweifellos dahin, die Vererbung erworbener Eigenschaften abzulehnen. Doch kann es keiner Frage unterliegen, daß eine solche Vererbung für Bakterien und Einzeller besteht (vgl. Jennings). Guyer und Smith haben durch ein besonders bereitetes Serum Linsendefekte bei Kaninchen erzeugt, die in mehreren Generationen auf die Nachkommenschaft vererbt wurden. Kammerer hat einen Alpensalamander gezwungen, die Fortpflanzungsgewohnheiten des Feuersalamanders anzunehmen

---

1) Brun hat in einer Reihe von Arbeiten auf die Instinkte der Ameisen verwiesen und gezeigt, daß sich dort Verhaltungsweisen finden, die wir analytisch verstehen können. Er hat besonders darauf aufmerksam gemacht, daß sich bei der Gastpflege von Ameisen das Lustprinzip so stark in den Vordergrund drängen kann, daß es die Erhaltung des Individuums und der Rasse gefährdet.

und umgekehrt. Die Nachkommenschaft dieser künstlich erzeugten Varianten gebaren Wasserlarven, wenn sie unbeeinflußt Vollmolche geboren hätten, und umgekehrt. Lebensgewohnheit und Form waren also auch in der folgenden Generation abgeändert. Es ist nicht meine Aufgabe, der mannigfaltigen Einwände zu gedenken, die gegen diese und ähnliche Versuche erhoben wurden. Pawlow glaubt zeigen zu können, daß bedingte Reflexe bei der Nachkommenschaft leichter erzeugt werden können, wenn Ratten auf solche bedingte Reflexe erzogen worden waren, doch hat er seine Versuchsergebnisse nicht aufrechterhalten. McDougall hat ähnliche Resultate erzielt und hält an deren Beweiskraft fest. Psychoanalytische Forscher, wie Ferenczi, und Bleuler, der der Psychoanalyse nahesteht, haben sich strikte zu der Lehre von der Vererbung erworbener Eigenschaften bekannt, die ja letzten Endes meint, daß die Sinnhaftigkeit biologischen Geschehens, Übung, Zweckmäßigkeit und Trieb über das individuelle Leben hinausreichen. Stammesgeschichte würde auch psychoanalytisch verständlich werden. Ferenczi hat in der Tat den konkreten Versuch unternommen, die Amniumbildung als den Ausdruck eines thalassalen Regressionszuges anzusehen, als einen Ausdruck des Strebens nach der in der Urzeit verlassenen See-Existenz. Wenn man auch diesem kühnen Gedankengang nicht ohne weiteres folgen wird, so behält er doch seinen wissenschaftstheoretischen Wert, da er die analytischen Denkmöglichkeiten konsequent verfolgt. Die vorangehenden Äußerungen haben die Anwendbarkeit psychoanalytischer Gedankengänge auf die organische Formbildung zumindest wahrscheinlich gemacht und es liegt nahe, die Phylogenese nicht als weniger verständlich anzusehen als die ontogenetische Formbildung. Es kann sich natürlich nur um erste tastende Versuche handeln und auch die Deutungen werden höchst unsicher sein, auch dann, wenn sich das Prinzip als solches bewahrheiten sollte.

Die Weismannsche Theorie des strengen Darwinismus sieht die Entwicklung als Folge der natürlichen Auslese, aber sie muß die Variabilität anerkennen. Die natürliche Variabilität der Organismen ist demnach der zweite Grundpfeiler dieser Theorie. Die Variabilität beruht auf Vorgängen und spontanen Veränderungen im Keimplasma. Die Gene sind nicht unveränderlich. Sie variieren und es kommt so zu Mutationen. Meist handelt es sich bei diesen Genvariationen um verhältnismäßig geringe Unterschiede. Manchmal kommt es jedoch zu beträchtlichen Abänderungen und die neue Generation zeigt weitgehende Verschiedenheiten von der Elterngeneration. Nun kann nicht in Abrede gestellt werden, daß diese Mutationen von äußeren Bedingungen abhängig sind. Sie können z. B. durch Verschiedenheiten in der Ernährung bedingt sein. Es ist ja denkbar, daß diese Verschiedenheiten unmittelbar auf das Keimplasma wirken, doch scheint es keineswegs ausgeschlossen zu sein, daß sie zunächst auf den Körper und indirekt auf das Keimplasma Einfluß nehmen. In jüngster Zeit konnte man weitgehende Mutationen an der Taufliege (Drosophila) durch Röntgenbestrahlung erzielen. Sollten die Veränderungen des Körpers, das gesamte Stoffwechselgetriebe weniger wirksam sein als der unphysiologische Außenreiz? Es ist übrigens bemerkenswert, daß die Mutanten, welche M u l l e r durch Beeinflussung der Spermien, der Ovogonien und Ovozyten erhielt, dieselben sind, die auch spontan beobachtet werden. Die Mutation erfolgt durch einen Außenreiz, welcher Veränderungen auslöst, die im Gen bereits vorbereitet sind. Sollten diese Veränderungen völlig sinnlos sein oder ist nicht in den Mutationen ein verborgener Sinn gegeben? Eine Antwort auf Lebensbedingungen? Durch eine lange Zeit hat man den Traum und die Psychose als sinnlos angesehen, bis F r e u d gezeigt hat, daß in beiden eine Sinnhaftigkeit zum Ausdruck kommt, wenn auch diese von einer besonderen Art ist. Könnte nicht die Sinnhaftigkeit der Mutation dem latenten Traumgedanken entsprechen und eine Antwort auf eine aktuelle Lebenssituation sein, welche eine phylogenetisch ältere Konstellation wiederum bedeutsam macht? Es ist unmöglich, den wissenschaftlichen Beweis für derartige Vermutungen zu führen. Jedenfalls bleibt es bemerkenswert, daß man es einer Eigenschaft nicht ansehen kann, ob sie durch Modifikation, d. h. durch Einwirkung auf den Körper, oder durch Mutation, d. h. durch Veränderung der Gene, entstanden ist. So ist die Unterdrückung der Pigmentausscheidung bei den Polartieren erbliche Anpassung, bei dem gemeinen Schneehasen Modifikation. Die Dornen und Stacheln, die Härchen, Stengel und Blätter, das weiße Winterkleid der Vögel und Säugetiere, das Wollhaar und die Dunen, die Hornschichten der Epidermis, die Bälkchenzüge in der Substantia spongiosa sind ganz gleich, ob sie als Modifikationen oder als erbliche Anpassung entstanden sind. Manche Varietäten unterscheiden sich überhaupt nur dadurch, daß die gleiche Eigenschaft bei der einen als Modifikation, bei der anderen als erbliche Eigenschaft auftritt. So gibt es bei *Hieracium silvaticum* eine Varietät, bei welcher die Haarflocken nur als Standortsmodifikation auftreten, und eine andere, welche die reichlichen Haarflocken auch im Waldschatten beibehält (K r a n i c h f e l d, S. 65).

Soll eine Modifikation des Soma auf den Genotyp übertragen werden, — und das muß geschehen, wenn sie vererbt werden soll, — so müßte, wie R o u x sagt, außer der Übertragung selbst noch eine Implikation stattfinden, d. h. eine „Zurückverwandlung von Entwickeltem in Unentwickeltes" und „eine Einfügung desselben in die rechte Stelle der impliziten Struktur des Keimplasmas". Ein solcher „rückläufiger Entwicklungsprozeß" ist aber ein Problem, das mechanisch so wenig lösbar ist „wie das Problem eines Telegraphen, welcher ein in deutscher Sprache aufgegebenes Gedicht in chinesischer Sprache niederschreiben soll" (Weismann).

Gerade aber die Rückverwandlung vom Entwickelten ins Unentwickelte und die Einführung desselben in die rechte Stelle einer komplizierten Struktur ist eine der Grundtatsachen des Seelischen, welche die Psychoanalyse in das richtige Licht gesetzt hat. Wir sehen auch immer wieder, daß alles das, was seelisch aufgenommen wird, sofort in die verschiedensten symbolischen Ausdrücke übersetzt wird und in den verschiedensten Sprachen der Seele festgehalten wird. Die psychoanalytische Psychologie läßt so die Übertragung erworbener Eigenschaften zumindest als denkmöglich erscheinen. Wir haben bisher vorwiegend der organischen Formbildung unsere Aufmerksamkeit zugewendet, doch habe ich bereits betont, daß Instinkt und Trieb von der Form nicht getrennt werden können. Form ist ohne Funktion und Funktion ohne Form nicht denkbar. Um diesen Gedanken noch einmal Nachdruck zu geben, verweise ich auf die wichtigen Intersexualitätsexperimente Goldschmidts. Die Intersexualität besteht nicht darin, daß ein solches Individuum in jedem Teil seines Körpers eine bestimmte Stufe zwischen den beiden Geschlechtern einnimmt, vielmehr sind einzelne Organe ganz normal weiblich, andere weisen Zwischenstufen auf, wieder andere sind rein männlich ausgebildet. Die entwicklungsgeschichtliche Untersuchung hat ergeben, daß die Organe in einer ganz bestimmten Reihenfolge intersexuell werden und daß diese Reihenfolge der embryonalen Differenzierung reziprok verläuft. Ein Intersex ist ein Individuum, das sich bis zu einem bestimmten Zeitpunkt als Weibchen und dann als Männchen entwickelt hat und von diesem Drehpunkt an seine Entwicklung als Männchen beziehungsweise Weibchen vollendet. Der intersexuelle Zustand der einzelnen Organe ist bestimmt durch die zeitliche Lage der Differenzierung vor und nach dem Drehpunkt (Formulierung von M. Hartmann). Der körperliche Hermaphroditismus in den Versuchen Goldschmidts an Schwammspinnerrassen beruht auf Faktoren in den Geschlechtschromosomen. Es handelt sich nach Goldschmidt um chemische faßbare Vorgänge. Es besteht jedoch eine erstaunliche Analogie zu den psychologischen Vorgängen, welche Homosexualität oder Bisexualität bestimmen. Auch die Psychoanalyse hat gezeigt, daß es Drehpunkte gibt — wir sprechen von Fixierungsstellen — und daß

es von Bedeutung ist, an welcher Stelle der individuellen Sexualentwicklung
dieser Drehpunkt gelegen ist. In den Goldschmidtschen Experimenten handelt
es sich um den Einfluß von chemischen, mit den Genen verknüpften Faktoren,
bei der psychologischen Fixierung handelt es sich um den Einfluß psychischer
Faktoren, welche mit der lebendigen Situation verknüpft sind. Man hat
wohl anzunehmen, daß diese psychischen Faktoren mit dem hormonalen
Sexualmechanismus auf das engste verknüpft sind. Es hängt auch von der
Lage des Fixationspunktes in der psychosexuellen Entwicklung ab, in
welchem Maße Männlichkeit oder Weiblichkeit in der Sexualität dominiert.
Man mag gegen diese wie fast gegen jede Aufstellung dieses Absatzes einwenden, daß es sich lediglich um äußere Analogien handle. Es mag sein,
daß nicht alle diese Analogien auf gemeinsamen Gesetzmäßigkeiten beruhen,
nur der Fortschritt der Forschung kann darüber Endgültiges aussagen, aber
ich glaube nicht, daß es berechtigt ist, alle diese Analogien als trügerischen
Schein zu betrachten, welchem keine wirkliche Verwandtschaft entspricht.

II) Psychoanalyse und Nervensystem

Daß zwischen seelischer Funktion und nervöser Funktion Beziehungen
bestehen, bedarf keiner weiteren Begründung. Die älteren physiologischen
Theorien bezüglich des Nervensystems stellten den Reflex in das Zentrum
nervösen Geschehens. Der Reflex erschien mechanisch ohne weiteres verständlich und faßbar. Die komplizierteren Funktionen wurden als Summe
von mehreren Reflexen betrachtet, die nervöse Funktion beruhte auf einem
Reflexbündel. Demgegenüber hat die neuere Entwicklung der Physiologie
des Nervensystems die Leistung immer mehr als eine gegliederte Ganzheit
aufgefaßt. Läsionen und Ausschaltung von Teilen bewirken nicht einen
Ausfall dort lokalisierter Leistungen, sondern machen eine veränderte Arbeitsweise des Gesamtsystems notwendig. Die Bestrebungen von Head, Goldstein und Lashley streben in dieser Hinsicht einer grundsätzlich gleichen
Betrachtungsweise zu. Man kann in Jackson einen Vorläufer dieser Betrachtungsweise sehen. Während die Psychoanalyse in den Anfangsstadien
den Vorgängen im Zentralnervensystem Interesse zuwandte, ist in der weiteren
Entwicklung der Psychoanalyse dieses Gebiet etwas vernachlässigt worden.
Ich selbst kam beim Studium der Depersonalisationserscheinungen zu der
Anschauung, daß überraschende Ähnlichkeiten zwischen den optischen Er-
scheinungen der Depersonalisierten mit der Seelenblindheit auf organischer
Grundlage bestehen und kam zu der Formulierung, daß der organische

Prozeß etwas Ähnliches bewirke wie die psychologische Hemmung. Pötzl ist in einer Reihe von wichtigen Arbeiten den Beziehungen der Hirnpathologie zur Psychoanalyse nachgegangen. Er hat insbesondere auf die Ähnlichkeit im Mechanismus der Traumbildung, des peripheren Sehens und der optischen Agnosie verwiesen. Ich habe versucht, in meiner „Medizinischen Psychologie" diese Beziehungen der Hirnpathologie zur Psychologie zusammenfassend darzustellen. Rivers hat versucht, die Headsche Sensibilitätslehre zur analytischen Psychologie in Beziehung zu setzen. Da es sich hier um Befunde am peripheren Nervensystem handelt, gebe ich zunächst eine kurze Darstellung seiner Anschauung. Temperaturen zwischen vierzig und fünfzig Grad bewirken angenehme Sensationen von Wärme. Fehlt aber die Wärmeempfindung, so verursachen solche Temperaturen Schmerz. Die Schmerzempfindungen werden also durch das gleichzeitige Vorhandensein von Wärmeempfindung unterdrückt. Rivers hat bereits diese von ihm und Head bei der Regeneration des Nerven gefundenen Tatsachen psychologisch gedeutet und auf die Analogie dieser und ähnlicher Phänomene mit den psychologischen Vorgängen der Verdrängung verwiesen. Man wird vielleicht allgemeiner so formulieren dürfen, daß für die jeweilige Empfindung die Gesamtsituation des Nervensystems von Belang ist. Die endgültige Empfindung ist keinesfalls die Summation von Teileindrücken, sondern eine Gestaltung, an welcher das Gesamtnervensystem beteiligt ist. Das ist aber auch einer der psychologischen Grundgedanken der Psychoanalyse.

Wesentlich engere Beziehungen zu unserem Problem haben die Gedankengänge Pötzls. Pötzl hat sich zunächst mit jenen organischen Bildern nach Kriegsverletzung beschäftigt, welche auch funktionelle Züge zeigen, und hat gezeigt, daß die organische Störung sehr häufig den Kern abgibt, um welchen sich psychologische Gestaltungen gruppieren. Die pathologische Veränderung im Zentralnervensystem bewirkt zunächst abnorme Empfindungen und abnorme Erlebnisse, welche die Basis für psychische Verwertung abgeben. Seine Untersuchungen beweisen jedenfalls, daß die gestaltenden Zentraltendenzen der Persönlichkeit sich jedes Erlebnisses bedienen, auch dann, wenn das Erlebnis auf einer organischen Veränderung des Nervensystems beruht. Von größerer Bedeutung sind seine Traumexperimente. Wenn Bilder tachistoskopisch dargeboten werden, so wird nur ein Teil des Dargebotenen voll erfaßt. Dieser Teil spielt keine Rolle mehr im Seelenleben. Diejenigen Teile des dargebotenen Bildes, welche nicht zur bewußten Erfassung kamen, gehen in die Traumbilder ein und haben fortwirkende Bedeutung. Das Unabgeschlossene und Unerledigte behält so seine

Wirkung, während das voll erledigte keine solche Wirkung mehr hat. Das
was nicht zur vollen Erfassung kam, wird stückweise nachgeliefert. Ein
Teil der Sinneswahrnehmung bleibt also verdrängt und gerade dieses verdrängte Material erscheint später unter entsprechenden Bedingungen. Es
läßt sich so in der einfachen Sinneswahrnehmung Verdrängung und Wiederkehr des Verdrängten nachweisen. Während in den Versuchen von Pötzl
das Verdrängte (nicht aufgenommene) unter den günstigen Bedingungen des
Traumlebens auftaucht, erscheint es in den Versuchen von Allers und
Theler in freier Assoziation. Pötzl hat bereits gezeigt, daß dieses nach-
gelieferte Material Verschiebungen und Verdichtungen eingeht, welche den
durch Freud entdeckten Verschiebungen und Verdichtungen des Traumes
in fast jedem Detail entsprechen. Ich habe mit Ross[1] bei der tachisto-
skopischen Wahrnehmung von menschlichen Gestalten die gleichen Gesetzmäßigkeiten nachweisen können. Teile wurden verschoben und verdichtet.
Wunscherfüllungen traten klar in Erscheinung. Wir zeigten unter anderem
Bilder eines Knaben, welchem entweder ein Bein oder ein Arm fehlte.
Eine große Anzahl von Versuchspersonen sah eine vollständige Gestalt. Sie
wünschten die Tatsache der Verstümmelung nicht zur Kenntnis zu nehmen.
In einzelnen Fällen erklärte die Versuchsperson, daß der Knabe nicht still-
stehe, sondern renne, so daß man nicht alle Glieder sehen könne. Hier
handelt es sich um Kompromisse zwischen dem, was die Versuchsperson
sah, und dem, was sie zu sehen wünschte. Kinder, denen eine nackte Figur
tachistoskopisch dargeboten wurde, betonten häufig ausdrücklich, daß sie
eine bekleidete Figur gesehen hatten. Ich habe mit meinen Mitarbeitern
Kanner, Bromberg und Bibring-Lehner gezeigt, daß sich in den eideti-
schen Bildern, welche zwischen Vorstellung und Wahrnehmung stehen, aber
auch in Vorstellungen anderer Art die gleichen Gesetzmäßigkeiten zeigen
wie in den Gebilden des Traumes. Besonders bei taktilen Nachempfindungen
kann man ähnliche Dinge sehen. Jede vollentwickelte Wahrnehmung hat
ein Vorstadium und ein Nachstadium. Vorstadien und Nachstadien jeder
Empfindung zeigen jedoch Arbeitsweisen, welche den Arbeitsweisen des
Systems Ubw entsprechen. Die psychoanalytische Betrachtungsweise lehrt
uns daher unmittelbar etwas über die Vorgänge der normalen Wahrnehmung,
welche ja unmittelbar mit der Struktur des Nervensystems in Zusammenhang gebracht werden müssen. Vorstellung und eidetisches Bild haben die
engste Beziehung zum Traum und zu den Vor- und Nachstadien der Wahr-

---

1) Noch nicht veröffentlicht.

nehmung. Man darf also hoffen, daß sich psychoanalytisches Traumstudium und psychophysiologisches Studium des Wahrnehmungsvorganges gegenseitig ergänzen.

In der erwähnten Studie hat Pötzl darauf hingewiesen, daß sich bei der Rückbildung von Rindenblindheit und bei optischer Agnosie ganz ähnliche Gesetzmäßigkeiten zeigen. Er zeigte einem seiner Patienten einen Blumenstrauß, aus dem neben den Blumen ein auffallend langer, dünner Stamm von Asparagus herausragt; er faßt nur die rote Rose heraus entsprechend seiner Prädilektion für Rot. Der Strauß wird entfernt, er hat nun nachzusehen, wie die Farbe der Aufschläge bei den anwesenden Offizieren ist. Er bringt durch forcierte Einstellung den Hals der Versuchsperson in sein Restgesichtsfeld und sagt: „eine grüne Krawattennadel". Es wird also ein Formeindruck richtig, aber ohne Beziehung zu der früheren Exposition nachgeliefert. Die Nachentwicklung besitzt die Fähigkeit, wie die Traumbilder allerlei Verdichtungen einzugehen.

Man kann sagen, daß gewisse Hirnteile notwendig sind, damit aus der unabgeschlossenen Vorstufe der Wahrnehmung die vollständige Wahrnehmung werde. Oder auch, man könnte sagen, daß die Hirnläsion die Entwicklung des Ubw-Materiales zu vollbewußtem Material hindere. Ich glaube, daß es sich hier um allgemeine Gesetzmäßigkeiten handelt, die wir nur auf Grund psychoanalytischer Einsicht voll verstehen können.

Was in der Vorstufe und in der Nachstufe des Wahrnehmungsvorganges in Erscheinung tritt, ist ebenso wie die agnostische Wahrnehmung von einem primitiven psychologischen Typus. Es liegt nahe anzunehmen, daß es sich um eine primitivere Arbeitsweise handelt, die in der individuellen Entwicklung vorgebildet ist, oder mit anderen Worten, man könnte von einer Regression im analytischen Sinne sprechen. Nun kann es sich keineswegs lediglich um ein Rücksinken auf frühere Entwicklungsstufen handeln, und Head und Goldstein haben, auch hier Jackson folgend, die Annahme einer Regression zurückgewiesen. Doch müssen auch sie zugeben, daß eine Ähnlichkeit in den Erscheinungen besteht und daß primitivere Apparate in Funktion treten. Nun faßt die Psychoanalyse die Regression keineswegs als eine mechanische Wiederkehr der Kindheitserlebnisse auf, sondern ist sich voll bewußt, daß die Wiedererweckung der Kindheitshaltung in der Organisation der entwickelten Seele eine grundsätzlich andere Bedeutung haben muß als im Kinde. Ich glaube demnach nicht, daß die Unterschiede zwischen der Goldsteinschen Anschauung und der psychoanalytischen Anschauung sehr tiefgreifende sind. Jedenfalls greift der Organismus zu einer primitiveren Arbeitsweise, wenn die Arbeitsweise der höheren Stufe aus irgendeinem Grunde unmöglich wird. Diese primitivere Arbeitsweise wird aber entsprechend der ganzen Struktur des Nervensystems sich sehr häufig der phylogenetisch und ontogenetisch älteren Apparate bedienen. Otfried Förster und Gierlich haben versucht, phylogenetische Parallelen zur Hemiplegie und zur extrapyramidalen Bewegungsstörung ausfindig zu machen. Auch hier wird man an dem allgemeinen Grundprinzip festhalten, auch wenn man in bezug auf die spezielle Ausgestaltung im unklaren bleiben mag. Nach Förster beginnt der Mensch seine Laufbahn als Thalamus-Pallidumwesen. Die Motilität des Neugeborenen zeigt ein athetotisches Be-wegungsspiel. Wenn die striären Hemmungen ausfallen, so zeigen sich Bewegungsformen, die nicht nur mit den Bewegungen der Neugeborenen, sondern auch mit den Kletterbewegungen mancher Affen Ähnlichkeit haben.

Auf dem Gebiete der Sprache kann man leicht ähnliche Feststellungen machen. Studiert man die Objektbezeichnungen Sensorisch-aphasischer so sieht man auch bei diesen Fällen, daß das Wort stückweise entwickelt wird, daß die Teile, die noch nicht geliefert wurden, mit neu auftauchenden Worten verschmolzen und verdichtet werden, daß sehr häufig an Stelle des gesuchten Wortes ein ähnliches, der gleichen Sphäre angehöriges auftaucht. Man trifft also auch hier die formalen Charaktere des Traumdenkens und des Traumerlebens, oder, mit anderen Worten, des Systems Ubw an. Auf die Ähnlichkeiten zwischen Kindersprache und Sprache des Aphasischen ist wiederholt hingewiesen worden. Es kommt hier nicht darauf an, alle Einzeltatsachen mitzuteilen, ich verweise lediglich auf die Grundprobleme, welche sich widerspiegeln in jedem Aphasiefalle, mag es sich um eine motorische oder eine sensorische Aphasie handeln. Man kommt jedenfalls zu der Anschauung, daß man bei organischen Hirnläsionen Vorgänge findet, welche der Verdrängung, der Verdichtung und der Verschiebung weit-gehend entsprechen. Bei dem Nachsprechen sogenannter Leitungsaphasien kommt es zu sehr deutlichen Erscheinungen. So spricht einer meiner Patienten: „Trottel" nach als: „Wird Berser, ja dummer Esel, dummer Kerl." Er spricht „Dein" als „sich" nach. Auf die Ähnlichkeiten der Traumsprache mit aphasischer Sprachbildung sei besonders verwiesen. Ebenso wie in der Neurose die Verdrängung nicht nur das ursprünglich Verdrängte aus dem Bewußtsein drängt, sondern auch Material, welches in irgend-einer Beziehung zum Verdrängten steht, so erreicht in einem Falle Pötzls die konzentrische Einengung während des erschwerten Schreibaktes ihr

Maximum. Einer meiner Patienten verlor die Fähigkeit taktilen Erkennens bei apraktischen Fehlhandlungen.

Wir werden zu einer zusammenfassenden Betrachtung erst dann fortschreiten, wenn wir das Gebiet der Motilität in den Kreis der Erörterungen einbezogen haben. Brun verweist auf die Untersuchung Sherringtons bezüglich der Kollision unvereinbarer Reflexe. Wenn zwei Reflexe bei ihrer Realisation auf die gleiche motorische Endbahn angewiesen sind, so kommt es zwischen den beiden inkompatiblen Reflexen zu einem Wettstreit um die Benutzung der gemeinsamen Bahn und es siegt jener Reflex, der die Gesamtinteressen des Organismus vertritt. Wird der Kratzreflex durch einen kurz dauernden Flexionsreflex unterbrochen, so kehrt der Kratzreflex nach der Unterbrechung mit vermehrter Intensität wieder. Manche Reflexe kommen jedoch nach Unterdrückung nur in modifizierter, z. B. symbolischer Form wieder. Es handelt sich um Versuche am Rückenmarkspräparat. Von einer besonderen Bedeutung sind die Versuche von Magnus über Schaltungen. Veränderte Lage und Stellung der Gliedmaßen bewirkt eine völlig veränderte Schaltung der motorischen Zentren für die Einzelmuskel und Muskelgruppen. Das Rückenmark ist gleichsam in jedem Moment ein anderes und spiegelt in jedem Moment die Lage und Stellung der verschiedenen Körperteile wieder. Jeder Körperhaltung entspricht eine bestimmte Verteilung der Erregbarkeiten und der leichtest zugänglichen Bahnen im Zentralnervensystem. Der Körper stellt sich selbst sein Zentralorgan in der richtigen Weise ein. Solche Versuche sind nicht nur an Beugung und Streckung der Beine des Rückenmarkstieres durchgeführt worden, sondern lassen sich auch sehr schön am Katzenschwanz nachweisen. Die Antwort auf eine Situation ist demnach nicht lediglich vom Reiz abhängig, sondern von der jeweiligen Einstellung des Rückenmarks.

Ganz ähnliche Beobachtungen kann man bei den Haltungs- und Stellreflexen des Menschen machen (Goldstein, Hoff und Schilder). Die Auswärtsdrehung einer Hand bei einem unserer Kleinhirnkranken bewirkte eine Drehung des Kopfes und Körpers zur Seite der Drehung; wurden jedoch beide Hände nach auswärts gewendet, so beugte die Patientin ihren Rumpf nach vorne oder rückwärts. Die Auswärtsdrehung beider Arme machte die Auswirkung der Seitwärtsimpulse unmöglich. Der Impuls als solcher geht jedoch nicht verloren, er wechselt lediglich seine Erscheinungsweise. Goldstein findet den Begriff der Schaltung ungenügend für die Erklärung derartiger Tatbestände. Er zieht es vor, von einer Umstellung des Organismus zu sprechen, und leugnet die feste Gebundenheit der einzelnen Leistung an eine bestimmte Struktur. Ich glaube jedoch nicht, daß Verallgemeinerung solcher Art möglich ist. Neben relativ ungebundenen Funktionen gibt es solche, die strenge an die Struktur gebunden sind; die Psychoanalyse hat gezeigt, daß sogar im psychischen Erleben relativ stabile Gebilde entstehen.

Wenn im frühen Kindesalter die übergroße Zärtlichkeit des Vaters das Mädchen zu stark sinnlich bindet, wird ein Komplex, ein Gelegenheitsapparat (Bleuler) geschaffen, der seelische Energien immer wieder in bestimmte Bahnen und Ausdrucksformen drängt. Ein Gelegenheitsapparat verhält sich wie eine stabile Struktur und zwingt seelische Erlebnisse und Kräfte in bestimmte Symptome. Wir sprechen analytisch von Fixationspunkten. Es handelt sich um Erlebnisse in der frühen Sexualentwicklung, die eine Weichenstellung hervorrufen, die stabil bleibt, wenn sie nicht durch die analytische Methode mit dem Erlebnis dem Bewußtsein zugänglich gemacht und so rückgängig gemacht wird. Wir können den Gelegenheitsapparat (Komplex, frühinfantile Fixierung) psychologisch verstehen und sehen in ihm eine Vorstufe des organischen Apparates. Gelegenheitsapparat und organischer Apparat werden dann freilich der Einstellung des Gesamtorganismus, der Gesamtpersönlichkeit entsprechend verwertet. Man hat zu unterscheiden zwischen endgültig Gestaltetem und Gestaltbarem. Es ist ein Verdienst Goldsteins, darauf hingewiesen zu haben, daß die organische Funktion viel plastischer ist, als man im allgemeinen anzunehmen pflegt. Dementsprechend finden wir so viele bedeutsame Analogien zwischen „organischer" und „funktioneller" Symptomatologie. Goldstein beschreibt Katastrophenreaktionen, wenn Hirnverletzte vor Aufgaben gestellt sind, denen sie nicht gewachsen sind. Wir haben hier das vollkommene Analogon: Zurückziehung der Libido von der Außenwelt, wenn eine zu schwere Enttäuschung an der Außenwelt stattgefunden hat. Die Nichtbeachtung von Körperteilen und von Lähmungen und Funktionsausfällen, die zuerst von Anton beschrieben wurde, ist ein Nichtbeachten von Körperteilen und Funktionen, welche zur Gesamtsituation nicht mehr passen. Auch hier haben wir ein Analogon zum Verdrängungsvorgang. Es ist der Mühe wert, sich klarzumachen, daß wir es bei allen diesen organischen Analogien zum Verdrängungsvorgang nicht lediglich mit psychischen Vorgängen zu tun haben, welche mit der Verdrängung identisch sind. Gewiß widerspricht die Tatsache, daß eine Lähmung besteht, der narzißtischen Einstellung des Individuums (vgl. z. B. Betlheim), doch kommt auf solcher Basis noch keineswegs die organische Nichtbeachtung einer Körperhälfte oder einer Lähmung zustande. Damit dieses Phänomen erscheine, muß sich in tieferen Schichten etwas abspielen, was dem Verdrängungsvorgang verwandt ist und manchmal seelische Haltungen zu der Oberfläche treibt, welche der Verdrängung entsprechen. Ich habe mit H. Hartmann in diesem Zusammenhang von organischer Verdrängung gesprochen und meine damit durchaus ein Phänomen, das sich in der körperlichen Sphäre abspielt und auch im seelisch Unbewußten nicht unmittelbar erscheint, wenn es sich auch in die Sphäre der seelisch Unbewußten und Bewußten reflektieren kann. Nur in diesem Sinne möchte ich von organischen Verdrängungsvorgängen sprechen. Goldstein ist der Ansicht, daß die Psychoanalyse zu sehr das seelische Element betrachtet und nicht die Gesamtreaktion des Organismus. Der methodische Grundsatz der Analyse ist jedoch, seelische Gesamtvorgänge mit den von ihr entwickelten Methoden zu studieren. Das was auf diesem Wege ermittelt wurde, erleichtert aber unmittelbar das Verständnis solcher Reaktionen, die man im üblichen Sinne als organisch bezeichnet. Letzten Endes ist das auch der methodische Weg der Gestaltpsychologie, an die sich Goldstein anschließt. Das Wesen der Gestalt, der Figurbildung, der Vordergrund- und Hintergrundbildung ist zunächst an psychischen Gebilden dargestellt worden. Nun sind freilich psychische Gebilde niemals rein psychisch, wie überhaupt der ganze Gegensatz psychisch-organisch nur bedingt zu Recht besteht. Es ist durchaus richtig, wenn Goldstein das Wesen von nervösen Funktionen in dem Gestalten von Vordergrund und Hintergrund sieht. Man sollte jedoch nicht vergessen, daß die Psychoanalyse und die methodische Untersuchung des Seelenlebens sehr detaillierte Auskunft über die Bildung von Vordergrund und Hintergrund zu geben vermag. Wenn Köhler schreibt: „Wir sahen, daß phänomenale Gestalten nächste Verwandte in bestimmten anorganisch-physikalischen Gebilden haben, und finden jetzt, daß gestaltete Geschehens- oder Zustandsarten im optischen Sektor des Nervensystems, an denen wir die Eigenschaften jener organischen Vorbilder voraussetzen, in wesentlichen Zügen mit der Konstitution des zugehörigen optisch-phänomenalen oder Gesichtsfeldes übereinstimmen dürften", so kann man vom analytischen Gesichtspunkt aus nur zustimmen. Es ist auch durchaus richtig, wenn Köhler fernerhin sagt, „daß der Gegensatz von physischer Welt und Bewußtsein, besonders aber der von nervösem Geschehen und Phänomenen etwas übertrieben dargestellt wird". Ich glaube jedoch, daß die psychoanalytische Psychologie weitaus mehr die wirklichen Lebenssituationen berücksichtigt und daher auch letzten Endes tiefer in das Wesen der organischen Struktur zu führen vermag als die Gestaltpsychologie. Goldstein hat gezeigt, daß, wenn vollständige Hemianopsie eintritt, der Kranke gleichwohl ein neues Gesichtsfeld findet, in dem nunmehr die Makula von ihrer bisherigen Stelle

näher zu dem Zentrum des erhaltenen Gesichtsfeldes verlegt wird. Solche
Neuanpassungen finden jedoch leichter statt, wenn die Funktion nicht nur
beeinträchtigt, sondern ausgeschaltet ist. Dann erst entschließt sich der
Organismus zur neuen Gestaltung. Der vollständige Defekt kommt nicht mehr
zum Bewußtsein. Zweifellos handelt es sich um Anpassungen an Situationen,
die Teile der Erfahrung ausschalten, welche bei entsprechender Einstellung
bewußt bleiben konnten. Diese Einstellungen sind zum Teil seelisch im kon-
ventionellen Sinne, teilweise unbewußt im psychoanalytischen Sinne, spielen
sich aber auch jenseits der von der Psychoanalyse erweiterten Bewußtseins-
grenze ab. Man kann leicht an organischen Hirnkranken zeigen, daß sie
Situationen lediglich konkret erfassen, daß sie mit anderen Worten reiz-
gebundener werden. Auch hier stehen uns weitgehende Analogien aus dem
Seelenleben der Neurotiker zur Verfügung. Wir sehen in der Analyse immer
wieder, daß sich der Patient, wenn ein Widerstand von tiefen Schichten her-
eintritt, an belanglose Details der Außenwelt klammert. Er rettet sich aus
der unbewältigten Gesamtsituation in eine Teilerfassung von Einzelheiten.
Es ist bemerkenswert, daß Goldstein zu sehr ähnlichen Formulierungen
bezüglich der Funktion des Nervensystems kommt wie die Psychoanalyse:
„Die zur Verfügung stehende Energiemenge ist innerhalb gewisser Grenzen
konstant." „Die Energie wird so verteilt, daß nach Möglichkeit die für den
Organismus wesentlichen, vor allem die für die Erhaltung des Lebens wichtigen Leistungen, am besten erhalten bleiben." Man sieht, der Gegensatz
zwischen organisch und psychisch ist in der Tat mehr oder minder künstlich.
Ich habe mich wiederholt bemüht, zu zeigen, daß die organische Funktion
allerdings anderen Leistungen dient als die im üblichen Sinne psychische
Funktion. Im analytischen Sinne dient die organische Funktion dem Ich,
die psychische Funktion dem Es. Das Material, das bei sogenannten organischen Läsionen des Zentralnervensystems verschoben, verdichtet, verdrängt
wird, ist unpersönlicher, während im Traum und in der Neurose die lebendigen und tiefinnersten Probleme der Persönlichkeit zur Geltung kommen.
Man kann das besonders schön bei dem Studium der Amnesien nachweisen.
Bei der psychogenen Amnesie flieht das Individuum vor seinen individuellen
Erlebnissen und Problemen, bei der organischen Amnesie werden auch banale
Erlebnisse des Alltags vergessen. Gleichwohl bestehen zwischen der organischen und psychogenen Amnesie Beziehungen, und es gelingt gelegentlich
auch bei Amnesien nach Leuchtgasvergiftung die retrograde Amnesie durch
Hypnose zu beheben. Nach Schädeltraumen kehrt das vergessene Material
nicht selten ins Bewußtsein zurück in einer Weise, wie wir das bei psycho-

genem Vergessen sehen. Das Material erscheint zunächst verschoben und verdichtet und kommt schließlich unentstellt im Traume wieder.

Diskussionen wie die vorliegende sind naturgemäß unvollständig. Es kann nicht mehr gegeben werden als ein allgemeiner Überblick über die Problemstellungen. Es wäre leicht, in dem Verhalten der Hirnkranken Analogien zur Ambivalenz und zum Wiederholungszwang zu finden, wie auch Goldstein hervorgehoben hat. Wir würden auch hier zu der allgemeinen Einsicht kommen, daß jedes psychologische Verhalten ein Gegenstück im organischen Geschehen und Verhalten bei organischer Läsion des Nervensystems hat. Freilich kann es sich nicht um Identität handeln. Das Geschehen in der organischen Sphäre zeigt die gleichen Grundgesetzmäßigkeiten, aber es ist doch eine andere Provinz des Lebens, und die gleichen Gesetzmäßigkeiten zeigen sich an verschiedenem Material notwendigerweise unter einem verschiedenen Bilde. Bei aufmerksamer Betrachtung sieht man jedoch, wie die beiden Sphären des Lebens, die psychische und die organische, fortwährend ineinandergreifen, daß die organische Sphäre in die psychische wirkt und die seelische in die organische, so daß nicht nur ein Wesenszusammenhang der Gesetzmäßigkeiten, sondern auch ein faktischer Wirkungszusammenhang bebesteht. Ich verweise in diesem Zusammenhang auf die Lehre Pawlows von den bedingten Reflexen, welche nach meiner Meinung psychische Haltungen darstellen, welche das innere Getriebe des Organismus immer v ieder beeinflussen. Hier ist nicht nur auf die Wirkung der Psyche auf Speichelsekretion zu verweisen, sondern auch auf die physischen Wirkungen, wie Ekzeme, welche durch den Widerstreit bedingter Reflexe entstehen (vgl. Lurja). Triebhaftes, seelisches Geschehen, seelische Haltungen sind immer auch organische Haltungen und können dementsprechend, wie Groddeck, Jelliffe und F. Deutsch[1] gezeigt haben, den Organismus weitgehend verändern, doch liegt das Gebiet der Beziehung der Psychoanalyse zu inneren Krankheiten außerhalb des engeren Gebietes dieser Diskussion.

In keinem Gebiete wird die enge Beziehung zwischen Seelischem und Organischem deutlicher als im Schlafe. Schlaf ist ein seelisches Phänomen, in welchem wir uns von der Außenwelt zurückziehen, und im Traume steigen wir zu den primitiveren Schichten des Lebens hinab. Die Bedeutung des bewußten und unbewußten Schlafwunsches bedarf keiner besonderen Betonung, aber wir wissen, daß Läsionen das Schlafzentrums den Schlafwunsch ersetzen können. Er wird dann sozusagen organisch erzeugt und mag sich

---

1) Vgl. die bei Schwarz angeführte Literatur.

im Seelischen lediglich wiederspiegeln. Aber auch der organische Schlafwunsch (die organische Läsion) bringt das Individuum zu tieferen Erlebnis-
schichten. Der durch Schlafmittel erzeugte Schlaf vermittelt zwischen dem
seelischen und organischen Schlafgeschehen. Es ist nicht notwendig, auf diese
Dinge im einzelnen einzugehen, da sie erst jüngst durch Pötzl und
Economo eine eingehende Darstellung erfahren haben. Betonen wir nur
noch einmal, daß auch das seelische Geschehen beim Schlafen und Träumen
im Organismus verankert ist und daß auch die organischen Schlafprobleme
das Seelische weitgehend beeinflussen. Schlaf ist ein biologisches Phänomen,
d. h. es ist psychisch und organisch zugleich. Was immer im Organismus
vorgeht, folgt Gesetzmäßigkeiten, die wir im Seelenleben wiederfinden und
dort verstehen können. Es wird manchmal einen unmittelbaren seelischen
Ausdruck finden, sich manchmal nur im Seelischen reflektieren und manchmal ohne jeden seelischen Widerschein ablaufen. Aber selbst dann ist es
dem Einfluß des Seelischen nicht entzogen, wird Gesetzmäßigkeiten zeigen,
die dem Seelischen ähnlich sind, und man wird die innere Einheit mit dem
Seelischen zumindest ahnend vermuten dürfen.

Literatur:

Alexander, F.: Der biologische Sinn psychologischer Vorgänge. Imago IX, 1923.

Allers, R. und Theler: Über die Verwertung unbemerkter Teileindrücke bei
Assoziationen. Ztschr. f. d. ges. Neur. u. Psych., Bd. 89, 1924.

Bibring-Lehner, G.: Über die Beeinflussung eidetischer Phänomene durch laby-
rinthäre Reizung. Ztschr. f. d. ges. Neur. u. Psych., Bd. 112, 1928.

Bleuler, E.: Über Gelegenheitsapparate und Abreagieren. Ztschr. f. Psych., Bd. 76, 1920.

Ders.: Die Psychoide als Prinzip der organischen Entwicklung. Berlin, Springer, 1924.

Breuer, J. und Freud, Sigm.: Studien über Hysterie. Wien, Deuticke, 1895.

Brierley, M.: Referat über Schilder: Brain and Personality. Int. Journ. of Psychoanalysis 1931, Vol. 12, S. 377.

Bromberg, W. und Schilder, P.: On tactile Imagination and tactile After-effects.
Journ. of nervous and mental disease, Vol. 76, No. 1, July 1932.

Brun, R.: Selektionstheorie und Lustprinzip. Int. Ztschr. f. PsA. IX, 1923.

Ders.: Experimentelle Beiträge zur Dynamik und Ökonomie des Triebkonfliktes.
(Biologische Parallelen zu Freuds Trieblehre.) Imago XII, 1926.

Ehrenberg, R.: Theoretische Biologie vom Standpunkt der Irreversibilität des
elementaren Lebensvorganges. Berlin, Springer, 1923.

Ferenczi, S.: Versuch einer Genitaltheorie. Int. Psychoanalyt. Bibliothek, Bd. 15, 1924.

Freud, Sigm.: Jenseits des Lustprinzips. Wien, Int. Psychoanalyt. Verlag, 2. Aufl., 1924.

Ders.: Das Ich und das Es. Wien, Int. Psychoanalyt. Verlag, 1923.

(Die Kenntnis der Freudschen Arbeiten wird vorausgesetzt. Es sind natürlich auch
die übrigen Freudschen Arbeiten herangezogen worden.)

Goldstein, K.: Die Beziehungen der Psychoanalyse zur Biologie. Bericht über den zweiten Kongreß für ärztliche Psychotherapie. Leipzig, Hirzl, 1927.

Ders.: Die Lokalisation in der Großhirnrinde. Handb. d. norm. u. pathol. Physiologie, Bd. 10, E II, 2 d. (Daselbst Angabe über weitere Arbeiten G.s.)

Hartmann, M.: Allgemeine Biologie. Jena, Fischer, 1925. (Enthält fast alle hier-hergehörigen Literaturangaben und ist in diesem Aufsatz vielfach fast wörtlich verwendet worden.)

Hartmann, H.: Die Grundlagen der Psychoanalyse. Leipzig, Thieme, 1927.

Hartmann, H. und Schilder, P.: Zur Psychologie Schädelverletzter. Arch. f. Psych. u. Nervenkrankh., Bd. 75, 1925.

Hempelmann, F.: Tierpsychologie. Leipzig, Akademische Verlagsgesellschaft, 1926.

Hoff, W. u. Schilder, P.: Die Lagereflexe des Menschen. Wien, Springer. 1927.

Jennings, W.: The biological basis of personality. New York, Norton, 1930.

Kanner und Schilder, P.: Movements of the optic images and the optic imagi-nation of movements. Journ. of nervous and mental disease, Vol. 72, 1930.

Kranichfeld: Die Geltung der von W. Roux und seiner Schule für die ontogenetische Entwicklung nachgewiesenen Gesetzmäßigkeiten. (Vorträge und Aufsätze über Ent-wicklungsmechanik der Organismen.) Berlin, Springer, 1922.

Lashley, K. S.: Brain mechanism and intelligence. Chicago 1927.

Luria, A. R.: Die moderne russische Physiologie und die Psychoanalyse. Int. Ztschr. f. Psa. XII, 1926.

Magnus: Körperstellung. Berlin, Springer, 1924.

Pawlow, J. P.: Über die höchste Nerventätigkeit. München, Bergmann, 1926.

Pötzl, O.: Experimentell erzeugte Traumbilder. Ztschr. f. d. ges. Neur. u. Psych., Bd. 37, 1917.

Pötzl, O., Economo, K. v., u. a.: Schlaf. Jahreskurse für ärztliche Fortbildung. Mai 1929. München, Lehmann.

Schilder, P.: Einige Bemerkungen zu der Problemsphäre: Cortex, Stammganglien, Psyche, Neurose. Ztschr. f. d. ges. Neur. u. Psych., Bd. 74, 1922.

Ders.: Medizinische Psychologie. Berlin, Springer, 1924.

Ders.: Gedanken zur Naturphilosophie. Wien, Springer, 1928. (Enthält einen großen Teil der hier verwendeten Literatur.)

Ders.: Brain and Personality. Nervous and mental disease. Monograph series No. 53. New York, Publishing Co., 1931.

Schwarz, O.: Psychogenese und Psychotherapie körperlicher Symptome. Wien, Springer, 1925.

Storch, E.: Der Entwicklungsgedanke in der Psychopathologie. Erg. d. inn. Med. u. Kinderheilk., Bd. 75, 1925. (Daselbst Literatur.)

Westerman-Holstijn, A. J.: Tendenzen des Toten, Todestriebe und Triebe zum Toten. Imago XVI, 1930.

Die Sexualbiologie der Spinnen

Von

Hans Peters

Münster i. W.

Wenn wir heute über die Tatsachen des Geschlechtslebens der Spinnen so gut unterrichtet sind, so verdanken wir das zum größten Teil den ausgezeichneten Untersuchungen von U. Gerhardt. In eingehenden Forschungen, die sich auf lange Jahre erstrecken, hat Gerhardt ein gewaltiges Material peinlichst genauer Beobachtungen gesammelt. Seine Arbeiten beziehen sich auf weit über hundert Arten von Spinnen, und zwar sind Vertreter aller einheimischer Familien und einer Anzahl ausländischer darunter. Nicht zuletzt auf dieser Mannigfaltigkeit des Untersuchungsmaterials beruht der Wert der Forschungen von Gerhardt. Denn sie setzt uns in den Stand, die Biologie der einzelnen Arten vergleichend zu betrachten und ermöglicht uns so das Verständnis von Tatsachen, die sonst rätselhaft bleiben müßten. Damit berühren wir das theoretische Ziel, das sich Gerhardt gesteckt hat. Während sich die Zoologen auf diesem Gebiet meist mit der einfachen Beschreibung der Tatsachen begnügt haben, sucht Gerhardt die Verwandtschaftsverhältnisse innerhalb der Gruppe der Spinnen aufzudecken, indem er das sexuelle Verhalten der einzelnen Arten miteinander vergleicht. Psychologische Probleme werden von Gerhardt — oft scheint es bewußt — vernachlässigt. Ebensowenig haben sich meines Wissens andere darum bemüht. In der vorliegenden Arbeit aber sollen gerade psychologische Fragen in den Vordergrund treten.

Der Sexualtrieb

Meine erste Aufgabe ist die Darstellung der Äußerungen derjenigen beiden Triebe, die das Leben der Spinnen zum guten Teil beherrschen: des Sexualtriebes und des Freßtriebes. Da es eine für unsere Zwecke brauchbare Zusammenfassung der vorliegenden Ergebnisse nicht gibt, will ich selbst versuchen, die Beobachtungen zu einem Bilde zusammenzufassen.

Bei den meisten Spinnen geht der Begattung ein mehr oder minder umständliches Zeremoniell seitens des Männchens voraus, das man allgemein als „Werbung" bezeichnet. In andern Fällen fehlt die Werbung gänzlich. Bei den Tetragnathiden und einer Reihe anderer Spinnen zum Beispiel ergreift das Männchen das Weibchen und führt ohne irgendwelche Präliminarien alsbald die Begattung aus. Das Männchen wird in solchen Fällen häufig erst bei zufälliger Berührung auf seine Partnerin aufmerksam (z. B. Thomisiden). In andern Fällen lassen sich vielleicht schon Andeutungen einer Werbung erkennen. So schreibt Gerhardt (1923, S. 35) von der Thomiside *Philodromus aureolus*: Auf die erste Berührung, die ganz zufällig zustande kommt, zeigt das Männchen „Zeichen sexueller Erregung, die sich neben Schwingungen des Hinterleibes in außerordentlich raschen Zappelbewegungen sämtlicher Beine und Taster äußern". Während sich das Weibchen ganz still verhält, kriecht das Männchen dann zur Ausführung der Kopula auf den Rücken der Partnerin hinauf. Wieweit solche „Zeichen sexueller Erregung" nicht zugleich auch Werbebewegungen sind, läßt sich natürlich nicht leicht entscheiden. Klarer liegen die Dinge schon in Fällen, wo das Männchen das Weibchen mit seinen Tastern betrommelt. So schreibt Gerhardt (1921, S. 182) von der Agelenide *Cybaeus angustiarum*: „Das Männchen bestieg nach anfänglich vergeblichen Versuchen den Cephalothorax des Weibchens. Das Weibchen zog die Beine an den Leib und ließ die sehr robusten Liebkosungen des Männchens über sich ergehen. Das drückte seine Cheliceren auf den Cephalothorax des Weibchens, trommelte mit Tastern und Vorderfüßen auf ihm herum, während es im Kreise um das regungslos daliegende Weibchen herumlief, bis es schließlich von vorn auf den Brustrücken aufstieg und seinen rechten Taster einführte." Nicht selten geschieht es, daß das Männchen sich dem Weibchen mit Tastern und Vorderbeinen schlagend nähert. Bei den großen Familien der Wolfsspinnen (Lycosiden) und Springspinnen (Salticiden) ist dieser Werbemodus sehr kompliziert. Ich greife aus der großen Fülle ein charakteristisches Beispiel heraus. Montgomery (1903, S. 72 ff.) beschreibt die Werbung eines Männchens von *Lycosa scutulata* wie folgt (aus dem Englischen übersetzt): „Bei der Werbung hielt es seinen Körper dicht an den Boden, wobei seine drei hintern Beinpaare beinahe geradeaus gestreckt waren, wogegen sein erstes Beinpaar im Femurpatellargelenk gebeugt war, so daß die Femora über den Cephalothorax nach hinten gelegt waren, Tibia und Tarsus annähernd horizontal in die Luft gehalten. Dann werden zunächst die Palpen abwechselnd auswärts und aufwärts geschwungen, jeder etwa fünf- bis sechsmal; sodann wird ein Bein des ersten Paares vorgestellt, und der Fuß klopft fünf- bis sechsmal auf den Boden, wobei er nach jedem Aufsetzen etwas weiterrückt und das Abdomen gleichzeitig mit dem Aufsetzen des Fußes zuckt; und, drittens, wird das Bein zurückgezogen und wieder über den Cephalothorax gebeugt. Dieser Vorgang dauert 10 bis 15 Sekunden, dann tritt eine kurze Pause ein, der die Wiederholung des Aktes folgt, bei dem nun das andere Bein vorgesetzt wird. Das kann mehrmals wiederholt werden, ohne daß das Männchen sich von der Stelle bewegt, und das nicht nur, wenn es dem Weibchen nicht gegenübersteht, sondern auch, wenn es sich in geringer Entfernung von ihm befindet. Wenn es ihm gegenübersteht und es offenbar sieht, so nähert es sich ihm werbend, wobei es bei jedem Werbeakt einen kleinen Schritt vorwärts macht ... Im Falle, daß das Weibchen sich auf einem Weg im rechten Winkel zur Blickrichtung des Männchens fortbewegt, wendet letzteres sich schnell um, um es

im Gesicht zu behalten, aber es beschleunigt sein langsames Vorrücken nicht."
Im einzelnen sind die Bewegungen des Körpers und der Gliedmaßen und
ihre Haltung bei den verschiedenen Lycosiden und Salticiden recht verschieden;
doch mag das eine Beispiel zur Erläuterung genügen.

Es ist leicht zu verstehen, daß Spinnen, die ein Netz bauen, einen anderen
Werbemodus ausgebildet haben als die Lauf- und die Springspinnen. Im einfachsten Falle zerrt das Männchen längere Zeit am Wohngespinst des Weibchens,
bis die Partnerin herankommt (z. B. *Filistata*, *Segestria*, *Amaurobius*). Bei der
Theridiide *Steatoda bipunctata* spinnt das Männchen in der Nähe des Wohn-
netzes eines Weibchens eine kleine vertikal stehende Gespinstplatte. Dort „vollführt es mit seinem Körper starke Längsschwingungen, die durch Zerren
der Vorderbeine an dem Gewebe zustande kommen" (Gerhardt, 1923, S. 67).
Gleichzeitig erzeugt es durch Reiben bestimmter vorgebildeter Körperteile gegeneinander einen Ton, der wohl als „Lockton" gelten kann (siehe Meyer, 1928).
Sehr charakteristisch für das Werbeverfahren der Araneiden, jener Familie, zu
der die allbekannten Kreuzspinnen gehören, ist die Anlage eines besonderen
Werbefadens. Das Männchen zieht von einer Stelle außerhalb des Radnetzes
des Weibchens einen starken Faden zum Netz hin. An diesem Faden hängt
es, mit der Bauchseite nach oben, und führt lebhafte, zappelnde Bewegungen
aus. Es faßt ihn mit den langen Vorderbeinen und „zerrt und reißt ruckweise
daran". „Dann kriecht (es), rhythmisch und aufgeregt mit dem Hinterleib klopfend
und mit allen Beinen zappelnd, dem Weibchen näher, hört dann aber mit diesen
Bewegungen auf und verhält sich abwartend." Inzwischen ist das Weibchen heran-
gekommen und hat sich vor dem Männchen regungslos aufgehängt, Kopf unten,
die Bauchseite ihm zugekehrt (siehe Abb., Gerhardt, 1911, S. 651). „Nun beginnt . . . das Weibchen mit seinen vorderen Fußpaaren zu zucken, und zwar
scheint es aktiv das Männchen näher an sich heranzuziehen. Diese Bewegung
veranlaßt sofort erneutes Zappeln des Männchens, und wenn dieses . . . dem
Weibchen endlich ganz nahe gekommen ist, beginnen die Versuche, einen Taster
in die, ventral von der Basis gelegene, von der hornförmigen Epigyne oder
dem Sarum überragte Vulva einzusetzen." (Es muß hier vorausgreifend erwähnt werden, daß die Spinnenmännchen das Sperma mittels eines besonderen
Behälters an den Tastern in die weiblichen Samentaschen übertragen.) „Bei
diesen Versuchen streichelt und tastet das Männchen zunächst . . . mit seinen
Vorderbeinen auf der Dorsalfläche des weiblichen Cephalothorax hin und her,
dann hebt es plötzlich seinen Vorderkörper, so daß die Dorsallinie des Tieres
konkav wird, und zwar geschieht dies in einem kurzen heftigen Sprunge. Diese
Versuche werden in der Regel oft, häufig viertel- bis halbstundenlang wiederholt, ehe sie zum Ziele führen. Ferner geht oft das Männchen, nachdem es
plötzlich kehrtgemacht hat, bis zu dem (dem) Netz des Weibchens abgekehrten
Ende des starken Fadens zurück, um dann aber rasch abermals umzukehren
und zum Weibchen zu eilen." (Gerhardt, 1911, S. 650 und 651; beobachtet an
Aranea [= Epeira] diademata, *A. quadrata*, *A. marmorea*.) Bei den meisten
andern Araneiden und bei Uloboriden mit Radnetzen verläuft die Werbung
ähnlich.

Wir haben hier immer mit großer Selbstverständlichkeit von „Werbung" gesprochen, die Bedeutung der Begattungsvorspiele also darin gesehen, daß sie das Weibchen zur Duldung der Begattung anreizen sollen. Ohne Zweifel dienen die Bewegungen des Männchens aber zunächst einmal dazu, es dem Weibchen als Sexualpartner auszuweisen, da es sonst ohne weiteres als Beutetier behandelt werden würde. Denn, soweit wir über die Sinnesleistungen der Spinnen unterrichtet sind, wären diese Tiere — besonders die Netzspinnen — nicht in der Lage, das Männchen von einem Beutetier zu unterscheiden, wenn es sich nicht durch Bewegungen legitimierte. Darauf hat schon Montgomery (1903, S. 142 und 143) hingewiesen. Aber damit ist natürlich noch nicht erklärt, warum sich das Männchen nicht mit einigen wenigen Bewegungen begnügt, sondern die Werbung in der geschilderten Ausführlichkeit und Eindringlichkeit vornimmt. Und da darf man sehr wohl annehmen, daß das, was der Begattung voraufgeht, in der Hauptsache die Bedeutung der Werbung hat.

Man könnte dagegen einwenden, daß die Partnerin das Männchen doch lange Zeit nicht als Sexualobjekt „erkennt". Aber diese Annahme wäre ganz unbegründet. Denn wenn das Weibchen auf das werbende Männchen nicht reagiert — also etwa ihm nicht entgegenkommt — so zeigt es schon eben dadurch, daß es das Männchen vom Beutetier unterscheidet, denn auf ein solches stürzt es sich augenblicklich.

Wenn das Weibchen nicht geneigt ist, so kann das Männchen stundenlang, ja tagelang sein Bemühen fortsetzen. So schreibt Gerhardt (1923, S. 26) von *Lycosa amentata*, daß die Weibchen sich zunächst um die Balztänze der Männchen gar nicht kümmern, und daß sie daher sehr lange fortgesetzt werden. „Ein Männchen tanzte am 6. April vor einem Weibchen einen ganzen Tag, ebenso am Vormittag des 7." Oder, von der Araneide *Meta merianae* hören wir (Gerhardt, 1927, S. 137): „Das Männchen kann (die) Werbung (Zappeln der Beine am Werbefaden) stundenlang fortsetzen und in der großen Mehrzahl der Fälle konnte ich auch nur solche vergebliche Bemühungen mehrerer Männchen beobachten." Ähnlich die Filistatide *Filistata insidiatrix* (Gerhardt, 1928, S. 580): „Außerordentlich oft blieb es bei vergeblicher Werbung, und wochenlang kamen die Weibchen nur ein kleines Stück aus der Röhre hervor."

Es handelt sich hier nicht um vereinzelte Beobachtungen, sondern um ein recht häufiges Verhalten der Spinnen. In diesen Zusammenhang gehört auch die Beobachtung Gerhardts (1923, S. 43) an Clubiona-Männchen (Clubinoiden), die an „jedem Weibchen, dem sie begegnen, die Kopulation . . . versuchen. Gar nicht selten sah ich Männchen dieser Art noch an toten Weibchen Versuche anstellen, ihre Taster zu inserieren, die oft mit großer Hartnäckigkeit lange Zeit hintereinander fortgesetzt wurden". Hier fällt auf, daß viele Sinneseindrücke, besonders taktile, die das begattende Männchen vom Weibchen normalerweise erhält, fortfallen können, ohne daß es sein Verhalten wesentlich ändert.

Weiterhin offenbart sich der Gegensatz zwischen dem höchst aktiven Verhalten des Männchens und dem sehr passiven des Weibchens in den Fällen, wo das Weibchen, das zunächst dem Männchen entgegengegangen ist, sich

ungeachtet des Werbemanövers wieder zurückzieht. So berichtet Gerhardt
(1911, S. 650) von *Aranea*-Arten: Die Sprünge nach der Bauchfläche des
Weibchens vor der Begattung „werden in der Regel oft, häufig viertel- bis
halbstundenlang wiederholt, ehe sie zum Ziele führen, auch verliert das
Weibchen oft die Geduld und kehrt ins Netz zurück, um sich erst
durch erneute Signale des Männchens hervorrufen zu lassen (von
mir gesperrt)".

Bei solcher Lage der Dinge wundert man sich über die Beobachtungen,
nach denen die Weibchen gelegentlich aus ihrer Passivität herausgehen und
ihrerseits Andeutungen von Werbemanövern erkennen lassen. So sieht man
bei vielen Netzspinnen, daß das Weibchen, während das Männchen die Tasterinsertion versucht, mit den Vorderbeinen langsam nach dem Partner schlagen,
was Gerhardt als ein „Reizen" auffaßt (siehe z. B. Gerhardt, 1926, S. 10). Am
meisten aktiv verhält sich wohl die Theridie *Theridium tepidariorum*. Von
dem Weibchen dieser Spinne schreibt Montgomery (1903, S. 104): „Die einleitenden Schritte zur Begattung werden gleich oft vom Weibchen wie vom
Männchen gemacht." Und weiter (S. 105): „Bei dieser Art rührt die Werbung
offensichtlich viel mehr vom Weibchen als vom Männchen; und daß das
Männchen nicht fähig ist, das Weibchen zu befriedigen, wird durch die Tatsache gezeigt, daß letzteres sein Signalisieren einige Zeit nach der Begattung
noch fortsetzt." Von der gleichen Art berichtet Gerhardt (1923, S. 62) einmal:
Ein Männchen hatte vergebliche Insertionsversuche gemacht. Nach der Trennung
schlug das Weibchen „lebhaft mit den Vorderbeinen nach ihm, dann beruhigte
es sich auch. Nach über einer Stunde versuchte es wiederholt, diesmal vergeblich, das Männchen zu reizen". Derartiges Verhalten eines Spinnenweibchens
wird jedoch nur selten beobachtet und fällt in seiner Isolierung auf.

Die Zusammenstellung ergibt im ganzen, daß die männliche Spinne im
allgemeinen viel mehr geneigt ist zur Begattung als die weibliche.

In dieser Annahme werden wir bestärkt, wenn wir das Gebaren der
Tiere bei der Begattung selbst betrachten.

Zur Kenntnis des Vorganges der Kopulation sei hier kurz folgendes bemerkt.
Die Übertragung des Spermas geschieht, wie schon beiläufig erwähnt, mittels
der Taster. Im einfachsten Fall trägt das Endglied jedes der beiden Palpen
einen chitinigen birnförmigen Körper, den Bulbus genitalis, der in eine Spitze,
den Embolus oder Eindringer, ausgezogen ist. Bei der Kopula wird der Embolus
in eine weibliche Geschlechtsöffnung eingebracht. Im Innern des Bulbus liegt
ein spiralig eingerollter Schlauch, der Spermophor, der das Sperma enthält,
und der im Embolus nach außen mündet. Auf welche Weise das Sperma in
den Spermophor gelangt, werde ich weiter unten noch ausführlich besprechen.
Die Tasterfüllung geschieht unabhängig von der Begattung. Hier sei bezüglich
des Kopulationsapparates selbst noch bemerkt, daß derselbe die mannigfaltigsten
Abänderungen erfahren kann. So können am Taster verschiedene, als Haftorgane
dienende Fortsätze auftreten. Die wichtigste Modifizierung betrifft aber die
Basis des Bulbus. Sie nimmt bei den meisten Spinnen eine membranöse Be-

schaffenheit an und stellt dann die Tasterblase oder Vesicula bulbi dar. In der
Ruhe liegt sie in einer Vertiefung am Taster, aber bei der Begattung schwillt
sie durch Blutzufuhr blasenförmig an. Durch ihre oft rhythmischen Kontraktionen
treibt die Vesicula das Sperma aus dem Spermophor in die Samentaschen des
Weibchens. Diese sind fast immer paarig und münden auf der Bauchseite des
Abdomens getrennt, und zwar bei den Entelogynen (zu denen die meisten unserer
Spinnenfamilien gehören) auf einem besonderen Feld, der Epigyne oder Vulvaplatte.

Was die Tasterinsertion angeht, so werden entweder beide Palpen zugleich
eingeführt, oder es wird nur einer bei einer Begattung benutzt (z. B. Araneiden).
Oder die Taster werden in einmaligem oder öfterem Wechsel eingeführt, so
daß also bald der rechte, bald der linke Taster bei ein und derselben Begattung
verwendet wird. Die Dauer der Insertion schwankt in weiten Grenzen, ist aber
artkonstant; sie variiert von wenigen Sekunden bis zu Stunden.

Bezüglich der Stellung der Tiere bei der Begattung ist zu sagen, daß hier
eine große Mannigfaltigkeit herrscht. Entweder bleiben die Partner, ohne sich
zu umklammern, einander dicht gegenüber hängen, die Bauchflächen einander
zugekehrt, oder das Männchen umklammert das Weibchen. Dabei kann die
Ventralseite des Cephalothorax des Männchens der Ventralseite des weiblichen
Abdomens fest aufliegen (*Aranea*-Arten), oder das Männchen sitzt auf dem Rücken
des Weibchens, so daß die Stirnseiten der Tiere entgegengesetzt gerichtet sind
und ein Taster von einer Seite aus in die entsprechende Samentaschenmündung
eingeführt wird (Lycosiden, Salticiden).

Wie wir es hinsichtlich des allgemeinen Verhaltens der Geschlechter bei
der Werbung getan haben, so wollen wir jetzt auch die Beobachtungen über
die Begattung von unserem psychologischen Gesichtspunkt aus ordnen.

Über den nervösen Mechanismus der Austreibung des Spermas aus dem
Spermophor und die Innervierung des Kopulationsapparates überhaupt ist noch
kaum etwas bekannt, so daß wir von der Anatomie her keinen Zutritt zu der
Frage der sexuellen Erregung bei der Tasterinsertion haben. Vielleicht ist es
aber erlaubt, in gewissen Körperbewegungen der Spinnen bei der Begattung
Anzeichen sexueller Erregung zu sehen.

Nur selten sind die Tiere während der Austreibung des Spermas vollkommen
regungslos. So schreibt Gerhardt (1928, S. 610) von einer *Chiracanthium*-Art
(Clubioniden): Während der Insertion „bleiben beide Tiere so fast vollkommen
bewegungslos vereinigt, und das einzige, was Bewegung zeigt, ist die langsam
schwellende und wieder schrumpfende Tasterblase". In der Regel aber gerät
das Männchen während der Kopula in mehr oder weniger heftiges Zucken
und Zittern. Es zuckt mit dem Hinterleib und führt mit ihm in der Horizontalen
mahlende Bewegungen aus, oder es beugt und streckt das Abdomen in der
Vertikalen. Jedoch verhalten sich die Weibchen während der Begattung viel
ruhiger, ja, sie hängen oft ganz regungslos da. Beispielsweise ist dies der Fall
bei vielen Araneiden-Weibchen. Gelegentlich werden die bezeichneten Er-
regungssymptome aber auch bei Weibchen beobachtet. So berichtet Gerhardt
(1930, S. 207) von *Scytodes velutina var. delicatula*; „Mir ist besonders auf-

gefallen, daß das bei den Spinnen fast allgemein verbreitete Zeichen sexueller Erregung, das Zittern oder Klopfen mit dem Hinterleib in der Vertikalen, hier auch von dem Weibchen ausgeübt wird, und das zweite Erregungssymptom, lebhaftes vibrierendes Schlagen mit den beiden vorderen Beinpaaren, wird zwar in erster Linie vom Männchen bei der ersten Berührung mit den Extremitäten der Partnerin ausgeübt, aber von ihr, wenn auch schwächer, wiederholt."

Sehr merkwürdig ist die gelegentliche Beobachtung Gerhardts, daß das Weibchen zu Beginn der Kopulation „seine Hinterbeine über die Vulva legt und dem eindringenden Taster des Männchens entgegenstemmt, ohne damit auf die Dauer Erfolg zu haben" (*Pachygnatha*, Gerhardt, 1921, S. 152). Ähnliches sah er auch an *Aranea diademata*, *A. quadrata* und *A. marmorea* (1911, S. 658): „Manchmal aber lassen sich befruchtete (von mir gesperrt) Weibchen sonderbarerweise eine Zeitlang das Tasten und Streicheln der Männchen gefallen. Doch halten sie dann das dritte Beinpaar gekreuzt über die Vulva, so daß das Männchen bei allen Sprüngen nach der Bauchseite des Weibchens zurückprallt. Weibchen von *E. quadrata* und *marmorea* halten so oft lange Zeit den Liebkosungen des Männchens still. Manchmal zieht sich das Weibchen ohne ersichtlichen Grund in sein Wohnnetz zurück und ist durch weitere Bemühungen des Männchens nicht mehr hervorzulocken." Ich meine, deutlicher als durch solches Verhalten kann die der Begattung widerstrebende Tendenz des Weibchens nicht ausgedrückt werden.

Der allgemeine Eindruck der relativ geringen Neigung des Weibchens zur Begattung wird keineswegs gestört durch die Fälle, wo das Weibchen dem Männchen bei der Tasterinsertion behilflich ist. Zum Beispiel zieht das Weibchen mit Beinen und Cheliceren den Taster des Männchens auf sich zu in die Richtung zur Geschlechtsöffnung (Gerhardt, 1926, S. 19; 1927, S. 118) oder schiebt das Männchen mit seinen Beinen „an die richtige Stelle, so daß es die Vulva leichter finden kann", wie es das Weibchen von *Eresus walckenaeri* mit seinem winzig kleinen Männchen macht (Gerhardt, 1928, S. 598).

Wie wenig eine Neigung des Weibchens zur Begattung im Verhalten des Weibchens zu erkennen ist, zeigen auch die häufigen Beobachtungen, daß das Weibchen mit dem Männchen, als wenn es gar nicht vorhanden wäre, mehr oder weniger lange herumläuft (z. B. Menge, 1873, S. 332; Gerhardt, 1924, S. 95, 1928, S. 614).

Bei der Untersuchung des Verhaltens bei der Werbung war uns schon aufgefallen, daß das Weibchen sich mitunter vom werbenden Männchen wieder zurückzieht. Ähnliches kommt auch bei der Begattung selbst vor. So sah Gerhardt (1926, S. 45) bei der Araneide *Zilla x-notata*, daß das Weibchen sich von dem noch mit dem Inserieren beschäftigten Männchen wieder abwandte und erst wieder herangelockt werden mußte. Oder das Weibchen bricht die Kopulation ab, obwohl das Männchen offensichtlich noch bestrebt ist, sie weiter fortzusetzen. Menge berichtet beispielsweise recht drastisch von einer *Steatoda bipunctata*, daß bei der Begattung, während zweier Stunden, das Weibchen „ganz ruhig und unbeweglich dahing ... Endlich schien ihm die Sache zu langweilig zu werden, wie sie dem Beobachter schon längst war, es bewegte anfangs nur die Füße als ob es den Taster entfernen wollte", bis es dem Weibchen schließlich auch gelang, sich loszureißen.

Überblicken wir die Verhaltungsweisen der Spinnen bei der Begattung, so scheint mir, daß die vielen Merkwürdigkeiten und die Unterschiede bei den Geschlechtern wiederum zeigen, daß in der männlichen Spinne im allgemeinen eine starke Neigung zur Ausführung der Begattung besteht, während für die weibliche Spinne das Gegenteil gilt. Natürlich wären einzelne Erscheinungen auch anders zu deuten, aber wenn wir die Dinge in ihrer Gesamtheit betrachten, so lassen sie — scheint mir — nur die eine Deutung zu. Wir dürfen wohl weiter schließen, daß der Sexualtrieb ganz allgemein in der männlichen Spinne von Mächtigkeit ist, während er in der weiblichen nur sehr gering ausgebildet ist. An sich könnte man sich ja denken, daß das Verhalten des Spinnenweibchens auf einer Hemmung eines im Grunde sehr starken Sexualtriebes zurückzuführen sei. Jedoch besteht zu dieser Annahme kein Grund.

Der Freßtrieb

Ich möchte nunmehr, ganz ebenso wie es mit dem Sexualtrieb geschehen ist, eine Charakterisierung des Freßtriebes versuchen.

Daß das Nahrungsbedürfnis der Spinnen außerordentlich groß ist, darin sind sich alle Autoren einig. Aber leider sind exakte und eingehende Untersuchungen über diesen Punkt noch nicht angestellt worden. Nach meinen Beobachtungen an Kreuzspinnen *(A. diademata)* möchte ich fast sagen, daß es dort so etwas wie „Sättigung" kaum gibt. Man kann die Spinne noch so sehr füttern, nie wird sie die Annahme der Nahrung verweigern. Wenn Netzspinnen ein Opfer erbeuten, während sie schon beim Verzehren eines anderen sind, machen sie es vielfach durch Umspinnen mit Fäden dingfest und holen es heran, sobald sie ihre erste Mahlzeit beendet haben. Den Überfluß an Nahrung heben die Tiere in besonderen Darmdivertikeln im Abdomen auf, das bei reichlicher Fütterung gewaltig anschwellen kann.

Nimmt man einer *A. diademata* eine auf Vorrat gefangene Beute fort, so sucht sie nach Beendigung der Mahlzeit mit größter Unruhe und Ausdauer nach ihr (siehe Verf. 1931, S. 738ff.). Während Kreuzspinnen (es handelt sich hier immer um *A. diademata*, doch ist von anderen Arten ähnliches zu erwarten) sonst schon auf leichte Berührung die Flucht ergreifen, scheinen sie während der Mahlzeit für von außen kommende Reize, außer für neue Beutetiere, recht unempfindlich zu sein. Man kann sie energisch berühren, ohne daß sie sich stören lassen. Auch lassen sie die einmal gepackte Beute so leicht nicht los, selbst wenn man sehr kräftig mit einer Pinzette daran reißt und rüttelt. Sehr bezeichnend scheint mir auch die Beobachtung zu sein, daß eine Kreuzspinne, wenn sie von einem Punkt im Netz an ihren Aufenthaltsort, das Netzzentrum, zurückkehrt und auf ihrem

Wege an ein am Lauerplatz aufgehängtes Nahrungspaketchen stößt, zunächst eine Weile daran saugt und sich dann erst in ihre normale Stellung — Kopf unten, Körper möglichst vertikal — begibt und in dieser gewöhnlichen Körperstellung ihre Mahlzeit fortsetzt. Offenbar kann die Spinne nicht an einer Beute vorübergehen, ohne gleich zuzupacken und zu fressen.

Übrigens steht das große Nahrungsbedürfnis bei den weiblichen Spinnen sicher mit der Erzeugung der weiblichen Geschlechtsprodukte in ursächlichem Zusammenhang. Ohne Zweifel wird zur Herstellung des vielen Dotters für die zahlreichen Eier viel Material verbraucht. Sehr interessant in diesem Zusammenhang ist eine Beobachtung Savorys (1928, S. 132), nach der ein *Tegenaria*-Weibchen infolge ungewöhnlich reicher Fütterung in der Gefangenschaft zwölf Kokons ablegte, während gewöhnlich nur zwei bis drei produziert werden. Solche Beobachtungen führen uns schon dazu, eine relative Schwäche des Freßtriebes im reifen Männchen als Möglichkeit aufzustellen, das infolge seiner männlichen Organisation mit wenig Nahrung auskommen dürfte. Diese Möglichkeit trifft auch vollkommen zu.

Was hier über den Freßtrieb gesagt wurde, gilt nur für die weiblichen Spinnen, allenfalls auch für die Männchen vor der letzten Häutung, also vor ihrer Geschlechtsreife. Gerhardt, dem ja ein sehr reiches Beobachtungsmaterial zur Verfügung stand, da er seine sexualbiologischen Untersuchungen an gefangenen Spinnen anstellte, hat seine Aufmerksamkeit auch auf den in Rede stehenden Punkt gelenkt. Er schreibt (1923a, S. 20, 22): „Unreife Spinnen beiderlei Geschlechts fressen gleich viel, und die Männchen sind oft vor der letzten Häutung im Verhältnis zu ihrer späteren endgültigen Größe relativ viel dicker als die Weibchen (*Steatoda*, *Aranea* usw.)" Je nach der Lebensweise der Spinnen ist das Schicksal des Freßtriebes natürlich sehr verschieden. Die reifen Männchen vagabundierender Laufspinnen sind „immerhin nicht ungefräßig", „wenn auch nicht so stark gefräßig wie die Weibchen" (Gerhardt 1923a, S. 20, 22). Und die Nahrungsaufnahme „reicht nur hin, um das Tier auf dem Ernährungsstatus zu erhalten, den es nach der letzten Häutung erreicht hatte". Bei seßhafter Lebensweise gibt das Männchen sie nach der Reifehäutung im allgemeinen auf und wird, indem es sich auf die Suche nach Weibchen begibt, zum Wanderer. Es nimmt dann wohl keine Nahrung mehr zu sich. Besonders gilt das für die Netzspinnen, deren reife Männchen in der Regel keine Netze mehr anfertigen oder nur kleine, rudimentäre, die zum Beutefang nicht mehr geeignet sind (*Argiope*, *Cyclosa*, *Hyptiotes*). Reife Uloboriden-Männchen haben überhaupt nicht mehr ihre zur Herstellung eines normalen Netzes nötigen Hilfsorgane (das Calamistrum und das Cribellum) und müssen daher schon aus diesem Grunde auf Nahrungsaufnahme verzichten. Es ist aber wichtig, zu bemerken, daß auch Spinnenmännchen, die normalerweise keine Nahrung mehr aufnehmen, in einer Hinsicht physiologisch doch dazu imstande wären. Denn nach Gerhardt (1925, S. 50) nehmen reife *Meta*- und *Aranea*-Männchen und andere in der Gefangenschaft Fliegen an, wenn man sie ihnen reicht (an die Cheliceren hält?) und verzehren sie auch. Nötig ist die Fütterung aber nicht, und Gerhardt fütterte auch die reifen Spinnenmännchen, die er zur Beobachtung gefangen hielt „meist überhaupt nicht" (1923a, S. 20, 22).

Überblicken wir nunmehr die mannigfaltigen in diesem Kapitel zusammengestellten Erscheinungen und suchen wir sie auf einen gemeinsamen Nenner zu bringen, so werden wir in der oben schon gelegentlich geäußerten Annahme bestärkt, daß ganz allgemein der Freßtrieb im reifen Spinnenmännchen ungewöhnlich schwach, während er im Gegensatz dazu im Weibchen außerordentlich mächtig ist. Natürlich bestehen wieder bei den verschiedenen Arten oft erhebliche Differenzen.

Halten wir dieses Ergebnis mit dem hinsichtlich des Sexualtriebes gewonnenen zusammen, so sehen wir, daß die Verhältnisse in den beiden Fällen reziprok liegen. Während beim Weibchen der Freßtrieb sehr weit in den Vordergrund tritt und der Sexualtrieb ganz zurückweicht, ist der Sexualtrieb des reifen Männchens ungewöhnlich mächtig, dagegen sein Freßtrieb sehr schwach.

Versuchen wir uns über die Bedeutung klar zu werden, die die geschilderte Beschaffenheit der Triebe für die „Erhaltung der Art" haben mag, so sehen wir gleich, daß sie in dieser Hinsicht sehr zweckmäßig ist. Ohne Zweifel ist es ja für eine sichere Herbeiführung der Begattung von großer Wichtigkeit, daß das reife Männchen sich ganz der Weibchensuche hingibt, und bei den großen Schwierigkeiten, die die Weibchen infolge der Schwäche ihres Sexualtriebes der Kopulation entgegensetzen, ist ein starker Geschlechtstrieb der Männchen um so nötiger. Anderseits ist für das Weibchen eine starke Ausbildung des Freßtriebes viel wichtiger als eine solche des Sexualtriebes, denn es hat ja die Aufgabe, reiches Material zur Dotterherstellung zu beschaffen.

Aber wenn dieser Gedankengang im ganzen gewiß zutreffen wird, so wäre es doch möglich, daß die Triebverschiebungen in einzelnen Fällen für das Leben der Art verhängnisvoll werden. In extremen Fällen liegt ja die Tatsache vor, daß ein Spinnenmännchen um ein Weibchen wirbt, das fast ohne Sexualtrieb ist. Das ist für das Männchen natürlich gefährlich, denn es wird für das Weibchen anstatt Objekt des Sexualtriebes Objekt des Freßtriebes sein, und die Gefahr ist um so größer, als das Weibchen im allgemeinen größer, oft bedeutend größer als das Männchen und ihm daher physisch überlegen ist.

Dieser Gedanke soll hier zunächst nicht weiter verfolgt werden. Doch möchte ich zum „sexuellen Größendimorphismus" kurz das Wichtigste sagen. Er betrifft hauptsächlich die geschlechtsreifen Tiere. Der häufigste Fall ist der einer mäßigen Differenz zugunsten des Weibchens, dessen Körpergröße sich zu der des Männchens etwa wie 5:4 verhalten mag. Nur sehr selten, nämlich bei der Wasserspinne *Argyroneta aquatica* und bei *Harpactes hombergi*, ist das Männchen ein wenig größer als das Weibchen. Dagegen sind Fälle extremer

Kleinheit des Männchens viel häufiger. Eine anschauliche Vorstellung von derartigem extremem Größendimorphismus vermitteln uns Abbildungen (Wiehle, 1928, S. 361, Abb. 4; Gerhardt, 1924c, S. 533, Abb. 6 u. 7, 1928, S. 648, Abb. 24a). Bei dieser Sachlage ist das Spinnenweibchen — zumindest physisch — im allgemeinen durchaus in der Lage, das Männchen wie ein beliebiges Beutetier zu bewältigen. Und infolge der Triebverschiebung sind also auch die psychischen Voraussetzungen dazu in erhöhtem Maße gegeben.

Die Triebkonflikte

Wenn eine Spinne ihrem Sexualpartner nicht nur Objekt des Sexualtriebes, sondern auch Objekt des Freßtriebes ist, so müssen beide Triebe bei Gelegenheit der Begattung mit einander in Konflikt treten. Dem Studium dieser Triebkonflikte wollen wir uns jetzt zuwenden.

In den Beobachtungsberichten der Autoren über die Begattung der Spinnen findet man bisweilen die Angabe, daß das Weibchen vor dem werbenden Männchen die Flucht ergreift. Über solches Verhalten hat sich niemand gewundert, obwohl doch ein Grund für die Flucht gar nicht zu sehen ist und man viel eher erwarten sollte, daß das Weibchen dem Männchen gegenüber im ungünstigen Fall indifferent bliebe. Auch ein feindlicher Angriff des Weibchens wäre nicht so merkwürdig wie gerade die Flucht. Eine nähere Betrachtung des vorliegenden Materials zeigt, daß es sich, nach dem Allgemeinverhalten der Tiere zu urteilen, um solche Fälle handelt, wo sich Sexualtrieb und Freßtrieb im Weibchen etwa die Wage halten dürften und wo zugleich nur eine mäßige Größendifferenz zwischen den Geschlechtern besteht. Es sind also Fälle, wo das Männchen im gleichen Maße als Beutetier wie als Sexualobjekt in Frage kommt. Der Triebkonflikt kann daher weder zugunsten noch zu ungunsten des Männchens entschieden werden. Der Sexualtrieb strebt nach einer friedlichen Vereinigung mit dem Männchen, der Freßtrieb nach einer Bewältigung desselben als Beutetier. Beide Triebe sind von gleicher Stärke, keiner kann sich gegenüber dem anderen durchsetzen, die Lösung ist: Flucht.

Welches ist der Sinn dieses Verhaltens? Das Triebobjekt kann nicht erreicht werden, weil zwei einander widerstrebende Triebe gewissermaßen darum kämpfen. Da keiner den anderen verdrängen kann, sucht das Tier den Zustand auf, in welchem das Objekt beiden Trieben entzogen ist: es entfernt sich vom Objekt. — Ich möchte hier von „Reizflucht" sprechen. Die Reizflucht ist ein Gegenstück zu Bruns „Reizsuche" (genauer „sekundäre Reizsuche"), die dann beobachtet wird, wenn einem Triebe das schon erreichte Objekt plötzlich entzogen wird, worauf das Tier in große Unruhe gerät und nach dem verlorenen Triebobjekt sucht (siehe z. B. Brun, 1926). In dem einen Fall also sucht der Organismus das bereits gewonnene Objekt zu verlieren, während er in dem anderen das verlorene wieder zu gewinnen sucht.

Einige Beispiele für solche Triebkonflikte seien hierher gesetzt. Gerhardt (1923, S. 25) beobachtete an *Marpissa muscosa:* „Anfangs wich das Weibchen jedesmal bei der Annäherung des (vor ihm tanzenden) Männchens zurück, fuhr dann auf dieses mit geöffneten Kiefern los, es so zum Rückzuge zwingend, ohne daß das Männchen seine Bemühungen aufgegeben hätte." Hier sieht man neben der Flucht auch den öfteren Durchbruch des Freßtriebes. Bei einer Begattung desselben Paares am nächsten Tage fuhr das Weibchen zunächst auf das Männchen los, aber eine Flucht des Weibchens wurde diesmal nicht beobachtet. (Jedenfalls erwähnt Gerhardt nichts derartiges.) Diese Feststellung schließt natürlich die Möglichkeit aus, die „Flucht" des Weibchens als zum Zeremoniell des Begattungsvorspiels gehörig zu erklären.

Von *Linyphia* schreibt Gerhardt (1921, S. 165), „daß das Männchen in seiner gewöhnlichen, geschilderten Haltung von vorn auf das Weibchen in kurzen, eigentümlich zitternden Schritten zugeht. Das Weibchen weicht, wie auch jedesmal bei der Wiederaufnahme der öfters unterbrochenen Kopulation, mehrfach aus, bis es schließlich mit geöffneten vorderen Fußpaaren dem Männchen entgegengeht."

Petrunkevitch (1911, S. 373) beobachtete an *Dugesiella hentzi* bei der Annäherung des Männchens an das Weibchen öfter folgendes (aus dem Englischen übersetzt): „Es versucht fortzulaufen oder nimmt anstatt dessen eine drohende Haltung an." In seinem Verhalten ließ es aber gleich deutlich erkennen, daß es das Männchen von einem Beutetier unterschied."

Ein weiteres Beispiel findet man bei Osterloh (1922, S. 138). Er schreibt, daß das Weibchen von *Meta segmentata* vor dem werbenden Männchen die Flucht ergreift, „was anfangs sehr oft vorkommt". Während der Bewerbung „fährt" das Weibchen anderseits aber auch „oft wütend auf das Männchen zu".

Und endlich beobachtete Gerhardt (1927, S. 138) an einem Pärchen von *Meta merianae:* „Nach etwa 2 Minuten (nach Beginn der Kopulation) lockerten sich die Extremitäten des Männchens etwas, und der Abstand der beiden Körper wurde weiter. Die Trennung erfolgte in plötzlichem Ruck, und das fliehende Weibchen wurde von dem lebhaft mit den Vorderbeinen schlagenden Männchen verfolgt." Dieses Beispiel zeigt, daß die Flucht vor dem Männchen auch noch nach der Begattung erfolgen kann.

Ich gebe gern zu, daß das vorliegende Beobachtungsmaterial nicht sehr reich ist. Daß es so ist, liegt ohne Zweifel großenteils daran, daß die Beobachter die Flucht des Weibchens kaum beachtet haben, da ihnen ja das Merkwürdige daran nicht auffiel. Anderseits darf man natürlich nicht erwarten, daß jeder Triebkonflikt in der Flucht enden muß. Denn selbst wenn die genannten psychologischen und physiologischen Voraussetzungen gegeben sind, müssen noch viele andere stets wechselnde äußere Bedingungen erfüllt sein, unter denen ein bestimmter Grad des Hungers wohl eine hervorragende Rolle spielt. Das Experiment könnte hier wertvolle Aufschlüsse bringen.

Anhangsweise sei hier noch einer gelegentlichen Beobachtung von Gerhardt
an *Argiope brünnichi* gedacht. (Gerhardt, 1924 b, S. 524.) Das Weibchen dieser
Araneide, deren Begattung nachher noch etwas eingehender besprochen werden
soll, sitzt im Zentrum seines Radnetzes auf der Lauer. Wenn sich das Männchen
zur Begattung nähert, reagiert das Weibchen oft „bei den ersten Annäherungs-
versuchen des Männchens durch langsames, rhythmisches Schwingen des Leibes
mittels Beugung und Streckung der Kniegelenke". Dieses Schütteln ist aber
eine unter den Araneiden (auch bei *Argiope* vorkommende [Wiehle, 1924, S. 491])
weit verbreitete Reaktion auf plötzliche Annäherung eines Gegenstandes gegen
das Tier oder Berührung des Netzes oder seines Körpers. Dieser „Schüttelreflex" wird allgemein als Schutzreaktion gedeutet, z. B. auch in der letzten
zusammenfassenden Bearbeitung der Spinnenbiologie von Savory. (1928, S. 169,
Fußnote: eine „protective habit, which must tend to confuse and startle the
onlooker and thus protect the spider".) Wenn das Schütteln eine Abwehrtendenz
zum Ausdruck bringt, so könnten wir die Reaktion der *Argiope* als Abschluß
des Konfliktes des dem Männchen freundlichen (= Sexual-) Triebes und des
ihm feindlichen (= Freß-) Triebes ansehen. Andere Spinnen reagieren auf die
Annäherung des Männchens mit Flucht; *Argiope* hat eine andere Möglichkeit,
sich ihm zu entziehen; den Schüttelreflex. So tritt hier der Schüttelreflex an
die Stelle der Flucht.

Wir wollen nunmehr die interessanten Beobachtungen über das Dominieren
des Freßtriebes über den Sexualtrieb behandeln.

Eine „ernstliche" Gefährdung des Männchens besteht — hauptsächlich nach
Gerhardt — in folgenden Fällen: Ante copulam bei „allen größeren Rad-
spinnen", wenn das Weibchen nicht kurz nach der Häutung umworben wird,
wann es der Begattung noch am wenigsten abgeneigt scheint. Oder wenn das
Männchen sich „ungeschickt nähert". Intra copulam bei *Argiope brünnichi* und
Argiope lobata. Post copulam besonders bei Lycosiden und Ageleniden sowie
bei *Lathrodectus*.

Im folgenden möchte ich einige Beispiele anführen.

Für viele *Aranea*-Arten ist es sehr charakteristisch, daß ihre „Begattungs-
willigkeit" in hohem Grade davon abhängig ist, ob das Weibchen schon begattet
ist oder nicht. „Man kann sagen, daß ein begattungswilliges Kreuzspinnenweibchen
dem sich nähernden Männchen nicht gefährlich ist, dagegen jedes schon befruchtete Weibchen." (Gerhardt, 1911, S. 659.) Der erste Teil des Satzes
ist leicht zu verstehen. Wichtiger ist, daß schon begattete Weibchen aggressiver
sind als virginelle. Über den Angriff des Weibchens selbst schreibt Gerhardt
beispielsweise (1911, S. 649): „Bei *E. quadrata* kann ein . . . ruhig (vor dem
Männchen) dahängendes Weibchen plötzlich aggressiv werden und das Männchen
zu ergreifen suchen, wenn dies gelingt auch auffressen, umgekehrt kann aber
auch ein so grimmig aussehendes *diademata*-Weibchen sich plötzlich beruhigen
und den Koitus zulassen." Von *Cyrtophora citricola*, einer griechischen Araneide,
die einen Fall von extremem Größendimorphismus darstellt, schreibt Gerhardt

(1928, S. 646) folgendes: Es kommt vor, daß das werbende Männchen vom Weibchen ergriffen und verzehrt wird. Dasselbe Schicksal kann ihm aber auch während der Begattung selbst widerfahren. So z. B.: „Sowie sich die Taster-blase des Männchens nach vollzogener Begattung zu kontrahieren begann, spann das Weibchen das Männchen ein und riß es dann gewaltsam mit den Cheliceren aus der Vulva heraus, um es aufzufressen." Zum Einspinnen ist zu bemerken, daß dies das gewöhnliche Verfahren der *Cyrtophora* wie der meisten anderen Radnetzspinnen mit einer Beute ist.

Dieses Beispiel leitet über zu *Argiope brünnichi*, einer Araneide, deren starker Größendimorphismus schon erwähnt wurde. Bei ihr geschieht es nach Gerhardt (1924c, S. 523) regelmäßig, daß das Männchen während der Kopula mit Fadenschlingen umgeben wird. Wenn es sich dann nach der Kopula nach Kreuzspinnenart durch einen Sprung vom Weibchen trennen will, bleibt es in den Schlingen hängen und verliert ein Bein oder mehrere durch Autotomie, wenn es nicht gar vom Weibchen ergriffen und verzehrt wird, was sehr oft geschieht.

Bezüglich des dritten Falles — Gefährdung post copulam — schreibt Montgomery (1903, S. 135): „Wenn die Begattung einige Stunden dauert, tötet das Weibchen das Männchen häufig bei ihrer Beendigung, jedoch nicht immer (gewisse Lyco-siden und Ageleniden)." Von *Agelena* teilt Gerhardt (1921, S. 175) eine schöne Beobachtung mit: „Wenn der eine Taster des Männchens erschöpft ist, begibt es sich zur Insertion des anderen auf die andere Seite des Weibchens, über dessen Cephalothorax hinweg. Dabei erlebte ich einmal, daß das Weibchen aufsprang und das Männchen verfolgte, nach wenigen Minuten aber dessen Fortsetzungen seiner Tätigkeit still duldete." Nach endgültiger Beendigung der Kopulation „springt das Weibchen regelmäßig auf das fliehende Männchen los, das dabei gefangen und gefressen werden kann".

Wie man schon aus diesen Beispielen sieht, ist der Gedanke nicht von der Hand zu weisen, daß die Differenzen der Triebstärken in solchen ex-tremen Fällen die Erhaltung der Art gefährden könnte. Das Zahlenverhältnis der Geschlechter bei den Spinnen ist wohl 1:1. In Wirklichkeit werden aber nur von den Männchen schon aus dem Grunde vielleicht nur wenige zur Begattung kommen, weil nur ein Teil von ihnen überhaupt ein Weibchen findet und von diesen wiederum nur ein Teil, weil viele vom Weibchen abgewiesen werden. Wenn dann vom verbleibenden Rest noch ein hoher Prozentsatz getötet wird, so kann diese weitere Verminderung nicht im Sinne der Arterhaltung liegen. Möglich daher, daß einzelne Spinnenarten im Laufe größerer Epochen aussterben. — Doch wir streifen einen Gedanken, der erst weiter unten eingehender erörtert werden soll.

Zum Schluß möchte ich noch auf einige Instinkte hinweisen, die man all-gemein als Schutz des Männchens vor dem Freßtrieb des Weibchens auffaßt. Als die klarsten und verständlichsten erscheinen mir folgende. Das Männchen nimmt die Begattung unmittelbar nach der Häutung des Weibchens vor, wenn dasselbe noch ganz weich und wehrlos ist. Oder es wartet mit der Begattung solange, bis das Weibchen eine Beute fängt und sie verzehrt. Während das Weibchen die Mahlzeit fortsetzt, nimmt das Männchen dann die Spermaübertragung vor. Das Männchen von *Pisaura mirabilis* geht so weit, daß es selbst eine Fliege fängt, sie dem Weibchen mitbringt und, während das Weibchen sie verzehrt, die Begattung vornimmt. Manche Spinnenmännchen packen das Weibchen mit ihren besonders mächtigen Cheliceren an den Kiefern und sind so wenigstens während der Dauer der Kopula geschützt. — Diese Beispiele mögen zeigen, zu welchen Folgen der Umstand geführt hat, daß das Männchen nicht nur Sexualobjekt, sondern auch Objekt des Freßtriebes des Weibchens ist.

Es bleibt nun noch übrig, die Triebkonflikte in der männlichen Spinne zur Darstellung zu bringen. Wir können uns hier kurz fassen. Die Schwäche des Freßtriebes des Männchens und die Kleinheit seines Körpers bringen es mit sich, daß das Weibchen als Objekt des Freßtriebes im allgemeinen nicht oder kaum in Frage kommt. Daher ergeben sich nur selten Situationen, die uns Interessantes lehren könnten.

Einiges Interesse aber verdient *Meta segmentata*. Das Männchen dieser bei uns im Herbst überall auf Gebüsch häufigen Radnetzspinne sitzt tagelang ruhig am Rande des Netzes eines Weibchens. Sobald eine Beute, etwa eine Fliege, sich im Netz verfängt, kommt Leben in das Tier. Wenn ihm das Weibchen darin nicht zuvorkommt, eilt das Männchen auf die Fliege zu und spinnt sie ein. Auf jeden Fall führt das Männchen in nächster Nähe der Fliege, die es von Zeit zu Zeit mit den Vorderbeinen bewegt, nach Araneidenart sein Werbemanöver aus. Welche Bedeutung hierbei der Fliege zukommt, scheint noch sehr unklar (siehe darüber Gerhardt, 1921, 1926, und Osterloh, 1922), was uns hier nicht weiter zu interessieren braucht. Denn wichtiger ist es, was auch Gerhardt aufgefallen ist, daß der mächtige Sexualtrieb den Freßtrieb verdrängt: das Tier frißt die Fliege nicht, sondern benutzt sie beim Werben. (Etwas, was bei einer weiblichen Spinne undenkbar wäre!) Gerhardt berichtet von einem Falle, wo er ein bisher isoliertes Männchen, das gerade eine Fliege fraß, zu einem Weibchen setzte. Das Männchen trug seine Fliege sofort ins Netz des Weibchens, spann sie ein und benutzte sie bei der Werbung. In der Natur kommt es nun sehr oft vor, daß das Weibchen das werbende Männchen nicht annimmt. Dann gibt das Männchen schließlich sein Bemühen auf und läuft früher oder später aus dem Netz oder aber „es fängt, ohne daß das Weibchen dies verhinderte, mit diesem zusammen die Fliege zu verzehren an. Dies friedliche Ende der Werbung sieht man gar nicht selten, in vorgerückter Jahreszeit, wenn der Begattungstrieb der Weibchen nachläßt, immer häufiger." Wenn die Verdrängung des Freßtriebes durch den Sexualtrieb infolge der Versagung dieses letzteren Triebes aufhört, kann sich der Freßtrieb seinem Objekt zuwenden.

Ganz Entsprechendes beobachtet man auch an der schon eben erwähnten *Pisaura mirabilis*. Das Männchen verzehrt eine Fliege, wenn kein Weibchen in der Nähe ist, aber wenn eines vorhanden ist, benutzt es die Fliege zur Werbung. (Savory, 1928, S. 206.)

Ich möchte jetzt zwei Fälle eines höchst seltsamen Begattungszeremoniells untersuchen, die von unserem Standpunkt aus betrachtet vielleicht aufgeklärt werden können.

Bristowe und, unabhängig von ihm, Gerhardt (siehe Gerhardt, 1924a, S. 97 ff.) haben an den Thomisiden *Xysticus viaticus* und *X. lanio* eine Art Fesselung des Weibchens durch das Männchen bei der Begattung entdeckt. Ich will die Stelle bei Gerhardt wegen ihrer Wichtigkeit ganz hersetzen. Das Männchen besteigt ohne besondere Werbung den Rücken des Weibchens. Dann geschieht das Merkwürdige. „Während das Weibchen regungslos sitzt, dreht sich das Männchen, auf seinem Rücken sitzend, im Kreise herum und umzieht die Patellargelenke und das Abdomen des Weibchens mit einem dichten Kranz von Spinnfäden, so daß dieses geradezu in Fesseln gelegt wird. Dabei hat man den Eindruck, als ob eine derartige Fesselung bei der vollständigen Bewegungslosigkeit des Weibchens gar nicht nötig wäre. Erst wenn diese Maßnahme auf das Gründlichste vollzogen ist, kriecht das Männchen über die Hinterleibsspitze des Weibchens hinweg auf dessen Bauchseite, der es sein Sternum fest auflegt, und schreitet nun zur Insertion eines Tasters." Man darf nun aber nicht denken, daß das Männchen von der „Fesselung" einen greifbaren Vorteil hätte. Denn es hängt zunächst schon einmal vom Verhalten des Weibchens ab, ob überhaupt eine Fesselung zustande kommt. Aber selbst wenn die Fesselung gelungen ist, kann sich das Weibchen leicht befreien, was *X. viatus* in den beiden beschriebenen Fällen auch tat.

Ein ganz ähnliches Begattungszeremoniell beobachtet man bei *Lathrodectus tredecimguttatus* und seiner Variation *lugebris* (Theridiiden). An *lugebris* hat Gerhardt (1928, S. 623) einen Fall beobachtet. Das Männchen umhüllte das immer regungsloser werdende Weibchen mit Fäden, wie eine Abbildung (Gerhardt, 1928, S. 625, Abb. 20) zeigt. Dann wurde ein Taster inseriert. Nach der Lösung der Kopula ließ das Weibchen das Männchen unbehelligt. Dagegen wird das Männchen bei *L. tredecimguttatus* post copulam meistens getötet und verzehrt. Vor dem Ergreifen des Männchens zerreißt das Weibchen seine Fesseln (nach Rossikow, siehe Gerhardt, 1928, S. 621).

Was die Bedeutung der Fesselung bei *Xysticus* und *Lathrodectus* angeht, so ist ihre mechanische Wirkung „sicher sehr gering zu veranschlagen" (Gerhardt). Man sieht ja, wie das Weibchen mit Leichtigkeit seine Fesseln sprengt. Als einen Schutz vor dem Angriff des Weibchens kann man sie daher kaum ansehen. Gerhardts Behauptung aber (S. 625), daß „durch diese Manipulation des Männchens das Weibchen tatsächlich in einen Zustand der Erschlaffung und Willenslosigkeit versetzt wird, der es zur Erduldung der Begattung gefügig macht", scheint mir nicht begründet. So ist also das Begattungszeremoniell von *Xysticus* und *Lathrodectus* sehr rätselhaft.

Wir müssen uns nun znnächst vergegenwärtigen, daß das Umgeben mit Spinnfäden ein bei Netzspinnen weit verbreitetes Verfahren ist, ein Opfer wehrlos zu machen. Kreuzspinnen zum Beispiel hüllen ihre Beute in ein breites Band von Spinnfäden ein, indem sie dieselbe mit ihren Beinen um sich selbst rotieren machen und die aus den Spinnwarzen austretenden Fäden sich dabei um das Opfer herumwickeln lassen. Andere Netzspinnen legen mit ihren Hinterbeinen die Fäden auf das Opfer und verstricken dessen Extremitäten auf diese Weise (z. B. Theridiiden, *Pholcus*). Wieder eines anderen Verfahrens bedient sich beispielsweise *Tegenaria*. Diese Spinne preßt mit ihren Kiefern die Beute fest auf ihr deckenförmiges Netz und umgibt sie, indem sie darum herumläuft, mit Spinnfäden.

Das Einspinnen eines Tieres ist also etwas sehr Gewöhnliches und durchaus verständlich. In unserem Falle wirkt es bloß deshalb so seltsam, weil es während der Kopulation geschieht. Aber wir wissen doch, daß für die Spinne das Sexualobjekt zugleich Objekt des Freßtriebes sein kann, und damit schwindet das Merkwürdige an dem Begattungsmodus von *Xysticus* und *Lathrodectus*. Ich sehe in dem „Fesseln" eine Äußerung des Freßtriebes gegen das Weibchen.

Bezüglich der Biologie von *Lathrodectus* erfahren wir noch von Gerhardt (1928, S. 622), daß die reifen Männchen ebenso wie die Weibchen kuppel-förmige Netze bauen; wozu Gerhardt noch bemerkt: „Öfter trifft man aber die Männchen in den Geweben der Weibchen an." Die gewöhnliche Methode der anderen Theridiiden, eine Beute durch Belegen mit Fäden wehrlos zu machen, ist bei *Lathrodectus* etwas modifiziert. Das Opfer wird nämlich zuerst mit dem noch nicht erhärteten aber bald erstarrenden flüssigen Sekret der Spinndrüsen bespritzt. „Erst dann erfolgt das Einspinnen mit gewöhnlichen Fäden, wobei die Spinne immer wieder das Objekt verläßt, um längere Ver-ankerungsfäden zu ziehen. Es ist gewiß merkwürdig, daß eine so giftige Spinne nicht zu allererst von ihrer Giftwaffe Gebrauch macht. Der Biß erfolgt erst, wenn die Beute vollkommen eingesponnen ist."

Es ist gewiß kein Zufall, daß das Anbringen von Verankerungsfäden beim Fesseln des Weibchens wiederkehrt; Gerhardt schreibt (S. 623): „Das Männchen zog Fäden, die es an dem... Weibchen befestigte, und dann zog es, wieder vom Weibchen weggehend, neue Fäden, die es an der Glaswand verankerte (von mir gesperrt)."

Vergleichen wir die Behandlung des Weibchens mit der eines gewöhnlichen Beutetiers, so fällt uns auf, daß das Fesseln nur einen

Teil der normalen Fanghandlung darstellt; Bespritzen und Giftbiß fallen aus.[1]

Das führt uns zu der Auffassung, daß das Fesseln nur eine Teilbefriedigung des gegen das Weibchen gerichteten Triebes ist. — Schließlich möchte ich noch darauf hinweisen, daß es sicher nicht zufällig ist, daß das Fesseln des Weibchens gerade bei einer Netzspinne beobachtet wird, bei der das Männchen noch im Zustand der Geschlechtsreife dem Beutefang obliegt, bei dem der Freßtrieb also noch nicht erloschen ist.

Leider ist mir nichts darüber bekannt, ob sich *Xysticus* beim Beutefang auch der Methode des Einspinnens bedient. Wenn das nicht der Fall sein sollte, so wäre hier die Befriedigung des Freßtriebes durch das begattende Männchen eine Regression auf ein phylogenetisch älteres Triebziel.

Nach den Beobachtungen von Bristowe (S. 118) kann das Männchen der Radnetzspinne *Meta segmentata* gelegentlich das Weibchen mit Fäden fesseln, ja, wie eine Beute einspinnen. Dies wird manchmal dann (und nur dann) beobachtet, wenn das Weibchen auf das Werben nicht reagiert — es wäre verständlich, wenn das Objekt des Sexualtriebes im Falle der Versagung zum Objekt des Freßtriebes werden kann.

Eine grundsätzliche Bemerkung sei hier eingeschaltet. Selbst wenn es sich — ganz wider mein Erwarten — einmal herausstellen sollte, daß das Fesseln des Weibchens das Männchen doch in hohem Grade vor dem Tod durch seine Partnerin schützte und insofern auf alte biologische Weise als etwas Zweckmäßiges („Arterhaltendes") erklärt werden könnte, so würde das meine Deutung keineswegs aufheben. Beide Erklärungen könnten sich vielmehr in schöner Weise ergänzen. Ich glaube, hier als Ursache des Fesselns den Freßtrieb des Männchens aufgedeckt zu haben. Wenn die Wirkung dieser Ursache eine solche ist, daß sie zur Erhaltung der Art beiträgt, so ist das eine Sache für sich. Ich sage dies, weil man biologische Vorgänge oft allzu einseitig betrachtet und vergißt, daß sie ihr ganzes Wesen erst offenbaren, wenn man sie von verschiedenen Gesichtspunkten aus untersucht.

Für eine mutmaßliche Äußerung des Freßtriebes gegen das Weibchen möchte ich nun ein weiteres Beispiel anführen.

Eine Anzahl Spinnenmännchen pflegen das Weibchen während der Begattung

---

1) Gerhardt bemerkt zwar, daß das Männchen nach dem Umspinnen des Weibchens „mit seinen Cheliceren am stark vorspringenden vorderen Randwulst der Epigyne herumzubeißen" begann, aber man kann darin höchstens eine Andeutung des Giftbisses sehen.

mit den Cheliceren zu packen oder diese Organe gegen den Körper des Weibchens anzupressen. Man erklärt solches Verhalten teleologisch als ein Mittel zum Haltfassen und zur Erleichterung der Tasterinsertion. Wenn diese Erklärung auch in manchen Fällen gezwungen erscheinen mag — es sei einmal zugegeben, sie sei richtig. Aber dann bleibt immer noch die Frage, warum gerade diese Mittel zur Erleichterung der Tasterinsertion angewandt wird, obwohl doch noch viele andere möglich wären.

Ich sehe in dem Packen des Weibchens mit den Cheliceren eine Teilbefriedigung des männlichen Freßtriebes, ganz analog derjenigen bei *Xysticus* und *Lathrodectus*. Es ist bekannt, daß das Beißen mit den Cheliceren von den Spinnen allgemein dazu angewandt wird, ein Opfer zu töten. Selbst Spinnen, die ihr Opfer mit Spinnfäden wehrlos machen, pflegen es auch noch zu beißen. Es muß wohl nicht eigens betont werden, daß das Zupacken des Männchens und vollends das bloße Anstemmen der Cheliceren bei der Begattung stark abgeschwächte Formen des sonst tödlichen Bisses darstellen; Interessanterweise handelt es sich bei dieser Gewohnheit gerade um Arten mit geringem Größendimorphismus oder gar um einen solchen zugunsten des Männchens *(Harpactes hombergi)*, also um Formen, bei denen das Weibchen um so eher als Objekt des Freßtriebes in Frage kommt.

Die Tatsachen sind in Kürze folgende.

Das Männchen von *Atypus muralus* stemmt sich mit geöffneten Cheliceren gegen das Weibchen an, und zwar gegen dessen Sternum. (Die Cheliceren dienen hier vielleicht zum Haltfassen.) (Gerhardt, 1929, S. 732.) Ähnlich bei der Araneide *Meta segmentata* (Osterloh, auch Gerhardt, siehe Gerhardt, 1926, S. 57), bei der das Männchen ebenfalls seine Cheliceren gegen das Sternum des Weibchens anpreßt.

Das Männchen der Dysderiden *Dysdera* und *Harpactes hombergi* packt das Weibchen mit den Kiefern an der Bauchhaut und führt dann die Taster ein (Gerhardt, 1923, S. 111). Ähnlich bei *Segestria* (Gerhardt, 1927, S. 154) und *Pholcus phalangioides* (Gerhardt, 1930, S. 208). Bei *Scytodes* sind die Stellen, an denen die Kiefer einschlagen, eigens als kleine Gruben vorgebildet (Monterosso, Gerhardt, siehe Gerhardt, 1930, S. 208). Auch bei *Microcommata virescens* beißt das Männchen (in drei von vier beobachteten Fällen) in das Weibchen, einmal nach einem kurzen Kampf (Bristowe, 1926).

Bei Tetragnathiden *(Tetragnatha, Pachygnatha)* endlich vollzieht sich die Begattung so, daß das Männchen ohne alle Werbung die geöffneten Cheliceren des Weibchens mit seinen eigenen riesigen Kiefern umfaßt (Gerhardt, 1921, S. 150 bis 152). Die Kiefer der *Tetragnatha*-Männchen sind so mächtig entwickelt, daß man den Zusammenhang zwischen ihrer Gestaltung und dem Gebrauch bei der Begattung nicht übersehen kann. Gerhardt (1921, S. 151) sieht sie daher auch als „ein unmittelbares Hilfsorgan bei der Begattung" an.

Diese Organe und die Chelicerengruben der *Scytodes*-Weibchen sind wohl als Folge der eigentümlichen Begattungsmodi entstanden, und so können wir sie letzten Endes als morphologische Auswirkungen der Äußerung des Freßtriebes gegen das Weibchen ansehen. Wir wollen aber die Untersuchung darüber, wie sich Triebäußerungen morphologisch manifestieren, vorläufig verlassen und uns zunächst der Behandlung einer der allerseltsamsten Erscheinungen der Sexualbiologie der Spinnen zuwenden.

Die äußere Versagung

Es war lange Zeit ein großes Rätsel, wie das Sperma aus den Hoden in die Tasterbulbi gelangt. Eine anatomische Verbindung zwischen den beiden Organen war nicht nachzuweisen — wäre ja auch eine glatte Unmöglichkeit. Aber als Menge im Jahre 1843 den wahren Sachverhalt entdeckt hatte, fand sein Fund zunächst wenig Anklang, so sonderbar und merkwürdig ist die Art und Weise, wie das Spinnenmännchen seine Taster mit Sperma füllt. Heute wissen wir über diesen Vorgang, namentlich wieder durch die hervorragenden Untersuchungen von Gerhardt, ausgezeichnet Bescheid. Gerhardt allein hat die Tasterfüllung an über siebzig Spinnenarten beobachtet, obwohl der Vorgang nur sehr schwer zu sehen ist (siehe besonders Gerhardt, 1924 a, S. 168 bis 190).

Einige Zeit nach der letzten Häutung, also derjenigen Häutung, die das Männchen geschlechtsreif macht, bemächtigt sich des Tieres eine große Unruhe: es schickt sich an, seine nunmehr zu Kopulationsorganen ausgebildeten Taster mit Sperma zu füllen. Zunächst wird ein sogenanntes Spermagewebe hergestellt. Das ist ein kleines flächenförmiges, meist annähernd horizontal stehendes Gespinst, das an einer Stelle eine leicht konkave freie Kante mit verstärktem Rand trägt. (Die Abbildung Gerhardt, 1924 a, S. 183, Abb. 10 zeigt verschiedene Typen solcher Gespinste.) Nachdem die Spinne eine Zeitlang an ihren Tastern gekaut hat, beginnt sie, eine Anzahl mehr oder weniger parallel verlaufender oder eine Gabel bildender Fäden zu ziehen, zwischen denen eine Schicht zarter, lockerer Fäden angebracht wird. Die Fläche weist, wie erwähnt, immer eine Kante auf, wo das Gewebe durch einen dicken Faden verstärkt ist. Beim Spinnen hält das Tier seinen Körper entweder in normaler Lage, also Bauchfläche nach unten (z. B. Linyphiiden, Salticiden) oder es webt mit der Rückfläche nach unten hängend. Bei vielen Arten hält das Tier während des Spinnens und der nachfolgenden Vorgänge mit den Spitzen des kurzen dritten Beinpaares die Kante des Spermagewebes straff gespannt. Gleich nach Fertigstellung des Gewebes erfolgt die Spermaabgabe. Das Tier „reibt und klopft ... unter Zeichen lebhafter Erregung seine (weit vorgepreßte) Geschlechtsöffnung gegen den freien Gespinstrand, bis schließlich aus ihr ein Spermatropfen austritt, der an dem

Gewebe hängen bleibt, und zwar auf der Oberseite der freien Kante in deren Mitte" (Gerhardt, 1923 a, S. 20, 26). Nach den Untersuchungen von Campbell an *Tegenaria intricata* ist die Umgebung der Geschlechtsöffnung mit Sinnespapillen besetzt, so daß das Reiben des Abdomens gegen das Gespinst offenbar den Sinn einer Reizung dieser Papillen hat.

Nach der Ejakulation begeben sich viele Spinnen, die vorher über dem Gewebe, mit der Bauchfläche nach unten also, gesessen hatten, auf die Unterseite des Gewebes (z. B. Linyphiiden). Nun wird das Sperma in die Tasterbulbi aufgesaugt, entweder durch direktes Eintauchen des Embolus in den Tropfen selbst oder durch das Gewebe hindurch. Das Tier bringt bei den meisten Arten die Taster abwechselnd in den Tropfen, nur bei wenigen Arten beide gleichzeitig (Tetragnathiden). Im ersten Falle tippen die Taster immer nur kurz in den Tropfen hinein, oder sie werden länger hineingehalten und machen dann klopfende oder vibrierende Bewegungen. In seltenen Fällen wird der Spermatropfen vom Gewebe abgehoben und so an den Tastern hängend aufgesaugt (*Pachygnatha*, Gerhardt, 1924 a, S. 126; *Tetragnatha nigrita*, Gerhardt, 1928, S. 651).

Es gibt einige bemerkenswerte Ausnahmen von der geschilderten Art der Spermaaufnahme. Einige Spinnen ziehen zunächst einige regellose Fäden (das scheint nicht bei allen der Fall zu sein) und ergreifen dann mit dem dritten Beinpaar ein Stück eines besonders starken. Diesen Spermafaden reiben sie über die Geschlechtsöffnung hin und her, bis ein Spermatropfen austritt, der am Faden hängen bleibt. Nun wird der Faden nach vorn geführt, die Cheliceren nehmen den Tropfen ab, und die Taster saugen ihn von dort aus auf (Pholciden, z. B. Gerhardt, 1927, S. 149; *Scytodes*, Gerhardt, 1930, S. 202). *Oecobius* verhält sich ähnlich, nur daß die Cheliceren den Tropfen direkt von dem hier flachen, zeltförmigen Spermagespinst aufnehmen (Gerhardt, 1928, S. 590). Für *Palpimanus* endlich ist charakteristisch, daß die Geschlechtsöffnung vor der Benutzung des Spermafadens mit dem vierten Beinpaar bestrichen wird, und daß der Spermatropfen von den Tastern direkt abgehoben wird, ohne daß die Cheliceren ihn ergreifen (Gerhardt, 1927, S. 102).

Sehr wichtig ist die Kenntnis der zeitlichen Beziehungen zwischen Spermaaufnahme und Kopulation. Es findet wohl bei keiner Art nur ein einziges Mal Spermaaufnahme statt; in der Gefangenschaft wenigstens wird dieser Vorgang öfter wiederholt, wenn die Spinne Gelegenheit hat, zu kopulieren.

Die erste Tasterfüllung nach der Reifehäutung erfolgt wohl immer spontan, ohne daß also die Anwesenheit eines Weibchens nötig wäre. Auch später ist die Anwesenheit eines Weibchens nicht erforderlich, damit Tasterneufüllung nach der Kopulation vorgenommen wird. Doch macht *Hoplopholcus forskåli* eine bemerkenswerte Ausnahme. Hier hat Gerhardt (1924a, S. 146) die Spermaaufnahme als Reaktion auf die Berührung mit einem Weibchen beobachtet. Ob sie nur auf diesen Reiz eintritt, ist unbekannt.

In den allermeisten Fällen werden nun erst nach Ablauf einer geschlossenen Begattungshandlung — die ja aus vielen mehr oder weniger schnell aufeinander folgenden Insertionen der beiden Taster bestehen kann — die Taster neu gefüllt. Bei Dysderiden vergehen aber erst eine Anzahl von Begattungen, bis Neufüllung eintritt. Die Zeit zwischen Kopulation und Tasterneufüllung ist nach den Arten verschieden, doch für ein und dieselbe Art ziemlich konstant. Häufig sind Zeiten von einer halben bis eineinhalb Stunden, manchmal sind sie aber bedeutend kürzer, oft auch viel länger, so daß Kopulation und Tasterneufüllung zwei ganz von einander getrennte Prozesse sind. Nach der Neufüllung vergehen ein oder mehrere Tage — je nach der Spezies — bis eine neue Kopulation unternommen wird. Wie oft die Männchen in der Natur zur Kopulation gelangen, ist unbekannt. In der Gefangenschaft können sie jedenfalls wiederholt Begattungen ausführen (siehe besonders Gerhardt, 1921, S. 123ff.).

Abweichende Beziehungen zwischen Spermaaufnahme und Kopulation finden sich besonders bei den Linyphiiden, Micryphantiden und bei *Theridium varians* unter den Theridiiden; hier werden die Taster in den Pausen zwischen den Begattungen neugefüllt (siehe besonders Gerhardt, 1924a, S. 172ff.; 1925, S. 580ff.). Das Linyphiiden-Männchen füllt nach stundenlanger (bei *Leptyphantes nebulosus* beispielsweise neunstündiger) Kopulation mit vielen Hunderten Einzelinsertionen der Taster seine Bulbi neu auf und setzt dann alsbald die Begattung fort. Es beißt, ähnlich wie einige Spinnen anderer Familien, ein Loch in das Netz seines Weibchens, spinnt ein Spermagewebe hinein und setzt sofort nach der Spermaaufnahme die Kopulation fort. Bei manchen Arten wird das Spermagewebe außerhalb des Netzes angelegt. Nachdem die Begattung eine Weile fortgesetzt worden ist, wird sie abermals unterbrochen, und es erfolgt wiederum Spermaaufnahme, und so kann es nochmals wiederholt werden, bis das Männchen schließlich völlig erschöpft ist. Außer bei Linyphiiden beobachtet man so auch bei *Erigone* im ganzen dreimalige Tasterfüllung, bei *Theridium varians* siebenmalige. Bei diesen letzteren und bei Gongylidium wird zu jeder Spermaaufnahme ein neues Spermagewebe angefertigt, während bei Linyphiiden dasselbe Spermagewebe — oft nach leichtem Überspinnen — auch zum zweitenmal benutzt wird. Die Tätigkeit des Männchens erschöpft sich nun keineswegs in einer einzigen solchen langen Begattungshandlung, sondern es kann mehrere ausführen.

Es sei an dieser Stelle bemerkt, daß man beim Lesen der Beobachtungsprotokolle sehr oft den Eindruck hat, als könnten die vielen Tasterinsertionen hier und bei anderen Spinnen unmöglich nur ihrer eigentlichen Aufgabe — der Spermaübertragung — dienen; diese muß schon recht bald erledigt sein. Von Interesse ist hier eine Beobachtung von Locket an *Theridium varians* (Savory, 1928, S. 226/227). „Es scheint wahrscheinlich, daß nur die ersten zwei bis drei langen Tasterinsertionen wirklich wirksam sind, und daß die zahllosen folgenden kurzen Insertionen . . . nur deshalb vorgenommen werden, weil sie für das Männchen lustvoll *(pleasurable)* sind."

Soviel über die Tatsachen der Spermaaufnahme. Man sieht, daß wir über die Vorgänge selbst sehr gut unterrichtet sind. Aber man kann nicht sagen, daß auch nur der Schatten einer Erklärung auf diese Tatsachen gefallen wäre. Zwar hat man wohl darüber Überlegungen angestellt, auf welchem Wege die Tasterfüllung aus der gewöhnlichen Art der Spermaübertragung bei der Begattung entstanden sein könnte — aber warum die Entwicklung gerade diese und keine andere Richtung eingeschlagen hat, ist vollkommen unbekannt.

Sogar die sonst so gute Dienste leistende teleologische Erklärungsweise kann unser Problem nicht klären. Denn es ist natürlich unmöglich, die Auflösung der Spermaejakulation und der Kopulation in zwei getrennte Vorgänge als ein Mittel anzusehen, das zur Erreichung des Zweckes besonders geeignet wäre. Ist es doch leicht, einzusehen, daß eine direkte Übertragung des Spermas, wie sie bei den anderen Tieren stattfindet, eher schneller und sicherer zum Ziele führen muß als das umständliche Verfahren der Spinnen.

Entsinnen wir uns der Feststellungen über die Differenzen in der Triebstärke in der männlichen und in der weiblichen Spinne! Wir haben gesehen, daß im Männchen ein übermächtiger Sexualtrieb für einen schwachen Freßtrieb dominiert, während im Weibchen umgekehrt ein relativ sehr starker Freßtrieb über einen schwachen Sexualtrieb vorherrscht. Daraus ergaben sich ja bei der Vereinigung der Geschlechter zum Zwecke der Kopulation die Triebkonflikte, die wir untersucht haben. Einen Punkt aber haben wir noch nicht genügend gewürdigt. Die Schwäche des Sexualtriebes des Weibchens führt ja so oft zu einer vergeblichen Werbung des Männchens! Der Sexualtrieb des Männchens erreicht also sein Objekt nicht, er erfährt die „Versagung". Nun erlischt aber ein Trieb infolge Versagung keineswegs, er sucht — bildlich zu sprechen — nach einem Ausweg, auf dem ihm seine Befriedigung möglich ist. Welchen Ausweg hat der Sexualtrieb des Spinnenmännchens gefunden? Nach meiner Ansicht die Ejakulation des Spermas auf ein Spermanetz.

Ich möchte darauf hinweisen, daß man bei der Lektüre der Beobachtungsberichte der Forscher den Eindruck erhält, daß es sich bei der Verweigerung der Begattung durch das Weibchen um ein sehr gewöhnliches Vorkommnis handelt, so daß ich vermuten möchte, daß in der Natur Spinnenmännchen mitunter infolge des Verhaltens der Weibchen überhaupt nicht zur Begattung gelangen. Aber zur Begründung der angedeuteten Hypothese ist das nicht einmal von entscheidender Bedeutung; denn eine relativ seltene Versagung würde schon alles verständlich machen. Ich stelle mir nun als Ausgangspunkt der Entwicklung des Modus der Spermaaufnahme des Spinnenmännchens die Ejakulation des Spermas auf irgendeinen Gegenstand durch Männchen vor, deren Werben erfolglos geblieben ist.

Ehe ich diese Hypothese weiter ausführe, ist es nötig, einige Gedankengänge anderer zu erörtern. Ich meine die Hypothesen über den Weg, auf dem
sich die Isolierung der Spermaejakulation von der eigentlichen Begattung
vollzogen hat (siehe Montgomery, 1903, S. 136ff.; Gerhardt, 1921, S. 231ff.).
Montgomery geht von der Tatsache aus, daß das *Limulus*-Männchen
— er sieht *Limulus*[1] „*as a true araneid*" an — bei der Begattung mit seinen
Tastern das Weibchen festhält und glaubt, daß auch die Taster der Araneen
ursprünglich zum Festhalten des Weibchens bei der Kopulation gedient haben.
Sie hielten das Weibchen in der Gegend der Geschlechtsöffnung fest, bildeten
allmählich akzessorische Haftfortsätze aus, und stellten zusammen schließlich
„eine Röhre zur Leitung der Spermaflüssigkeit von der Geschlechtsöffnung
des Männchens zu der des Weibchens" dar. Dann gaben die Taster ihre
Funktion als Haftorgane ganz auf, die sie an die Beine abtraten, und wurden
zu reinen Kopulationsorganen. Endlich lösten sich die Spermaaufnahme und
die Kopulation als selbständige Vorgänge voneinander.

Gegen diese Hypothese führt Gerhardt einige Gründe an, von denen mir
am wichtigsten der scheint, daß man keinem noch so primitiven Spinnen-
taster eine ehemalige Funktion als Haftorgan ansehen könne.

Montgomery läßt dann noch eine andere Hypothese zu. „Die Pedipalpen
können ... dazu benutzt worden sein, während des Aktes der Kopulation
Spermatropfen von der Geschlechtsöffnung des Männchens nach derjenigen
des Weibchens zu übertragen; später konnte das Männchen sein Sperma
während der Kopulation auf das Netz absetzen und es dann mit den Palpen
auf das Weibchen übertragen; noch später würde das Versehen der Taster
mit Sperma ein von der Kopulation unabhängiger Akt geworden sein."
Gerhardt stimmt dieser Hypothese zu und stellt sich ergänzend vor, daß die
Männchen ursprünglich allgemein — wie noch jetzt vereinzelt — mit den
Cheliceren das Weibchen an der Bauchhaut gepackt hielten und in dieser
Stellung die Spermaeinführung mit den Tastern stattgefunden hätte.

Was das Zwischenstadium mit Absetzen des Spermas während der Kopulation auf den Boden angeht, so ist derartiges in der Verwandtschaft der
Spinnen noch heute zu beobachten. Bei Pseudoskorpionen setzt das Männchen
während des Paarungsspiels einen Spermophor auf den Boden, der vom Weibchen aktiv in die Geschlechtsöffnung aufgenommen wird. Bei Solifugen
stopft das Männchen den auf den Boden abgesetzten Spermaklumpen mit den
Cheliceren in die Vulva des in einen Starrezustand verfallenen Weibchens
hinein.

---

1) Ein Arthropode, den man in den Verwandtschaftskreis der Spinnentiere stellen kann.

Es ist kein Zweifel, daß diese Beobachtungen an Spinnentieren der Grund
waren, bei den Araneen ein Übergangsstadium ähnlich dem der Solifugen anzunehmen. Andere Gründe sind jedenfalls nicht ersichtlich. Deshalb brauchen
wir auch keine zu widerlegen, wenn wir bestreiten, daß das gesamte Zwischenstadium jemals bei den echten Spinnen existiert hat.

Damit kommen wir zu unserem Ausgangspunkt zurück. In Übereinstimmung mit den zitierten Forschern nehmen wir zunächst an, daß die
Begattung der Spinnen sich ursprünglich so vollzogen hat, daß das Sperma
während der Kopulation selbst aus der männlichen in die weibliche Geschlechtsöffnung gelangte. Ob dabei die Taster erst Haftorgane waren, oder
ob sie gleich als Übertragungsorgane funktionierten, kann hier nicht entschieden werden, ist auch ohne große Bedeutung in unserem Zusammenhang.
Weiterhin folgen wir den Autoren in der Annahme, daß sich Spermaejakulation und Kopulation allmählich voneinander getrennt haben und selbständige Prozesse geworden sind. Während aber bisher kein Grund dafür an-
gegeben worden ist, weshalb sich diese Akte voneinander getrennt haben,
nehmen wir an, daß das in der Versagung des Sexualtriebes seine Ursache
hat. Wir stellen uns also vor, daß in phylogenetischer Vorzeit infolge der Verweigerung der Begattung seitens des Weibchens die Spinnenmännchen immer
mehr dazu übergingen, das Sperma irgendwohin, vom Weibchen entfernt,
abzusetzen. Wenn sie sich dann abermals einem Weibchen näherten und
diesmal zur Begattung gelangten, so brauchten sie die Taster nicht mehr zu
füllen, da sie schon Sperma enthielten. Und so wurden Tasterfüllung und
Kopulation allmählich selbständige Akte.

In diesem Zusammenhange sind Beobachtungen von Interesse, die Feuerborn an bestimmten Insekten, Psychodiden, gemacht hat. Diese Tiere haben
wie die Spinnen komplizierte Werbespiele. Er beobachtete an diesen Tieren,
daß die Männchen mitunter, etwa wenn die Weibchen nicht begattungs-
bereit sind, in großer Erregung miteinander oder „sogar an der Glaswand
des Gefäßes zu kopulieren" versuchen (S. 75).

Wenn wir jetzt auf die Frage der Entstehung der Taster als Kopulations-
organe in ihrer heutigen Form noch kurz eingehen, so dürfen wir annehmen,
daß die Trennung von Spermaejakulation und Kopulation auf die Entwicklung
dieser Organe von großem Einfluß gewesen ist. Wenn die Taster ursprünglich
zur Entnahme des Spermas aus der männlichen Geschlechtsöffnung und soforti-
gen Übertragung in die weibliche eingerichtet waren, so wurden sie später immer
mehr zu Reservoiren zur Daueraufbewahrung umgebildet. Man sieht hier, wie
sich die Triebversagung schließlich auch morphologisch auswirken kann.

Eine Frage bleibt nun noch ziemlich dunkel, nämlich die nach den Ursachen der Entstehung des Spermanetzes. Warum wird das Sperma nicht an irgend einen Gegenstand abgesetzt — wie man es noch in seltenen Ausnahmefällen gelegentlich beobachtet — sondern gerade an ein Spermagewebe? Hierauf kann ich keine befriedigende Antwort geben, und es hat keinen Zweck, der Phantasie freien Lauf zu lassen.

Suchen wir uns nun zum Schluß über das eigentliche Endresultat der Triebversagung klar zu werden! Was ist schließlich erreicht worden durch die Auflösung des ursprünglich einheitlichen Aktes der Kopulation in Spermaejakulation und Spermaübertragung? Ich möchte hier an einen Gedankengang von Brun (1923) anknüpfen. Brun hat in seiner für mich sehr eindrucksvollen Arbeit zum ersten Male auf die große Bedeutung des „Lustprinzips" für die Stammesentwicklung hingewiesen. Er zeigt am Beispiel von Ameisen, daß die Entwicklung dieser Tiere die Richtung einer Steigerung des Lustgewinnes einschlug und noch beibehält, ungeachtet des die Rücksicht auf die „Erhaltung der Art" vertretenden „Realitätsprinzips", d. h. gleichgültig, ob die Befolgung des Lustprinzips die betreffende Ameisenart schließlich zugrunde richtet und zum Aussterben bringt. So haben manche Ameisenarten den Instinkt entwickelt, Lomechusa-Larven (Käfer) unter Vernachlässigung ihrer eigenen Brut zu pflegen, weil sie ihnen ein besonders wohlschmeckendes Exudat liefern, und obwohl diese Tiere schließlich die ganze Kolonie zerstören können und das Leben der Art in Frage stellen. Kehren wir jetzt zu der eben aufgeworfenen Frage zurück, so erkennen wir, daß auch im Falle der Spinnen das Lustprinzip seine Gültigkeit hat; das Ergebnis des eigentümlichen Modus der Tasterfüllung ist Lustgewinn. Tiere, die sonst vielleicht nie das Sexualziel erreicht hätten, erreichen es nunmehr in der Spermaejakulation wenigstens in einer Hinsicht, und diejenigen, die zur Begattung gelangen, erreichen ihr Sexualziel, da es ja in zwei Ziele aufgespalten ist, doppelt.

Was aber den Sieg des Lustprinzips über das Realitätsprinzip angeht, so kann man in den Fällen mit extremer „Feindschaft" der Weibchen gegen die Männchen vollkommene Analoga zu den von Brun angeführten Beispielen von Ameisen sehen. Es ist möglich, daß die Befriedigung des Freßtriebes des Weibchens nach längeren Epochen einzelne Spinnenarten zum Aussterben gebracht haben wird.

Verzeichnis derjenigen Literatur, auf die ausdrücklich Bezug genommen wird

Bristowe, W. S.: 1926, The mating habits of British Thomisid and Sparassid Spiders. Ann. Mag. Nat. Hist. 18.

Brun, R.: 1923, Selektionstheorie und Lustprinzip. Int. Ztschr. f. Psychoanalyse. 9. Jahrg.

Ders.: 1926, Experimentelle Beiträge zur Dynamik und Ökonomie des Triebkonfliktes (Biologische Parallelen zu Freuds Trieblehre). Imago, Bd. 12.

Feuerborn, H. J.: 1922, Der sexuelle Reizapparat (Schmuck-, Duft- und Berührungs-organe) der Psychodiden, nach biologischen und physiologischen Gesichtspunkten untersucht. Arch. f. Naturgeschichte, Abt. A, Jahrg. 88.

Gerhardt, U.: 1911, Studien über die Kopulation einheimischer Epeiriden. Zool. Jahrb., Abt. f. Syst. 31.

Ders.: 1921, Vergleichende Studien über die Morphologie des männlichen Tasters und die Biologie der Kopulation der Spinnen. Versuch einer zusammenfassenden Darstellung auf Grund eigener Beobachtungen. Arch. f. Naturgesch., Abt. A, Jahrg. 87.

Ders.: 1923 a, Araneina, in Biologie der Tiere Deutschlands. Ed.: P. Schulze, Lief. 4, Teil 20.

Ders.: 1923 b, Weitere sexualbiologische Untersuchungen an Spinnen. Arch. f. Natur-gesch., Abt. A, Jahrg. 89.

Ders.: 1924 a, Weitere Studien über die Biologie der Spinnen. Arch. f. Naturgesch., Abt. A., Jahrg. 90.

Ders.: 1924 b, Neue Studien zur Sexualbiologie und zur Bedeutung des sexuellen Größendimorphismus der Spinnen. Ztschr. f. Morphol. u. Ökol. d. Tiere, Bd. 1.

Ders.: 1926, Weitere Untersuchungen zur Biologie der Spinnen. Ztschr. f. Morphol. u. Ökol. d. Tiere, Bd. 6.

Ders.: 1927, Neue biologische Untersuchungen an einheimischen und ausländischen Spinnen. Ztschr. f. Morphol. u. Ökol. d. Tiere, Bd. 8.

Ders.: 1928, Biologische Studien an griechischen, korsischen und deutschen Spinnen. Ztschr. f. Morphol. u. Ökol. d. Tiere, Bd. 10.

Ders.: 1929, Zur vergleichenden Sexualbiologie primitiver Spinnen, insbesondere der Tetrapneumonen. Ztschr. f. Morphol. u. Ökol. d. Tiere, Bd. 14.

Ders.: 1930, Biologische Untersuchungen an südfranzösischen Spinnen. Ztschr. f. Morphol. u. Ökol. d. Tiere, Bd. 19.

Menge, A.: 1866—1879, Preußische Spinnen. Schriften d. Naturf.-Ges. Danzig. Neue Folge.

Meyer, E.: 1928, Neue sinnesbiologische Beobachtungen an Spinnen. Ztschr. f. Morphol. u. Ökol. d. Tiere, Bd. 2.

Montgomery, Th. H.: 1903, Studies on the habits of Spiders, particularly those of the mating period. Proc. Acad. nat. Sc. Philadelphia, Vol. 55.

Osterloh, A.: 1922, Beiträge zur Kenntnis des Kopulationsapparates einiger Spinnen. Ztschr. f. wiss. Zool., Bd. 119.

Peters, H.: 1931, Die Fanghandlung der Kreuzspinne Epeira diademata Cl. Experi-mentelle Analysen des Verhaltens. Ztschr. f. vergl. Physiol., Bd. 15.

Petrunkevitch, A.: 1911, Sense of sight, courtship and mating in Dugesiella hentzi (Girard), a Theraphosid Spider from Texas. Zool. Jahrb., Abt. Syst. 31.

Savory, Th. H.: 1928. The Biology of Spiders. London.

Die platonische Liebe

Von

Hans Kelsen

Köln

II. Kratos

§ 11. Der Wille zur Macht bei Sokrates. Es ist von größter Bedeutung, daß Platon auch in der Rede der Diotima den sozialen Charakter seines unter dem Vorwurf der Gesellschaftsfeindlichkeit stehenden Eros hervorhebt. Aus dem Munde der Seherin läßt er verkünden, daß die schönsten Kinder des in der Seele zeugenden geistigen Eros nicht so sehr Dichtungen oder Werke der bildenden Kunst, als vielmehr gesellschaftliche Ordnung, Staatsverfassungen, Gesetze, Werke der Gerechtigkeit sind. „Weitaus die größte und schönste Erkenntnis" — und Erkenntnis ist es, was der Seele gemäß ist zu zeugen und zu empfangen — „ist die für Ordnung der Städte und Haushaltungen, die den Namen hat: Besonnenheit und Gerechtigkeit". Und unter den „unsterblichen Kindern", die zurückzulassen wertvoller ist als leiblich-sterbliche, nennt er die Gesetze Solons und die Kinder, die „Lykurgos zurückließ in Lakedämon zu Rettern von Lakedämon und, um es zu sagen, von Hellas".[1] Das ist ein höchst persönliches Bekenntnis Platons, denn das sind die Kinder, deren Zeugung sein Eros in ihm auslösen wollte: die richtige Erziehung der Jugend, die besten Gesetze, die gerechte Ordnung des Staates. Hier enthüllt sich aufs deutlichste der innere Zusammenhang, der zwischen dem platonischen Eros und seinem Willen zur Macht über Menschen, seiner erotischen und seiner pädagogisch-politischen Leidenschaft besteht.[2]

Diese Verbindung von Eros und Kratos hat Platon schon in Sokrates oder, besser gesagt, so hat er sich selbst in Sokrates gesehen und dargestellt.

---

1) Symposion 27 (209 St.).

2) **Hildebrandt**: Übersetzung von Platons Gastmahl (Philos. Bibl., Bd. 81, 2. Aufl.), Einleitung, S. 37: „Als Diotima von den geistigen Schöpfern spricht, da legt sie die Betonung nicht auf die Dichter und Künstler, sondern auf die Gesetzgebung. Lykurgos Gesetze nennt sie Retter Griechenlands. Da reckt sich Plato auf, in dem damals die Bücher vom Staate reifen und der noch die Hoffnung hatte, der Soter von Griechenland zu werden."

Volk erscheint; aber du mußt sie ihm abreißen, um sein wahres Antlitz
zu schauen."[1] Und doch ist dieser grausame Zerstörer von Illusionen dabei
selbst nicht ohne Illusion. Das ist es ja, was ihn von den Sophisten trennt,
daß er ihre rationalistische Methode mit einem höchst irrationalen Ziel
zu verbinden sucht. Was jene leugnen, das gerade ist es, woran er glaubt
und was er immer wieder mit dem größten Nachdruck behauptet: der
absolute Wert, das Gute, das Gerechte; wenn er es auch nicht beweist,
mit seiner rationalen Methode nicht beweisen kann und schließlich und
endlich auch zugibt, es nicht beweisen zu können. (Das ist ja der eigentliche Grund seines Nicht-Wissens, daß das, was er wissen möchte, nicht
gewußt werden kann, weil es jenseits des rationalen Bereiches liegt, auf
den ihn seine Methode der logischen Begriffsbildung beschränkt.) Aber es
kommt ihm auch gar nicht darauf an, irgendeine sachliche Lehre positiv
zu begründen. Hat er es doch nicht einmal der Mühe wert gefunden,
eine solche niederzuschreiben und der Nachwelt zu hinterlassen. Und wie
er im Grunde nichts anderes wollte, als durch die unmittelbare Einwirkung
seiner mündlichen Rede sich Menschen zu erobern, so hat er auch nur
als Mensch durch sein Menschentum gesiegt.

§ 12. Tugend ist Wissen: eine Ideologie der Paideia. Daß in Sokrates —
oder, was dasselbe ist, schon im jugendlichen Platon — der Wunsch, über
Menschen zu herrschen, stärker war, als das Bedürfnis, die Welt zu erkennen, das zeigt deutlicher als alles die seltsame These, die er mit so
großem Nachdruck vertritt und die das Um und Auf der ganzen sokratischen Ethik darstellt: Tugend ist Wissen. Nicht das ist an ihr das Selt-
samste, daß sie, die so durch und durch sophistisch ist, von einem Sophisten-
gegner vertreten wird, auch das nicht, daß ihre Entwicklung in einem
Zirkel verläuft.[2] Die Tugend ist nämlich für Sokrates das Gute oder Gerechte; und dieses kann doch wohl, wenn es ein Wissen sein soll, nicht
eher als bestimmt gelten, als das Objekt dieses Wissens feststeht. Denn es
gibt doch mancherlei Wissen, das mit der Tugend, dem Guten oder Gerechten, offenbar nichts zu tun hat. Auf die Frage nach dem Objekt des
Wissens aber, das die Tugend, das Gerechte, das Gute sein soll, kann man
keine andere Antwort erhalten als: das Gute, das Gerechte. Die Tugend
ist das Wissen um die Tugend, das Gute das Wissen des Guten, und gerecht ist, wer das Gerechte weiß. Aber seltsamer noch als dies, daß ein
so scharfer Denker wie Sokrates sich mit solchem Ergebnis zufriedengibt,

---

1) Alkibiades XXVII (132 St.).
2) Vgl. dazu Natorp: Platons Ideenlehre. 2. Aufl. 1921. S. 189.

ist doch der offenbare Widerspruch, in dem die Gleichsetzung von Tugend
und Wissen zu der einfachsten Erfahrung des täglichen Lebens steht, das
immer wieder zeigt, wie wenig es nützt, zu wissen, was man tun soll,
wenn man zu schwach ist, es auch zu wollen. Daß der Geist zwar stark,
das Fleisch aber schwach, das kann schlichter, interesseloser Erkenntnis
nicht verborgen bleiben. Aber: daß niemand freiwillig das Böse tut, weil,
wer das Gute weiß, es auch will: das ist nur scheinbar Intellektualismus.
Darin äußert sich in Wahrheit der Primat der praktischen vor der theoretischen Vernunft. Das kann nur der glauben, für den es kein vom Wollen
unabhängiges Erkennen gibt, weil für ihn alles Erkennen nur dem Wollen,
dem richtigen Handeln dient, weil Theorie nur als Mittel der Praxis in
Betracht kommt. Wenn Platon und insbesondere sein Sokrates diese Lehre
von der Identität der Tugend mit dem Wissen aufrechterhalten, so darum,
weil sie eine Rechtfertigung ist der seelischen Grundhaltung beider. Nur
der Primat des Wollens gegenüber dem Erkennen gründet die Tugend
auf dem Erkennen; jeder Primat des Erkennens gegenüber dem Wollen
auf dem Wollen. Und es ist nicht bloß paradox, sondern hat seinen tieferen
Sinn, daß sich Erkennen und Wollen die Tugend gegenseitig zuschieben.
Denn wahre und reine Erkenntnis ist sich ihrer Grenzen bewußt und
vermißt sich schon darum nicht, die Grundlage der Tugend zu sein. Das
Wollen aber als Wille zur Macht braucht eine Legitimation für die ewig
problematische Tatsache der Herrschaft von Mensch über Mensch; und
findet sie in der Vorstellung, daß Menschen beherrschen soviel bedeutet
wie: Menschen bessern, d. h. aus bösen in gute verwandeln, sie tugendhaft
und damit glücklich machen. Darum muß Glück identisch sein mit Tugend,
darum kann ein glückliches Leben nur ein tugendhaftes sein, und darum
muß Tugend — vom Herrschenden auf den Beherrschten — übertragbar
sein. Übertragbar ist aber erfahrungsgemäß weder Wollen noch Fühlen,
übertragbar ist nur Wissen. Darum muß Tugend Wissen, muß Tugend
lehrbar sein. Und so liefert dieser Grundsatz die Rechtfertigung der sokratischen Pädagogik. Paideia nämlich ist die soziale Gestalt, in der sich des
Sokrates Eros wie Machtwille entfaltet. Er strebt nicht ins Weite und
Allgemeine, er beschränkt sich auf einen kleineren Kreis; nicht den Willen
der Erwachsenen will er beugen, will er formen, nicht regieren, sondern
erziehen ist sein Ziel. Wie sein Eros, so ist auch sein Drang zum Kratos
im Grunde verkümmert, und so bleibt seine Leidenschaft gleichsam im
Pädagogischen stecken. Immer wieder beteuert Sokrates, daß er mit
dem Staate nichts zu tun haben wolle, daß er kein Interesse für Politik

habe.[1] Daß er dennoch politisch gewirkt hat, lag vermutlich gar nicht in seiner direkten Absicht. Aber er zögerte auch nicht, aus seinem Grunddogma, Tugend sei lehrbares Wissen, die antidemokratische Konsequenz zu ziehen, daß jeder nur das als Beruf auszuüben habe, was er gelernt, daß regieren ebenso gelernt sein wolle wie Schuhe flicken und Kleider nähen, und daß daher Gevatter Schuster und Schneider nicht zum Regieren berufen seien. Ja, noch in seiner geistvollsten Vertiefung, in dem „Erkenne dich selbst", ist dieses Dogma einer Deutung fähig, die ihre Spitze gegen die Demokratie richtet. Auch von hier aus gelangt man zu dem Schlusse, daß die Tugend, die das Wissen um das eigene Ich ist, darin besteht, daß jeder nur das Seine tue, d. h. daß der Schuster bei seinem Leisten bleibe.[2] Doch trotz seiner eminent politischen Wirkung ist Sokrates kein Staatsmann, sondern nur ein Pädagoge. Als solcher ist seine Gestalt in die Geistesgeschichte eingegangen. Und die pädagogische Grundrichtung seines Denkens ist es auch, die den rein ethischen Charakter seiner Spekulation erklärt. Wenn sich Sokrates unter völliger Vernachlässigung der Natur und ihrer Wissenschaft um eine Begründung der Ethik bemüht — vergeblich bemüht, weil diese auf rationalem Wege nicht möglich ist — so darum, weil auch das Herrschaftsverhältnis, das die Paideia darstellt, weil auch die pädagogische Autorität nicht ohne sittliche Rechtfertigung möglich ist, weil auch der Wille des Erziehers, wenn er sich dem Willen des zu Erziehenden aufzwingen soll, gerecht erscheinen muß, um vor sich selbst zu bestehen. Aber als Ideologie der Paideia bleibt Gerechtigkeit für Sokrates eine persönliche Tugend. Bezieht er sie auf den Staat, die Politeia, begnügt er sich damit, das Gerechte mit dem Gesetzmäßigen zu identifizieren.

§ 13. Das Daimonion. Wie jedes Über- und Unterordnungsverhältnis, so findet auch das pädagogische seine letzte Grundlage nicht im Bereich des Ethisch-Rationalen, sondern des Religiösen. Nur der absolut gute Wille hat Anspruch auf bedingungslosen Gehorsam, daher sich Herrschaft letztlich nur als Vermittlung göttlichen Willens legitimiert fühlt. Und so zeigt denn auch die sokratische Pädagogik Ansätze einer religiösen Ideologie. Nur Ansätze, denn wie sein erotischer und politischer Trieb, so ist auch seine Religiosität irgendwie gehemmt. Wie jener im Pädagogischen, ist diese gleichsam im Dämonischen steckengeblieben. So wie er nicht eigentlich an ein Leben der Seele nach dem Tode geglaubt, so waren ihm auch

---

1) Vgl. Werner Jäger: Platons Stellung im Aufbau der griechischen Bildung. Die Antike. IV. Bd. 1928. S. 166.
2) Vgl. dazu Wilamowitz-Moellendorff, a. a. O. S. 200.

die transzendenten Götter keine rechten Realitäten. Aber das Δαιμόνιον, dieser ihm höchst eigene Gott, war mächtig in ihm, auch wenn er dieser inneren Stimme bezeichnenderweise nur die negative Funktion des Abhaltens vom Bösen, des Verbietens, nicht aber eine positive des Gebietens guter Handlungen zutraute. Mit diesem seinen Dämon verband ihn ein fester Glaube, der darum nicht weniger irrational ist, wenn man ihn als einen gerade bei Rationalisten so häufig zu beobachtenden Aberglauben[1] deutet. Und so können beide recht haben: die einen, die Sokrates für einen Rationalisten halten, und die anderen, die ihn mit seinen Leidenschaften dem Irrationalen verbunden glauben.

§ 14. *Der Drang zur Paideia und Politeia bei Platon.* Als zu einer verwandten Natur hat sich Platon wohl zu Sokrates hingezogen gefühlt. Aber die platonischen Dimensionen waren in jeder Hinsicht gewaltiger. Wie sein Eros leidenschaftlicher war als der des Sokrates, so war auch seine Religiosität tiefer verankert, hat sie eine viel größere Rolle in seinem Leben und seiner Lehre gespielt. Nicht nur, weil sie aus dem Dunkel seines erotischen Schuldgefühles entsprungen, sondern auch, weil sie unter dem Einfluß der väterlichen Tradition und begünstigt von einer Zeit gewachsen war, die — es ist das Ende des 5. und der Anfang des 4. Jahrhunderts — eine mächtige Renaissance des von Naturphilosophie und Sophistik zurückgedrängten religiösen Gefühls, eine „Welle reaktionärer Gottesfurcht" gebracht hatte.[2] Als Religion seines Vaters oder seiner Väter war ihm die Volksreligion heilig. So wenig wie er als echter Konservativer und Gegner der Demokratie den Willen des Volkes, so sehr hat er dessen Glauben Zeit seines Lebens für maßgebend gehalten, ohne Rücksicht darauf, ob dieser Volksglaube mit seiner Philosophie vereinbar war oder nicht. Diese Religiosität ist die Grundlage der ganzen platonischen Metaphysik, sie ist es, in deren Feuer das sokratische Nicht-Wissen zur platonischen Transzendenz alles Erkennens, zur Transzendenz vor allem des Objekts alles Wissens, des Guten, umgeschmolzen wird, dessen sich nicht mehr rationale Spekulation, sondern nur mystische Schau zu bemächtigen vermag. Sie ist es, durch deren enthusiastischen Elan das sokratische Daimonion, dieser höchst subjektive und mysteriöse Privatgott, zu dem Mysterium des platonischen Agathon, dieser zu einer objektiven Gottheit gesteigerten Idee des Guten wird.[3] Sokrates hatte gefragt, was

---

1) Howald: Platons Leben. S. 17.
2) Wilamowitz-Moellendorff, a. a. O. S. 90.
3) Vgl. Friedemann, Platon, 1914, S. 20.

eigentlich die Gerechtigkeit sei, hatte aber auf diese Frage keine Antwort
zu geben vermocht, sondern hatte sich begnügt, zu versichern, Gerechtigkeit
sei etwas, nicht nichts, es gebe eine Gerechtigkeit, man könne aber von
ihr, wie überhaupt von allen Dingen, nichts wahrhaft wissen. Er war
sozusagen ein heroischer Skeptiker. Platon jedoch behauptet, zu wissen,
was Gerechtigkeit sei, richtiger: die Gerechtigkeit „geschaut" zu haben.
Er sucht sie nicht nur wie Sokrates, sucht sie vor allem nicht mehr im
Begriff, sondern behauptet, sie gefunden zu haben, gefunden in der unmittelbaren Anschauung, in der Idee.[1] Aber er lehnt ab, zu sagen, was
er geschaut, denn dies sei als etwas Göttliches seinem Wesen nach unsagbar. Und wie der Eros, so ist auch der Drang nach Kratos in Platon
mächtiger als in Sokrates. Er treibt von allem Anfang an zielbewußt über
den engeren Bereich der Paideia hinaus zum weiteren der Politeia. Er
kann sein Genügen nicht in der Erziehung von Knaben, er kann es nur
in der Regierung über Männer finden. Aber der Staat ist für ihn nur
eine große Erziehungsanstalt; und da er — weil er zur Leitung des
Staates nicht gelangen kann — eine Schule gründet, wird ihm diese zum
Ersatz für den Staat.[2] Sicherlich hat darum Platon nichts mehr an Sokrates gefesselt als dessen beharrliche Frage nach der Gerechtigkeit, dieser
Legitimation aller Herrschaft. Aber Gerechtigkeit kann für Platon nicht
mehr eine bloß persönliche Tugend sein. Was er in ihr sucht, ist nicht
allein subjektive Erlösung, ist auch, ja vor allem· die objektive Ordnung
des Staates. Und so genügt es ihm nicht, einfach sokratisch die Gerechtigkeit mit der Gesetzmäßigkeit zu identifizieren, sondern er muß die
Gerechtigkeit in den Himmel erheben, um den Gesetzen des Staates und
sohin der staatlichen Autorität eine absolute Grundlage zu geben und sie
so naturrechtlich zu fundieren. Und so wird ihm das sokratische Dogma,
daß Tugend Wissen und als solches lehrbar sei, zu weit mehr als einer
bloßen Rechtfertigung der Pädagogik als der Herrschaft des Lehrers über
den Schüler; es wird ihm zur Grundlegung des Hauptsatzes seiner durch
und durch politischen Philosophie: daß der Philosoph und nur der
Philosoph im Staate regieren soll, und damit zur Rechtfertigung der
politischen Herrschaft überhaupt. Wer unter dem Prätexte eines Philosophen herrschen will, muß — wie Platon — die These vertreten, daß
der höchste, ja der einzige Gegenstand wahrer Philosophie, echter Er-

---

1) Friedländer, Platon, I, S. 69.
2) Vgl. Werner Jäger, a. a. O. S. 169: „Erziehung ist für ihn der einzige und
eigentliche Sinn des Staates", ferner: Friedländer, a. a. O. II., S. 363.

kenntnis, nur das absolut Gute ist, das die Gerechtigkeit in sich schließt; daß aber diese Erkenntnis — wenn die Herrschaft nicht den Vielen, sondern nur Wenigen, womöglich nur einem zukommen soll — nur wenigen Auserwählten, vielleicht nur einem einzigen, gottbegnadeten Weisen möglich ist; er muß, wie Platon, behaupten, daß das wahre Wissen und der gute Wille, die Tugend, eines sind, weil Herrschen wie Erziehen nichts anderes als die Übertragung der Tugend von dem Herrscher auf die Beherrschten sein darf, die Tugend daher — als Wissen — übertragbar, das heißt, wie schon Sokrates versichert — lehrbar sein muß; die Herrschaftsbeziehung wird zu einem Unterrichtsverhältnis umgedeutet, die Politeia als Paideia legitimiert. Ist aber der Wille des Herrschers das wahre Wissen, dann gerät, wer sich ihm widersetzt, nicht nur ins Unrecht, sondern auch in Irrtum. Unter staatlicher Herrschaft stehen, bedeutet daher nicht nur Unterwerfung des Wollens, sondern auch des Erkennens unter die soziale als eine religiöse Autorität. Das ist die Tendenz aller ethisierenden, politisierenden Spekulation, Die ganze — in den platonischen Staatsschriften so schroff hervortretende — Intransigenz des auf den absoluten Wert abgestellten Primates des Wollens über das Erkennen: sie resultiert aus dem Dogma, daß Tugend Wissen sei; und dieses erweist sich so als letzte Wurzel der für das ganze platonische System so charakteristischen und so verhängnisvollen Verbindung von Noetik und Ethik, von Wissenschaft und Politik.

§ 15. *Platon als Politiker.* Die neuere Platonforschung hat die Meinung gründlich zerstört, Platon sei ein theoretischer Philosoph und das Ziel seiner Philosophie die Begründung strenger Wissenschaft gewesen. Heute weiß man, daß Platon seiner ganzen Natur nach mehr Politiker als Theoretiker war. Einen „Herrenmenschen" nennt man ihn jetzt, eine „Imperativnatur"[1], sieht in ihm vor allem den Erzieher und Gründer.[2] Ob er das wirklich war, ob er tatsächlich die Eigenschaften eines Willensmenschen, die Fähigkeiten eines Genies der Tat in sich hatte, kann man vielleicht bezweifeln. Sicher ist nur, daß sein persönliches Ideal in dieser Richtung lag, daß er sein wollte, was ihm — aus irgendwelchen Gründen — äußerlich zu sein versagt blieb. Seine ganze geistige Einstellung ist jedenfalls weniger eine Sicht des empirischen Seins, als eine Rück-Sicht auf das transzendente Sollen, das stets auf das Wollen, nicht aber auf das Erkennen weist. Und da sein ethisch-politisches Wollen durchaus metaphysisch fundiert war und

---

1) Howald: Die platonische Akademie und die moderne universitas litterarum. 1921. S. 15. Auch Salin: Platon und die griechische Utopie. 1921, passim.
2) Singer, a. a. O. passim.

sich demgemäß literarisch in einer ausgesprochen religiösen Ideologie mani-
festierte, macht er in seinen Schriften weniger den Eindruck eines gelehrten
Systematikers der Moralwissenschaft, als den eines Propheten des Idealstaates,
erscheint er nicht so sehr als Psychologe oder Soziologe der gesellschaftlichen Realität, denn als Prediger der Gerechtigkeit.

Wenn es ein Dokument gibt, aus dem man die eigentlichsten Absichten
Platons erfahren kann, so ist es seine Selbstbiographie, der sogenannte
VII. Brief, in dem der Greis, in einer seiner ernstesten Stunden, sich und
der Welt Rechenschaft gibt von seinem Leben. Hier spricht Platon in einer
jeden Zweifel ausschließenden Weise aus, was er selbst als Ziel seines
Lebens betrachtet und was dessen Inhalt geblieben ist. Dieser: die Paideia:

„Junge Leute zum Guten und zur Gerechtigkeit zu führen und sie einander in
in treuer Freundschaft nahezubringen", [1]

jenes aber: die Politik:

„Vor langer Zeit, als ich noch jung war, ging es mir, wie es wirklich vielen zu
gehen pflegt: ich glaubte, ich würde mich, sobald ich volljährig geworden sei, sofort auf die Politik werfen."

Aber da sei ein politischer Umsturz eingetreten, die Demokratie sei
beseitigt und die Herrschaft der dreißig Tyrannen aufgerichtet worden.
Und auch nach deren Sturze habe es ihn wieder zur aktiven Politik gezogen:

„Wiederum befiel mich, freilich weniger intensiv, immerhin es befiel mich wieder
die Sehnsucht, mich an den Staatsgeschäften zu beteiligen."

Aber die tatsächlichen Verhältnisse hätten es ihm verleidet, seinem
Drange zu folgen.

„Als ich nun das sehen mußte und was für Menschen in der Politik tätig sind,
und je mehr ich mit zunehmendem Alter die Gesetze und die herrschende Sittlichkeit beobachtete, umso schwieriger kam es mir vor, ein Staatswesen richtig zu führen.
Denn ohne Freunde und zuverlässige Mitarbeiter schien mir dies unmöglich zu sein —
und solche zu finden unter der Zahl der alten Bekannten wäre nicht leicht gewesen,
denn unsere Stadt lebte nicht in den Sitten und Lebensgewohnheiten unserer Väter;
und andere, neue zu erwerben, ginge auch nicht ohne große Schwierigkeiten — und
andererseits nahm die Verderbnis in der Gesetzgebung uud allgemeinen Sittlichkeit in
erschreckender Weise zu, so daß ich, der ich doch ursprünglich voll Eifer war, mich mit
dem Staate abzugeben, wenn ich darauf achtete und sah, wie alles drunter und drüber
ging — so daß ich schließlich ganz schwindlig wurde. Ich hörte zwar nicht auf,
darüber nachzudenken, wie wohl einmal eine Besserung eintreten könnte und speziell
in der Staatsorganisation, aber für das Handeln wartete ich immer auf den
rechten Moment ... So sah ich mich gezwungen, nur noch die wahre Philosophie

---

1) VII. Brief, 328 D.

anzuerkennen und festzustellen, daß man allein von ihr ausgehend vollständig erkennen könne, worin Gerechtigkeit im Staat und im Privatleben bestehe, und daß
wahrhaftig das Menschengeschlecht nicht aus dem Unglück herauskommen würde,
bevor ein Schlag wahrer und echter Philosophen an die Staatsverwaltung gelangte ...[1]

Wenn überhaupt etwas von dem, was Platon geschrieben, so muß man
ihm das glauben, was er nicht durch den Mund eines anderen, nicht
hinter der Maske des Sokrates, sondern selbst, als Platon, sagt: daß er
immer, sein ganzes Leben hindurch, auf den rechten Moment für das
Handeln gewartet und daß er, nur weil dieser Moment nicht gekommen,
geschrieben, Philosophie getrieben habe.

Aber auch wenn wir dieses Bekenntnis Platons selbst nicht hätten, aus
seinen Dialogen spricht nicht weniger klar der Primat seines politischen
Wollens gegenüber dem theoretischen Erkennen. Schon daß das Haupt-
problem seiner Philosophie, dem alle anderen Probleme untergeordnet sind,
die Frage nach der Gerechtigkeit ist, verrät, daß es sich ihm darum gehandelt
hat, eine sittliche Grundlage für das Handeln zu finden. Wenn er mit
seinen sokratischen Gesprächen irgend etwas beweist, so ist es dies, daß,
was sie suchen, reiner Erkenntnis nicht gegeben ist, weil diese das Problem
der Gerechtigkeit nicht zu lösen, sondern — wenn auch gegen ihre Intention —
nur aufzulösen vermag; und daß es nur das unzerstörbare Bedürfnis des
wollenden und handelnden Menschen ist, das die Frage und damit den
Glauben an die Gerechtigkeit aufrechterhält. Nur jemand, der „immer
auf den rechten Moment für das Handeln wartet" und die Zeit des Wartens
damit ausfüllt, daß er darüber nachdenkt, „worin Gerechtigkeit im Staat
und im Privatleben besteht", wird Schriften über Staat und Gerechtigkeit
in seinem literarischen Lebenswerk einen so weiten Raum geben, wie es
Platon getan, dessen Hauptschrift, die „Politeia", ein Dialog ist, der das
Wesen der Gerechtigkeit ergründen will und dabei die Verfassung eines
Idealstaates liefert. Das ist kein System einer politischen Theorie, das ist
ein politisches Postulat;[2] ganz ebenso wie auch sein umfangreichstes und
für die ganze Richtung seines Geistes nicht minder aufschlußreiches Buch,
die „Nomoi", keinerlei theoretischen, sondern einen durchaus staatspolitischen
Charakter hat.

§ *16. Der tyrannische Charakter und die Figur des Kallikles.* Aus einer
Fülle von Einzelheiten in Platons Schriften spürt man heraus, daß der

----

1) VII. Brief, 324 C—326 A nach der Übersetzung von Howald, Die Briefe Platons.
1923, S. 53 ff.
2) Vgl. Salin, a. a. O. S. 47.

Grundton in dem Akkord dieses großen Lebens politische Leidenschaft ist, und daß Eros ihre Wurzel. Da ist vor allem die in so vieler Beziehung hin aufschlußreiche, von uns auch schon wiederholt angezogene Schilderung des tyrannischen Charakters im IX. Buche der „Politeia". Man hat geglaubt, in diesem Zerrbild ein Portrait des Dionysios von Syrakus zu finden. Aber das ist mit den tatsächlichen Beziehungen, in denen Platon zu diesem Herrscher gestanden hat, schwer zu vereinbaren. Und die Institution als solche kann Platon — der Gegner der Demokratie — nicht gut gemeint haben. Die heftigen Affekte bleiben unerklärt, die diese Verurteilung des tyrannischen Typus in Platon auslöst. Er hat zwar die Diktatur grundsätzlich abgelehnt, aber doch gelegentlich zugegeben, daß der wahre Staat nur mit Gewalt, d. h. im Wege einer Diktatur, aufgerichtet werden könne. Ja, in der Verfassung dieses Staates konzentriert er eine solche Machtfülle bei der Regierung, daß diese nur die eines Monarchen, d. h. aber, unter den tatsächlichen Verhältnissen in Hellas, nur die eines Diktators, eines Tyrannen sein könnte.[1] Das Ressentiment, das sich hier äußert, läßt — wie wir schon gezeigt — darauf schließen, daß höcht Persönliches im Spiele ist. Es verrät mehr als alles andere, daß Platon sich zu königlicher Herrschaft berufen gefühlt, es zeigt uns, was nur die Kehrseite solchen königlichen Selbstbewußtseins sein kann, den tiefen Abscheu vor dem vollkommenen Widerpart des gerechten Weisen, vor dem Tyrann; vor dem Tyrann, der es noch nicht im Staate, nicht nach außen, der es nur im Innern ist, das — weil es von Platon so furchtbar deutlich, so bis in seine letzten Schlupfwinkel gesehen wird — nur sein eigenes Innere sein kann. Das Gericht, das hier über den Tyrannen gehalten wird, ist ein Gerichtstag, den Platon über sich selbst hält. Die „Unruhe und Reue", die als der Seelenzustand des unter der Herrschaft des Eros stehenden Tyrannen geschildert wird, das ist das aus dem tyrannischen Eros stammende böse Gewissen, das ist die sittliche Reaktion gegen die „erotischen und tyrannischen Begierden", die Platon hier als am weitesten von der Vernunft abstehend"[2] brandmarkt und die doch die tiefste Schichte seines eigenen Ichs bilden. Sie verrät sich gelegentlich in der schon an Grausamkeit grenzenden Härte der Strafbestimmungen, die in der „Politeia" und insbesondere in den „Nomoi" vorgeschlagen werden.[3] Es ist Platons Ideal-Ich, das sich diesen seinen ursprünglichen Neigungen mit der Forderung entgegenstellt,

---

1) Vgl. Wilamowitz-Moellendorff, a. a. O. S. 439.
2) Politeia IX, 11 (587 St.).
3) Vgl. dazu Th. Gomperz, Griechische Denker II, S. 401.

daß im eigenen Innern die Vernunft, ganz ebenso wie im Staate die Philosophie herrschen soll. So wird Platon selbst der wahrhaft „königlich Ge-
sinnte und sich nach Königsart Beherrschende" als der er auf die Schicksals-
stunde wartet, die ihn ruft; so fühlt er sich auf der Höhe seines königlichen
Selbstbewußtseins, in dessen Tiefe doch auch die Angst vor dieser Stunde
schlummert; eine Angst, die sich in der Meinung verrät, daß noch un-
glücklicher als der tyrannische Charakter der sei, der,

„tyrannischer Sinnesart, sein Leben nicht als Privatmann hinbringt, sondern das
Unglück hat, durch irgendwelche Schicksalswendung in die Lage zu kommen, Tyrann
zu werden."[1]

Diese Furcht, diese Furcht vor sich selbst, mag es auch sein, die Platon
von der Politik, zu der er sich mit allen Fasern hingezogen fühlt, wieder
wegdrängt. Er vergleicht den tyrannischen Charakter,

„der sein Unglück noch erhöht in dem Fall, daß er nicht Privatmann bleibt, sondern,
irgendwelchen Umständen nachgebend, Gewaltherrscher wird und, unfähig sich selbst
zu beherrschen, nunmehr sich anmaßt, über andere zu herrschen",

mit einem Menschen, der, schwächlich, mit seinem eigenen Leibe nicht
fertig werden kann, und

„in die Lage versetzt würde, sein lebelang sich in körperlichen Kraftproben
mit anderen zu messen und mit ihnen kämpfen zu müssen, statt zurückgezogen
zu leben".[2]

Aber diese Zurückgezogenheit, die jedem echten Hellenen schimpflich
schien, mußte Platon, der in seiner politischen Leidenschaft griechischer
war als alle Griechen, doppelt schimpflich scheinen. Wie mußte ihm, dem
das Philosophieren über den Staat nur ein schwaches Surrogat für
die Herrschaft im Staat war, wie mußte ihm, dem Aristokraten, diese
ganze Philosophie, die nur Kleinbürgern Beruf sein konnte, mitunter schal
vorkommen, wie überdrüssig mußte er ihrer, als seiner sozialen Stellung
unwürdig, werden, er, der zu seinen Ahnen Solon zählte und der so stolz
war auf seinen Oheim Kritias, der zwar auch Philosoph und Dichter, vor
allem aber Staatsmann war. Wie wäre es, mochte er sich in der unfrei-
willigen Muße seines der Philosophie so nahen und dem Staate, ach, so
fernen Lebens immer wieder gesagt haben:

„Wenn du der Philosophie nun endlich entsagtest und dich wichtigeren Dingen
zuwendetest."[3]

---

1) Politeia IX, 5 (578 St.).
2) Politeia IX, 6 (579 St.).
3) Gorgias XL (484 St.).

Laß doch endlich dieses ergebnislose Philosophieren,

„laß ab von diesem ewigen Widerlegen und übe die edle Kunst der Staatsgeschäfte und übe, was dir das Ansehen der Klugheit gibt, und überlaß anderen diese gekräuselten Redensarten oder Nichtigkeiten oder wie man sie nennen soll, die deinem Hause keinen Deut einbringen, und eifere nicht Männern nach, die sich mit der Widerlegung solcher Lappalien abgeben".[1] „Von Philosophie so viel zu verstehen, als die Bildung fordert, ist ja eine löbliche Sache, und in jungen Jahren sich mit Philosophie zu beschäftigen, keine Schande. Wenn der Mensch aber schon älter wird und immer noch Philosophie treibt, so macht er sich, mein Sokrates, allmählich lächerlich".[2]

Soll es wirklich mein Schicksal sein,

„in stiller Zurückgezogenheit in einem Winkel flüsternd mit drei oder vier Bürschchen mein weiteres Leben zuzubringen?"[3]

Das alles sind Worte, die Platon in seinem Dialog „Gorgias" dem Kallikles in den Mund legt.[4] Auch in dieser, vielleicht lebensvollsten Gestalt seiner Dialoge hat Platon das Bild eines tyrannischen Charakters entworfen, und auch im „Gorgias" setzt er diesen Charakter ins Unrecht. Er läßt ihn im Wortstreit mit Sokrates schließlich unterliegen. Aber er legt ihm in diesem Streite eine Kritik des Sokrates in den Mund, die so verblüffend richtig ist, die — mit dem Argument: „wenn einer bei seiner Behauptung den Nomos im Auge hat, richtest du deine Frage unvermerkt so ein, als wäre von der Physis die Rede, und wenn er die Physis im Auge hat, als wäre der Nomos in Diskussion" — so rücksichtslos den dialektischen „Kunstgriff" aufdeckt, mit dem Sokrates „sein hinterlistiges Spiel"[5] treibt, daß es nur schwer fällt, darin etwas anderes als eine versteckte Polemik Platons gegen des Sokrates Rabulistik zu erblicken;[6] zumal wenn man beachtet, welche Bedeutung der „Gorgias" für die geistige Entwicklung Platons hat, der sich hier — unter den Eindrücken der ersten sizilischen Reise — zu einer ganz neuen, von der rationalistischen Methode des Sokrates völlig verschiedenen,

---

1) Gorgias XLI (486 St.).
2) Gorgias XL (485 St.).
3) Gorgias XL (485 St.).
4) Ich habe sie nur so weit modifiziert, als dies nötig war, um sie jemanden sprechen zu lassen, der sie von sich selbst aussagt, während im Original Kallikles sie auf einen anderen, auf Sokrates, bezieht.
5) Gorgias XXXVIII (483 St.).
6) Friedländer, a. a. O., I, S. 134, leugnet, daß bei Platon „irgend etwas schlechthin gelten soll, was gegen Sokrates verfochten wird, daß gar Platon irgendwo versteckt gegen Sokrates kämpfte"; aber er fügt einschränkend hinzu: „es sei denn, er kämpfte gegen den Sokrates in ihm, gegen sich selber." Vgl. auch die hier von Friedländer angegebene Literatur.

metaphysisch-religiösen Auffassung des Gerechtigkeitsproblems durchringt. Er legt sie — zum erstenmal — in dem großartigen Schlußmythos des Dialogs dar. Daß er auch diesen den Sokrates vortragen läßt, obgleich die Antwort, die hier auf die Frage nach der Gerechtigkeit gegeben wird, das ganze leere Begriffsspiel überflüssig macht, das Sokrates vorher getrieben, das ist nun einmal die Art Platons, der dem Sokrates die Treue auch dann wahrt, wenn er seine Lehrmeinung fallen läßt, da ja Sokrates nicht um irgend einer Lehrmeinung willen sein Ideal ist. Wenn die Vermutung richtig ist, daß Platon in dem großen Gegenspieler des Sokrates, im Kallikles, seinen Oheim, den glänzenden und von ihm bewunderten Kritias porträtiert hat, der unter den Dreißig Tyrannen eine führende Rolle spielte,[1] dann versteht man, warum die Rede, in der Kallikles das Recht der großen Persönlichkeit auf Herrschaft verteidigt, so überzeugend klingt.[2] So wie Kritias zu werden, auch das war sein Wunsch, war zumindest eine Möglichkeit, die Platon in sich fühlte. Aber er kämpft gegen diesen Machttrieb in sich, der sich ihm in Kritias-Kallikles verkörpert. „Wie könnte denn irgend jemand glücklich sein," läßt er ihn sagen, „der irgendeinem gehorchen muß!"[3] Aber wie sehr Platon gegen den Kallikles in sich ankämpft, das mag man daraus ersehen, daß er ihn zum Träger einer von ihm meist gehaßten sophistischen Theorie, der Lehre vom Recht des Stärkeren, macht. Und diese Lehre ist in der Darstellung, die Kallikles von ihr gibt, so karikiert, daß Sokrates ihn, den Platon, sichtlich als überlegenen Geist charakterisiert, leicht ad absurdum führen kann. So klafft ein Widerspruch in dieser Persönlichkeit. Es ist wiederum der Widerspruch in Platons eigener Brust. Darum läßt Platon den Kallikles die „Antiope" des Euripides zitieren,[4] die den berühmten Wortkampf zwischen Amphion und Zethos enthält, in dem der βίος θεωρητικός mit dem βίος πρακτικός streitet. Denn das ist ja der Grundkonflikt in Platons Leben: in stiller Zurückgezogenheit nach Erkenntnis oder im Lärm des politischen Lebens nach Herrschaft ringen; es ist der Widerspruch zwischen dem einsamen Gelehrtendasein und der Rolle des

---

1) Vgl. Menzel: Kallikles. Wien 1922. S. 85 ff.
2) Th. Gomperz, a. a. O. S. 264: „Man staunt über den Glanz, mit welchem Platon hier die Darstellung des nur halb gezähmten, seine Bande zerreißenden und in der Wahrheit seiner angeborenen Herrlichkeit sich aufrichtenden jungen Leuen umgeben hat. Man bewundert die künstlerische Gewalt, mit welcher er die ihn moralisch zurückstoßende Gestalt des Übermenschen gezeichnet hat. Oder hat ihn diese zwar durch den Mißbrauch der Genialität abgestoßen, durch eben diese aber angezogen?" Kallikles ist eben Platon selbst, daher die ambivalente Einstellung zu ihm.
3) Gorgias XLVI (491 St.).
4) Gorgias XL (484 St.).

Staatsgründers und Reformers, zwischen pessimistischer Weltflucht und
optimistischer Weltherrschaft. Auf dem Höhepunkt des Dialogs, und das
ist die Kalliklesszene, soll dieser Konflikt, so wie das Problem der Gerechtigkeit, an deren vollkommener Negation, dem sogenannten Recht des Stärkeren,
zur Entscheidung kommen. Der Konflikt wird — wie das Problem der
Gerechtigkeit gegen das Recht des Stärkeren — im „Gorgias" noch ganz
im Sinne des ersten Gliedes der beiden Gegensatzpaare zu lösen versucht.
Diese Lösung findet — im Schlußmythos — symbolisch darin ihren Ausdruck, daß unter den Seelen, die vor dem Totengericht stehen, als ungerecht
fast nur solche politischer Machthaber erscheinen; als gerecht: „die Seele
eines Privatmannes oder sonst eines Menschen, vor allem" — sagt Sokrates —
„mein Kallikles, merk' wohl auf, eines Philosophen".[1] Platon entscheidet
sich in diesem Dialog gegen die Stimme seines Herzens, die nach politischer
Macht schreit, für die kontemplative Philosophie. Aber er läßt gerade in
diesem Dialog durch den Mund des Sokrates verkünden, daß er der einzige
wahre Politiker sei:

> „Ich glaube allein oder nur mit wenigen Athenern mich der wahren Staatskunst
> zu befleißigen und allein unter den Lebenden dem Staate wahrhaft zu dienen."[2]

Nur im Lichte des VII. Briefes kann man den „Gorgias" ganz verstehen.

§ 17. *Platons Herrschaftsanspruch in der „Politeia"*. In dieser Beleuchtung
enthüllt auch manche Stelle der „Politeia" ihren tieferen, ihren persönlichen Sinn. So jene im VI. Buch, wo Platon darüber spricht, warum
die wahren Philosophen, obgleich zur Leitung des Staates berufen, dennoch
unter den gegebenen leidigen Verhältnissen und auch zu stolz, um bei
der Menge zu betteln, sie möge sich ihrer Leitung anvertrauen, sich von
ihm zurückziehen müssen.[3] Da fühlt man, daß er von sich selbst spricht,
wenn er „einer großen Seele" Erwähnung tut, „die, in einem kleinen
Gemeinwesen erwachsen, über diese kleinen Verhältnisse sich erhaben
fühlt und mit Verachtung darauf herabblickt". Und man hört die Worte
des großen Selbstbekenntnisses, wenn man liest, wie der wahre Philosoph
im süßen und beseligenden Besitz der Weisheit auf politische Tätigkeit
verzichtet, da er „zur Genüge den Wahnwitz der Menge kennengelernt
hat und weiß, daß, gerade herausgesagt, auch nicht ein Einziger in
staatlichen Angelegenheiten irgend etwas Gesundes zu schaffen versteht,
und daß es keinen Bundesgenossen gibt, mit dem vereint man zum Schutz

---

1) Gorgias LXXVII (526 St.).
2) Gorgias LXXVII (521 St.).
3) Politeia VI, 4 (489 St.); vgl. auch Ritter: Die Dialoge Platons II, S. 77.

der gerechten Sache ausziehen könnte, ohne dabei selbst zugrunde zu gehen",
und daß der Weise sich von der Politik in die Philosophie wie vor einem
„Unwetter" „unter ein Obdach" zurückzieht, „zufrieden, wenn er selbst —
gleichviel wie — unbefleckt von Ungerechtigkeit und frevelhaften Taten
sein irdisches Leben beschließt und heiteren und zuversichtlichen Sinnes
unter guter Hoffnung aus ihm abscheidet". Also nur persönliche Erlösung
und keine Verwirklichung der Gerechtigkeit im Staat? „Aber es ist doch
nichts Geringes, was er erreicht hat, wenn er so abscheidet?", läßt Platon
hier einwerfen, hat sich Platon wohl hundertmal selbst gefragt. Doch die
Antwort lautet:

„Aber auch nicht das Größte, wenn ihm nicht ein Gemeinwesen beschieden war,
das seinen Forderungen entsprach. Denn in einem solchen wird er selbst noch an
Kraft mehr und mehr zunehmen und so nicht nur sein Heil fördern, sondern auch
das des Staates." [1]

Das ist die Lösung, nach der — ganz anders als der „Gorgias" — die
„Politeia" drängt. Nicht als Dichter, oder, wie wir sagen würden, als Ge-
lehrter — tritt hier Platon auf. Immer wieder gibt er zu verstehen, daß
er als „Staatsgründer", als „Gesetzgeber" gesehen werden möchte. [2] Wenigstens
„in Gedanken" will er einen Staat aufbauen, [3] da dies in Wirklichkeit
nicht möglich ist. Das Gefühl bitterer Resignation spricht aus den Worten,
die wie ein Motto über seinem Alterswerke, den „Nomoi", stehen könnten,
und die er in diesem Dialog den Athener zu den beiden anderen Greisen
sprechen läßt, da sie darangehen, die Gesetze für das zu gründende Gemeinwesen zu entwerfen:

„So wollen wir uns denn, wir alten Leute, wie Knaben auf das Nachbilden verlegen. In Worten (d. i. bloß in Gedanken) wollen wir Gesetze für die Stadt schaffen". [4]

Wie Knaben, die nur Gesetzgeber spielen, ohne es in Wirklichkeit zu
sein. Und so vergleicht er denn auch diese ganze Gesetzesgeberei seiner
„Nomoi" etwas spöttisch mit einem „Brettspiel", in dem Zug auf Zug
folgt. [5] Und doch hat Platon noch als Greis nicht die Hoffnung auf aktive
politische Tätigkeit verloren. Im Bewußtsein des Abstandes, der zwischen
dem Idealstaat der „Politeia" und den Vorschlägen besteht, die Platon in
den „Nomoi" macht, sagte er hier, daß jener nur für „Götter oder
Göttersöhne" tauglich sei, daß aber derjenige, „den wir jetzt in An-

---

1) Politeia VI (496—97 St.)
2) Vgl. Politeia II (379 St.); V (458 St.); VII (519 St.); II (592 St.)
3) Politeia II (369 St.); V (473 St.); II (592 St.).
4) Nomoi IV, 4 (712 St.)
5) Nomoi V, 9 (739 St.)

griff genommen haben, wenn er etwa ins Leben treten sollte, vielleicht
den nächsten Anspruch auf Unsterblichkeit haben und an Rang der zweite
sein dürfte". Und fügt geheimnisvoll hinzu: „den dritten aber werden
wir später, so Gott will, zur Tat machen".[1] Im letzten Kapitel — dem
letzten, das Platon überhaupt geschrieben — spricht die Sehnsucht nach
politischer Tat und die Überzeugung, zu ihr von Gott berufen zu sein,
mit elementarer Gewalt hervor. „Ich bin", sagt der Athener, hinter dem
sich hier Platon verbirgt,

„zu eifriger Mitarbeit bereit, auf Grund meiner reichen Erfahrung und eingehender
Forschung auf diesem Gebiet, und ich hoffe auch noch auf andere Beihelfer".

Und Kleinias erwidert:

„Ja, mein Freund, wir müssen unbedingt diesen Weg einschlagen, für den sich
uns der Gott selbst als Führer anzubieten scheint".

Und kurz darauf läßt Platon den Megillos, den zweiten der beiden
Greise, mit denen der Athener die Staatsgründung bespricht, erklären:

„Mein lieber Kleinias, nach allem, was jetzt hier verhandelt worden ist, mußt
du entweder auf die Gründung deines Staates überhaupt verzichten, oder aber
unseren Freund hier nicht von dir lassen, sondern ihn auf jede Weise durch Bitten
und Künste aller Art zu deinem Mitarbeiter bei Gründung deines Staates zu
machen suchen".

Worauf Kleinias:

„Du konntest nichts Treffenderes sagen, mein Megillos, und ich werde demgemäß handeln . . ."[2]

Auf diese Einladung hat Platon Zeit seines Lebens gewartet. Erst nach
seinem Tode sind — mit den posthum publizierten „Nomoi" — diese
Worte zu den für sie tauben Ohren der Welt gedrungen.

Nicht so unverblümt und gerade heraus wie der schon ungeduldige
Greis, der keine Zeit mehr vor sich sieht, zu warten, hat der auf der
Höhe seines Schaffens stehende Mann, hat Platon in der „Politeia" die
Sehnsucht seiner Seele verraten. Und doch deutlich genug für den, der
hören will. Der ganze gewaltige Entwurf einer idealen Staatsverfassung
ist ja nur ein Angebot dieses großen, leidenschaftlichen Herzens, seinem
Vaterlande zu dienen; freilich: durch Herrschen zu dienen. Denn wenn
Platon immer wieder verkündet, daß in dem wahren Staate die Philosophen
herrschen, daß „politische Macht und Philosophie eins werden"[3] müssen,

---

1) Nomoi V, 10 (759 St.).
2) Nomoi XII, 14 (968/9 St.).
3) Politeia V, 18 (473 St.).

so ist es nur seine eigene Philosophie, die er im Auge hat, und keine andere. Die Philosophen, die im Idealstaat die Regierung führen sollen, werden ausschließlich in der platonischen Philosophie ausgebildet. Das Ziel ihrer Bildung ist die Erkenntnis der Idee des Guten, die nur durch die platonische Ideenlehre möglich ist. Die Ideenlehre, dieses Kernstück seiner ganzen Philosophie: Platon entwickelt es gerade dort, wo er den Bildungsgang der Auserlesenen darstellt, die zur Regierung berufen sind.[1] Ja, die Ausbildung in der platonischen Philosophie ist im Grunde die Hauptaufgabe des platonischen Staates. Die Philosophen, die den Idealstaat beherrschen, können nur platonische Philosophen sein; in ihnen herrscht der Geist Platons, er selbst herrscht durch sie; und befriedigt so — im Geiste — seinen Wunsch nach Macht.

Da Platon darangeht, seine Forderung nach Herrschaft der Philosophen zu begründen, muß er zunächst das allgemeine Vorurteil bekämpfen, das ihm mehr als jedem anderen Philosophen peinlich sein mußte: daß Philosophen unpraktische und in politischen Dingen unfähige Leute seien. Und nachdem er gezeigt hat, „daß an der Feindseligkeit der großen Menge gegen die Philosophie jene schuld sind, die sich von außen her unbefugterweise in sie eingedrängt haben",[2] die üblichen Vorwürfe also den wahren Philosophen nicht treffen können, versucht er diesen vorläufig zu charakterisieren. Das sei einer,

„der in Wahrheit seinen Geist auf das Seiende gerichtet hält", „ganz versunken in die Betrachtung eines wohlgeordneten Reiches von Wesen, die sich immer völlig gleich bleiben und weder Unrecht tun noch Unrecht voneinander leiden, sondern sich durchwegs ordnungs- und vernunftgemäß verhalten".[3]

Es ist offenkundig das wahre vernünftige Sein der ewigen unveränderlichen Ideen, der Idee des Guten vor allem, dessen Erkenntnis den wahren zur Herrschaft berufenen Philosophen ausmacht. Es ist seine Ideenlehre, die Platon schon hier als die Philosophie erklärt, die „die herrschende Göttin im Staat"[4] werden muß. Der wahre Philosoph werde nun alles tun, um die von ihm geschauten Wesenheiten „nachzuahmen und soviel wie möglich sein Wesen ihnen ähnlich zu gestalten". „Wenn er sich nun durch irgendeine Gewalt genötigt sieht, seine Kraft daranzusetzen, das, was er dort schaut, nicht bloß zu seiner eigenen Bildung wirksam zu

1) Politeia VI, 15; VII 18 (502—541 St.).
2) Politeia VI, 12 (500 St.).
3) Politeia VI, 13 (500 St.).
4) Politeia VI, 12 (499 St.).

machen, sondern es auch in das persönliche und staatliche Leben der
Menschen einzupflanzen", dann müsse er auch der richtige Lehrmeister
der „Gerechtigkeit und jeder Art von bürgerlicher Tugend" sein.[1] Und
nun gibt Platon dem Gespräch eine — recht unmotivierte — Wendung,
die ganz unzweideutig zum Ausdruck bringt, daß er sich selbst für den
wahren Philosophen hält, dem allein die Leitung des Staates gebühre. Er
läßt den Sokrates sagen:

> „Aber wenn nun die Leute merken, daß wir die Wahrheit über ihn (den wahren
> Philosophen) sagen, werden sie dann den Philosophen noch grollen und es nicht
> glauben, wenn wir (Sokrates und die anderen Teilnehmer am Gespräch) behaupten,
> daß ein Staat nun und nimmermehr zur Seligkeit gelangen könne, wenn
> nicht diese dem göttlichen Musterbild folgenden Maler den Entwurf
> zu ihm gemacht haben?"[2]

Nun ist als wesentliche Bedingung dafür, daß der Staat glücklich werde,
nicht nur erklärt, daß der wahre Philosoph zur Herrschaft gelangen müsse,
sondern daß er vorher einen Entwurf des glücklichen Staates gemacht habe.
Und auf die Frage des Adeimantos, „welcher Art dieser Entwurf sein soll"
erwidert Sokrates:

> „Sie nehmen zunächst den Staat und das Menschenleben nach ihren Eigentümlich-
> keiten, wie eine Tafel, zur Hand, und machen sie rein, was gar nicht so leicht ist.
> Denn sie — die Philosophen, stehen ja, wie du dir selbst sagen wirst, gleich von
> vornherein in starkem Gegensatz zu den anderen Staatsmännern, da sie weder mit
> den Einzelnen noch mit dem Staate noch mit der Gesetzgebung sich befassen wollen,
> wenn nicht der Staat zuvor gereinigt ihnen in die Hand gegeben ist, oder sie selbst
> ihn gereinigt haben."[3]

Und demgemäß werden sie zunächst „den Grundriß der Staatsverfassung
entwerfen". Das ist doch Platon selbst, der sich mit Politik nicht beschäftigen will, bevor nicht der Staat gereinigt ist, das ist doch gerade das,
was Platon — er selbst! — der „dem göttlichen Musterbild folgende
Maler" — mit seiner „Politeia" unternimmt: Auf Grund der Einsicht in die
Verwandtschaft von Einzelseele und Staat „den Grundriß einer Staatsverfassung entwerfen". Und nur sich selbst kann er meinen, wenn er nun
Sokrates zu dem Schluß kommen läßt: Dürfen wir also jetzt hoffen, die
Menge davon zu überzeugen,

> „daß als ein solcher Maler von Staatsverfassungen derjenige gelten muß, den wir
> ihnen gegenüber priesen und dessentwillen sie uns grollten, daß wir ihm die Ge-

---

1) Politeia VI, 13 (500 St.).
2) Politeia VI, 13 (500 St.).
3) Politeia VI, 13 (501 St.).

schicke des Staates in die Hand legen wollten? Und werden sie jetzt diese Forderung etwas milder aufnehmen?"[1]

Die Selbstverständlichkeit, mit der Platon voraussetzt, daß die Philosophie, die im Idealstaat zur Herrschaft gelangen muß, nur seine eigene und daher er selbst der eigentliche Gründer und Leiter sei, zeigt sich auch darin, daß sich eine Reihe von scheinbaren Widersprüchen nur unter dieser Voraussetzung lösen. So, wenn er einerseits ausführt, daß nur der wahre Staat die Ausbildung wahrer Philosophen gewährleiste, anderseits aber erklärt, daß der wahre Staat nur dadurch möglich werde, daß die wahren Philosophen zur Regierung kommen.[2] Das war für Platon nur darum kein logischer Zirkel, weil er ja das Wunder der erstmaligen Entstehung wahrer Philosophie noch vor Entstehung des wahren Staates und außerhalb seines Wirkungskreises, weil er die Geburt der Ideenlehre im schlechten Staat als sein ureigenstes Erlebnis fühlte.

Die Grundschwierigkeit des platonischen — wie jedes — Idealstaates ist: wie soll es möglich sein, aus dem schlechten Staat der Gegenwart herauszukommen, wie kann der Beste, der wahre Philosoph zur Macht gelangen, auf welchem Wege soll die erste gute Regierung zustande kommen? Und wenn schon dieser erste Schritt, wie durch ein Wunder, gelungen, wie soll man sicherstellen, daß immer wieder nur der Beste, der wahre Philosoph an der Macht bleibt, und, an der Macht, immer der Beste, der wahre Philosoph bleibt? All diese Schwierigkeiten scheint Platon nicht zu sehen. Denn die Grundbedingung für die Verwirklichung und Aufrechterhaltung des Idealstaates: der Beste, der wahre Philosoph, dessen ist er so gewiß, wie man eben nur seiner selbst gewiß sein kann. Überaus bezeichnend in dieser Richtung ist die Art und Weise, wie Platon die Frage der Verwirklichung seines Idealstaates behandelt. Es ist keine Frage, die ihn besonders beschäftigt. Für die beinahe spielerische Leichtigkeit, mit der er sie mehr nur streift, als ernstlich erörtert, ein Beispiel: Am Ende des VII. Buches betont Sokrates,

„daß es nicht bloß fromme Wünsche waren, was wir vom Staate und der Verfassung gesagt haben. Schwer durchführbar zwar, aber doch irgendwie möglich, und zwar nur auf diese von uns angegebene Weise: nämlich wenn wirkliche Philosophen — seien es nun mehrere oder einer — in einem Staat die Herrschergewalt erlangen . . ."[3]

---

1) Politeia VI, 13 (501 St.).
2) Vgl. dazu Raeder: Platons philosophische Entwicklung, 2. Aufl., S. 222.
3) Politeia VII, 17 (540 St.).

Und auf die hier recht beiläufig eingeworfene Frage des Glaukon, wie denn die wirklichen Philosophen ihren Staat entstehen lassen könnten, antwortet Sokrates:

> „So, daß sie alle Bürger, die über zehn Jahre alt sind, hinaus aufs Land schicken, die Kinder aber derselben in ihre Obhut nehmen und sie, der jetzigen sittlichen Anschauungsweise, der auch ihre Eltern huldigen, völlig entrückt, nach ihren eigenen Grundsätzen und Gesetzen erziehen, deren Eigenart wir vorhin beschrieben haben. Und so wird, wie ihr mir zugeben müßt, am schnellsten und leichtesten der Staat und die Verfassung, auf die wir mit unseren Erörterungen hinzielten, zustande gebracht werden . . .[1]

Das ist alles. Ob die Beseitigung der Erwachsenen gerade „die schnellste und leichteste" Methode ist, den Idealstaat zustande zu bringen, könnte man füglich bezweifeln, wenn man tatsächlich annehmen müßte, daß es Platon mit der Verwirklichung ernst war. Aber Glaukon stimmt dem Sokrates mit den Worten zu, dieser habe die Art der Entstehung des Idealstaates richtig dargestellt, „wenn er überhaupt entstehen sollte". Wenn aber: dann hätte seine erste Regierung niemand anderer bilden können als Platon und seine Jünger; und dann wären seine ersten Untertanen — Kinder, seine Regierung — Erziehung gewesen. Das ist offenbar die Vorstellung, die — wenn auch unausgesprochen — hinter der Staatsphantasie Platons steht. Wie aber für den Nachwuchs in der Regierung sorgen? Bekanntlich gliedert Platon die Bevölkerung seines Staates in zwei Klassen: die Masse der erwerbstätigen Bauern und Gewerbetreibenden auf der einen Seite und eine viel kleinere Schar von als „Wächter" bezeichneten Kriegern auf der anderen. Aus dieser Kriegerklasse sollen im Wege einer sorgsamen Auslese die eigentlichen philosophisch gebildeten Regenten hervorgehen, denen eine beinahe unbeschränkte Machtvollkommenheit übertragen ist. Es ist klar, daß, vom Standpunkt realer Politik gesehen, alles auf diese Auslese ankommt und vor allem darauf, wer diese Auslese vorzunehmen hat. Gerade darüber aber gleitet Platon hinweg. Nachdem Sokrates erklärt hat, daß die Regenten „unter den Wächtern die Tüchtigsten" sein sollen,[2] sagt er:

> „Man muß also aus der Zahl der Wächter solche auswählen, die sich unserem prüfenden Blick als diejenigen erweisen, die ihr ganzes Leben lang am meisten dasjenige, was ihnen als nützlich für den Staat erscheint, mit vollstem Eifer durchführen werden, was aber nicht nützlich ist, unter keiner Bedingung tun werden."

Und nachdem Glaukon meint, das seien „allerdings die rechten Leute":

---

1) Politeia VII, 17 (541 St.).
2) Politeia III, 19 (412 St.).

Meines Erachtens muß man sie also auf allen Lebensstufen beobachten, ob sie auch treue Hüter dieses Grundsatzes sind . . ."[1]

„Man" muß auswählen, „man" muß beobachten, aber wer ist dieser „man"? Wer ist dieser Anonymus, der in allen Weltverbesserungsplänen eine so große, die entscheidende Rolle spielt, und hinter dem sich immer der verbirgt, aus dessen Herzen und Hirn der Weltverbesserungsplan entstanden? Sein richtiger Blick ist es, an dem das Schicksal des Staates hängt. Sokrates verrät es ja auch, wenn er sagt, es sei „unser" — das ist: des Platon und seiner Schüler — „prüfender Blick", dem sich „die rechten Leute" erweisen.

Die Regierung des Idealstaates ist im Besitze der vollkommenen Weisheit. Sie, aber nur sie allein, hat das Wissen um die Gerechtigkeit, die ihre Maßnahmen bestimmt. Aber kann sie sich nicht irren? Ist es ganz ausgeschlossen, daß dem obersten Regenten — und im Sinne Platons wird man wohl annehmen müssen, daß das nur ein einziger Herrscher, ein Monarch ist — die göttliche Gabe verlorengeht? Muß die Verfassung nicht für diesen Fall Vorsorge treffen? Aber das ist gerade in der platonischen Verfassung nicht möglich; denn da nur der Regent im Besitz des höchsten Wissens ist, könnte nur er selbst beurteilen, ob ein Regierungsakt von der Linie der höchsten Gerechtigkeit abweicht. Es ist ja immer derselbe böse Kreis, dieser circulus vitiosus des Absoluten, aus dem eben nur der, der sich in seinem Besitz fühlt, für sich, aber nur für sich, den Ausgang finden zu können glaubt. Platon rechnet tatsächlich mit der Möglichkeit, daß die Regierung seines Idealstaates einmal irren kann; und daß auf diese Weise auch der Idealstaat entartet. Er lasse sich

„zwar nur schwer aus seinem Gleise bringen; allein, da alles, was entstanden ist, auch dem Untergang geweiht ist, so wird auch eine solche Verfassung nicht in alle Ewigkeit bestehen, sondern der Auflösung verfallen".[2]

Die Gefahr des Verfalls aber tritt ein, wenn die Regierung nicht für eine entsprechende Fortpflanzung in der herrschenden Klasse sorgt, wenn sie bei Auswahl der geeigneten Paare in der Zuchtwahl Fehler begeht. Dies ist dann der Fall, wenn sie die mystische, für die erfolgreiche Paarung entscheidende Zahl, die platonische Brautzahl nicht kennt. Aber wie sollte ihr diese Formel verborgen bleiben können, da Platon sie doch selbst hier im VII. Buch der „Politeia" beschreibt? Zwar kann er ernstlich nur sich selbst als Herrscher des Idealstaates vorstellen, aber da er es nicht ist, in

1) Politeia III, 19 (412 St.).
2) Politeia VIII, 3 (546 St.).

Wirklichkeit nur Schriftsteller ist, bleibt ihm nichts anderes übrig, als sein
Geheimnis preiszugeben. Aber dabei rächt er sich an der grausamen Wirklichkeit, indem er von der glückbringenden Zahl nur in so dunklen Worten
spricht, daß sie schließlich doch sein Geheimnis, daß dieser Schlüssel zum
Reich sein alleiniger Besitz und somit er allein der wahre Regent bleibt.

Die Regierung des Idealstaates darf, so lehrt Platon, sich zu bestimmten
Zwecken als eines geeigneten Mittels gewisser „heilsamer Lügen" bedienen.
Sie selbst freilich darf von ihren Untertanen unter keinen Umständen belogen werden. Aber eine Lüge gibt es, von der Platon für nötig hält, daß
nicht nur die Untertanen, sondern auch die Regierung an sie glaube:
„Welche Möglichkeit", so fragt Sokrates, „gäbe es nun wohl, eine Un-
wahrheit von jener unentbehrlichen Art, von der wir eben sprachen, also
eine einzelne durchaus wohlgemeinte Lüge am liebsten den Regierenden
selbst, wo nicht, doch den übrigen Bürgern glaubhaft zu machen?"[1] Die sonst
übliche Frage: wer überwacht die Wächter, sie wird hier — bedeutungsvoll genug — zu der Frage: wer belügt die Lügner? Nun, Platon selbst, der,
wiederum nur Schriftsteller, nicht anders kann als diese Lüge den Sokrates auf
das Drängen des Glaukon hier verraten zu lassen;[2] und gar nicht merkt, daß

---

1) Politeia III, 21 (414—415 St.).
2) Politeia III, 21 (415 St.). Die „Lüge", die womöglich auch den Regierenden
selbst glaubhaft gemacht werden soll, ist die von Platon für seine Zwecke umge-
deutete Fabel von den Σπαρτοί, den Kriegern, die aus den von Kadmos gesäten
Drachenzähnen aus der Erde wachsen. Der Glaube an die Wahrheit dieses Märchens
soll bewirken, daß die Bürger für das Land „gleichsam wie für ihre Mutter und
Erzieherin" einstehen und gegeneinander so gesinnt sind, „als wären sie Brüder".
Besonders bezeichnend ist der Zusatz, den Platon zu der Fabel macht. „Ihr seid
nämlich — so werden wir als Märchenerzähler zu ihnen sagen — nun zwar alle, ihr
Bürger unserer Stadt, Brüder untereinander, aber der Gott, der euch bildete, hat den
einen unter euch Gold beigemischt, daher sind sie die Gediegensten; den Beihelfern
aber Silber, und den Ackerbauern und sonstigen Handarbeitern Eisen und Erz. Da
ihr nun alle eines Stammes seid, so kann es, wenn auch in der Regel euere Nachkommen euch selbst gleichen werden, doch vorkommen, daß aus Gold ein silberner
Nachkomme und aus Silber ein goldener Nachkomme erstehe, und so auch die übrigen
Fälle von Gegenseitigkeit sich finden. Den Regierenden nun gebietet die Gottheit,
zuerst und vor allem sich für nichts als schärfere Wächter zu bewähren und auf nichts
so eifrig zu achten wie darauf, was von diesen Stoffen den Seelen ihrer Nachkommen
beigemischt ist; und wenn irgendeiner ihrer Nachkommen eine Beimischung von Erz
oder Eisen hat, so dürfen sie nicht das geringste Mitleid zeigen, sondern müssen ihn
dem seiner Natur entsprechenden Stand zuweisen und ihn in die Klasse der Handwerker oder Ackerbauern verweisen; und umgekehrt, wenn aus diesen letzteren einer
geboren wird, der eine Beimischung von Gold und Silber aufweist, so werden sie ihm
die Ehre antun, ihn je nachdem in den Stand der Wächter oder Beihelfer zu erheben,
da einem Orakelspruch zufolge die Stadt dann untergehen werde, wenn das Eisen
oder das Erz über sie die Obhut führe." Das also ist die „wohlgemeinte Lüge", an

er damit sein Ziel vereitelt, d. h. die Vorstellung unmöglich macht, die er von der Regierung seines Idealstaates hat: diese soll belogen werden, und kann doch — wenn sie Platons „Politeia" kennt — nicht mehr belogen werden! Vorausgesetzt freilich nur, daß diese Regierung nicht Platon selbst ist. Aber er selbst ist eben der höchste Regent, der noch über der Regierung des Idealstaates steht, der diese belügt, der einzige, der nicht belogen werden kann.

§ 18. Platons Herrschaftsanspruch im „Politikos" und in den „Nomoi". Und er ist selbst der „königliche Herrscher", dessen Ideal er im Dialog „Politikos" aufrichtet, er selbst, dieser nur von der Vernunft geleitete Staatsmann. Eben darum muß er, der in Wirklichkeit nur ein Philosoph ist, die paradoxe These vertreten, „die königliche Herrschaft gehöre in das Gebiet der Wissenschaften".[1] Wer seinen Anspruch auf Herrschaft nur damit zu legitimieren vermag, daß er ein Philosoph ist, der muß Herrschaft mit Wissenschaft identifizieren; der muß überzeugt sein, daß, wer das richtige Wissen hat, schon der richtige Herrscher ist, „gleichgültig, ob er auch die äußere Stellung eines Herrschers in der Gesellschaft einnimmt oder nicht."

„Denn nur den darf man, gleichviel ob er wirklich herrscht oder nicht, nach dem früher aufgestellten Satz einen königlichen Herrscher nennen, der im Besitze der königlichen Wissenschaft ist."[2]

So wie Platon ja auch den vom tyrannischen Eros beherrschten Charakter, d. h. sich selbst, sein zweites böses Ich, einen Tyrannen genannt hat, auch wenn er durch das Schicksal nicht dazu gezwungen war, „Tyrann zu werden".

Hier im „Politikos" vertritt Platon — viel deutlicher noch als in der „Politeia" — die Anschauung, daß der wahrhaft weise, königliche Herrscher am besten durch keinerlei staatliches Gesetz beschränkt, nur nach freiem, durch seine Vernunft geleitetem Ermessen regiere.[3] Und auch in den „Nomoi" sagt er:

„Kein Gesetz und keine Ordnung steht höher als die Einsicht, und es ist nicht recht, daß die Vernunft die Untertanin oder Sklavin von irgend etwas sei, sondern vielmehr, daß sie über alles herrsche ..."[4]

Zwar meint er hier pessimistisch, daß es eben keine oder doch nur sehr

---

die Platon womöglich auch die Regierenden glauben machen möchte: daß die Bürger zwar alle gleich, weil derselben Mutter Erde entstammend, dennoch aber — da es Herrschende und Beherrschte geben muß — von Natur aus ungleich sind.

1) Politikos III—IV (260 St.) und XXXI (292 St.).
2) Politikos XXXII (292—293 St.).
3) Politikos XXXIII ff. (293 ff. St.).
4) Nomoi IX, 13 (875 St.).

wenige Menschen gebe, die der Vernunfteinsicht teilhaftig, und daß man im Staate lieber die Gesetze regieren lassen müsse. Aber im Idealstaat der „Politeia" setzt er doch voraus, daß die Regierung in der Hand von Menschen ist, die im Besitz der höchsten Weisheit sind.

Der Idealstaat ist ja seinem Begriff nach geradezu derjenige, in dem die Weisen regieren. Platon hätte sich also eigentlich bei seiner Darstellung des Idealstaates sozusagen auf die Personalfrage und im übrigen auf den Hinweis beschränken müssen, daß der irgendwie zur Macht gelangte Beste den Staat nach seinem freien Ermessen, und zwar durch nichts als individuelle, nur den Einzelfall betreffende Entscheidungen zu regieren habe. Wenn er in offenem Widerspruch dazu das freie Ermessen, der künftigen Regenten durch eine ganze Fülle allgemeiner Bestimmungen über die Einrichtung des Idealstaates eingeschränkt und dabei diesen Widerspruch gar nicht gefühlt hat, der zwischen seinem Grundsatz des völlig freien, durch keine Gesetze eingeschränkten Ermessens der Regierung und dem ganzen übrigen Inhalt der „Politeia" besteht, so nur darum, weil er sich selbst als den höchsten Gesetzgeber, die seiner politischen Phantasie entsprungenen Vorschriften aber nicht als „Gesetze" empfunden hat; diese können natürlich ihrem Sinne nach nichts anderes sein als generelle Normen, wenn ihnen auch noch keine positive Geltung zukommt, weil Platon, der Philosoph, ja sein politisches Wollen nicht anders ausdrücken, nicht anders auswirken lassen kann als durch solche „platonische" Gesetze.

Mehr als sein philosophisches Erkennen war ihm dieses sein politisches Wollen die Brücke vom Ich zum Du. Nicht so sehr als Gegenstand verstehender Wissenschaft, denn vielmehr als Objekt der Herrschaft hat er den Menschen gesehen, ist für ihn zumal die „Masse Mensch" allein in Betracht gekommen. In den „Nomoi" taucht an zwei Stellen ein Gleichnis auf, das, in dieser — wie mancher anderen — Richtung bedeutungsvoll, die Stellung Platons zu Gott und Mensch blitzartig beleuchtet. Der Mensch, sagt er hier, sei im Grunde nichts anderes als eine „Drahtpuppe in Gottes Hand", ob vielleicht nur sein „Spielzeug", das wisse er nicht.[1] Aber das sehen wir anderen deutlich, daß, wie Gott mit seiner willenlosen Puppe spielen, sie an ihren unsichtbaren Fäden ziehen kann, so auch der gottnahe, von göttlicher Weisheit erfüllte einzig und allein das Wissen um die Gerechtigkeit besitzende Philosoph und Herrscher, der königliche Weise — nach der, wenn auch nicht direkt ausgesprochenen Vorstellung Platons —

---

1) Nomoi I, 12 (644 St.); vgl. auch VII, 10 (804 St.).

die ihm zum bedingungslosen Gehorsam unterworfenen Menschen leiten darf und soll. Diese sind für Platon nur Material seines pädagogischen und politischen Gestaltungsdranges. Für so etwas wie Freiheit der Persönlichkeit als ein für alle geltendes Gesetz fehlt ihm jeder Sinn. Darüber, daß Platon die Menschen in der „Politeia" wie Sklaven behandelt, kommt man auch dadurch nicht hinweg, daß er die Galeere, an die er sie schmiedet, für einen Idealstaat hält. Und gerade in diesem Punkte unterscheiden sich auch die „Nomoi" durchaus nicht von der „Politeia". Im „zweitbesten" Staat ist zwar der Inhalt der Ordnung ein etwas anderer, aber ihr Druck, die Intensität der Regierung ist ebenso groß. Diese Hypertrophie an herrschaftlichem Willen, dieses aus einem übersteigerten Gefühl staatlicher Unfehlbarkeit fließende Übermaß an Autorität, diese erbarmungslose Unterdrückung jeder oppositionellen Regung äußert sich gerade in dem Alterswerk Platons in der am wenigsten sympathischen Weise. Nicht nur die Grausamkeit der hier vorgeschlagenen Strafen überhaupt ist es, die abstößt, sondern mehr noch der beispiellose Gesinnungsterror, besonders auf religiösem Gebiete. Hier sieht man deutlich jenen tyrannischen Charakter sich regen, den Platon immer als den Teufel in seinem eigenen Herzen empfunden hat.

§ 19. *Das Syrakusaner Abenteuer.* Es ist nicht nur das Werk Platons, das uns seine politische Leidenschaft zeigt, es ist ebenso auch sein Leben. Dieses steht im Schatten eines politischen Unternehmens, das Platon von der Zeit an, da er als etwa vierzigjähriger Mann seine erste Reise nach Sizilien machte, beinahe bis zu seinem Tode in Atem gehalten und das seinen Lebensabend verdüstert hat. Es ist der Versuch Platons, den Tyrannen von Syrakus, Dionysios den Zweiten, für seine Ideen zu gewinnen; ein Versuch, der die platonische Akademie oder doch einige ihrer prominentesten Mitglieder in einen blutigen Bürgerkrieg verwickelt hat, in dessen Verlauf das von Dionysios dem Ersten gegründete große sizilische Reich, eines der kraftvollsten Staatswesen, zu denen es das Hellenentum gebracht hat, und vielleicht überhaupt seine letzte Machtstellung in der antiken Welt, zertrümmert, der Name der platonischen Akademie aber nicht gerade mit Ehre bedeckt wurde.

Nach dem Tode des Sokrates und einem vorübergehenden Aufenthalt in Megara war Platon auf eine größere Reise gegangen, zu der ihn wohl mehr politische als wissenschaftliche Interessen veranlaßt haben mochten. Diese Reise hat ihn vielleicht bis nach Ägypten, sicherlich aber nach Unteritalien geführt, wor er mit den religiös-politischen Organisationen des Pythagoräischen Bundes, insbesondere mit einem seiner hervorragendsten Führer,

Archytas von Tarent, in nähere Beziehung trat. Die antidemokratischen, ausgesprochen aristokratischen Tendenzen der Pythagoräer entsprachen durchaus den politischen Anschauungen, die Platon zur Zeit der Restauration der Demokratie in Gegensatz zu seiner Vaterstadt gebracht hatten. Auch werden ihn wohl die orphisch-mystischen Elemente in der pythagoräischen Lehre lebhaft angezogen haben. Von Unteritalien war er nach Syrakus gekommen, der Hauptstadt des sizilischen Reiches, dem Sitz des Tyrannen Dionysios, vermutlich veranlaßt durch die Pythagoräer, die dort politische Verbindungen hatten. Hier hatte er einen jungen Verwandten des Herrschers, Dion, kennengelernt, und sich in ihn leidenschaftlich verliebt. Es ist ein Gedicht Platons erhalten, das er schon als über siebzigjähriger Greis auf den Tod seines Lieblings geschrieben, und das die bezeichnende Stelle enthält: „Dion, zu dem so rasende Liebe mein Herz bewegte." Dion war es, der Platon an den Hof des Dionysios brachte. Und in der Liebe zu dem schönen Jüngling „zeugte" Platon — um in der Sprache des „Symposion" zu reden — den für ihn so verhängnisvollen Gedanken, in Syrakus sein politisches Ideal zu verwirklichen, aus dem Tyrannen einen königlichen Herrscher zu machen. Aber der Tyrann ließ Platon gar nicht an sich heran und schob den ihm lästigen Philosophen bald wieder, und zwar recht unsanft, ab. Es heißt sogar, daß er Platon durch den spartanischen Gesandten habe auf Aegina in die Sklaverei verkaufen lassen, aus der Platon nur durch einen Zufall, nämlich dadurch befreit worden sei, daß ihn ein gewisser Annikeris von Kyrene auf dem Markte losgekauft habe.[1]

Trotz dieses Mißerfolges folgte der damals schon sechzigjährige Platon einer Einladung nach Syrakus, die Dion nach dem Tode Dionysios des Ersten bei dessen Sohn und Nachfolger, Dionysios dem Zweiten, durchgesetzt hatte. Und auch diesmal blieb ihm eine Enttäuschung nicht erspart. Zwischen dem jungen Herrscher und seinem Schwager Dion kam ein Konflikt zum Ausbruch, der in dem wirklichen oder von Dionysios nur geargwöhnten Bestreben Dions begründet war, die Herrschaft an sich zu reißen. Die folgenden Ereignisse haben jedenfalls den Argwohn des Dionysios bestätigt. Kaum drei Monate nach der Ankunft Platons wurde sein Freund in die Verbannung geschickt. Damit war im Grunde' Platons Traum zu Ende. Seine Absicht scheint dahin gegangen zu sein, Dionysios zur Einführung einer Art konstitutioneller Monarchie und zur Wiederherstellung der von seinem Vater teils vernichteten, teils mit entlassenen Söldnern,

---

1) Vgl. dazu Eduard Meyer: Geschichte des Altertums. V, S. 302. Die Nachricht wird allerdings vielfach bezweifelt.

d. h. mit Barbaren, besiedelten Griechenstädte zu veranlassen. Und er dürfte
auch den Auftrag erhalten haben, Verfassungen für die wiederherzustellenden
Gemeinden auszuarbeiten.[1] Aber zu irgendeinem konkreten Ergebnis ist
diese Arbeit nicht gediehen, und auch sonst war es Platon begreiflicherweise
nicht gelungen, Einfluß auf den Tyrannen zu gewinnen. Das hat er selbst
in seinem III. Briefe auf das nachdrücklichste erklärt. Dion war nach Athen
gegangen und lebte dort in engster Freundschaft mit Platon und seinen
Jüngern im Kreise der Akademie. Doch auch die Beziehungen zwischen
Platon und Dionysios waren, wenn auch nur ganz äußerlich, aufrechterhalten geblieben. Der Philosoph besorgte für den Tyrannen kleinere Ge-
schäfte. Gestützt auf gewisse Äußerungen in Platons XIII. Brief, glaubt
Eduard Meyer annehmen zu dürfen: „Dionysios stellte ihm dafür seine
Unterstützung für Steuern und andere Ausgaben zur Verfügung und benutzte ihn als Vertrauensmann in den Verhandlungen mit Dion und bei
anderen diplomatischen Anlässen."[2] Obgleich es nun Platon nicht gelang,
Dionysios zu einer Aufhebung der Verbannung des Dion und zu einer
Rückgabe des ihm konfiszierten Vermögens zu veranlassen, folgte Platon
unbegreiflicherweise einer neuerlichen Einladung des Tyrannen nach Syra-
kus, mit der Dionysios offenbar keinen anderen Zweck verfolgte, als sich
in der Person des berühmten Philosophen und intimsten Freundes des
von ihm gefürchteten Dion eines Pfandes zu versichern, das diesen vor
Unternehmungen gegen seinen Schwager abzuhalten geeignet war. Wenn
Platon, wie er selbst behauptet, sich zu diesem Schritt nach längerem
Zögern entschlossen hat, um noch einen letzten Versuch zu machen, Dionysios zu einer Aussöhnung mit Dion und damit zugleich für die wahre
Philosophie zu gewinnen,[3] so zeigt das von einer mehr als gewöhnlichen
Naivität des großen Philosophen. Darf man den III. Brief Platons für echt
halten, dann gewinnt man ein beinahe rührendes Bild: auf der einen Seite
ein in einem Milieu von Blut und Gewalttaten aufgewachsener, mit beiden
Füßen auf dem Boden des wirklichen und erbarmungslosen Lebens stehender,
an dieses von Genüssen aller Art erfüllte Leben sich gierig klammernder
junger Tyrann, und auf der anderen Seite ein nur mehr im reinen Geiste
schwebender, greiser Denker, der den jungen Lüstling nach einem doktrinären
Erziehungsplan zu einem edlen und weisen König umgestalten möchte; und
der — sich der ungeheuren Verantwortlichkeit bewußt, mit aller Gründ-

---

1) Ed. Meyer, a. a. O. S. 504.
2) Ed. Meyer, a. a. O. S. 506.
3) VII. Brief, 339 a—345 c.

lichkeit verfahren will — mit dem Unterricht in der Geometrie beginnen zu sollen glaubt. Das hat ihm in der Abschiedsstunde, die Platon schildert, nicht nur den Hohn des Dionysios, sondern überdies auch noch den Vorwurf eingetragen, er selbst habe den Tyrannen an der Wiederbesiedlung der zerstörten hellenischen Städte gehindert. Nur mit Mühe entkam der schon sechsundsechzig Jahre alte Platon der Gastfreundschaft des Tyrannen, die eine nur notdürftig verkleidete Gefangenschaft war. Immerhin: „schieden sie äußerlich in freundschaftlichen Formen".[1] Nach Platons Rückkehr nach Athen betrieb Dion ganz offen die Vorbereitungen zu 'einem Sturz Dionysios des Zweiten. Platon berichtet darüber in seinem VII. Brief:

„Als ich dies hörte, verbot ich ihm zwar nicht, unsere Freunde zu gewinnen, wenn sie mitmachen wollten."

Er selbst aber, sagte er zu Dion, könne gegen seinen ehemaligen Gastfreund nicht mittun.

„Auch bin ich wirklich nicht mehr in den Jahren, um irgend jemandem bei einem kriegerischen Unternehmen zu helfen ... Solange ihr Schlimmes im Schilde führt, zieht andere zu — dies sagte ich, weil ich genug hatte von meinen Abenteuern und Mißerfolgen in Sizilien."[2]

Diese Haltung Platons, der formell mit Dionysios dem Zweiten nicht gebrochen und von diesem durch längere Zeit materielle Unterstützungen angenommen hatte, ist merkwürdig genug; und hat ihm denn auch nicht unberechtigte Vorwürfe von seiten des Dionysios eingetragen.[3] Und so kam es zu dem von Dion geführten Aufstand in Syrakus, und zwar — da Platon es nicht hinderte — mit der offenen Unterstützung hervorragender Mitglieder der Akademie, so insbesondere des Speusippos, des Neffen Platons und Nachfolgers in der Leitung der Schule. Es war beinahe ein Feldzug der Akademie

---

1) Ed. Meyer, a. a. O. S. 509.

2) VII. Brief, 350 c ff.

3) Vgl. dazu Ed. Meyer, a. a. O., S. 511. Platons Verhältnis zu dem mit seiner Vaterstadt verfeindeten Syrakus wird auch von ganz bedingungslosen Bewunderern des Philosophen recht abfällig beurteilt. So schreibt Steinhart, Platons Leben, S. 248: „ ... daß er, ohne persönlichen Unwillen erfahren zu haben, sich dem athenischen Staate nicht nur ganz versagte, sondern sogar einem fremden Staat seine besten Kräfte widmete und auf diesen, der noch vor kurzem dem seinigen feindlich gegenübergestanden hatte, dabei von Tyrannen beherrscht und von wilden Parteien zerklüftet wurde, den Grund seines idealen Neubaus zu legen bemüht war, zu dem doch, auch wenn er ausführbar und überhaupt, was niemand zugeben wird, mit der menschlichen Natur vereinbar gewesen wäre, gerade dort am meisten die sittlichen Vorbedingungen fehlten, die weder durch das Machtwort eines Tyrannen noch durch die Einwirkung pythagoräischer Geheimbünde ergänzt werden konnten. Wir sind außerstande, Niebuhrs hartes Wort: daß Platon ein schlechter Bürger gewesen sei, unbedingt zurückzuweisen."

selbst, der damit endete, daß Dion, dem es gelungen war, Dionysios zu vertreiben und sich zum Tyrannen aufzuschwingen, von seinem Freund, dem Athener Kalippos ermordet wurde. Der Mörder war, vielleicht nicht — so wie Athenaios behauptet[1] — ein Mitglied der engeren Akademie, aber er gehörte doch als Schüler Platons zu dessen weiterem Kreis. Kalippos hat nach kurzer Herrschaft von der Hand eines Kampfgenossen das gleiche Schicksal erlitten, das er Dion bereitet.

Die moderne Geschichtsschreibung ist geneigt, dem Unternehmen des Dion gegen Dionysios den Zweiten nur ideale Zwecke zuzubilligen.[2] Sie tut dies mehr im Vertrauen auf das Urteil Platons, als gestützt auf die äußeren Umstände, die Dion, zumal nach der Eroberung der Macht, als den typischen Tyrannen erscheinen lassen. Er ließ seinen Nebenbuhler Herakleides ermorden und schreckte auch im weiteren Verlauf seiner Herrschaft vor Hinrichtungen und Vermögenskonfiskationen nicht zurück. Sogar Ed. Meyer, der Dion im allgemeinen sehr wohlwollend beurteilt, muß zugeben: „Der ideale König unterschied sich äußerlich in nichts mehr von dem verächtlichen Tyrannen."[3] Angesichts der historischen Tatsachen aber wird es schwer fallen, Platons Verteidigung des Dion im VII. Brief — und dieser ist in seinem Schlußteil nichts anderes als eine Verteidigungsschrift für den geliebten Freund — einfach kritiklos hinzunehmen. Es steht in direktem Widerspruch zu den Tatsachen, wenn Platon behauptet, wer seiner selbst Herr ist, werde auf eine Machtstellung nur in der Weise ausgehen, daß er „auf eine wirkliche Verfassung und auf die Einrichtung von wahrhaft guten und gerechten Gesetzen" abziele,

„die vollzogen wird ganz ohne alles Morden und Totschlagen. Das hat nun auch Dion getan: er zog ungerechtem Tun Unrecht zu leiden vor."

Aber Platon muß — um bei diesem Versuch, Dion als die Verwirklichung seines sittlichen Ideals hinzustellen, nicht in einen allzu großen Gegensatz mit den Tatsachen zu kommen — recht kleinlaut hinzufügen:

„wobei er aber gleichwohl aufpaßte, nicht Unrecht leiden zu müssen."[4]

Platon ist kein unvoreingenommener Richter über seinen Liebling, der ihn, den Weltfremden, trotz aller Sehnsucht nach Macht und Herrschaft der realen Macht und Herrschaft gegenüber hilflosen und naiven Philosophen, in ein Abenteuer verstrickt hat, das wie eine tragische Donquichotterie anmutet. In seinem Dion ist Platon sein Eros auch zum äußeren Schicksal geworden.

---

1) Athenaios XI, 508 F f. Vgl. Th. Gomperz, a. a. O., S. 594 f.
2) Vgl. dazu Ed. Meyer, a. a. O., S. 512.
3) Ed. Meyer, a. a. O., S. 522.
4) VII. Brief, 351 c—e.

Noch einmal: Der Feuermythos

Brief an Sigmund Freud

Von

Albrecht Schaeffer

Rimsting am Chiemsee

Hochverehrter Herr Professor!

Nachdem die Entdeckung Erlenmeyers im Gesetzbuch des Dchinghis-Khan Sie veranlaßte, auf meine Hypothesen über die Erzeugung der kulturellen Flamme einzugehen und dabei auch meine mythologischen Zusammenhänge durch neue Heranziehungen zu erweitern,[1] erlauben Sie mir gütigst, hierzu noch einmal Stellung zu nehmen und meine Position zu verteidigen — nicht so sehr, als ob es mir darauf ankäme, Recht zu haben, sondern in der Annahme, daß allen Beteiligten, Ihnen wie mir und den Lesern mit der Eröffnung aller Möglichkeiten — Denkbarkeiten, Vorstellbarkeiten — bei einem immerhin so kulturwichtigen Gegenstand wie dem unsrigen gedient ist. Den Lesern insbesondere, für die ja unsere Form der Kontroverse eben nur die Form ist, in der ihnen der Stoff geboten wird. Das Bild daraus stellen sie selber her, indem sie das ihnen Glaubwürdige annehmen.

Daß die Gesetzesstelle des Dchinghis-Khan einen tiefen Grund haben muß, dürfte klar sein, und ebenso die Übereinstimmung mit Ihrer Hypothese. Hier lassen Sie mich gleich einflechten, daß ich heute so wenig wie damals in meinem Aufsatz in der „Psychoanalytischen Bewegung"[2] die von Ihnen angenommene Tatsache — der sexuellen Beziehung zum Feuer — bezweifle, sondern nur die von Ihnen gezogenen Folgerungen auf die Entstehung des Feuers durch seine Bezähmung.

So habe ich denn an der Stelle des Mongolengesetzes nichts auszusetzen, als daß es keine Auskunft erteilt über seine Herkunft, d. h. ob dieses Gesetz aus Sitte entstand oder aus Religion. Denn soviel scheint mir sicher, daß die Beiden — Sitte, Ethos, einerseits, und Religion, Mythos andrerseits nicht an derselben Stelle im Wesen des Menschen Wurzel haben, — wie es ja das unethische Wesen so vieler, wo nicht aller, Göttergestalten — in Hellas, Germanien, Indien — erhärtet, — wohin ich nicht weiter abzuschweifen gedenke. Doch auch der anscheinend so frühsittliche Charakter des ersten Buches Mosis — Sündenfall und Schuld — ist ja spätere Ausgestaltung.

---

1) Freud: Zur Gewinnung des Feuers. Imago XVIII, 1932.
2) II, 1930, S. 201.

So bleibt für mich denn die Frage offen: Stellen wir uns gesittete Zeiten vor — so gab es in ihnen bereits das Feuer. Stellen wir uns ungesittete vor — wo gab es dann das Feuer, zu dem der Mensch in sexuelle Beziehung treten konnte? Oder wie war es möglich, daß — wenn wir sie uns vorstellen — derartige seltene Zufallsbegegnungen Gültigkeit und Gesetzmäßigkeit gewinnen konnten — bis hin zur Entstehung eines Mythos?

Wenn mir hier eine Lücke offen zu bleiben scheint, so paßt sich mir der Gegenstand ausfüllend da hinein, der bereits in meinem Aufsatz keine unwichtige Rolle spielte — nämlich das Instrument zum Feuerzünden, der Feuerquirl. Nehme ich ihn hinzu, so erhalte ich zwei dreigliedrige Ketten von Identitäten, die mir lückenlos ineinander zu greifen scheinen. Nämlich:

Als erste die Kette des Glühens: Sonne — Feuer — sexuelle Erregung.

Als zweite die Kette der Glutträger: Fenchelrohr — Phallus — Feuerquirl.

Was die Beziehung von Fenchelrohr und Phallus anbetrifft, so scheint sie mir so klar und natürlich, daß die von ihnen, hochverehrter Herr Professor, geäußerten Zweifel auf keine Weise in meinen Kopf hinein wollen, da Sie schreiben: „Einen solchen Gegenstand würden wir in einer Traumdeutung gern als Penissymbol verstehen wollen, wenngleich die nicht gewöhnliche Betonung der Höhlung uns dabei störte. Aber wie bringen wir dieses Penisrohr mit der Aufbewahrung des Feuers zusammen? Das scheint aussichtslos . . .“

Nun in Träumen, darf ich wohl sagen, braucht die Höhlung freilich keine Rolle zu spielen. Andrerseits aber ist doch ein langer Gegenstand, dem Flüssigkeit — Urin oder Samen — entspringt — ein Rohr und ist doch auch der Penis Bewahrer des Samens und des Funkens und Feuers der Lust. So kann ich denn hier nur wiederholen, daß Fenchelrohr, Phallus und Feuerquirl (bestehend aus einem harten, in die Vertiefung eines weichen gesteckten und darin umquirlten Holzes) vollkommene Übereinstimmung miteinander haben.

Aber auch den Übergang zum Prometheusmythos mit Vergehen und Schuld stellt der Feuerquirl her, wenn wir folgendes bedenken. Alles Große, Wichtige, Lebenspendende, das der Mensch sich erfand und erschuf, das schien ihm in seiner Ausbreitung über die Menschengeschlechter, im Ausmaß seiner wohltätigen Wirkungen so groß, daß er seine Erschaffung aus seinen eigenen dürftigen Menschenhänden heraus nahm und in die Hände der Götter legte. So erschuf — um bei den Griechen zu bleiben — Poseidon

das Roß, Athene Ölbaum und Webstuhl. Wieviel mehr aber mußte dem
Menschen der Ursprung des Feuers fern von seiner Erde gelegen sein, da
es ja nicht darauf wächst, überhaupt eigentlich nicht darauf vorkommt,
sondern nur auf eine durchaus geheimnisvolle Weise aus gewissen Stoffen
sich gewinnen läßt. Im Blitz konnte es fallen — vom Himmel —; in der
Sonne wohnte es gewiß. Kam es aber vom Himmel und gehörte es nicht
zu jenen Gaben, die von den Göttern aus freiwilliger Güte gespendet
wurden, so konnte es folglich nur durch Raub oder Betrug gewonnen sein.
Und wahrscheinlich mußte es den Menschen sein, daß ein so gewaltiges,
eher furchtbares als wohltätiges Element von den Göttern nicht freiwillig
entlassen wurde, sondern ihnen geraubt werden mußte, was auch nicht
ein Mensch, sondern allein ihresgleichen, der Titan, fertig bringen konnte.
Dies war die Deutung, die dem geheimnisvollen, mächtigen Feuerquirl
von den großen Kundigen, den ersten Besitzern, gegeben wurde — nachdem, wie ich in meinem ersten Aufsatz zu erhellen versuchte, die Erfindung des Quirls selber aus dem Erraten physischer, sexueller Vorgänge
seinen Ursprung genommen hatte.

Die weitere Ausgestaltung der Prometheusmythe — Leberzerfleischung —,
wie sie von Ihnen herangezogen wurde, stimmt hierzu durchaus. Übrigens
auch das Heimliche des Raubes mit dem Heimlichen aller Erotik. Dagegen
kann ich mich leider nicht überzeugt geben, was die Hereinbeziehung der
Heraklesmythe mit der Hydra angeht. Sie nennen ihn einen „Kulturheros“, und eben weil er das war, fällt es mir schwer, ihn mit so ursprünglichen Dingen menschlicher Veranlagung — Libido und Kastration —
zu verbinden. Er war Kulturheros, indem er eine bereits kultivierte Menschheit von Kulturfeinden befreite: der Löwe, der Riese Antaios, die saaten-
zerstampfende Hirschkuh, die Kentauren einerseits — die stymfalischen
Vögel und die lernäische Hydra andrerseits waren Kulturplagen, die beiden
letzten zweifellos Seuchen —, und ich möchte bei den stymfalischen (Sumpf?)
Vögeln auf Malaria, bei der Hydra nach ihrem Namen auf Typhus schließen.
(Ihr Vater hieß übrigens Typhon.) Das Nachwachsen der Häupter — Symbol
für die Ansteckung — wie die Giftigkeit ihrer Galle — scheinen mir beide
für eine Seuche zu sprechen. Und: *quod ferrum non sanat, ignis sanat,* —
so wußte es Herakles schon.

Nun — aber lauter Hypothese ist das alles, eins wie das andere, und
der ergebenst unterzeichnete Verehrer Ihrer Schrift ist nur ein Laie. Was
er — um zu schließen — für sich gewonnen zu haben glaubt, sind zwei
Punkte. Der eine ist das Übergangsglied, — der Feuerquirl, — der zwischen

Erde und Himmel, Mensch und Gott, Sexus und Mythos die Verbindung herstellt, die mir in Ihrer Hypothese zu fehlen scheint. Ob Sie den anderen Punkt als Vorzug gelten lassen werden, möchte ich fast bezweifeln. Es ist der Vorzug der Direktheit oder Einfachheit, den meine Zusammenhänge mir zu haben scheinen, während das Moment der Verkehrung, das bei den Ihrigen, hochverehrter Herr Professor, mehrfach hervortritt, mir weniger einleuchtet. Mit solcher Vorliebe freilich befinde ich mich möglicherweise ganz in der Irre. Denn einfach ist der Verstand, die Seele ist es keineswegs, und so mag es wohl sein, daß auch diese Dinge, die mir einleuchten, weil sie gefugt und klar für mein Auge sind, in den Tiefen der Menschlichkeit sehr labyrinthische Wege zurücklegten, ehe sie die sichtbaren Gestalten annahmen, die wir nun nicht mehr erraten.

Gerade darum hat es die Wissenschaft `ja oft so schwer. Das Wahre ist meist kompliziert. Das aber sind wir selbst. Und darum ist uns das Einfache lieb, denn das ists, was wir sein möchten.

So schließe ich denn in steter Verehrung

als Ihr ganz ergebener

Albrecht Schaeffer.

MITTEILUNGEN UND DISKUSSIONEN

Bemerkungen zu den „Libidinösen Typen"

Von

Dorian Feigenbaum

New York

Die folgenden Erwägungen gehen von Freuds Studie über libidinöse Typen aus,[1] in der psychologische Typen nach Art und Verteilung der Libido unterschieden werden. Freud unterscheidet drei Gruppen: den erotischen, den narzißtischen und den Zwangstypus; er nimmt an, daß zu diesen reinen Typen noch die möglichen Kombinationen oder Mischtypen hinzukommen: der erotischzwanghafte, der erotisch-narzißtische und der narzißtisch-zwanghafte. Diese Typen bestehen im Normalleben; doch vermutet Freud, daß es eine Entsprechung zwischen den libidinösen Charaktertypen und der Form der Neurose gebe, die, wie man annehmen möchte, in den Fällen von neurotischer Erkrankung durch andere, spezifisch ätiologische Faktoren bedingt ist.

Man darf nun die Frage aufwerfen, ob die Entsprechung zwischen den libidinösen Typen und den Krankheitsformen nicht noch näher determiniert sei durch die innere entwicklungsgeschichtliche Stellung jeder der libidinösen Phasen, die dem betreffenden Typus seinen spezifischen Gehalt verleihen. Wir heben aus Freuds Darstellung folgendes nochmals hervor: der erotische Typus stellt sozial und kulturell vor allem die elementaren Es-Ansprüche dar; der narzißtische Typus, durch die Vorherrschaft des Interesses an Selbsterhaltung und Aktivität gekennzeichnet, ist durch das Übergewicht des Ichs bestimmt; der durch die besondere Rolle des Gewissens ausgezeichnete Zwangstypus stellt uns die Herrschaft des Über-Ichs dar.

Wir dürfen annehmen, daß die drei libidinösen Typen phylogenetisch nicht von gleicher Ordnung sind, sondern vom erotischen zum narzißtischen und zum Zwangstypus eine fortschreitende Reihe bilden, die der Entwicklung vom Es zum Ich und zum Über-Ich entspricht. Das legt die Vermutung nahe, daß in der Beziehung der libidinösen Typen zur Pathologie die pathoplastische Potenz der reinen Typen und ihrer Kombinationen, der Mischtypen, dem phylogenetischen Fortschritt „symbat" verläuft.[2] Daraus würde folgen, daß das geringste pathoplastische Vermögen dem reinen, ausschließlich erotischen Typus zukomme, da dieser in primitiver Schichte, im Es, wurzelt. Ein Zusatz in der Richtung nach „aufwärts" wird dann das pathoplastische Vermögen

---

[1] Int. Ztschr. f. Psa. XVII, 1931.

[2] Ich verwende hier einen Ausdruck, der in die Physik eingeführt wurde, um „im gleichen Sinne wachsend" auszudrücken; direkt „proportional" ist z. B. ein besonderer Fall eines symbatischen Verhältnisses.

steigern. Wenn sich also der vorherrschend erotische mit einem narzißtischen oder zwanghaften Typus verbindet, muß die Pathoplastizität, oder die Fähigkeit, einen guten Nährboden zur Neurosenbildung abzugeben, wachsen. In ähnlicher Weise vermindert daher eine Beimischung in der Richtung nach „abwärts" die pathoplastische Kraft; die Beimischung erotischer Elemente zu einem vorwiegend narzißtischen oder zwanghaften Typus müßte notwendigerweise die Krankheitsbereitschaft herabsetzen. Endlich muß im Falle eines vorherrschend zwanghaften Typus jede Verbindung mit einem anderen Typus — dem erotischen oder dem narzißtischen — die Pathoplastizität herabsetzen.

Das folgende Diagramm mag diese Überlegungen veranschaulichen!

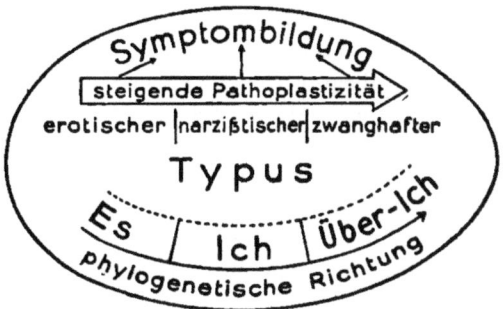

Psychologie und Ontologie

Bemerkungen zu R. Wälder: Die latenten metaphysischen Grundlagen der psychologischen Schulen[1]

Von

Paul Kecskeméti

Berlin

1. In der genannten Abhandlung unternimmt es Wälder, die latenten ontologischen Voraussetzungen der psychologischen Theorien freizulegen. Sein Unternehmen dient dabei nicht nur dem Interesse wissenschaftstheoretischer Klassifizierung, sondern es greift auch in die Diskussion über die Grundbegriffe der Psychologie, über die richtige Methode psychologischer Erkenntnis ein. Man

---

1) Verhandlungsbericht des Kongresses der Internationalen Gesellschaft für angewandte Psychopathologie und Psychologie. Berlin, S. Karger, 1951.

könnte nun fragen: Ist durch die Freilegung von latenten ontologischen Voraussetzungen irgend etwas für die Klärung der psychologischen Problematik zu erhoffen? Kann die Psychologie etwas von der Ontologie lernen? Selbst wenn man zugeben mag, daß ontologische Fragestellungen ihr eigenes Recht, ihren eigenen Sinn haben, könnte man bezweifeln, daß ontologische Einsichten irgendeine Streitfrage über psychologische Tatbestände zu klären imstande sind.

Aber Wälder unterstellt das auch nicht. Er will nicht fertig formulierte, dogmatische Sätze der Ontologie auf die Psychologie anwenden. Es kommt ihm nicht auf eine Theorie hinter der psychologischen Theorie an, sondern auf die menschliche Haltung, die sich in ihr bekundet. Das, was er unter dieser Voraussetzung versteht, ist nicht etwas, was man glaubt oder nicht glaubt, beweist oder widerlegt, sondern etwas, was man betätigt. Wälders Frage zielt nicht nach irgendwelchen metaphysischen Überzeugungen der verschiedenen Autoren, sondern nach den Grundsätzen ihres wissenschaftlichen Tuns. Somit müssen wir Wälders Absichten dahin charakterisieren, daß er sich vornimmt, von der „Angemessenheit" der praktischen Einstellung der Seelenforscher ihrem Gegenstande gegenüber auf den Wahrheitsgehalt ihrer Theorien zu schließen. Es sei zugegeben, daß auch noch die „Angemessenheit" einer praktischen Einstellung durchaus Ansichtssache ist. Aber die Angemessenheit einer praktischen Einstellung ist eben nicht etwas, was man durch eine dogmatische Diskussion ausweisen könnte; vielmehr zeigt sich die Angemessenheit beziehungsweise Nichtangemessenheit der Einstellung erst in der Bewährung beziehungsweise im Mißerfolg des auf ihr beruhenden Tuns. Deshalb glauben wir, daß Wälders Untersuchung keine leere dogmatische Erörterung, sondern ein fruchtbarer Akt wissenschaftlicher Selbstbestimmung ist. Das Primäre ist für ihn das Erlebnis der Bewährung und Nichtbewährung psychologischer Standpunkte, und er fragt, woran diese liegen mag.

2. Wälder teilt die psychologischen Theorien in zwei Hauptgruppen ein, die den zwei Grundtypen der Einstellung zum Gegenstand der Psychologie, nämlich den psychischen Erscheinungen, entsprechen. Die erste Gruppe bezeichnet er als die der „naturwissenschaftlichen", die zweite als der „nicht naturwissenschaftlichen" Psychologien. Worin besteht die Eigenart dieser Gruppen?

Für die naturwissenschaftliche Einstellung ist es nach Wälder bezeichnend, „daß sie für ihren Gegenstand den ontologischen Charakter der Dinglichkeit voraussetzt". Das Sein eines solchen Gegenstandes ist „das eines Dinges unter Dingen, eines Seienden neben anderem Seienden". Demgegenüber ist für die nicht naturwissenschaftliche Psychologie „das Sein des Daseins (sc. des Menschen) in irgendeinem Sinne mehr als nur das eines Dinges unter Dingen". Diese Psychologie wisse nämlich, „daß die Psychologie es ja mit einem Seienden zu tun hat, dem wir nicht bloß und wohl auch nicht primär von außen gegenüberstehen, wie dem Stein, dem Holz oder sonst der unbelebten Natur, sondern mit einem Seienden, das wir ja selbst sind". Als Beispiel für die naturwissenschaftliche Gruppe führt Wälder unter anderem die Sinnespsychologie, die Assoziationspsychologie an, während der nicht naturwissenschaftliche Typus durch die Psychoanalyse, die Individualpsychologie, die Goldsteinsche Lehre usw. vertreten ist.

Wir sehen, welches „Erlebnis" diese eigenartige Einteilung inspiriert hat: es ist das Erlebnis der Nichtbewährung, der Unfähigkeit der als naturwissenschaftlich bezeichneten Theorien, die nicht das gehalten haben, was das wissenschaftliche Bewußtsein von ihnen erwartet, — wogegen die Bewährung, die wirkliche, helfende, wesentliche Erkenntnis, auf der anderen Seite zu finden ist. Wälder gibt ausdrücklich zu, daß auch die naturwissenschaftlichen Theorien, wie z. B. Assoziationspsychologie oder Sinnespsychologie, richtige Teilerkenntnisse bieten; nur seien ihre Erkenntnisse eben unwesentlich, — sie bewähren sich nicht. Ihre unausgesprochene Voraussetzung — eben die Auffassung des Menschen als „Dinges neben Dingen" — verhindere sie daran, wirklich in ihren Gegenstand einzudringen. Wesentliche Erkenntnisse könne eben nur eine Theorie bieten, die mit der Auffassung des Menschen als eines „Dinges neben Dingen" breche. Dieses Erlebnis der Unzulänglichkeit der positivistisch fundierten Psychologie scheint heute tatsächlich allgemein verbreitet zu sein; der Mangel an wesentlichen Erkenntnissen ist nicht abzuleugnen.

Mit gutem Recht setzt also Wälders kritische Selbstbesinnung an diesem Punkte ein. Aber wir möchten bezweifeln, daß seine Formulierungen — „naturwissenschaftliche" Psychologie, Auffassung des Menschen als „eines Dinges unter Dingen" — das richtige treffen.

3. Vor allem — weshalb die Bezeichnung „naturwissenschaftliche Psychologie"? Gemeint ist wohl, und zwar durchaus richtig, eine enge methodologische Verwandtschaft zwischen der positivistischen Psychologie und der Physik als der dem Ideal des Positivismus am nächsten kommenden Wissenschaft vom Wirklichen. Ist aber für die Einstellung des Physikers seinem Gegenstande gegenüber wirklich dies wesentlich, daß er diesen Gegenstand als „Ding unter anderen Dingen" auffaßt? Das möchten wir bezweifeln.

Unseres Erachtens geht das Ding als solches gar nicht in die physikalische Theorie ein; der Physiker hat es nicht mit den konkreten Körperdingen als solchen zu tun. Freilich sucht er Sätze zu gewinnen, die auf die konkreten Körperdinge anwendbar sind. Aber das betrifft doch eben nur die Anwendung und nicht den Inhalt dieser Sätze. Der Gegenstand, wovon die Sätze der Physik handeln, ist weder dieses oder jenes Ding, noch die Dinglichkeit, sondern einzig und allein die Gesamtheit der funktionalen Zusammenhänge zwischen möglichen Messungsdaten. Jedes „Ding" ist zwar physikalisch meßbar, aber die bloße Meßbarkeit, die allein die Physik interessiert, ist doch nur ein Moment, eine Seite des Seins des Dinges. Gerade die Dinglichkeit, nämlich der Umstand, daß eine physische Gestalt für uns eine gewisse Dingrolle verkörpert, geht die Physik nichts an. Der Physiker hat weder mit Tischen noch mit Stühlen noch mit „diesem Stück Eisen" zu tun. Freilich ist sein Gegenstand, wenn man will, umfangsgleich mit der Welt der Dinge: er untersucht eben „Dingfunktionen"; aber doch nur Dingfunktionen einer besonderen Art, — von den existentiellen Dingfunktionen, den Ding„rollen", sieht er prinzipiell ab. Die von der Physik untersuchten Dingfunktionen entfernen sich zuweilen von der uns vertrauten Dingwelt sehr beträchtlich. Niemand würde eine elektrische Spannung, eine Strömung, eine oszillierende Bewegung als „Dinge" bezeichnen. Die Instrumente — ein Galvanometer, eine Uhr usw. — sind es wohl, aber gerade sie sind nie das Thema einer physikalischen Erörterung.

4. Nach dem Vorangehenden ist es wahrscheinlich, daß das Kriterium, auf Grund dessen Wälder die „naturwissenschaftlichen" und „nicht naturwissenschaftlichen" Psychologien voneinander abgrenzt, unzutreffend ist. Wenn nämlich das unterscheidende Merkmal der „naturwissenschaftlichen" Gruppe ihre methodische Nähe zur Physik sein soll — was zweifellos Wälders Meinung entspricht —, dann kann nicht die „Dinglichkeit" des Gegenstandes das auszeichnende Merkmal dieser Theorien sein. In der Tat: Was spielt für den Assoziationspsychologen die Rolle eines Dinges? Etwa das psychische Subjekt? Gewiß empfängt das Subjekt nach dieser Psychologie Einwirkungen, Reize von den Dingen, die prinzipiell nur solche Wirkungen im Subjekt hervorrufen können, die sie auch in einer „bloßen Sache" hervorrufen würden, die etwa dieselbe chemisch-physiologische Struktur hätte wie das Subjekt. Aber die Theorie betrachtet das Subjekt selbst doch nicht als Ding, weil sie ja gerade darauf ausgeht, das kompakte, „dingliche" Dasein des Gegenstandes in punktuelle, einzelne Taten aufzulösen. Diese Daten interessieren die Theorie nicht als dingliche Daten, d. h. nicht als Daten, Eigenschaften eines bestimmten Dinges, sondern ihre ganze Leistung besteht eben darin, daß sie als Daten ganz indifferent mehreren Subjekten zukommen können. Geradeso wie die Physik sich nicht für „dieses Stück Eisen" als solches interessiert, sondern nur das von dem Stück Eisen in Erfahrung bringen will, was genausogut von jedem anderen gleichartigen Stück Materie gilt, beschäftigt sich die Assoziationspsychologie nicht mit dem individuellen Subjekt als solchem, sondern sie betrachtet das Einzelsubjekt als Fall genereller funktionaler Zusammenhänge. Ihr eigentlicher Gegenstand sind diese Zusammenhänge selbst, wie sie zwischen isolierten Bewußtseinsdaten bestehen, etwa der Art, daß eine Vorstellung, die einmal zeitlich mit einer anderen Vorstellung gekoppelt war, die Tendenz hat, immer wieder dieselbe Vorstellung auszulösen. Das ist also das eigentliche auszeichnende Merkmal der von Wälder als „naturwissenschaftlich" bezeichneten Psychologien: daß sie am isolierten, punktartigen Bewußtseinsd a t u m orientiert sind. Es sind in diesem Sinne „atomistische" Theorien.

Die andere Gruppe von Theorien ist also konsequenterweise durch den Umstand zu kennzeichnen, daß sie nicht vom manifesten, isolierten, womöglich mit unpersönlichen Beobachtungsmitteln registrierbaren Datum ausgeht, sondern von einer Totalität des seelischen Geschehens, in die alle etwa isolierbaren Daten derart verwoben sind, daß sie erst vom Ganzen des Geschehens her ihre eigentliche Bedeutung erhalten. Gewiß ist die Erfassung dieser Totalität nur durch die Erwägung möglich, daß das seelische Geschehen, das wir untersuchen, mit dem Geschehen verwandt, gleichsinnig ist, das wir in uns selbst erleben. Aber wir möchten bezweifeln, daß diese ontische Verwandtschaft zwischen Objekt und Subjekt der psychologischen Erkenntnis jene ontologische Voraussetzung sei, auf der die nicht naturwissenschaftlichen, oder richtiger: nicht atomistischen Theorien beruhen. Denn es ist wohl nicht so, daß die Setzung der ontischen Verwandtschaft an und für sich ausreicht, um eine Erkenntnis der Materie zu begründen: wissen wir doch zunächst ebensowenig, was es mit unserem eigen-seelischen Geschehen, wie, was es mit dem Fremdseelischen auf sich hat. Die Überlegung, daß das Objekt der Psychologie gewissermaßen „wir selbst" sind, weist nur die Richtung, in der die Lösung der Probleme zu suchen ist, bietet aber noch keine Voraussetzung, die bei der Lösung zugrunde zu legen ist. Die wirkliche „ontologische Voraussetzung" der nicht atomistischen Theorien, oder vielmehr: den allgemeinsten, formalen Rahmen, der die verschiedenen Voraussetzungen aller zu dieser Gruppe gehörenden Lehren umfaßt, können wir an dieser Stelle nur andeuten. Das Wesentliche dieser Voraussetzung scheint uns zu sein, daß die seelischen Phänomene nur eine Analyse zulassen, wie sie Sinnvollem und Gestalthaftem gegenüber statthaft ist. Damit ist nicht gesagt, daß diese nicht-atomistischen oder ganzheitlich orientierten Theorien durchaus nur „verstehen", in den Sinn eines jeden seelischen Phänomens eindringen wollen. Es dünkt uns vielmehr, daß das Verstehen zwar möglicherweise das Anwendungsziel, aber nicht die Aufgabe einer Wissenschaft ist. Einen Sinngehalt als solchen analysieren ist etwas anderes als einen Sinngehalt verstehen, und die Aufgabe der Wissenschaft ist die Analyse, nicht aber das Verständnis, das sie entweder voraussetzt oder vorbereiten will.

5. Wälder führt verschiedene Beispiele dafür an, wie eine psychologische Theorie durch die Aufdeckung ihrer latenten ontologischen Voraussetzungen begriffen werden kann. Wir wollen seine diesbezüglichen, recht lehrreichen Ausführungen, nicht durchgehend untersuchen, sondern nur ein einziges Beispiel, das der Psychoanalyse, ins Auge fassen.

Wälder deutet die ontologische Voraussetzung, die der psychoanalytischen Theorie zugrunde liegt, zunächst wie folgt an: „Man kann als vorläufige Halbwahrheit sagen: das Sein des Menschen ist in der Psychoanalyse Getriebensein und geschichtliches Sein." Unter „Getriebensein" ist biologische Triebbedingtheit, unter „geschichtlichem Sein" aber die Form des individuellen Lebensgeschehens zu verstehen, als Seinsform eines Seienden, das sich in der Zeit wandelt, aber durch diese Wandlung hindurch doch „dasselbe" bleibt, eine Seinsform, der wesentlich zugehörig ist „das latente Fortleben der Vergangenheit und die Bereitschaft zum manifesten Wiederbeleben sowie die Bedeutung des konkreten Zeitpunktes für das Ganze seiner Wirkung".

Diese Charakterisierung der ontologischen Voraussetzungen der Psychoanalyse scheint uns durchaus treffend zu sein. Sind aber diese Voraussetzungen wirklich so durch und durch metaphysisch, wie es nach Wälders Formulierung den Anschein hat? Wir glauben, daß in der Voraussetzung des Getriebenseins nicht so sehr eine metaphysische Struktur als vielmehr der biologische Begriff des Organismus steckt. Es ist zwar eine ontologische, wenn man will eine metaphysische Annahme, daß die Seinsform des Menschen „Getriebensein" ist. Aber die Materie dieser Annahme bildet der biologische Begriff des Organismus. Man könnte demnach die Wäldersche Voraussetzung vom Getriebensein so formulieren, daß die Psychoanalyse das Sein des Menschen als im wesentlichen von der biologischen Triebstruktur bedingt ansehe. Gewiß ist dies „Wesentlich-von-der-biologischen-Triebstruktur-bedingt-sein" eine Totalitätsstruktur, wenn man will, ein Sinnzusammenhang; sonach ist die Psychoanalyse, die es zugrunde legt, keine atomistische Theorie; aber wenigstens insofern als die Trieblehre in Betracht kommt, wäre sie durchaus als „naturwissenschaftliche" Theorie zu bezeichnen. Ja, eine biologisch fundierte Psychologie scheint uns viel mehr die Bezeichnung „naturwissenschaftliche Theorie" zu verdienen als etwa die Assoziationspsychologie, diese panintellektualistische Lehre, die, mit jeder biologisch fundierten Psychologie verglichen, den Eindruck eines unkritischen Anthropomorphismus macht. Naturwissenschaft ist eben nicht gleichbedeutend mit Atomistik.

6. Neben der Triebhaftigkeit macht die Psychoanalyse nach Wälder noch eine andere Voraussetzung: sie betrachtet das Sein des Menschen als „historisches" Sein. Was ist nun unter „historischer Seinsform" zu verstehen? Wälder kennzeichnet sie durch „das latente Fortleben der Vergangenheit und die Bereitschaft zum manifesten Wiederbeleben sowie die Bedeutung des konkreten Zeitpunktes für das Ganze seiner Wirkung". Das erstere — nämlich das latente Fortleben der Vergangenheit — erinnert an die Beharrungsthesen der kausalen naturwissenschaftlichen Theorien. Das letztere — die Bedeutung des konkreten Zeitpunktes — hat in keiner Kausaltheorie ein Gegenstück. Somit erhebt sich die Frage, ob und wie eine historische Betrachtung möglich ist, welche kausale und nichtkausale Strukturelemente sie in sich vereinigt.

Wir wollen zunächst die allgemeinen Bedingungen zeigen, unter denen eine kausale Historik überhaupt möglich ist. Es ist in der Tat oft behauptet worden, daß jede Historie als solche sich der kausalen Betrachtung entzieht. Versteht man das Wort Historie im denkbar weitesten Sinne, dann ist diese Behauptung falsch. Wenn es überhaupt Kausalität gibt, wenn es z. B. Kausalität in der „Natur" gibt, dann gibt es Kausalität auch in der Historie im weitesten Sinne, d. h. es ist dann möglich, einmalige Ereignisreihen in individuellen Systemen als Kausalreihen aufzufassen. Es fragt sich nur, ob die Lebensgeschichte eines Menschen oder die politische Geschichte eines Staates — also Historie im engeren Sinne — als Kausalreihen darstellbar sind. Um diese Frage beantworten zu können, fragen wir, was es überhaupt bedeutet, eine individuelle Ereignisreihe als Kausalreihe darzustellen.

Das Ideal dieser kausalen Historik besteht darin, jedes Ereignis der in Frage stehenden Ereignisreihe auf seine Ursache zurückzuführen. Das Ideal ist freilich unerreichbar. Es liegt, wie wir noch sehen werden, im Wesen der Kausalität, daß sie nicht alle überhaupt angebbaren Ereignisse eines Systems umfassen kann. Nur solche Ereignisse, die bestimmten Bedingungen entsprechen, einen bestimmten Typus aufweisen, können in eine Kausalbeziehung eingehen.

Ein Ereignis auf seine Ursache zurückführen, heißt soviel wie ein anderes Ereignis auffinden, dessen Ausbleiben den Wegfall des zu erklärenden Ereignisses zur Folge gehabt hätte, und dessen gesetzlich angebbare Änderung eine ebenfalls gesetzlich feststehende Änderung des zu erklärenden Ereignisses nach sich gezogen hätte.

Die erste Bedingung würde allein nicht ausreichen. Gewiß würde ich nicht antworten, wenn man mich nicht gefragt hätte; und trotzdem ist die Frage nicht die Ursache meiner Antwort. Frage und Antwort stehen überhaupt in keinem Kausalverhältnis, weil es keine Funktionen gibt, die eine gesetzliche Abwandlungsreihe der möglichen Fragen festlegen und dieser Reihe eindeutig eine Reihe der Antworten zuordnen würden. Damit haben wir den Typus einer kausal nicht zu fassenden Ereignisreihe.

Aber kehren wir zu den kausal zu fassenden Ereignisreihen zurück. Wie können wir die Feststellung eines Kausalzusammenhanges treffen? Doch nicht durch unmittelbare Erfahrung. Denn es gibt offenbar keine Erfahrung dessen, was dann geschehen würde, wenn ein bestimmtes Ereignis nicht oder in gesetzlich abgeänderter Form eingetreten wäre. Die Möglichkeit, solches festzustellen, ist nur dann gegeben, wenn das zu erklärende Ereignis zu einem Typus gehört, der immer wiederkehrt, aber verschiedene Grade annehmen kann, und wenn es unserem Zugriff gelingt, durch Änderung der Quantität anderer Ereignisse die Wiederkehr der Ereignisse des zu erklärenden Typus in quantitativ gesetzlich variierter Form zu veranlassen. Somit reicht die kausale Betrachtungsweise soweit, wie Typisierung, Funktionalisierung und Experiment reichen.

Demnach ist kausale Historik, d. h. kausale Darstellung von Ereignisreihen in individuellen Systemen tatsächlich nur soweit möglich, als quantitativ abwandelbare, typische Ereignisse in Betracht kommen. Die Ereignisse aber, die den Inhalt einer Biographie oder einer Staatengeschichte ausmachen, entsprechen

diesen Bedingungen nicht. Sie selbst sind in keinen Kausalzusammenhang einzuordnen. Offenbar ist dieser Umstand den Vertretern einer strengen Natur-
gesetzlichkeit, die in der menschlichen Welt einen lückenlosen Determinismus
fordert, ein Stein des Anstoßes. Der Determinismus bemüht sich, eine Abbildung
zwischen den biographischen Ereignissen und einer quantitativen Ereignisreihe herzustellen, die mittelbar einer Quantifizierung jener Ereignisse gleich-
kommen und daher die kausale Betrachtung ermöglichen würde. So stark aber
auch die Suggestionskraft ist, die vom Gedanken einer lückenlosen naturgesetz-
lichen Determiniertheit aller menschlichen Begebenheiten ausgeht, die Herstellung dieser Abbildung ist bisher nicht gelungen und wird kaum je gelingen.
Deshalb glauben wir, daß das Bestreben, die menschliche Historie auf strenge,
lückenlose Kausalität zu gründen, vom Ziele, die wirkliche Bedingtheit menschlicher Begebenheiten zu erkennen, in Wahrheit weg- — statt ihm näherführt.

7. Welcher Art ist die Bedingtheit, die die individuelle Lebensgeschichte,
welche wir hier allein unter den Zweigen der Historie betrachten möchten,
beherrscht? Ist denn eine Bedingtheit denkbar, die zwar keine Kausalität, aber
doch streng begrifflich faßbar ist?

Um diese Frage zu beantworten, müssen wir zuerst angeben, was unter
einer Bedingtheit einer historischen Folge zu verstehen ist.

Zunächst einmal können wir jedes Entwicklungsgesetz, jede Bewegungs-
gleichung und ähnliches als Bedingtheiten auffassen. Es sind Bedingtheiten, die
sich auf ein einziges System beziehen. Diese Formeln sind freilich keine Kausal-
sätze. Die Gleichung einer Bewegung, welche besagt, daß ein Körper, der sich
im Zeitpunkte t_0, im Raumpunkte A befindet, im Zeitpunkte $f(t_0)$, im Raumpunkte $f'(A)$ sein wird, sagt nichts über irgendeine Verursachung aus. Ein
Kausalgesetz ist demgegenüber eine Bedingung, die für zwei (oder mehrere)
Systeme gilt, derart, daß sie einer Änderung eines Systems eine Änderung in
dem mit ihm im Kontakt befindlichen System zuordnet. Das Kausalgesetz ist
demnach eine Kontaktbedingung, die meßbare Veränderungen in den kontingenten Systemen einander zuordnet.

In der menschlichen Lebensgeschichte haben wir es ebenfalls mit Bedingungen beiderlei Art zu tun: mit Entwicklungsformeln und mit Kontaktbedingungen. Aber beide sind verschieden von den physischen Bedingtheiten. Die
Entwicklungsstadien des Organismus z. B. sind nicht durch Merkmale aus-
drückbar, die durch eine Funktion miteinander verbunden sind. Uns interessieren aber vor allem die Kontaktbedingungen. Wie sind sie geartet?

Offenbar befindet sich der Mensch (oder, wenn man die Dinge biologisch
betrachten will, der menschliche Organismus) in stetem Kontakt mit der Umwelt. Die Änderungen der kontaktrelevanten Faktoren der Umwelt rufen im
Organismus Wirkungen hervor. Diese Wirkungen sind nicht willkürlich. Sie
unterstehen gewissen immer vorwaltenden Kontaktbedingtheiten. Nur sind diese

Kontaktbedingtheiten keine Kausalgesetze, sondern die gesamten Kontaktverhältnisse sind erheblich komplizierter als im Falle der Kausalität. Es steht z. B. für eine kausale Bedingung immer von vornherein fest, welche Änderungen „kontaktrelevant" sind, während dies im Falle des Kontakts Mensch—Umwelt schon nicht generell feststellbar ist. Außerdem aber — und dies ist das Wichtige — beziehen sich die Kontaktbedingungen nicht oder nur ausnahmsweise auf merkmaldefinite Ereignistypen. Man kann keine Kontaktbedingungen der Art aufstellen, „immer, wenn in der kontingenten Umwelt ein Ereignis von der Charakteristik C_x eintrete, finde im Organismus ein Ereignis von der Charakteristik K_y statt", wobei x ebenso wie y abwandelbar wäre. Solche Kontaktbedingungen bestehen deshalb nicht, weil der Organismus immer als Ganzes auf die Umwelt als Sinnganzheit reagiert. Deshalb hängt es vom Gesamtzustand des Organismus ab, wie er sich im Kontakt verhält.

Die Bedingtheit der menschlichen Ereignisse ist deshalb so geartet, daß nicht feste Ereignismerkmale, sondern bloß Tendenzen, Wahrscheinlichkeiten einander zugeordnet sind; eine Kontaktbedingung besagt nicht: „falls dies und dies im System U geschieht, wird dies und dies im System O geschehen", sondern: „eine Sinnmodifizierung des Systems U hat eine Tendenz, eine Bereitschaft, im System O zur Folge".

Im Bereich des Bewußtseins sind Kontaktbedingtheiten solcher Art völlig klar. Eine Kontaktbedingtheit dieser Art stellt z. B. die „Kenntnis des Individuums A" dar. Daß diese Bedingung für ein Subjekt besteht, sagt eben dies, daß, wenn in der kontingenten Umwelt A erscheint, eine Tendenz zur Rekognoszierung seitens des Subjektes besteht. Ob die Rekognoszierung wirklich stattfindet, hängt vom Gesamtzustand ab. Das Wichtige aber ist, daß die Rekognoszierung selbst nicht als punktuelles Ereignis aufzufassen ist, sondern als Sinnmodifikation der Gesamtlage des Subjekts. Daß A rekognosziert wird, bedeutet soviel wie, daß die Lage des Subjekts ein Element der Geborgenheit, der Einstimmigkeit mit der Umwelt aufweist. Das ist in der Tat der eigentliche Inhalt der Kontaktbedingtheiten, auszusagen, wann Tendenzen zur Einstimmigkeit beziehungsweise Unstimmigkeit mit der Umwelt erzeugt werden.

Einstimmigkeit und Unstimmigkeit sind in der Sphäre der Intentionalität, als Bewußtseinsmodifikationen, offenbar zu Hause. Es fragt sich nur, ob alle Kontaktbedingtheiten intentionaler Natur sind: ob jede Einstimmigkeit und Unstimmigkeit überhaupt nur als Bewußtseinsmodifikation zu fassen ist. Das möchten wir bezweifeln. Wir glauben jedenfalls, daß unbewußte, rein biologische, somatische Konstellationen im Organismus ebenfalls in Kontaktbedingtheiten eingehen können. Dies scheint uns auch eines der typischen Gedankenmotive der Psychoanalyse zu sein: daß die Kontaktbedingungen, unter denen menschliche Historie steht, nicht ausschließlich intentionaler Art sind. Dies scheint uns der Kern des Sachverhaltes zu sein, auf die Wälder hinweist, indem er die psychoanalytische Auffassung als die Lehre vom „Getriebensein" und „geschichtlichen Sein" betrachtet.

8. Außerdem ist aber noch ein Charakteristikum des historischen Geschehens zu berücksichtigen. Ein Ereignis im historischen Sinne ist nicht die bloße Erfüllung einer Bedingung; sondern das historische Ereignis beeinflußt seinerseits die Bedingungen der Historie, und darin besteht eben seine Bedeutung. Wir machen Historie tatsächlich nicht, um zu erfahren, woher die Ereignisse kommen, sondern wir möchten erfahren, wie sie den Umkreis und das Niveau des Geschehens bestimmen. Deshalb kommt es nie darauf an, was an einem Ereignis sinnfällig, was an ihm aufweisbar, beschreibbar ist, sondern auf das historische Gewicht, auf die schicksalhafte Bedeutung. Die historischen Ereignisse sind Entscheidungen, die die Kontaktbedingungen, die Möglichkeiten von Einstimmigkeit und Unstimmigkeit im Kontakt Organismus—Umwelt, erst schaffen.

Menschliche Historie hat, so betrachtet, ebenso eine immanente, rein intentionale Seite wie eine außenbedingte, somatisch-biologische. Welche Reihe „eigentlich maßgebend" ist, das ist eine schiefgestellte Frage, weil Organismus und Intentionalität, Leben und Erleben, „eigentlich" eine Einheit bilden; ein Organismus ohne Intentionalität wäre als Organismus unvollkommen, unstimmig, während freilich eine Intentionalität ohne organische Grundlage nicht existieren kann. Nicht darauf kommt es also an, die beiden Reihen einander gegenüberzustellen, sondern darauf, sie als Einheit zu begreifen. Wohl aber hat es einen guten Sinn, besondere Bedingungsreihen für sich zu erforschen.

Jedenfalls ist dabei vor Augen zu halten, daß — ob im Biologischen oder im Intentionalen — das „Ereignis", das als Objekt der historischen Betrachtung in Frage kommt, eine Entscheidung, eine Festlegung von Tendenzen zur Einstimmigkeit beziehungsweise Unstimmigkeit und nicht eine einmalige, punktuelle Änderung ist.

In diesem Sinne verkündet Historik eine Fortdauer der Vergangenheit: also weder kausal, im Sinne einer fortlaufenden Reihe von Veränderungen, noch aber so, daß (wieder kausal) eine Bedingung geschaffen wird, die einem deskriptiven Ereignismerkmal „in aller Zukunft" andere, ebenfalls deskriptive Ereignismerkmale zuordnet, sondern so, daß sich in der Reihe der jeweils vollendeten „Tatsachen" Umkreis und Niveau der Auseinandersetzung zwischen den Ganzheiten Organismus—Existenz und Umwelt—Intentionalität entscheidet und vollendet. So verstehen wir jenen Gedanken des Überstiegs, den Wälder am Ende seines Aufsatzes ausspricht: Historie ist nicht nur die Erfüllung feststehender Bedingungen, sondern ein Überstieg über sie hinaus.

Und darin liegt, wie auch Wälder meint, zutiefst die Möglichkeit der psychoanalytischen oder überhaupt der therapeutischen Zielsetzung, die menschliche Historie nicht nur verstehen, sondern auch schaffen will. Es gehört dazu freilich das Verständnis der Struktur menschlicher Historie, ein Gefühl für das

Wesen der historischen Entscheidung, vor allem die Fähigkeit, ein Ereignis seinem historischen Gewicht nach einzuschätzen; darüber hinaus aber noch die Entschlossenheit, selbst im Historischen entscheidend zu wirken. Heilen heißt soviel wie ein neues Niveau des Erlebens zu schaffen, das dem Kranken wesensmäßig verschlossen ist. Das wäre unmöglich, wenn alles menschliche Geschehen bloß die Abwandlung einer einzigen Bedingtheit, wenn sie reduzierbar auf eine deskriptive Mannigfaltigkeit wäre. Zu jedem Niveau des Erlebens gehört eine eigene Bedingtheit, eine eigene Formenwelt, eine eigene Sprache.

BESPRECHUNGEN

Aus der Literatur der Grenzgebiete

Allendy, René: La Justice intérieure. Paris, Denoël et Steele, 1930.

Dieses Werk ist der Versuch einer Definition des Begriffes der Gerechtigkeit in den verschiedenen Kulturen und Epochen.

Dem labilen Charakter der sozialen Gerechtigkeit setzt A. die durch kosmische Gesetze bedingte immanente Gerechtigkeit gegenüber. Die Fragestellung: „Hält unser Gerechtigkeitsideal außerhalb der menschlichen Gesellschaft stand?" löste den Gedanken an eine immanente Gerechtigkeit aus, deren Quelle im Unbewußten des Menschen zu suchen ist, dessen Offenbarung der psychoanalytischen Forschung vorbehalten bleibt.

Das Buch gliedert sich in zwei Teile: 1) die Gerechtigkeit und das Bewußte, 2) die Gerechtigkeit und das Unbewußte.

Der erste Teil behandelt die Institutionen, die Glaubensanschauungen, die Vernunftanschauungen. Das instinktive Gerechtigkeitsgefühl wird der ganzen Ordnung zugrunde gelegt. Einen wesentlichen Faktor bildet das Irrationale, in dem sich der Glaube an eine göttliche Entscheidung dokumentiert. Über diesen Glauben an Sanktionen im Jenseits als Ausgleich der irdischen Gerechtigkeit handelt das zweite Kapitel. Im dritten Kapitel erscheint der Mensch in seiner Eigenschaft als vernunftbegabtes Wesen, das gewillt ist, sich durch logische Argumente gegen instinktive Spontaneität zu versichern.

Der zweite Teil behandelt die Gerechtigkeit und das Unbewußte: Das Gerechtigkeitsgefühl und die sozialen Instinkte, die pathologischen Formen des Gerechtigkeitsgefühls, die innere Gerechtigkeit. Der wesentliche Zug der sozialen Instinkte ist ihre Tendenz der Beschränkung des einzelnen Individuums zugunsten einer Kollektivität. Das vorletzte Kapitel beschreibt die durch Gleichgewichtsstörungen des Instinktlebens hervorgerufenen pathologischen Formen, die sich in Übertreibungen im Mechanismus der Selbstbestrafung äußern. Das ins Ungeheure gesteigerte Schuldgefühl erscheint als Urheber aller menschlichen Leiden. Der soziale Instinkt ist Ausdruck einer synthetischen Kraft, demgegenüber der Individualinstinkt eine Trennung und Kampf verursachende Kraft darstellt. Der Konflikt zwischen sozialen und egoistischen Instinkten korrespondiert metaphysisch genommen dem großen Kampf zwischen Ormuzd und Ahriman. Das Opfer des Individuums an das Universum wird als höchste Weisheit zur Erleichterung menschlicher Leiden hingestellt.   M. Weyersberg (Frankfurt a. M.)

Aster, Ernst von: Geschichte der Philosophie. Mit einem Anhang: Wie studiert man Philosophie? (Kröners Taschenausgaben, Band 108). Leipzig, Alfred Kröner, 1932.

In Band XVIII, Heft 1, Seite 124, dieser Zeitschrift wurde des gleichen Verfassers Bekenntnisschrift zu Freuds Psychoanalyse angezeigt. Was dort an Formalem gerühmt wurde, zeichnet in gleicher Wertigkeit dies Buch aus: Selbstverständliches Vorherrschen der Sache, klarster Ausdruck im Sprachlichen. Auf rund 400 Seiten wird nach der alt-indischen und chinesischen Philosophie die Geschichte der abendländischen abgehandelt, beginnend mit Griechenland, endend bei der Gegenwart. Das in der maßgeblichen Fachkritik dem Werk einhellig gespendete Lob ist verdient: die Eindringlichkeit, womit die philosophischen Fragestellungen offengelegt werden, bedeutet auch für den Laien keine Erschwerung des Zugangs. Die Rezeptierung eines weltanschaulichen Baedekers gehört nicht zu den Ehrgeizzielen des Verfassers. — Auf die Psychoanalyse nimmt diese Arbeit keinen Bezug.

E. Roellenbleck (Darmstadt)

Bracken, Ernst von: Die Selbstbeobachtung bei Lavater. Ein Beitrag zur Geschichte der Idee der Subjektivität im 18. Jahrhundert. Universitas-Archiv, Band 66, Philosophische Abteilung, herausgegeben von Siegfr. Behn. Bd. 10, 1932, 102 Seiten.

Diese von Erich Rothacker glücklich angeregte aufschlußreiche Arbeit behandelt Lavaters 1771 erschienenes „Geheimes Tagebuch eines Beobachters seiner selbst", eines der fesselndsten psychologischen Dokumente der europäischen Literatur.

Die Fragestellung des Verfassers ist geschichtlich gerichtet: Lavater steht an „einer Zeitwende, nämlich vom Pietismus zum Idealismus, dieser sowohl künstlerischen als auch philosophischen Bewegung" (S. 89); er wird „als Vertreter gewisser für jene Epoche typischen Lebensformen" betrachtet; die These des Verfassers lautet, daß sich gewisse Erscheinungsformen des Idealismus auf ein „eigentümlich werthaftes Erleben der eigenen Subjektivität" zurückführen lassen, das in Lavaters Tagebuch zuerst auftaucht.

Bei der phänomenologischen Durcharbeitung des Tagebuches sind alle Beziehungen zu einer im engeren Sinne psychologischen Fragestellung ausgeschaltet worden. Nur eingestreut ist der beiläufige Hinweis auf die Übereinstimmung von Lavaters Verhalten mit der Introversion nach C. G. Jung. Wo der Verfasser seine eigene psychologische Auffassung durchschimmern läßt, scheint sie der der Psychoanalyse näher zu stehen, als man zu erwarten bereit war. Im Anschluß an eine Stelle des Tagebuches bemerkt er:

„Die paulinische Psychologie spricht deutlicher (sc. als Lavater, für den das Wort Herz eine Allegorie ist) von dem ‚Gesetz in meinen Gliedern' und dem ‚Gesetz in meinem Gemüt'. Das Problem liegt hier in der Richtung des Ichgefühls. Denn wenn das Herz eine Allegorie ist, so könnte man vermuten, daß also auch das Ich eine Allegorie sei. Wir würden die Lösung in der Richtung des Ichs als einer synthetischen Funktion (von uns gesperrt) suchen."

Diese Übereinstimmung mit dem von Nunberg in die psychoanalytische Literatur eingeführten Terminus mag eine durchaus beiläufige sein; da sie aber auf eine mögliche Konvergenz der Grundauffassung schließen läßt, sei sie hervorgehoben.

In welchem Maße aber das Tagebuch Lavaters selbst die Anwendung psychoanalytischer Interpretation nahelegt, darauf sei durch einige Zitate hingewiesen:

Als Lavater von der Erkrankung eines Freundes hörte, erschrak er „... und dennoch spürte ich, durch diese Nachricht ausgelöst, ein gewisses angenehmes Gefühl in mir aufsteigen. Da ich meinen Freund aufrichtig liebe, sollte ich eigentlich traurig sein. Woher kommt also diese Empfindung geheimer Freude?" — An der Bahre dieses Freundes: „Ich muß jetzt an den Freund denken, ich darf nichts anderes denken. Doch schon wieder denke ich an andere Dinge, diese Dinge sind armselig, sie zerstreuen mich. Jetzt gelingt mir ein ruhig wehmütiger Blick auf die Bahre; ein Seufzer ringt sich los: ach, auch dies zum letzten Male. Gott sei Dank, daß dies gelang. Doch wieder Zerstreuungen. Weg mit ihnen." — Und wenigstens eine der Stellen, in denen mit seltener Klarheit das Wesen der Introspektion geschildert ist: „Denn gewiß nur alsdann und nur solange wirst Du den Endzweck Deines Lebens mit einfältigem und festem Auge bemerken, so lange Du Dich selbst und den Gang Deiner Gedanken und Empfindungen bemerkst, Dich selbst genießt, Dich fühlst, in Dich einkehrst, in Dir wohnst!"

Daß der Verfasser es unterlassen hat, diese und ähnliche Stellen im Sinne der psychoanalytischen Strukturbilder des menschlichen Seelenlebens auszuwerten, ist bedauerlich, auch wenn nicht bestritten werden soll, daß die von ihm verfolgte Bahn psychologische Fragestellungen nur peripher berührt. Wie fruchtbar sie aber zu werden vermöchten, und zwar durchaus im Rahmen der geschichtlichen Problemstellung selbst, wird deutlich, wenn wir auf einige Fragen hinweisen, die der Verfasser nur von ungefähr berührt hat. Gerade sein überzeugender — übrigens in den Bahnen Max Webers fortschreitender — Nachweis, daß „der Idealismus aus dem Pietismus stamme" und ihm „grundlegende Wesensbestandteile" verdanke, hätte darauf führen können, das Tagebuch Lavaters zunächst als Glied in der historischen Kette zu sehen und es einer Geschichte des Tagebuches einzuordnen, in der es freilich „nicht am Anfang, sondern am Ende der Entwicklung des pietistischen Tagebuches" steht.[1] Erst im Rahmen dieser Entwicklung — die freilich durch die Andachtsliteratur der Reformation und Gegenreformation hätte ergänzt werden müssen, ein lehrreicher Weg, der von den „Geistlichen Übungen" des heiligen Ignatius, der Philothea des heiligen Franziskus von Sales und ihren Nachfolgern auf der einen Seite zu Lavaters Religiosität, auf der anderen aber zu jener Tugendtafel führt, von der Benjamin Franklin in seiner Selbstbiographie berichtet, — ließe sich das Individuell-Persönliche vom Zeitgebundenen, das Erlebte vom Traditionellen sondern. An diesem Knotenpunkt vermöchte sich dann das Problem in seiner vollen Schärfe zu zeigen;

---

1) Vgl. dazu S. Bernfeld: Trieb und Tradition im Jugendalter, (Kulturpsychologische Studien an Tagebüchern.) Zeitschrift für angewandte Psychologie, Beiheft 54, Leipzig 1931. — Diese Schrift ist dem Verfasser offenbar nicht mehr zugänglich gewesen; sie hätte ihn auf fruchtbare Tatbestände und Fragestellungen hingewiesen. — Für eine andere, vom Verfasser kaum berührte Frage — nach der übrigens bis in die sprachliche Formulierung hinein lebendigen Beziehung Lavaters zur deutschen Mystik — wäre die schöne Untersuchung von Rehm: „Götterstille und Göttertrauer" (Jahrbuch des freien deutschen Hochstifts in Frankfurt, 1931) heranzuziehen, die sich der Wesensbestimmung und Vorgeschichte des Idealismus von anderer Seite her zu nähern sucht.

die psychologische Analyse des Einzelnen und die der traditiongebundenen Erlebnisformen in ihrem Widerspiel; das Problem des Stiles in seinem doppelten Aspekt, das Zentralproblem jeder psychologisch gerichteten Geschichtswissenschaft. Erst eine Untersuchung dieser Art wäre die Erfüllung jener schon von Dilthey vorgezeichneten Aufgabe, zu der sich auch der Verfasser dieser lesenswerten Schrift bekennt. Die Auffassung Diltheys aber „. . . daß allen weltanschaulichen Bildungen in der Person ihres Urhebers bestimmte Seelenverfassungen, emotionale Haltungen zugrunde liegen, die erst aus gewissen vorhandenen Einstellungen zum Leben heraus das Weltbild entwerfen, welches sich in der Form begrifflicher Zusammenhänge manifestiert", wirkt wie eine Voraussage jener Einsichten, die die Psychoanalyse errungen hat, die sich ihr immer von neuem bestätigen, wenn sie Werk und Schicksal des Einzelnen aus seiner Lebensgeschichte versteht.

E. Kris (Wien)

Brocher, Henri: Le mythe du héros et la mentalité primitive. (Bibliothèque de philosophie contemporaine). Paris, Félix Alcan, 1932. 124 Seiten.

In wenigen, aber anspruchsvollen Sätzen werden die mythologischen Theorien des „Naturalismus" (Mythendeutung im Anschluß an das Naturgeschehen) und der Psychoanalyse beseitigt, welch letztere neuerdings ihre Anhänger verliere, seien doch Ödipuskomplex und Verdrängung nur im krankhaften Seelenleben nachzuweisen. Dann werden — im Anschluß an Levy-Brühl und andere Ethnologen — jene Vorstellungen aufgezeigt, die dem Mythos vom Helden zugrunde liegen: Die „compensation", „nach dem Glauben der Primitiven eine Art generelles Gesetz des Universums, dem alle Lebewesen untertan sind"; es stamme aus dem „direkten Kontakt des Menschen mit der Umwelt" und besage, daß „jedes Glück, jeder Vorteil . . . durch Mühen, Opfer und Leiden erkauft" sein müsse; und die „rétribution", eine Sonderform der „compensation", die aus dem Kontakt der Menschen untereinander stamme, und soweit ich sehe durchaus dem Tallion entspricht. Beide Vorstellungen gelten für das Individuum als Glied des Clan, so daß sich das Schicksal des Einzelnen an dem der Gruppe oder eines anderen Gruppenmitgliedes erfüllen könne. Die Erniedrigung des jugendlichen (etwa des ausgesetzten) Helden sei danach die Voraussetzung seines künftigen Erfolges und Vatermord wie Inzest des Ödipus die tragische Sühne für seine königliche Stellung.

E. Kris (Wien)

Carus, C. G.: Vorlesungen über Psychologie. Erlenbach-Zürich und Leipzig, Rotapfel-Verlag, 460 Seiten.

Das vor 100 Jahren erstmalig erschienene Werk ist jetzt von Edgar Michaelis neu herausgegeben worden. Carus, Arzt und Maler, erscheint hier als ein Autor, der seine mit psychologischem Weitblick gesammelten Erfahrungen in einer Art Wesenskunde der menschlichen Seele, die auch heute Interesse beanspruchen kann, mehr oder weniger spekulativ zusammenfaßt. Der Herausgeber hat dem Werke eine Einführung vorangestellt, in der er auf die Beziehungen zwischen Carus und Goethe hinweist, das harmonisch abgeschlossene Lebenswerk von Carus dem von Nietzsche gegenüberstellt und sich mit Auffassungen von Klages auseinandersetzt. In einigen zum Teil recht lehrhaft gehaltenen Anmerkungen tritt er für Carussche Gedankengänge im Gegensatz zu anderen Betrachtungsweisen seelischen Geschehens ein und polemisiert dabei ebenso heftig gegen jede Assoziationspsychologie wie gegen die Psychoanalyse.   *J. Haenel (Berlin)*

Eliasberg, W.: Rechtspflege und Psychologie. Eine Einführung in die Wissenschaften vom seelischen Leben des Menschen. Berlin, Carl Heymann, 1933. XX und 172 Seiten.

Die Berührungspunkte der beiden Disziplinen sind in konzentrierter Form und wohlgegliedert dargestellt. Eine Literaturübersicht von 291 Nummern geht voraus und ein sorgfältiges Sach- und Namenregister folgt nach. Die Beiträge der Psychoanalyse zum Thema sind gebührend erwähnt:

Die Psychoanalyse hat das unbestreitbare Verdienst, — das auch von der Strafrechtswissenschaft immer mehr anerkannt wird, — den Blick dafür geöffnet zu haben, daß die simplen manifesten „Motive", die im allgemeinen die alten Strafgesetzbücher annahmen, durchaus lebensfremd sind. Die Psychoanalyse hat neuerdings den Versuch gemacht, die Charakterbildung aus den typischen Schicksalen der Triebbildung zu verstehen.

Ein ganzer Abschnitt ist der Psychologie des Täters gewidmet. Freuds Übersicht über die Tatbestandsdiagnostik wird referiert, die Erforschung des unbewußten Ausdrucksgeschehens gestreift, Adlers Begriff der Entmutigung kritisiert, aber auch die Klarheit des Begriffes Aggression angezweifelt. Triebhaftigkeit allein dürfe nicht als Strafausschließungsgrund gelten. Wertvoll erscheint der Hinweis, daß wir kriminelle Triebhandlungen einzelner Individuen als symbolische Kulthandlungen in primitiven Gesellschaften wiederfinden. Der Verfasser wendet sich gegen die Zulässigkeit eines „eingeweihten" psychologischen Gutachtens, den er ebenso ablehnt wie den Okkultisten als Sachverständigen. Reiks Geständniszwang wird anerkannt, ebenso der Wert der Psychoanalyse für die Psychologie des Verteidigers.

Die mit Wohlwollen vereinigte Kritik des Verfassers verdient die volle Sympathie des analytischen Lesers.   *A. Kielholz (Königsfelden-Aargau)*

Hetzer, Hildegard: Die symbolische Darstellung in der frühen Kindheit. Erster Beitrag zur psychologischen Bestimmung der Schulreife. Wiener Arbeiten zur pädagogischen Psychologie, herausgegeben von Ch. Bühler u. V. Fadrus, Heft III. Wien, Deutscher Verlag für Jugend und Volk, 1926. 90 Seiten.

Die Verfasserin untersucht im Anschluß an die Lehre Karl Bühlers die Entwicklung der Darstellungsfunktion beim Kinde, indem sie in vier Versuchsreihen grundlegende Darstellungsarten, wie Darstellung durch Handlung, bauende und zeichnerische Betätigung und willkürliche Zeichensetzung in ihren einzelnen genetischen Phasen bis in das sechste Lebensjahr untersucht, wobei es der Verfasserin hauptsächlich auf die Untersuchung der letzteren, der symbolischen Darstellung, ankommt, da mit der Beherrschung derselben der Zustand der Schulreife gegeben sei. Obwohl von achtzig Prozent der Dreijährigen außerhalb des sprachlichen Gebietes — in diesem wird Darstellung schon im Stadium der Namengebung, also im ersten Lebensjahre geübt — die Darstellung durch willkürliche Zuordnung von Zeichen erfaßt wird, meint Verfasserin, daß erst mit dem Alter von sechs Jahren allgemein das Erlernen von Lesen und Schreiben geboten sei, da in diesem Alter die dazu erforderliche Gedächtnis- und Aufmerksamkeitsleistung ohne zu große Anforderung an das Kind aufgebracht werden kann.   K. Eissler (Wien)

Hetzer, Hildegard: Das volkstümliche Kinderspiel. Wiener Arbeiten zur pädagogischen Psychologie Nr. 6. Wien, Deutscher Verlag für Jugend und Volk, 1927. 86 Seiten.

In einer Vorstadt wurden die von Kind zu Kind überlieferten Spiele gesammelt, historisch und entwicklungspsychologisch geordnet und im Sinne der Wiener psychologischen Schule interpretiert. Besonders interessant für den Psychoanalytiker ist ein Hinweis auf eine noch nicht publizierte Sammlung über Aberglauben bei Kindern.   W. Hoffer (Wien)

Jacoby, Hans: Handschrift und Sexualität. Mit 223 Schriftproben. Berlin und Köln, A. Marcus & E. Webers Verlag, 1932. 140 Seiten.

Das Buch von Jacoby hebt sich durch eine Reihe von Vorzügen aus der Flut der graphologischen Literatur heraus: es verrät eine sympathische Vorsicht in seinen Formulierungen und eine nüchterne Grundauffassung in der klaren Darstellung; es wendet sich offen gegen die überspannten Erwartungen, die man heute in weiten Kreisen der Graphologie entgegenbringt. Diese Vorzüge sind sicher zum Teil der weitgehenden, vom Autor selbst hervorgehobenen Anlehnung an L. Klages zu danken. Ganz im Sinne der Klages'schen Denkweise und seiner Denkschemata wird auch das Thema „Handschrift und Sexualität" abgehandelt, indem bei der Sexualität unterschieden werden: „Triebstärke, sinnliche Ansprechbarkeit, willkürliche und unwillkürliche Hemmungsbereitschaft, seelische Betonung" und die Zusammenhänge dieser Aspekte der Sexualität mit bestimmten Eigentümlichkeiten der Handschrift, wie Druck, Teigigkeit, Rhythmus usw., aufgesucht werden. Mit der Anlehnung des Autors an Klages hängen aber auch die Grundmängel des Buches zusammen: die dogmatische Enge seiner Betrachtungsweise und die Magerkeit der theoretischen Ergebnisse. Sein Wert besteht im wesentlichen nur darin, das, was die Klages'sche graphologische Schule über das Thema zu wissen glaubt, übersichtlich darzustellen und durch gut ausgewähltes Material zu illustrieren. Der Psychoanalytiker findet wenig, was ihn interessieren könnte. Er wird vor allem den Begriff des Triebschicksals und die dynamische Auffassung des Seelenlebens vermissen. In bekannter Weise wird die strenge Trennung von Liebe und Sexualität gefordert, und an verschiedenen Stellen zeigt sich, daß das psychologische Denken des Autors im Grunde von den Kategorien der Individualpsychologie bestimmt wird. Es ist zu begrüßen, daß Jacoby eine grundsätzliche Skepsis gegenüber der Möglichkeit, Neurotikern durch graphologische Analyse ihrer Handschrift irgendwie zu helfen, hervorkehrt; aber seiner Meinung, daß der Graphologe „vermöge seines Berufes und seiner charakterkundlichen Kenntnisse als Therapeut besonders geeignet (erscheint), wenn er über Schulung in der psychotherapeutischen Technik verfügt und — Persönlichkeit genug ist", können wir nicht beipflichten. Daß Jacoby gegenüber den bisher publizierten Versuchen symbolischer Handschriftbetrachtung eine ablehnende Haltung einnimmt und vor Spekulationen in dieser Richtung warnt, kann ihm beim gegenwärtigen Stand der Dinge nur als Verdienst angerechnet werden. Aber es ist zu bedauern, daß er sich nicht nur hierin, sondern ganz prinzipiell einer Betrachtungsweise angeschlossen hat, die sich letztlich gegen das Erkennen der Äußerungen des Unbewußten in der Handschrift überhaupt versperrt und die sich für die weitere graphologische Forschung kaum noch als fruchtbar erweisen kann. W. Marseille (Wien)

Jahn, Lic. Ernst: Tiefenpsychologie und Seelenführung. Herausgegeben vom Westdeutschen Sittlichkeitsverein. 2. Schriftenreihe, Heft 5/6, 1931. 115 Seiten.

Diese Schrift stellt eine Auseinandersetzung eines protestantischen Theologen mit der Tiefenpsychologie dar, zu der er nicht nur die Psychoanalyse, sondern auch die Individualpsychologie rechnet. Der Autor ist überzeugt, daß die protestantische Seelsorge oder Seelenführung tiefenpsychologische Fachkenntnisse nicht mehr entbehren könne, doch dürfe sie andrerseits auf positive Zielsetzungen, Orientierung nach Wertgesichtspunkten nicht verzichten. In der Psychoanalyse sieht der Autor „eine auf der Grundlage naturalistischer Weltanschauung ruhende Erneuerung der Beichtpraxis". Von der Grundlage seiner christlichen Weltanschauung kommt der Autor nur zu einer eingeschränkten Anerkennung psychoanalytischer Forschungsergebnisse, ohne daß der Leser die Überzeugung gewinnt, daß diese Einschränkung mit der christlichen Weltanschauung notwendig verknüpft sein müßte. Wenn der Autor auch die Lehre von den Verdrängungen, von den Fehlleistungen, von der Traumdeutung, der kindlichen Sexualität, der Bisexualität weitgehend anerkennt, so warnt er doch vor den Einseitigkeiten der Psychoanalyse. Er schreckt besonders zurück vor der Lehre des Ödipuskomplexes, die er „nicht nur die am heftigsten umkämpfte, sondern auch die grauenhafteste Lehre der Psychoanalyse" nennt. Er möchte Eros und Agape, sinnliche und seelische Liebe, streng geschieden wissen, und eine auf die Libidotheorie gestützte Sublimierungslehre ist dem Verfasser wegen ihres Wertrelativismus suspekt. Aus der Lehre von der kindlichen Sexualität leitet der Autor die pädagogische Forderung ab, daß das Kind vor allen Triebverführungen und vorzeitigen Reizungen bewahrt werden müsse, und daß religiöse

und ethische Beeinflussung frühzeitig ins „Unterbewußtsein" des Kindes eingepflanzt werden sollte. Der Autor übersieht dabei, daß derartige erzieherische
Ratschläge leicht zu Verdrängung und Angst führen können. In den letzten
Kapiteln befaßt sich der Autor mit der Individualpsychologie, deren Theorien
weniger kompliziert seien als die der Psychoanalyse; auf der anderen Seite erkennt der Autor an, daß der Individualpsychologie „die logisch klar gegliederte
Architektonik der Freudschen Psychoanalyse" fehle. Zusammenfassend kann man
sagen, daß der Autor um ein Verständnis der Tiefenpsychologie ernstlich bemüht ist, daß aber sein Einverständnis an den Grenzen halt macht, wo wir
in den Analysen den stärksten Widerständen zu begegnen pflegen, deren Überwindung nicht nur logische Einsicht, sondern auch libidinöse Umstellung erfordert. Der Autor ist geneigt, in den psychoanalytischen Lehren Dogmen zu
sehen und nicht Resultate wissenschaftlicher Forschung, die sich von menschlichen Hoffnungen und Befürchtungen nicht beeinflussen lassen.

E. Vowinckel (Berlin)

Lauer, Hans Erhard: Vom neuen Bilde des Menschen. Straßburg,
Heitz-Verlag, 1932. 427 Seiten.

Ein Versuch, die Philosophie durch die Lehre Rudolf Steiners neu zu
beleben. In dem Interesse der Tiefenpsychologie für das Unbewußte wirkt
eigentlich die Suche nach dem Geist. Die Ergebnisse der Psychoanalyse sind
bis zu einem gewissen Grade richtig; da aber das Verständnis vom Geistigen
her fehlt, werden die Funde verkannt und führen zu unheilvollen Konsequenzen.
Die „Libido" ist erst in einer bestimmten Epoche der menschlichen Entwicklung
entstanden und wird irgendeinmal in der Zukunft wieder verschwinden. Die
vorfreudsche Auffassung, auf die Phylogenie übertragen.

A. Winterstein (Wien)

**Lawton, George: The Drama of Life after Death. A study of the
Spiritualist Religion.** New York, Henry Holt and Company, 1932.
668 Seiten.

Der Verfasser behandelt in einer umfassenden Studie Lehre, kirchliche Organisation und Kultusformen der spiritistischen Religion, ohne zu der Frage nach
dem Wahrheitsgehalt dieses Glaubens direkt Stellung zu nehmen. Daß aber
Lawton kein Spiritist ist, geht aus einem späteren Kapitel hervor, das sich
mit der Psychologie der Gläubigen, Medien und psychischen Forscher befaßt
und hiebei Erkenntnisse der Psychoanalyse weitgehend berücksichtigt. Der Autor
hält die Psychoanalyse für einen der größten Fortschritte, die jemals in der
Geschichte der Psychologie gemacht wurden, trotz der ihr heute noch an-
haftenden Fehler und Widersprüche. Das wertvolle Buch erweist neuerlich die
Bedeutung der Psychoanalyse für die Parapsychologie (wie Referent schon vor
einigen Jahren in einer Arbeit näher ausgeführt hat).

A. Winterstein (Wien)

Lewin, Kurt: Die psychologische Situation bei Lohn und
Strafe. Leipzig, S. Hirzel Verlag, 1931.

Lewin versucht in dieser Arbeit, die psychologische Eigenart der Lohn-
Strafe-Situation zu analysieren. Lohn und Strafe sind hier als pädagogische
Hilfsmittel gemeint, um das Kind zu einem bestimmten Verhalten zu veranlassen. Den durch Lohn und Strafe beeinflußten Handlungen des Kindes stehen
jene spontanen Äußerungen gegenüber, die aus dem Interesse an der Sache
selbst entspringen.

Lewin meint, ein Verständnis für die Wirkung eines Eingriffes oder für
ein tatsächliches Verhalten ist nur möglich, wenn man die Stellung des betreffenden Vorganges im Ganzen der jeweiligen konkreten Situation betrachtet.
„Und zwar ist eine begriffliche Ableitung des tatsächlichen Geschehens immer
nur aus der Beziehung zwischen einem so gearteten Individuum und der besonderen Aufbaustruktur der jeweiligen Situation möglich. In der Arbeit und
im Spiel, beim Ausdruck, in der Handlung, im Affekt, überall wird das wirkliche Geschehen von der jeweiligen Struktur der Umwelt mitbestimmt." (S. 5.)
Deshalb bekommt die Aufgabe einer wissenschaftlichen Darstellung der psychologischen Umwelt eine fundamentale Bedeutung. Die Methode, die Lewin für
die Erfüllung dieser Aufgabe als geeignetste ansieht, ist die präzise topologische
Abbildung der Gesamtstruktur der Situation. Die Topologie ist eine junge mathematische Disziplin, eine nicht metrische qualitative Zusammenhangslehre sehr
allgemeiner Natur. Die Tatsache, daß die Topologie sich um die exakte Fassung
von Begriffen, wie „zusammenhängend", „getrennt", „Grenze", „zwischen" usw.
bemüht, macht sie für die Anwendung auf psychologische Probleme besonders
geeignet. Der Aufbau der Situation, in dem Falle, wo das Kind aus Interesse an
einer Beschäftigung etwas unternimmt, z. B. mit einer Puppe spielt, ist relativ
einfach. Nach Lewins Terminologie ist für eine solche Situation charakteristisch,
daß sie von einem positiven Aufforderungscharakter beherrscht ist. Wenn das
Kind in seinem Streben, zu dem lockenden Spiel zu gelangen, auf Schwierigkeiten stößt, so wird es von dem Ziele zwar zunächst abgedrängt, aber es versucht bald wieder, auf Umwegen das Ziel zu erreichen. Anders sieht die Situation aus, wenn das Kind nicht spontan eine Handlung aufnimmt, sondern durch
eine Strafandrohung zu ihrer Ausführung gezwungen wird. Nicht spontan ge-
wählte Handlungen haben in der Regel für das Kind einen negativen Aufforderungscharakter. Das Kind hat also die Tendenz, sich von der Aufgabe wegzu-
bewegen. Wenn versucht wird, durch die Androhung einer Strafe, dieses Ausweichen vor der Aufgabe zu überwinden, so steht das Kind zwischen zwei
negativen Aufforderungscharakteren, zwischen der unangenehmen Aufgabe und
zwischen der Strafe. Es entsteht eine Konfliktsituation. Ein Konflikt liegt vor,
sagt Lewin, wenn gleichzeitig entgegengesetzt gerichtete, dabei aber gleich starke
Kräfte auf das Individuum einwirken. Die Strafandrohung schafft eine solche
Konfliktsituation. Daraus ergibt sich, daß das Kind versuchen wird, unter Ver-
meidung der Aufgabe wie der Strafe „aus dem Felde zu gehen". Das kann am
einfachsten im körperlichen Sinne des Wortes geschehen als ein Weglaufen,

Sich-Verstecken. Wollen die Erzieherpersonen dies verhindern, so müssen sie außer den Strafandrohungen irgendwelche Maßnahmen treffen, die es dem Kinde unmöglich machen, „aus dem Felde zu gehen". Der Erwachsene muß irgendwelche Barrieren schaffen, die eine solche Flucht verhindern, also das Kind etwa einsperren. In der Regel ist die Barriere jedoch soziologischer Natur: „Es sind die Machtmittel, die der Erwachsene kraft seiner sozialen Stellung und der innerern Beziehung zwischen ihm und dem Kinde besitzt, welche die das Kind rings umgebende Barriere ausmachen. Eine solche soziale Barriere ist nicht minder real als eine physikalische." Mit Recht stellt Lewin fest, daß diese Barrieren, die die Freiheit des Kindes begrenzen, eigentlich stets da sind. Denn der Lebensspielraum des Kindes ist ja an sich begrenzt. „Der Machtbereich des einzelnen Erwachsenen und vor allem der Organisationen der Erwachsenen, die das gesellschaftliche Leben beherrschen, ist übermächtig und pflegt den Lebensspielraum des Kindes vollkommen zu umschließen." Dieser Umstand macht es erklärlich, daß manchmal, wenn das Kind freiwillig, also ohne Strafandrohung, ohne Barrieren, die Ausführung unangenehmer Aufgaben übernimmt, es in Wirklichkeit trotzdem in einer Zwangssituation stecken kann. Wenn man von den Fällen absieht, wo das Kind aus Liebe zu dem Erwachsenen die Handlung ausführt, kann man sicher sein, daß es unter einer unausgesprochenen Strafandrohung steht. Die Macht des Erwachsenen und seine Strafandrohungen haben den Lebensspielraum des Kindes so durchsetzt, daß dem Kinde jede Bewegungsfreiheit fehlt. In einem solchen Falle bedarf es keiner besonderen Strafandrohungen, um das Kind gefügig zu machen.

Nachdem Lewin die allgemeinen Eigenheiten der Topologie und die Feldkräfte der Strafsituation besprochen hat, erörtert er die Möglichkeiten tatsächlichen Verhaltens, die für das Kind in einer solchen Situation bestehen. Die erste Möglichkeit ist, daß das Kind durch die Strafandrohung dazu gebracht wird, die gestellten Forderungen zu erfüllen. In dem Augenblick, in dem das Kind es auf sich nimmt, die Aufgabe zu erledigen, kann die Situation sich ändern, das Kind kann sich mit der vorher abgelehnten Beschäftigung befreunden. Ein anderer Ausweg öffnet sich für das Kind, wenn es die Strafe auf sich nimmt. Freilich eröffnet die Annahme der Strafe oft doch keinen Weg ins Freie, nämlich dann nicht, wenn die Erzieherpersonen trotzdem auf der Ausführung der Aufgabe bestehen. Die Strafsituation kann zu einem Kampf gegen den Erwachsenen führen, die Strafandrohung schafft eine Situation, in der sich Kind und Erwachsener als Feinde gegenüberstehen. Das Aus-dem-Felde-Gehen braucht nicht als Durchbruch durch die Grenzen der Strafsituation zu erfolgen, sondern kann sich auch als eine Abkapselung des Kindes oder in der Form der Trotzreaktion äußern. Endlich kann es beim Kinde unter dem Druck der Strafandrohung zur Flucht in die Irrealität (Tagträume) oder zum Affektausbruch kommen. „Sind die gegeneinander gerichteten Vektoren, die die Konfliktsituation beherrschen, sehr stark, so kann, . . . als Auswirkung der Spannungslage eine diffuse Entladung, d. h. ein Affektausbruch zustande kommen."

Vergleicht man die Strafandrohung mit der Situation, in der eine in Aussicht gestellte Belohnung das Kind zu der Ausführung einer unangenehmen Aufgabe veranlassen soll, so ergeben sich strukturelle Übereinstimmungen und Verschiedenheiten. Das Kind sieht sich wiederum einer Aufgabe mit negativem Aufforderungscharakter gegenüber. Es wird versucht, diesen durch einen positiven Aufforderungscharakter, nämlich die Belohnung, zu überwinden. Das Kind befindet sich wiederum in einer Konfliktsituation, es wirken zwei annähernd gleich starke, entgegengesetzt gerichtete Feldkräfte auf es ein. Auch hier fehlt die „natürliche Teleologie", die spontane Lockung durch das Ziel, die für die Interessensituation charakteristisch ist. Auch bei der Lohnsituation ist es notwendig, Barrieren so zu errichten, daß der Zugang zum Lohn nur durch die Aufgabe hindurch möglich ist. Andernfalls würde das Kind den Versuch machen, das lockende Ziel, etwa die Näscherei, zu erreichen, ohne die Aufgabe zu erfüllen. Der Unterschied ergibt sich daraus, daß beim Versprechen des Lohnes die Bewegungsfreiheit des Kindes im ganzen nicht eingeschränkt wird. Es fehlt hier jener Zwangscharakter, den die Strafsituation mit sich bringt.

Zum Schluß stellt Lewin die pädagogisch wichtige Frage, welche Wege einzuschlagen wären, um ohne Lohn und Strafe das gewünschte Verhalten bei dem Kinde herbeizuführen. Eine solche Möglichkeit besteht durch das Erwecken eines Interesses, durch das Erzeugen einer Neigung. „Das Interesse für einen bisher nicht interessierenden Gegenstand oder ein Verhalten kann auf mannigfache Weise geweckt werden, z. B. durch ein Vorbild, dadurch, daß man die Aufgabe in einen andern Zusammenhang hineinstellt ... und durch ähnliches mehr. Nicht selten hängt das Interesse an einem Gegenstand an der Person eines bestimmten Lehrers."

Es ist im Rahmen dieses Referates nicht möglich, auf die wichtigen methodologischen Fragen einzugehen, die diese Arbeit aufwirft. G. Gerö (Berlin)

Lunk, Georg: Die Stellung der Assoziation im Seelenleben. Ein Beitrag zur Krise der Psychologie. Leipzig, J. Klinkhardt, 1929. 163 Seiten.

Nach gründlicher Studie und Kritik der einschlägigen Literatur — ohne Eingehen in die Probleme der „freien" Assoziation im Sinne der Psychoanalyse — wird die eigene Stellungnahme entwickelt. Erinnerungsfähigkeit und Verähnlichungsfähigkeit bilden die zwei Prinzipien der Assoziabilität. Diese seien nicht mechanische Gesetze, sondern Determinationen, in welchen in gewissem Spielraum auch das Unbewußte mitsprechen darf. Das Prinzip der Verähnlichung soll die Kernarbeit der Seele darstellen. Von einer anderen Seite her wird dasselbe folgendermaßen entwickelt: Statt der Assoziationsgesetze sei eine regulative Dynamik des Seelenlebens anzunehmen, die Dynamik der „inneren schaltenden und umschaltenden, aufbauenden und verdrängenden (Freud!), entgegen- und widerstrebenden Faktoren im ‚Schaltwerk' nicht nur ‚der Gedanken', sondern der subjektiv-persönlichen Tendenzen und Richtungslinien überhaupt..." Soweit wird von der Psychoanalyse nur Gutes ausgesagt, doch der psychoanalytische Begriff der Libido solle von seiner einseitigen Sexualbetontheit befreit werden. Dann könne sie als oberstes Kriterium der Seelendynamik gelten.

I. Hermann (Budapest)

**Maidl, Franz: Die Lebensgewohnheiten und Instinkte staaten-
bildender Insekten. (Lieferung 1; 4 Bogen.) Wien, Fritz Wagner, 1933.**

Dieses auf zwölf Lieferungen angelegte Werk stellt eine Neuerung in der
systematischen Ordnung des biologischen Materials dar, die berufen ist, die für
die psychologische Forschung so wertvollen Lebensäußerungen niederer Tiere
den psychologisch interessierten wissenschaftlichen Kreisen besser als bisher zugänglich zu machen. Das Material wird nämlich nicht nach Tiergruppen geordnet,
sondern die Ordnung geschieht nach eingangs definierten Instinktgruppen.
Das ermöglicht dem Leser, sich aus der Fülle des sehr unmittelbar dargestellten
Materials den Gruppenbegriff gehaltvoll zu machen. Entsprechend dieser Grundtendenz des Werkes vermeidet der Verfasser weittragende theoretische Aus-
einandersetzungen über den Instinktbegriff, wie sie heute in der biologischen
Literatur üblich sind. Er zieht auch mit Recht den an das Gegebene unmittelbar
anschließenden Begriff der Instinkthandlung vor, da ein Beweis für die Existenz
eines hinter diesen Handlungen liegenden Instinkts nicht zu erbringen sei.

G. Bally (Zürich)

**Man, vol. XXXII, Jänner-Dezember 1932. (Diskussion über die Unkenntnis
des Zeugungsvorganges bei den Primitiven.)**

Die durch Jahre geführte Diskussion über die bei den Trobriandern verbreitete Theorie der Befruchtung wird mit unverminderter Heftigkeit fortgesetzt. Malinowski (Pigs, Papuans and Police Court Perspective, Februar 1932)
antwortete auf die Kritik Rentouls (Man, 1931, S. 162) und beklagt sich, man
habe ihm die Meinung unterschoben, daß „die Trobriander über die Physiologie
der Zeugung völlig unwissend seien". Seine wirkliche Meinung ist, daß „eine
beiläufige Vorstellung über eine Beziehung zwischen Sexualverkehr und Schwangerschaft bei ihnen bestehe, nicht aber eine wie immer geartete Vorstellung über
den Anteil des Mannes an dem im Leibe der Mutter sich bildenden neuen
Lebewesen". Perry greift die gleiche Frage auf und führt Beispiele theologischer
Theorien über die Elternschaft bei Völkern an, die die wirkliche Ursache der
Fortpflanzung sehr wohl kennen. Er nimmt an „daß die Trobriander Kenntnis
von den physiologischen Verhältnissen bei der Fortpflanzung haben, daß aber
bei ihnen ein Konflikt bestehe zwischen gesundem Menschenverstand und
Tradition." Hornblower vermutet, daß der bei den Trobriandern herrschende
Glaube über die Herkunft der Kinder einer älteren Schichte im Denken an-
gehört, welche bei den Ahnen eines großen Teils der Menschheit verbreitet war.

Rev. T. Cullen Joung weist auf einige unterhaltende Angaben in den
Rezeptbüchern der „drei Medizinmänner im nördlichen Nyassaland" hin. Da
diese Rezepte einige Hinweise auf die Angstvorstellungen enthalten, unter denen
man dort leidet, ist es interessant hervorzuheben, daß sich eine große Anzahl
der Vorschriften auf sexuelle Schwierigkeiten beziehen. Einige Beispiele: „Um
die Männlichkeit wieder herzustellen", „Um nach dem Verkehr mit einer
menstruierenden Frau Schaden zu vermeiden", „Um Vertraulichkeiten: a) mit
einem Mädchen, b) mit einer Frau geheimzuhalten" u. a. m.

Die Aprilnummer enthält einen kurzen Überblick über Glovers Aufsatz „Common Problems in Psycho-Analysis and Anthropology" (März 1932). Danach vermutet Glover, daß die Ethnologen imstande wären „verschiedene Stammes-organisationen je nach dem Gleichgewichtsanteil psychotischer, neurotischer und realitätsgerechter Reaktionsweisen zu gliedern" und so interessante Parallelen zwischen individueller und sozialer Entwicklung aufzuzeigen vermöchten.

In der Dezembernummer beschäftigte sich Rentoul neuerlich mit der an-geblichen Unkenntnis der Abstammung vom Vater bei den Trobriandern und führt dabei folgende höchst kennzeichnende Legende an: „Die junge Ilouma wünschte sich ein Kind; sie schlief in einer Kalksteinhöhle ein. Der Stalaktit, der unter dem Namen Kaibua bekannt ist, begann von oben her auf sie herab-zutropfen und das Kalkwasser (Litukwa) drang in ihren Schoß; sie wurde geschwängert und gebar ein männliches Kind, Tudava, der späterhin eine be-rühmte Sagengestalt wurde. Noch heute wird diese Geschichte von alten Männern erzählt, und jener Stalaktit gilt als phallisches Symbol. Hervorzuheben ist, daß bei der mündlichen Überlieferung der Sage aller Nachdruck auf den Umstand gelegt wird, daß das Kalkwasser Litukwa die Ursache der Schwangerschaft war. „Offenbar", meint Rentoul, „weist dieser letztere Umstand auf mehr hin, als auf eine beiläufige Vorstellung von der Verbindung zwischen Sexualverkehr und Schwangerschaft."   R. Money-Kyrle (London)

Merkel, Rudolf Franz: Christentum und Sexualethik. Eine Auseinandersetzung mit Gegenwartsfragen. Aus der Welt der Religion. Religionswissenschaftliche Reihe, Heft 19. Gießen, Alfred Töpelmann, 1932. 48 Seiten.

Der Verfasser bemüht sich um die Vertiefung in der wissenschaftlichen Be-handlung seines Gegenstandes durch ein sehr umfassendes Studium der modernen Psychologie und Psychotherapie. Leider fällt bei diesem Studium die Berück-sichtigung der Psychoanalyse so gut wie ganz unter den Tisch: wo der Verfasser die Psychoanalyse erwähnt, geschieht das in einer Weise, aus der man ersieht, daß er sie nur aus Darstellungen von zweiter und dritter Hand kennt.   C. Müller-Braunschweig (Berlin)

Prinzhorn, Hans: Persönlichkeitspsychologie. Entwurf einer bio-zentrischen Wirklichkeitslehre vom Menschen. „Wissenschaft und Bildung", Nr. 283. Leipzig, Quelle & Meyer, 1932. 119 Seiten.

„Da die vorliegende Schrift im wesentlichen auf der neuen Wirklichkeits-lehre vom Menschen aufbaut, die wir Klages verdanken" (S. 109), sehen wir uns eigentlich genötigt, erst die Lehre von Klages zu erörtern, um der Arbeit Prinzhorns ganz gerecht werden zu können. Da diese aber in der Sammlung „Wissenschaft und Bildung" erschienen ist, die allgemeinverständliche Einzel-darstellungen aus allen Gebieten des Wissens bringt, liegt es nahe, anzunehmen, daß die Arbeit auch aus sich heraus verständlich sein dürfte.

Prinzhorns „Entwurf", der auf 119 Seiten das „Kernstück der menschlichen Person" zu zeichnen versucht, ist aus einem Vortragszyklus im Winter 1928/29 hervorgegangen und trägt auf Grund einer weitläufigen Belesenheit des Autors eine Menge Namen und Anschauungen zusammen, die sich schließlich um Klages scharen.

Der Darstellung gehen sieben Leitsätze voraus, die die wichtigsten Prinzipien der Untersuchung darlegen (S. 1). Dann skizziert Prinzhorn die allgemeinen Gesichtspunkte seiner Wirklichkeitslehre (S. 3). Die Grundlagen seines „biozentrischen Denkens" findet er in der Lehre vom Urphänomen, die wir von Goethe her kennen (S. 19), und sucht dann dem Wesensunterschied zwischen Mensch und Tier beizukommen (S. 30). Zur Erfassung der „geistigen Person" geht er von Anschauungen v. Uexkuells aus (S. 51) und schildert die Menschheitsentwicklung in acht „Stufen des Personsseins" (S. 65). Schließlich faßt er die gewonnenen Gesichtspunkte in verschiedenen Schemata zusammen, die das „Doppelantlitz" des Menschen tatsächlich kompliziert genug erscheinen lassen (S. 91). Ein Hinweis auf die praktische Anwendung seiner Ergebnisse, die eine „Anweisung Klages" enthalten, schließt die Arbeit (S. 116).

Der Drang des Autors, ins Allgemeine zu gehen, liegt wohl in der Anlage der Arbeit selber, ob er aber so ganz des Logos entraten kann, wie er in seiner Kontroverse Logos-Bios annimmt (S. 52), wird wohl zweifelhaft bleiben. Denn schließlich liegt es in der Aufgabe des Forschers, das dichterisch Geschaute den strengen Gesetzen des Denkens zu unterwerfen, wie Freud empfiehlt.

Freud selber kommt nur in sehr mißverständlicher Weise zum Worte. Prinzhorn legt ihn auf einem „rationalistischen Triebrealismus" fest (S. 96) und übersieht, daß eine Menge Begriffe, die dauernd in der Arbeit wiederkehren, ohne Freud einfach nicht zu denken sind. Einmal erwähnt er die „ärztlich-psychoanalytischen Erfahrungen Freuds" (S. 80), nennt ihn allerdings unter den „Begründern der neuen Menschenkunde", aber „nur mit starken Einschränkungen" (S. 51). Schließlich polemisiert er „zur Abweisung der Geschichtsfälschung, die seitens des Psychoanalytikerkreises immer wieder begangen wird, indem man Freud ein Verdienst beilegt, das in erster Linie Goethe gebührt" (S. 66).

Trotz vielfacher Berufung auf Goethe lassen aber Wendungen wie „das erste Sichrecken unseres arischen Bauerntums gegen die rassenfremde Weltanschauung und Religion eines Jahwe und Christus" (S. 79) oder ein Hinweis auf den „um Weisheit bemühten, gegen rationalistische Flachheit gefeiten reifen Europäers der freilich sehr selten vorkommt" (S. 90), es tatsächlich fraglich erscheinen, ob Goethe sein „Ur-Bild" wieder erkennen würde.   Ph. Sarasin (Basel)

Raiga, Eugène: L'envie. Son rôle social. Paris, Felix Alcan, 1932. 268 Seiten.

Der Autor dieses Buches hat sich bisher im wesentlichen mit staatsrechtlichen Fragen befaßt und tritt mit dieser Arbeit zum ersten Male als Soziologe vor die breitere Öffentlichkeit. Die Rolle des Neides im Zusammenleben der

Menschen wird vorgeführt und als Neid in der Familie, zwischen Freunden, in
Klein- und Großstadt, bei den verschiedenen Berufsständen — deren Reigen
Rechtsanwälte und Ärzte eröffnen, Politiker und Kirchenmänner schließen —
lebhaft und unter Vorführung zahlreicher Beispiele abgehandelt. Die Arbeit
bleibt rein phänomenologisch, geht nirgends auf tiefere psychologische Zusammen-
hänge ein und ist für den Psychoanalytiker dort besonders enttäuschend, wo
der Autor über den Ursprung des Neides handelt. Wenn im Eingangskapitel
Genése de l'envie die Unterschiede von Stand, Rang und Vermögen für die
Entstehung des Neides verantwortlich gemacht werden, so erscheint uns diese
Begründung doch reichlich oberflächlich, zum mindesten frei und unbeschwert
von jeder psychologischen Einsicht. Die Frage, warum den einen die sozialen
Unterschiede zum Neid veranlassen, den andern nicht, wird gar nicht aufge-
worfen. Unnötig zu sagen, daß der Autor von der Psychoanalyse kein Wort
erwähnt, obgleich F r e u d im Kapitel IX seiner Arbeit: Massenpsychologie und
Ich-Analyse (Ges. Schriften, Bd. VI, S. 320 ff.) über die Entstehung des Neides
Bemerkungen gemacht hat, deren Kenntnisnahme für Raigas Vorhaben gewiß
recht nützlich gewesen wäre. — Abgesehen von diesen Beschränkungen in der
Richtung der Tiefe ist auch der räumliche Umkreis der Erscheinungen recht
eng gezogen: die Welt, aus der das Buch entstand und die es im Auge hat,
ist im wesentlichen die Welt der Pariser Salons, deren typische Vertreter für
diese Phänomenologie des Neides Modell gestanden haben.

                                                    F. S c h o t t l a e n d e r (Stuttgart)

R a n k , O t t o : E r z i e h u n g u n d W e l t a n s c h a u u n g . Eine Kritik der
psychologischen Erziehungsideologie. München. Ernst Reinhardt. 1933.
183 Seiten.

    Otto Rank unternimmt in diesem Buch eine „Untersuchung der psycho-
analytischen Ideologie auf ihre pädagogische Tragfähigkeit". In ziemlich aus-
gebreiteten Exkursen, die vor allem von soziologischen Gesichtspunkten aus unternommen werden, gelangt der Verfasser dahin, die Sexualerziehung des
Kindes, als die ihm die psychologische, respektive analytisch eingestellte Erziehung des Kindes erscheint, zu verurteilen. Vor allem deshalb, weil die Er-
streckung der Erziehung auf die Sexualsphäre sich als „tiefer Eingriff in die
persönliche Freiheit des Individuums" erweise. Die Sexualität sei das einzige
Gebiet, das dem Individuum gleichsam zur Selbsterziehung und Selbstentwicklung
überantwortet sei, und das Kind wache mit offenem Widerspruch oder geheimem
Widerstand darüber, daß ihm diese einzige Sphäre der Selbstverwaltung nicht
entzogen und wie alles andere „sozialisiert" werde. Es sei in diesem Widerstand der Abwehrkampf des Individuums gegen die Kollektivisierung ausgedrückt.
Dabei meint Rank, gegen die Anerkennung der infantilen Sexualwünsche durch
die Gesellschaft, zumindest durch die analytisch orientierte Gesellschaft, auftreten zu müssen. Er übersieht dabei, daß er damit bereits offene Türen ein-
rennt, daß die Phase der erzieherischen Triebbejahung, durch die eine analytisch
orientierte Erziehungswissenschaft aus der Erkenntnis der überragenden Bedeutung

der kindlich-sexuellen Triebkräfte für die Neurosendynamik hindurchgehen mußte, bereits der Vergangenheit angehört. Seine Polemik gilt einer vergangenen Periode der analytischen Pädagogik; die Erkenntnis des Ichs und seiner Beteiligung am neurotischen Prozeß, wie an der Sexual- und Realitätsbewältigung, hat vor geraumer Zeit bereits dazu geführt, daß einseitig sexualbejahende Erziehungsmaximen von der analytischen Pädagogik verlassen wurden. Wir wissen längst, daß eine Erstarkung des Ichs die beste Neurosenprophylaxe ist, und der Irrtum, die Neurose allein durch Freigabe der Triebkräfte, die an ihrer Genese beteiligt sind, verhüten zu wollen, lag vor Ranks Kritik hinter uns.

Rank aber benützt diesen nun nicht mehr zutreffenden Anlaß dazu, gegen die analytischen Erkenntnisse generell zu Werke zu gehen. Man spürt diese Absicht durch das ganze Buch als Hintergrund seiner Ausführungen. Auch die Verteidigung der Religion, die für ihn „kollektive Nahrung" bedeutet, ist ihm als Mittel für diesen Zweck nicht zu schlecht. Er findet, daß die sexuelle Wißbegierde des Kindes eigentlich auf tiefere Probleme hinzielt und daß die Fragen der Kinder philosophische und religiöse Probleme der Menschenherkunft betreffen, die wir nur fälschlich in der naturwissenschaftlichen Sprache unserer Sexualbiologie und -psychologie beantworten. „Die religiöse Lösung war jedenfalls um soviel befriedigender, weil sie das Unerkannte zugibt, ja als das Wesentliche anerkennt, anstatt ein Allwissen vorzugeben, das wir nicht besitzen. Außerdem ist die Religion auch trostreicher, wir würden sagen therapeutischer, weil sie mit dem Zugeständnis des Unerkennbaren auch Raum läßt für allerlei Hoffnung, daß es doch nicht so trostlos sei, wie es scheint."

Im Zuge dieser kämpferischen Absicht gegen die Analyse liegt es, wenn Rank schließlich auch noch den Ödipuskomplex soziologisch und kollektivistisch mißdeutet. In der Ödipuseinstellung wünsche der Knabe nicht seine Mutter an sich und lehne nicht seinen Vater an sich ab, sondern er lehne den Vater als Vertreter der Sexualideologie ab und begehre die Mutter, um das Weib zur Mutter seiner Kinder zu machen, die er damit anerkennt. Die Mutterbeziehung sei der Ausdruck des gattungsmäßigen Sexual-Ichs, die Vaterbeziehung der Ausdruck des individuellen Seelen-Ichs.

Die Ausführungen Ranks sind auch dort, wo sie sich nicht bemühen, klare Tatbestände zum Zwecke der Mißdeutung zu verdunkeln, undurchsichtig und gewunden, die Lektüre des Buches dadurch wenig genußreich. R. Sterba (Wien)

Schulze-Maizier, Friedrich: Deutsche Selbstkritik. Probleme der nationalen Selbsterkenntnis im neueren deutschen Schrifttum. Berlin, Lambert Schneider, 1932.

Die inhaltlichen Darlegungen dieser Schrift wie ihre nationalpädagogischen Absichten können in dieser Zeitschrift nicht gewürdigt werden. Vielmehr ist hier nur interessant, an dieser Arbeit als einem weiteren Beispiel festzustellen, wie sich die Geisteswissenschaften heute zu unserer Wissenschaft einstellen. Auf Seite 132 führt der Verfasser aus: „Die Ergebnisse der neueren Tiefenpsychologie sind nachgerade so weit gediehen, daß die literarwissenschaftliche Forschung

kaum mehr an ihnen vorbeigehen darf . . ." In den Ausführungen, insbesondere
über Hölderlin (in dem Kapitel: Gekränkte als Kritiker), deutet Schulze das
traurige Schicksal des Dichters und seinen späteren Wahnsinn „tiefenpsycho-
logisch". Er weist auf des großen Schwaben starken Narzißmus hin und hebt
richtig die aggressiven Tendenzen hervor, die im allgemeinen für die Außenwelt durch Melancholie verkleidet waren, gelegentlich aber in Gewaltakten kraß
nach außen sich entluden. Wer die grundsätzlich menschenblinde „Forschungs"-art
der älteren Literarwissenschaft kennt, freut sich über solche Belege wachsender
Aufgeschlossenheit. Im einzelnen ist jedoch das psychologische Material der
Schrift nicht ausreichend, um den Standort des Verfassers, der einem psychologischen Eklektizismus zu huldigen scheint, genauer auszumachen.

E. Roellenbleck (Darmstadt)

Servadio, Emilio: Otto sedute col medium Erto. Estratto dalla
Rivista «La Ricerca Psichica». Roma 1932. XI. 66 Seiten. Parte riservata.
8 Seiten.

In der vorliegenden Broschüre werden die Ergebnisse von acht Sitzungen
mitgeteilt, die mit dem neapolitanischen Medium Pasquale Erto im Frühjahr 1932
in Rom abgehalten wurden. Den Sitzungen wohnte auch der Psychoanalytiker
Dr. Edoardo Weiss bei. Es wurden unter Bedingungen und Kautelen, die
eine normale Erklärung ausschließen sollen, Lichterscheinungen, telekinetische
Phänomene, solche der Durchdringung der Materie (ähnlich wie der bekannte
Zöllnersche Versuch mit den beiden Holzringen), „direkte Stimmen" und
andere Phänomene beobachtet. Dr. Servadio macht im Sonderheft einige
psychoanalytische Bemerkungen über den den medialen Phänomenen zugrunde-
liegenden psychologischen Mechanismus; die Frage nach den biologischen
oder „metabiologischen" Agenzien wird dadurch natürlich nicht geklärt. Der
Autor vermutet bei der Mehrzahl der Phänomene Selbstbestrafungstendenzen,
die einem unbewußten Schuldgefühl entspringen. Naturfixierung, passive Sohnes-
einstellung, Masochismus usw. werden zum Verständnis herangezogen; die eine
oder andere hier nicht erwähnte Deutung erscheint allerdings ziemlich unbewiesen. *Ceterum censeo medium esse analysandum*, wenn ich auch mit Servadio
einig gehe, daß in diesem Falle die medialen Kundgebungen vielleicht zum
Stillstande kommen würden.

A. Winterstein (Wien)

IMAGO

ZEITSCHRIFT FÜR PSYCHOANALYTISCHE PSYCHOLOGIE, IHRE GRENZGEBIETE UND ANWENDUNGEN

| XIX. Band | 1933 | Heft 3 |

Abschiedsworte an Sándor Ferenczi

Von

Max Eitingon
Berlin

Gesprochen in der Ferenczi-Gedächtnisfeier der Deutschen Psychoanalytischen Gesellschaft in Berlin am 13. Juni 1933

Liebe Kollegen und Kolleginnen!
Verehrte Anwesende!

Die Nachricht, die uns vor drei Wochen plötzlich traf, Sándor Ferenczi sei gestorben, erschütterte uns deshalb so besonders tief, weil sie uns einer Hoffnung endgültig beraubte, die wir trotz banger Sorge und schmerzlicher Trauer seit dem vorigen Kongreß, im September 1932, noch innigst hegten, die Hoffnung, daß Ferenczi doch noch gesund und in alter Anteilnahme an unser aller Arbeit führend in unsere Reihen zurückkehre. Wir Älteren hatten nämlich in Wiesbaden mit Kummer entdeckt, daß manche beunruhigende Zeichen und Nachrichten aus der Ferne nicht getrügt hatten, daß ein körperlich schwer kranker und uns verlorengehender Mensch dort vor uns stand. Unendlich schmerzlich war uns die Notwendigkeit, darauf zu verzichten, Ferenczi die Präsidentschaft unserer Psychoanalytischen Vereinigung zu übertragen, ihm, dem Ältesten unserer engsten Brüdergemeinschaft in Freud, ihm, dem die Idee der Gründung der Internationalen Psychoanalytischen Vereinigung ihre Entstehung verdankt. Ferenczi gehörte zu der Gattung von Analytikern, die das, was ihnen wissenschaftliche Überzeugung ist, als ihren Lebensinhalt auch lieben, und die das, was sie lieben, auch schützen wollen. Und wir, die wir die Internationale Psychoanalytische Vereinigung so wollen wie sie gedacht war und wollen, daß sie so sein soll, solange sie überhaupt ist, wollten und hofften, Sándor Ferenczi doch noch als Präsidenten der Internationalen Psychoanalytischen Vereinigung wiederzusehen.

Seine Krankheit, eine perniziöse Anämie, nahm aber nach anfänglicher Besserung einen deletären Verlauf, und nun sind wir durch ein unbarmherziges Schicksal endgültig um diese Hoffnung beraubt, und wer weiß, um wieviel mehr noch.

Stunden großer Trauer erwecken Erinnerungen an andere solche dunkle und viele andere feierlich-ernste, folgenschwere Momente, die deutlich die große Rolle beleuchten, die Ferenczi für uns gespielt hat, und besonders schweren, trauervollen Herzens spreche ich jetzt zu Ihnen über ihn, ich, den ein eigenwilliges Geschick dazu ausersehen hatte, in jenem analytischen Bruderkreise oft genug die Rolle eines Komplements zu dem älteren und größeren Bruder abzugeben in Sachen unserer Bewegung. Und ich liebte Ferenczi in erster Linie wegen seiner großen Liebe zu unserer Sache und dann wegen der tiefen Liebenswürdigkeit seiner Person. Allgemein erfreute sich Ferenczi neben der außerordentlich großen Wertschätzung, die er als psychoanalytischer Autor genoß, er ist wohl der Geschätzteste nach Freud selbst, einer ungewöhnlichen Beliebtheit. Es ist das etwas, was deutlich herausklingt aus der Verehrung für ihn, man muß nur genau hinhören, auch beim Lesen, wie man Ferenczi bei uns zitiert. Jedem Aufmerksamen dürfte dies sicher aufgefallen sein.

Jeder von Ihnen weiß, was Ferenczi war, was er uns wissenschaftlich bedeutet, und man wird es Ihnen heute in den wesentlichsten Zügen noch einmal zu vergegenwärtigen suchen. Aber es wird Sie gewiß interessieren, noch einige persönliche Daten über den so gut Bekannten zu erfahren, einige wenige auch aus seiner voranalytischen Zeit.

Ferenczi, dessen 60. Geburtstag wir jetzt zu feiern hätten, ist 1873 in Miskolcz, einer nordungarischen Provinzstadt, geboren worden. Sein Vater war Buchhändler, und es ist eine sehr hübsche Tatsache, daß die Begründer zweier sehr bekannter deutscher Verlage, Julius Bard sowie S. Fischer, bei seinem Vater gelernt hatten. Ferenczi studierte in Wien Medizin, kam 1897 als Dr. med. nach Budapest, wo er Assistenzarzt am St.-Rochus-Spital, und zwar an der Prostituiertenabteilung, wurde. Da schon hatte er sehr wesentliche Anregungen, sich mit Psychologie und Soziologie des Liebeslebens zu befassen. Seine wissenschaftliche Laufbahn begann er sehr bald mit klinischen Veröffentlichungen. 1900 kam Ferenczi als Sekundararzt an die neurologisch-psychiatrische Abteilung des Elisabeth-Armenhauses. Im Jahre 1904

erhielt er eine selbständige Stellung als Leiter des neurologischen Ambula-
toriums der Budapester allgemeinen Krankenkasse. 1905 wurde er zum Sachverständigen für Neurologie am Budapester Gerichtshof bestellt. Ferenczi
pflegte öfter zu erzählen, wie er in diesen Jahren zuerst auf die Traumdeutung und dann auch auf die Analyse des Vergessens von „Aliquis" in
der damaligen ersten Veröffentlichung der späteren „Psychopathologie des
Alltagslebens" in der „Monatsschrift für Neurologie und Psychiatrie" gestoßen
war und, vom Wert beider nicht beeindruckt, sie zur Seite legte. Sehr bald
darauf aber kam er, wie er mit dem ihm eigenen Humor beizufügen pflegte,
über die exakte Stoppuhr und die diagnostischen Assoziationsstudien mit
Jung in Berührung, und wie so mancher von uns Älteren, kam er über
Zürich nach Wien zu Freud. Das dürfte im Sommer 1907 gewesen sein.
Ferenczi behielt seine früher erwähnten Stellungen bis zur Gegenrevolution.
Damals zur Rechenschaft gezogen, warum er die ihm während der kurzen
Räteregierung angebotene Lehrkanzel für Psychoanalyse angenommen habe,
zog er sich ganz in die freie Praxis zurück.

1907 kommt also Ferenczi zuerst persönlich mit Freud zusammen und
gleich an diese erste Begegnung knüpft sich, wie Freud selbst berichtet hat,
eine lange intime Freundschaft an, in deren Betätigung Ferenczi im Herbst
1909 auf die einzige Reise Freuds nach Amerika mitging, die zu den Vorlesungen Freuds an der Clark-University in Worcester führte.

1908 treffen wir Ferenczi auf der I. privaten Psychoanalytischen Vereinigung (so hießen unsere ersten psychoanalytischen Kongresse) in Salzburg
und sofort gehört er da zu den sichtbarsten Figuren der nun anhebenden
psychoanalytischen Bewegung.

Der Bericht „Über die II. private Psychoanalytische Vereinigung in Nürnberg am 30. und 31. März 1910" aus der Feder Ranks verzeichnet ein Referat
von Sándor Ferenczi über die Notwendigkeit eines engeren Zusammenschlusses
der Anhänger der Freudschen Lehre und Vorschläge zur Gründung einer ständigen internationalen Organisation. Auf Grund eines summarischen Über-
blickes über den bisherigen Entwicklungsgang der Psychoanalyse hält damals
Ferenczi die Zeit zur Gründung einer Internationalen Psychoanalytischen Vereinigung für gekommen und unterbreitet dem Kongreß auch
einen dahingehenden Vorschlag sowie einen Entwurf für ein Statut der zu
gründenden internationalen Vereinigung. Der Vorschlag wurde gebilligt und
die Internationale Psychoanalytische Vereinigung nach Modifizierung des
Ferenczischen Statutenentwurfes konstituiert. Ferenczis ursprüngliches Motiv
zu dieser Gründung war die Abwehr gegen die Ächtung der Psychoanalyse

durch die offizielle Medizin. Dahinter war aber auch schon bei ihm die so unsagbar wichtige, ja wichtigere Aufgabe der Internationalen Psychoanalytischen Vereinigung deutlich, dem Analytiker selbst eine feste Plattform zu geben und Schutz vor Abgleiten und Regressionen.

Durch die periphere Lage Ungarns dem unmittelbaren Kontakt mit der sich damals lebhaft zu regen beginnenden noch kleinen Gemeinschaft der Internationalen Psychoanalytischen Vereinigung etwas entzogen, entfaltete Ferenczi in Budapest selbst in jenen Jahren bis zum Kriege eine sehr lebhafte Tätigkeit; er hielt unermüdlich Vorträge in Ärztevereinigungen und anderen Kreisen, organisierte Seminare, begann seit seiner ersten, 1908 erschienenen Arbeit „Zur Psychoanalyse der männlichen Impotenz" viel psychoanalytisch zu publizieren, sofort Aufsehen erregend in unserem Kreise. Die kleine psychoanalytische Gruppe, die sich vor zwanzig Jahren (am 19. Mai 1913) in Budapest gebildet hatte, unter Ferenczis Leitung, mit Radó als Sekretär, entfaltete ebenfalls eine sehr rege Tätigkeit, und einige Schüler Ferenczis aus jener Zeit sind, außer Radó und Hárnik, die Ihnen bekannten ungarischen Kollegen Pfeiffer, Hermann, Róheim und Hóllos.

Ferenczis analytische Schriften sind, wie schon gesagt, zu den bekanntesten und wertvollsten unseres Schrifttums zu zählen; sie haben die größten Anregungen ausgeübt. Es ist sicher allen Anwesenden gegenwärtig, wie ungewöhnlich imponierend reichhaltig und thematisch mannigfaltig sie sind. Die in der zu seinem fünfzigsten Geburtstag im Jahre 1923 herausgegebenen Festschrift sich findende Bibliographie seiner Arbeiten, die hundertachtunddreißig Nummern umfaßte, gibt ein sehr gutes Abbild von der rastlosen geistigen Arbeit dieses Kopfes, der voller Ideen und Bilder war. Schon die voranalytischen Schriften, genau dreißig an der Zahl, zeigen den allgemein-ärztlich und dann neurologisch eingestellten jungen Arzt, der sich schon lebhaft für Sexuologie und Psychologie interessiert. Besonders bemerkenswert erscheint unter ihnen eine Arbeit „Über die sensorische Region der Großhirnrinde" aus dem Jahre 1902 zu sein. Die Therapie hat ihn von Anfang an intensivst in ihren Bann gezogen, und er beschäftigte sich viel mit Hypnose.

Ferenczi schreibt sehr schön, meist klar und durchsichtig, oft tadellos in der Form, interessant und eigentümlich reizvoll, sehr persönlich, so als ob er spräche. Seine Vorträge pflegten meist zu den Höhepunkten unserer Kongresse zu gehören. Die Fülle der Einfälle sprengte nicht selten die Form, aber immer wieder blitzte Menschlich-Tiefes und Erwärmend-Humorvolles auf.

Ferenczis geistige Physiognomie ist am leichtesten in ihrer Gegenüberstellung zu der Karl Abrahams zu beleuchten. Wenn wir Abraham einmal den Klassiker der Psychoanalyse und ihrer Literatur genannt haben, so ist jetzt Ferenczi in einer eben erschienenen kurzen Würdigung (in der letzten Nummer der „Psychoanalytischen Bewegung") als der Romantiker der Psychoanalyse bezeichnet worden. So wenig erschöpfend die so typisierende Antithese: Klassiker — Romantiker an sich sein mag, so treffend ist sie hier. Und der Vergleich Ferenczi—Abraham lag uns immer nah. Waren doch das unsere Bedeutendsten. Und Freud selbst sagte in seinem so eindringlichen wie gemeißelten „Nachruf auf Abraham": „Unter allen, die mir auf dem dunklen Wege der psychoanalytischen Arbeit gefolgt waren, erwarb er eine so hervorragende Stellung, daß nur noch ein Name neben ihm genannt werden konnte." Den Namen Ferenczis wird unser Meister gemeint haben. So verschieden wie der Stil der beiden waren auch die beiden wissenschaftlichen Menschen selbst. Abraham scharfblickender Empiriker, unbestechlich induktiv, mit strengster Logik schließend, Schritt für Schritt hinaufklimmend, um dann weite Übersicht bietend von den erreichten Höhepunkten. Ferenczi ebenfalls subtilster Beobachter, mit wunderbarem Sinn für die verborgenen Zusammenhänge, fast ein Seher in Psychologicis. Aber auch prachtvoll schweifend in den kühnen Spekulationen seiner meist glücklich gebändigten wissenschaftlichen Phantasie (ich erinnere hier besonders an seinen „Versuch einer Genitaltheorie" und seine sonstigen psychobiologischen Gedankengänge). Für diese seine schöpferische Phantasie hängen Ferenczi besonders die dichterisch Veranlagten unter den guten Psychoanalytikern an. Lassen Sie mich hier nur Groddeck und Simmel repräsentativ nennen.

Es war eine sehr freundliche Fügung, die Ferenczi und Ahraham unserer Bewegung gleichzeitig schenkte. Wie kein anderes wissenschaftliches Tun, braucht unser psychoanalytisches die Verquickung, die Synthese beider Typen, des Romantikers und des Klassikers, die beides ja nur Hälften ihrer Einheit sind, die am Anfang der Analyse war und auch auf ihrem ganzen Weg ist: der Wesenheit Sigmund Freuds.

Ich wünschte, meine Worte wären jetzt mächtig genug, Sie für eine kurze Zeit in das Arbeitszimmer Professor Freuds zu versetzen und Sie einem Gespräch zwischen ihm und Ferenczi beiwohnen zu lassen. An einer leisen Äußerung Freuds entzünden sich Einfälle Ferenczis, weiteres Material enthaltende Repliken lassen verblüffende Folgerungen und gedrängteste Gedankenreihen wie glänzende Nebelstreifen aufwallen, die sich dann bald zu Planeten neuer Problemlösungen verdichten, bis eine Endbemerkung der

kristallklaren und herben Gedankenzucht des Professors Licht werden
läßt im Weltenraum der betreffenden Diskussion, Grenzen sichtbar werden
lassend und ungelöste Fragen, aber auch kostbarste Gedankenfunde dazwischen.

Der Romantiker Ferenczi äußerte sich natürlich auch im Lehrer Ferenczi.
Er, der größte Anreger unter den Analytikern, das hervorragendste und ver-
lockendste Vorbild, von dem alle so viel gelernt haben, hatte keine durchwegs reine Freude an dem systematischen Ausbau unseres Unterrichtswesens.
Er, der innerlich Rastlose, voller Gesichte und Ideen Steckende, hätte uns
am liebsten mit einem Minimum von Lehrsystem gesehen, wie ihm auch
die Internationale Psychoanalytische Vereinigung mit weniger oder ganz
ohne Statut besser gefallen hätte. Ein so wichtiges Instrument unseres Lehrens,
wie die Kontrollanalyse zum Beispiel, hatte nie recht seinen Beifall gefunden.
Er wollte unmittelbarer, direkter lehren und war ein unwiderstehliches
Modell. Wie auch die Sammlung seiner psychoanalytischen Aufsätze, seine
„Bausteine der Psychoanalyse" eine wirkliche eigene Lehranstalt der Psychoanalyse sind. Er, Ferenczi, erinnerte mich in dieser Beziehung immer an
die berühmten altchinesischen Malerbücher, die wirklich Malerakademien
zu ersetzen imstande gewesen sein sollen. Wunderbare Künstlergenerationen
haben aus ihnen so unvergleichlich gut malen gelernt.

Für die Technik seines Lehrens ein Gleichnis suchend, fällt mir der
Gärtner ein. Er holt Bestes, Erstaunlichstes aus seinen Pfleglingen heraus,
mitunter mit der Intensität von Gewächshausatmosphären, und die Schüler
wissen gut, wofür sie ihm so dankbar sind.

Und dieser liebevolle und geniale Gärtner-Lehrer — formte Heiler, weil
ihm selbst am Heilen so viel lag, am Wirken, am Bewirken der Veränderung als Kriterium des richtigen Denkens, am Verschwindenmachen des
Krankheitszeichens als gleichsam negativem Materialisationsphänomen der
Wahrheit. Ferenczi war einer der am ärztlichsten, am helferischsten Eingestellten unter den Psychoanalytikern, dafür wissen wir ihm besonders
heißen Dank. Ihm selbst aber hat dies noch in den letzten Jahren viel
Anstrengendes und Schweres gebracht, ihn mit dem ihm eigenen Mut
zurücksteigen lassend in verlassene Stollen therapeutischen Tuns und daraus
folgenden analytischen Denkens.

Ferenczi war ein ungemein liebenswürdiger Mensch. Er hatte jene Art
von Humor, dessen Quellwasser nach Güte schmeckt, und er hatte vor allem
sehr viel von jenem menschlichen Charme, jenem Zauber, mit dem auch
das Arztsein so viel leichter ist.

Für uns Berliner lag Budapest nie sehr weit weg. Nach dem Kriege rückte es immer näher, ja ein beträchtlicher Teil der Gruppe Ferenczis war seitdem immer hier bei uns; Ferenczi selbst Ehrenmitglied unserer Vereinigung. Nach Abrahams Tod dachte er vorübergehend daran, hierher zu uns zu übersiedeln. Jetzt, wo so viele Mitglieder unserer Gesellschaft uns verlassen, ist auch er, am weitesten, fortgegangen. Unser dankbares Gedächtnis wird die Ferne überbrücken, sein Bild bleibt, uns im Herzen und hier im Raume, wo sein Name so oft erklingt.

Gedenkrede für Sándor Ferenczi

Von

Ernst Simmel

Berlin

Gesprochen in der Trauersitzung der Deutschen Psychoanalytischen Gesellschaft in Berlin am 13. Juni 1933

Meine Damen und Herren! In dieser Stunde, in der wir uns schmerzlich auf die Tatsache besinnen müssen, daß der schöpferische Quell aus Sándor Ferenczis Schaffen für die Psychoanalyse als Wissenschaft, als praktische Heilkunde, als Bewegung versiegt ist, übersteigt es das Vermögen eines Einzelnen, Ihnen den vollen Umfang des Werkes zu zeichnen, das von einer so überragenden und fesselnden Persönlichkeit uns als Vermächtnis hinterlassen wurde. — Sein Gesamtwerk ist ein Vermächtnis. — In dieser Tatsache liegt für uns Nachlebende Trost und Erhebung über die persönliche Trauer um den Verlust eines so gütigen und liebenswürdigen Menschen. Sein Werk ist für uns ein Vermächtnis — das will sagen: es ist die große leidenschaftliche Willenskundgebung eines Mannes, den wir als Führer liebten und der nun uns die Pflicht auferlegt des Weiterwirkens im Lebendigen auf Wegen, die er uns gewiesen hat. Alles, was er geschaffen hat, ist ja aus dem Leben gewonnen und nur für das Leben, für das Wirken, für die Wirklichkeit gedacht. Wie kühn auch seine spekulative Phantasie immense Perspektiven erschloß — von der Psychoanalyse des einzelnen Kranken zur Sozietät der Gesunden, bis zur Menschwerdung der Art aus der Gattung des Gesamt-Tierischen, schließlich zur kosmischen Schau einer Bioanalyse des Lebendigen — immer blieb er dem Objekt verhaftet, d. h. dem Mitmenschen, dem Mitleidenden, dem Mitstrebenden, für den er aus der Überfülle seiner Gaben schuf und schenkte. Trotz der Großartigkeit aber seines inneren Reichtums überfiel ihn nie die Hybris des Wissensberauschten, wie es so manchem anderen der Männer erging, die in unmittelbarer Nähe des Schöpfers der Psychoanalyse, als erste mit ihm, Niegesehenes entdeckten und dabei allzu schnell verdrängten, daß Freud sie erst sehen gelehrt hatte. Ferenczi betrachtete seine Gesamtarbeit stets nur als eine einzige große Leistung des Dankes an unseren Meister. Von allen Mitarbeitern und Schülern Freuds ist er auch wohl der, dem die uns alle einende Identifizierung mit der Sache und mit der Person Freuds in glücklichster Synthese gelungen ist, nämlich in der unerhörten Sachlichkeit, die vor der eigenen Person nicht haltmacht, gepaart mit ständiger unerbittlicher Kritik an sich selbst.

Ferenczi hat trotz seiner genialen Fähigkeit, aus der Beobachtung des Einzelnen die Blickrichtung für die Totalität zu erschließen, niemals verfehlt, auch auf Lücken beziehungsweise die erst sich ergebenden Anfänge in seinen mehr systematisierenden Betrachtungen hinzuweisen. — Und mit dem Mut des unerschrockenen Forschers, der — weil selbstsicher — in unbekanntes Gebiet vordringen darf, weiß er auch noch genug des Wichtigen und Wissenswerten zu berichten selbst von Wegen, die sich nicht als gangbar zu dem erstrebten Ziele erwiesen. In der Umkehr von solchen Forschungsexpeditionen verriet er seine Bescheidenheit, wenn er seine Leistung dadurch zur Genüge gekennzeichnet glaubt, daß er meint in solchem Fall „Warnungstafeln angebracht zu haben, die anderen den Aufwand ersparen sollen, gleichfalls in die Irre zu gehen". — Ferenczi ist wie Freud als Schaffender Wissenschaftler und Künstler zugleich. Intuitiv Erschautes weiß er in übergeordnete Zusammenhänge einzuordnen, um sie in realer Okjektbezogenheit abzugrenzen. Und mit dem sprachlich plastischen Ausdruck, durch den er seine Gedankengänge uns sinnfällig zu vermitteln und so unser eigenes Denken und therapeutisches Handeln produktiv zu gestalten wußte, erwies er sich als Meister in der Kunst, „Autoplastik" in „Alloplastik" zu wandeln. — Es ist kein Zufall, daß ein Forscher, dessen psychoanalytisches Schaffen immer mit einem Ringen um die eigene Objektivität vergesellschaftet war, der Entdecker der für die Ichpsychologie so wichtigen „Entwicklungsstufen des Wirklichkeitssinnes" werden mußte. Durch sie gewann er auch, worauf ich noch zurückkommen möchte, die wissenschaftstheoretische Basis für die fundamentale Abgrenzung der psychoanalytischen Heilkunde gegenüber anderen Psychotherapien. — Der Weg zu Freud aber, von der psychiatrischen und neurologischen Schulmedizin zur Psychoanalyse, d. h. der Vorzeit seiner psychoanalytischen Ära, war für Ferenczi nicht so kurz und mühelos, wie er etwa heute für die jungen Adepten unserer Wissenschaft ist, denen ein Lehranalytiker mit eigenen Widerständen aufräumen hilft.

Im Jahre 1900 wurde Ferenczi bereits mit der Traumdeutung bekannt — ein Gefühl der Ablehnung aber ließ ihn seine Interessen doch noch für einen Zeitraum von acht Jahren im wesentlichen in der organischen Neurologie suchen. Er publiziert Arbeiten über „Anwendung des Morphins bei älteren Personen", über „Bradycardia senilis", über „Herderkrankung der rechten Hemisphäre", über Nervenkomplikationen bei einer Wirbelentzündung, über Bromismus, Tabes dorsalis, Labyrinthaffektion nach Fiebererkrankung — und auch über „Die Organisation des assistenzärztlichen Dienstes in den

Hospitälern"; dazwischen aber tauchen doch immer schon Arbeiten auf, die den späteren Ferenczi verraten. So 1900 über „Bewußtsein und Entwicklung", 1901 über „Die Liebe in der Wissenschaft", über „Lektüre und Gesundheit", 1902 eine Arbeit über Paranoia und eine über „Homosexualitas feminina", 1904 über den therapeutischen Wert der Hypnose, 1906 über hypnotische Suggestion. Im Jahre 1908 ist er dann endlich ganz bei Freud. — Und tief ergriffen von dem Neuland, das sich hier seinem Wirken im Dienste der neurotisch Erkrankten auftut, sehen wir ihn zunächst in den Fach- und anderen wissenschaftlichen Vereinen seiner Heimatstadt Budapest unermüdlich für Freud werben. Über die Erfolglosigkeit des praktischen Neurologen, dessen Patienten ja im wesentlichen neurotisch Kranke sind, spricht er sich in bitterer Ironie aus, nachdem er selbst das Beispiel zu produktiver Wendung gegeben hat. Die Tätigkeit des Neurologen für seine kranken Neurotiker ist ihm „bestenfalls eine gelungene schauspielerische Leistung". „Viele Ärzte mögen dabei glücklich sein; ich war nicht glücklich." Er war es nicht, weil er auch in der voranalytischen Zeit seine Kranken ernst nahm und mit der Bescheidenheit des Naturwissenschaftlers, dem alle Äußerungsformen des menschlichen Krankseins wichtig sind — sogar das, was der Kranke spricht —, in Geduld nicht nur zusehen, sondern auch zuhören konnte. In dem Kampf, den die Neurologen in Wirklichkeit gegen ihre Neurotiker führten, war er naturgemäß auf Seiten der Kranken und stimmte begeistert jenem Patienten zu, der auf den Vorwurf des Arztes: „Sie bilden sich ja bloß alles ein", erwiderte: „Warum bilden Sie sich denn nichts ein, Herr Doktor?"

Einmal ergriffen von der Tatsache, daß in der Psychoanalyse durch die Kraft der verbalen Beziehung zwischen Arzt und Patient sich wirklich Psychisches auf Psychisches auswirkt — wobei der Kranke allerdings im Gegensatz zu früherer Psychotherapie in erster Linie zum Worte kommt —, ist Ferenczi vielfach bemüht, im speziellen die anderen Scheinpsychotherapien zu bekämpfen, und zwar in der für ihn spezifischen Weise durch eine psychoanalytisch-kritische Untersuchung der Wirksamkeit beziehungsweise Unwirksamkeit der nun seit Freud antiquierten Methodik. — In der Arbeit „Glaube, Unglaube und Überzeugung" findet dieser Kampf gegen den ins Psychotherapeutische erhobenen Betrug am Patienten, aufgebaut auf einem Selbstbetrug des Arztes, seinen eigentlichen wissenschaftlichen Niederschlag. Er kann sich bei dieser Untersuchung auf seine bereits erwähnte so grundlegend wichtige Studie „Über die Entwicklungsstufen des Wirklichkeitssinnes" stützen. Im Verhältnis von Arzt und Patient kehrt das Verhältnis des Kindes zu seinen Eltern wieder; das Verhältnis des Arztes zu seiner Wissenschaft ist aber aus dem gleichen Grunde affektiv vom Unbewußten aus determiniert. — Auf das Studium der halluzinatorischen Allmacht und der magischen Wort- und Gebärdensprache verzichtet das Kind durch Projektion dieser Allmacht auf die Personen, von denen es abhängig ist, die es zu seiner Sicherheit braucht. Diese Persönlichkeiten repräsentieren die Wirklichkeit. „Wirklich ist das, was außer uns wirkt und sich unserer Sinneswahrnehmung aufdrängt, auch wo wir es nicht wollen". — So vermischen sich Glaube und Wirklichkeit. Die Enttäuschung aber in dem Glauben an die wirkliche Allmacht der Großen zeitigt nach der religiösen Phase des Realitätssinnes seine schmerzlichere Phase, nämlich die der wissenschaftlichen Erkenntnis. Die Enttäuschung, die man so als Kind in psychologischen, d. h. religiösen und sexuellen Dingen von seiten der Eltern erfahren hat, macht aus den Wissenschaftlern später auf ihrem Regressionswege skeptische Psychophoben. — Die materialistischen Wissenschaftler hängen daher am Unglauben, wie die Patienten derselben Epoche am Glauben. Die Ärzte drängen auf konkrete Beweise und wollen ihr Interesse nur auf das begrenzen, was man als „wirklich" wahrnimmt — auf Anatomie und Statistik. Sie überbetonen teils das Intellektuelle auf Kosten des Emotionellen im Unglauben und merken nicht, daß ihre Psychotherapie sich lediglich auf den Glauben ihrer Patienten stützt — das Hauptvehikel für die Wirksamkeit von Persuasion und Suggestion. Hierbei ist der Akzent wieder auf das Emotionelle zu Ungunsten des Intellektuellen verschoben. Glaube und Unglaube aber als integrierender Bestandteil einer wissenschaftlichen Erkenntnis oder auch eines therapeutischen Effekts ist nach Ferenczi stets ein Akt der Verdrängung, darum irrationell und trügerisch. Die tatsächliche Überzeugung aber, d. h. eine unparteiische Urteilsfällung psychologischen Tatbeständen gegenüber erwirbt man nur durch das eigene Erleben, d. h. durch die eigene Analyse, durch die der Wirklichkeitssinn von den Schlacken des Verdrängungsprozesses befreit wird. Das intellektuelle Interesse für die Sache wie die emotionelle Liebe zu ihr kommt dabei in realitätsgerechter Mischung zu ihrem Recht. — So hat Ferenczi bereits im Jahre 1913 der Forderung Freuds nach der eigenen Analyse des Analytikers wie seiner Kritiker von psychoanalytischer Seite her die wissenschaftstheoretische Basis geliefert.

Bei solcher Strenge der Kritik gegen Beruf und Berufung des Analytikers, die bei Ferenczi, wie gesagt, immer das Ergebnis auch einer Selbstkritik ist, ist es kein Wunder, daß er ein wachsames Auge auch gerade auf die unter seinen Gefährten hatte, die wie er im engsten Gefolge des Meisters als Führer in der Front der psychoanalytischen Bewegung schritten. Er bemerkte bei ihnen, sofern sie die Nähe der überragenden Größe Freuds nicht ertrugen, einen Mangel an analytischer Selbstzensur. Er bemerkte, wie solche Führer der Verführung der anziehenden Kräfte ihres eignen Unbewußten unterlagen und in regressiver Belebung infantiler Stufen ihres „Wirklichkeitssinnes" auch andere — Patienten wie Schüler — zu verführen trachteten durch moralisieren, belehren, prophetisieren (Jung) oder durch Einzwängung des ganzen neurotischen Seelenlebens „auf das Prokrustesbett einer einzigen Formel" (Adler), wobei hier das „wirklich" Anatomische (als Organminderwertigkeit) wieder eingeschmuggelt wurde. Mit der liebenswürdigen Ironie, die Ferenczi in seinen Kritiken so oft eigen ist, meint er: Viele Neurotiker sind selbstverständlich entzückt von der Adlerschen Lehre und ihren charakterologischen Feinheiten, finden sie doch in ihr ihre eigenen Ansichten über ihren Zustand — nämlich die falschen — wieder. Bei aller negativen Kritik ließ Ferenczi selbstverständlich niemals Blick und Achtung für das Positive und Große an der wissenschaftlichen Leistung der von ihm Kritisierten vermissen. Das beweist er in seiner ausführlichen Kritik an Jungs „Wandlungen der Symbole der Libido" und in besonders schöner Weise in seiner kritischen Auseinandersetzung mit James Putnam über „Psychoanalyse und Philosophie". Hier wie immer kommt es ihm darauf an, im kritischen Gefecht dahin zu wirken, Einflüsse abzuwehren, die die psychoanalytische Wissenschaft auf ihrem nach eigenem Gesetz laufenden Entwicklungsgang hemmen können. Im Kampf mit dem Gegner nimmt er aber gleichzeitig auch die Sache des Gegners selber wahr. Er schützt nämlich auch die Philosophie vor dem Psychoanalytiker Putnam, damit sie sich durch allzu voreilige Vermengung mit der Psychoanalyse nicht um ihre eigene Fortentwicklung gerade auch im neuen Licht psychoanalytischer Betrachtungsweise bringt.

Begabt mit einem wirklichen Sinn für Wirklichkeiten und einem entsprechenden Verantwortungsgefühl, bemerkte Ferenczi frühzeitig mit Besorgnis die Schwierigkeiten und Gefahren, die der Psychoanalyse aus dialektischer Notwendigkeit mit zunehmender Ausbreitung an ihren Randzonen, in Berührung mit der wissenschaftlichen Öffentlichkeit, erwuchsen. Seine kämpferische Art wie sein strategischer Blick ließen ihn erkennen, daß gegen solche Art von Gegnerschaft jeder Analytiker als Vereinzelter einen unfruchtbaren „Guerillakrieg" zu führen gezwungen sei und sich in der lächerlichen Rolle „von Friedensaposteln befinde, die für die Verwirklichung ihres Ideals Krieg führen". Dieser aufgezwungene Kampf, das erkannte er 1913 klar, verlangte zur Gegenwehr den organisatorischen Zusammenschluß der psychoanalytischen Arbeiter wie der psychoanalytischen Arbeit. Ein Vorwärtstreiben der psychoanalytischen Bewegung, eine Propagierung ihrer Erkenntnisse mit dem klaren Ziel der Neurosenprophylaxe konnte letzten Endes nur darin bestehen, daß unter einheitlich führenden Gesichtspunkten die Bekämpfung der Gegnerschaft durch Einsicht in ihre Motive ergänzt werde. So tritt Ferenczi im Jahre 1908 vor den Analytikerkongreß in Nürnberg mit dem Appell zur Gründung der Internationalen Psychoanalytischen Vereinigung. Und wiederum ist es charakteristisch für ihn, daß er diesen Antrag stellt auf Grund einer psychoanalytisch-wissenschaftlichen Kritik über den bisherigen Ablauf der psychoanalytischen Bewegung, über ihre Struktur wie über ihre bipolare Dynamik. In Anbetracht der zu gründenden Vereinigung aber versäumt er nicht, gleichzeitig eine wissenschaftliche Arbeit zu liefern über Psychogenese und Psychomechanik der allzu menschlichen Vereinsmeierei. Aber gerade weil Analytiker sich zusammenschließen wollen, sieht er eine solche Organisation nicht als hoffnungslos an. Er meint: „Die autoerotische Periode des Vereinslebens wird allmählich durch die fortgeschrittene der Objektliebe abgelöst werden, die nicht mehr im Kitzel der geistigen erogenen Zonen (Eitelkeit, Ehrgeiz), sondern in den Objekten der Beobachtung selbst Befriedigung sucht und findet." Den organisationsfeindlichen Analytikern aber wirft er vor, daß für sie als Schüler des Meisters die „heroische Phase" der psychoanalytischen Bewegung vorüber sei. Für den Kampf um unsere Sache sei es weder statthaft noch zweckdienlich, sich mit dem Entdecker Freud gerade in der Rolle des einsamen Streiters identifizieren zu wollen. Wen wird es wundern, daß Ferenczi mit seiner theoretisch-kritischen Untersuchung direkt in die praktische Realität einmündet und seine hochwissenschaftliche Untersuchung beschließt mit den Worten: „Ich beehre mich, einen Entwurf der Statuten der Vereinigung zu unterbreiten." — Auf Grund dieser Statuten wurden wir als Internationale Psychoanalytische Vereinigung das, was wir heute sind,

Bei dem ausgesprochenen sozialen Sinn, den Ferenczi von Anfang an als Ergebnis seiner Forschung betätigte, ist es uns verständlich, daß dieser seltene Mann sehr frühzeitig seine wissenschaftlichen Erkenntnisse in den Dienst ganz großer sozialer Probleme zu stellen suchte. So bemühte er sich, auf die Pädagogik im Interesse der Neurosenprophylaxe zu wirken. Schon 1910 veröffentlichte er eine Arbeit über „Psychoanalyse und Pädagogik". Diesem Thema blieb sein Interesse immer treu. 1922 gibt er in seinen

„sozialen Gesichtspunkten in der Psychoanalyse" einen wichtigen Hinweis
auf den Einfluß des Familienromans, sowohl auf den sozialen Aufstieg, wie
auch auf den sozialen Niedergang der Persönlichkeit. Im Jahre 1929 weist
er durch die Veröffentlichung des erschütternden Dokuments des Tagebuchs
eines Proletariermädchens die Pädagogik auf ihre Pflicht zur psychoanalytischen Erkenntnis hin. Und im selben Jahr, in dem dieses Mädchen die
so ersehnte Hilfe des gütigen Ferenczi unter dem Zwang des Sterben-
müssens durch Selbstmord illusorisch machte, weist er uns auf die Überwertigkeit des Todestriebes bei jenen Menschen hin, die frühzeitig als
Kinder erfahren müssen, daß sie gerade deswegen nicht geliebt werden,
weil sie leben.

Im Jahre 1919 verlangte Ferenczi als erster eine psychoanalytische Revision der Soziologie. Er inauguriert sie durch Anwendung psychoanalytischer Erkenntnisse auf jene neurotische Erkrankung, die über den individuellen Organismus hinaus sich im sozialen Organismus, in der Gesellschaft
selbst auswirkt, bei der Kriminalität. Er knüpfte dabei an einen Vortrag
an, den er schon sieben Jahre zuvor im ungarischen Reichsverein der
Richter und Staatsanwälte gehalten hatte, und erklärte, daß eine Heilung
der sozialen Übel nur möglich sei durch eine Reform der Erziehung auf
psychoanalytischer Grundlage. In seiner ersterwähnten Arbeit über Krimino-
logie (1919) weist er bereits darauf hin, daß die Bestrafung des Rechts-
brechers nur scheinbar im Dienst der Herstellung der beleidigten Rechts-
ordnung steht, daß in Wahrheit bei der heutigen Art der Strafbemessung
und des Strafvollzugs dem Strafbedürfnis des Delinquenten eine libidinöse,
d. h. sadistische Straflust des Rechtsverteidigers entgegenkommt.

Wollte ich jetzt versuchen, der Bedeutung Ferenczis gerecht zu werden,
die er innerhalb der Psychoanalyse, d. h. für den Aufbau und den Ausbau unserer Wissenschaft gewonnen hat, so müßte ich beinahe über das
Thema sprechen: Die Psychoanalyse selbst, als Wissenschaft, namentlich als
Naturwissenschaft, und als praktische Heilkunde. So bedeutsam sind seine
Entdeckungen, seine Neuerungen sowohl in der Theorie wie in ihrer praktischen Anwendung. — So vielfältig wie er hat, nächst Abraham, wohl
keiner von uns auch Fingerzeige und Wegweisungen Freuds produktiv aufzunehmen und zu eigenem Neuen auszugestalten gewußt. — Gemäß seiner
Wesensart, die gleich begabt war für die innere Schau genialer Intuition
wie für die Wahrnehmung und konkrete Abschätzung objektiver Tatbestände,
lag seine Hauptstärke in der Kombination von Theorie und Praxis für das
aus der Empirie erworbene Wissen und rückläufig in besonders hohem

Maße für die Befruchtung der Technik aus der Theorie — für das Können
aus dem Kennen. So war er gerade der Mann, den die von Freud gestellte
Preisfrage „nach den Wechselbeziehungen zwischen Theorie und Praxis"
aufs höchste reizen mußte. Im Jahre 1923 unterzog er sich ihrem Studium
mit seinem damals noch schritthaltenden Weggenossen Rank. Die Fülle
seiner Erfahrungen überblickend, stellt er seine Betrachtung auf das zentrale,
heute noch in gleichem Maße die Technik interessierende Problem ein,
auf 'die Beziehung zwischen „Erinnern" und „Wiederholen" — auf das Verhältnis der neurotischen, anachronistischen, infantilen zur aktuellen Situation
und ganz speziell zur Aktualität der Übertragungssituation. Theorie und
Therapie werden miteinander unter dem Aspekt des Wiederholungszwanges
konfrontiert. Die „Übertragungssucht", die den Neurotiker nicht nur in
der Analyse sondern auch im Leben auszeichnet, muß sich zum Wiedererleben der „Urneurose" in der Übertragungsneurose konzentrieren; und
hier muß unter der Auswirkung nur schrittweiser Gewährung oder auch
Versagung der Affektabreaktion eine Phase der „Libidoentziehung" einsetzen.
Dabei muß für die Realsituation nach Möglichkeit die Versagung der Ab-
reaktion angestrebt werden, um sie der analytischen Situation vorzubehalten.
Wesentlich ist eben, daß der Patient vor der Erfüllung seines libidinösen,
auf Affektabfuhr gerichteten Strebens, die er sonst nirgends im Leben hatte,
auch das Stadium seiner infantilen Libidoversagung wiedererlebt.
Die reale Reproduktion der „Urneurose" muß schrittweise an den Fixierungsstellen der Libidoentwicklung vor sich gehen, von denen sie ihren Ausgang genommen hatte. — Wir sehen Ferenczi konsequent auf seinem von
Anfang beschrittenen Wege, dem Patienten Gesundung durch das „Erlebnis-
moment" zu schaffen. Schien dieses doch in der technischen Auffassung
mancher Kollegen nach Abkehr von der eigentlichen Katharsis zu wenig
beachtet. Das affektive Moment in der Ökonomie der Behandlungsdynamik
findet hier wie auch später immer in Ferenczi einen sorgsamen Anwalt.
Hier liegen auch die Anfänge seiner „aktiven Therapie", die auf eine
Anregung Freuds am Budapester Kongreß zurückgingen. Wie kritisch er
aber seine aus der Technik erworbenen Ansichten und deren Rückwirkung
auf die weitere Gestaltung des Behandlungsablaufs beobachtete, davon hat
er immer und immer wieder Zeugnis abgelegt. Die Terminsetzung, die er
schon in der gemeinsamen Arbeit mit Rank als maßgebend für das Problem
der „Libidoentziehung" ansah, speziell für das letzte Stück der Analyse,
für das „Abhaspeln derselben von der analytischen Spule auf die reale" —
hat er später, wie wir wissen, fallen gelassen, da die Tendenz, den Zeit-

widerständen des Neurotikers systematisch mit Terminsetzungen begegnen
zu wollen, nur allzu leicht die Gefahr des Re-Agierens des Analytikers auf
Grund des Agierens des Analysanden in sich schloß.

Meine Damen und Herren! Ich halte einen Augenblick inne, um einer
Erwartungsangst meiner verehrten Zuhörerschaft zu begegnen. Sie würden
es sicherlich wie ich als eine Versündigung an dem Andenken Ferenczis
und seiner Leistung empfinden, wenn ich den Reichtum seines Schaffens
dadurch schmälerte, daß ich etwa eine Inhaltsangabe seiner sämtlichen
Werke versuchte, was im Ablauf einer kurzen Stunde nur in stümper-
hafter Weise geschehen könnte. Ich kann nur dankerfüllter Selbstbesinnung
dienen durch eine wenn auch noch so nebelhafte Skizzierung dessen, was
er uns war und darum uns bleibt. Als unser aller Ideal-Ich bleibt er der
Techniker, der hinter und vor alle Maßnahmen im Dienste am Kranken
die rücksichtsloseste Selbstbesinnung setzte. — Die Bewältigung der Gegen-
übertragung, über die er 1919 berichtete, war für ihn das A und Ω jedes
technischen Könnens. Erst sie befähigt und berechtigt den Analytiker zu
Maßnahmen, die sich als eine artifizielle Aktivierung des Verdrängungs-
beziehungsweise des Wiederverdrängungsprozesses im Ablauf der Analyse
auswirken. Im Jahre 1920 publizierte er seinen „Ausbau der aktiven
Technik" und 1925 als Ergänzung dazu ihre „Kontraindikationen". Im
Kern hatte er eigentlich nichts zurückzunehmen, die „Gebots- und Verbots-
technik", die er uns lehrte, hat uns zu einem wertvollen Zuwachs unseres
Könnens verholfen — wir müssen nur Ferenczis Mahnung eingedenk
bleiben, daß das Problem „gegen das infantile Lustprinzip" dabei gewahrt
werden muß. Der Zweck kann nur sein, auf der Basis der Übertragung
latente affektive Energiemengen durch Hemmung von Lustvollem und
Antrieb zu Unlustvollem in Erscheinung zu bringen und in sorgsamer
Abwägung der Reziprozität zwischen Emotionellem und Intellektuellem
unbewußtes Material auf die Stufe des Vorbewußten zu heben und so der
Deutung zugänglich zu machen. In seinem Kongreßvortrag im Jahre 1930
über „Relaxationsprinzip und Neokatharsis" gelingt Ferenczi schließlich der metapsychologische Einbau des alten kathartischen Moments in
den modernen Stand der Technik — auch durch Gewährenlassen des
Lustvollen, allerdings unter dem Aspekt einer „Ökonomie des Leidens".
Das Deutungsmoment der psychoanalytischen Einfallstechnik wird dabei
von Ferenczi, dem Meister der Symbolik, niemals unterschätzt. Mit voller
Berechtigung legt er nur Wert auf die Erforschung und technische Hand-
habung des Tatbestands, daß auch die freie Assoziation sinngemäß der

Förderung des „Erlebnismomentes" diene. In sehr glücklicher Weise lehrte er uns die kombinatorische Verwendung beider Tendenzen in seiner Publikation 1924 „über forcierte Phantasien". Ich erinnere in diesem Zusammenhang an Ferenczis kleine geistvolle Studie „Über die Analyse von Gleichnissen" aus dem Jahre 1915, in der er bei dem Vorgang des freien Assoziierens der Patienten und der „gleichschwebenden Aufmerksamkeit" des Analytikers die funktionale Energieverschiebung im Dienste der Herabsetzung des Zensurwiderstandes untersucht. — Den tiefsten Eindruck von Ferenczis Arbeitsweise gewährt uns wohl seine Publikation „Über die Psychoanalyse von Sexualgewohnheiten". Hier gelangt er bei seinen technischen Beobachtungen den Vorläufern der Über-Ich-Bildung auf die Spur. Dadurch, daß er in bestimmter psychoanalytischer Situation seine Patienten ermuntert, gegen Sexualgewohnheiten genitaler und prägenitaler Natur anzugehen, entschleiern sich diese als Abbilder „infantiler Ungezogenheiten" im Dienste eines nachträglichen Gehorsams beziehungsweise Ungehorsams. Mit der Stipulierung einer „Sphinktermoral" als einer physiologischen Vorstufe des Ich-Ideals findet er hier durch eine „Analyse von unten", wie er es bezeichnet, auf dem Umweg über die Beobachtung der Rollenverteilung im analytischen Regressionsprozeß zwischen dem Über-Ich des Patienten und dem aktivierenden Analytiker einen neuen bemerkenswerten Zugang zu dem wichtigen, ihn von jeher besonders unter dem Einfluß von Groddeck so stark interessierenden Problem der Auswirkung des Psychischen im Organischen. — Die ungewöhnliche Gabe Ferenczis, dem Patienten nicht nur zuzuhören, sondern auch zuzusehen, hat ihn stets befähigt, Manifestationen des Unbewußten auch noch in ihren unscheinbarsten Schlupfwinkeln zu entdecken. In der Analysestunde „von der jeweiligen Oberfläche" ausgehen, heißt für ihn auch von der Körperoberfläche der Patienten ausgehen, die in ihrem mimischen Spannungsspiel wie die Meeresoberfläche verrät, was in ihrem tiefsten Grunde, im Es, und der von ihm innervierten Planktonschicht, der Organwelt, vorgeht. Im Bestreben, dieses Unbewußte ins Vorbewußte zu heben und so der gemeinsamen Deutungsarbeit zugänglich zu machen, hat Ferenczi uns, wie wir in all seinen technischen Ratschlägen immer wieder mit Bewunderung sehen, mit einer Fülle origineller Hinweisungen beschenkt. Ich erinnere an seine Arbeit „Über die passagere Symptombildung" — über die hierbei auftretenden Charakterregressionen — über seine geschickten Umgehungsmanöver, wenn der Patient seine Widerstände maskieren will — wie z. B. sein technisch so außerordentlich wirksames „zum Beispiel" — über den

„Schwindel am Schluß der Analysenstunde" — „die Neigung des Patienten zum Einschlafen" und vieles andere. — Praxis und Theorie war also für Ferenczi eine Einheit. — Und so wundert es uns nicht, ihn schon im Jahre 1914 mit einem praktischen Problem sich auseinandersetzen zu sehen, daß sich uns andern erst nach Inangriffnahme praktischer psychoanalytischer Arbeit auf dem Boden der Poliklinik aufdrängte — das Problem der zeitlich fraktionierten, von ihm als „diskontinuierlich" bezeichneten Psychoanalyse. Ich kann Ferenczis Leistung als Theoretiker der Technik und Techniker der Theorie aber nicht verlassen, ohne Sie noch einmal an die meines Erachtens besonders schöne Arbeit zu erinnern, die erst jetzt im letzten Heft der „Zeitschrift" erschien: über „Sprachverwirrung zwischen dem Kind und dem Erwachsenen". — In tiefer Ergriffenheit denken wir heute daran, daß Ferenczi sie uns noch auf dem letzten Kongreß persönlich vortrug und mit ihr von der Internationalen Psychoanalytischen Vereinigung Abschied nahm. Hier schenkte er, selbst schon ein Leidender, uns gleichsam eine neue Weisheit für unser praktisches Verhalten dem Leidenden gegenüber. Es scheint das einfachste und ist doch das schwerste — ein technisches Problem, dessen Lösung manch einem von uns wohl schon gefühlsmäßig gelang, zu dessen Bewältigung viele Analytiker aber bisher vergeblich konkrete Anweisungen erwarteten. Es ist die Frage: Wie darf ich Mensch sein in der Analyse, und zwar der Mensch, der ich bin? — Der weise Ferenczi gibt ihnen jetzt eine Handhabe, indem er auf jene Phase in der Analyse hinweist, wo nicht nur der Patient den Analytiker, sondern auch der Analytiker den Patienten nicht mehr versteht. Es handelt sich um die Widerspiegelung einer infantilen Situation, in der das Kind unter dem Druck eines Sexualtraumas, durch künstliche Provokation seines naturgemäß noch unreifen Trieblebens eine vorschnelle künstliche Reifung — eine „Progression" auch seines Ichs erleidet. Die im Zusammenhang damit entfachte, durch die äußere Übermacht aber gleichzeitig gehemmte Aggression zeitigt eine charakterologische Reaktionsbasis, die hoffnungslos depressiv und refraktär einer Außenwelt gegenübersteht, deren Verständnislosigkeit als Ausdruck ihrer Lieblosigkeit erscheint. In der analytischen Wiederholungsphase einer solchen Situation kann der Patient zu einem Verständnis seiner selbst nur gelangen, wenn der Analytiker in souveränem Können auch einmal auf die Innehaltung der psychoanalytischen Situation von sich aus vorübergehend verzichtet und so durch sein Verhalten dem Leiden des Kranken als Ausdruck stummen Liebeswerbens Verständnis bezeigt.

Wollte ich mich weiter unterfangen, heute die Bedeutung Ferenczis für die Ausgestaltung der psychoanalytischen Theorie auch nur im Umriß zu würdigen, so wäre das viel zu schwer für mich; auch wenn Sie mir gestatteten, ein langes und vielstündiges Kolleg darüber zu halten. Was hat er nicht alles beispielsweise für das Kardinalproblem der Psychoanalyse, für die Symbolforschung, geleistet. Ich meine damit keineswegs nur die Aufdeckung des unbewußten Sinnes so vieler Symbole im Traum, so vieler Symbol- und Symptomhandlungen wie der Fehlleistungen. Wie dankbar sind wir ihm für seine Beiträge, z. B. zur Entschleierung der Augensymbolik, der Brückensymbolik, des Waschzwangs, des Medusenhaupts — vom Ungeziefer bis „zum gelehrten Säugling" und vieles andere mehr. Ferenczis ganz besondere Bedeutung liegt in der Erforschung des Symbolphänomens selbst, vor allem in der Aufhellung seiner Ontogenese. — Nachdrücklich mußte er noch darauf hinweisen: „Nicht alles, was für ein anderes steht, ist ein Symbol." Aber trotzdem waren alle Objektvorstellungen, die einander symbolisch vertreten können, irgendwann einmal, und zwar von der Seite des affektiven Triebanspruchs her, einander gleichwertig. Nur wird die bewußte Vertretung der „andern" Vorstellung erst dann möglich, wenn die frühere, die ursprünglich gleiche, den Verdrängungsvorgang passiert hat, d. h. der Bearbeitung des Unbewußten unterworfen gewesen war. So kommt die Zahnsymbolik für den Phallus im Traum dadurch zustande, daß die infantile sexuelle Aggression des Zahnes gegen die Mutter älter ist als die des Penis. Seine Verwendung als Penissymbol im Traum ist daher eine Wirkung der Zensur unter Benützung regressiver Tendenzen. So kann, meint Ferenczi in einer seiner humorvollen Überspitzungen, der Kirchturm wohl einen Penis symbolisch vertreten — niemals aber der Penis einen Kirchturm. — Aus der Erkenntnis des ursprünglich affektiv Gleichwertigen stammt auch Ferenczis wichtige Studie „über die Ontogenese des Geldinteresses", eine Studie, die von der Sozialpsychologie noch viel zu wenig gewürdigt wird.

Der Arzt Ferenczi hatte einen besonders glücklichen Blick für klinische Tatbestände und die Erfassung klinischer Syndrome. Nichts war seinem Drang nach bedeutsamer Erforschung zu gering — den Ptyalismus, den Pollutionsvorgang studierte er, Anomalien der Stimmlage, den Flatuleszenzkomplex und natürlich auch die Onanie. Er beschrieb die in ihrem Gefolge auftretende Eintagsneurasthenie und die hierfür psychophysisch bedeutsame Funktion der Vorlustwirkung der extragenitalen erogenen Zone. Er entdeckte die „Sonntagsneurose" und hat vor allem Bahnbrechendes geleistet in

der Aufhellung der Genese und Struktur jener Krankheitsbilder, die unser
eigentliches stetiges Arbeitsgebiet sind. Er hat mit als erster die Bedeutung
der Homosexualität und speziell der Analzone für die Paranoia beschrieben. Er hat sein Interesse von Anfang an dem vielfältigen Syndrom
der Homosexualität gewidmet und als erster eine nosologische Sichtung
derselben angebahnt — er hat die „aktive Objekthomoerotik" von der
„passiven Subjekthomoerotik" unterschieden und sich um eine Klärung des
vorher überschätzten Konstitutionsbegriffs bei ihr bemüht. Ich erinnere an
die große Arbeit Ferenczis aus dem Jahre 1921 über den Tic, in der er
zum erstenmal die große Problematik aufweist, die nach ihm diese Erkrankung als Konsequenz einer „narzißtischen Konversion" erscheinen
läßt. Hier baut er auf Funde auf, die das Problem seelischer Schädigungen im
Gefolge von körperlichen Läsionen oder Erkrankungen unserem Verständnis
zugänglich macht — das Gebiet der „Pathoneurosen". Diese erscheinen
als Folge narzißtischer Kränkungen durch die Beschädigung besonderer libido-
besetzter Körperteile. — Die Paralyse, die die Organologen doch wirklich
als eine in ihr eigenstes Gebiet gehörige Seelenstörung vordem rechnen zu
können glaubten, konnte er in Gemeinschaft mit Hollós in vielen ihrer
seelischen Erscheinungsformen verständlich machen, ebenfalls als narzißtische Reaktion auf die Wahrnehmung der organisch bedingten Ausfalls-
erscheinungen.

Zur Aufstellung des Syndroms der Pathoneurosen kam Ferenczi durch
seine ausgedehnten, uns so vertraut gewordenen Forschungen über die
Hysterie. Er machte uns den Konversionsvorgang und das Phänomen der
„Materialisation", d. h. den Sprung vom Psychischen ins Physische begreif-
lich durch den Einblick in das „autoplastische" Walten einer „Protopsyche",
die intrapsychisch das Organsystem reguliert — eine primitive Regulierung
der Bedürfnisspannung, zu der der in der „Alloplastik" gehemmte Hysterische
regrediert, und zwar unter dem Druck der objektgehemmten Genitalfunktion,
die nun „heterotop" die anderen Organe elektiv besetzt. Die körperliche
Erscheinung der früher als konstitutionell angesehenen hysterischen Stigmata
fanden durch ihn ihre psychogene Aufhellung gleichfalls als Produkte der
Konversion im Dienste der Hemmung oder auch der Abfuhr von vom
Unbewußten stammender Triebregungen. Die spezielle Form der Kriegs-
hysterie hat Ferenczis eingehendes Interesse in der Kriegszeit gefunden.
Ihm gelang es hierbei, die Astasie und die Abasie in besondere Beziehung
zu bringen zu der lokomotorischen Störung der größeren Krankheitsgruppe
der Phobien.

Meine Damen und Herren! Die Fülle, aus der Ferenczi schuf und unserer Arbeit Stoff und Anregung gab, macht es Ihnen kaum noch möglich, meinen wenn auch noch so vagen Andeutungen über das von ihm Geleistete weiter zu folgen. Doch bitte ich Sie, mir zu gestatten, wenn auch nur mit wenigen Worten, noch der tiefen Dankbarkeit Ausdruck verleihen zu dürfen, die wir dem Verstorbenen besonders wegen seiner spekulativen Forschungen zur Kernproblematik der psychoanalytischen Theorie schulden. Für ihn hatte das Wort Theorie seinen ursprünglichen Sinn wiedergewonnen. Sie war ihm wirklich ein Ergebnis des ϑεωρεῖν, des Sehens — das heißt ein Ordnen der Fülle des Geschauten. Unablässig überprüfte er, hierin nur Freud vergleichbar, seine Theorie in wechselseitiger Beziehung zur Empirie. In genialer Konzeption überblickte und vervollständigte er die gesamte Libido-theorie in seinem „Versuch einer Genitaltheorie" im Jahre 1922, das spezielle Problem der Umbildung des Lustprinzips zum Realitätsprinzip im „Problem der Unlustbejahung" 1926. — Für den heutigen Forscher unentbehrlich sind die Ergebnisse seiner speziellen Arbeiten über die Vorgänge der Intro-jektion, der Projektion und der Übertragung. Gleichsam als Neben-gewinn fiel ihm dabei schon frühzeitig die Hypnose als besonders anziehen-des Forschungsobjekt auf, deren Studium ihm seither eine Lieblingsaufgabe blieb. Von ihr, von der er uns eine „Vaterhypnose" von einer „Mutter-hypnose" unterscheiden lehrte, hat er sogar die kühne, vielen ketzerisch scheinende Wunschphantasie ausgesprochen, man möge sie nach ihrer weit-gehend psychoanalytisch-theoretischen Aufhellung auch praktisch so meistern lernen, daß man sie in eine reguläre Analyse sollte einbauen können. — Wieviel Ferenczi zum Thema Charakterforschung beigetragen hat, ist uns allen bekannt. An die Darstellung „der Entwicklungsstufen des Wirklichkeits-sinns", ihre Bedeutung für die Ich-Psychologie und ihre Weiterentwicklung im Dienste der „Unlustbejahung" erinnerte ich schon früher. An einer Stelle, an der er darauf hinweist, daß eine Analyse ohne Charakteranalyse und die Beobachtung der zutage tretenden Regressionen immer unzureichend sei, prägt er in seiner humorvollen Weise das Problem so, daß jede Charakter-bildung der Ausdruck einer Verleugnung von infantilen Triebansprüchen an die Realität darstellt. Aus diesem Grunde müßte man den Charakter eines Menschen als „die Privatpsychose" des Individuums bezeichnen; daher käme es, daß gerade der Gesunde so furchtbar schwer zu heilen sei.

Nun wenige Worte noch zu dem so bedeutsamen und meines Erachtens auch meist charakteristischen Werk des genialen Theoretikers Ferenczi, zu seinem so kühnen „Versuch einer Genitaltheorie".

Aus dem Studium eines in der analytischen Praxis an sich nicht eben seltenen Phänomens, einer männlichen Potenzstörung, der *ejaculatio praecox*, erwächst ihm die Erkenntnis für die Verflechtung der prägenitalen Erotismen, die Normalität und Anormalität der genitalen orgastischen Exekution bedingen. Der „erotische Wirklichkeitssinn" konsolidiert sich durch das Nachlassen der prägenitalen Regressionstendenzen. Gleichwohl liegt ihm doch, wenn auch auf genitalem Wege, die Tendenz zugrunde, die Ur-Mutterleibssituation in der geschlechtlichen Verbindung wieder herzustellen. Es ist der genitale maternale Regressionszug, der in der „erotischen Wirklichkeit" die Geschlechter zur Vereinigung treibt. In einem Streifzug durch die Zoologie findet Ferenczi seine Annahme bestätigt, daß die Keimzellenprodukte die Gesamtperson im Sexualakt vertreten und ihre Ausscheidung den Gesamtorganismus von Ich-störenden Unlustspannungen befreit. — Der einmal zur Phylogenese erweiterte Blick erschaut nun in grandioser Perspektive, im Zusammenhang mit der Geschichte der Organbildung, eine Geschichte der Menschwerdung, ja der Entwicklung des Lebendigen überhaupt. Die Uterusbildung im Mutterleib verdankt ihre Genese der Schutzbedürftigkeit des Säugetierfötus, das nicht mehr wie die Brut der wasserbewohnenden Vorfahren im Meere sich entwickeln kann. Die plazentare Blutversorgung des menschlichen Embryos ist ein Analogon zur Kiemenatmung der Fische. Phylogenetische Weltkatastrophen mit den Folgen der allgemeinen Austrocknung — die kosmische ἀνάγκη also — haben Aufbau und Ausbau der Tierreihe erzwungen. So ist der maternale Regressionszug in tiefster Schicht auch ein „thallassaler Regressionszug", wie unsere Träume erweisen. — Die Psychoanalyse erweitert sich unter den Händen Ferenczis so zu einer „Bioanalyse". Durch Ferenczi werden uns hier die Funde Groddecks begrifflich näher gebracht, nach denen psychisch und physisch nur der bilinguale Ausdruck desselben Tatbestandes ist. Der Todestrieb als Ausdruck der Tendenz zur Wiederherstellung eines früheren Zustandes findet sinngemäß seine Eingliederung in diese große bioanalytische Schau Ferenczis. — Ich bin der Meinung, daß wir die erkenntnismäßige wie praktisch-therapeutische Bedeutung dieser spekulativsten aller Arbeiten Ferenczis heute noch gar nicht genug auswerten können; stehen doch noch viele von uns vor ihr, allzu geblendet von dem glitzernd reichen Gedankenmaterial dieses Werkes. Was Ferenczi uns in ihm sagt, weist in die Zukunft — ist der Wegweiser für eine Arbeitsrichtung, die psychoanalytisches Kennen und Können noch für Generationen nach uns vermitteln wird.

Nicht nur in seinem „Versuch einer Genitaltheorie" — sondern wo sonst auch immer er sich kühn und weitschauend versuchte, wuchs Ferenczi mit seinem Thema über sich hinaus. Das geschah besonders bei jener Problematik, die sein besonders liebevolle Interesse fesselte, dem Grenzgebiet des Psychobiologischen — in jener Zielrichtung der Psychoanalyse, wo sie „wie jede Psychologie bei Tiefbohrungen irgendwo auf das Gestein des Organischen stoßen" muß.

Nun hat sein Organismus selbst den Forderungen des tief im Ursein verwurzelten Zwanges zur Rückkehr in die Natur, zur Wiederauflösung des Seelischen im Organischen und letztlich im Anorganischen sich unterwerfen müssen. — Er ist als Person aus unserer Mitte geschieden; aber sein Werk, das sein Leben war, bleibt weiter unter uns wirksam. Wir nehmen es als Vermächtnis für die Zukunft in unsere Hände und bleiben ihm so lebensnahe — er als Führer uns gegenwärtig. Mit ihm wollen wir aufrechte und lebendige Träger unserer Sache bleiben. Und gerade als ephemere Kämpfer, eingeordnet in die uns alle überdauernde von Freud geschaffene psychoanalytische Wissenschaft beherzigen wir dankbar Ferenczis Ausspruch:

„Die Frage nach Anfang und Ende des Lebens wollen wir endgültig fallen lassen und uns die ganze anorganische und organische Welt als ein stetes Hin- und Herwogen zwischen Leben- und Sterbenwollen vorstellen, in dem es niemals zur Alleinherrschaft weder des Lebens noch des Sterbens kommt."

Die Ichbesetzung bei den Fehlleistungen[1]

Von

Paul Federn

Wien

I) Der Störungsvorgang

Vielleicht hat keine der Entdeckungen Freuds so viel Widerstände bei den Gegnern und so viel vergnügliche Zustimmung der Anhänger erweckt als die Erklärung der Fehlleistungen durch unbewußte Mechanismen. Dabei bezieht sich das Wort „unbewußt" nicht auf das System Ubw, sondern auf das Phänomen ubw.[2] Zum System Ubw führen die Ketten der Einfälle ebenso von einer richtigen oder einer falschen Leistung wie von einer Fehlleistung. Es sind Ketten in beiden Symbolbedeutungen des Wortes, sowohl im Sinne einer ineinandergreifenden Reihe von Gliedern als auch im Sinne der Fesselung, denn wir können zum System Ubw nur vordringen, wenn wir die fesselnden Widerstände überwinden, die jedem Gliede der Einfallskette anhängen. Aber trotz dieser Widerstände eröffnen grade Fehlleistungen oft den Weg zum Verdrängten; sie tun dies eher als es richtige oder falsche Leistungen vermögen.

Zunächst verrät sich in jeder Fehlleistung ein aktuell Verdrängtes, aber grade diese, gleichsam neu aufgetretene Quelle aus oberflächlichen Schichten konnte oft nur deshalb an dieser Stelle auftreten, weil bis in die Tiefe des Systems Ubw etwas wichtiges Verdrängtes — wie in unterirdischem Laufe — mit dem rezent Verdrängten zusammenhängt. Daß man bei der Auflösung einer Fehlleistung die oberflächliche Verdrängung aufzuheben vermag, macht diese Mechanismen oft leicht verständlich und verknüpft, wenn es in der analytischen Arbeit geschieht, diese mit dem aktuellen Geschehen. Für die Theorie der Fehlleistung sind aber die oberflächliche und die tiefe Schichte gleich wichtig. Die theoretische Aufgabe besteht darin, die umwegige Arbeit des seelischen Apparates, welche zur Fehlleistung führte, als notwendigen Vorgang zu rekonstruieren wie die Traumarbeit nach der Traumanalyse. Versuchen wir das, so finden wir ganz allgemein, daß beim Vorgang der Fehlleistung die Grenzen zwischen den Systemen vorübergehend andere gewesen sein müssen als sonst. Vorbewußte

---

1) Ausführung des am XII. Internationalen Psychoanalytischen Kongreß in Wiesbaden am 4. September 1932 gehaltenen Vortrages.

2) Als Phänomen beschrieben, ist auch alles Vorbewußte, bevor es bewußt ist, unbewußt. Dem System nach gehört aber alles Vorbewußte, auch solange es unbewußt ist, dem System WBw an.

Inhalte wurden vom Ubw ausgeschlossen, während die Fehlleistung zustande kam; diese sonst vorbewußten Inhalte waren während dieser Zeit nicht vorbewußt wie sonst; dieses ganz aktuell Verdrängte ist dann allen für das System Ubw charakteristischen Mechanismen, Verschiebung, Verdichtung, formale Bearbeitung, Umkehrung, archaische Symbolisierung unterworfen. Wir müssen also entweder annehmen, daß alle diese Mechanismen nicht für das System Ubw, sondern nur für das Phänomen ubw charakteristisch sind oder daß es sich tatsächlich um eine Verschiebung der Grenzen zwischen den Systemen handelt. Freilich wäre die Grenze eine völlig starre, so könnte überhaupt keine Analyse in die Tiefe dringen, bevor nicht alle jüngeren Schichten aufgedeckt sind. So aber war die Fehlleistung wie eine Tiefensonde ins Ubw hinabgetrieben. Oft begleiten ihre Aufdeckungen Gesten des Analysierten, welche als Symptomhandlungen frühinfantile Triebregungen oder Affekte zum Ausdruck bringen. Weil das Beheben bewußter Widerstände in komplexbedingter Dynamik auch unbewußte Widerstände verringert, kann mitunter auch systematisch Unbewußtes allmählich oder sogar plötzlich bewußt werden.

Die Fehlleistungen sind die Folge aktuell vermehrter Verdrängung, die eben deshalb auch beweglicher ist als eine lang bestehende. Der Vorgang der Verdrängung bezieht sich auf die Objektbesetzungen, d. h. auf die mit Objektlibido besetzten Objektrepräsentanzen. Grade an dieser raschest eingetretenen und relativ rasch behobenen Verdrängung lassen sich Besetzung und Gegenbesetzung, deren Rückziehung und Wiederherstellung erkennen. Wir können das aber nur, wenn wir stets die Objekt- und die Ichbesetzungen als unterschieden voneinander ansehen. Dieser Unterscheidung soll daher die vorliegende Arbeit dienen. Daß jede Fehlleistung inhaltlich determiniert ist, wird um so wahrscheinlicher, je mehr man für das Resultat und für das Auftreten der Störung genügende spezielle Gründe findet. Während bisher nur die inhaltlichen Determinierungen der Fehlleistung und die Zusammenhänge der rezenten Verdrängung mit früheren aufgedeckt wurden, wollen wir die Determiniertheit der Ichstörung aufzeigen. Man ist bisher vom Ergebnis der Störung ausgegangen, um das Störende durch die Einzelanalyse zu finden, soweit es nicht ohnedies sogleich bewußt erkannt und anerkannt wurde; wir wollen aber den Prozeß der Störung selbst in Fortführung der Untersuchung Freuds näher untersuchen.

Daß das Ich an dem Mißlingen des Denkaktes, respektive des Handlungsaktes überhaupt beteiligt ist, ist bekannt und bedarf nicht unserer Untersuchung. Es bestand ja grade der allgemeine Fortschritt der neuen Erklärung darin, daß die Fehlleistungen aufhörten, bloße Versager des „körperlichen Seelenorgans", also unpersönliche Vorkommnisse zu sein und daß sie nunmehr, als vom aktuell Persönlichsten des Ichs bedingt erkannt wurden; gerade dieses legen sie bloß und geben sie preis. — Manche Forscher bestreiten überhaupt die Existenz eines Ichs und sehen darin nur eine Hilfsannahme und Ausdrucksweise. Die Psychoanalyse steht nicht auf diesem Standpunkte. Ferner kann man den Einwand machen, daß das Ich an jedem Akte beteiligt sei und meine Arbeit nur Selbstverständliches dartue. Wer in die Mannigfaltigkeit der Ichfunktionen und der Ichstörungen einzudringen vermochte, wer ihre Wichtigkeit, ihre Ausdehnung und Stärke erkannte, der muß jedes Gebiet aufgreifen, von welchem er neue Erkenntnis erwartet. Denn das Ichgefühl und alle Ichfunktionen verlaufen so unbemerkt und selbstgemäß, daß man ihrer erst nachträglich dann gewahr wird, wenn sie fehlen oder mangelhaft wurden oder dann, wenn sie sich wiederherstellen. Bei der Fehlleistung wird gleichfalls die Ichstörung leicht übersehen, denn sie ist eine vorübergehende und betrifft meist nur einen kleinen Teil der Ichgrenze und gar nicht den Ichkern.

In keiner Weise vertritt der Versuch, die Ichstörung näher kennenzulernen, die früheren von Freud zurückgewiesenen Erklärungen. Es ist nach wie vor wahr: „Die psychophysiologischen Momente, wie Aufregung, Zerstreutheit, Aufmerksamkeitsstörung, leisten uns offenbar sehr wenig für die Erklärung. Sie sind nur spanische Wände, Redensarten, hinter welche zu gucken wir uns nicht abhalten lassen. Es fragt sich vielmehr, was hier die Erregung, die besondere Ablenkung der Aufmerksamkeit hervorgerufen hat." Ich füge nur hinzu, daß uns auch interessiert, wie letzteres geschieht, wie diese „spanischen Wände" funktionieren, die so lange das dahinterliegende so völlig der Menschheit verbargen, daß erst Freud es suchen mußte und finden konnte. Ablenkung und Zerstreutheit sind also nicht die Ursachen, wie man vor Freud annahm, sie sind auch nicht bloß fördernde Momente, wie man seit Freud annimmt, sie sind selbst schon Teile der Störung, und zwar jener Teil, der das Ich betrifft. Gewöhnlich ist die Störung sehr zirkumskript, gerade nur auf das Gebiet der Fehlleistung beschränkt; oft ist sie diffus, aber doch nur vorübergehend. In vielen Fällen tritt in ihr ein chronischer Zustand zutage, insofern als viele Interessen und die dazugehörigen Ichgrenzen immer wieder solchen Störungen erliegen. Das geschieht, wenn eine narzißtische Entwicklung der Persönlichkeit vorliegt und das Ich an vom durchschnittlichen Menschen objektiv genommenen Interessen narzißtisch beteiligt geblieben ist.

II) Die geträumte Fehlleistung

Ich erwähnte schon, daß die Ichbesetzung erst bemerkt wird, wenn sie zu mangeln beginnt — analog etwa unserem Gleichgewichtssinne, dessen Funktion ja zum Kern des Ichs gehört. Sonst funktioniert eben das Ganze zusammen und stellt die unbemerkbare Einheit und Ganzheit des Seinserlebnisses her, dessen Normalität Behagen am Leben bedeutet. Ich will mit der Untersuchung der Fehlleistungen im Traume beginnen, weil in ihm subjektive Sensationen, die im Wachen ganz schwach wären, vergrößert und auffallend erlebt werden.[1] Gibt es Fehlleistungen im Traume? Im manifesten Trauminhalte finden wir, verglichen mit dem Erfahrungsschatze, Irrtümliches und Vertauschtes. Auslassungen und Hinzufügungen sind die Regel. Das als Fehlleistung des Traumes zu bezeichnen, wäre falsch, denn die Traumarbeit geht immer in dieser „deröierenden", vom Tatsächlichen abgelösten Art vor sich. Der Mangel der Kontrolle durch das Bewußtsein ist aber für beide pathologisch-normalen Vorgänge, Traumarbeit und Fehlleistung, charakteristisch und erklärt zum großen Teile ihre Mechanismen. Wenn wir Falsch- und Fehlleistung unterscheiden, ist die Traumarbeit beides, Falschleistung, insofern ihr Material nicht zur Verfügung steht, Fehlleistung, insofern sie nach den bekannten unbewußten Mechanismen mit ihrem Materiale verfährt. Aber von einer Fehlleistung der Traumarbeit zu sprechen, wäre eine unsinnige Überspitzung der Begriffe. Uns interessiert nur das Vorkommen der geträumten Fehlleistung.

Im manifesten Traume ereignen sich oft das Zu-spät-Kommen, Nicht-Finden, Nicht-Erkennen (obgleich man es kennen sollte,) als typische Traumsensationen, deren Bedeutungen wir nur zum Teile kennen. Doch wollen wir uns hier nicht damit beschäftigen. Ich will nur zwei Beispiele von Fehlhandlungen im eigenen Traume, die einem typischen Aufwachmechanismus entsprechen, mitteilen und ein Beispiel von Fehlleistung eines Patienten, die aus dem Traummaterial in den manifesten Traum übergegangen war.

Eine der eigenen Erfahrungen habe ich mir vor acht Jahren notiert, die andere vor einem Jahre, während ich mit der vorliegenden Untersuchung beschäftigt war. Ich selber erlebe nur selten einen bestimmten Schlaf-, respektive Aufwachvorgang, der bei anderen Personen sehr häufig vorkommt. Es ist das

---

1) Hier schließt diese Arbeit an meine Untersuchung über „Das Ichgefühl im Traume" an. (Int. Ztschr. für Psa. XVIII, 1932. Engl., übersetzt von W. J. Spring, „Ego Feeling in Dreams" Psychoanalytic Quarterly Oct. 1932.)

subjektiv sichere Erlebnis, daß unmittelbar vor dem Erwachen ein Fuß oder
eine Hand von der Unterlage — dem anderen Unterschenkel, respektive dem
Brustkorb, eventuell auch von einem Polster — heruntergleitet. Dieses Gleiten
wird vergrößert als Fallen empfunden. Man erwacht dadurch wie durch die
Erschütterung beim Fallen. Meist geschieht das kurz nach dem Einschlafen,
seltener am Ende des nächtlichen Schlafes. Seine Glieder so unrichtig zu lagern,
würde im Wachen zu den Fehlleistungen gehören. Es ist daher der Mühe
wert, die Art der Weckträume, die diesem Vorgang entsprechen, zu eruieren.
Da der Vorgang selber unangenehm ist, so vergißt man über dem störenden
Eindruck leicht den vorausgegangenen Traum. Zweimal aber konnte ich ihn
erinnern, und es ist interessant, daß sein manifester Inhalt in beiden Fällen
eine Fehlhandlung war.

Das erstemal träumte ich, daß ich aus Ungeschick eine gläserne Schale
aus der Hand entfallen ließ und rasch, vergeblich, nach ihr griff, um sie noch
zu erhaschen. Ich wüßte nicht mit Sicherheit anzugeben, ob die sehr bald
danach erfolgende Sensation des Abgleitens der Hand dem Fallenlassen oder
dem reflexartig darauffolgenden Versuch des Noch-Erhaschens entsprach. Das
andere Mal träumte ich, daß ich auf der Straße stolperte, mich aber noch im
Fallen aufhalten konnte. Gleich danach wachte ich auf mit dem Gefühl oder
infolge des Gefühls, daß mein Fuß abgeglitten war.

In beiden Träumen handelte es sich um ein selbst herbeigeführtes Miß-
geschick, das einen Schaden für ein Objekt oder für den Träumer herbeiführen konnte. Die nähere Deutung der Träume gehört nicht hieher. Für
die uns interessierende Aufgabe, die Fehlleistung von der Seite des Ichs
zu untersuchen, ergibt sich aus beiden Traumbeobachtungen ein allgemeiner,
für alle Fehlleistungen charakteristischer Befund. Jede Fehlleistung ist
— objektiv und subjektiv — dadurch charakterisiert, daß etwas von selbst
geschehen ist, d. h. ohne mein Ich vor sich ging. Die Extremität war
von selbst herabgeglitten,[1] daher der Traum von einer Fehlhandlung.

In diesen Beispielen ist eine Fehlhandlung auch wirklich erfolgt. Das
folgende Beispiel bringt eine nur geträumte Fehlhandlung. Der Patient
erzählt:

*Ich schreite eine Stiege hinauf und werfe eine sehr lange eiserne Schrauben-
zange (Franzos), ohne mich umzuschauen, nach rückwärts. Dabei verletzte ich
zwei Personen, die hinter mir gehen. Meine Frau sagt vorwurfsvoll: „Aber*

1) Metapsychologisch mag der Vorgang sich anders darstellen. Da, wie bekannt,
die Motorik der Instanz des Ichs untersteht, ist der Traum fast immer bewegungslos,
weil dem Ich die Besetzung fast völlig entzogen ist. Die Bewegung kann hingegen
(sogar im Traume) wirklich erfolgen, wenn sie, wie in der Fehlleistung, nicht vom
Ich ausgeht, sondern von selbst geschieht. Da diese Motorik eine — wenn auch
minimale — Art von Somnambulismus ganz kurzer Dauer ist, gibt sie einen Weg
an, diesen besser zu verstehen.

Karl, wie kann man so etwas tun?" Ich entschuldigte mich vor mir selbst, noch bevor meine Frau das sagte, mit der als wahrhaft empfundenen Bemerkung: *„Ich habe, ohne zu denken, den Eisenhaken geworfen."*

Während der Traumtat war kein körperliches Ichgefühl vorhanden, es stellte sich aber gleich nachher ein. Es war also sein wollendes Ich nicht bei der Handlung gewesen.[1] Auch hier war „von selbst" etwas geschehen. Die Fehlleistung war aus dem Materiale der wachen Phantasien in den Traum übernommen worden und wurde im Traum, „ohne" Absicht, verwirklicht. Es war ein Tagesrest. Am Abend zuvor hätte er in seinen Gedanken gar nichts dagegen gehabt, wenn er das eine seiner Opfer zufällig erschlagen hätte. So dient die Fehlhandlung der Wunscherfüllung im Traume; sie gewährt das Gefühl von Schuldlosigkeit und verhütet so Angstentwicklung im Traume.

Dieser kurze Ausflug in die Psychopathologie des Traumes ergab also, daß zum Entstehen der Fehlhandlung die Zurückziehung der Ichgrenzen von der Handlung nötig war. Für die anderen Fehlleistungen ist der Traum ein unzulängliches Forschungsgebiet; doch werden wir eine nur im Traume vorkommende Form von Fehlleistung später mitteilen. Wir wenden uns wieder dem Wachzustande zu, um auch hier die Besetzungsstörung der Ichgrenzen bei der Fehlleistung darzustellen. Die Untersuchung des Traumes haben wir vorausgeschickt, weil im relativ rein narzißtischen Zustand des Schlafes subjektiv die Rolle des Ichs bei der Fehlleistung im Traume eher wahrgenommen wird als im Wachen. Subjektiv ist demnach die Fehlleistung von sonstigen schlechten Leistungen geradezu dadurch charakteristisch unterschieden, daß das Ich des Fehlleisters „nicht dabei" war. In topischer Hinsicht schließt sich dadurch die Fehlleistung anderen Ichstörungen an, dem Traume, der Entfremdung und manchen (neuro-)psychotischen Zuständen.

III) Die Rolle des Ichs bei der Fehlleistung

Oft wurde hervorgehoben, daß gerade bei gespannter Aufmerksamkeit dem Sprechenden, dem Handelnden oder Spielenden die Fehlhandlung widerfährt. Da das Aufmerken eine intensive Besetzung der betreffenden Ichgrenze verlangt, scheint das meiner Behauptung zu widersprechen. Dennoch liegt darin kein Widerspruch gegen die Regel, daß bei der Fehlleistung

---

1) Siehe l. c. S. 160 f.

das Ich nicht dabei sei, denn bei genauer Beobachtung zeigt sich immer, daß die während der ganzen Tätigkeit gesteigert gehaltene Aufmerksamkeit kurz vor der Entgleisung hinter der fortschreitenden Aufgabe zurückgeblieben war; sie bleibt sogar eher an einer bestimmten Phase der Tätigkeit haften, wenn sie vorher dauernd und stark jeder Phase gefolgt war. In anderen Fällen besteht der Störungsvorgang an der Ichseite darin, daß die Besetzung der Ichgrenze nicht fehlt, sondern daß gleichzeitig mehrere, meistens zwei verschiedene Ichgrenzen dem gleichen Gegenstande gegenüber besetzt sind, oft Ichgrenzen von verschiedener Qualität der Besetzung (z. B. passiv und aktiv); in diesem Falle hat sich die eine Ichgrenze nicht von der Objektrepräsentanz lösen können. Das geschieht besonders häufig vor dem Versprechen. Wir können verschiedene Arten der hergehörigen Ichstörung unterscheiden. Wir bezeichnen es als „Zerstreutheit", wenn verschiedene Ichgrenzen gleichzeitig besetzt sind, namentlich wenn das dem gleichen Gegenstand gegenüber geschieht; wir sprechen von „Konzentrationsmangel", wenn verschiedene Gegenstände die Ichgrenzen gleichzeitig in Anspruch nehmen; in beiden Fällen werden von den Ichgrenzen aus dann abwechselnd mehrere Gedankenreihen der Objektrepräsentanzen vorbewußt und bewußt verfolgt, die sich bald wieder kreuzen und bald wieder, zerstreut, zu einem Gegenstande zurückführen. Um ein Thema, das einem neu ist, durchzudenken, muß man es bald konzentriert und bald zerstreut in Auge fassen. Das Verweilen des Ichs bei einem, die Funktion des Weiterdenkens oder eines Tuns störenden Gegenstande heißt „Geistesabwesenheit" im engeren Sinne. Sind dieses Störende bloße Phantasien, so sprechen wir von „Verträumtheit"; wir nennen einen Zustand „Verlorenheit", wenn die störenden Gedanken und Phantasien sich ins Unbewußte verlieren, d. h. mit ihm nahe zusammenhängen oder grade aus dem Unbewußten auftauchen. In diesem Falle bezieht sich die Störung nicht nur auf die Fixierung der Ichgrenze, sondern auch auf die Unfreiheit des Bewußtseins für neue Eindrücke.

Freud sagt, daß sich niemand „in all den Fällen verspricht, in denen man ganz dabei ist, wie wir so bezeichnend sagen". Damit ist bereits das gemeint, was ich später die volle Besetzung der Ichgrenze nannte. Vom Ich als Gegenstand des ablenkenden Interesses und damit vom Ich als Ursache der obengenannten Zustände spricht Freud viel öfter als von den Zuständen selbst, weil ja die Psychoanalyse vor allem die Ursache der Störung, das Störende, aufzudecken hat. Er sagt, daß „ein Strom von Eigenbeziehung" ständig durch sein geistiges Leben gehe, und meint, daß es bei anderen

nicht anders sein dürfte. Er hebt hervor, daß es die ichnahen Komplexe
— Familie, Ehrgeiz, Beruf — sind, die man meistens als Motive der
Störungen findet. Die Assoziationsversuche J u n g s zeigen übrigens mit
elementarer Deutlichkeit, daß die Reaktionsworte auf komplexbetonte,
d. h. ichnahe Reizworte leichter vergessen werden als die auf andere Reizworte. Die Ichbezogenheit des Störenden ist daher wohl bekannt. Man kann
sagen, daß das Ich deshalb nicht ganz dabei bleiben konnte, weil auch
ein vorhergegangener Gegenstand zu sehr mit dem Ich verknüpft war und
die Ichgrenze sozusagen ungebührlich in Anspruch genommen hat. Daß
das Ich an den Fehlleistungen besonders beteiligt ist, verrät in der deutschen
Sprache schon das Präfix „ver". Denn ich habe in anderem Zusammenhang gefunden,[1] daß diese Vorsilbe die Bedeutung des Zeitworts, dem sie
vorgehängt ist, dahin ändert, daß es sich nunmehr auf das Ganze bezieht,
in unserem Falle darauf, daß das ganze Ich, die ganze Persönlichkeit Objekt
der Aussage wird. Daß die Fehlhandlungen mit der sekundär narzißtischen
Besetzung zu tun haben, d. h. mit jener, in welcher das Ich gleichzeitig
Subjekt und Objekt[2] der narzißtischen Besetzung wurde, so daß zwei Ichgrenzen — gleichsam — einander begegnen, liegt daran, daß die Ichbezogenheit der Grund dafür ist, daß ein Gegenstand die Ichgrenze festhält. Das
verrät die deutsche Sprache damit, daß sie viele Fehlleistungen auch mit
dem rückbezüglichen Zeitwort bezeichnet: sich irren, sich verirren, sich
täuschen, sich verlieren, sich verlesen, sich verschreiben, sich versprechen,
sich verhören, sich verraten. Die Silbe ver- in Verbindung mit der reflexiven
Wendung besagt daher, daß das ganze Ich bei der Fehlleistung als Subjekt
beteiligt und ihr ohnmächtig erlegen ist.

Sobald das Ich seiner Fehlleistung gewahr wurde, sucht es durch eine
Leistung in entgegengesetzter Richtung, gleich einer Hilfsexpedition, den
Schaden wieder gutzumachen. Auch hier sehen wir, wie wichtig es ist,
ob etwas an dem ganzen Ich erfolgt oder nur an einem Teil desselben.
Im Falle der doch im Grunde harmlosen Störung einer Fehlleistung kann
man mit seinen — im ganzen ungestörten — Ichgrenzen einen normalen
Zustand bald finden, indem man an bekannten Objekten einen Halt sucht.
So kann sich die Fehlleistung wieder ausgleichen. Wenn aber das ganze
Ich affektiv ergriffen ist, wenn wir z. B. verlegen sind, gelingt das nicht,

---

1) Siehe „Intellektuelle Hemmungen" in Ztschr. f. psa. Pädagogik, V, 1931,
S. 404.

2) Siehe Federn: Das Ich als Subjekt und Objekt des Narzißmus. Int. Ztschr. f. PsA.
XV, 1929, S. 293 ff.

und man ist dankbar, wenn eine andere Person zu Hilfe kommt, das vergessene Wort sagt oder den Irrtum richtig stellt.

Da der eigentliche Vorgang an den Ichgrenzen unbemerkt vor sich geht und man erst, wenn schon die Verirrung geschehen ist, des unrichtig eingeschlagenen Wegs gewahr wird, erscheint meine Behauptung noch unbewiesen, daß sich immer deshalb die Objektrepräsentanz oder das Wort nicht richtig einstellte, weil ihr nicht mehr die ihr zugehörige Ichgrenze mit voller Besetzung zu Gebote stand. Den Beweis liefert uns aber die genauere Untersuchung der Vorgänge, durch welche die Fehlleistung repariert wird. Ohne über Besetzungsvorgänge, Ichgrenze und Objektrepräsentanz je nachgedacht zu haben, ohne Belehrung und Selbstbeobachtung, hat ein jeder, nur vom gefühlten Mangel geleitet, sobald er etwas vergessen, verlegt oder verloren hat, das Richtige getan, um die fehlerhafte Besetzung der Ichgrenze wieder richtigzustellen. Wenn das geschehen ist, korrigiert sich der Fehler meistens sofort von selbst.

Um sich von der Unbehaglichkeit, die eine nichtaufgelöste Fehlleistung zurückläßt, zu befreien, kann man bei manchen Arten von Fehlleistungen, namentlich beim Vergessen, fremde Hilfe in Anspruch nehmen. Dieser Weg interessiert uns hier nicht oder höchstens nur insofern, als uns das Problem interessieren kann, weshalb auch diese Hilfe oft ausbleibt, weil die Fehlleistung auf den zu Hilfe Gerufenen überspringt und nun auch er das vertraute Wort verloren hat. Sonst aber gibt und gab es vor der Psychoanalyse zwei Hilfsmittel. Daß es diese zwei gibt, die miteinander abwechselnd und einander ergänzend zur Verwendung kommen, ist ein Beweis dafür, daß in uns für jeden Gegenstand eine mit Ichgefühl bestehende, also dem Ich verbundene, und eine ohne Einbeziehungsgefühl in das Ich, also isoliert bestehende Objektrepräsentanz vorhanden ist. Es sind zwei Niederschriften nach dem metapsychologischen Gleichnis Freuds, Engramme (das gleiche Gleichniswort) nach Semon. Von ihnen wird die mit Ichgefühl besetzte Repräsentanz jeweilig zur Ichgrenze für den dieses Objekt betreffenden nächsten Denk- oder Vorstellungs- und Wahrnehmungsakt. Welches sind die beiden Hilfsmittel?

Den einen Weg schlägt jeder ein, der sich — ohne die Psychoanalyse benützen zu wollen — helfen will. Er geht auf der Gasse oder im Zimmer genau denselben Weg, macht dieselben Bewegungen und Handgriffe, versetzt sich dabei ständig in die vergangenen Ichsituationen, damit ihm dadurch (nicht etwa durch assoziatives Erinnern der Objektrepräsentanzen) das Entfallene oder der Ort des verlegten Gegenstandes einfalle. Daß es sich nicht — wie man aus theoretischem Wissen rasch einwenden möchte — um die Kontiguitätsassoziationen mit dem jeweiligen Bewegungsorte handelt, das zeigt die Selbstbeobachtung. Diese lehrt, daß wir uns in die frühere Ichsituation zurückversetzen müssen, damit uns geholfen werde. Auch muß es ein Stadium sein, welches um einiges der Fehlleistung vorausgegangen war. Hat man z. B. einen Gegenstand verloren, so kann man, wenn er versteckt liegt, ihn nicht finden, solange man den Weg zurückgeht; sondern dann erst, nachdem man nochmals umkehrte und neuerdings den Weg in der ursprünglichen Richtung geht. Auch muß man dabei wieder und wieder in Gedanken oder auch mit den Bewegungen, fast zwanghaft, ständig den aufeinanderfolgenden Situationen und den aufeinanderfolgenden Besetzungen seiner Ichgrenzen hingegeben sein. Daß ein solches Wiederholen nicht auch in umgekehrter Richtung gelingt, entspricht unserer Gewöhnung, alles bewußte Denken und Handeln von der Vergangenheit in die Zukunft gereiht ablaufen zu lassen.[1] Nur in primären Denkprozessen kommt eine Umkehrung vor, und z. B. im Traume kann sich solch ein Reihenfolge auch umkehren und einem dann umgekehrt einfallen.

Ein anderes Hilfsmittel stellte die Psychoanalyse zur Verfügung, das der freien Einfälle. Diese führen bald nach vorwärts, bald zurück im zeitlichen Ablauf, sie sind inhaltlich orientiert und benützen die Objektbesetzungen mit ihren Benennungen. Wir sagen, daß der andere Weg, der die zeitliche Aufeinanderfolge benützt, den Ichbesetzungen nachgeht. Doch trifft auch der zweite, objektive Weg immer wieder mit den Ichbesetzungen durch Vermittlung einzelner Objektbesetzungen zusammen, während der subjektive Weg die Ichsituationen erst verläßt, wenn ihm die verlorene Objektrepräsentanz wieder zugänglich gemacht wurde. Das geschieht gleichsam nach der Umkehr vor dem Scheidewege von richtiger und Fehl-Leistung. Des Nebeneinanders im Raume bedienen sich beide Methoden.

Man glaube aber nicht, daß die objektive psychoanalytische Methode von der älteren, laienhaften ganz absieht. Diese Beimischung wurde nicht beachtet; aber gerade sie lehrt uns, die Fehlleistungen auch von der Ichseite her zu verstehen. Man braucht bloß analytische Beispiele genau zu lesen, namentlich solche von Selbstanalysen, denn bei ihnen mußte der

---

1) Will man sich zwingen, eine Wort-, Buchstaben-, Silben- oder Sachfolge in umgekehrter Richtung zu wiederholen, so gelingt das nur, indem man sich immer wieder die tatsachgemäße Reihenfolge ins Gedächtnis ruft. Es kann das sogar als ausgezeichneter mnemotechnischer Lernbehelf für schwer memorierbare Worte oder sonstige Aufeinanderfolgen empfohlen werden.

Autor die Quälerei einer nichtgelösten Fehlleistung selbst erleiden und
suchte sich daher instinktiv und nicht nur in exakt-analytischer Art zu
helfen. Freud berichtet, daß er, um einen vergessenen Eigennamen zu
erinnern, auf die Gasse zu gehen pflegte und die Firmenschilder dort las.
So findet sich entweder der gesuchte Name selbst oder aber ein anderer
oder ein sonstiges Wort, welches jenseits des Assoziationswiderstandes liegt,
so daß sich die Verbindung mit dem fehlenden Ausdruck wiederherstellt
und der Leitungsfehler behoben ist. Ebenso kann man ein Buch oder die
Zeitung ergreifen oder im gleichgültigen Gespräch ein helfendes Wort auffangen — das Maß von Glück, welches bestimmt, wie schnell das gelingt,
ist aber auch durch die Größe der Widerstände determiniert. Psychologisch
bedeutet es aber nicht dasselbe, ob man das richtige Wort oder nur ein
assoziativ damit verknüpftes findet; im letzteren Falle gelangt man erst über
weitere Objektbesetzungen zu dem Vergessenen. Erfährt man das Wort selbst,
so ist einem nur das dritte Element der Denkbesetzungen, das Wort, direkt
gegeben worden.

Solches Lesen oder Horchen auf Reden anderer beginnt meist als Suchen
längs der Objektbesetzungen; aber man gerät bald von dem Bereich der
Objektvorstellungen und dem der Benennungen in ein früheres Stadium
des Ichs und sucht dann vom Ich und den dem Ich angeschlossenen Objektrepräsentanzen aus das mangelnde Wort. Diesen Weg verschmäht auch kein
Analytiker, besonders nicht beim dringlichen Wiedergutmachen eines Ver-
legens oder des Vergessens eines Vorsatzes. In der Situation, die zum Selbst-
gespräch führt: „Wo habe ich das hingelegt?" oder „Weshalb bin ich zu
diesem Kasten gegangen?", aber auch beim Deuten des eigenen Versprechens
läßt der Analytiker nicht bloß den freien Einfall walten, sondern versetzt
sich absichtlich zurück in einen Zustand, in welchem die Fehlleistung noch
ungeschehen war. Das tut man auch, wenn einem das Wort von einem
anderen wiedergegeben wurde, um zu begreifen, weshalb man es nicht
selber finden konnte und um zu verstehen, wie es kam, daß man es verloren hat.

Freud macht darauf aufmerksam, daß die Unruhe und Verärgertheit,
welche wir während einer ungelösten Fehlleistung empfinden, auch bei
ganz unwichtigen Entgleisungen dieser Art eintreten und daher nicht rationell
begründet sind. Er nimmt an, daß der Affekt vom verdrängten Störenden
auf das Vorkommnis der Fehlleistung verschoben ist. Dies geschieht demnach analog der Haftung von Angst an einen bestimmten Vorgang, während
der Gegenstand, von welchem die Gefahr drohte, und diese selbst verdrängt

bleiben. Ich glaube nicht, daß diese Begründung ausreicht. Ihr stehen jene Fälle entgegen, in denen die Fehlleistung den Wunsch von zweien erfüllt, der der stärkere war z. B. beim unwillkürlichen Unterlassen einer unweisen Handlung oder Rede. Für sie sprechen die Fälle, in welchen man dank der Fehlleistung eine unerwünschte Pflicht zu erfüllen unterließ und bis zum Bewußtwerden der Unterlassung ein unbestimmtes Schuldgefühl in sich trägt. Ganz allgemein kommt ein anderer Grund ausschließlich oder vorwiegend in Betracht. Jeder Zustand, in welchem man es erlebt, daß man unzureichend „Herr im eigenen Ich" (Freud) ist oder war, weil das Ich besonders schlecht funktionierte, ist eine „kleine" Psychose. Es ist unheimlich und quälend, wenn die Kontinuität der Ichfunktion in einer so wichtigen Hinsicht wie die kausale gedankliche Verknüpfung es ist, ausgesetzt hat und sich trotz vollen Bewußtseins nicht wieder herstellt. Denn das „Ich" ist, wie ich an anderer Stelle definiert habe, das Selbsterlebnis der dauernden oder sofort wieder erlangbaren Kontinuität des Individuums in körperlicher und geistiger Hinsicht, und zwar in bezug auf Raum, Zeit und kausale Verknüpfung.

Daß die Ichstörung der Grund des peinlichen Affektes ist, beweisen seltene Fälle von Alterskrankheit, in denen das Sicherinnernmüssen zu einem chronischen Zwange wurde, der vom Laien als krankhafte Altersschrulle und als seniler Eigensinn beurteilt wird. Der Zwang geht entweder von den Sachvorstellungen oder von den Namen aus. Bald wird die Persönlichkeit aus dem Leben, aus der Geschichte, der Lektüre gesucht, die einem Namen zugehört, den der Kranke gerade zufällig hörte oder der ihm von selbst einfiel, bald umgekehrt der Name zur Persönlichkeit. Ich konnte in einem solchen Fall viel verschobenen Affekt durch Analyse bewußt machen und den Gesamtzustand dadurch erleichtern. Getrennt davon blieb bei jeder Wiederholung des Symptoms die quälende Unruhe des Gefühls, „verrückt" zu sein. Durch diese seltenen, organisch bedingten Fälle aufmerksam gemacht, erkannte ich das unheimliche Gefühl der Ichgestörtheit auch bei den alltäglichen Fehlleistungen wieder. Es kann von den andern Affekten, wie etwa dem der Beschämung durch den Selbstverrat nach einem Versprechen, unterschieden werden. Die gestörten Funktionen, das Sprechen und Handeln, das Wissen und Denken, sind eben die Grundlagen der Selbstbehauptung sich und andern gegenüber.

Wir wiederholen, daß jeder, der ein Vergessen korrigieren oder sein Versprechen wenigstens nachträglich begreifen will, sich in den Zustand zurückversetzt, in welchem er noch ganz dabei gewesen war. Wegen der strukturellen Schwierigkeit, Lebensprozesse in umgekehrter Aneinanderreihung zu verfolgen, überspringt man gleichsam ganze Ereignisfolgen und gleitet ein Stück seines Lebens zurück. Oft genügt die einmalige Wiederholung des Starts, um das Richtige zu finden. In anderen Fällen muß es mehrmals versucht werden; das Fehlhandeln wiederholt sich mehrmals, wenn man und weil man wieder den Moment, in welchem sich die Fehlverknüpfung oder Auslassung im Ich vorbereitete, übersieht. Gelingt die Ausbesserung nicht, so mag eine dauernde Gedächtnisstörung infolge des Wiederholungsprinzips oder durch den rezent entstandenen „bedingten Reflex" zurückbleiben. Man vermeidet das instinktiv oder heute dank der psychoanalytischen Erkenntnis, indem man vom früheren Ichzustande aus oder auch, rein analytisch vom aktuellen Ichzustande aus, solange den Objekt- und Wortassoziationen nachgeht, bis die affektiven Widerstände gegen die Aufhebung der rezenten Verdrängung überwunden sind; je mehr man den Ärger ausschaltet und sich in passiver Hingegebenheit und doch mutig alle Glieder der umwegigen Gedankenketten einfallen läßt, desto eher wird die unterbrochene Verbindung wiederhergestellt und die — doch nur leicht gewesene — Erschütterung wegen der Störung der Kontinuität des Ichs vergessen, und zwar tatsächlich vergessen, so wie die Träume völlig vergessen werden.

Wir sagten schon zu Beginn dieser Arbeit, daß nicht alle Fehlhandlungen bloß infolge der oberflächlichen Verwirrung rezenter Erlebnisse, sondern viele im Zusammenhang mit früherer Verdrängung entstehen. Die Analyse wird dann schwierig, die rezenten Widerstände hängen mit tiefen, ungelöst aus früheren Lebenszeiten verbliebenen zusammen, und wir kommen immer wieder zu einem Stocken des Gedankenablaufs. Gerade an solchen Fällen sieht man die Bedeutung der Ichbesetzung. Denn man spürt regelmäßig, daß die Einfallsreihe dann stockt, wenn man einen bestimmten, lange vergangenen Ichzustand nicht finden kann oder nicht mehr vermag, sich in ihn zurückzuversetzen. Bei solchen tiefer gehenden Analysen kann man auch die Vermengung beider Methoden, wie sie von selbst geschieht, beobachten; am Wege der Einfälle kommt man wieder auf Ichzustände, von denen man versucht, sich die Erlebnisreihe nicht mehr nach inhaltlicher Verknüpfung, sondern in ihrem zeitlichen Ablauf zurückzurufen. So stößt man beim analytischen Suchen eines vergessenen Namens eventuell auf einen andern Namen, den man nicht suchte, von dem man aber bei der Wiederbegegnung merkt, daß man ihn gleichfalls vergessen hatte. Durch diesen weniger stark entzogenen Namen gelangt man dann auf eine frühere Ichsituation, in welcher die Ursache lag, daß man in der rezent aktuellen den andern Namen auch vergaß, weil der gleiche Grund noch wirksam war. Ich kann einen vergessenen Namen suchen und herausfinden, in welcher Zeit meines Lebens die Ichsituation war, in der die tiefere Schichte meines Ichs sich formte, die mich heute als Widerstand hindert, mich zu erinnern. Es genügt aber nicht, daß ich diese Ichstufe als Objekt der Assoziation gefunden habe; ich muß warten, bis ich mich in die Ichsituation zurückversetze, damit sich der Name finden läßt. Jedem so auftauchenden Ichzustande liegen bestimmte Zwischenglieder des Assoziationsnetzes näher als andere. Weil ein solches Zwischenglied zu zwei Ichzuständen nahe Beziehung hat, hilft sie die nächste wichtige Ichsituation aufwecken. Wahrlich, ein windungsreicher „Strom von Eigenbeziehung" geht durch unser Erleben und bleibt in dem Erinnerten erhalten. Und gerade an den Stellen der erlebten Ichsituationen haben sich die stärksten Widerstände gebildet. Sie werden nur durch Zurückrufen der Situation im Wiedererleben überwunden und lassen sich nicht auf die einzelnen sachlichen Vorstellungen in der Gedankenkette so verteilen, daß sie einzeln überwindbar sind. Wir sind unversehens zum Problem des Erinnerns, des Agierens und des Wiedererlebens, das wir von der analytischen Praxis kennen, gelangt. Die Fehlleistung ist nur ein Sonderfall der allgemeinen Erfahrung, daß man in jeder Analyse dazukommt, daß der Analysand sich in frühere Ichzustände zurückversetzen muß. Dieses Wiedererleben ist aber nicht identisch mit dem Agieren in der Übertragung. Bevor ich weitere analytische Beobachtungen erörtere, will ich für das bisher mitgeteilte Beispiele bringen, deren Darstellung den Leser besser verstehen lassen soll, was mit dem mitgeteilten gemeint und mit der Mitteilung bezweckt ist.

IV) Darlegung an Beispielen

Das Verweilen der Ichgrenzen bei unerledigten Gegenständen oder das Zurückweichen des Ichs auf ein früheres Stadium mit nunmehr nicht mehr passender Ichgrenze ist besonders bei gehäuften Fehlleistungen erkennbar; doch ist der Mechanismus bei isolierten Verfehlungen derselbe, nur weniger evident. Deshalb will ich zunächst eine im Erleben unbegreifliche, nachher gut verständliche Folge eigener Fehlleistungen vorbringen.

Ich hatte an einem Tage viel Arbeit und mußte mir ausnahmsweise mehrere Male die Zeit nehmen, auf den Bahnhof zu fahren. Von meiner engeren Familie pflege ich zu Hause Abschied zu nehmen. Freunde oder Verwandte zu geleiten, verlangt aber die „kleine" Moral; sie zu verletzen, würde eine Gleichgültigkeit verraten, die nicht besteht und die man um so weniger vermuten lassen will, als das jahrelange Getrenntleben im Alter ohnedies nur zu leicht altgewohnte Beziehungen erkalten läßt. Einer der Abreisenden versäumte seinen Zug, so daß ich seinetwegen spät abends nochmals hinkommen mußte. Auch da kam er im letzten Moment und ließ noch Pakete in seinem Auto, das ich zur Rückfahrt benutzte. Die Pakete sollte ich in meiner Wohnung verwahren. Vor der Haustüre angelangt, öffne ich das Haustor, läute aber vorher der Hausbesorgerin, damit sie mir beim Hineinbringen der Pakete in den Lift behilflich sei. Sie kommt gleich, wir bringen alles hinein, und sie läßt mich hinauffahren. Kaum daß der Aufzug in Bewegung ist, will ich automatisch den Schlüsselbund aus der Tasche nehmen, um die Wohnungstüre aufzusperren; ich habe ihn nicht in den Taschen und erinnere mich: „Du mußt ihn an der Haustüre haben stecken lassen!" Das ist nicht gleichgültig! Doch war es unwahrscheinlich, daß ihn in den wenigen Minuten schon jemand weggenommen haben sollte. Ich gebe das Haltesignal im Lift, fahre wieder herunter, sage es der Hausbesorgerin, gehe zum Haustor und finde, wie ich vermutet hatte, den Schlüssel am Schlüsselbunde außen stecken. (Fehlleistung 1.) Ich nehme ihn zu mir, lache mit der Hausbesorgerin über das Versehen und erinnere mich, daß Freud schon auf die Schlüssel als Vorzugsobjekt für Fehlleistungen aufmerksam gemacht hat, daß ich aber selber diese Spezialität nur ganz ausnahmsweise betätigt habe. Dann sperre ich die Wohnung auf, läute aber wieder vorher, damit man mir helfen komme. Mein Sohn und auch die Hausgehilfin sind gleich zur Stelle und bringen die Sachen in mein Zimmer; ich rufe der Hausbesorgerin, der Lift fährt hinab. Dann gehe ich in mein Zimmer und setze mich an den Schreibtisch, um zu arbeiten. Dazu muß ich etwas aus einer Schreibtischlade nehmen, greife in die Tasche — aber die Schlüssel sind abermals fort. (Fehlleistung 2.) Dieses Mal kann ich sie nur an der Wohnungstüre haben stecken lassen. Ich gehe lachend hinaus, sie stecken aber nicht! Nun suche ich sie überall, vergebens rekonstruiere ich jeden Schritt seit meinem Nachhausekommen. Mein Sohn ist freundlich bemüht, mir zu helfen und meint, sie könnten nur an der Haustüre stecken. Ich, bereits unsicher geworden, folge und schaue noch einmal nach, um mich zu überzeugen. So komme ich zum Schlusse, daß ich den Schlüsselbund im Lift nach dem Aufschließen der Wohnung, beim Holen der Pakete weggelegt haben muß, und beschließe, nicht jetzt, spät nachts, die Hausbesorgerin zu wecken, wohl aber ganz zeitlich am nächsten Morgen, womöglich als erster den Lift zu benützen, um die Schlüssel unauffällig wieder zu nehmen. Da ich regelmäßig zeitlich aufstehe, hat das nichts auf sich.

Schon der mit Recht hochgeschätzte Entdecker der Tücke des Objektes hat den wechselvollen Verlauf der Affekte bei solchen Mikrodramen geschildert. Sicher ist, daß sich bei mir die resignierte schlechte Laune in lachende Resignation umwandelte und der uneingestandene Ärger sich von den Menschen ab und mir selbst zuwandte. Dazwischen war ein Lichtpunkt und Grund zur Selbstzufriedenheit aufgetreten, es war die Sehergabe, mit der ich durch rein theoretische Erwägungen den Ort erschlossen hatte, wo der Schlüsselbund sein Nachtlager aufgeschlagen haben mußte.

Am nächsten Morgen aber wache ich erst gegen acht Uhr auf, was mir sonst nie widerfährt, wenn ich etwas des Morgens zu tun habe. (Fehlleistung 5.) Auch habe ich den Verlust des Schlüsselbundes vergessen. (Fehlleistung 6.) Erst gegen neun Uhr erinnere ich mich, erschrecke, denn der Verlust all dieser Schlüssel würde die Umänderung von Haus- und Wohnungsschloß, viele Kosten, Unannehmlichkeiten und Zeitverlust bedeuten. Ich eile, um die Hausbesorgerin zu fragen, ob sie schon den Schlüsselbund gefunden hat; aber dazu kommt es nicht mehr, denn ich sehe ihn sofort im Schlüsselloch außen an der Türe stecken. Auch wird mir gleich die Art bewußt, wie mir am Abend zuvor der Irrtum widerfahren konnte; ich habe beidemal (Fehlleistung 3 und 4) am linken Türflügel statt am rechten gesucht und das mit voller Sicherheit. Es war eine große Leistung, etwas, was ich tagtäglich zu tun geübt war, nicht automatisch richtig zu tun, um den Schlüssel im Schlosse zu übersehen. Man erkennt an diesem Beispiel, daß solche Fehlleistungen nicht durch einen Automatismus zustande kommen. Ein solcher kommt nur manchmal zur Hilfe, kann das aber nur, wenn vorher die Ichbesetzung das Feld geräumt hat. Im vorliegenden Falle hatte ich weder automatisch noch mit Zuhilfenahme klügster Überlegung darauf verfallen können, am linken Türflügel Schloß und Schlüssel zu suchen. Erleichtert war allerdings das Geschehen — wie so oft — durch einen Tagesrest; ich hatte nämlich die sonst nie verwendeten Schlösser des rechten Flügels ausprobiert, weil der Termin für das Verschließen der Wohnung für die Sommermonate sich näherte. Erleichtert war die Fehlhandlung auch dadurch, daß ich sowohl beim Tore wie bei der Wohnungstüre ausnahmsweise jemanden durch das Läuten herbeigerufen hatte und dadurch nach dem Aufsperren abgelenkt war.

Das Motiv für die Fehlleistungen war eine starke Störung meiner Gesamtstimmung, die am Abend durchbrach, nachdem ich den ganzen Tag die Haltung zu wahren hatte. Nicht von der Objektbesetzung „Schlüssel und Schloß", auch nicht von ihrer symbolischen Bedeutung ging die Störung aus, sondern von dem mit meinem Ich verbundenen Komplexe: meine Wohnung, meine Lebensführung, meine Unabhängigkeit. Wenn in früheren Jahren meine Frau mit den damals kleinen Kindern schon im Frühling aufs Land fuhr, so verfiel ich als Strohwitwer noch am selben Tage wieder in die Junggesellengewohnheit des abendlichen Kaffeehausbesuches. Erst nach Jahren fiel mir auf, daß ich an diesem Abend immer in das Stammkaffeehaus aus meiner Studienzeit und nicht in das gewohnte der späteren Zeit ging, obgleich keiner der alten Freunde mehr dorthin kam. Später hat dieser Rückfall in eine frühere Lebensperiode aufgehört. Aber dieses Mal war ich wieder mit meinem Ich um viele Jahre regrediert und hatte daher keine Ichbesetzung für einen Hausschlüssel und noch weniger für ein Steckschloß an der rechten Flügeltüre, denn in jener Vorzeit waren alle Schlösser am linken Türflügel gewesen. So kam diesem viel jüngeren Menschen gar nicht in den Sinn, den Schlüssel an der Türe rechts zu suchen. In dieser einfacheren, zufriedeneren Zeit, in die

ich floh, war ich auch ein Spätaufsteher gewesen. Der symbolische Sinn der
Fehlhandlung, in dem auch meine Ärgerlichkeit sich entlud, ist leicht zu
erraten, wenn man überlegt, daß die Folge der Fehlleistung eine Freigabe
meiner Wohnung für Diebe und Einbrecher gewesen wäre. Sie bedeutet daher
einen in Wien gebräuchlichen Ausdruck, den ich kaum je, weder ernst noch
scherzhaft, gebrauche: „Ihr könnt mir alle gestohlen werden!" Die Grobheit
dieser Worte, die unsinnige und doch sinnvolle Häufung der Fehlleistungen,
das Ausmaß der unangenehmen Folgen, die sie gehabt hätte, denn man kann
kaum seine Schlüssel ungeschickter verlegen, — und schließlich die Verärgerung
waren in ökonomischer Hinsicht einander proportional. Deutlich war nachträglich das Gefühl erkennbar vom Zurückfliehen des Ichs vor den Ansprüchen
der Gegenwart.

In dem Buche „Zur Psychopathologie des Alltagslebens" finden sich
analoge Beispiele. Sehr instruktiv ist die Art, wie Ferenczi nach seinem
Selbstberichte ein Vergessen korrigierte. Er konnte sich des Aperçus „Nichts
Tierisches ist dir fremd", das er selbst einige Wochen vorher geäußert
hatte, nicht erinnern. Um es zu finden, rief er das voranalytische Mittel
zu Hilfe, denn er erzählt, daß er sich aus der Gesellschaft zurückzog und
sich anstrengte, sich in die Situation, in der er diesen Ausspruch gemacht
hatte, wieder zurückzuversetzen; erst als ihm das gelungen war, trat der
Erfolg der Assoziation der eingefallenen, sachlichen Zusammenhänge ein.
Nicht ganz so deutlich, aber doch im gleichen Sinne ist der Vorgang zu
erklären, wie ihn Freud für die Auflösung des Vergessens eines Vorhabens
schildert. Er berichtet, daß er vergaß, eine Korrektur rechtzeitig an Bergmann in Wiesbaden abzusenden. Er vergißt in gehäufter Art, obgleich die
bereits von ihm korrigierten Bogen ihn immer wieder erinnern mußten.
Er sucht nach dem Grund für dieses Verhalten und macht einen Spazier-
gang, der ihn — gewiß nicht zufällig — zu seinem Wiener Verleger führt.
Die Erklärung, die ihm dort einfällt, genügt ihm nicht. Dann „geht sein
Bedenken" auf seine Mitarbeit an dem Handbuch von Notnagel zurück.
„Dort findet der Vorwurf (es ist ein Selbstvorwurf) abermals keine Anerkennung." Erst als dritte Etappe kommt die Wiederbelebung einer Eigen-
mächtigkeit bei dem Übersetzen eines französischen Werkes zustande und
mit ihr die zureichende Erklärung. Der Leser hat nicht den Eindruck,
daß im Wege freier Einfälle die Begründung gefunden wurde, sondern
durch ein, viele Einfälle auslassendes, sie überspringendes Suchen der
analogen Situationen des Ichs. In die bestimmende Situation mußte sich der
Autor zurückversetzen, um die Evidenz der Richtigkeit seiner Begründung
zu bekommen.

Was von Vorsätzen und Handlungen gilt, gilt auch vom Vergessen der Eigennamen. Mir fiel dieser Sachverhalt bei den vollendeten und meisterhaft
wie keine sonst durchgeführten Analysen Freuds auf. Im Falle „Signorelli"
war der Autor auf einer Reise. Seine Gedanken weilten bei einem ge-
wichtigen, tragisch zu nennenden Thema. Nun plaudern die andern Reisenden
mit ihm. Von außen kommt die Anregung, über anderes zu sprechen, als
über das, was ihm nahegeht. Die Objektbesetzungen kommen nun von
beiden Seiten, vom eigenen Vorbewußten als Einfälle, von den Mitreisenden
als Fragen, Antworten oder Mitteilungen. Die affektiv besetzte Ichgrenze
war nicht vom Thema „Tod, Arzt, Sexualität" frei geworden. Das Wort
„Herr" ist vom Ich aus stark betont, weil die Worte des Mohammedaners
das gleiche Thema angeschlagen hatten. Daß der Autor auch auf der Seite
der Objektbesetzungen nicht ganz frei ist, wird dadurch bewiesen, daß er
selbst das gefährliche Thema, die Fresken von Orvieto, erwähnte, also das
Thema, bei welchem ihn der wiedererweckte leidvolle Gedanke die italieni-
sche Übersetzung von „Herr" nicht finden ließ. Obgleich die Ablenkung vom
Thema willkommen war, gelang sie nicht auf normale Art. Das Ich mußte
vielmehr, um nicht mehr vom Thema gestört zu werden, sich davon losreißen. Dieses Losreißen ist der Moment der eigentlichen Störung. Denn
es geschieht in der Weise, daß die das Thema enthaltende Ichgrenze als
störend verdrängt wird. Das ist die aktuelle letzte Verdrängung, die entscheidet; von diesem Moment an kann der Name nicht mehr gefunden
werden. Eine solche Verdrängung eines Ichanteiles, in unserem Falle einer
besetzten Ichgrenze, kennen wir von der Schizophrenie her als „Sperrung".
Die in unserem Falle so geringe Sperrung bewirkt, daß die Auffassungs-
stelle für alles, was mit „Herr usw." zusammenhängt, für einige Zeit dem
Ich verloren ging. Das Merkwürdigste ist, daß, wie Freud weiter mitteilt,
durch bloßes Weiterklingen beim Assoziieren die klangvolle Silbe „Bo" des
dazugehörigen Wortes „Bosnien" sich einstellte. Das zeigt, daß dort, wo die
Ichgrenze nicht mehr zur Verfügung steht, die Worte Schall werden. Solche
rein klangliche Zusammenhänge sind infantil und entsprechen beim Erwachsenen der Psychose und der Sperrung. Das Wiederfinden des Wortes
gelingt erst, wenn die störende Ichsituation nochmals und nun richtig erlebt wurde. An diesem Beispiel kann man das nicht kontrollieren, weil das
fehlende Wort von fremder Seite mitgeteilt wurde.

Beim Assoziieren von der Objektreihe her kommen die Einfälle stets
nach dem Zusammenhang mit dem störenden Thema geordnet. Das beweist,
daß die Zurückziehung von den vorher mit Ichgefühl besetzten Vorstellungen

sich nicht nur auf das gesuchte Wort erstreckt. Gleichzeitig wehrt eine ab-
stoßende Kraft alle Objektbesetzungen ab, die an das Thema rühren, die
um so stärker wird, je näher die Einfälle das Thema berühren. Über
diese metapsychologischen Fragen soll in anderem Zusammenhange gesprochen werden. Die theoretische Erörterung der Frage, ob es nötig, d. h.
richtig ist, die Berührung mit der Ichgrenze, so wie ich es hier tue, von
dem Eintreten in das Bewußtsein zu unterscheiden, soll am Ende dieser
Arbeit folgen.

V) Zur sozialen Seite der Fehlleistungen

Unser Interesse gilt zunächst den sozialen Bedingungen für das Auftreten
der Störung. Die Fehlleistung ist ein Einbruch des Privatlebens ins Soziale, es
ist ihr aber ein Zwang auf das Privatleben vorausgegangen, der dieses nachhaltig störte. Bei der Besprechung des Beispiels „Signorelli" bemerkten wir,
daß der Fehler zustande kommen mußte, weil die Besetzung der Ichgrenze
hinter den Anforderungen, die vom Gespräche kamen, zurückgeblieben war.
Bei der eigenen Fehlleistung war die ganze Icheinstellung hinter der Gegenwart zurückgeblieben. Im Falle Ferenczis bestand keine sachliche Verbindung zwischen dem Thema, welches gerade zur Sprache kam, und dem
Thema, zu welchem das Aperçu gehörte; nur die Analogie der Ichsituation
hatte die Tatsache, etwas noch Besseres ein anderes Mal gesagt zu haben,
in Erinnerung gebracht; diese Regung des Selbstgefühls, die sofort auch
eine Selbsthemmung hervorrief, hat es verhindert, daß die Ichgrenze und
die Objektbesetzung weiter zusammenstimmten. Bei Fehlleistungen, die einem,
wenn man allein ist, widerfahren, übernimmt die Rolle des störenden Anderen
ein eigener affektbetonter Einfall oder die gedachte Zwischenrede eines
Zweiten oder die Kritik des imaginären Publikums. In zahlreichen Fällen
geht diese selbstgedachte Zwischenrede vom Über-Ich aus, welches die Ichgrenze festzuhalten befiehlt oder aber eine Objektbesetzung als störendes
Element einwirft. Wir kommen so zu einer andern Verteilung der Rollen
des Störenden und Gestörten beim Gedankenablauf, der der Fehlleistung
vorausgeht. Freud nimmt die richtige Leistung, die nicht erfolgen konnte,
als das Gestörte an, und das mit Recht, weil sie die normale wäre.
Bei unserer Untersuchung des Ablaufs der psychischen Leistungen müssen
wir das als gestört ansehen, was bis zur Störung abläuft und der Störung
unterliegt, ohne uns darum zu kümmern, ob es normal und richtig oder
falsch weiter vor sich gegangen wäre. (Tatsächlich ist oft auch das un-

richtige Resultat, wie F r e u d uns gezeigt hat, im Wesen das richtigere.)
Die Fehlleistung ist das E r g e b n i s, die mangelnde Bereitschaft der Ichgrenze
ist der B e g i n n der Störung. Von da an beginnt die Herrschaft verdrängter
Inhalte und Strebungen, und diese erst determinieren den Weg, den die
Störung einschlägt, und das Ergebnis, das sie bringt. In diesem Sinne erkennen wir im Anspruch des Andern, z. B. des Mitreisenden im Falle
„Signorelli", den störenden Faktor, d. h. in der Gedankenrichtung, die er
beim Autor anregt. Die „Zufälligkeit", welche F r e u d den Fehlleistungen
entzogen hat, wird dennoch immer subjektiv als bestehend empfunden; sie
besteht wirklich, sobald wir das Aneinandergeraten wenigstens zweier den-
kender Individuen mit ihren nicht einander parallel ablaufenden Gedanken
berücksichtigen.

Besonders deutlich wirkt dieser Faktor beim Versprechen. Die eigene
Sprache erlaubt kein Vergessen, nur ein Verfehlen eines sprachlichen Aus-
druckes. Jedes Versprechen ist die Folge einer doppelten Tendenz im
Sprechenden. Diese doppelte Richtung liegt in den einfachsten Fällen darin,
daß der Sprecher schwankt, ob er sprechen soll oder nicht. F r e u d übernimmt in seinem Buche ein harmloses Beispiel von M e r i n g e r und M a y e r.
Jemand wird gefragt, wie es denn seinem Pferde gehe, und antwortet:
„Das draut . . . dauert noch einiges Monate." Er dachte, das sei eine traurige
Geschichte. Die soziale Einstellung verlangte die einfache objektive Antwort,
der Pferdebesitzer war aber affektiv beteiligt und faßt sich nicht schnell
genug zur objektiven Erledigung der Frage. Solcher Gelegenheiten gibt es
aber weit mehr, als Fehlleistungen geschehen. Erst das, was einer Fehlleistung
aktuell vorausgegangen ist, erklärt, weshalb es manchmal zur Fehlleistung
kommt und andere Male nicht. Nur in den Fällen, in denen wir die voraus-
gehenden Ichsituationen und das Verhältnis zum Hörer erfahren haben,
verstehen wir die starken aktuellen Motive, welche immer nötig sind, damit
das so gut eingeübte Verwenden der eigenen Sprache versage. Das Schwanken
zwischen Reden und Schweigen begünstigt auch deshalb das Versprechen,
weil das Sprechenwollen die Ichgrenze mit aktivem Ichgefühl besetzt, das
Zuhören mit passivem. Muß man längere Zeit zuhören, wenn man schon
sprechen will, oder läßt man sich zum Sprechen verleiten, wenn man es
nicht will, so ist man immer mit mehreren Objekten aus dem Verlaufe
des Gespräches beschäftigt, dabei oft mit mehrfach ambivalentem Verhalten
des Ichs, ambivalent sowohl in bezug auf Bejahung und Verneinung als
auch in bezug auf Passivität und Aktivität der Ichgrenzbesetzung und in
bezug auf Zeigenwollen und Zurückhaltung in der Gesamteinstellung. Diese

letzte Ambivalenz setzt sich weiter aus mehreren einander widersprechenden
Trieben und Affekten zusammen, Eitelkeit und Bescheidenheit (in tieferer
Schichte Exhibition und Scham), Führen und Geführtwerden (in tieferer
Schichte Vater- und Sohneinstellung mit allen tiefen Komplikationen),
Kampflust und Friedlichkeit, beziehungsweise Vorsicht, und schließlich dem
komplizierten Widerstreit von Narzißmus und Objektlibido, dessen Steigerung
wir als Lampenfieber kennen. Daß sich unter so komplizierten Bedingungen
die Ichgrenze und die Objektvorstellung mit ihrer Benennung leicht gegeneinander verschieben, ist verständlich.

In den Beispielen „Signorelli" und „aliquis" sind diese Momente in
verschiedener Mischung vorhanden. Niemand spricht gerne zu Fremden
von dem, was ihn im Innersten bewegt, und doch kann man manchmal
zum vertrauten Freunde noch schwerer sprechen. So kann das Mitteilungs-
bedürfnis stark werden, zumal wenn sich eine Übertragung hergestellt hat.

Das Schwanken zwischen Rede-Intention und Rede-Unterdrückung läßt,
wenn es länger dauert, immer mehrere Ichreaktionen verschiedener Art
gleichsam zu Worte kommen und damit verschiedene Beziehungen zum
Gegenständlichen. Von jeder mit gespannter Besetzung sprechbereiten Ichgrenze geht eine andere Wortwahl aus. Schließlich vermengen sich zwei
oder sogar mehrere Impulse. Wären diese Ichgrenzen nicht übermäßig besetzt, so würde — das ist der normale Fall — gewartet werden, bis sich
das Gesamt-Ich des Sprechers für eine Reaktion und die entsprechende
Wortwahl entschieden hat. Ist aber das Gesamt-Ich in einer früheren Stellung
zurückgeblieben, dann kann es das Schwanken bei der Wortfindung nicht
beenden und gleichzeitig haben die unbewußten Motivierungen Gelegenheit, das Kompromiß in der schließlichen Äußerung zu „determinieren".
Das Schwanken und die Unsicherheit des Ichs lassen stets auch die Sprech-
funktion auf eine frühere Stufe ihrer Entwicklung regredieren, auf welcher
die Artikulationsnähe zwischen den sich vermengenden und ersetzenden
Wortintentionen noch sehr zur Geltung kamen. „Zerstreutheit" bedeutet
die Besetzung mehrerer Ichgrenzen, sie wird für die mangelhafte Zentrierung
bei der Sprechintention und dadurch für die Vermengung der Sprechimpulse
verantwortlich gemacht. Gerade bei der Zerstreutheit ist es schwer, das
wünschenswerte, normale Verhalten vom pathologischen zu unterscheiden.
Denn es ist wünschenswert, daß während des Weiterdenkens möglichst viele
Gedankenverbindungen von den Ichgrenzen her erreichbar sind; dadurch
wird das Denken oder Sprechen ideenreich und bis ins Einzelne dem gestellten Problem gerecht. Die unerwünschte Zerstreutheit beginnt erst, wenn

aus affektiver Gebundenheit die Besetzungsintentionen zu keiner Resul-
tierenden kommen, sondern gleichsam in einem großen Zerstreuungskreise
Assoziationen suchen, welche beim Versprechen dann in der Artikulation
zu einem Kompromiß innerhalb der vielen zum Sprechen verfügbaren
Wendungen und Worte führen. „Zerstreutheit" ist daher kein physiologisch
abnormer Zustand, sondern ein voll determiniertes psychisches Verhalten.

Die Fehlleistung erfolgt also aus einer Diskrepanz zwischen dem Eigen-
leben und den Ansprüchen der Außenwelt. Manche Fälle von Vergessen
kommen so ganz einfach zustande.

Ich ließ mich z. B. an einem schönen Sommertag vom Arbeiten abhalten
und ging spazieren. Gehend wollte ich weiter über ein Thema nachdenken.
Ein Haus, an dem wir vorbeigingen, nahm meine Aufmerksamkeit in Anspruch,
und ich bemerke zu meiner Begleiterin, wie hübsch der an der Vorderwand
gezogene Obstbaum es kleide. Dabei entfällt mir das Wort „Spalier"obst, das
ein ganz gebräuchliches Fremdwort ist. Wenige Zwischenworte ließen es finden.
Das Wort „Spazieren" hatte es mir geraubt. Ich wollte nicht sprechen, sondern
weiter überlegen und war meinem Vorhaben untreu geworden. Mein Ich war
den wechselnden Gegenständen nicht gefolgt; ich gab aber der äußeren Anregung nach und begann zu sprechen, ohne wirklich „dabei zu sein".

Wir beachten gar nicht, wie viele unserer Gedankengänge abgerissen
werden, weil eine andere Person oder wir selbst uns zwingen, uns von
ihnen loszureißen. Solche aktuelle Unterbrechungen können, wenn genug
unbewußte Gründe vorhanden sind, die Fehlleistung auslösen. Stets bereiten
sie aber spätere Fehlleistungen vor, und kommen erst später zur Geltung,
wenn wir die unterbrochenen Gedankengänge beim Sprechen brauchen.
Auch müssen die Assoziationen bei der Analyse einer Fehlleistung überraschend werden, wenn solch ein längst vergangenes „Fehldenken" in
die Reihe der freien Einfälle gerät. Gerade solche im „Fehldenken" aus-
einandergerissenen Zusammenhänge sind es, welche beim Denken nach
Zielvorstellungen nicht gefunden werden, wohl aber beim passiven Verhalten, wie es die analytische Technik vorschreibt. Die Methode des „freien
Einfalles" löst das Fehldenken der Vergangenheit auf und macht allmählich
das Gedankenmaterial wieder frei verfügbar. Bei jeder Auflösung eines Fehl-
denkens wird ein affektiver Widerstand überwunden, der daran hing. An
solchen Störungspunkten bedarf es des Sich-Zurückversetzens in einen früheren Ichzustand, wovon wir oben gesprochen haben, um die Analyse fort-
zuführen.

Wir sahen demnach, daß die soziale Motivierung der Fehlleistung auf
einem diskontinuierlichen Austausch der Assoziationen zwischen zwei (oder

mehreren) Personen beruht. In diesem Falle setzt das Dazwischentreten der anderen Person (oder Sache) neue Widerstände gegen das Auftauchen der gewünschten, realitätsgemäßen und sonst adäquaten Vorstellungen und Worte. Im Gegensatz dazu steht das fördernde Austauschen der Gedankengänge, wenn das Ich den von außen kommenden Anregungen folgt. Die dabei gefühlte angenehme Befriedigung stammt aus zwei Quellen: erstens aus der Libidobefriedigung, welche jeder richtigen und weiterleitenden Verknüpfung der Ichgrenze mit einer Objektvorstellung innewohnt; — wir dürfen nicht vergessen, daß alle Objektvorstellungen sowie jede Ichgrenze immer ihre libidinöse Besetzung haben, die bei der Vereinigung beider zur Befriedigung kommt; — zweitens aber ist das richtige Zusammenpassen der gegenseitigen Einfälle ein oft sehr großer ökonomischer Gewinn, er erspart die Überwindung der Widerstände, welche in der Einzelperson aus gerade aktuellen oder aus tiefen Gründen gegen das Auftreten der adäquaten Assoziation vorhanden waren. In diesem Falle ist die „zufällige" Verschiedenheit zwischen den Gedankenabläufen der miteinander sprechenden Personen für beide deshalb von Vorteil, weil jeder von ganz verschiedenen unbewußten Zusammenhängen aus auch ganz verschiedene Widerstände in sich trägt. Die Aussicht, daß einem von beiden der bessere Gedanke widerstandsfrei zum Bewußtsein kommen kann, der sich gerade dem andern weigern muß, ist sehr groß und erspart viel Suchen und auch viele unzulängliche Erledigung. Wir verstehen auch jetzt besser das so häufige Ereignis, daß man ein vergessenes Wort vom andern erfahren will und der andere es gleichfalls nicht finden kann. Das ist nur ein speziell provoziertes Fehldenken derselben Art, wie wir es oben als regelmäßiges Geschehen beschrieben haben, wenn jemand gezwungen ist, aus seinen Ichzuwendungen heraus sich plötzlich einer von außen kommenden Objektbesetzung zuzuwenden.[1] Es fehlt die dazugehörige Ichgrenze. Versucht man aber, sich sofort mit dem in Verlegenheit Geratenen zu identifizieren, um ihm denken zu helfen, so übernimmt man von ihm meist auch die Verlegenheit und die Störung der zum Gegenstand zugehörigen Ichgrenzen.

Wir fanden also im Fehldenken und im Zusammendenken einander entgegengesetzte Vorgänge von hoher sozialer und auch individueller Bedeutung; wir verstehen, wie förderlich gut zusammenstimmende Gespräche sind und wie verwirrend das Sprechen mit nicht mitfolgenden Menschen

---

1) Die Beobachtung der Prüfung und der Prüfungsstörungen kann darüber belehren, wie völlig objektiv die Einstellung zum Gegenstande geworden sein muß, damit man der von außen kommenden Anregung sofort zu folgen imstande ist.

für das ganze innere Gefüge der gedanklichen Eigenarbeit wird. Bedingung
für fruchtbares Gespräch ist das Aufeinanderstimmen des Tempos im Denken,
die analoge Qualität und Quantität des verwertbaren Erfahrungsschatzes,
die Fähigkeit, rasch die narzißtischen Interessen an dem Gegenstand in
Objektinteresse zu verwandeln, und auch die gute gegenseitige oder wenigstens
einseitige Übertragung. Die Übertragung ermöglicht die Anpassung des
Denktempos und des Interesses an das der anderen Person. Die Erfahrung
an uns selbst und an Andern lehrt, daß der beste Schutz gegen Fehlleistungen eine positive Einstellung zwischen den Sprechenden ist; in
diesem Falle kommt eigentlich die „fremde Hilfe", welche wir als Mittel
der Reparatur der Fehlhandlung kennen, schon prophylaktisch als Schutz
gegen die Fehlleistung zur Geltung. Ebenso ist der Redner am besten
gegen Entgleisungen gesichert, der das Publikum erobert hat und auch
dem Publikum freundlich gesinnt ist; er ist weit besser daran als der
Redner, der nur die Abhängigkeit von der Übertragung zu beherrschen
versteht. Es gab einen großen Redner, der sogar immer das Publikum so
sehr zum Mitdenken zwang, daß er sich erlauben konnte, immer wieder
ein Wort nicht zu finden, weil er sicher war, daß es ihm die Hörer zu-
riefen, ohne das überhaupt als Störung des Zusammenhanges oder als
Mangel des Redners zu empfinden. Das Gefühl, daß man eine Fehlleistung
begangen hat, weil man von den Ansprüchen fremder Personen im eigenen
Denkablauf unterbrochen wurde, erklärt auch, warum man wegen seiner
Fehlleistung gegen die Andern ärgerlich wird. Im kleinen hat man das
Gefühl des Volksliedes vom „Waldhornbläser, der die Schuld davonträgt".
Man fühlt sich selbst durch eine Fehlleistung, wie ich oben sagte, ge-
drückt und verwirrt, weil das Erlebnis der Sperrung das einer kleinen
Psychose ist. Man fühlt aber auch immer, daß man keinen Vorwurf verdiene, weil man schuldlos sei. Das hat einen sehr bedeutsamen Grund.
Ein subjektives Gefühl der Schuld hat man nur für solche Innenvorgänge,
bei denen das Ich dabei war. Was, wie die Fehlleistung, immer „von
selbst geschah", hinterläßt kein Schuldgefühl.[1] Deshalb kann man auch
nur mit seiner objektiven Verstandesarbeit annehmen, nie es wirklich

---

1) Auch sonst hängt das s u b j e k t i v e Schuldgefühl, nicht die objektive Schuld,
davon ab, ob die zum Vorfall zugehörige Ichgrenze mit Ichgefühl besetzt war. Das
Über-Ich kann später objektiv richten; das Ich ist nicht imstande, sich schuldig
zu empfinden, wenn es durch Ungeschick oder wenn es im Affekt, einem Gedanken
allein hingegeben, etwas begangen hat. Auch später fühlt man sich nicht schuldig,
wenn man sich nicht mehr in die Tat zurückversetzen kann; davon werden unge-
lehrte Richter oft zur Milde bewogen. Denn es ist die Tragik manches Strafver-

glauben, daß eine von einem selbst begangene Fehlleistung ein sinnvoller
Akt war, der durch die eigene Strebung und Gegenstrebung zustande kam.
Daß die Wissenschaft die Fehlleistungen solange als zufällig ansah, entsprang nicht nur unkritischer Bequemlichkeit, sondern auch dem subjektiven
Erleben des Vorganges. Ob man sich zu seinem Wunsche nicht bekennen
wollte, ihn aber verriet, ob man etwas wunschgemäß getan oder geäußert
hat, obgleich man es nicht hätte tun sollen, „welche Anmerkung immer
das Unbewußte zum bewußt Intendierten mittels der Fehlhandlung machte",[1]
man fühlt sich unschuldig eben darum, weil man nicht dabei gewesen
war. Manche ärgerliche Abneigung und mancher Widerstand gegen die
Psychoanalyse wird dadurch erweckt, daß sie alltäglich auf Grund eines
zur ungeahnten Vollkommenheit entwickelten Indizienbeweises — es sieht
nämlich wie ein Indizienbeweis aus, was ein sehr sachliches Verfahren
ist — schuldig spricht. Auch die Schadenfreude, die diese Überführungen
erwecken, macht der Psychoanalyse keine Freunde. Gerade weil die Fehlleistungen selten etwas Lässiges, meistens aber etwas Ernstes und Schmerz-
volles aufdecken, staunen wir mit Recht darüber, daß unser Ich so schlecht
gefügt sei, daß es gerade dann nicht dabei ist, wenn so Wichtiges mit-
spricht. Und dann tritt als unwürdige Folge ein, daß man wie ein kleines
Kind die Bewegung nicht meistert, wie ein Geisteskranker dem bloßen
Klange folgt, sich einem das Wort im Munde verkehrt, dem Gedächtnis
der für sicher gehaltene Besitz entfällt und Ungewolltes zur Tat wird.
Wir fanden aber, daß — ganz allgemein gesprochen — das Ich an all
dem Spuk der Psychopathologie des Alltags nur negativ beteiligt sei, insofern nur, als eben ein Teil des Ichs bei der Leistung „gefehlt" hat, nicht
gegenwärtig war; und das nicht aus Angst, sondern weil es etwas Anderem
hingegeben war. Wer sich daher nach einer solchen Schlappe unschuldig
ausgelacht fühlt, hat recht. Denn man muß die Determinierungen und
Vorbereitungen der einzelnen Fehlleistung weit zurückverfolgen, bis man
auf den positiven Anteil des Ichs an denselben kommt. Die Menschen,
zum mindesten die unserer heutigen westlichen Kultur, haben nicht ge-

---

fahrens, daß das Ich des Angeklagten nicht mehr dasselbe ist wie das des Täters,
was die subjektive Ausdehnung der Ichbesetzung betrifft. Erst die Strafe läßt die Tat
durch ihre Folgen wieder als zum Ich gehörig empfinden und macht eigentlich so
den aus dem Verbrechenskreis Herausgekommenen wieder zum Verbrecher. Auch die
Reue ist die vom Über-Ich erzwungene Rückkehr des Ichs zur Tat, d. h. die Wieder-
besetzung der zu diesem Geschehen gehörenden Ichgrenzen.

1) Scherzwort Herrn Professor Freuds gelegentlich einer Fehlleistung des Autors

lernt, ihre Ichbesetzungen zu beachten und zu beherrschen. Die Psychoanalyse der Alltagssymptome des Gesunden — das sind die Fehlleistungen —
ist deshalb ein Mittel zur Selbsterziehung. Sie entschuldigt aber auch den
Fehlleister, denn sie deckt auch auf, wie viel seinem Ich, oft bis zur Un-
tragbarkeit, von außen zugemutet wurde. Man könnte einwenden, es sei
unbegreiflich, daß sich das Ich zurückziehen könne, wenngleich hinter
den Fehlleistungen so wichtige Motive stehen. Diese Frage hat Freud
bereits mit dem Hinweis erledigt, daß wohl das Störende, aber nicht das
Gestörte in den meisten Fällen wichtig sei. In anderen Fällen, in denen
auch das Gestörte eine wichtige Funktion oder Entscheidung war, konnte
die Störung deshalb doch eintreten, weil man sich dieser Aufgabe ganz
besonders sicher fühlte und sie deshalb vernachlässigte. Es hat aber jedenfalls die Regel, daß die Störung an unwichtigen Funktionen erfolge, so
viele Ausnahmen, daß diese selbst einer Regel unterworfen sind. Es ist
die der ökonomischen Bedingtheit; je stärker der unbewußt wirkende
Gegensatz oder Gegenwunsch ist, desto wichtigere Handlungen vermag er
zu stören. Man denke z. B. an den Präsidenten, der die Versammlung
schloß, anstatt sie zu eröffnen — wie stark mußte die berechtigte oder
ungerechte Erbitterung gegen das hohe Haus in ihm schon geworden sein,
um alle Routine zu beseitigen! Oder wie groß muß das Sicherheits-
gefühl einerseits, andererseits der unbewußte Geständnisdrang gewesen
sein, damit ein Verbrecher den Selbstverrat durch die Mitteilung von der
Erprobung der bestellten Bakterienkultur im Versuche am Menschen begehen konnte!

Wenn wir nochmals das Verhältnis zwischen Störendem und Gestörtem
betrachten, so finden wir nach unserer Beobachtung, daß die Störung eine
gegenseitige ist; die bewußten und unbewußten Strebungen gingen ihren
wohl determinierten Gang, als eine neue Aufgabe störend dazwischentrat.
Das Ich versagte vor der doppelten Aufgabe, an ihm erfolgte die erste
Störung; weil es nicht ganz dabei war, erfolgte dann die eigentliche Fehlleistung als Störung der aktuellen Aufgabe in determinierter Weise. Daß
aber das Ich versagte, lag an früheren, teils aktuellen, teils längst vergangenen besonderen Bedingungen, von denen die Beteiligtheit des Ichs,
die Besetzung der einzelnen Ichgrenzen, die Fixierung derselben an bestimmte Objekte und auch die Wiederholbarkeit früherer Ichbesetzungs-
zustände das Ich betreffen. Wir kamen so zum Ergebnis, daß auch
die Veränderung am Ich (Zerstreutheit, Geistesabwesenheit usw.) determiniert ist und daß auch sie mit vorausgegangenen Ichstörungen durch Inhalt

oder Affekt oder beides zusammenhängen kann. So mag sich manche Fehlleistung schon beim Erwerben der Kenntnis, die sich später einem versagt,
vorbereitet haben. Erfahrungen, Kenntnisse, Namen sind um so weniger im
allgemeinen dem Raub oder der Verunstaltung durch Fehlleistungen ausgesetzt, je widerspruchsloser sie mit freier Zuwendung oder mit Gleichgültigkeit des Ichs einst erworben worden sind; diese allgemeine Bedingung
kann neben den individuellen Schicksalen, unter denen sie im Laufe des
Lebens zur Verwendung kamen, gleichgültig werden. Aber die Häufigkeit
des Versprechens und Verschreibens wird besser begreifbar, wenn man bedenkt, daß sich jedes Kind seine Sprache individuell bildet und daß das
Sprechenlernen ein sehr subjektiver, störungsreicher und narzißtisch be-
tonter, sich auf lange Zeit ausdehnender Vorgang ist. Ebenso ist das Lernen
vielfach intellektuellen Hemmungen unterworfen, die mit der aktuellen Ichsituation zusammenhängen. So mag in manchen Fehlleistungen eine längst
vergangene Lern- oder Arbeitsstörung wiedererstanden sein oder eine einst
bestandene Blöße sich zeigen, die lange sorgsam überkleidet war. Die Determi-
nierung der Fehlleistung und der Bereitschaft zu derselben geht demnach
weit in die Vergangenheit zurück und ist doch auch eine ganz aktuelle.

Jeder kennt das schöne Gleichnis Freuds, daß es auch bei der Fehlleistung nicht genügt, zu sagen, die Dunkelheit und die Einsamkeit haben
einen Raub vollführt, sondern daß man die Täter aufspüren muß. Es war
der Sinn dieser Arbeit, zu zeigen, daß diese Täter auch selbst das Dunkel an-
gerichtet haben, die Lampen am Schauplatz ihrer Tat verlöschten und ihr
Opfer in die Einsamkeit gelockt oder getrieben haben.[1]

---

1) Die Abschnitte VI ff. dieser Arbeit werden im nächsten Hefte erscheinen.
Die Redaktion.

Die frühkindliche Motorik
im Vergleich mit der Motorik der Tiere

Von

Gustav Bally

Zürich

I) Einleitung

In dieser Arbeit soll versucht werden, von der Basis einer erklärenden Psychologie aus an ein Thema heranzugehen, das die Psychoanalyse in den letzten beiden Jahrzehnten besonders ausgiebig beschäftigt hat: Die Entwicklungspsychologie des Ich. Damit eng verbunden erscheint die Frage nach der Bewußtseinsentstehung und nach dem Zeitpunkt der Unterscheidung von Ich und Außenwelt.

Bisher wurde die vorsprachliche frühkindliche Entwicklung, sei es in voller Absicht, sei es unbewußt, durch das Medium ihres späteren Ergebnisses, des Erwachsenen, verstanden. Aus Mitteilungen von Erwachsenen wurde sie rekonstruiert und aus Mitteilungen von älteren Kindern ergänzt. Die vorliegende Arbeit geht den entgegengesetzten Weg. Sie schließt das Verstehen der vorsprachlichen Entwicklung an die biologisch orientierte Tierpsychologie an.

Der Zwang, auf die Verständigung mit ihrem Objekt verzichten zu müssen, führt den Tierpsychologen zu einer kritischen Methode, die für uns äußerst wertvoll sein muß: Er erkennt, daß die Annahme einer allen Lebewesen gemeinsamen Außenwelt einen unverzeihlichen Anthropomorphismus darstellt. Sein Objekt zwingt ihm eine Anschauungsweise auf, die eine methodische Bereicherung auch für die Psychologie des Menschen darstellt.

Sie besteht darin, daß die uns geläufige Betrachtungsweise verlassen wird. Nicht das Individuum, das Ich, wird auf Grund der Außenwelteinflüsse in seinem strukturellen Wesen ergründet; sondern diese Außenwelt selbst wird begriffen aus den Erscheinungsweisen des untersuchten Lebewesens. Dieses Vorgehen wird aus folgender Überlegung verständlich: wir können nicht wissen, was „Außenwelt" an sich ist. Die „Außenwelt" des erwachsenen Menschen geht, kritisch genommen, nicht weiter als seine Wahrnehmung. Sie ist lediglich seine Umwelt, in der er durch sein So-sein eingebettet lebt. Sie über die Grenzen seiner Wahrnehmung hinaus als die Außenwelt

schlechthin anzunehmen, ist sinnlos. Aber durch den Verzicht auf diese
Sinnlosigkeit erhält nun erst die von einem naiven Anthropomorphismus
befreite Wissenschaft vom Leben einen neuen und ungeahnten Sinn. Sie
ist nämlich erst nach dieser menschlichen Bescheidung fähig zur Frage,
wie nun wirklich die Umwelt der übrigen Lebewesen beschaffen sei. Doch
gleich erhebt sich ein weiteres einschränkendes Bedenken: Wie können
wir, befangen in unserer Wahrnehmungs- und Erlebniswelt, befähigt sein,
über die Umwelt der Tiere überhaupt etwas auszusagen? Die Antwort
lautet: Unserem kritischen Verstand kann die Welt der Tiere nicht evident
werden. Was wir von ihr erfahren, kann nur ein Ausschnitt unserer eigenen
Welt sein, sind unsere Objektqualitäten, denn andere Qualitäten sind uns
garnicht zugänglich. Das heißt aber, daß wir die Umwelten aller Lebewesen nur soweit erfassen können, als sie Teilstücke unserer eigenen
Umwelt darstellen. Ob und was sonst noch an Umweltqualitäten in die
Psyche des fremden Lebewesens eingeht, entzieht sich grundsätzlich unserer
Erkenntnis. Die Erfahrungen an vorsprachlichen Kindern und Tieren können
uns also nur zu Schlüssen führen und unseren Schlüssen haftet, wie wir
wissen, eine größere Unsicherheit an als dem Tatsachenkreis, in dem das
Evidenzurteil gilt.

Wir sehen also bei dieser Untersuchung ab von der Frage, ob das Kind
ein Ich habe oder nicht, wir werden demnach auch nicht zu fragen nötig
haben, wie es die „Außenwelt" ursprünglich erlebt. Denn wir fragen vorerst nicht nach der Instanz, die erlebt, sondern wir fragen lediglich
phänomenologisch nach den motorischen Abläufen unter bestimmten Bedingungen, ohne zu entscheiden, ob diese bewußt oder unbewußt, ob sie
instinktiv seien oder auf Erfahrung beruhen.

Die Voraussetzung, unter der wir an diese Untersuchung herangehen,
ist vielmehr folgende:

Was wir an motorischen Äußerungen bei Tieren und Menschen wahrnehmen sei uns Ausdruck eines ganzheitlichen, biologischen Geschehens, das
Innenwelt und Umwelt des Lebewesens übergreifend umfaßt. Die Motorik
sei uns das Dokument eines spezifischen Seins in einer spezifischen, diesem
Sein entsprechenden Umwelt. Wir wollen versuchen, aus den motorischen
Erscheinungen Schlüsse in beiden Richtungen zu ziehen: Schlüsse auf die
spezifische Seinsstruktur und Schlüsse auf die spezifische Umwelt. Wir über-
gehen also in dieser Arbeit die aus dem Rahmen einer psychologischen
Betrachtung fallende Frage, ob die Innenwelt das Produkt der Umwelt sei
oder umgekehrt. Wir hoffen, auf diese Weise den Rahmen des spezifischen

menschlichen Seins in seiner nicht weiter erklärbaren Form aufzeigen zu können. Den Rahmen, innerhalb dessen erst bestimmte, kausal determinierte Wechselwirkungen verständlich werden.

Wir befassen uns also mit Lebensvorgängen, die ein Umweltding zum Gegenstand haben, die also für uns, die Betrachter, über das untersuchte Lebewesen hinaus sich an Dinge der Umgebung wenden. Mit Handlungen also, Handlungsansätzen, mimischen Reaktionen usw.

Im folgenden nennen wir den Gegenstand, an den sich die Motorik wendet, das Ziel. Der Teil der Umgebung, der durch die motorische Tendenz vor der übrigen Umgebung des Lebewesens ausgezeichnet ist, soll mit dem Ausdruck Feld bezeichnet werden. Wir sind mit Hilfe dieser einfachen Ausdrucksweise instand gesetzt, motorische Vorgänge beschreiben zu können, ohne aussagen zu müssen, ob das Umweltding, das zum Ziel wird, als Objekt erlebt wird oder nicht.[1]

II) Die Funktionskreise

Die Tierpsychologie versucht, die Motorik in ihrer Vielgestaltigkeit dadurch ordnend zu erfassen, daß sie sie in Bezug auf das Endziel einteilt in verschiedene Funktionskreise:[2] den des Mediums, den Sexualkreis, den Feindeskreis und den Beutekreis. Das Ziel des ersten ist, das Lebensmedium zu erhalten. Er wird uns weiter nicht beschäftigen. Das Ziel des Sexualkreises ist die Kopulation (oder bei niederen Tieren ihr Äquivalent). Das Ziel des Feindeskreises, Feinde durch Tötung oder durch Flucht zu „vernichten". Besser gesagt: die Feindesmerkmale objektiv oder subjektiv zu vernichten.

Der Beutekreis soll uns hier besonders beschäftigen. Das Endziel besteht im Beutekreis in der oralen Einverleibung der Nahrung.

Ich möchte nun innerhalb der Motorik des Beutekreises eine Differenzierung aufzeigen, die prinzipiell in allen Funktionskreisen vorhanden ist. Wir wollen das Feld, in dem sich die Beutegewinnung vollzieht, das Beutefeld nennen. Das Beutefeld ist gekennzeichnet durch das beutegierige Wesen einerseits und das Ziel, die einzuverleibende Beute auf der anderen Seite.

Der motorische Ablauf innerhalb des Beutefeldes weist nun bei niederen Tieren, den Insekten z. B., aber auch noch bei den niederen Vertebraten, eine mehr oder weniger starre Form auf. Auf bestimmte Umweltreize (Beutemerkmale) laufen die Bewegungen — cum grano salis gesagt — immer in genau der gleichen Form und Reihenfolge ab. Man hat hier

von einer „Impulsmelodie" gesprochen, um anzudeuten, es handle sich um
eine in der Zeit wie im Raum fest gefügte motorische Struktur. Die
unerhörte Präzision dieser Fügung in die Umwelt zeigt das Beispiel der
Dolchwespe, die mit ihrem lähmenden Giftstachel unfehlbar das Bauch-
ganglion ihrer einzigen Nahrung, der Goldkäferlarve, trifft. Keine Vorübung
hat ihr diese Sicherheit gegeben. Die „Kenntnis" des Ganglions ist eine
biologische Eigenschaft dieser Wespe. Solche Fügungen finden sich bei
diesen Tieren natürlich nicht nur im Beutekreis, sondern in allen Funktionskreisen. Der Beobachter erlebt sie als starr geformte Abläufe mit dem Endziel, das Merkmal, das sie auslöste, zu vernichten.

Bei höheren Lebewesen ergibt sich ein anderes Bild. Auch ihre Handlungen bewegen sich in einem durch ein Ziel determinierten Feld. Auch
hier sehen wir eine Begrenztheit durch die spezifische sensorische „Merk-
fähigkeit" und die motorische „Wirkfähigkeit" der Art. Innerhalb dieses
Rahmens aber stellen wir eine unendliche Variabilität des Ablaufs der
motorischen Äußerungen fest. Von einem formelhaft gefügten Handlungs-
schema kann keine Rede sein. Die Motorik ist vielmehr bis auf einen
letzten Rest Variationen unterworfen. Solche Tiere vermögen ihr Beutefeld
durch Zulernen sekundärer Merkmale zu bereichern. Ein alter Löwe schlägt
besser als ein junger, und ein alter Rehbock entwickelt, wie jeder Jäger
weiß, eine Sicherungstechnik von oft erstaunlichem Raffinement, wie sie
das Jungwild noch nicht zustande bringt.

Im Beute- und Sexualkreis bleibt aber ein letzter Rest von Motorik
gleich unwandelbar konstant wie die Motorik der Insekten im gesamten
Feld. Es ist die Kau- und Schlingbewegung beim Verzehren der Beute und
die Motorik der Kopulation. Besser gesagt: je näher das Tier dem biologischen Ziele kommt, desto ärmer an Variationen, desto stereotyper wird die
Motorik, bis sie als Reflex imponiert und so der psychologischen Betrachtung
entrückt scheint. Da herrscht dann die rhythmische Funktion des Exekutiv-
organs: das Freßwerkzeug, das Genitale reißt die Herrschaft über die
gesamte Motorik an sich und stellt sie in ihren Dienst. Die ganze Körper-
muskulatur erhält einen spezifischen Bezug zu dem Organ, das hier zum
Exponenten geworden ist. Große Teile des motorischen Apparates werden
extrem entspannt und stellen schlaffe Anhängsel dar, andere befinden sich
in stützender Spannung. Der ganze Organismus erscheint im Dienste dieser
einen Organfunktion. Das Tier ist ganz Mund — ganz Genitale.

Wesentlich anders verhält sich die Motorik im Annäherungsfeld. Sie
durchpulst den ganzen Organismus, jeder Muskel scheint bewegt und belebt,

Sinne und Glieder sind auf alles gefaßt, was sich an Hindernissen zeigt oder an Durchschlupf erspähen läßt. Wie groß die Variabilität im Beutefeld ist, zeigen die Versuche von Wolfgang Köhler an Schimpansen. Sie werden uns noch ausgiebig beschäftigen. Zeigen ferner in ganz anderer Weise die Pawloffschen Versuche an Hunden: jeder Sinneseindruck kann isoliert mit der oralen Endmotorik fest assoziiert werden; er erweist dadurch seine Zugehörigkeit zur Merkorganisation des Beutefeldes (im individuellen Leben kann er natürlich latent bleiben). — Werfen wir einen Blick auf die Sexualität des Menschen. Auch hier zeigt sich Entsprechendes. Der Kopulationsakt selbst ist so gut wie unvariabel und darum „unpersönlich". Er liegt darum außerhalb des Machtbereichs von Geschmack und Mode. Diese hat sich aber längst des Sexualfeldes bemächtigt und variiert Kleidung, Haartracht, Körpergeruch und — im Gesellschaftstanz — die Bewegung in nie sich wiederholender Mannigfaltigkeit.

Wenn wir sehen, wo, bei welchen Lebewesen, dieses Variationsprinzip in den Handlungen sichtbar wird, dürfen wir feststellen: bei allen Tieren, die eine längere, von den Eltern betreute Jugendzeit durchmachen. Bei Vögeln zeigt es sich deutlich, daß Nestflüchter, die von den Eltern nur kurze Zeit betreut werden, eine viel weniger variable Umweltbeziehung entwickeln als Nesthocker. Man vergleiche die Zähm- und Dressierbarkeit der Hühnervögel mit der von Singvögeln oder Papageien.[3]

Was also bedeutet die elterliche Betreuung? Sie bedeutet, daß die Eltern ihre Motorik in den Dienst der oralen Befriedigung und der Feindesabwehr ihres Nachwuchses stellen. Damit befriedigen sie aber gewissermaßen nur die orale Endlust, ohne auch die Motorik des Beutefeldes, die damit eine biologische Einheit bildet, zur adäquaten, befriedigenden Betätigung zu bringen. Die Übernahme der Feindesabwehr durch die Eltern führt aus diesem Grunde denn auch keineswegs zu einem Nichtentwickeln und einem Verkümmern der Motorik des Feindeskreises. Diese ist eben auch ohne Feind da, entsteht nicht erst an der zwingenden Not der Außenwelt, denn sie entspricht einer biologischen Anlage. Und darum betätigt sie sich unter dem elterlichen Schutz so reichlich, wie es eben der Anlage zukommt.

Das Betätigungsfeld aber ist gewissermaßen sekundär ziellos. Da das der ursprünglichen Einheit der Anlage nicht entspricht, werden nacheinander eine Reihe von Ersatzzielen, „Ersatzfeinden" sozusagen, geschaffen. Geschwister und Eltern werden zu Verfolgern und Verfolgten, ein bewegtes Blatt, eine Papierkugel werden verbellt, zerrissen: das Tier spielt.

Ich möchte an dieser Stelle besonders hervorheben: Der letzte Akt der
Motorik eines Handlungskreises, man könnte hier im Gegensatz zur Feldmotorik von Zielmotorik sprechen, wird in besonders engem Zusammenhang
mit den Eltern befriedigt. Das junge Tier ist dadurch nicht gezwungen,
der Not gehorchend zu fliehen oder die „Beute" zu verschlingen, die es
erjagt. Es erhält nämlich durch diesen viel zu wenig beachteten Umstand
erst die Möglichkeit, auf alle Arten, die in den Grenzen seiner Funktions-
möglichkeiten liegen, in bezug auf die spätere Einheit der biologischen
Funktion sich mit der Umwelt erkennend und lernend auseinanderzusetzen.
Mit Recht hat darum Karl Groos[3] den Übungswert des Spiels betont.

Wir ahnen schon jetzt, wie wichtig überhaupt die eingehende Untersuchung der Entwicklung der Motorik für das Verständnis der psychischen
Entwicklung auch des Menschen ist. Wir müssen sehen, was der Mensch,
dieses am längsten von seinen Eltern betreute Lebewesen, aus der vom
ursprünglichen, biologischen Ziel abgespaltenen Funktion gemacht hat und
warum er die Möglichkeit — oder das Schicksal — hatte, aus ihr anderes
zu gestalten als das Tier.

III) Die Motorik im Beutefeld

Wir haben uns bis jetzt nur mit allgemeinen Feststellungen über die
Zusammenhänge im Gebiete der Motorik bei Tieren begnügt. Aber das
genügt uns nun nicht mehr. Das Bedürfnis ist wachgerufen worden, zu
wissen, wie im einzelnen das Tier sich außerhalb und innerhalb der Ziel-
abhängigkeit, im Spiel und bei der Nahrungssuche, betätigt. Hier nun
stehen uns Untersuchungen zur Verfügung, die schlechthin klassisch sind
in ihrem unmittelbaren Erfassen des Gegebenen und in der freien Ordnung
des Materials. Es sind die „Intelligenzprüfungen an Menschenaffen" von
Wolfgang Köhler.[4]

Die Versuche bestehen alle darin, daß dem Schimpansen eine Frucht
als Ziel gezeigt und abgelegt wird in einem Felde, in dem der direkte
Weg zum Ziel unmöglich ist. Dadurch verlangt seine Erreichung die
Lösung bestimmter Aufgaben. Solche sind: Umwege finden, durch die
erst die Endlösung, das Erreichen des Ziels, möglich wird, Werkzeuge her-
stellen u. a.

Es ist nicht leicht, die Fülle der einander ablösenden, kommenden und
verschwindenden Bewegungen und Bewegungsfolgen im Hinblick auf das
Ziel in ihrer Gemeinsamkeit zu definieren und sie dadurch phänomeno-

logisch abzugrenzen von andern motorischen Äußerungen, die im definierten Sinn zielunabhängig sind, wie Spiele, mimische Äußerungen u. a.

Man macht sich schlecht einen Begriff von der Ausdrucksvariabilität zielstrebiger Motorik. In höchster Spannung, strotzend von Kraft und Intensität türmt ein Tier Kisten, holt eilig einen Stock aus entferntem Winkel, sichtlich um damit das Ziel zu erreichen; derselbe Schimpanse aber schlägt in anderem Fall jammernd und kraftlos nach dem zu weit entfernten Ziel, oder er wirft mit resigniertem Ausdruck Steinchen in der Richtung seiner Sehnsucht. Und doch, trotz dieser Verschiedenheit, die die Breite der Skala andeuten soll, ist allen diesen Bewegungen und Bewegungsfolgen eines gemeinsam: Das Tier muß etwas in der Richtung auf das Ziel hin tun. Dieser starke „Zug", der vom Ziel auf die Motorik ausgeübt wird und ihr dadurch die eindeutige Richtung gibt, zeigt sich nicht nur in jenen Fällen, in denen das Tier, sichtlich hoffnungslos, Steinchen durch die Gitterstäbe wirft; ganz besonders anschaulich zeigt sich diese Verlötung der Motorik mit dem Ziel in der Aufgabe, eine Zwischenlösung zu finden, die das Tier darum nicht bewältigt, weil es diesem Zug nach dem Ziel unterliegt. Der „Zug" ist gewissermaßen stärker als die Fähigkeit, zugunsten der Lösung von der biologisch ursprünglicheren motorischen Form loszukommen: ein verlockendes Ziel ist so angebracht, daß es nur mit Hilfe eines Stockes erreicht werden kann. Dieser aber hängt so hoch, daß das Tier auf eine Kiste steigen muß, um ihn zu erreichen. Die Kiste aber steht irgendwo im Versuchsraum und muß zu diesem Zwecke erst unter den Stock gebracht werden. Das bereits mit dem Umgang mit Stock und Kiste vertraute Tier ergreift die Kiste, sobald es die zu große Distanz vom Gitter zum Ziel mit den Augen abgemessen hat und den Stock hängen sieht, und trägt sie in der Richtung auf den Stock zu. Da gerät es auf dem Weg zum Stock in die Nähe des Ziels. Sofort ändert es, von diesem wie angezogen, die Richtung und stellt die Kiste dem Ziel gegenüber ans Gitter, versucht nun auf alle Arten von der Kiste aus, die ja hier nur hinderlich sein kann, das Ziel zu greifen. Der Stock, mit dem es leicht wäre, die Frucht heranzuangeln, ist offenbar aus dem Felde ausgefallen. Wird er aber später erblickt und mit dem Ziel in Verbindung gebracht, so führt das Tier nutzlose Sprünge gegen ihn aus, die in ihrer Kraftlosigkeit bereits den Stempel der Resignation tragen. Die ans Ziel fixierte Kiste ist aber nun für die Zwischenlösung verloren. Hier zeigt sich besonders deutlich das durchgehende Streben, etwas in der Richtung auf das Ziel hin zu tun. Bei anderen Tieren zeigt sich diese Zielgebundenheit womöglich noch deutlicher. Die primitivste Form, etwas in der Richtung des Zieles zu tun, um es zu erreichen, ist natürlich nicht der Werkzeuggebrauch oder gar die Werkzeugherstellung. Das einfachste ist, auf das Ziel loszueilen und es im direkten körperlichen Kontakt mit der Schnauze zu erlangen. So ist denn auch der primitivste Versuch der Umwegversuch. Das Tier ist gezwungen, einen Umweg zum Ziel zu machen, da der direkte Weg verlegt ist.

Einen der interessantesten Umwegversuche hat Wolfgang Köhler mit einer Dogge gemacht: In einiger Entfernung vom Käfiggitter, hinter dem sich die Hündin befindet, wird Fleisch abgelegt. Die dem Gitter entgegengesetzte Käfigtüre in der Hinterwand steht offen, so daß der Weg zum Ziel durch diese Pforte möglich ist. Der Hund kennt aus Erfahrung diese Möglichkeit. „Die Hündin sieht (das Ziel), scheint einen Augenblick stutzig, dreht sich dann im Nu um hundertachtzig Grad und läuft auch schon in glatter Kurve ohne jede Unterbrechung aus der Sackgasse ... herum bis zum Futter." „Sehr beachtenswerterweise erscheint sie ratlos, als gleich danach bei einer Wiederholung das Futter nicht weit hinausgeworfen, sondern nur eben über das Gitter hinaus fallen gelassen wird, so daß es nur durch die Drähte getrennt, unmittelbar vor ihr liegt. Als ob die Nahkonzentration auf das Ziel (wohl unter starker Beteiligung des Geruchs) die weit ausgreifende Kurve um den Zaun nicht aufkommen ließe, stößt sie immer wieder mit der Schnauze gegen das Gitter und rührt sich nicht vom Fleck."

Vergleicht man dieses Verfallensein der Hündin an das nahe Ziel mit der Verhaftung der Kiste an das Ziel, von der ich vorhin sprach, so ergibt sich folgendes: durch diese enge Verbundenheit von Tier und Ziel wird zwar jedes Tun in der Richtung auf das Ziel hin erleichtert; jede motorische Leistung aber, die vom Ziel wegführt, ist ungemein erschwert und dies desto mehr, je näher das Ziel liegt. Nur so versteht sich die wunderliche Tatsache, daß dieselben Tiere, die auf dem Gebiet der Bewältigung komplizierter Feldstrukturen geradezu Erstaunliches leisten, eine ganz einfache Aufgabe nur unter größten Schwierigkeiten zu lösen imstande sind: vor dem Gitter wird eine Frucht niedergelegt. Im Raum aber steht eine Kiste so am Gitter, daß das Ziel nur nach ihrer Entfernung erreicht werden kann. Mit dem Kistenumgang ist das Tier aus früheren Versuchen bereits vertraut. Die Lösung, die im Wegschieben der Kiste besteht, wird nur ganz selten und nach langen Versuchen sauber geleistet, in dem Sinne: Kiste hindert, also: Kiste weg! Meistens wird sie beim Hindrängen zum

Ziel „zufällig" beiseite gedrängt, wenn das Versuchstier sich nicht auf die Kiste setzt und von hier aus vergeblich in der Richtung auf das Ziel hin sich betätigt. Die Schwierigkeit, die diese Lösung bietet, scheint uns so gering, daß wir auf den ersten Blick erstaunt sind, wie ratlos selbst die intelligentesten unter den Versuchstieren der Situation gegenüberstehen. Der Grund für die Schwierigkeit scheint darin zu liegen, das eben das Feld ausschließlich durch das Ziel bestimmt ist; der Affe weiß nicht, wohin mit der Kiste, denn was er anfaßt, hat eben die Tendenz, auf das Ziel hinzuwandern. Es gibt für ihn kein zielloses Weg-vom-Ziel, lediglich eine positive Zieltendenz bestimmt ihn.

Wir sehen also — man darf wohl sagen, bei allen Tieren — das Streben, jede Handlung, die vom Ziel bestimmt ist, kurz zu schließen; und andererseits sehen wir Umwege von einem gewissen Grad an schwierig, ja unmöglich werden. Beim Hunde früher, beim Schimpansen später. Die Komponente „vom Ziel weg" darf in der Aufgabe eine gewisse Größe nicht überschreiten, sonst kann sie nicht in die Struktur des Beutefeldes mit einbezogen werden.

Wir stellen ferner fest: das kräftig wirkende Ziel macht sozusagen dumm und klug zugleich. Durch seine Lockung spornt es zur höchsten Leistung an, läßt es das Tier den Käfig mit den Blicken und Greiforganen nach allen Seiten hin abtasten, ob sich Brauchbares zur Herbeischaffung der Beute finde. Andererseits aber schränkt es den Horizont ein, es verengt das Gesichtsfeld und läßt z. B. oft nicht zu, daß ein Werkzeug, ein Stock, eine Kiste in ihrer Bedeutung für die Herbeischaffung der Beute entdeckt wird, wenn das Werkzeug eine gewisse periphere Lage im optischen Feld einnimmt. Durch die Fixierung an das Ziel wird also das Feld zugleich intensiviert, aber auch eingeengt.

Was ist aber „Fixierung an das Ziel" anderes, als das, was wir Affekt nennen? Und so darf denn Wolfgang Köhler bemerken: „An sich ... schwächere Affekte, die aber länger andauern ... haben mehr Zeit, alle in ihnen liegenden Möglichkeiten zu entwickeln" (S. 6ȝ).

Es hat sich uns schon lange aufgedrängt, daß wir in dieser „Fixierung an ein biologisches Ziel" nichts anderes beschreiben als das Handeln nach dem Lustprinzip. Ein schwächerer Affekt, der längere Zeit dauert, wird dem Tier wie dem Menschen Gelegenheit geben, dem Realitätsprinzip mehr Rechnung zu tragen. Wie sich dieses aus dem Lustprinzip entwickelt, soll uns nun beschäftigen:

IV) Die Motorik im Spiel

Aus dem Rahmen dieses durch orale Zielsetzung bestimmten Schemas fallen zwei Erfahrungen Köhlers heraus, denen ich besondere Aufmerksamkeit schenken möchte: die Herstellung des Doppelstockes und das Springstockverfahren.

Die Tiere hatten, im Bestreben zu kurze Stöcke zu verlängern, ein Verfahren angewendet, das dem „etwas in der Zielrichtung tun" durchaus entsprach und optisch einwandfrei aussah, mechanisch aber unbrauchbar war: sie pflegten nämlich im Notfall zwei zu kurze Stöcke so aneinander zu halten, daß sie sich, einer in der Fortsetzung des anderen liegend, ein kurzes Stück weit deckten. Dort wurden sie mit der Hand aneinandergepreßt gehalten. Das ergibt die Fiktion eines langen Stockes.

Um nun dieses Streben der Tiere auf seine Möglichkeiten zur Werkzeugherstellung weiter zu prüfen, wird ein Bambusrohr in den Käfig gelegt, in dessen Öffnung ein entsprechend kleinerkalibriges Rohr hineinpaßt. Der Versuchsleiter macht den Affen auf die Öffnung aufmerksam, indem er flüchtig den Finger in sie einführt. Nach langen vergeblichen Versuchen, die Bananen mit den kurzen Stöcken zu erreichen, wird der Schimpanse „zielmüde". Er hockt, mit den neuen Stöcken spielend, auf einer Kiste. „Dabei kommt es zufällig dazu, daß er in jeder Hand ein Rohr hält, und zwar so, daß sie in einer Linie liegen; er steckt das dünnere ein wenig in die Öffnung des dickeren, springt auch schon auf, ans Gitter, dem er halb den Rücken zukehrte, und beginnt eine Banane mit dem Doppelrohr heranzuziehen." Daß das Tier die Lösung im Spiel fand, in einer Phase, in der das Zielfeld entspannt war und nur latent wirkte, sei, schreibt Köhler, verständlich: „Die Tiere bohren ja fortwährend mit Halmen und Stöckchen spielerisch in Löchern und Fugen." — Und nun geschieht das Auffallende, auf das ich besonders aufmerksam machen wollte: statt, wie es sonst der Fall ist, die Banane heranzuziehen, das Werkzeug achtlos fortzuwerfen und die Frucht gierig zu verzehren, „zieht er alle Früchte nacheinander ans Gitter, ohne sich zum Fressen Zeit zu nehmen, und holt, als ich den Doppelstock noch einmal auseinander nehme, mit den schnell wieder zusammengefügten Rohren ganz gleichgültige Gegenstände aus der Ferne ans Gitter heran. Das Verfahren scheint ihm außerordentlich zu gefallen." Wir sehen hier eine eigenartige Interesseverschiebung vom biologischen Ziel, der Beute, auf die neuerlernte Handlung.

Ein ähnlicher Fall ist der folgende:

Das Verfahren, einen Stock oder ein Brett senkrecht auf den Boden aufzusetzen und schnell daran emporzuklettern war im Spiel in Mode gekommen und wurde erst später zur Bewältigung von schwer erreichbaren Zielen verwendet. Eine Schimpansin, die diesem Spiel besonders eifrig obgelegen hatte, „blieb aus gewissen Gründen lange Zeit tagsüber von ihrem Bambus getrennt; kam sie abends auf den Spielplatz, wo er lag, so sollte sie da eigentlich nur essen, aber sie unterbrach dieses auch ihr gewiß wichtige Geschäft fortwährend und gegen Verbote, um mit der beliebten Stange ‚nur so‘ einmal schnell einen Sprung zu machen".

Hier sehen wir: zwei Werkzeuge, zwei Techniken. Beide im Spiel, nicht in der anspornenden Not des Beutefeldes, nicht im Hinblick auf ein Ziel geschaffen. Sie werden zwar zur Beschaffung von Beute verwendet. Ihre Verwendung aber erweist sich als so lustvoll, daß sie die gewiß enge Bindung an die Beute lockert.

Bei zwei anderen äffischen Verfahrungsweisen kommt diese lockere Verbindung mit dem oralen Endziel ebenso schön zum Ausdruck: Strohhalme werden in Ameisenwege hineingehalten und, wenn sie dicht mit Tieren bedeckt sind, abgeleckt. Sichtlich macht hier die Technik des Angelns mehr Vergnügen als das Verspeisen der Ameisen. Diese würden sonst einfach mit der Zunge direkt aufgenommen.

Besonders instruktiv und in mancher Hinsicht interessant ist das Grabstockverfahren: das Ziel, Wurzeln zu verzehren, ist zwar verlockend. Weit reizvoller aber scheint es, diese Wurzeln mit dem in die Erde getriebenen Stock aus der Erde zu heben.

Daß es sich in diesen beiden Fällen um etwas ganz anderes handelt, als darum, aus Hunger oder Eßlust auf dem bestmöglichen Weg zur willkommenen Sättigung zu kommen, zeigt schon, daß alle diese Verfahren (außer der Stockverlängerung) M o d e n wurden, an denen alle Tiere friedlich nebeneinander teilnahmen und bei denen es höchstens Streit um die Werkzeuge, nicht um das durch sie gewonnene orale Gut, die Ameisen oder die Wurzeln, gab.

V) Die zwei Arten des Lernens

Diese Erscheinungen müssen unser größtes Interesse erregen. Sie stellen uns nämlich vor die erstaunliche Tatsache, daß es zwei grundverschiedene Arten gibt, zu lernen, d. h. sekundäre Merkmale im Beutefeld zu erwerben:

Erstens in der Abhängigkeit von einem biologischen Ziel, sei es ein Sexualziel oder eine Beute: durch die Spannung, die entsteht, wenn der direkte Zugriff zur Nahrung verwehrt ist, können sehr intensive Leistungen entstehen. Sie sind durch das Streben des Tieres gekennzeichnet, etwas in der Richtung des Zieles zu tun oder, um eine mathematische Vorstellung zu brauchen: das Tier strebt danach, die Vektoren des Beutefeldes zu materialisieren. Bezeichnend für die Einseitigkeit dieser Tendenz ist die große Schwierigkeit, vorübergehend diesen Vektoren entgegengerichtete Handlungen auszuführen. Bezeichnend weiter das engbegrenzte Interesse am Werkzeug und seiner Funktion, das erlischt, wenn das Ziel erreicht ist. Der Stock wird dann achtlos weggeworfen. Wir schließen daraus: Das Interesse am Ziel läßt den Weg zu ihm, also die Materialisierung der Vektoren nicht isoliert erlebbar werden. Dieser Weg ist zwar, von uns aus gesehen, zweckmäßiges Handeln; aber er ist eben deutlich nur von uns, den Beobachtern aus, isoliertes Geschehen. Erlebt wird er offenbar nur im Akt der Beutegewinnung; in der Gestalt des Beutefeldes. Das Tier benimmt sich so, wie wenn es die Funktion als solche gar nicht erlebte. Es „liebt" gewissermaßen die Funktion nicht. Es „liebt" das Ziel. So ist das Lernen an das Ziel gebunden. Das Tier handelt lediglich unter dem Zwang der Zielstrebigkeit. Das ersehnte Ziel ist Ursache für die Verwandlung der Gegenstände in Vektoren, für ihre „Stockwerdung", wie Wolfgang Köhler so anschaulich sagt. Die anspornende Anwesenheit einer Beute, aber auch die einer feindlichen Drohung wirkt wie das Zuckerbrot oder die Peitsche bei der Dressur. Darum hat Bühler das Lernen unter dem Einfluß eines biologischen Ziels Dressur genannt. Die meisten psychologischen Tierexperimente der Behaviouristen gründen auf diesen Voraussetzungen. Darum sind sie einseitig. Mit Recht fordert Groos eine Ergänzung durch Experimente an spielenden Tieren.

Die andere Möglichkeit zu lernen ist also das Spiel. Seine Voraussetzung ist, wie wir gesehen haben, Sicherung der Ernährung und Feindesschutz (es sei bemerkt, daß diese beiden Bedingungen in der Gefangenschaft eternisiert werden). Die Feldmotorik wird dadurch zielunabhängig. Das aber hat folgende wichtige Konsequenz: die Funktion selbst erhält Zielwert. Sie und damit ihr eventuelles Substrat, das Werkzeug, erhalten eine bestimmte Bedeutung, die sich in der ständigen Wiederholung der spielenden Tätigkeit zeigt. Diese Wiederholung ist bezeichnend für das Spielen und wir dürfen daraus schließen, daß es hier die Funktion selbst ist, die eine Triebbesetzung erfährt. Die Besetzung strömt nicht mehr durch die vermittelnde Motorik einem Ziele zu. Die Tätigkeit selbst wird zum Ziel. Damit aber tritt eine neue Gesetzmäßigkeit in den Vordergrund. Während die ursprüngliche Anlage, wie wir sahen, auf Reiz- oder, besser gesagt, Merkmalsvernichtung hintendiert, zeigt sich im Spiel eine Neigung zur Wiederholung. Während das Fressen unter günstigsten Nahrungsbedingungen erst aufhört, wenn Sättigung erfolgt ist, hört das Spiel nur auf, wenn extreme Ermüdung vorhanden ist oder wenn neue Merkmale eine Feldänderung herbeiführen. Oft aber auch aus ganz unerfindlichen Gründen. Der Volksmund sagt: das Kind hat das Spiel satt.

Tritt eine im Spiel erworbene Funktion nun in den Dienst der Beutegewinnung, wie wir es in den letzten Beispielen sahen, so verhält sich das Tier ganz anders als im ersten Fall. Die Funktionslust tritt — man kann sagen — in ideale Konkurrenz mit der Beutelust. Eine gewisse Lockerung dem biologischen Ziel gegenüber ist die Folge — eine mehr oder weniger große Unabhängigkeit von ihm spiegelt sich, wie wir gesehen haben, im Handlungsablauf. Die Einheit der motorischen Funktion im Beutefeld macht einer Zweiheit Platz. Hier mag das Tier erleben: meine Funktion hier — meine Beute dort. Hier mag der Keim sein zur Erkenntnis „das bist du". Hier — vielleicht — beginnt das Reich der Freiheit.

VI) Die menschliche Entwicklung[5]

Was wir hier ahnend erfassen, kann uns nur der Vergleich mit der Entwicklung des Menschen klären. Und wir werden diesen Vergleich durchführen unter dem Gesichtspunkt, wieweit die nachgeburtliche psychische Entwicklung des Menschen mit der des Tieres parallel geht, an welcher Stelle sie sich von ihr ablöst und wie diese Ablösung erfolgt. Wir haben zu diesem Zweck vorerst kurz die Entwicklung des Menschen zu umreißen, soweit sie mit der des Tierkindes parallel geht. Wir sehen — ich will das vorausschicken — diese Zeit von zwei Ereignissen begrenzt, auf die die Psychoanalyse immer besonders hingewiesen hat: die Geburt und die Entwöhnung. Wir sind geneigt, beiden Ereignissen große Einflüsse auf das Seelenleben zuzuschreiben. Und wirklich! Nichts ist eindrucksvoller für den Psychologen als die Fülle von Erregungen und Wandlungen, die sich um diese Ereignisse gruppieren. Von den psychischen Vorgängen, die sich sozusagen in der Aura des Geburtsvorganges abspielen, soll hier aus guten Gründen nicht die Rede sein. Wir können über das vorgeburtliche Seelen-

leben nichts wissen, darum muß alle Überlegung, die sich auf den Einflu
des Geburtsereignisses bezieht, Spekulation bleiben.

Ganz anders ist es mit der Entwöhnung. Ohne Zweifel geht der Übe
gang zur brustunabhängigen Ernährung mit einer Wandlung im körpe
lichen und geistigen Habitus des Kindes einher, die keinem Beobacht
entgehen kann. Man kann nun allerdings einwenden, daß bedeutungsvoll
Veränderungen und Entwicklungen schon vom Augenblick der Geburt a
zu beobachten seien. Es ist aber kein Zweifel, daß sich gegen die Zei
des Abstillens alle die Erscheinungen zeigen, die das Kind erst eigentlic
zu einem menschlichen Wesen machen.

Während in den ersten Monaten die motorische Reaktion auf optisch
und akustische Reize mit den Reizquellen nicht in Beziehung tritt (da
Kind reagiert lediglich mit Strampeln und Jauchzen), beginnen schon vo
dem fünften Monat allmählich die Dinge der Umgebung für das Kin
Gegenstände zu werden, denen sich nun die motorische Aktivität zu
wendet. Der Blick wird in die Richtung des akustischen Reizes gewendet
bald greift die Hand zum Wahrgenommenen hin, sie führt den Gegenstan
zum Munde, der ihn oral prüft. Bereits vom fünften Monat an werde
Namen von Gegenständen verstanden. Bald macht auch das krächzend
Jauchzen einer differenzierten Lallsprache Platz; das Kind zeigt, daß e
fähig sein wird, sich einst sprachlich zu verständigen.

Zugleich tritt als wichtige körperliche Erscheinung das Zahnen auf, un
mit ihm beginnt die Möglichkeit, auch feste Nahrung aufzunehmen. Nacl
dem Termin der Brustentziehung lernt das Kind kriechen, dann gehen und
ist diese Fähigkeit erreicht, schließt sich die Entwicklung des Sprechens an

Mit diesen Erscheinungen vollzieht sich ein Wandel, der bei Menscl
und Tier das Stillgeschäft nicht mehr lebensnotwendig erscheinen läßt
Wenn nämlich auch im frühen Säuglingsalter die motorische Reaktion au
akustische oder optische Reize gewissermaßen „ins Leere" geht, so gilt da
nicht für die Motorik der Mundzone. In diesem Bereich finden wir bein
menschlichen wie beim tierischen Säugling die gleiche Qualität der Funktion
die bei den Insekten das gesamte Dasein formt. Die kindlichen Funktioner
bilden gleichsam ein Gefüge mit der Mutterbrust, wie die Funktionen de
Dolchwespe eingefügt sind in die Dingqualitäten der Goldkäferlarve. Wi
bezeichnen einen solchen Mechanismus als Reflexmechanismus und könner
nun sagen: die biologische Vorbedingung des Abstillens ist die Umwandlung
dieser frühen oralen Funktionsstufe in eine spätere, die durch die Gegen
standsbeziehung charakterisiert ist; ist die Umwandlung der auf dem Reflex

prinzip beruhenden Fügung der oralen Organisation des Säuglings einerseits und der Mutterbrust andererseits in eine die gesamte Motorik des Organismus umfassende Gegenstandsbezogenheit mit oraler Tendenz.

Das Kind wäre nun, wie das Tier, fähig, von den Eltern beigebrachte Nahrung zu ergreifen und dem Munde zuzuführen, diese Nahrung einer Geruchs- und Geschmacksprüfung zu unterziehen und je nach dem zu verschlingen, mit einem Wort, die Motorik des Beutekreises zu üben. Es tritt damit in ein Stadium, das dem Jugendstadium der Tiere entspricht und in dem die Ernährung durch die Mutterbrust eine sekundäre Rolle zu spielen beginnt. Immer mehr gewinnt bei den Tieren von diesem Augenblick an der Nahrungserwerb mit Hilfe der gesamten Motorik an Bedeutung und man sieht darum in diesem Stadium das Beutespiel (daneben das Feindesspiel) in den Vordergrund treten, eine Tätigkeit, an der sich die Eltern lebhaft beteiligen — man denke an das Mäusefangspiel der Katzen —, während die Milchdrüsen den Jungen von der Mutter oft recht energisch verweigert werden.

Das Lebensunwichtigwerden einer biologischen Funktion zeigt sich immer darin, daß sie von Fall zu Fall variiert erscheint. So säugt eine Katze ihre Jungen länger, die andere kürzer. Und wir sehen ja auch bei den Menschen von Individuum zu Individuum, von Schicht zu Schicht, von Volk zu Volk Schwankungen der Stillzeit. Ungefähr sechs Monate lang aber stillen alle Mütter, respektive wird bei uns die Flasche gegeben, denn ein halbes Jahr braucht das Kind, bis es die Entwicklungsstufe erreicht hat, die es zur Aufnahme von anderer Nahrung befähigt.

Bis hieher sehen wir bei Mensch und Tier — bis auf die Verzögerung, die die menschliche Entwicklung erleidet — nahezu dasselbe Bild. Nur in zwei Beziehungen bestehen wesentliche Unterschiede, die unser Interesse in hohem Maße verdienen. Wohl ist die Hand schon im zweiten Vierteljahr in enge Beziehung zum Munde getreten; nicht nur als passives, sondern bereits als aktives Hilfsorgan. Aber zwei andere Erscheinungen haben eine Entwicklungsverzögerung gegenüber dem Tier erlitten. Die Dentition und die Fortbewegungsfunktion. Was nützt dem kleinen Kinde die motorische Beherrschung des Greiffeldes, wenn weder sein Mundwerkzeug noch sein Gehwerkzeug soweit ausgebildet ist, daß im Spiel eine Annäherung an die Beutegewinnung möglich ist? Das Kind ist zu dieser Zeit noch vollkommen hilflos und darum nach wie vor auf eine Pflege angewiesen, die gegenüber der nachgeburtlichen nur einen geringen Unterschied aufweist. Alles wird ihm zugetragen, die Konsistenz der Nahrung ist breiartig und somit der Muttermilch ähnlicher als der Nahrung der Erwachsenen. Das langsame Ansteigen zu immer festerer Kost spiegelt die verzögerte Entwicklung der Dentition. Das Tier kennt nur einen direkten Übergang von Muttermilch zur Erwachsenenkost, entsprechend seiner beschleunigten Entwicklung.

Dadurch bleibt die Motorik in höherem Maße und längere Zeit relativ unabhängig vom oralen Ziel, der Beutegewinnung. Wir erinnern uns, daß beim Schimpansen im Spiel erworbene Funktionen eine gewisse Unabhängigkeit dem oralen Ziel gegenüber zeigten. Diese Freiheit nun ist beim Menschen, der viel länger und ausgiebiger oral unabhängig spielt, besonders ausgeprägt. Ja, der Mensch scheint auf die Betonung dieser Unabhängigkeit einen gewissen Wert zu legen. Sie wird zur Kulturforderung erhoben. So leugnen die Trobriander die Notwendigkeit des Essens zur Erhaltung des Lebens. Wir aber verleugnen mit unseren Tischmanieren das ursprüngliche biologische Verhältnis zu den Speisen. Wir bemühen uns darum, bei den Kindern die Loslösung von der oralen Gier durch Dressur möglichst zu fördern.

In Anlehnung an die vorhergehenden Ausführungen über die Motorik des Beutefeldes beim Tier kann man sagen: Die Zielmotorik, also die orale Befriedigung, wird durch die menschlichen Eltern so lange Zeit und so intensiv, mit solcher Konstanz und Regelmäßigkeit befriedigt, daß die Motorik des Beutefeldes ziellos wird. Dieser Faktor der Sicherung der Ernährung durch die Eltern ist bisher zu sehr nur in seiner negativen Seite gesehen worden. Freud hat die Hilflosigkeit des Kindes immer besonders betont. Von der positiven Bewertung der Elternleistung aus fällt nun ein neues Licht auf die eigenartige, vom Tier so verschiedene Situation des Menschen.

Die zeitlich enorme Ausdehnung der elterlichen Fürsorge führt zu einer besonders eigenartig beschaffenen Abhängigkeit der Menschen voneinander, die sich nicht nur in den über das ganze Leben sich erstreckenden familiären Bindungen dokumentiert, sondern die sich überdies in der Arbeitsteilung ausdrückt, diesem Dokument des lebenslänglichen Füreinander der Menschen.

Und dieses Füreinander steht nun nicht etwa im Dienste der Hungerstillung. Schon ganz primitive Kulturvölker sind in ihrem sozialen Ziel prinzipiell anders orientiert als beispielsweise ein jagendes Rudel Wölfe. Das Ziel dieser primitiven Gemeinschaft ist nicht das der unmittelbaren oralen Befriedigung. Es ist ein mittelbares: das der Nahrungssicherung. So steht die Sicherung der Ernährung durch Speicherung der Nahrungsmittel bei den Malinowskischen Trobriandern im Mittelpunkt des rituellen Lebens.[6] Was aber ist diese orale Sicherungstendenz anderes als die Integration einer jedem einzelnen innewohnenden Tendenz, zeitlebens in gesicherter pfleglicher oraler Abhängigkeit zu bleiben, wie er es als Kind so lange Zeit hindurch war? Nur durch die Sicherung der Ernährung, durch die Äternisierung des Kindheitszustandes ist der eigenartige und spezifische Entwicklungsweg möglich, den die Menschen für so überaus wertvoll halten, daß sie Gott jeden Tag um das tägliche Brot bitten und die Speisen segnen, die sie essen: die menschliche Kultur.

Wohin also führt diese geheiligte und äternisierte orale Fixierung an die Eltern und ihren Erben, den Stamm, diese lebenslängliche „Unselbständigkeit im Beutekreis"? Sie führt zu einer neuen Form von motorischer Unabhängigkeit. Wir sahen sie im tierischen Spiel vorgebildet, das sich aber doch schließlich wieder zur Motorik des Beutekreises schließt, mit dem Gewinn einer Bereicherung des Feldes durch individuelle Erfahrung. Wenn das Tier letzten Endes gebunden bleibt an das biologische Ziel, so geht beim Menschen dieses Ziel endgültig verloren. Die Motorik bleibt zielunabhängig und folgt eigenen Gesetzen. Aus dem menschlichen Spiel entwickelt sich nie ein bereichertes Beutefeld, dessen Kraftlinien auf das biologische orale Ziel hinstreben.

Verschaffen wir uns einen kurzen Überblick: Die einheitliche Gestalt der biologischen Funktion ist bei niederen Tieren, wie z. B. den Insekten, durch festgefügte Instinkte garantiert; bei den Säugetieren ist sie wesentlich und hauptsächlich in der Kindheit gelockert; sie zerfällt beim Menschen zeitlebens in eine Zweiheit von Funktionskreisen. Der Mensch gleicht darin bis zu seinem Tode dem jugendlichen Tier mehr als dem erwachsenen.

VII) Die Menschwerdung

Wir haben uns nun dem schwierigsten Problem zuzuwenden, dem Problem der Menschwerdung. Man wird mir vielleicht den Vorwurf nicht erspart haben, ich sei denn doch bis hierher mit der Psyche etwas zu pauschal verfahren, indem ich sie einfach als motorische Erscheinung beschrieb. Es gebe, so wird man einwenden, auch bei Tieren schon, geschweige denn bei Menschen, längere oder kürzere Momente, in denen psychische Vorgänge sich abspielten, die eindeutig von der Motorik her nicht zu erfassen seien ... Der Einwurf ist ohne Zweifel berechtigt; und das ihn begleitende Interesse ist um so verständlicher, als es sich hier um die Frage nach den

psychischen Tatbeständen handelt, die unserem eigentlichen Arbeitsgebiet
näherliegen als alles Bisherige: um die inneren, nur sprachlich mitteil-
baren seelischen Tatbestände. Aber gerade diese Inhalte, die die Psychoanalyse
am unmittelbarsten erfaßt, erfassen wir von dem heute eingenommenen
Standpunkt aus nur indirekt. Über seelische Erlebnisse und über die sie
tragenden psychischen Instanzen können von hier aus nur mehr oder weniger
wahrscheinliche Schlüsse gezogen werden. Aber vielleicht gelangen wir doch
zu Resultaten, die unsere bisherigen Ansichten von einer anderen Seite
her stützen, ergänzen, korrigieren könnten.

Wenn wir die psychischen Erscheinungen bisher von der Motorik her
erfaßten, sind wir dazu gezwungenermaßen von unseren Phänomenen ver-
leitet worden: man hat, wenn man ein Tier im Beutefeld beobachtet, den
Eindruck, es werde ohne Unterbrechung durchflossen von dem Impuls, der
vom Ziel ausgelöst wird und sich in der motorischen Äußerung mit dem
Ziel wieder zum Kreis zu schließen strebt. Da gibt es kein Anzeichen für
eine Zweiheit der Handlung, im Sinne etwa einer Vorsätzlichkeit: „Ich
werde dieses tun — nun tue ich dieses!" Der Kurs zum Ziel hat den
Akzent, und die Sinnesorgane wirken wie Hilfsmittel im Dienste seiner
Erfüllung.

Aber es gibt in diesem Fluß sich abspielenden Geschehens längere oder
kürzere Augenblicke, in denen die Bewegungen plötzlich einer gespannten
Haltung Platz machen. Das Tier stutzt. Setzt es sich danach wieder in
Bewegung, so hat sich die Art derselben — nicht das Ziel natürlich —
geändert. Diese Aufmerksamkeitsspannung muß uns nun beschäftigen; in
ihr scheint mir die erste Andeutung des Tatbestandes zu liegen, der uns
als unser und unserer Mitmenschen reflektierendes Bewußtsein entgegentritt.[7]

Auf den ersten Blick wirkt das Stutzen wie ein Aufgeben des Ziels zugunsten der umsichblickenden Augen, der gesträußten Ohren. Aber die
Spannung, in der sich der gesamte motorische Apparat befindet, die gelegentlich auftauchenden Ansätze zu Bewegungen zeigen, daß die Motorik
nach wie vor lebhaft an diesem Aufmerken beteiligt ist. Das Tier ist nicht,
wie man auf den ersten Blick annehmen könnte, ganz zur Funktion seines
optischen Apparates geworden, wie etwa ein in optische Meditation Ver-
sunkener. Es ist ganz — „mögliche Bewegung". Durch das Auge prüft
in diesem Augenblick der gespannte Bewegungsapparat seine
Möglichkeiten im hindernisverwirrten Feld. Die Wirkbereitschaft
des motorischen Apparates, wie sie in seiner Spannung zum Ausdruck
kommt, ist die entscheidende Größe für den neuen Bewegungsablauf.

Verlängerte Aufmerksamkeitsspannungen lösen sich oft in ratlos anmutende Handlungen auf. Oft werden ganze Bewegungsfolgen wie zur Probe ausgeführt. Köhler beschreibt folgende Begebenheit: „Eine Kiste, die auf ihre Türseite gestürzt liegt, enthält Futter. Der Schimpanse will sie kippen, offensichtlich um die Türe freizulegen. Seine Kraft aber reicht nicht aus. Langsam, wie sinnend, bewegt er sich da auf eine daneben liegende Kiste zu, deren Türe frei liegt, kriecht durch die Öffnung hinein und mit dem gleichen sinnenden Gesichtsausdruck wieder heraus, um zu seiner Aufgabe zurückzukehren: so hatte er sich das vorgestellt! Primitive Menschen pflegen laut zu denken. Die Tiere denken bewegt." „Denken", sagt Freud[8], „ist ein Probehandeln."

Jede Verlegung des direkten Weges zum Ziel fordert Aufmerksamkeit zu ihrer Überwindung und gewiß bereichert sich auf diese Weise das Verhältnis zu den Umweltdingen. Aber der so erworbenen Dingkenntnis fehlt ein wesentliches Moment. Sie bleibt an das biologische Ziel gekettet und ist dadurch nicht frei. Die Frage, die im Beutefeld sich stellen kann, heißt: „Wie materialisiere ich auch im schwierigsten Feld die Vektoren?" Sie lautet nicht: „Was ist das für ein Ding?"

Diese Einseitigkeit nun ist im Spiel aufgehoben. Hier betätigt sich der motorische Anteil des Beutefeldes unabhängig vom Ziel, dessen Motorik in der Pflege gesättigt ist. Was durch die elterliche Sicherung der Ernährung nicht mit zur Abfuhr gelangt, sind bestimmte Funktionen der Art. Es ist daher nicht erstaunlich, daß die ersten Spiele bei den Menschen Funktionsspiele sind. (Das Tier kommt über das Funktionsspiel kaum in Ansätzen hinaus.)

Die ersten spielerisch behandelten Gegenstände dürfen darum noch nicht als Objekte bezeichnet werden. Sie sind Materialisationen der spielerisch betätigten Funktionen. Worin unterscheiden sich nun diese Funktionsspiele von den Funktionsänderungen an Werkzeugen vor Hindernissen im Beutefeld? Durch zwei Eigenschaften von grundlegender Bedeutung: durch die häufige Wiederholung der Funktion und durch das Bezogenbleiben der Funktion auf denselben Gegenstand während einer längeren Zeitspanne. Beide Momente zeitigen, sich ergänzend, ein Resultat: der Gegenstand, anfänglich lediglich Material für die ungelebte und abgeführte Feldmotorik, wird mehr und mehr objektiviert. Das heißt: Im beuteunabhängigen Feld wird zwar die Funktion durch Selbstdressur gesteigert. Im Spiel aber, d. h. durch die Wiederholung dieser, einer nächsten, einer dritten Handlung, die allesamt nicht nur den Gegenstand vorübergehend benützen,

sondern auf ihn zielen und in ihm endigen, versammelt nach und nach
der Gegenstand einen großen Reichtum an funktionellen Möglichkeiten auf
sich. Mit einem Stock kann man nicht nur angeln, man kann mit ihm
graben, springen, auf Kisten trommeln, man kann ihn zerbrechen, spitze
Splitter aus ihm herausbeißen, mit denen man in Ritzen und Löchern bohren
kann. — Erst dem Spielenden entdeckt der Stock seinen ganzen Reichtum.
Erst ihm wird er gewissermaßen zu einer Integration von unzähligen Funktionen. Und diese Integration nennen wir Objektivierung, ihr materielles
Substrat Objekt. Das so, ohne Ziel, in sich begründete Bild der Umwelt
aber nennen wir die Realität.

Man kann nun beim Kinde feststellen, daß das Interesse an Funktionsspielen allmählich erlischt und daß gleichzeitig, ungefähr mit anderthalb
Jahren, die Konstruktionsspiele an Interesse gewinnen. Dieses Erlöschen,
so dürfen wir vermuten, ist aber nur bedingt. Wir nehmen an, es werde
gleichsam ersetzt durch einen Vorgang, der im Prinzip der bewegungslosen
Spannung beim Aufmerken im Beutefeld gleicht und nur viel subtiler
und komplexer ist. Unter dem optischen — oder sagen wir allgemeiner —
dem sinnlichen Eindruck des Gegenstandes werden alle an ihm oder an
ähnlichen Gegenständen vorgenommenen Funktionen in ihrer Integration
als unterschwellige motorische Spannung erlebt. Dabei heben sich die Be-
wegungsansätze im motorischen Apparat im Widerstreit ihrer Gegensätzlich-
keit auf. Der Erfolg ist eine zentrale, eine nervöse Spannung: das objektive
Bild des Gegenstandes. Hier beginnt die Möglichkeit, erst zu wollen, dann
zu tun: das eigentliche Denken.

An den motorischen Ursprung unseres objektiven Weltbildes erinnern
uns noch die optischen Wahrnehmungsformen der Jugendlichen, die, wie
E. R. Jaentsch u. a. gezeigt haben, eine dynamische Komponente enthalten,
die aufs engste mit der Motorik verknüpft erscheint: die optischen Objektbeziehungen werden als Züge im Körper wahrgenommen. Und: mahnt
uns nicht der Sprachgebrauch an den motorischen Ursprung unserer Anschauungen, wenn wir sagen, sie erwüchsen uns aus dem Begreifen
unserer Gegenstände.

Das ist der Punkt, an dem die Motorik des Kindes in einer neuen
Richtung bereichert wird: neben den Funktionsspielen nehmen neue Spiele
immer mehr Raum ein, die die Bedeutung der Gegenstände zur Voraussetzung haben, die auch wir ihnen spontan verleihen. Während es bis
dahin lediglich Vergnügen machte, mit den Bauklötzen zu trommeln, sie
wegzuwerfen, sie zu benagen, beginnt das anderthalbjährige Kind nun zu

bauen. Hier ist nicht mehr die Bewegung letztes Ziel, sondern das unter der optischen Kontrolle stehende Werk. Über die Psychologie der Werkherstellung soll in diesem Zusammenhang nicht mehr die Rede sein. Dagegen muß uns die Voraussetzung der Werkherstellung, die reale Bedeutung der Gegenstände noch eingehender beschäftigen. Sie hat zwei Komponenten, eine individuelle und eine soziale. Die individuelle haben wir beschrieben als die integrative Synthese aller motorischen Einzelbezüge zum Gegenstand. Die soziale Bedeutung erwächst dem Kind aus einer ursprünglichen, schon bei Tieren nachweisbaren Fähigkeit zur spontanen Partizipation an der motorischen Äußerung anderer Lebewesen. Von dieser Fähigkeit in diesem Zusammenhang zu handeln, würde zu weit führen. Sie wird erst für die nächste Kindheitsphase bedeutungsvoll, wenn auch ihre Wurzeln bis in die ersten Lebensmonate hineinragen. Einen wichtigen Mittler dieser sozialen Seite der Bedeutung müssen wir aber kurz erwähnen. Es ist die Sprache.

Im Augenblick nämlich, in dem hinter der langsam versiegenden ursprünglichen motorischen Betätigung der Gegenstand zum Objekt sich erhebt, kommt der Lautgebung eine hervorragende Rolle zu. Aus einer Begleiterscheinung bestimmter Funktionen wird sie zum Symbol der in der Integration aller möglichen Handlungen erfolgten Synthese, des Objekts. Noch bedeuten aber die ersten substantivischen Benennungen nicht das, was wir unter diesem Begriff verstehen. Sie bedeuten nicht: das ist ein Bauklotz schlechthin. Vielmehr bedeuten sie: das ist der Gegenstand, mit dem ich diese und jene Dinge machen kann. Sie bedeuten substantivierte Tätigkeit. Daher die Bevorzugung von Funktionsbegriffen im Sprachbeginn. Die Tatsache aber, daß Lautgebung Lebendes bewegt, in Verbindung mit der Tatsache der spontanen Partizipation an den motorischen Äußerungen anderer Lebewesen, macht die Sprache erst zu dem wichtigen sozialen Instrument, das die Brücke zur Angleichung an die Objektbeziehungen der Umwelt darstellt.

Wir dürfen es nun unternehmen, die psychoanalytische Theorie der Ichentwicklung von unserem Standpunkt aus einer Prüfung zu unterziehen. Schon im Verlauf der ersten Monate haben wir die motorischen Äußerungen an Häufigkeit, Spontaneität und funktioneller Primitivität abnehmen sehen. Als sich die Impulse den Dingen zuwandten, sahen wir flüchtige Spannungszustände auftreten, in denen das Individuum, wie wir vermuteten, vom Ziel sich unterschieden fühlte: die Aufmerksamkeitsspannung. Endlich, auf der höchsten Stufe wurden Umweltbeziehungen ohne motorische Betätigung möglich. Ein potentielles Wollen trennte sich vom kinetischen Tun.

Diese Wandlungen erfahren, so müssen wir annehmen, ihre Spiegelung
im zentralen Apparat, der im Laufe der Entwicklung an Bedeutung zunimmt.
Wir sehen ihn als den Speicher möglichen motorischen Geschehens an, der
die eine oder die andere Bewegungsfolge aus sich entlassen kann. Sein Wesen
aber ist, wie wir gesehen haben, Spannung. Wenn wir untersuchen wollen,
wie dieser Apparat entsteht, so können wir drei Stadien unterscheiden: im
Urstadium besteht er noch nicht. Im zweiten beginnt er sich zu bilden.
Im dritten erwirbt er die spezifischen menschlichen Eigenschaften. Ich will
vorausschicken, daß diese drei Stadien den von Freud[8] beschriebenen Stadien
der Ichentwicklung entsprechen: der primär-narzißtischen Ursituation, dem
Stadium des purifizierten Lust-Ichs und dem endgültigen Stadium des Real-Ichs.

VIII) Die Entwicklung des Bewußtseins

Das Ich mache — so hören wir[8] — eine bestimmte Entwicklung durch,
einen Differenzierungsprozeß, der gleich nach der Geburt anhebe und darin
bestehe, daß aus dem primärnarzißtischen, seiner Grenzen gegen die
drohende Außenwelt noch nicht bewußten Ich durch die ersten Erfahrungen
ein reines Lust-Ich sich bilde, dadurch, daß es, der Amöbe vergleichbar,
seine Pseudopodien in die Außenwelt aussende, sich das Annehmbare, d. h.
Lustbringende einverleibe und das Unlustbringende ausstoße. Endlich gehe
aus diesem purifizierten Lust-Ich durch die weitere Erfahrung das Real-
Ich hervor, das seine realen Grenzen gegenüber der Außenwelt unabhängig
von Lust und Unlust erkannt habe und durch absichtliche Lenkung von
Sensorik und Motorik imstande sei, Innerliches und Äußerliches zu unterscheiden. Wir erfahren ferner, daß diese Entwicklung sich vollziehe unter
der Herrschaft der Wahrnehmung und daß an sie die Entwicklung unseres
Bewußtseins geknüpft sei, das durch die Sprache seinen spezifischen Charakter
gegenüber den nicht an die Wahrnehmung geknüpften seelischen Inhalten
dokumentiere. Die Bedeutung der Wahrnehmung für die Entstehung des
Bewußtseins und die Differenzierung des Ich aus der ursprünglichen Ich-
Es-Einheit des primären Narzißmus ist von Freud immer besonders hervorgehoben worden. Mit der grundsätzlichen Betonung der Wahrnehmungs-
vorgänge als auslösende Momente der Ichentwicklung hängt eng zusammen
die Bedeutung, die bestimmten Außenweltfaktoren zugeschrieben wird, die
als spezifische Ursachen der Ichentwicklung gelten, indem sie durch Versagung oder traumatisch richtunggebend wirken.

Zu dieser geläufigen Auffassung der Ichentwicklung wollen die folgenden Erörterungen eine kritische Ergänzung darstellen. Kritisch insofern, als die Begriffe „Ich" und „Außenwelt" nicht vorausgesetzt werden. Ihre Entstehung in der individuellen Entwicklung soll vielmehr in dieser Darstellung erfaßt werden.

Die primär-narzißtische Ursituation erschien uns im hindernislosen Ablauf des motorischen Geschehens innerhalb der Ernährungssphäre. Wir verglichen das motorische Angepaßtsein an die Mutterbrust mit der in die Umwelt festgefügten Motorik der niederen Tiere, wie zum Beispiel der Insekten. Wir sahen aber diesen Zustand bereits im Keim bedroht durch die Tatsache, daß die Motorik des übrigen Organismus nicht in das motorische Schema mitgefügt ist, sondern gewissermaßen „ins Leere" abgeführt wird. Was wir Objekt nennen und unter dem Ausdruck „Außenwelt" zusammenfassen, ist für die Befriedigung dieses Stadiums gleichgültig und „nicht mit Interesse besetzt".

Aus diesem primär-narzißtischen Stadium entwickelt sich ein zweites in dem diese erst ins Leere gehende Motorik die Gegenstände findet. Das ist das Stadium der Funktionsspiele. Die Einseitigkeit dieser Spiele habe ich genugsam hervorgehoben. Es sind „Abfuhrspiele" der Feldmotorik. Der Gegenstand hat nur Interesse, soweit er lustvoll, d. h. eben zur Abfuhr geeignet ist. In diesem Augenblick aber besteht zwischen ihm und dem handelnden Wesen kein Unterschiedensein. Der Gegenstand ist in diesem Augenblick „der Lustanteil, den es sich einverleibt". Der Rest bleibt ihm fremd. Wir erkennen in diesem Stadium der funktionellen Objektzugewandtheit das purifizierte Lust-Ich Freuds.

Das dritte Stadium nun, das eigentlich menschliche, müsse — meinten wir — als eine dialektische Entwicklung der zielunabhängigen Motorik im Beutefeld zur Synthese der Objektwahrnehmung angesprochen werden. In dieser Integration aller möglichen Impulse in bezug auf den gleichen Gegenstand heben sich die Impulse auf. Als Erfolg des Wahrgenommenen entsteht eine spezifische zentrale Spannung. Dadurch wird der Gegenstand zu einem realen Objekt, an das sich nun sekundär die Frage der spontanen Lustgewinnung mit Hilfe der Motorik wenden mag. Mit dieser Fähigkeit zur Objektwahrnehmung hat das Lebewesen den Zustand erreicht, den Freud Real-Ich nennt und der sich zeigt in einem kontinuierlichen, von den Objekten dauernd unterschiedenen Spannungszustand der Person, dem Ich.

An diesem Punkt setzt unsere Kritik mit der Frage ein, ob man ein Recht habe, Außenwelt und Ich in einer entwicklungspsychologischen Be-

trachtung vorauszusetzen, und man wird zugeben, daß unser Standpunk
eine solche Voraussetzung nicht zuläßt. Die Feststellung F r e u d s, daß sich
einmal ein Ichbewußtsein vom Es abspalte, wird für uns hier zur Frage
bei welcher Gelegenheit und unter welchen Umständen diese Abspaltung
erfolge und wie man sie sich dynamisch vorzustellen habe.

Alles, was wir über die ersten Stadien der psychischen Entwicklung wissen
deutet darauf hin, daß ein Ichbewußtsein für das Stadium des primärer
Narzißmus nicht angenommen werden kann. Die kindliche Ursituation is
— vom Subjekt aus gesehen — ich-los.

Im zweiten Stadium aber, in dem sich die Motorik den wahrgenommener
Gegenständen zuwendet, treten bereits jene Zustände auf, die wir Auf
merksamkeitsspannung nennen. Sie ist durch ein gespanntes Aussetzen de:
motorischen Tätigkeit gekennzeichnet. In der Aufmerksamkeitsspannung is
— wenn auch nur für einen flüchtigen Augenblick — die Einheit de:
lebendigen Geschehens zerbrochen: das Ziel wird wahrgenommen nicht ir
der kontinuierlichen Lust-Icheinheit des motorischen Geschehens, sonderr
außerhalb derselben, während die Motorik für sich als Spannung erleb
wird. Intention und motorisches Geschehen klaffen auseinander. Erst hier
in diesem Moment, erkenne ich: an meiner Spannung mein Ziel; an meiner
Ziel meine Spannung. Im Ziel, dessen Feldstruktur nicht fließend sich ver
ändert, erkenne ich mich als unterschieden von ihm. In meiner Spannung
erkenne ich jenes als unterschieden von mir. Darum liegt im akuten Kon
flikt der Aufmerksamkeitsspannung der Keim zum Bewußtsein wie zur Objekt
beziehung, und William S t e r n meint sicher mit Recht: „Bewußtsein is
wesentlich Ausdruck akuter Konflikte. Es tritt auf, wo die Selbstverständlich
keit des Dahinlebens unterbrochen wird."

Wir dürfen uns aber diesen Ichkeim nicht als kontinuierlich vorstellen
Er entsteht, um in der Flut des nachfolgenden motorischen Erlebens unter
zugehen und um wieder an einem neuen Hindernis aufzutauchen. Wi:
dürfen aus diesen Bewußtseinszuständen darum noch nicht auf ein Ich
bewußtsein schließen. Denn ein zentrales Bezugssystem aller möglichen Be
wußtseinszustände kann noch nicht vorhanden sein. Diese Bewußtseinszuständ«
sind noch vollkommen abhängig von den einzelnen motorischen Funktions
typen des Beutefeldes. So ist jede dieser Bewußtseinsinseln von der nächst
auftauchenden verschieden. Das Bewußtsein ist noch abhängig von de
Struktur des Feldes, in dem es entsteht. Im Stadium des purifizierten Lust
Ichs, so würden wir darum sagen, können sich nur passagere Vorläufer de
Ichinstanz bilden.

Wie die Integration aller Funktionen des Beutefeldes zur Schaffung der objektiven Außenwelt führt, so führt die Integration aller ihr entsprechenden Spannungszustände, die mit dem ständigen Funktionswechsel des Spiels einhergehen, zu einer Synthese aller Bewußtseinskeime. Erst in diesem nur dem Menschen eigenen Zustand der Umweltbeziehung erlangt das Bewußtsein nach und nach zwei Eigenschaften, die es auch formal von dem der Tiere unterscheidet. Es erlangt Kontinuität und Konstanz. Und erst Kontinuität und Konstanz des Bewußtseins innerhalb längerer Zeiträume können als Voraussetzung angesprochen werden für die Möglichkeit, im innern, sich gleichbleibenden Spannungszustand einen Akt mit anderen Akten zu vergleichen. Diese vergleichende Instanz erst — glaube ich — dürfen wir mit dem Ausdruck „Ich" bezeichnen. Denn erst in diesem Stadium der Entwicklung ist möglich: Seiner selbst im Wechsel des Geschehens als eines und desselben Wesens bewußt zu sein.

Es gibt auch in späteren Stadien der Entwicklung Arten des Erlebens, die eine vorübergehende Auflösung der Ichinstanz zur Folge haben. Es ist die Motorik der „Triebziele". Wir haben darum recht, wenn wir von einer Bewußtlosigkeit im Orgasmus reden, der ja in unserer Sprache Zielmotorik des Sexualkreises ist. Aber wir brauchen nicht so weit zu gehen. Taucht nur ein „Triebziel" auf, so zerren die Spannungen des entstehenden Beute-, Feindes- oder Sexualfeldes an der Struktur des Ich, der Voraussetzung für die objektive Einstellung. Wir sind in Gefahr, „hingerissen", „verführt", von uns weggeführt zu werden.

Dieses Einschalten des Aktionskreises der Art mag vom Ich unter Umständen als Gefahr empfunden werden, denn es ist tatsächlich dadurch in seinem ökonomischen Bestande bedroht, der, wie wir nachgewiesen haben, auf der Überwindung der anlagemäßigen motorischen Reaktion beruht. Im Ich entsteht darum Angst. Bezeichnend für diese Angst um den ökonomischen Bestand der Ichstruktur ist die gespannte Bewegungslosigkeit; durch die Sperrung der motorischen Exekutive findet eine reaktive Ichstärkung statt. Die Angstspannung stellt einen Rettungsversuch des Ich dar.

Ihr steht eine andere Form der Angst gegenüber, die in wilden motorischen Ausbrüchen manifest wird. Eine bekannte klinische Form dieser Angstreaktion ist der Zuchthausknall, auch das Gansersche Syndrom dürfte hierher zu rechnen sein. Diese Angst tritt dann auf, wenn die biologisch angelegten, die „triebhaften" Lebensäußerungen plötzlich aus Mangel an geeigneten Zielen keinen motorischen Abfluß mehr finden. Hier wird die Ichstärkung nicht ertragen, die eine ökonomisch notwendige Folge der motorischen Abstinenz

ist. Im Ausbruch der motorischen Abfuhr, eventuell halluzinierten Objekten
gegenüber, durchbricht das vitale Bedürfnis nach einer über die Motorik
geleiteten, unreflektierten Identität mit den Objekten die schrankensetzende
Realität. Es ist verständlich, daß diese Formen in erster Linie bei primitiven, „triebhaften" Menschen auftreten, die ein wenig differenziertes Ich
besitzen.

IX) Biologischer Ausblick (Schluß)

Mein Versuch, das psychische Menschwerden aus der Entwicklung der
motorischen Phänomene abzuleiten, ist abgeschlossen. Ich hoffe, es ist verständlich geworden, daß eine Ursache dieser Entwicklung in der überaus
langen Dauer der elterlichen Fürsorge zu suchen ist, die die kindliche Zielmotorik des Beute- und des Feindesfeldes absättigt und damit die Motorik
des Annäherungsfeldes einer zielunabhängigen Entwicklung entgegentreibt.

Mit dieser Auskunft aber ist das Problem nur auf ein anderes Gebiet
verschoben: auf das der Biologie. Es müssen biologische Gründe sein, die
den Menschen in diese extrem lange Abhängigkeit von seinen Pflegern gelangen ließen und die die Ursache dafür sind, daß seine Motorik in ihrem
Grundtyp zeitlebens der der jungen Tiere ähnlicher ist als der der vollentwickelten. Vielleicht stoßen wir noch auf andere, außerhalb des psychologischen Tatsachenkreises liegende Erscheinungen, die in der gleichen Richtung deuten. Sehen wir uns den menschlichen Körper an: Zeitlebens ist
er bedeckt mit der Lanugobehaarung. Zeitlebens erhält sich bei ihm die
ventrale Abwinkelung der Körperachse an ihrem oberen und unteren Ende.
Beim Tier aber wird die Lanugobehaarung ersetzt durch ein sekundäres
Haarkleid, und das ventral abgebogene Kopf- und Schwanzskelett treffen wir
nur beim Tierembryo. Das Tier macht schon in der frühesten Jugend eine
Streckung durch, durch die sein Gesichtsschädel zur Schnauze, das Schwanzskelett sich zum Schwanz entwickelt. Auch die Zahnanlage der Erwachsenen
ist gewissermaßen — verglichen mit dem Tier — auf einem Jugendstadium
stehengeblieben, nachdem die Dentition eine erhebliche Verzögerung erlebt
hat. Kein Zweifel, auch morphologisch bleibt der Mensch zeitlebens den
Jugendformen der Tiere ähnlicher als dem ausgewachsenen Tier. Er scheint
ein Stück der Entwicklung, die das Tier durchmacht, nur sehr verlangsamt
oder garnicht mitzumachen. Noch in einem wesentlichen Punkt unterscheidet sich der Mensch vom Tier. Er wird älter als die meisten Säugetiere. Und nicht nur das. Seine Kindheit und die Periode seiner Geschlechtsreife erstrecken sich über einen viel größeren Zeitraum; und wo fände man

ein Lebewesen, das, wie der Mensch, nach Erlöschen der Sexualfunktion ein Senium von einigen Jahrzehnten aufwiese?

In einer kleinen Arbeit stellt der Anatom L. Bolk[9] diese Tatsachen zusammen und er zieht daraus zwingend den Schluß, daß die menschliche Entwicklung im Vergleich mit der tierischen retardiert sei. Die Folge aber dieser Verlangsamung sei eine immer weiter schreitende Fötalisation der menschlichen Form. „Wir stellen gewissermaßen die Säuglingsformen unserer Stammeltern dar." Durch unsere Auffassung von der Entwicklung der frühkindlichen Psyche erfährt die These von Bolk eine Unterstützung von der psychologischen Seite her. Wir aber dürfen es wagen, aus dieser Übereinstimmung den Schluß zu ziehen, daß der Dualismus, in dem sich der Mensch befindet, der Dualismus, der sich ausdrückt im Wissen darum, daß es eine Innenwelt gebe, der eine Außenwelt gegenübersteht, der Dualismus zwischen Lust- und Realitätsprinzip, zwischen dem Es und dem Ich, oder in welchem Gegensatzpaar immer das menschliche Erleben unserem Denken erscheinen mag, seine Wurzel habe in der biologischen Tatsache der lebenslänglichen Aufspaltung einer anlagemäßigen Erlebniseinheit. Den Menschen erstehen dadurch zwei Arten von Zielen. Die ursprünglichen, biologischen, und — die Realität als die neue menschliche Qualität, entstanden aus der Integration aller motorischen Möglichkeiten: Das Lust- und das Realitätsprinzip.

Eine Tendenz gefährdet die andere. Nur im Kompromiß liegt die optimale Lebensmöglichkeit. Das spezifisch Menschliche aber, das zielverloren Erkenntnis sucht, hat einmal ein pessimistischer Dichter mit den Worten enthüllt:

„Es gibt kein Ziel. Der Weg ist das Ziel."

Anmerkungen:

1) Nomenklatur in Anlehnung an Kurt Lewin.

2) Die folgenden Ausführungen stützen sich auf die Arbeiten von J. von Uexkuell: Umwelt und Innenwelt der Tiere, Berlin 1921; Theoretische Biologie, Berlin 1928; Die Lebenslehre, Potsdam-Zürich 1930.

3) Karl Groos: „Die Spiele der Tiere", 3. Aufl., Jena 1930, betont die Bedeutung der Jugendperiode der Tiere für die Erfahrungsentwicklung der „allgemeinen" Instinktanlage. „Die ausgesprochenen Initiativtiere machen eine Jugendperiode durch." McDougall vertritt sogar die Ansicht, der elterliche Pflege- und Schutztrieb (*parental or protective instinct*) sei der Ursprung der Intelligenz und der moralischen Entwicklung. G. H. Thomson betont das „Zurücktreten des ,*inner drive of hunger*' oder ,*anger*' im Spiel" (zit. nach Groos).

4) Wolfgang Köhler: „Intelligenzprüfungen an Menschenaffen", Berlin 1921. — Die Methode des Verfassers, von Schmerz, Trauer usw. der Affen zu reden, ist kein Anthropomorphismus, sondern ein abgekürztes Verfahren. Jedermann weiß, was für ein Phänomen gemeint ist. *„Of course, we can obtain the same results,... without language, by applying the somewhat clumsy, statistical methods of animal psychology, and some behaviourists seem to prefer such a procedure. The only reason I can see for this attitude is historical."* (W. Köhler: Gestalt Psychology, London 1930.)

5) Für das Folgende: Siegfried Bernfeld: Die Psychologie des Säuglings, Wien 1925; — Charlotte Bühler: Kindheit und Jugend, Leipzig 1931.

6) Bronislaw Malinowski: „Das Geschlechtsleben der Wilden." (Deutsch von Eva Schumann.) Leipzig und Zürich.

7) Auf die Bedeutung des Stutzens für die Entstehung des menschlichen Intellekts hat bereits Karl Groos hingewiesen. „Das Seelenleben des Kindes." 6. Aufl. Berlin 1923.

8) Die Tatsache, daß diese Arbeit aus dem Geist der Psychoanalytischen Problematik erwachsen ist, erübrigt einen speziellen Hinweis auf die einzelnen Arbeiten Freuds. Für die hier zur Frage stehenden Probleme mußten in erster Linie berücksichtigt werden: Drei Abhandlungen zur Sexualtheorie. (Ges. Schriften. Bd. V). — Triebe und Triebschicksale. (Ges. Schriften. Bd. V.) — Das Ich und das Es. (Ges. Schriften. Bd. VI.). — Das Unbehagen in der Kultur. (1. Kap.) (Wien. Int. PsA. Verlag, 1930.)

9) L. Bolk: „Das Problem der Menschwerdung." Jena 1926.

Das Körperbild und die Sozialpsychologie

Von

Paul Schilder

New York

Die Sozialpsychologie beschäftigt sich mit den psychologischen Vorgängen der Gemeinschaftsbildung. Sie stellt es sich zur Aufgabe die psychologischen Abläufe und Gebilde zu erforschen, welche das Individuum erlebt, sofern es das Glied einer Gemeinschaft ist, sie sucht auch festzustellen, inwieweit das Individuum als Glied der Gemeinschaft Sonderzüge aufweist. Darüber hinausgehend wendet sie Interesse den Handlungen und Motiven von Gruppen zu. Ist die Gemeinschaft mehr als die Summe der psychologischen Vorgänge in den Individuen, die ihr angehören? Gibt es eine Massenseele, die verschiedene Züge aufweist von den Seelen einzelner Individuen? Was ist der Ausdruck von Gemütsbewegungen und wie wirken Gemütsbewegungen des einen Individuums auf das andere ein? All das sind bedeutsame Probleme. Aber die Sozialpsychologie hat bisher der Tatsache nicht genügend Rechnung getragen, daß Individuen nicht nur seelische Einheiten sind, sondern daß sie auch Körper haben. Der Nebenmensch ist für uns nicht nur eine geistige Einheit, sondern hat auch einen Körper. Wir selbst erleben uns nicht nur geistig als Individualitäten, sondern haben auch das bestimmte Erlebnis unserer eigenen Leibhaftigkeit und Körperlichkeit. Wenn wir Sozialpsychologie treiben wollen, müssen wir wissen, wie sich das Erlebnis unseres eigenen Körpers aufbaut und wie wir zu einem Wissen von dem Körper der anderen gelangen. Das Verhältnis des Wissens vom eigenen Körper zum Wissen um den anderen Körper ist ein Fundamentalproblem der Sozialpsychologie, das bisher nicht die genügende Aufmerksamkeit gefunden hat. Wenn immer wir handeln, so ziehen wir den eigenen und den fremden Körper in Betracht. Individualitäten sind sinnlos ohne ihren Körper. In den ausgezeichneten Sozialpsychologien von Mc Dougall, Bogardus, Folsom u. a. findet man diesen Gesichtspunkt vernachlässigt. Das hängt wohl damit zusammen, daß die Psychologie dem Problem des Körperbildes trotz der Arbeiten von Head und Pick nur wenig Interesse geschenkt hat. Man hat das Bewußtsein der Körperlichkeit zu sehr als etwas selbstverständlich Gegebenes angesehen, das keiner weiteren Beschreibung und Erklärung bedürfe. Materialistische Philosophie ist immer wieder von der Meinung ausgegangen, daß der Körper das ursprüngliche Erlebnis sei. Auch die Psychoanalyse hat den Gesichtspunkt vertreten, daß für das neugeborene

Kind lediglich der eigene Körper gegeben sei. Demgegenüber habe ich immer wieder betont, daß Körper und Welt Korrelatbegriffe sind. Ein Körper ohne Welt ist ebenso undenkbar wie eine Welt ohne Körper. Das Bewußtsein der Körperlichkeit, das dreidimensionale Bild unserer selbst, das wir in uns tragen, muß ebenso aufgebaut werden wie die Kenntnis von der Außenwelt. Es wird aus den taktilen, kinästhetischen und optischen Rohmaterialien immer wieder aufgebaut und konstruiert. Das Material wird der Gesamtsituation entsprechend verwertet. Frühe Eindrücke und spätere Erfahrungen kommen zur Gestaltung. Der Gesamtzustand unserer motorischen Einstellungen hat einen entscheidenden Einfluß in der endgültigen Gestaltung dieses Körperbildes. Das Körperbild ist erfüllt mit einer schweren Masse, wir schätzen diese Schwere verschieden ein, je nach dem Erregungszustand der Gleichgewichtsapparate und der Muskelzustände. Die Empfindungen aus dem Körperinnern werden nach der Körperoberfläche zu verschoben, ohne sie jemals vollständig zu erreichen. Aufbau und Gestaltung des Körperbildes erfolgen keineswegs unter der Leitung des Intellekts und lediglich kognitiver Interessen. Sie erfolgen als Ausdruck von Strebungen und Bedürfnissen. Wir wünschen die Einheit und Unversehrtheit unseres Körpers: Narzißmus. Entsprechend den jeweiligen Triebeinstellungen werden verschiedene Teile des Körperbildes stärker hervortreten. Die Genitalien und die Genitalzone sind im Körperbilde besonders unterstrichen. Die erogenen Zonen spielen eine besondere Rolle. Der individuelle Triebcharakter wird sich im Körperbild abzeichnen; wo die Analität im Triebleben stärker hervortritt, wird der anale Teil des Körperschemas besonders akzentuiert sein. Das erlebte Körperbild wird so zur Landkarte der Triebregungen. Wenn es zu Störungen im Triebhaushalt kommt, wird unmittelbar eine Veränderung im Körperbild eintreten; sadistische Regungen gefährden die Einheit des Körperbildes.

Ich habe einen Fall beobachtet, in welchem die Patientin ihren Körper in Stücke zerfallen fühlte. Sie beklagte sich, daß Teile ihres Körpers herumflögen. Es handelte sich um eine zwangsneurotische Patientin mit hysterischen Zügen. Sie hatte Impulse andere in Stücke zu zerreißen.

Wenn der Hypochondrische bestimmten Teilen seines Körpers zuviel Libido zuwendet, springt dieser Körperteil aus dem Gesamtkörperbilde gleichsam vor. Der Hysterische gibt gleichzeitig mit dem genitalen Fühlen auch andere Teile seines Körperbildes ab: hysterische Anästhesie. Federn hat gezeigt, daß das Körperbild vor dem Einschlafen und im Traume weitgehende Veränderungen zeigt, welche mit libidinösen Vorgängen parallel laufen. Da

Körperbild ist demnach basiert auf Eindrücken der Sinne und aufgebaut und konstruiert aus diesen. Es ist ein Prozeß unter der Leitung der Außenwelt, ein immer erneutes Experimentieren mit dem Ziele das zu finden, was der jeweiligen Lebenssituation entspricht. Aber die endgültige Gestaltung des Körperbildes ist nicht nur von den Sinneseindrücken abhängig, sondern auch von den Trieben.

Hirnläsionen, besonders solche im unteren Scheitellappen, bewirken weitgehende Veränderungen im Körperschema. Die Patienten sind außerstande sich über ihren Körper zu orientieren; sie wissen nicht wo ihre einzelnen Körperteile sind. Besonders wichtig ist in dieser Hinsicht die von Gerstmann beschriebene Fingeragnosie, in welcher die Patienten unfähig sind ihre einzelnen Finger voneinander zu unterscheiden. Sie machen auch Fehler in der Rechts- und Linkswahl ihrer Glieder. Die Lokalisation dieser Störung ist gut bekannt. Es handelt sich um Herde an der Grenze zwischen linkem unterem Scheitellappen und der zweiten Hinterhauptswindung. Es interessiert uns besonders, daß solche Patienten nicht nur die Orientierung über rechts und links und über die Finger am eigenen Körper verloren haben, sondern auch an den Körpern der anderen. Andere Fälle von Scheitellappenläsion können im Handeln nicht zwischen ihrem eigenen Körper und dem Körper der gegenüberstehenden Person unterscheiden und greifen etwa nach der Nase des Untersuchers, wenn sie aufgefordert werden ihre eigene zu zeigen. Die Körperbilder verschiedener Personen sind also bereits in der perzeptiv-physiologischen Sphäre eng miteinander verbunden. Aber der Zusammenhang zwischen den Körperbildern verschiedener Personen kommt in der emotionalen und libidinösen Sphäre zu einem noch viel klareren Ausdruck. Doch bevor wir uns diesem Problem voll zuwenden, sind einige Vorbemerkungen notwendig.

Das Körperbild fällt keineswegs mit den Grenzen des wirklichen Körpers zusammen. Es wächst darüber hinaus. Ein Stock, ein Hut, Kleider aller Art werden zu Teilen des Körperbildes. Je enger und stabiler die Verbindung eines Kleidungs- oder Schmuckstückes mit dem Körper ist, desto inniger wird es mit dem Körperbild verschmolzen. Gegenstände, die einmal in engerer Berührung mit dem Körper waren, behalten dauernd etwas von den Eigentümlichkeiten des Körperbildes. Die Stimme, der Atem, der Geruch, die Ausscheidungen bleiben ein Teil des Körperbildes, auch wenn sie im Raume vom Körper getrennt sind. Der Raum um das Körperbild ist verschieden vom Raume der Physik.

Eine schizophrene Patientin fühlte, daß der Atem der anderen Person ihr eigener Atem sei. Wenn jemand anderer die Schultern bewegte, so fühlte sie es in ihren Schultern. Die fremden Körperbilder wandern in ihr eigenes. Die Entfernung im Raume zwischen den Körperbildern ist aufgehoben. Wenn ein Mann die Straßen kehrt, so spürt sie das in ihrem Geschlechtsteil. Wenn die anderen Leute draußen auf der Straße gehen, so treten sie auf sie. Man kann sagen, daß ihre Libido die anderen näher an sie heranzieht. Ein Knabe, im Stockwerke unter ihr, verkehrt mit ihr geschlechtlich „durch Elektrizität".

Magische Handlungen im allgemeinen beeinflussen das Körperbild ohne Rücksicht auf die wirkliche Distanz. Nicht nur in diesem Falle, sind die Geschlechtsorgane im Zentrum der Beeinflussung. Der psychologische Raum um die Geschlechtsorgane hat eine besondere Struktur.

Ein Zwangsneurotischer fühlte seinen Penis und seine Blase auf der Straße liegen. Die Automobile zermalmten diese Teile, die weit weg von ihm waren.

Der Raum um das Körperbild hat daher besondere Eigentümlichkeiten, die Distanz der Objekte vom Körper ist durch das Triebleben bestimmt.

Libidinöse Regungen sind notwendigerweise soziale Phänomene. Sie sind gerichtet auf Körperbilder in der Außenwelt, sogar auf der narzißtischen Stufe ist die Richtung auf die Außenwelt vorhanden. Das Sehen, das zur Konstruktion des eigenen Körperbildes führt, gestaltet auch die Körperbilder der anderen. Aber wir sehen nicht nur, sondern haben auch ein Verlangen zu sehen. Jede Scheidung zwischen Wahrnehmungsvorgängen und affektiven Vorgängen ist künstlich. Das Auge wandert Antrieben gehorchend. Es gibt Willens- und Antriebsvorgänge, welche der Wahrnehmung als solcher zugehören: sie liegen an der Grenze der Persönlichkeit, sind sehr ähnlich in verschiedenen Individuen, aber sie verschmelzen ständig mit den tieferen Faktoren der Persönlichkeit, mit jenem emotionalen Leben, das weniger typisiert ist und die tieferen Strebungen der Persönlichkeit zum Ausdruck bringt. Der Anblick des menschlichen Körpers ist zunächst ein physiologisches Problem. Aber er erweckt auch unmittelbar sexuelle Neugierde. Diese Neugierde erstreckt sich nicht nur auf den fremden Körper, sondern besonders auch auf den eigenen. Wir wünschen nicht nur die eigene Neugierde zu befriedigen, sondern auch die der anderen. In den „Drei Abhandlungen zur Sexualtheorie" kommt Freud zu dem Schlusse, daß der Exhibitionist seinen Körper und seine Geschlechtsteile zeigt, um die andere Person zur Entblößung zu veranlassen. Er erwartet die Befriedigung seiner Neugierde als Entgelt. Ich glaube jedoch, daß der Wunsch gesehen zu werden ebenso ursprünglich ist, als der Wunsch zu sehen. Eine tiefe Gemeinsamkeit besteht zwischen dem eigenen Körperbild und dem

Körperbild der anderen. Wenn wir das eigene Körperbild konstruieren, probieren wir immer wieder aus, was dem eigenen Körper einverleibt werden könnte. Wir sind nicht weniger neugierig in bezug auf den eigenen Körper als in bezug auf den Körper der anderen. Wenn das Auge befriedigt ist, dann wünschen wir die Befriedigung des Tastens. In jede Öffnung des Körpers dringen wir mit den Fingern. Voyeurtum und Exhibitionismus haben die gleiche Wurzel. Das Körperbild ist ein soziales Phänomen. Aber menschliche Körper sind niemals in Ruhe. Sie sind immer in Bewegung. Die Bewegung des Körpers ist entweder Ausdruck oder Handlung, es ist der Körper einer Person mit Leidenschaften und Motiven. Sexuelle Neugierde ist nicht nur Neugierde in bezug auf die Sexualorgane und sexuelles Geschehen, sondern auch Neugierde in bezug auf die Sexualität einer Person. Es gibt keine Einfühlung im Lippsschen Sinne. Wir müssen nicht nachahmen und eigene Erlebnisse produzieren, um zu wissen, was in dem anderen vorgeht. Man hat eben immer wieder unser Wissen vom eigenen Körper überschätzt und das Wissen vom Körper der anderen unterschätzt.

Ich habe einen Journalisten beobachtet, der von frühester Jugend an ein besonderes Interesse für die Angelegenheiten anderer zeigte. Er war freiwilliger Detektiv in einem Mordfalle, als er zwanzig Jahre alt war. Er untersuchte später die Verbreitung der Homosexualität unter der Mannschaft der Kriegsflotte. Sein Sexualleben beschränkte sich auf den Verkehr mit Prostituierten. Anderen Sexualverkehr hält er für unsittlich. Er ist ein schwerer Trinker. Wenn er trinkt, plagt ihn sein Verlangen nicht. Er entwickelte eine Alkoholhalluzinose, in welcher die Illusion in den Vordergrund stand, daß die anderen Personen fähig seien seine Gedanken zu lesen und seine Gesten zu verstehen. Die Leute in seiner Umgebung rufen durch Gesten, verbotene Gedanken in ihm wach. Seine freien Assoziationen führen zu perversen Gedanken. Diese drückt er durch Mundbewegungen oder Handbewegungen aus, so daß sie jedem anderen kenntlich werden. Er versteht den Körper und die Bewegungen der anderen, und sie verstehen ihn, ihre Gesten und seine Gesten, ihre Gedanken und seine Gedanken sind in enger Verbindung.

Ausdrucksbewegungen sind demnach Mitteilungen an andere.

Die enge Verbindung zwischen dem eigenen Körper und dem Körper der anderen kommt zu klarem Ausdruck in den Untersuchungen von David Levy, die ich an eigenem Material bestätigen kann. Kinder zeigen sehr häufig ein besonderes Interesse an ihrem Körper. Besonders an jenen Teilen des Körpers, welche den ästhetischen und funktionellen Ansprüchen nicht voll genügen. Aber sehr häufig wird das Interesse am eigenen Körper durch Gespräche anderer und durch ihre Bemerkungen erweckt. Es ist von besonderer Bedeutung, was in der Familie gesprochen wird. Wenn aber das Interesse an einer Funktion oder Form des eigenen Körpers geweckt ist, werden auch die entsprechenden Teile und Funktionen anderer beachtet. Das individuelle und soziale Interesse am Körper laufen parallel zueinander.

Die Furcht vor dem Erröten ist sehr häufig als soziale Neurose bezeichnet worden (vgl. z. B. Fenichel). Es ist in der Tat bemerkenswert, wie sehr derartige Patienten den Verkehr mit anderen Menschen scheuen und wie sehr sie sich von den Mitmenschen isolieren.

Ich habe einen Patienten dieser Art eine lange Zeit hindurch analysiert. Schon in früher Jugend fühlte er sich unsicher. Er war groß im Verhältnis zu seinem Alter und fürchtete, daß andere Personen fragen würden, warum er mit kleineren Kindern spiele. Seine Schwierigkeiten vermehrten sich, als er mit dreizehn Jahren zu masturbieren begann. Er fühlte, daß die Masturbation sein Haar wachsen lasse und daß andere Leute das beobachteten. Er hatte große Angst, daß seine Erektionen bemerkt würden. Er leidet auch unter dem Zwangsimpuls, andere Leute zu erwürgen und vor allem seine Frau und sein Kind zu verletzen. Der Patient fürchtete von früher Jugend auf seinen Vater. Es war die Furcht und der Wunsch, von dem strengen Vater kastriert und als Weib gebraucht zu werden. Er hatte besondere Angst vor dem Blicke des Vaters. Der Vater war für ihn ein Beispiel ungewöhnlich kräftiger Männlichkeit. Die Analyse machte es wahrscheinlich, daß er damit besonders den großen Penis des Vaters meinte. Schon um das vierte Jahr herum hatte der Patient außerordentliche Angst, bei der Defäkation beobachtet zu werden. Die genitale Kastrationsdrohung durch den Vater hatte wahrscheinlich starke prägenitale anale und passive Züge verstärkt. Eine Masturbationsphantasie hat für uns in diesem Zusammenhang besondere Bedeutung. Er stellte sich vor, daß der Doktor die Temperatur einer Frau im Rektum mißt und an dem Thermometer rieche. Der Patient ahmte das in der Weise nach, daß er seine Finger mit Speichel benetzte und an ihnen roch. Später jedoch steckte er den Thermometer in seinen After, nahm seinen Penis zwischen seine Beine, betrachtete sich als Frau und stellte sich gleichzeitig vor, er liege neben einer Frau und stecke seinen Penis in ihren Geschlechtsteil. Er benützte in solchen Phantasien sehr häufig das Bild der Frau des Geschäftspartners seines Vaters. Lange Zeit, bevor eine Periode der Masturbation begann, hatte er gesehen, wie sein Bruder vom Arzte rektal gemessen wurde.

Die psychologische Situation während seiner analen Masturbation ist charakteristisch und kompliziert. Er ist zunächst er selbst. Er ist aber auch der Doktor. Er ist aber auch die Frau, in deren After der Arzt den Thermometer steckt. Er ist aber auch die Frau, die Geschlechtsverkehr hat, er ist aber auch die Person, die Geschlechtsverkehr mit der Frau hat.

Es kann kein besseres Beispiel gegeben werden für die Tatsache, daß im eigenen Körperbild die Körperbilder anderer enthalten sind. Aber diese müssen bereits dem Patienten gegeben sein, bevor er sie in das eigene Körperbild verschmelzen kann. Er lebt gleichzeitig in seinem Körper und außerhalb seines Körpers. Das eigene und das fremde Körperbild sind uns gleichzeitig gegeben. Das Körperbild ist nicht das Produkt einer Appersonierung der Körperbilder anderer, obgleich wir Teile derselben in unser Körperbild aufnehmen. Es ist auch nicht ein Produkt der Identifizierung, obgleich solche Identifizierungen unser eigenes Körperbild bereichern mögen. Wir gewinnen auch nicht unsere Kenntnis von den Körpern anderer durch die Projektionen unseres eigenen Körpers in die Außenwelt. Es ist keine Frage, daß eine beständige Wechselwirkung zwischen dem eigenen Körperbild und dem der anderen Personen vorgeht. Dieser Austausch ist entweder ein Austausch von Teilen oder es ist ein Austausch von Ganzen. Alle Körperbilder sind miteinander verbunden. Sie sind um so enger verbunden, je näher sie im Raume sind. Die räumliche Entfernung zwischen den Körpern ist ein fundamentaler Faktor in dem Austauschspiel der Körper. Die Berührung erleichtert es in besonderem Maße. Wenn zwei Körper sehr nahe zueinander kommen, nimmt die optische Überschaubarkeit der Szene ab, die Verschmelzung der Körperbilder geht leichter vonstatten, und eine Rekonstruktion des eigenen und fremden Körperbildes wird möglich. Außer der räumlichen Distanz muß das affektive Verhältnis der Personen zueinander berücksichtigt werden. Affekte bringen die Körper- bilder anderer näher zu uns heran. Die Sprache drückt das sehr klar aus, wir sagen „eine Person steht uns nahe". Die metaphorische Distanz zwischen Körperbildern verschiedener Personen ist keineswegs für alle Körperteile gleich. Körperteile, welche ein erotisches Interesse erwecken, sind näher zueinander als andere. Erogene Zonen der Körperbilder sind besonders nahe zueinander. Der Verkehr zwischen den Körperbildern geht besonders über die erogenen Zonen. Es ist vielleicht kein Zufall, daß das Wort „Verkehr" (intercourse) im Deutschen ebenso wie im Englischen auch geschlecht- lichen Verkehr meint. Im Sexualakt verschmelzen die Körperbilder sehr weitgehend. Und wenn wir einmal zu einer Psychologie des Sexualaktes kommen werden (wir sind derzeit recht weit davon entfernt), so wird sie das Verhältnis der Körperbilder während des Geschlechtsaktes zur Grund- lage haben müssen.

Die Masturbationsphantasie des obenerwähnten Patienten verbindet die Körperbilder über die anale Zone. Dies ist der Ausdruck der sexuellen Ein- stellung unseres Patienten. Aber in dieser Phantasie bilden die fünf Körper- bilder nicht ein ganzes, sondern eine Summe. Vielleicht liegt hier ein bedeutsames psychologisches Problem. Der Patient verschiebt das genitale Interesse von unten nach oben in das Gesicht: Haarwuchs, Erröten. Körper- bilder sollen nicht in Vereinzelung existieren. Wir wünschen die Verbindung unserer Körperbilder und wünschen sie besonders in bezug auf die Sexualität und ihren Ausdruck im Körperbild. Sogar die Masturbation kann sozial sein und ist es meistens. Das Über-Ich verlegt die soziale Sexualtätigkeit und das Gesicht gewinnt eine besondere Bedeutung. Im Gesicht kommen die sekundären Geschlechtscharaktere im Haarwuchs zum Ausdruck. Personen, die masturbieren, sind oft besorgt, daß jeder ihnen die Masturbation an den Augen ablesen könne. Der Wunsch nach Gemeinschaft wandelt sich so in Furcht. Das eigene und das fremde Auge werden zum Werkzeug des sozialen Verkehres. Nicht nur die Masturbation, sondern schon die Erektion ist ein soziales Phänomen und betrifft das Körperbild der anderen ebenso wie das eigene. Unser Patient ist eifrig bestrebt, seine Erektion zu verbergen (ein Phänomen, das bei Neurotikern sehr häufig ist). Das Erröten verlegt die Erektion ins Gesicht. Aber die Verlegung geht diesmal auch in der körperlichen Sphäre vor. Sein Gesicht wird nunmehr das Zentrum des Körperbildes. Es erweckt die Aufmerksamkeit der Mitmenschen und bringt die anderen näher zu ihm heran. Ursprünglich wollte er diese Aufmerksamkeit für Defäkation und Erektion. Wir kommen so nicht nur zu einer Psychologie des Errötens, sondern auch zu einer Psychologie der Ausdrucksbewegungen. Das Gesicht gewinnt seine besondere Bedeutung, weil es nicht nur ausdrucksfähig ist, sondern auch von allen gesehen wird. Der Mund wird auch von diesem Gesichtspunkte aus ein Hauptorgan der sozialen Beziehung. Das Erröten unseres Patienten sagt: schaue auf meine Erektion und Defäkation, sei erregt mit mir und komm näher zu mir. Der Patient steht so in innigeren Beziehungen zu anderen Menschen. Das Erröten vermindert die soziale Distanz; diese unerlaubte Befriedigung wird vom Über-Ich nicht geduldet, und er beginnt andere Personen zu meiden. Der Patient hat das Ideal möglich viele Freunde zu haben.

Dieser Patient legt ein besonderes Gewicht auf seine Kleidung. Er hat den Wunsch im Zentrum der Aufmerksamkeit zu sein, er möchte Schauspieler und öffentlicher Redner werden. Der Schauspieler ist der Mittelpunkt emotionalen Interesses, die Menge zieht sein Körperbild zu sich, gleichwohl ist er durch eine unsichtbare Mauer von ihnen geschieden. Wir können den Schauspieler und den Patienten als narzißtisch bezeichnen, aber beide sind in sehr engen Beziehungen zu den anderen Menschen, nur daß deren Individualität keine Rolle mehr spielt. Sie sind lediglich Menschen —Körperbilder. Alle bewundern oder bedrohen, der Patient errötet vor jedem.

Wir kommen zu folgenden allgemeinen Formulierungen:

Körperbilder sind niemals isoliert, sie sind immer von den Körperbildern der anderen umgeben. Die Beziehung der Körperbilder ist bestimmt durch die körperliche Nähe und Ferne und durch die affektiven Beziehungen. Die Körperbilder sind näher zueinander in den erogenen Zonen. Die Bewegung innerhalb der erogenen Zonen im Individuum spiegelt sich auch in den sozialen Beziehungen zu anderen. Veränderungen im Körperbild sind immer soziale Phänomene und verändern auch die Körperbilder anderer. Das eigene Körperbild und das Körperbild der anderen sind einander gleichwertig, und das eine kann nicht aus dem anderen erklärt werden. Ein ständiger Austausch zwischen Teilen des eigenen Körperbildes und denen der anderen findet statt. Aber auch das Gesamtkörperbild anderer kann aufgenommen werden, und der eigene Körper kann als Ganzes projiziert werden. Man sollte in der Lehre von der Identifizierung mehr als bisher beachten, daß Identifizierungen zwischen Körpern stattfinden oder besser zwischen Personen, zu deren Wesen auch der Körper gehört. Die Körperbilder der anderen und deren Teile können mit dem eigenen Körperbild eine innere Einheit bilden, oder sie können zum eigenen Körperbild lediglich hinzugefügt und addiert werden. Das Körperbild ist nicht ruhend. Es ändert sich entsprechend der Lebenssituation. Es ist eine schöpferische Konstruktion. Es wird aufgebaut, aufgelöst und wiederum aufgebaut. In diesem ständigen Prozeß von Konstruktion, Rekonstruktion und Auflösung sind die Vorgänge der Identifizierung, Appersonierung und Projektion von besonderer Bedeutung.

Diese Prozesse, welche zwischen den Individuen stattfinden, scheinen sie einander ähnlich zu machen, ja, sie scheinen sogar teilweise gleich zu sein, aber sind gleichwohl Vorgänge zwischen Individuen. Sie verbleiben Individualitäten und Persönlichkeiten. Wenn ein Individuum sein Körperbild sozialisiert hat, so bleibt es gleichwohl sein Körperbild. Es gibt kein Körperbild der Gemeinschaft und des Wir. Sozialpsychologie ist auch in dieser Hinsicht die Psychologie von Individuen unter den Bedingungen des Lebens in der Gemeinschaft. Das soziale Leben ruft die Tendenz zur Identifizierung mit der anderen Person hervor. Nachahmung gehört in diesen Kreis psychologischer Phänomene. Aber das Gemeinschaftsleben ruht nicht nur auf Identifizierungen, sondern auch auf Handlungen, welche die andere Person als Person mit eigenem Körper zur Voraussetzung nehmen. Es bestehen zwei einander widerstreitende Tendenzen. Die eine nimmt den Nebenmenschen durch Identifizierung und verwandte Prozesse ins eigene Ich auf, die andere, nicht weniger stark und ursprünglich, setzt und akzeptiert den anderen als eine unabhängige Einheit. Diese soziale Antinomie hat die größte Tragweite. Auch die Schönheit gehört in den Bereich der sozialen Phänomene, welche auf dem Körperbild basiert sind. Der menschliche

Körper, das Körperbild ist der Hauptgegenstand der bildenden Kunst. Der schöne Körper erweckt sexuelle Begierden ohne sie zu befriedigen. Aber die Schönheit ist Gemeingut aller. Aufschub der Handlung gehört so zum Wesen der Schönheit. Man versteht, daß das klassizistische Ideal den Ausdruck starker Affekte und heftige Bewegungen ablehnt. Wenn wir die Schönheit als solche bewundernd anerkennen, verzichten wir auf den eigenen Anspruch im Interesse der Gemeinschaft. Aber Schönheit ist ursprünglich Schönheit der Person, die sich im Körperbilde widerspiegelt.

Auch die Ethik hat ihre Basis nicht allein in der Schätzung des Eigenwertes der anderen Person, sondern auch in der Anerkennung des Körperbildes und der Körpereinheit der anderen. Auch die Gesetze der Ethik beruhen auf den Beziehungen der Körper und Körperbilder zueinander, auf der Tendenz zur Identifizierung und Projektion. Es ist auch eine innere Notwendigkeit für den Einzelmenschen, daß der Nebenmensch existiert, und darüber hinaus, daß er befriedigt ist, eine Einheit bildet und in vollem Genusse seines einheitlichen Körperbildes ist. Wir haben den inneren Drang unser eigenes Körperbild aufzubauen und zu zerstören, und wir haben dieselbe Tendenz in bezug auf das Körperbild der anderen. Konstruktion und Destruktion des Körperbildes sind Grundvorgänge im sozialen Leben. Wir leben in einer Gemeinschaft, in welcher andere Persönlichkeiten und andere Körper die gleiche fundamentale Bedeutung haben wie wir selbst. Ich und Du setzen einander gegenseitig voraus, Ich und Du sind Personen, und die Person hat einen Körper und ein Körperbild.[1]

---

1) Literatur und eingehendere Diskussion in einem demnächst erscheinenden Buch über das Körperbild.

Psychoanalyse und Sozioanalyse[1]

Von
Harold D. Lasswell
Chicago

Der Blick dessen, der soziale Beziehungen analysieren will, muß in ständigem Wechsel bald auf die Geschichte der Vergangenheit und bald auf das Zukünftige gerichtet sein, das bestimmt ist, Geschichte zu werden. Seine Aufgabe ist es, das Wesen sozialer Strukturen im Bereich der Zukunft ebenso zu erfassen wie im Bereich der Vergangenheit, da ja Zukunft und Vergangenheit nur Aspekte ein und derselben umfassenden, übergreifenden Einheit sind. Denn wäre die Zukunft nicht ihrem Wesen nach eine Neuauflage der Vergangenheit und dadurch eine Manifestation eines kosmischen Wiederholungszwanges, könnte ein kritischer Denker wohl niemals seine Aufgabe lösen, sich mit Hilfe von Ablaufmodellen, die er aus der Vergangenheit gewonnen hat, in der Zukunft zu orientieren. Möglicherweise wird eine Durchmusterung der Vergangenheit nach Beispielen nichtregelhafter Abläufe den Schlüssel zum Verständnis antithetischer Strukturen liefern, deren Entstehung man, als der wahrscheinlichsten, im Lauf der Zeit erwarten durfte; aber es ist völlig unzulässig, mit Marx anzunehmen, daß historische Beispiele einer Veränderung durch „sprunghafte Entwicklung" es erlauben, einen zwingenden Schluß auf ein Veränderungsgesetz in der zukünftigen Entwicklung zu ziehen. Es gibt kein bekanntes Entwicklungsprinzip, das unfehlbar zu einer gesunden, geschichtlich-vorhersagenden Analyse einer Gesamtkonfiguration führt; wer solche Analysen macht, muß lernen, Unsicherheit zu ertragen.

Freuds Bedeutung liegt nicht in dem Versuch, solche Prinzipien zu generalisieren, sondern in der Entdeckung intensiver Beobachtungsmethoden als Ergänzung der extensiven, wie sie in der Sozioanalyse bereits angewendet wurden; die extensive Methode ermöglicht es, Aspekte einer Gesamtkonfiguration zu gewinnen, indem Daten über Personen und Situationen gesammelt und geordnet werden, die mehr aus einem gelegentlichen als aus einem intimen Kontakt mit diesen Personen gewonnen sind. Typische Fragen, an die man mit extensiven Beobachtungsmethoden herangehen kann, sind: Welche Beziehung besteht (in gewissen Zeitperioden) zwischen der Struktur der Preisbildung und der Umlaufsgeschwindigkeit der Kaufkraft-

---

1) Übersetzt von Dr. Marie Jahoda, Wien.

einheiten? Welche Beziehung besteht zwischen Veränderungen im Stande der Werktätigen und Delikten gegen Person und Eigentum? Wie groß ist die für die industrielle Rentabilität opimale Betriebseinheit? Welche Beziehung besteht zwischen der Stellung in der Einkommenspyramide und der Häufigkeit von Verletzungen im Krieg?

Die intensive Methode ermöglicht es, die Details einer Gesamtkonfiguration zu gewinnen, indem Daten gesammelt und geordnet werden, die aus intimem und nicht aus gelegentlichem Kontakt mit Personen stammen. Das sich über lange Zeit erstreckende psychoanalytische „Interview" ist die intensive Methode κατ' ἐξοχην. Das gesammelte Material wird nach den Gesichtspunkten der genetischen Entwicklung des Individuums interpretiert; gewisse frühere Verhaltensweisen werden mit späteren in Verbindung gebracht. Typische Fragen, an die man mit intensiven Beobachtungsmethoden herangehen kann, sind: Zeigen junge Männer, die sich großen Gefahren aussetzen, Reaktionsbildungen auf passive homosexuelle Triebe (um die Annahme zu vervollständigen, müßte man hinzufügen: eher als Männer, die nicht waghalsig sind oder als solche, die gerade so viel wagen, wie man ihrer Kulturstufe entsprechend erwarten darf)? Zeigen Menschen, die dazu neigen, antisoziale Handlungen oder Impulse frei zu bekennen, Schuldgefühle, wie sie aus starken Über-Ich-Bildungen kommen (eher als Menschen, die solches nicht oder mit der Häufigkeit und der Lebhaftigkeit eingestehen, die ihrem kulturellen Status entsprechen)?

Jede Berichtsperson muß in Beziehung auf die kulturellen Formen, die für sie typisch oder atypisch sind, betrachtet werden. Wenn der psychoanalytische Untersucher nicht mit den Kulturformen vertraut ist, in denen sich das Individuum·entwickelt hat, kann er der Bedeutung einer Betonung, der Wortwahl oder einer berichteten Handlung nicht gewiß sein. Es ist unbedingt notwendig, mit der psychoanalytischen Methode systematisch in allen Kulturen Beobachtungen anzustellen, um zu vermeiden, daß man die einer Kultur eigentümliche Form als individuelle Prägung mißverstehe. Man darf die Voraussage wagen, daß wir an der Schwelle einer außerordentlichen Ausdehnung der Anwendung psychoanalytischer Methoden als Mittel systematischer Vergleiche der Kulturformen stehen. Wie Róheim nachwies, sind Kulturformen zu finden, die die uneingeschränkte Anwendung der Methoden unratsam, ja unmöglich erscheinen lassen, doch sind dies zweifellos Ausnahmsfälle. Im selben Maße, wie ausübende Psychoanalytiker sich der Bedeutung ihrer Beobachtungen für die Analyse der Kultur bewußt werden, werden sie, wie sich voraussagen läßt, mehr Material über die sozialen

Beziehungen ihrer Patienten in ihre Krankengeschichten und ihre Aufzeich-
nungen aufnehmen.

Da es alle nur ausdenkbaren Nuancen zwischen den psychoanalytischen
„Interviews" und dem bloß zufälligen Kontakt zwischen Interviewer und
Interviewten gibt, ist es notwendig, die Resultate, die auf so verschiedene
Weise gewonnen werden, zu vergleichen. Man hat in den Vereinigten
Staaten der Sammlung von lebensgeschichtlichem Material von Einwanderern,
Verwahrlosten, Verbrechern und gewissen anderen sozialen Gruppen sehr
viel Aufmerksamkeit geschenkt. William I. Thomas, Florian Znaniecki,
William Healy und der Ethnologe Paul Radin waren unter den ersten,
die (unter garantierter Diskretion) systematisch Autobiographien gesammelt
haben. Das sociology departement an der Universität Chicago hat die von
William I. Thomas gegebene Initiative aufgenommen und wendet diese
extensive Methode jetzt dauernd an. Immer mehr Gewicht wurde auf die
Bedeutung des Interviews gelegt, als des spezifischen Verfahrens, das dem
soziologischen Beobachter eine günstige Gelegenheit zur Beobachtung menschlicher Beziehungen bietet. Ein Physiker lernt viel technische Verfahren, um
seine Instrumente so auf die physikalische Welt zu richten, daß er beobachten kann, was vorgeht; ein Sozialwissenschaftler muß die Techniken des
Interviews lernen, damit er sich in eine solche Beziehung zum sozialen
Geschehen setzen kann, daß er entdecken kann, was sich zuträgt. Ebenso
wie der Physiker seine Instrumente eicht, um einen Vergleich der Resultate
gröberer und feinerer Beobachtung zu sichern, muß der Sozialwissenschaftler
soweit als möglich seine Interview-Verfahren objektivieren, um die Ergebnisse lang andauernder und kurz abgebrochener Interviews miteinander zu
vergleichen.

Aus den eben angeführten Gründen gibt es in den Vereinigten Staaten
eine ständig wachsende Zahl von Untersuchungen über das Interview, wie
es von Fürsorgern, Wirtschaftspsychologen und Soziologen angewendet wird.[1]
Es mag sein, daß man eine gewisse konstante Beziehung entdeckt zwischen
dem, was man autobiographischen Dokumenten verschiedener Art entnehmen
kann, und den Erfahrungen über Persönlichkeitsbildungen, die man der
Psychoanalyse verdankt. Wenn solche Entdeckungen gemacht werden sollten,
so würde das die Analyse von Kulturen ungemein fördern, da kurze lebens-
geschichtliche Protokolle in (im Vergleich mit psychoanalytischen Studien)

---

1) W. V. Bingham and V. B. Moore: How to Interview. New York and
London 1931.

kurzer Zeit gesammelt werden können,[1] Es ist wohl überflüssig zu betonen,
daß extensive Untersuchungen über die diversen Ergebnisse von verschiedenen
Typen des lang andauernden Interviews gemacht werden müßten.

Die intensive Methode der Psychoanalyse hat die Verwendung wenig
intensiver oder extensiver Recherchiermethoden entschieden angeregt. Es war
vielleicht das wichtigste unmittelbare Resultat der Psychoanalyse, daß die
Wirkung kultureller Faktoren auf die Persönlichkeitsbildung, die man früher
vernachlässigt hatte, mit in Betracht gezogen wurde. Keine psychoanalytische
Kasuistik könnte es unterlassen, Fragen über die Wirkung der Kultur auf
die Persönlichkeit aufzuwerfen. Ein paar typische Fragen: Sind für primitive
Gesellschaften, in denen die Mutter das Kind drei Jahre lang stillt, Züge
oraler Überbefriedigung typisch? Weisen somatische Konversionssymptome
in Gesellschaften, in denen die Bewertung der Körperorgane von der unserer
westeuropäischen Kultur verschieden sind, die entsprechenden Unterschiede in
der Lokalisation auf? Sind in Gesellschaften, die der infantilen Sexualität
strenge Beschränkungen auferlegen, Neurosen, Perversionen und Charakter-
mißbildungen sehr häufig? Haben mutterrechtliche Kulturen andere Kom-
plexbildungen als vaterrechtliche?

Solche Fragen enthüllen, wenn sie exakt formuliert werden, den fragmen-
tarischen Charakter alles dessen, was wir heute über unsere und über primitive Gesellschaften wissen. So enthalten z. B. unsere heutigen vergleichenden
Kulturlexika sogar zur Frage der Kinderaufzucht in der Welt noch ganz un-
zureichendes Material. Das Ergebnis war der große Aufschwung ethnologi-
scher Untersuchungen wie etwa die von Bronislaw Malinowski und
Margaret Mead.

Die fruchtbare dialektische Beziehung zwischen intensiven und extensiven
Beobachtungsmethoden mag ferner durch einen kurzen Hinweis auf die Bedeutung der Psychoanalyse für eine allgemeine Theorie sozialen Geschehens
beleuchtet werden. Die Psychoanalyse hat unser Wissen von den dialektischen Beziehungen unter den Symbolen sehr erweitert. Veränderungen der
ökonomischen Situation modifizieren die Arbeitsteilung, verschieben bei
vielen Menschen den Brennpunkt der Aufmerksamkeit und beschleunigen
so Veränderungen in ihrer Ichfunktion, die ihrerseits wiederum die ökonomi-

---

1) Ich habe zu experimentellen Zwecken einige Personen, die vorher autobio-
graphisches Material für Soziologen zur Verfügung gestellt hatten, längere Zeit hindurch analytisch beobachtet. Meine Ideen zur „Objektivierung" des psychoanalytischen
Interviews sind in Kapitel XI meines Buches „Psychopathology and Politics", Chicago,
1930, niedergelegt.

schen Beziehungen des Über-Ichs und des Es bestimmen. Da die Komplexität dieser Zwischenbeziehungen von Marx nicht völlig erfaßt wurde, wurden die Zeiträume, die für ein mögliches Auftreten des Sozialismus in Frage kommen könnten, immer gewaltig unterschätzt. Die Psychoanalyse liefert hauptsächlich Beiträge zum dialektischen Umschlag von Symbol zu Symbol und ergänzt damit die dialektischen Verfahrungsweisen, die bisher nur die Material-Material-, Material-Symbol- und Symbol-Material-Umschlagsrelationen umschlossen.[1]

Heute ist es dank der Entdeckungen der Psychoanalyse möglich, eine umfassendere Theorie sozialer Veränderungen aufzustellen. Die dreifache Struktur der Persönlichkeit zeigt einen Weg, die Bedeutung der Kultursymbole und Verhaltungsweisen zu verstehen. Ihre Bedeutung beruht auf ihrer Kraft, sich so unmittelbar an die Personen zu wenden *(appeal value)*, die ihnen durch einige Zeit ausgesetzt sind. Diejenigen sozialen Strukturen, die sich hauptsächlich an das Ich der meisten Menschen in einer bestimmten Situation wenden, können zweckbezogen genannt werden. Diejenigen, die sich vor allem an das Über-Ich wenden, haben es mit dem Sittlichen zu tun, während jene Gebilde, die hauptsächlich an das Es appellieren, gegen die Sittlichkeit verstoßen. Diese statischen Charakterisierungen enthüllen auch gewisse dynamische Möglichkeiten. Veränderungen in der materiellen Umgebung, die den Brennpunkt der Aufmerksamkeit verlegen und das ökonomische Verhältnis von Ich, Über-Ich und Es neu bestimmen, eröffnen Wiederherstellungsmöglichkeiten von folgendem Typus: Verlängerte Duldsamkeit des Über-Ichs bahnt den Weg zur Befriedigung des Es. Verlängerte Nachgiebigkeit des Es bahnt den Weg zum Triumph des Über-Ichs. Man muß die eben skizzierte intersubjektive Dialektik im Auge behalten, wenn man die Konsequenzen einer Veränderung in den materiellen Umweltbedingungen schildern will.[2]

Ich möchte als eine der weitestreichenden Spekulationen über die Bedeutung der Psychoanalyse auf die Möglichkeit hinweisen, daß sie dieselbe dialektische Antithese enthält wie die abendländische Zivilisation selbst: die Verwirklichung der Phantasie in der Außenwelt *(externalisation of phantasy)*. Unsere Zivilisation ist allmählich dazu gelangt, der Organisation äußerer Lebens-

---

1) Solche Einsichten sollten nicht für Propagandazwecke verwertet werden, obwohl das, wie Wilhelm Reich gezeigt hat, durchführbar ist.

2) Vgl. H. D. Lasswell: The Triple-Appeal Principle: A contribution of Psychoanalysis to Political and Social Science. Am. Journ. of Soc. XXXVII, 1932. Weitere Überlegungen sind vorgetragen in meinem im Erscheinen begriffenen Buche: The Future of War and Insecurity: A Socio- and Psychoanalysis of World Politics.

umstände Bedeutung zuzumessen. So werden also „Phantasien" hoch gewertet, die die Aufdeckung der Naturgesetze begünstigen und so der Organisation der materiellen Umgebung dienen. Nun ist die psychoanalytische Methode das Muster einer Begriffsbildung, welche Regeln in der Natur vorzüglich unterscheiden lehrt, denn sie begünstigt niemals vorgefaßte Meinungen, sondern charakterisiert tatsächlich bestehende Beziehungen. Sie vernachlässigt nicht die Außenwelt, aber sie prüft die Beziehungen zwischen den Symbolen der Innen- und Außenwelt. Hat sich die wissenschaftliche Analyse zuvor damit begnügt, die Außenwelt mit Hilfe ihrer Denkschemata zu bewältigen, so wurde durch die Psychoanalyse versucht, das analytische Verfahren intensiv auch auf die Innenwelt anzuwenden. Die Betonung der Beziehung eines gegebenen inneren Symbols zu einem Platz in der Symbolreihe Adoleszenz, Kindheit, frühe Kindheit und pränatale Existenz mag zu einer niedrigeren Einschätzung der äußeren Vorgänge führen und zur Erzeugung der dialektischen Antithese zu der Verwirklichung der „Phantasien" in der Außenwelt; dies würde dann eine neue Verinnerlichung der Phantasie bedeuten, die nun rückläufig bewirken würde, die Sicht auf die Symbolreihe, in der jedes einzelne Symbol seinen Platz hat, zu vertiefen.

Vor mehreren Jahren hat Franz Alexander sehr überzeugende Parallelen zwischen Freud und Buddha gezogen.[1] Doch übersah er die in der Psychoanalyse gelegenen Keime für eine Umgestaltung des Erlebens in die Richtung größerer Passivität (Autoplastik), wenn er sagt, daß die tiefen Unterschiede zwischen Freud und Buddha auf die unüberbrückbaren Gegensätze zwischen indischer und europäischer Kultur zurückzuführen seien. Vielleicht sind diese Gegensätze gar nicht so unüberbrückbar, wie es fürs erste aussieht. Die Anwendung analytischer Methoden auf die innere Welt der Symbole ist unserer Kultur recht neu; darum waren die ersten Psychoanalytiker gezwungen, Kompromisse zu schließen mit ihrer eigenen früheren kulturellen Bedingtheit, indem sie am Ziel der nach außen gerichteten Aktivität festhielten. Es gibt keinen logischen Grund für die Wahl des Zeitpunktes, wann mit der Analyse aufzuhören und mit der Handlung zu beginnen ist, und der einzige „psychologische" Moment dafür ist durch persönliche und kulturelle Faktoren gegeben, die variabel sind.

Die Verinnerlichung der Vorstellungs(Phantasie)welt würde in dem Ichdenker, wie ihn Bernard Shaw in „Zurück zu Methusalem" schildert, nicht

---

1) F. Alexander: Der biologische Sinn psychologischer Vorgänge. (Buddhas Versenkungslehre.) Imago IX, 1923.

stattfinden; dem psychoanalytisch geschulten Denker stehen Methoden zu Gebote, um dauernd Vorgänge in den Brennpunkt der Aufmerksamkeit zu rücken, die durch die gewöhnlichen, geordneten und logischen Gedankenprozesse ausgeschlossen sind.

Der Ichdenker kann das Joch des logischen Gedankens dadurch ertragen, daß er beides sucht: relevante Details für seine logischen Operationen und Urlaub von der Logik mit Hilfe von temporären Regressionsprozessen, wie sie durch den freien Einfall angeregt werden. Von diesem Standpunkt aus mag die Psychoanalyse die Technik der partiellen Regression ergänzt haben, die zum Zwecke der Lockerung und der Zunichtemachung jenes Joches ausgedehnt werden kann, dem Freud in seinem „Unbehagen in der Kultur" so große Bedeutung beimißt.

Zusammenfassend kann man sagen, daß die Psychoanalyse eine intensive Methode als Ergänzung zu den extensiven, die der Sozioanalyse zur Verfügung standen, beigetragen hat. Die intensive Methode hat andere Verfahren produktiver gestaltet, besonders durch die Enthüllung der Komplexität der intersymbolischen Dialektik. Die Anwendung des analytischen Verfahrens auf die Symbole und zwar mit besonderem Nachdruck auf das subjektive Geschehen statt auf das in der Außenwelt, mag den dialektischen Gegensatz zur Verwirklichung der Phantasie in der Außenwelt erzeugen, die unsere westeuropäische Zivilisation seit Jahrhunderten charakterisiert hat.

Ein geisteskranker Bildhauer

(Die Charakterköpfe des Franz Xaver Messerschmidt)[1]

Von

Ernst Kris

Wien

I

Meine Damen und Herren!

· Ich weiß mich einig mit Ihnen in der Skepsis gegen die herkömmlichen Versuche, die psychoanalytische Psychologie auf die Geisteswissenschaften, oder genauer, auf Probleme anzuwenden, die sonst nach geisteswissenschaftlichen oder kulturhistorischen Methoden untersucht werden; einig mit Ihnen aber auch in der affektiven Sphäre: Ich kenne aus Erfahrung die Unlust des Zuhörers, dem bei solchen Untersuchungen weite und ermüdende Umwege zugemutet werden, und da sich zu dieser Unlust, die ich in der Identifizierung mit Ihnen erlebe, noch die gesellt, die ich als Vortragender empfinde, kann ich weder versuchen, mein Thema noch meine Fragestellung zu empfehlen oder zu entschuldigen. Dagegen scheint es mir erlaubt, die Berechtigung unserer gemeinsamen Stellungnahme, unserer Skepsis also und unserer Unlust, durch eine kurze Überlegung nachzuweisen, die die grundsätzlichen Schwierigkeiten der Anwendung psychoanalytischer Psychologie auf das Arbeitsgebiet der Geisteswissenschaften prüfen soll.

Als vor bald drei Jahrzehnten, in den Anfängen und im Heldenzeitalter der Psychoanalyse, Freud und der kleine Kreis seiner Schüler die ersten Versuche unternahmen, psychoanalytische Grundsätze „anzuwenden", standen sie vor zweierlei Aufgaben; die eine von ihnen hat seit einiger Zeit schon an Bedeutung verloren. Denn damals, als der Psychoanalyse ein bescheidenes klinisches Erfahrungsmaterial zu Gebote stand, mußte jeder Weg willkommen sein, auf dem die Geltung der neuen Befunde erhärtet und gesichert werden konnte: sie waren am Seelenleben des Kranken gewonnen, an primärem Material; daß sie sich zwanglos auf die Aussagen, die die menschliche Geschichte in Dichtung, Sage und Mythos bot, also auf Aussagen eines sekundären Materials, übertragen ließen, war bedeutsam genug. Seit es aber nicht mehr unsere Aufgabe sein kann, die zu überzeugen, die an den

---

1) Vorgetragen in der Wiener Psychoanalytischen Vereinigung am 24. November 1932.

Befunden der Psychoanalyse zweifeln, ist die Rolle dieser Arbeiten eine bescheidenere geworden. Es kommt hinzu, daß an diesem sekundären Material besser die ersten und allgemeineren Befunde der Psychoanalyse überprüft werden konnten als die subtileren, in weitere Tiefe führenden, die seit etwa anderthalb Jahrzehnten die Entwicklung der psychoanalytischen Klinik bestimmen.

Auch die zweite Aufgabe war von vornherein gestellt. Die Psychoanalyse sollte da eingreifen, wo andere Forschungsmethoden versagt haben. Sie sollte — eine Reservetruppe — in die Bresche eingesetzt werden, wo die Wissenschaft bereit war, eine Schlacht verlorenzugeben; sollte Lücken schließen, die zwischen den schon gesicherten Forschungsergebnissen etwa noch klafften. Das ist mehrfach geschehen und mag auch in der Zukunft seine Bedeutung behalten. Doch erschöpft diese Aufgabe sicherlich nicht die Rolle, die die psychoanalytische Psychologie in ihrer gegenwärtigen Gestalt und in ihrer künftigen Entwicklung in der Erforschung kulturwissenschaftlichen Materials zu spielen berufen ist.

Lassen Sie mich, was ich meine, an einem Beispiel verdeutlichen: Nehmen Sie an, ein psychoanalytisch geschulter Psychiater käme in die Lage, eine psychiatrische Krankengeschichte zu bearbeiten, die etwa vor längerer Zeit und von einem Arzt aufgezeichnet worden sei, der mit der Methode und dem Ziel der Tiefenpsychologie in keiner Weise vertraut war. Er wird sich dieses Auftrages mit allen Kräften zu erwehren suchen, ihn als unlösbar hinstellen oder zu einer sehr wenig befriedigenden Lösung gelangen. Denn jener andere, ältere ärztliche Beobachter mag mancherlei Wertvolles berichtet haben; es steht doch zu befürchten, daß er als Nebenbefund unterdrückt hat, was dem Psychoanalytiker als wesentliches Merkmal über bedeutsame Zusammenhänge hätte die Augen öffnen können. So oder ungefähr so steht es vielfach auch mit den uns vorliegenden Forschungsergebnissen der Kulturwissenschaft. Der Versuch, sie durch psychoanalytische Einsichten näher zu erläutern, setzt es in der Regel voraus, daß mindestens ein Teil der Forschungsarbeit selbst von neuem geleistet werde, gleichviel, für wie wichtig oder unwichtig man den Beitrag hält, den die Psychoanalyse hier überhaupt zu leisten imstande ist.

Die Bedeutung dieses Beitrages und damit ein Stück weit auch die Richtigkeit der hier vertretenen Auffassung kann durch eine andere, gleichfalls durchaus geläufige Überlegung beleuchtet werden.

Was die Psychoanalyse heute zu bieten imstande ist, eine Psychologie der zentralen seelischen Vorgänge, hat es vor dem zwanzigsten Jahrhundert inner-

halb der Wissenschaft nicht gegeben. Sie hat das Erbe der Populär-
psychologie angetreten, deren Geschichte noch ungeschrieben ist und die
man als die Summe der jeweils herrschenden Ansicht über Art und Natur
des menschlichen Seelenlebens überhaupt aus den mannigfachsten Zeitäuße-
rungen erst rekonstruieren müßte.

Eine Verschiebung hat stattgefunden: etwas, was früher in außerwissen-
schäftlicher Sphäre lag, ist in die wissenschaftliche eingetreten. Macht man
sich mit diesem Gedanken erst vertraut, so merkt man bald, daß solche Verschiebungen sich im Laufe der geschichtlichen Entwicklung auf vielen Gebieten — wir möchten vergleichsweise sagen, als historische Mechanismen —
immer wieder abgespielt und den Aufschwung und die Bedeutung des einen,
Niedergang und Verarmung eines anderen Zweiges menschlicher Einsicht
oder Betätigung zur Folge gehabt haben können.

Darum also, weil eine wissenschaftliche Psychologie der zentralen seelischen Vorgänge des menschlichen Lebens grundsätzlich neu ist, meine ich,
daß sie in dem Material der kulturwissenschaftlichen Forschung nicht sowohl
Ergänzungen bringen und Ergebnisse sichern als auf neue Fragestellungen
hinführen wird, auf Fragestellungen, die erst jetzt, da sie sinnvoll geworden
sind, auch faßbar werden. Das ließe sich sehr viel ausführlicher darstellen,
besser begründen und mit mancherlei Beispielen belegen. Hier aber durfte
es vorgebracht werden als Selbstbericht des Vortragenden über seine Arbeit.
Denn die Problemstellung der Studie, die ich hier vorbringen möchte, hat
sich mir erst im Laufe der Zeit ergeben. Ursprünglich hatte ich die Absicht, mit den psychoanalytischen Einsichten „in die Bresche zu treten",
„eine Lücke zu füllen", und war dabei genötigt, in die Einzelheiten der
historischen Forschungsarbeiten selbst einzutreten, die ich nach allem für
geleistet hatte ansehen können, um erst den Boden für die psychologische
Fragestellung zu bereiten. Diese recht umfängliche Untersuchung ist eben
im Druck erschienen;[1] sie gibt alle Vorarbeit und ein Stück der psychologischen Deutung selbst.

---

1) Unter dem Titel „Die Charakterköpfe des Franz Xaver Messerschmidt, Versuch
einer historischen und psychologischen Deutung" in Jahrb. d. kunsthistor. Samml. in
Wien, N. F., Bd. VI, Wien 1932, Verlag Anton Schroll; auch als Sonderdruck. Der
Hinweis auf diese Veröffentlichung enthebt mich der Pflicht, das vielfältige Quellen-
material an dieser Stelle nochmals zu nennen. — Auch für die künstlerische Tätigkeit
Messerschmidts darf ich auf diese Veröffentlichung verweisen, in der die Hauptwerke
des Meisters und beinahe alle der bei seinem Tode erhaltenen Charakterköpfe abge-
bildet sind. Diese Abbildungen — von denen dank dem freundlichen Entgegenkommen
des Verlages Anton Schroll eine Auswahl hat übernommen werden können — sind

Heute glaube ich mich darauf beschränken zu dürfen, Sie vor fertige Probleme zu führen und deren Lösung selbst ein Stück weit zu vertiefen. Da diese Probleme enger mit der psychoanalytischen Klinik zusammenhängen als sich auf den ersten Blick erwarten läßt, ist es der Hauptzweck dieses Vortrages, mir von den Klinikern unter Ihnen Belehrung zu erbitten.

*

Es soll sich darum handeln, einige Werke eines Künstlers zu erläutern, der in der Kunstgeschichte seiner Zeit an erster Stelle steht und als Hofbildhauer der Kaiserin Maria Theresia bekannt ist. Seine Arbeiten werden in Museen aufbewahrt — im Wiener Barockmuseum im Unteren Belvedere ist seinem Schaffen ein sehenswerter Saal gewidmet — und man darf ihn den bedeutendsten deutschen Plastiker seiner Zeit heißen. Daß in diesem Wien, in dem er die wichtigsten seiner Jugendjahre verbrachte, eine Straße nach ihm benannt ist, sei als äußeres Zeichen seines seit seinem Tode fortdauernden Ruhmes erwähnt.

Was ich aus der Biographie dieses Mannes, des Franz Xaver Messerschmidt, vorzutragen beabsichtige, ist weniger als sonst in jeder ausführlicheren Lebensbeschreibung nachgelesen werden könnte. Ich befinde mich damit im Gegensatz zu der Verpflichtung, die die psychoanalytische Methode sonst dem Patho- oder sagen wir Psychographen auferlegt. Aber ich habe Grund, den meisten Angaben, die über den Meister und sein Leben verbreitet sind, zu mißtrauen. Die Gründe dieses Mißtrauens gehören durchaus in den Gang dieser Darstellung und sollen knapp vor ihrem Ende noch gestreift werden.

II

Franz Xaver Messerschmidt ist im Jahre 1736 in Wiesensteig in Schwaben als Sohn einer vielköpfigen Familie geboren worden, die, wenn wir kärglichen Nachrichten vertrauen, in ärmlichen Verhältnissen lebte. Frühe Neigung, aber auch glückliche Familienbeziehungen konnten schon den Knaben seinem Lebensberuf zuführen. Die Brüder der Mutter waren Bildhauer, der eine, Johann Baptist Straub, ein führender Vertreter des Münchner Barock, Messerschmidts erster Lehrer. Von München soll Messer-

nicht nach den Originalen der Charakterköpfe, sondern nach Gipsabgüssen angefertigt, die sich im Besitze des Bundesmobiliendepots in Wien und im Besitze Sr. Durchlaucht des regierenden Fürsten von Liechtenstein auf Schloß Feldsberg befinden.

schmidt nach seiner Lehrzeit, deren Dauer wir nicht kennen, nach Graz zu seinem anderen Oheim, dem Bildhauer Philipp Jakob Straub, gezogen sein; 1752, sechzehn Jahre alt, kommt er nach Wien an die Akademie. Hier hat er, anfangs, wie es scheint, unter großen Schwierigkeiten, seinen Weg gemacht, wird 1757 auf Fürsprache seines Protektors, des Akademiedirektors und Hofmalers Meytens, „Stuckverschneider" am kaiserlichen Zeughaus, ist seit 1760 im Dienste des Hochadels und des Hofes tätig, reist 1765 nach Rom — vielleicht auch nach Paris und London — und wird 1769 auf Grund des Ansehens, das er sich durch seine Werke erworben hatte, Substitutprofessor der Bildhauerkunst an der Wiener Akademie.

Bald nachher scheint er erkrankt zu sein, denn als im Jahre 1774 der ordentliche Professor der Bildhauerkunst stirbt, wird nicht Messerschmidt, der „das Recht zu seinem unmittelbaren Eintritt in das Amt und die Besoldung des Verstorbenen . . . erhalten hatte" vorgeschlagen, sondern drei andere, auch in den Augen der Zeitgenossen minder verdiente Meister. Die näheren Umstände dieses Vorschlages kennen wir aus einem klugen und einsichtigen Promemoria des Fürsten Kaunitz, das der Kaiserin Maria Theresia die Stellungnahme des akademischen Kollegiums zur Kenntnis bringt. Wir heben eine Stelle hervor:

„Es ist aber in Ansehung dieses Mannes das wichtigste Bedenken, daß er drei Jahre, sei es wegen seines Notstandes oder aber aus natürlicher Disposition einige Verwirrung im Kopf hat wahrnehmen lassen, welche, obschon sie sich seitdem gelegt hat, und ihm wieder wie vorher zu arbeiten erlaubt, dennoch von Zeit zu Zeit sich in einer nicht vollkommen gesunden Einbildungskraft äußert, . . . darin, daß er alle übrigen Professores und Direktores für seine Feinde hat, noch immer seltsame Grillen in der Einbildung hat und also niemals vollkommen ruhig sein kann."

Wir erfahren hier von einer psychischen Erkrankung, der Messerschmidt etwa im Jahre 1771, in seinem 35. Jahr verfällt, die sich seither gebessert hat, so daß er, zwar arbeits-, aber nicht lehrfähig geworden ist und man, wie Kaunitz weiter berichtet, Bedenken trägt, ihm Schüler anzuvertrauen. Bei der Kennzeichnung seines Verhaltens wird auf paranoide Züge hingewiesen.

Daß es sich in der Tat um einen psychotischen Schub gehandelt haben muß, der eine weitgehende Remission erfuhr, wird durch die Kenntnis der weiteren Lebensschicksale Messerschmidts sichergestellt. Er verläßt nach der schweren Enttäuschung, die ihm widerfahren ist, Wien, reist in seine schwäbische Heimat nach Wiesensteig und steht alsbald mit dem Münchner Hof in Verbindung; doch waren die dort angeknüpften Verhandlungen zum Scheitern bestimmt. Als ihn seine Wiener Freunde dazu zu bewegen suchen, die ihm von der Kaiserin auf Bitten der Akademieprofessoren und auf Vorstellung des Fürsten Kaunitz schon 1774 bewilligte Pension endlich anzunehmen, weigert er sich brieflich, da er kein Gnadengehalt, sondern Bezahlung für geleistete Arbeit wünsche; die Worte, mit denen er seinen Brief beschließt, beleuchten seinen Zustand.

„ . . . da ich schon acht Jahre, von meinen Feinden verfolgt, keine meiner Kunst gemäßigte Arbeit bekommen hatte . . . ja es scheint, ganz Deutschland meyne, es sei mich zu verfolgen ihr Pflicht."

Dieser Brief ist an Messerschmidts Bruder Johann gerichtet, der in Preßburg lebte. Auch er war Bildhauer, mehr Handwerker als Künstler, und noch wenige Jahre vorher hatte es zwischen den Brüdern erbitterte Streitigkeiten gegeben, in deren Verlauf der unbegabte Johann mit bloßem Degen gegen Franz Xaver losging.

Diese Vorfälle sind aber längst vergessen, denn 1777 zieht Messerschmidt aus München nach Preßburg und findet im Hause seines Bruders für drei Jahre eine Zufluchtsstätte; dann kauft er sich selbst draußen an der Stadtgrenze, beim Judenfriedhof, in einer Gegend, die als unheimlich gilt, ein Haus. Hier treibt er die letzten drei Jahre seines Lebens sein Wesen. Man hat das Bewußtsein, daß nun ein großer Mann in Preßburg lebt, nicht verloren; Reisende und Kunstfreunde scheuen die Mühe nicht, aus Wien nach Preßburg zu fahren, um den großen Mann zu besuchen, dessen Werke in aller Munde waren. So läßt sich aus den Reisebriefen und der Kunstliteratur der Zeit ein Stück weit Einblick in seine letzten Lebensjahre gewinnen. Er gilt als Sonderling und Narr, dessen Hang zu Einsamkeit bekannt ist, ist für Besucher schwer zugänglich und weigert sich, seine Werke zu zeigen. Das Gefühl, daß man ihn zu wenig schätze, beherrscht ihn; sucht ein Käufer den Preis einer seiner Arbeiten zu erfahren, so nennt er unsinnige Summen; ein Kranz von Histörchen berichtet, wie er immer wieder hochgestellte Gönner durch Spott und Ironie abschreckte; auch soll er häufig versichert haben, er werde seine Werke vor seinem Tod in die Donau werfen, wie er denn auch allem Anschein nach manches noch selbst zerstört hat. Alle wissen zu berichten, daß sich in seinem Wesen Stolz und Narrheit mische, manche aber versichern auch, daß er als Geisterseher gelte. Was das zu bedeuten hat, erfahren wir aus einem ausführlichen Bericht, den wir Friedrich Nicolai verdanken. Dieser kluge und seines Streites mit den Weimarer Dioskuren wegen zu Unrecht vielgeschmähte Mann, hat im VI. Band seiner „Beschreibung einer Reise durch Deutsch-

land und die Schweiz im Jahre 1781" eine Begegnung mit Messerschmidt
ausführlich geschildert. Seine Darstellung, die deutlich den Anteil des
Verfassers an der psychischen Haltung Messerschmidts verrät und mehr
dem Geisteskranken als dem Künstler gilt, wird uns, wenn wir sie an
späterer Stelle heranziehen werden, auch die Möglichkeit bieten, uns selbst
ein Urteil über die Art von Messerschmidts Erkrankung zu bilden.

Im Jahre 1783 ist Franz Xaver Messerschmidt im siebenundvierzigsten
Lebensjahr an einer Lungenentzündung gestorben.

Als Teil seiner Biographie selbst ist noch seine Tätigkeit als Künstler
kurz und in äußerster Schematisierung zu kennzeichnen. Seine ersten uns
bekannten Werke — Heiligenfiguren oder Bildnisse — knüpfen an die
rühmliche Tradition der bayrisch-österreichischen Barockkunst an, über-
ragen aber das durch das Herkommen gewiesene Niveau in mehrfacher
Hinsicht. Einflüsse italienischer und französischer Kunst, die er auf seiner
Reise aufnimmt, verarbeitet er in großartiger Freiheit, und man darf behaupten, daß etwa die in den sechziger Jahren entstandenen Statuen des
deutschen Kaiserpaares und die Büste Joseph II. einen Höhepunkt deutscher
Kunst ihrer Zeit bezeichnen. Etwa um 1770, in den Jahren seiner ersten
Erkrankung, tritt eine — im Gange seiner Entwicklung einigermaßen
vorbereitete — Wandlung seines Stils ein; Pathos und Schwung treten
zurück, kühle Sachlichkeit der Schilderung herrscht vor: Messerschmidt hat
als einer der ersten deutschen Künstler, als Bildhauer offenbar als erster,
den Weg zum Klassizismus eingeschlagen. Der antikische Charakter seiner
Werke tritt immer deutlicher zutage, ohne daß auch an den Bildnissen
seiner Spätzeit die souveräne Beherrschung der Naturwiedergabe, die Kunst
des Porträtisten, eine Minderung erfahren hätte.

Die Arbeiten Messerschmidts verteilen sich auf die g a n z e Dauer seines
Lebens (ob er während des einen oder anderen kurzen Zeitabschnittes der
künstlerischen Tätigkeit hat entsagen müssen, läßt sich freilich nicht beantworten), und seine künstlerische Kraft ist auch nach seiner Erkrankung
nicht erlahmt. Der entscheidende Stilwandel in seinem Schaffen hat sich
offenbar erst in seiner Münchner Zeit vollzogen, und noch in seinen letzten
Lebensjahren, als Sonderling in Preßburg, hat er dem Zeitstil neue Nuancen
abgewonnen. Heben wir nochmals hervor, daß sich seine reiche künstlerische
Produktion (die sich übrigens erst zu einem Teil hat rekonstruieren
lassen) der Kunst seiner Zeit einfügt, einen im Sinne der kunstgeschicht-
lichen Entwicklung bedeutsamen und geschlossenen Ablauf bietet und auf
einer im Sinne geläufiger Wertungen hohen Stufe die formalen Probleme

verarbeitet, denen die europäische Kunst seiner Tage zugewandt war. Diese
Feststellung ist für die Beurteilung von Messerschmidts Persönlichkeit von
Bedeutung, da sie uns über das Maß seiner Realitätsanpassung unter-
richtet.[1]

III

Seit dem Anfang der siebziger Jahre aber standen nicht mehr die Werke
im Vordergrund seines Interesses, die er im Auftrage anderer ausführt,
vielmehr galt seine Aufmerksamkeit vor allem — und später in den Preß-
burger Jahren zuweilen ausschließlich — einer Serie von annähernd lebens-
großen männlichen Büsten, von denen sich aus einer Zahl von über sechzig,
die sich nach Messerschmidts Tod in seiner Werkstatt vorfanden, neun-
undvierzig in verschiedenen Materialien, meist in Marmor oder Blei, ausgeführt, in Museen und Privatsammlungen verstreut, erhalten haben. Auf
diesen Köpfen, die zuerst bald nach seinem Tod und später, bis in die
zweite Hälfte des neunzehnten Jahrhunderts, immer wieder in Wien zur
Besichtigung ausgestellt und zum Verkauf ausgeboten wurden, beruht in
erster Linie sein seit seiner Lebenszeit nie erloschener Nachruhm; an sie
vor allem hat sich der Anteil von Mit- und Nachwelt geknüpft, der ihm
neben manchen anderen Ruhmestiteln auch den eines österreichischen Hogarth
eintrug. Man ist gewohnt, sie als „Charakterköpfe" zu bezeichnen, als
physiognomische Studien anzusehen, — wie sie denn schon manchen Zeitgenossen als Darstellungen der Leidenschaften galten. Dieser Auffassung
entsprechen auch die Bezeichnungen, die an den einzelnen Köpfen haften
und schon vier Jahre nach Messerschmidts Tod nachweisbar sind.

---

1) Um die „Realität", die hier in Rede steht, zu kennzeichnen und damit Anschluß
an eine in den Geisteswissenschaften gegenwärtig viel erörterte Frage zu gewinnen,
empfiehlt es sich, hier auf eine sonst nicht unbedenkliche Unterscheidung einzugehen,
die Benedetto Croce vorgeschlagen hat. Wir sind bemüht, die empirische Person,
deren psychologische Stellung wir prüfen, im Zusammenhang ihrer Lebenssituation
zu sehen, um über das Maß ihrer Realitätsanpassung zu einem Urteil zu gelangen;
(im konkreten Fall betrifft dies die Beziehung des Messerschmidt zu seiner Umwelt,
etwa zu Arbeitsgenossen, Kunstfreunden und Auftraggebern.) Eine analoge Einsicht
dürfen wir für die ästhetische Person, den Menschen als Schöpfer seiner Werke,
den Künstler also als Schöpfer des Kunstwerkes, anstreben. Die „Realitätsanpassung",
sei, so darf man vermuten, in diesem Falle dadurch bestimmt, wie weit sich das Werk
einem Strukturzusammenhang einfüge und den Anforderungen entspreche, die sich
aus diesem Zusammenhang ergeben. Als solcher Strukturzusammenhang darf offenbar
auch die historische Tendenz oder Richtung angesehen werden, der sich eine Leistung
einfügt. Wir glauben danach zu einer Einsicht gelangt zu sein, die sich auf die
Realitätsanpassung Messerschmidts als Künstler, auf die seiner ästhetischen Person
bezieht.

In den meisten Fällen erfassen nun diese Bezeichnungen durchaus nicht
den Eindruck, den wir von den Köpfen empfangen; in vielen Fällen ist
sie geradezu unsinnig. (Vgl. etwa Abb. 14 oder 20.) Meint man etwa aus
den Augen des „Bekümmerten" (Abb. 27) etwas wie Trauer oder Besorgnis
ablesen zu können, so hebt doch die fratzenhaft herabgeschlagene Lippe
diesen Eindruck wieder auf, ohne daß ein anderer an seine Stelle zu treten
vermöchte. Das Verhältnis von „Benennung" und „Ausdruck" wird noch
besser durch ein anderes Beispiel gekennzeichnet. Der Kopf des „Erhängten"
(Abb. 13) dankt seinen Namen offenbar nur dem um den Hals ge-
legten Strick, während die Züge — Mund und Augen krampfhaft verschlossen, zugekniffen — der durch die Bezeichnung ausgelösten Erwartung
in keiner Weise entsprechen. Wir sehen ein, daß offenbar ein Teilelement
für die Wahl der Bezeichnungen maßgebend war; an späterer Stelle erst
werden wir verstehen lernen, was das bedeutet.

In jenen Fällen, in denen wir die Bezeichnungen als befriedigend empfinden
— beim Kopf des „Schlafenden" (Abb. 1) oder des „Gähners" (Abb. 9)
etwa, — erfahren wir, in welchem Sinne sich Messerschmidt physiognomischen
Studien zugewandt hat.

In den Jahren, da er an den Köpfen arbeitete, war, aus vielfachen
Quellen gespeist, namentlich in Deutschland, beinahe gleichzeitig aber auch
in Frankreich, man kann sagen in ganz Europa, ein allgemeines Interesse
an Fragen der Physiognomik erwacht, das durch nichts besser gekennzeichnet
wird, als durch den allgemeinen Anteil, der die glänzende Polemik begleitete,
die noch in den siebziger Jahren zwischen zwei der bedeutendsten Köpfe
Deutschlands, zwischen dem Züricher Pastor Lavater und dem Göttinger
Professor Lichtenberg ausgebrochen war. Dem einen galt Physiognomik
als die Lehre von der Zuordnung menschlicher Eigenschaften zum festen,
anatomischen Gerüst des Kopfes, dem anderen, einem weisen Spötter, Patho-
gnomik, die Lehre vom Ausdruck des menschlichen Antlitzes, als ein fruchtbarer Weg zur Menschenkenntnis. Beide Auffassungen lassen sich bis in die
pseudoaristotelische Physiognomik zurückverfolgen und haben bis in unsere
Tage als Themen der Körperbauforschung und der Ausdruckspsychologie ihre
Rolle bewahrt; mit beiden Richtungen aber hat, was die Köpfe Messerschmidts bedeuten können, keine Berührung. Sein Versuch läßt sich einer
anderen Richtung eingliedern, die seit dem siebzehnten Jahrhundert im
akademischen Kunstbetrieb fest verwurzelt war. Im Rahmen dieser „Künstler-
physiognomik" konnten am Ende des achtzehnten Jahrhunderts zwei Aufgaben als zeitgemäß gelten: die eine (schon von Charles Lebrun 1667 vor-

gezeichnete), paradigmatische Beispiele für den Ausdruck typischer Gefühle zu suchen, die andere, zu zeigen, wie sich das menschliche Antlitz in verschiedenen Situationen verändere; mit dieser zweiten Aufgabe (die, soviel wir wissen, zuerst um die Mitte des achtzehnten Jahrhunderts von dem englischen Anatomen Parsons in dieser Form gestellt worden war) lassen sich Messerschmidts Versuche in Zusammenhang bringen. Was er an den Köpfen des „Gähnenden" oder des „Schlafenden" (Abb. 1 und 9) darzustellen unternimmt, sind Verhaltensweisen der Muskulatur des menschlichen Antlitzes und steht in keiner Beziehung zum Ausdruck von Affekten.

Auch dieser so eingeschränkten physiognomischen Aufgabenstellung aber entsprechen nur die angeführten und kaum andere aus der Serie der Charakterköpfe.

Wir greifen jetzt auf einige Köpfe, die sich unschwer als Selbstbildnisse des Künstlers erkennen lassen; auch die Köpfe des „Schlafenden" und des „Lachenden" (Abb. 1, 2) sind ihnen anzuschließen. Verschiedene Bezeichnungen — „der Zuverlässige", „der Melancholikus", „der tapfere Feldherr" (Abb. 3, 4, 6) — vermögen uns nicht recht zu befriedigen. Überblicken wir die ganze Reihe dieser Köpfe, so fällt zunächst eine seltsame Starre und Leere des Ausdrucks auf. Die Köpfe unterscheiden sich vornehmlich durch den Wechsel der Haartracht — der Perücken möchte man sagen; verschiedene Versuche, die mimische Haltung da und dort zu verändern, vermögen den Eindruck der Gleichförmigkeit nicht zu verwischen.

Von jedem der verschiedenen Typen, in die Messerschmidt sein eigenes Antlitz „gekleidet" hat, lassen sich nun Fortbildungen und Varianten anführen. Als eine solche stellt sich etwa der Kopf des „mürrischen alten Soldaten" (Abb. 5) dar, dessen krampfhaft verschlossener Mund dem Antlitz keinen faßbaren Ausdruckswert verleiht. Das gleiche gilt für die Köpfe des „Mißmutigen" (Abb. 7) oder des „Satyrikus" (Abb. 8), die die Verzerrungen der Gesichtsmuskulatur in weiterer Steigerung kennen lehren; bald sind Mund und Augen verkniffen, bald die Augen aufgerissen, die Stirne gerunzelt und nur der Mund versperrt. Dieses Spiel mimischer Konstellationen wiederholt sich mit einiger Mannigfaltigkeit: wir heben etwa die Köpfe des „Verdrießlichen" und des „abgezehrten Alten mit Augenschmerzen" (Abb. 11, 14) hervor. Oft ist die Nase in den Kreislauf der Verzerrungen einbezogen, und eine Serie von Köpfen — „Einfalt im höchsten Grade", ein „Schafskopf",

„der heftige Geruch" (Abb. 15, 16) — zeigt Abwandlung und Steigerung
dieser Versuche.

Überblicken wir die vorgeführten Beispiele. Zwei ineinandergreifende
Tendenzen lassen sich unschwer erkennen. Die eine, wir möchten sagen
legitime, sucht ein Stück unmittelbar verständlicher Charakteristik —
meist durch äußere Kennzeichen — zu bieten; die andere drängt offenbar
danach, Ausdruck in Grimasse abgleiten zu lassen. Manchmal, etwa am
Kopf des „aus dem Wasser Geretteten" (Abb. 12), ist es offenbar nachträglich gelungen, den grimassierenden Ausdruck zu rechtfertigen, denn das
feste Verschließen von Mund und Augen läßt sich der Situation — dem
Auftauchen aus dem Wasser nach der Rettung — als verständliche Reaktion
einfügen. Ähnlich ist auch die Wirkung des „heftigen Geruches" (Abb. 15)
zu erklären: der Krampf, der auch die Nase erfaßt hat, kommt als
„Wittern" zur Geltung. Wir dürfen, was hier geschehen ist, als einen Versuch
beschreiben, die vorgegebene mimische Konstellation nachträglich zu rationalisieren.

In den überwiegend meisten Fällen aber — das läßt sich freilich nur
an der ganzen Reihe der Charakterköpfe und nicht vor den wenigen Abbildungen aufzeigen, die hier als Beispiele vorgeführt werden können —
ist ein faßbarer Ausdruck nicht zustande gekommen, der Versuch solcher
Rationalisierungen unterlassen worden oder mißglückt und das Spiel der
Gesichtsmuskulatur Grimasse geblieben.

Suchen wir uns, ehe wir fortfahren, was wir unter Grimasse verstehen,
in erster und schematischer Annäherung zu vergegenwärtigen: Aus der
Erfahrung des Alltags kennen wir sie unter zweierlei Bedingungen: als
mißglückte Ausdrucksbewegung, dann, wenn eine verdrängte Regung sich
vorschiebt — das Lächeln bei der Beileidsbezeugung — und als beabsichtigte
Kundgebung. (Einer „schneidet" eine Grimasse.) In beiden Fällen weist sie
uns auf aggressive Neigungen hin, die sich im ersten Falle gegen das Ich
des Handelnden durchsetzen, im zweiten mit Absicht zum Ausdruck gebracht werden. Diesen beiden Fällen dürfen andere gegenübergestellt werden,
die wir in der Erfahrung des Alltags nur selten antreffen und nicht mehr
ohne weiteres geneigt sein werden, der Breite der Norm zuzurechnen. Wir
meinen die Fälle, in denen dem Ich die Herrschaft über das Mienenspiel
für längere Zeit entgleitet; dann, wenn etwa ein körperlicher Schmerz oder
ein Durchbruch der Leidenschaft uns übermannt. Wir sprechen in diesen
Fällen vom verzerrtem Gesicht und dürfen in gröbster Schematisierung annehmen, daß hier, ähnlich wie bei der mißglückten Beileidsbezeugung, aber

doch mit Unterschieden, die gewichtig genug sind, das Ich einem Ansturm der Leidenschaft erlegen ist und seine Funktion — die Steuerung des Mienenspiels — nicht hat ausüben können.[1]

Die Grimasse ist aus einem besonderen Grund unserer Aufmerksamkeit gewiß. Denn an diesem mißglückten oder pathologisch entstellten Mienenspiel tritt ein Wesenszug aller Ausdrucksbewegung mit voller Deutlichkeit zutage: ihre Zugehörigkeit zum Gebiet der Autoplastik.

Der schlechthin verständliche, mit Sicherheit deutbare Ausdruck sondert sich von jenem, der „nicht zu uns spricht", wie etwa die mimischen Konstellationen an den meisten der Messerschmidtschen Charakterköpfe. Wir dürfen hoffen, uns ihrem Verständnis zu nähern, wenn wir jenes Verfahren anwenden, mit dem wir auch sonst gewohnt sind, die großartigen Bildungen der Autoplastik — als Vorbild darf hier das hysterische Symptom gelten — ein Stück weit zu erfassen: indem wir sie nämlich als Anzeichen für Vorgänge im Unbewußten ansehen und in ihren Sinngehalt durch psychoanalytische Deutung einzudringen versuchen.

Die Grundlage, deren wir bei einem Versuch dieser Art nicht werden entbehren können, ist durch Äußerungen Messerschmidts und einige Bemerkungen über sein Verhalten geboten, die uns Friedrich Nicolai, dem es gelungen war, sich Messerschmidt in Preßburg zu nähern und sein Vertrauen zu gewinnen, überliefert hat. Aus der umfangreichen Darstellung Nicolais greifen wir einige Stellen heraus, dürfen aber nicht erwarten, ein vollständiges und auch nur einigermaßen abgeschlossenes Bild von Messerschmidts Gedankengängen oder seines Benehmens zu gewinnen; unsere Einsicht muß vielmehr fragmentarisch bleiben, und auch an den angezogenen Stellen läßt sich durchaus nicht alles einem Deutungszusammenhang einfügen.

---

1) Zu einer anderen Auffassung der Grimasse ist der Berliner Psychiater Bernt Götz in einer freundlichen und eingehenden Besprechung meiner oben S. 386 genannten, wesentlich für kunstwissenschaftliche Leser bestimmten Arbeit über die Charakterköpfe des Messerschmidt gelangt. Er schreibt (Deutsche Literatur-Zeitung 1933, Sp. 762 ff.): „Die Grimasse ist vielmehr die verzerrte Darstellung eines Typus, während die Karikatur der tendenziös verzerrte Hinweis auf einen Menschen ist." Ich vermag mich dieser Auffassung nicht anzuschließen, darf aber darauf hinweisen, daß, was der Verfasser als meine Ansicht über die Karikatur bezeichnet, — daß sie ein Bildnis sei, dessen Ähnlichkeit im Häßlichen liege, — von mir ausdrücklich als die älteste mir bekannte aus dem siebzehnten Jahrhundert und aus dem Kreis des Giovanni Lorenzo Bernini stammende „Definition" angeführt wurde. Eine Wesensbestimmung der Karikatur aber ließe sich mit den Mitteln der psychoanalytischen Psychologie ganz anders begründen und ausbauen.

Messerschmidt erzählt, daß ihn Geister „besonders nachts" plagen; er, „der beständig keusch gelebt habe", müsse von den Geistern Peinigungen erleiden, obgleich sie doch gerade deswegen mit ihm in gutem Einvernehmen stehen müßten. Der Geist der Proportion sei neidisch, weil er, Messerschmidt, der Vollkommenheit in der Proportion so nahegekommen sei; damit hänge es zusammen, daß er, wenn er „an einem marmorenen oder bleyernen Bild" gerade an einer Stelle des Gesichtes arbeite, „welche mit einer gewissen Stelle der unteren Theile des Körpers analog wäre", in seinem Unterleib oder in seinen Schenkeln Schmerzen empfinde.

Eine weitere Äußerung bezieht sich auf die Haltung der „ganz zusammengekniffenen Lippen", die schon Nicolai an den meisten der Köpfe aufgefallen war. „Der Mensch müsse billig", meint Messerschmidt, „das Rothe der Lippen ganz einziehen, weil kein Tier es zeige ... Die Tiere hätten große Vorzüge vor den Menschen, sie könnten viele Sachen in der Natur erkennen und empfinden, die den Menschen verborgen bleiben".

Auch von der Arbeitsweise des Künstlers vermittelt uns Nicolai eine Vorstellung: Um über die Geister der Verhältnisse Macht zu bekommen, kneift sich Messerschmidt an verschiedene Teile des Körpers, besonders in die rechte Seite unter die Rippen, und verbindet damit eine Grimasse, welche „mit dem Kneifen des Rippenfleisches das jedesmal erforderliche Verhältnis hat; ... er kniff sich, schnitt Grimassen vor dem Spiegel und glaubte die bewunderungswürdigste Wirkung über seine Herrschaft über die Geister zu erfahren." „Während der Arbeit selbst sah er jede halbe Minute in den Spiegel und machte dabei mit größter Genauigkeit die Grimasse, die er eben brauchte."

Ehe wir an die Verwertung dieses aus dem Jahre 1781 stammenden Berichtes schreiten, empfiehlt es sich zunächst, die Frage der Diagnose neu aufzuwerfen. Die Vorstellungen und Verhaltensweisen, die wir aus dem Bericht Nicolais kennenlernen, geben dem Urteil recht, das das akademische Professorenkollegium schon 1774 über Messerschmidt geäußert hat. Es handelt sich in der Tat um eine Psychose, in der paranoide Züge neben anderen stehen, die dem weiteren Bild einer Schizophrenie entsprechen.

In dem Material des Wahnes lassen sich da und dort wohlbekannte Bildungseindrücke als Bausteine aufzeigen; das alte Künstlerproblem der Proportion — der göttlichen Proportion, wie man namentlich seit dem sechzehnten Jahrhundert zu sagen gewohnt war — wird mit der Vorstellung von der Verfolgung durch die Geister verknüpft; das tierische Antlitz, das seit dem klassischen Altertum als Grundlage physiognomischer Studien galt, — diese Auffassung war im sechzehnten Jahrhundert durch Giovanni Battista Porta, im siebzehnten durch Lebrun vertreten worden und hatte zu Messerschmidts Lebzeiten in den Studien Lavaters und Goethes wieder eine Rolle zu spielen begonnen, — wird mit der Bildung der Lippen an den Charakterköpfen in Zusammenhang gebracht.

Als Ausgangspunkt weiterer Überlegungen wählen wir nun das letzte Stück von Nicolais Bericht: Messerschmidt schneidet während der Arbeit vor dem Spiegel Grimassen, die er in seinen Bildwerken festhält. Verbinden wir diese Schilderung mit jenen Bemerkungen, die wir an die Betrachtung einzelner Köpfe geknüpft haben und mit denen wir versucht haben, die Problemstellung innerhalb der Physiognomik zu kennzeichnen, die sich Messerschmidt an den Büsten des „Lachenden" (Abb. 2) oder „Gähnenden" (Abb. 9) etwa erwählt hatte, so gelangen wir leicht zur Einsicht, daß der Kopf, dessen Abwandlung im mimischen Verhalten zu studieren Messerschmidt begonnen hat, immer sein eigener war; er hat ihn nur äußerlich verschiedenartig drapiert, sich bald mit anliegendem Haar, bald mit einer Art Perücke, bald als Glatzkopf dargestellt. Dann aber drängt sich uns eine Vermutung über den Sinn des Grimassierens selbst auf: Wir gewinnen den Eindruck, daß wir es mit apotropäischen Handlungen zu tun hatten, daß die Grimassen etwa dazu bestimmt seien, die Geister abzuhalten oder einzuschüchtern, wie denn Messerschmidt geglaubt haben soll, durch seine Grimassen „die bewunderungswürdigsten Wirkungen von seiner Herrschaft über die Geister zu erfahren". Die Annahme einer solchen Regression auf ein magisches Verhalten, die sich dem klinischen Bild zwanglos einfügt, ist zugleich geeignet, uns einen weiten Ausblick zu eröffnen: Die Rolle apotropäischer Magie im Kulte der Primitiven, als deren deutlichster Ausdruck Verbreitung und Bedeutung der Masken gelten dürfen, legt den Gedanken nahe, in der Grimasse eine — autoplastische — Vorform der Masken zu sehen, eine Maske *in statu nascendi*.

Um die spezielle Bedeutung der Grimassen Messerschmidts aufzuklären, knüpfen wir an zwei der von Nicolai überlieferten Bemerkungen an, die sich zwanglos verbinden lassen. Die eine besagt, daß die Geister Messerschmidt wohlwollend gegenüberstehen müßten, weil er keusch gelebt habe, und die andere, man müsse das „Rothe der Lippen" einziehen, um, wie die Tiere, die Geister besser zu verstehen. Danach wird man in erster Annäherung das Einziehen des Lippenrots als eine Verleugnung der Sexualität verstehen dürfen, wobei die Lippe nicht nur selbst als Sinnbild sexueller Regungen aufgefaßt wird, sondern auch an eine Verlegung von „Oben nach Unten" gedacht werden darf, die in Messerschmidts Wahn selbst eine Rolle spielt; verbindet er doch die Arbeit an einer Stelle des Gesichtes seiner Köpfe mit schmerzlichen Empfindungen in der Sexualregion. Dann aber dürfen wir — auf Grund allgemeiner klinischer Erfahrung — aus den aufeinandergepreßten Lippen auf die Absicht schließen, den Körper vor dem Einfluß der Geister zu versperren. Erinnern wir uns an die geläufige Doppelrolle der Verfolger im paranoiden Wahn, daran, daß sie zugleich strafen und verführen,[1] so ist uns die Vermutung nahegelegt, es handle sich hier um die Abwehr der Verführung als Weib. Nun wird auch der Wechsel zwischen gewaltsamem Aufreißen und festem Zukneifen der Augen verständlich — etwa als Versuch, dem Anblick der Geister zu trotzen oder ihn zu verleugnen; man darf auch noch wagen, die Haltung der Nase, das Wittern, in analogem Sinn zu deuten — und wir werden sehen, daß manches für diese Auffassung spricht. Auch eine Anzahl von Köpfen, die bisher nicht hatten herangezogen werden können, lassen sich diesen Deutungsversuch einfügen, einen von ihnen haben wir in anderem Zusammenhang — als es sich um die Charakteristik der an den Köpfen haftenden Namen handelte — schon als den des „Bekümmerten" (Abb. 27) kennengelernt, doch finden sich den einzelnen Bildnistypen entsprechend mehrere Büsten mit einer ähnlich schlaff herabgeschlagenen Lippe (Abb. 10) und neben diesen auch eine, die einen wie im Ekel halbgeöffneten Mund zeigt (Abb. 25). Es liegt nahe, diesen Zug als ein Nachgeben, als Willfährigkeit gegen die Geister aufzufassen.

Bedeutsamer aber als diese Versuche einer Deutung der verschiedenen Einzelzüge der mimischen Konstellationen, die sich auf so schwankendem Boden zwar nicht über das Vorgebrachte hinaus sichern läßt, obgleich es möglich wäre, sie nach mehrfacher Richtung zu erweitern und fortzusetzen, ist eine Einsicht, die sich hier auf das Ganze der Serie der Charakterköpfe eröffnet. Bei allem Wechsel innerhalb der mimischen Konstellationen — nur eine kleine Anzahl der verwendeten Kombinationen schon bekannter Einzelzüge konnte hier angeführt werden — muß immer wieder auf die Gleichartigkeit der Wirkung verwiesen werden, die von den einzelnen Köpfen ausgeht. Je länger ein Beschauer die Serie Stück für Stück betrachtet oder auch — und dieser Befund ließ sich durch Versuche sichern — je mehr Köpfe ein Beschauer schon kennt, desto geringer wird sein Interesse an den einzelnen Köpfen; die Versuche den „Ausdruck zu deuten" werden

---

1) Als auf leicht zugängliche Beispiele verweise ich etwa auf das Selbstzeugnis eines Psychotikers, die „Denkwürdigkeiten" des Senatspräsidenten Schreber, an denen Freud zuerst, 1911, seine Auffassung der Paranoia entwickelt hat (Ges. Schriften, Bd. VIII, S. 355 ff.), oder auf einige in Kräpelins Psychiatrie mitgeteilte Beispiele (vgl. III/2, 8. Aufl., S. 937 ff, bes. 997). Vgl. dazu auch O. Fenichel, Perversionen, Psychosen, Charakterstörungen, Wien 1931, S. 83: „Allerdings verhängen diese halluzinatorischen und wahnhaften Gebilde nicht nur Strafen über den Kranken, sondern erscheinen auch als die teuflischen Versucher, die den Kranken zur Sünde verführen . . ."

bald aufgegeben, das Mienenspiel bald als Grimasse erkannt, — das Lachen des „Lachenden" (Abb. 2) etwa als verkapptes Grinsen, — bald aber erschließt sich auch die Gleichförmigkeit der Grimassen selbst, so daß aus der Betrachtung der Köpfe ein Eindruck erwächst, der das klinische Bild der Erkrankung bestätigt und ergänzt: Der Eindruck, daß hier das künstlerische Schaffen unfrei und an sehr einengende Bedingungen gebunden ist, deren Stereotype auch ohne Kenntnis der Begleitumstände als pathologisch erlebt wird.

Nur zwei Köpfe lösen sich ganz aus diesem Bann (Abb. 19, 20); sie sind schon äußerlich durch kleineres Format von den anderen unterschieden. Statt aller Beschreibung lassen wir Nicolai sprechen:

„Nun standen in einem Winkel des Zimmers noch zwei Köpfe von einer schwer zu beschreibenden Gestalt. Man stelle sich vor, daß alle Knochen und Muskeln eines menschlichen Gesichts so zusammendrückt und vorwärtsgezogen wären, daß die äußerste Spitze der zurückgeschobenen Stirn und die äußerste Spitze des hervorgedrückten Kinnknochens einen Winkel von zwanzig Grad macht, daß also das Gesicht beinahe in die Form eines Schnabels gezogen ist, obgleich doch immer die menschliche Gestalt bleibt."

In der Tat trifft diese Schilderung den Kern; wir würden sagen, der Kopf sei bloß eine Akzedenz des Schnabels.

„Da ich merkte", fährt Nicolai fort, „daß Messerschmidt diese Bilder nur kurz, mit starren Augen betrachtete und gleich das Gesicht abwandte, so fragte ich mit der größten Behutsamkeit, was diese vorstellen sollten. Messerschmidt schien ungern die Erklärung zug eben ... und seine sonst lebhaften Augen wurden ganz gläsern, indem er mit abgebrochenen Worten antwortete „Jener (nämlich der Geist) habe ihn gezwickt und er habe ihn wieder gezwickt, bis die Figuren herausgekommen wären. Ich habe gedacht: Ich will dich endlich wohl zwingen; aber er wäre beinahe darüber des Todes gewesen." Ich merkte aus allem, daß diese Karrikaturen menschlicher Gesichter eigentlich die Gestalten waren, unter denen die betrogene Phantasie des armen Messerschmidt sich die Geister der Verhältnisse vor-stellte."

Messerschmidt fügt noch hinzu, daß er sich wohl imstande fühle, die ganze Serie der Charakterköpfe nochmals zu arbeiten „nur die beiden Schnabelköpfe ausgenommen, welche er nicht zum zweyten Mal hervorbringen könne."

Es ist nun in der Tat durchaus wahrscheinlich, daß hier, nach Nicolais Vermutung, der Geist, der Messerschmidt verfolgte, in seiner doppelten Rolle vor uns steht. Auch an diesen Köpfen sind die Lippen fest zusammengepreßt, aber dann — gleichsam wie ein Teig — zu spitzer Form ausgezogen. Denken wir an die Köpfe mit fest verbissenen Lippen zurück, aus denen wir auf eine feminine passive Einstellung zu schließen versuchten, so meinen wir hier ein Sinnbild der Aktivität zu erblicken. Die Angst, die der Anblick der Schnabelköpfe auslöst, können wir uns an dieses Bekenntnis zur phallischen Sexualität geknüpft denken, die in der Projektion

dem Geist zugeschrieben wird. Wichtiger aber ist, — und zwar sowohl
wenn wir nach dem Eindruck der Köpfe selbst schließen, wie wenn wir
versuchen, die Wahnvorstellungen nach Analogien zu ergänzen, — daß
was in diesen Köpfen dargestellt wird, unmittelbar als Illustration einer
Fellatio aufgefaßt werden kann, zu der die Geister Messerschmidt auffordern.

Solche Deutungsversuche aber, die sich dem schon Angedeuteten zwanglos anschließen, führen an einem anderen, zentraleren Problem vorbei, das
die Kenntnis der Schnabelköpfe uns nahelegt. Wir gehen vom Auffälligsten
aus, von ihrer Wirkung auf den Beschauer; sie ist nicht nur dem Grade
nach stärker, als die der anderen Köpfe, sondern auch der Art nach verschieden. Hier ist keine mimische Konstellation, ist keine Grimasse geboten.
Das Thema des „Antlitzes" ist beibehalten, so daß „doch immer die menschliche Gestalt bleibt", die aber mit souveräner Freiheit transzendiert wird.
Der Weg Messerschmidts hat hier von der Grimasse zum Ornamentalen, zum
eigengesetzlichen Gebilde geführt, das in einer Kunstgeschichte der Zier-
form seine Stelle hat, von der Autoplastik eines mimischen Zeremoniells
zur Alloplastik, zum Kunstwerk. So scheint der psychologischen Sonderstellung der Charakterköpfe, ihrer Sonderstellung als Angstobjekte, eine
andere, eine künstlerische, zu entsprechen. Suchen wir ein allgemeines
Ergebnis aus diesen Überlegungen zu sichern, so gelangen wir auf festeren
Boden. Die künstlerische Umgestaltung der Wirklichkeit, der die Schnabelköpfe ihre Wirkung verdanken, meinen wir damit in Zusammenhang bringen
zu dürfen, daß der sexuelle Kern von Messerschmidts Wahnvorstellungen
hier am stärksten zum Ausdruck drängte. Nach Erfahrungen, die wir der
Kenntnis der Traumarbeit danken, läßt sich vermuten, daß die künstlerische
Umgestaltung der „Wirklichkeit" sich hier so weit entfalten mußte, um
den latenten Inhalt der Phantasie zu verhüllen.[1]

Den Zusammenhang zwischen der Stilisierung, der die Naturform unterworfen wird, und dem weiten Gebiet der sexuellen Symbolik kennen wir
aus zahlreichen dem Bestand vorgeschichtlicher und „primitiver" Kunst zu-

---

[1] Vgl. dazu die Auffassung von B. Götz, der in seinem Referat über meinen oben
zitierten Aufsatz (Deutsche Literatur-Zeitung 1933, Sp. 762 ff.) die zusammengepreßten
Lippen „aus einer Bangnis vor dem Verströmen ins Weite, vor dem Ichverlust" verstehen möchte; er meint, daß „der Schnabel" des Schnabelkopfes, „der vom Zentrum
des Kopfes abspreizt" nicht „nur die sexuelle Entselbstung", sondern „die Entselbstung
überhaupt" bedeute; die Schnabelköpfe seien „Verkörperungen des schlechthin Frag-
würdigen". Daß ich die „Bangnis vor dem Ichverlust", das „Verzagen" des Schizophrenen
„innerhalb einer kontinuierlichen Depersonalisation" auf meine Weise zu deuten suchte
ist Götz offenbar entgangen.

Abb. 2: „Der Künstler, so wie er sich lachend vorgestellt hat"

Abb. 1: „Der sanfte, ruhige Schlaf"

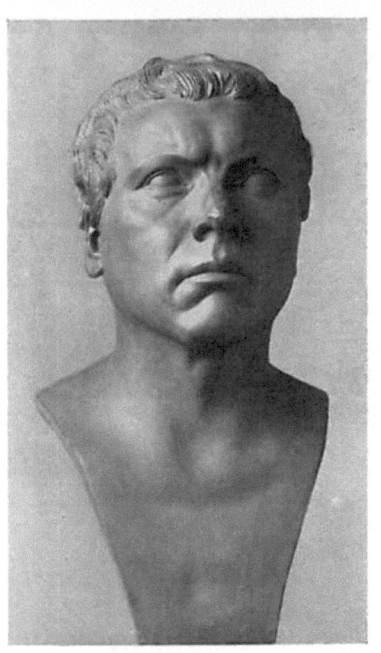

Abb. 3: „Der tapfere Feldherr"

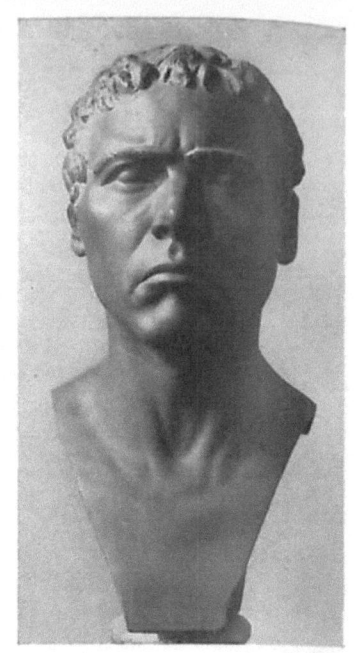

Abb. 4: „Der Melancholiker"

Abb. 5: „Ein mürrischer alter Soldat"

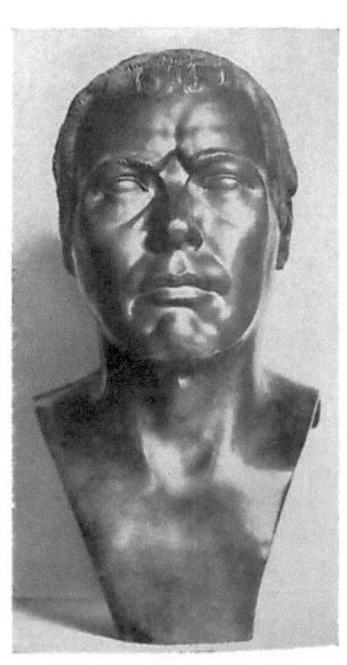

Abb. 6: „Der Zuverlässige"

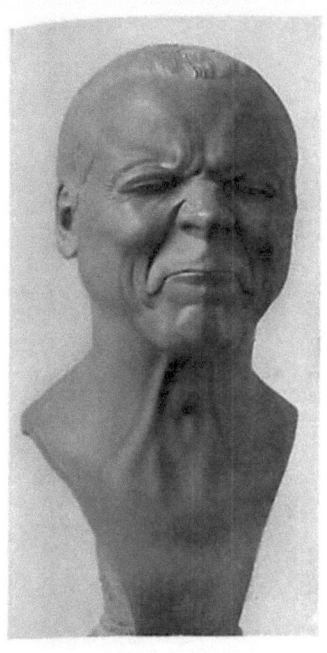

Abb. 7: „Der Mißmutige"

Abb. 8: „Der Satirikus"

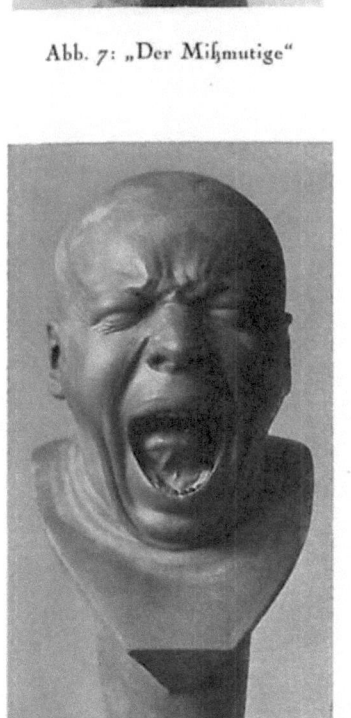

Abb. 9: „Der Gähner"

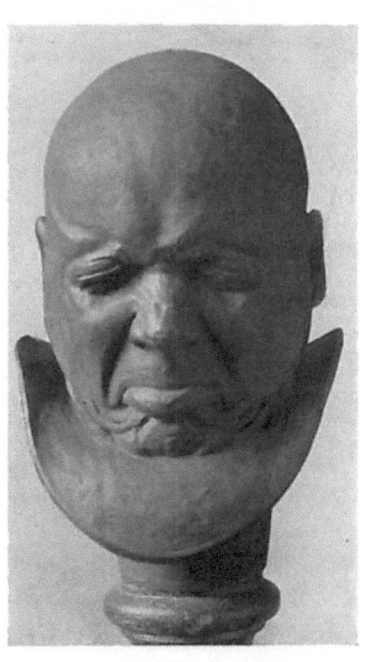

Abb. 10: „Der Trotzige"

Abb. 11: „Ein abgezehrter Alter
mit Augenschmerzen"

Abb. 12: „Ein aus dem Wasser
Geretteter"

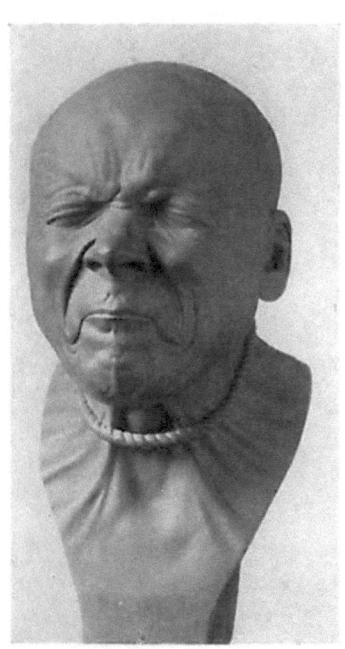

Abb. 13: „Ein Erhängter"

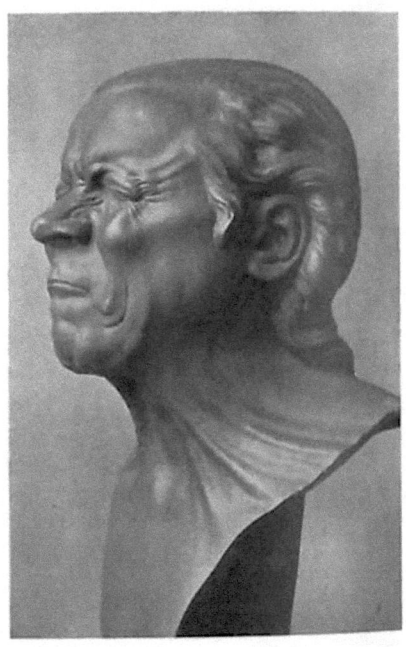

Abb. 14: „Der Verdrießliche"

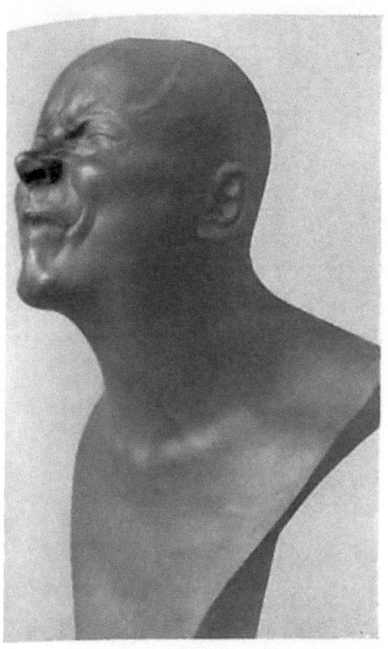

Abb. 15: „Der heftige Geruch"

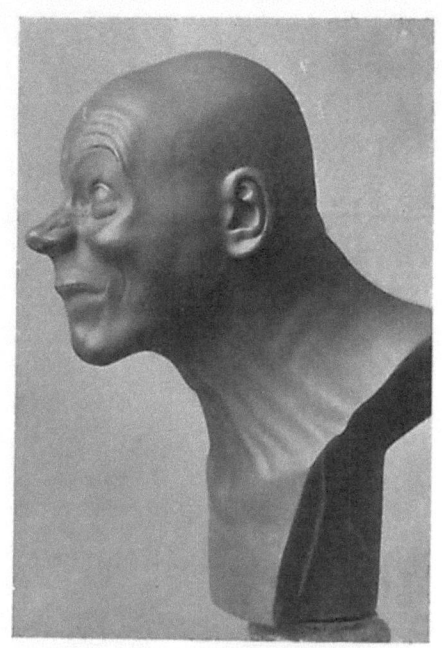

Abb. 16: „Ein Schafskopf"

Abb. 17: „Ein alter fröhlicher Lächler"

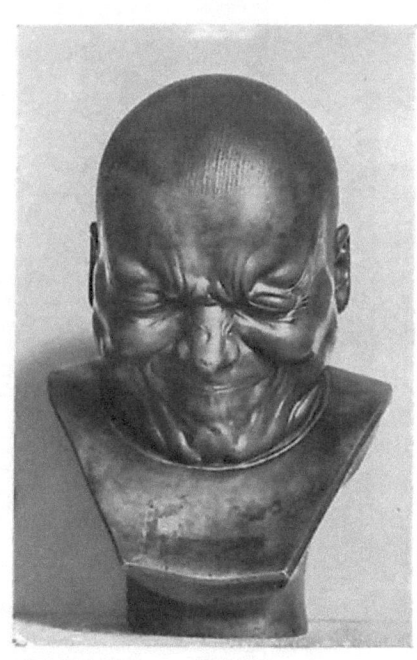

Abb. 18: „Ein Heuchler und Verleumder"

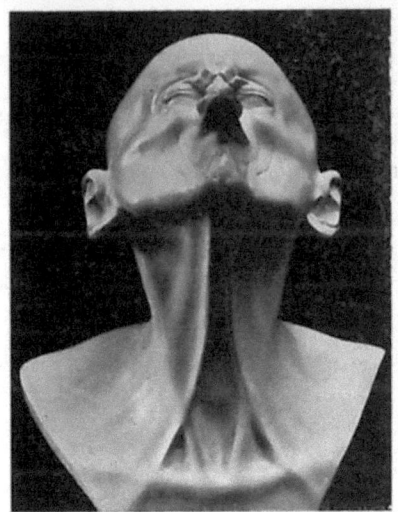

Abb. 19: „Zweiter Schnabelkopf"

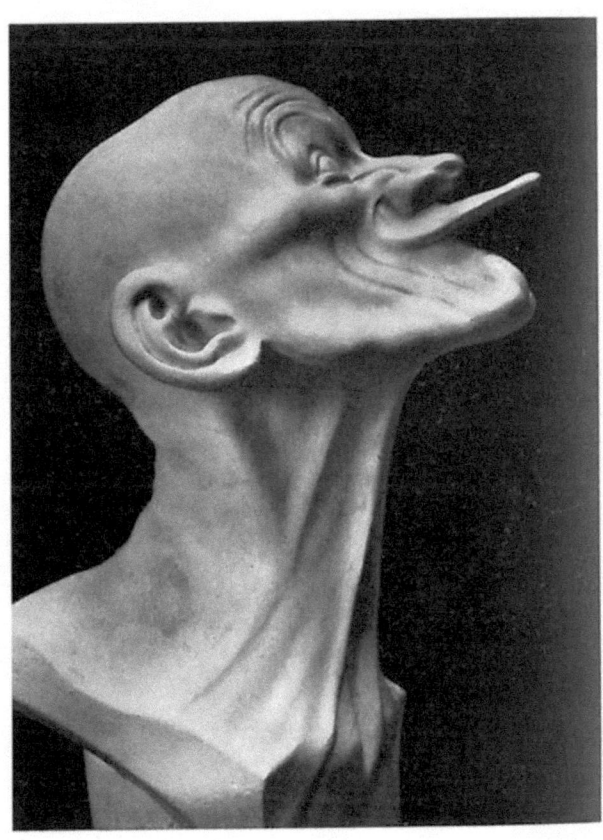

Abb. 20: „Erster Schnabelkopf"

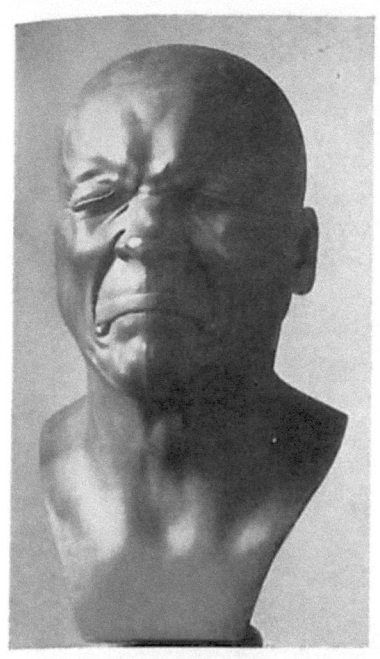

Abb. 21: „Der düstere Mann (?)"

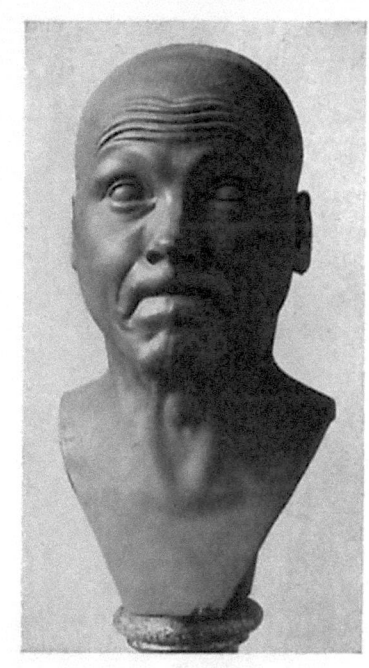

Abb. 22: „Der unfähige Fagottist"

Abb. 23: „Der mit Verstopfung Behaftete"

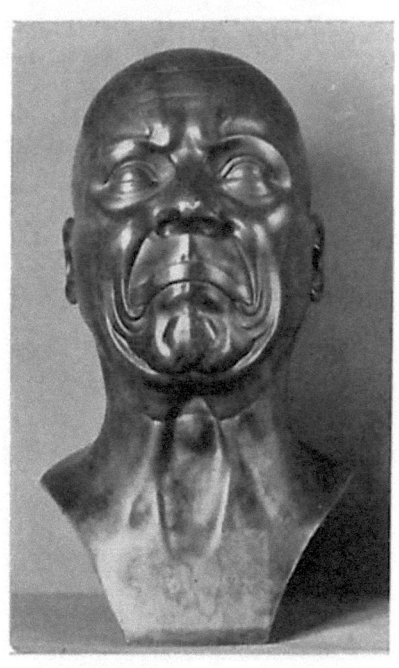

Abb. 24: „Innerlich verschlossener Gram"

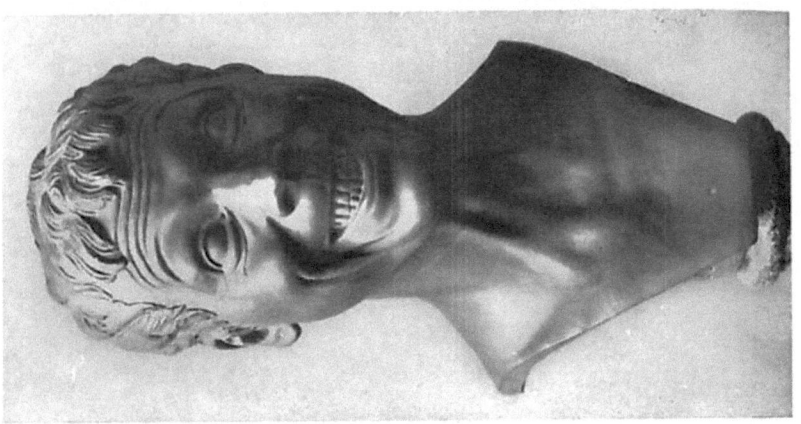

Abb. 28: Der Kapuziner Feßler

Abb. 29: Van Swieten

gehörigen Beispielen.[1] An den Charakterköpfen des Messerschmidt selbst begegnet noch ein Fall analoger Stilisierung, der uns vertieften Einblick in die Bedingungen ihres Zusammenkommens verspricht. An manchen der Köpfe finden wir die Form der Lippe in besonderer Art ausgebildet, als Band, das den Mund verdeckt (Abb. 21, 23 f.). Nach allem, was wir schon ermittelt zu haben glauben, ist es nun naheliegend, nach dem symbolischen Sinngehalt dieser Bildungen zu suchen. Er ergibt sich, wenn wir das Band als Gürtel — als Keuschheitsgürtel — auffassen. In manchen Fällen, etwa an einem Kopf, der als „Verschlossener Gram" (Abb. 24) bezeichnet wird, bleibt die Stilisierung durchaus nicht auf dieses Einzelmotiv beschränkt, erfaßt vielmehr den ganzen unteren Teil des Antlitzes und verarbeitet die am Kinn zusammenfliessenden und die Bandlippe einrahmenden Faltenzüge zu einem selbständigen maskenhaften Gebilde. Bedenken wir nun, daß das Einziehen des Lippenrots, das feste Versperren des Mundes jene Haltung ist, auf der der größte Nachdruck ruht, so dürfen wir die Annahme vorbringen, Messerschmidt habe die natürliche Bildung der Form dort verlassen, wo ihre magische Bedeutung überwiegt.

Mit dieser Auffassung läßt sich, was sich über die Reihenfolge ermitteln ließ, in der wir die Charakterköpfe entstanden denken dürfen, einigermaßen in Einklang bringen. Die Arbeit hat am Anfang der siebziger Jahre eingesetzt; 1776 waren sechs, ein Jahr später zwölf „metallene Kopfstück" vollendet, Anfang der achtziger Jahre etwas über sechzig in Messerschmidts Werkstatt zu sehen. Als Nicolai sie besuchte, sah er Messerschmidt am einundsechzigsten Kopf arbeiten; als der Künstler zwei Jahre später starb, waren neunundsechzig Köpfe vorhanden. Ordnet man die, die sich erhalten haben, auf Grund ihrer formalen Eigentümlichkeiten, so wie etwa die Kunstgeschichte sonst nicht näher bestimmtes Material einanderzureihen gewohnt ist, so liegt es nahe, jene Köpfe an den Anfang zu stellen, die Nicolai als die „simplen der Natur gemäßen" anspricht; er meint damit offenbar die „Selbstbildnisse" (Abb. 1—4, 6). An diese lassen sich jene anderen anschließen, die, „um den übernatürlichen Sinn der Tiere nachzuahmen, mit zusammengekniffenen Lippen und angespannten Konvulsionen" dargestellt waren.[2] Aus diesen läßt sich ohne Mühe eine Reihe bilden, die auf der

---

1) Über diese Frage bereitet unsere Kollegin Frau Dr. S. Gutmann seit vielen Jahren eine Arbeit vor, deren Kenntnis ich wertvolle Anregungen verdanke.

2) Nicolai zählte vierundfünfzig solcher Köpfe; es scheint, daß Messerschmidt selbst noch manche von ihnen vor seinem Tod zerstört oder etwa durch andere, heute erhaltene, ersetzt hat; auch in dem uns erhaltenen Material müssen alle außer acht Köpfen dieser Gruppe angeschlossen werden.

einen Seite unmittelbar an die Selbstbildnisse anschließt, auf der anderen
aber in den Büsten ausklingt, an denen die Nase besonders betont ist; man
könnte etwa den als „heftigen Geruch" (Abb. 15) bezeichneten Kopf an das
Ende rücken und wäre nun geneigt, die Schnabelköpfe an diesen anzuschließen.

Diese Anordnung, die Messerschmidts künstlerische Entwicklung als ein-
sinnigen Weg vom Natur-Näheren zum Natur-Ferneren erscheinen ließe, —
man darf sie eine stilgeschichtliche nennen, — trifft offenbar nicht die
Reihenfolge, in der die Köpfe entstanden sind; denn so unklar auch die
Einzelheiten dieser chronologischen Fragen sind und werden bleiben müssen,
so gut ist es zu verbürgen, daß die Schnabelköpfe nicht als letzte der Reihe
und daß mindestens einige der Selbstporträte — etwa das des „Schlafenden"
— nach ihnen entstanden sind.[1] Damit tritt an die Stelle einer stil-
geschichtlichen eine stilpsychologische Einsicht; die Formensprache
der Schnabelköpfe bezeichnet nicht ein zeitliches Spät- oder Reifestadium
in Messerschmidts Stilentwicklung, sondern steht mit dem Gegenstand der
Darstellung, d. h. wie wir nun sagen dürfen, mit ihrer psychologischen
Bedeutung für Messerschmidts Vorstellung in Zusammenhang.

Mit diesen Überlegungen haben wir der Tragfähigkeit unseres Materials
vielleicht zuviel zugemutet und uns, aus dem Zusammenhang dieses Vortrages hinaustretend, auf ein weites und anziehendes Gebiet gewagt, das,
als Hauptgegenstand der Kunstpsychologie — denn nichts Geringeres steht
in Rede als die Wechselbeziehung von inhaltlicher Bedeutung und formaler
Gestaltung — von dem schmalen Pfad, auf dem wir uns fortbewegen, nicht
weiter zugänglich ist.

Kehren wir zu Messerschmidts Charakterköpfen zurück. Ihr näheres
Studium führt uns auf eine große Zahl von Fragen, von denen sich nur
einige als lösbar erweisen.

Der Bericht Nicolais hat, was aus dem Vergleich der Köpfe untereinander,
aus der Kenntnis der typischen Elemente der Grimasse wahrscheinlich zu
machen war, sichergestellt, daß Messerschmidt für seine Charakterköpfe
nicht verschiedene Modelle benützte, daß er vielmehr stets das Spiegel-
bild des eigenen Antlitzes nachahmte. Angesichts dieser Einsicht gewinnt
der sonderbare Versuch, die eigene Person in so verschiedener Aufmachung —
als Glatzkopf, als Greis mit wallendem Haar oder als Jüngling mit knapp
anliegender Frisur — darzustellen, eine besondere Bedeutung. Wir dürfen
sie — ganz im Sinne der Erfahrungen aus dem Seelenleben der Schizo-

---

1) Vgl. dazu die Ausführungen in meiner oben S. 386 angeführten Arbeit.

phrenen — als Versuch des Künstlers ansehen, sich die Existenz seiner Person immer wieder zu beweisen und zugleich als Versuch, dem eigenen Ich immer von neuem zu entgehen. Damit erscheint denn seine Arbeit an den Charakterköpfen in neuem Licht: es liegt nahe, sie als Versuche der Selbstheilung anzusehen.

Nicht nur für die Art, in der Messerschmidt die Aufgabe, die er sich stellte, zu lösen unternahm, ist diese Einsicht gültig, schon die Zuwendung zu physiognomischen Problemen — die Wahl des Themas also, das um seiner didaktischen Bedeutung willen gerade Messerschmidt freilich nahe genug lag — darf man sich auch aus dem gestörten Persönlichkeitsbewußtsein der Schizophrenen determiniert denken. Wissen wir doch, daß der Beginn der Arbeit an den Charakterköpfen in die Zeit von Messerschmidts „erster" Erkrankung fällt. Erinnern wir uns nun der Reihe der Selbstbildnisse mit ihrer seltsamen Stumpfheit und Ausdrucksarmut (Abb. 3, 4, 6), so können wir uns des Gedankens kaum erwehren, daß hier einer vor dem Spiegel um einen echten Ausdruck ringt, darum ringt, den entgleitenden Kontakt mit der Umwelt, dem zu dienen die vornehmste Aufgabe der Mimik ist, noch zu erhaschen.[1] Wie die Zuwendung zu physiognomischen Problemen überhaupt, wie die Themenwahl also, so darf auch die Ausführung selbst als Restitutionsversuch imponieren. Bei diesem Versuch ist an Stelle des schlechthin verständlichen mimischen Ausdrucks ein System fester mimischer Konstellationen getreten, die, ungeeignet eine soziale Funktion zu erfüllen, den Kontakt mit der Umwelt herzustellen, zum Träger eines magischen Zere-

---

1) Solchen Gesichtern begegnen wir zuweilen an Geisteskranken. Die psychiatrische Diagnose ist gewohnt, mit dieser „leeren" und „stumpfen" Mimik ebenso zu rechnen wie mit dem „gekünstelten" oder „überspitzten" Ausdruck, hinter dem sich die Ausdrucksarmut zuweilen zurückzieht. Das Unechte der mimischen Haltung ist in diesen Fällen oft nicht leicht ohne längere Beobachtung zu erkennen und unser Urteil bleibt vor Momentphotographien unsicherer als in der klinischen Erfahrung selbst. Am ehesten scheint sich der psychotische Habitus in der Mimik darin zu verraten, daß nicht alle Teile des Gesichtes auf die eine vorherrschende Ausdruckshaltung abgestimmt sind, daß also die Mimik nicht vereinheitlicht ist. Diese Einsicht ist der psychiatrischen Praxis durchaus geläufig. So soll etwa — nach einer freundlichen Mitteilung, die ich H. Nunberg verdanke — Bleuler die Diagnose Schizophrenie oft gestellt haben, nachdem er durch Abdecken mit vorgehaltener Hand die obere und untere Gesichtshälfte des Patienten gesondert betrachtet hatte. Auch an den Charakterköpfen begegnet öfters eine Uneinheitlichkeit des Ausdrucks — an den grimassierenden Köpfen ist zuweilen der Ausdruckswert einzelner mimischer Elemente einander geradezu entgegengesetzt — und am Antlitz des Menschen Messerschmidt selbst hat ein kenntnisreicher Beobachter, der ihn zu Ende des Jahres 1780 besuchte, den Eindruck hervorgehoben, den die „zerstörten Züge" des Künstlers auslösen.

moniells geworden sind, aus dessen Zusammenhang allein wir in den Sinngehalt einzelner mimischer Elemente einzudringen vermochten.

Auch die besondere Aufgabe aber, die sich Messerschmidt innerhalb
seines Themas, der Physiognomik, gewählt hat, nicht die Affektlagen, sondern
Reaktionsweisen der Gesichtsmuskulatur zu studieren, dürfen wir uns ein
Stück weit durch seinen psychischen Zustand bestimmt denken, als Versuch,
auf einem Umweg — gleichsam von außen, von der Oberfläche her —
doch zu einer sozial wirksamen mimischen Haltung zu gelangen.

Völlig gelungen ist dies nur in wenigen Fällen, etwa am Kopf des
„Gähnenden" (Abb. 9); eben da aber handelt es sich um eine mimische
Verhaltensweise, die wir als Reflexbewegung anzusehen berechtigt sind; sie
tritt in der Ontogenese als erste „mimische" Leistung des Neugeborenen
auf; ein Seelisches ist zunächst in ihr nicht enthalten. An anderen Charakterköpfen tritt der Ausdruck nur als zusätzliches Element neben die grimas-
sierende Haltung, als ein Versuch, die Grimasse ausdruckshaft zu färben
oder — wie oben gesagt wurde — zu rationalisieren.

An einigen Köpfen meint man auf den ersten Blick den Ausdruck vor
die Grimasse stellen zu dürfen — etwa am Kopf des „erbosten Zigeuners"
(Abb. 26). Hier glauben wir Wut zu finden, einen durch nichts ge-
hemmten Paroxysmus der Leidenschaft; um solche Affektentladung und das
unheimliche Gefühl, das sie auslöst, zu kennzeichnen, spricht man wohl
auch von „sinnloser" oder von „wahnsinniger" Wut. Das kann kein Zufall
sein; man empfindet die Nähe der Psychose. Bedenkt man, daß unter einem
halben hundert Büsten diese Wut beinahe der einzig echte, jedenfalls der
stärkste Ausdruck affektiven Erlebens ist, so liegt es nahe, anzunehmen, daß
sonst aller Affekt vermieden werden mußte, um dieser ausbruchsbereit auf-
gespeicherten Wut zu entgehen. Doch ist die Grundlage, auf die wir diese
Überlegung aufbauen, überaus schwankend. Sieht man den Kopf des „erbosten Zigeuners" länger, öfters und im Zusammenhang mit den anderen
Köpfen der Serie, so merkt man bald, daß auch hier der Ausdruck des
Affektes leicht bereit ist, in Grimasse umzukippen.

Mit größerer Sicherheit verstehen wir das Mienenspiel an einem anderen
Kopf, den wir hier noch vorzuführen haben; es ist einer von jenen, die
die Lippe als Band ausgebildet zeigen. Die traditionelle Bezeichnung —
der „mit Verstopfung Behaftete" (Abb. 23) — ist hier völlig überzeugend. Sieht man den Kopf länger und eindringlicher an, so fällt zunächst
auf, daß auch er viele Züge zeigt, die der Stereotypie der Grimasse Messerschmidts zuzurechnen sind, die einzelnen Elemente aber sind eingefügt in

die Haltung dessen, der gegen die Verstopfung ankämpft, und in dem Bestreben gesammelt, die Entleerung durch Pressen zu befördern. Man bleibt
dabei unsicher, wie weit alle Einzelheiten aus diesen Bedingungen allein
abzuleiten seien; manche Beschauer meinen den Ausdruck der Anspannung
in den Augen als Angst deuten zu dürfen.

Anale Vorstellungen lassen sich dem Zusammenhang von Messerschmidts
Wahn an mehreren Stellen einfügen. Wir könnten, wenn wir auch hier
wieder das spärliche Material, das wir der „Anamnese" Nicolais danken, aus
bekannten Analogien ergänzen, etwa daran denken, daß die Defäkation dem
Kranken die Schranke bedeutet haben könnte, die ihn von der Umwelt
trennte, oder aber daran, daß die Kotstange ihm als analer Penis des Geistes
gilt, den aus seinem Leib zu entfernen er sich müht. So wenig sich aber
solche oder ähnliche Annahmen aus der „Krankengeschichte" irgend belegen
lassen, so sehr entspricht es doch völlig unserer Erwartung, wenn sich auch
die Grimasse, in deren psychologische Bedeutung wir hier ein Stück weit
Einblick gewinnen konnten, als mit analen Vorstellungen verknüpft erweist;
denn auch eine andere, bedeutsame — pathologische — Bildung des mimi-
chen Apparates, der Tic, ist von Abraham und anderen Beobachtern immer
wieder aus einer Fixierung auf analer Stufe, ja auch als Konversionssymptom
auf dieser erklärt worden. Daß aber Vorstellungen, die mit der analen
Sphäre verknüpft sind, im Wahnsystem Messerschmidts einen Platz einnehmen, ist auch aus der Darstellung Nicolais ersichtlich, denn an einer
Stelle, die auf die Schilderung von Messerschmidt Angst beim Anblick der
Schnabelköpfe folgt, ohne daß sie mit ihr unmittelbar in Zusammenhang
gebracht werden müßte, führt Nicolai einen Ausspruch Messerschmidts an:

„Als er voll Todessangst den Geist so oft und dieser ihn wieder gezwickt habe,
sey der Geist zum guten Glück plötzlich ausgesprungen, haben einen h . . . . . . Wind
fahren lassen und sey verschwunden. Wäre das nicht geschehen, so hätte er des Todes
seyn müssen." „Der Teufel", fügt Nicolai hinzu, „ist seit längerer Zeit im Besitzstand
mit großem Gestank zu verschwinden."

Es darf hier an jene Köpfe erinnert werden, an denen der Haltung der
Nase eine besondere Deutung zukommt. Gerade da aber klafft im Bestand
der erhaltenen Charakterköpfe eine Lücke — es gab ursprünglich neben
dem Kopf, den wir als „heftigen Geruch" kennenlernten, andere, die ein
ähnliches Thema behandelten, wie denn auch an anderen Köpfen, an denen
die Nase in grimassierenden Kampf einbezogen ist, der Kopf gesenkt ist
und der Eindruck entsteht, als handle es sich darum, Anblick und Geruch
zugleich zu meiden.

Nichts aber ist für Messerschmidts Arbeitsweise kennzeichnender, als daß die gleiche Kopfhaltung, die gleiche mimische Konstellation, die am Kopf des „mit Verstopfung Behafteten" (Abb. 23) so eindeutig mit e i n e r physischen Sensation verknüpft war, an anderen Köpfen nicht nur in andere physische Haltungen, sondern auch in Stimmungen umgeschaltet wird, in denen „Komisches" vorherrscht (Abb. 17, 18). Auch hier sind die aufeinandergebissenen Lippen, der Wechsel von offenen und geschlossenen Augen das Vorgegebene, die Stimmung des „Lächlers" oder des „Heuchlers" nur die Färbung. Vielleicht darf man, daß diese öfters begegnet, als Beweis dafür auffassen, wie sehr Messerschmidt bestrebt ist, die Grundbedingung, an die sein Schaffen gebunden war, zu verleugnen und die Grimasse zu dissimulieren. Daß gerade heitere oder komische Wirkungen mit Vorliebe herbeigerufen werden, kann man kaum erstaunlich finden, wenn man bedenkt, wie sehr gerade solche Haltungen geeignet sind, in den Dienst der Verhüllungstendenzen und der Angstbewältigung zu treten.

IV

Fassen wir zusammen: ein führender Porträtist an der Wende des Barock, als den wir den jungen Messerschmidt kennenlernen, wendet sich aus mancherlei Antrieben, von denen sich einige mit seiner psychischen Erkrankung verknüpfen lassen, physiognomischen Studien zu. Seine Versuche gleiten bald in Grimassen ab, die im Dienste apotropäischer Magie stehen, und deren Sinn ein Stück weit hat aufgeklärt werden können. Diese vorgegebenen mimischen Konstellationen sollen mit sehr verschiedenen Mitteln — durch äußere Attribute, durch eine allgemeine Färbung mit ausdruckshaltigen Elementen oder auch durch das Aufsuchen von Situationen, die möglichst viele der in der Stereotypie gebundenen Einzelzüge rechtfertigen, — aus Bildungen eines magischen Zeremoniells, die nur einem, nur Messerschmidt selbst verständlich waren, zu Darstellungen umgedeutet werden, die schlechthin verständlich, sozial wirksam sein konnten.[1]

---

1) Diesem Bestreben dienen offenbar auch die zuweilen recht absonderlichen Bezeichnungen, die an den Köpfen haften und die, ebenso wie die Deutungen der ganzen Serie, als Darstellung der Leidenschaften oder als Charakterköpfe letzten Endes die Interpretation festhalten, mit der Messerschmidt diese seine Arbeiten in der Umwelt zu rechtfertigen oder zu verankern suchte. Daß dies gelungen ist, dafür zeugen lange Reihen von Urteilen der Nachwelt, zuletzt ein halbes Jahrhundert kunstwissenschaftlichen Schrifttums, in dem die Charakterköpfe so gut wie ausschließlich als Denkmäler der Stilgeschichte angesehen wurden.

Was Messerschmidt hier zu überwinden suchte, ist eine Scheidewand, die man vom Standpunkt einer normativen Kunstlehre versucht wäre, die ästhetische Grenze zu nennen: jene nämlich, durch die Freud Traum oder Tagtraum und epische Dichtung, Phantasie und Poesie geschieden hat. So lockend es wäre, diesen Ansatz hier auszubauen und anzudeuten, welchen Dienst er einer historisch gerichteten Kunstwissenschaft zu leisten vermöchte, so verbietet dies doch der Rahmen dieses Vortrags, und es bleibt nur erlaubt, was diese Abgrenzung meint, nochmals an einem Beispiel zu exemplifizieren, das dem engeren Rahmen dieser Arbeit angehört.

In jenen Jahren, da Nicolai den Messerschmidt an seinen Charakterköpfen tätig fand, anfangs der achtziger Jahre also, ist neben einigen anderen Bildnisbüsten auch eine entstanden, die den Kapuzinermönch Fessler (Abb. 28) darstellt, einen seltsamen und unruhigen Mann, der sein bewegtes Leben als Bischof der reformierten Gemeinde in St. Petersburg beschlossen hat. Man kann sich dem Eindruck des Mannes schwer entziehen. Es ist lehrreich zu sehen, mit wie geringen Mitteln dieser Eindruck gesichert wird. Stellen wir neben diese eine Büste eine andere aus Messerschmidts Frühzeit — sie stellt den großen Gerhardt van Swieten dar und ist im Auftrage der Kaiserin Maria Theresia im Jahre 1767 entstanden (Abb. 29) —, so lernen wir einsehen, daß an Stelle des großartigen barocken Pathos knappste und nüchternste Konzentration getreten ist.[1] Diese selbst mag auch zum Teil mit der bei der Arbeit an den Charakterköpfen erworbenen Schulung zusammenhängen, die immer wieder auf klassische Vorbilder, meist auf römische Bildnisbüsten zurückführte. Doch auch ein Detail besonderer Art stellt die Beziehung zu den Charakterköpfen her: die schmalen aufeinandergepreßten Lippen. Sind sie an den Charakterköpfen Träger geheimer Bedeutungszusammenhänge, ist an sie dort der Kern des Wahnes geknüpft, so sind sie an der Büste des Mönches fest in die Züge des Antlitzes eingebaut, an dessen physiognomischer

---

1) Die Frage, welche psychologische Bedeutung diesem Stilwandel zukommt, welcher seelische Prozeß ihm etwa entspricht, halte ich für kaum beantwortbar. An der Hand des vorliegenden Materials wenigstens vermögen wir nicht anzugeben, aus welchen Quellen diese — wie schon bemerkt wurde — durchaus realitätsgerechte — künstlerische Entwicklung gespeist wurde. In schematischer und kaum mehr zulässiger Verallgemeinerung könnte höchstens darauf hingewiesen werden, daß besondere Beziehungen zwischen der Zurückhaltung in der Formensprache von Messerschmidts Spätwerken, in der Formensprache des Klassizismus und der Umweltseinstellung der Schizophrenie gut vorstellbar sind.

Charakteristik sie entscheidend mitwirken.[1] Niemand vermöchte vor dieser
Büste auf die Vorstellungen zu schließen, die Messerschmidt sonst mit diesem
Motiv der eingezogenen Lippen zu verknüpfen gewohnt war.

Mancherlei Überlegungen wären hier anzuschließen; ich greife eine
heraus. Wir dürfen vermuten, daß an aller Bildung und Formengebung
des Künstlers geheime oder Eigen-Bedeutungen haften. Man mag sich vorstellen, daß diese als eine Triebkraft im Schaffen des Künstlers mitwirken.
Im „Falle Messerschmidt", am Schaffen eines geisteskranken Künstlers, ist
es dank besonders günstiger Bedingungen und im gröbsten Ansatz möglich,
die aus seinen individuellen seelischen Voraussetzungen verständlichen
motivischen Elemente seiner Formensprache von denen abzugrenzen, die
allgemeinverständlich und darum allgemein wirksam sein konnten. Im
Schaffen des Normalen sind diese Eigenbedeutungen in die Struktur des
Kunstwerkes eingebettet und lassen sich — im idealen Fall — aus dieser
Ganzheit nicht herausheben. Alle Eigenschaften und Merkmale sind da
noch sozial sinnvoll, historisch faßbar und daher Gegenstand der Stilgeschichte.

Die Vermutung liegt nahe, daß die Art, in der „Eigenbedeutungen" in den
Aufbau des Kunstwerkes eingebettet sind, für das Wesen (vielleicht ließe
sich auch sagen für die Höhe) der künstlerischen Leistung von entscheidender
Bedeutung sei. Es hat den Anschein, als sei die Fähigkeit, Abkömmlinge
des eigenen Unbewußten am Kunstwerk in sozial und historisch faßbare
Form zu kleiden, ein wichtiges Element künstlerischer Gestaltungskraft.

*

Ich muß fürchten, mich auf zu weite Umwege begeben zu haben und
breche ab, um nochmals zum Berichte Nicolais zurückzukehren. Zwei
Stellen seines Berichtes und damit zwei Elemente in Messerschmidts Wahn
sind offenbar einer weiteren Aufklärung zugänglich. Ich meine einmal
die Vorstellung Messerschmidts, daß ihn der Geist der Proportion verfolge,
weil er in deren Kenntnis große Vollkommenheit erreicht habe. Und dann
eine Handlung, die Nicolai uns beschreibt: daß Messerschmidt sich während
der Arbeit immer wieder an die Rippengegend greife. Diese beiden Stücke
von Nicolais Bericht lassen sich in Zusammenhang bringen. Doch ehe das
versucht werden kann, ist ein neuerlicher Umweg nötig, der uns bis an
den Anfang unserer Überlegungen zurückführen soll.

---

1) Daß es sich nicht um eine Eigentümlichkeit des Modells handelt, läßt sich
über jeden Zweifel sichern, denn auch an einer anderen, in der gleichen Zeit entstanden Bildnisbüste des Messerschmidt begegnet das gleiche Motiv.

Ich sagte dort, daß ich entgegen aller Tradition psychoanalytischer Patho-graphien die Biographie Messerschmidts mit größter Verkürzung wiedergebe, weil ich Grund habe, dem biographischen Material zu mißtrauen. Dieses Miß-trauen habe ich jetzt zu rechtfertigen; es richtet sich gegen zweierlei Entstel-lungen, denen so gut wie alle auf Messerschmidt bezüglichen Nachrichten unterworfen wurden.

Die eine dieser Entstellungen läßt sich auf Messerschmidt selbst zurück-führen. Er fühlte sich seit seiner Pensionierung verfolgt, als Opfer eines akademischen Klüngels; wissen wir doch, daß eben diese Einstellung, daß er alle „Professores und Direktores für seine Feinde" hält, das erste Sym-ptom seiner Krankheit war, auf das wir stoßen konnten. Diese seine Auf-fassung von einer gegen ihn gesponnenen Intrige hat er allen, die ihm begegnet sind, mitgeteilt; sie ist bald nach seinem Tod in die Literatur eingedrungen, hat allgemeinen Anklang gefunden und die Leitlinie ab-gegeben, der seine Biographen gefolgt sind. Die Ideologie des späteren neunzehnten Jahrhunderts hat sich gerade um dieses Umstandes willen seiner Lebensbeschreibung, mit besonderer Vorliebe auch in literarischer Form, bemächtigt, und aus dem paranoiden Wahn des Kranken wächst Zug um Zug das Bild des verkannten Genies. Es hat einiger Arbeit bedurft, ehe ich durch sorgfältiges Studium der zeitgenössischen Quellen die Ent-stehung dieser ideologisch gefärbten Biographik aufklären konnte — damit zugleich aber war ein weitschichtiges biographisches Material als Konstruktion entwertet.

Die andere Entstellung, mit der wir zu rechnen haben, läßt sich aus einer bestimmten Art der Überlieferung verstehen. Sehr zahlreiche Nach-richten, die sich auf Messerschmidt beziehen, sind in anekdotische Form gekleidet. Einzelnes mag man als gesichert anerkennen, — etwa Andeutungen, die sich auf Messerschmidts Sexualleben beziehen und Rückschlüsse auf seine latente Homosexualität gestatten, seine Ehescheu schildern, berichten, daß er sich in die Frau seines Bruders verliebt habe oder auf eine starke Bindung an einen Lehrling schließen lassen, — aber auch da handelt es sich um ver-sprengtes Nachrichtengut. In anderen Fällen aber läßt sich die Unverläß-lichkeit der Tradition erweisen. Denn die große Mehrzahl dieser Anekdoten wird nicht von Messerschmidt allein erzählt, sondern gehört zum ständigen Requisit der typischen an die Gestalt des bildenden Kunstlers geknüpften Anekdotik.

Daß Messerschmidt als Hirte aufgewachsen sei und seine Kunstfertigkeit zuerst beim Schnitzen der Tiere seiner Herde gezeigt habe, wäre eine wert-

volle Nachricht, wüßten wir nicht, daß eben diese Anekdote mehr als einem
Dutzend großer Künstler seit der Renaissance angedichtet wurde und daß
noch Segantini sie für seine Lebensbeschreibung hat berichtigen müssen.
Ähnliches gilt von jenen Nachrichten, die uns die wunderbare Schnellig-
von Messerschmidts Arbeitsweise schildern oder erzählen, wie er sich an seinen
Widersachern dadurch rächt, daß er sie in Tiergestalt auf einem seiner Bild-
werke abkonterfeit.

Aus dem Zusammenhang einer Arbeit, die an der typischen Anekdote
vom bildenden Künstler einen Beitrag zur Psychologie der Geschichtsschreibung zu geben versucht, greife ich einige Ergebnisse heraus, um hier
eine Anknüpfung zu gewinnen.

Der Künstlerknabe als Hirte, der von einem fremden Kunstfreund durch
einen Zufall entdeckt wird, während er die Tiere seiner Herde nachbildet,
läßt sich unschwer als freie Verarbeitung jenes Motivs ermitteln, das wir
in der Phantasie des Einzelnen als Familienroman, in der der Völker als
„Mythos von der Geburt des Helden" erkennen. Die wunderbare Leistung
des Künstlers, die oft gefährliche Macht, die seinem Werke zukommt, —
wie so viele andere ist denn auch Messerschmidt des Bündnisses mit dem
Teufel bezichtigt worden, — soll den Künstler immer wieder als Zauberer
erweisen. Anekdotenmotive wie diese lassen sich in der Überlieferung der
europäischen Menschheit weit zurückverfolgen, bis in das klassische Altertum,
in den griechischen und noch in den altorientalischen Mythos. An ihrer
Wiege steht der Kranz von Legenden, die einen Daidalos, einen Prometheus
seit alters begleiten; ihr Kern ist der homunkuleische Trieb, der verbotene
Wunsch, den Menschen selbst zu schaffen. Der Motor aller dieser Sagen-
bildung aber ist die Auseinandersetzung mit dem Bildzauber, dessen magisches Zeremoniell, wie es scheint, den Zugang zu den Anfängen bildender
Kunst eröffnet.

Ich muß darauf verzichten, diese großartige Kette, die uns die unlösbare
Verbundenheit aller Vorstellung vom Künstler mit jener Vorzeit beweist, da
er als Magier galt, hier Glied für Glied vorzuführen. Wir werden uns aber
nicht wundern, daß im Wahn des Schizophrenen die Vorstellung von der
Gottähnlichkeit des Künstlers und seines Schaffens auftaucht. Jenen Griff
Messerschmidts an die Rippe dürfen wir uns doppelt determiniert denken:
Aus der Angst vor der Kastration — er prüft, ob die Rippe noch da ist,
aus der der Gott das Weib schuf, und damit wäre der Anschluß an die von
uns vermutete Phantasie von der Vergewaltigung durch die Geister gegeben —
und aus der Identifizierung mit dem Menschenschöpfer selbst: Der Bildhauer

greift bei seiner Arbeit an die Rippen, um wie der Herr aus der Rippe Menschengestalt zu bilden.[1]

Die Identifizierung des schizophrenen Künstlers mit dem Schöpfergott bestimmt aber auch die Vorstellung Messerschmidts, daß ihn der Gott der Proportion aus Neid verfolge. Wie so vielen anderen Künstlern gilt auch dem Messerschmidt die Proportion, die *„divina proporzione"* als Geheimnis Gottes, um das er sich bemüht; damit verstößt er gegen das Verbot. Die prometheische Auflehnung taucht in dem Wahn als Projektion auf: Ihn, den Aufrührer, verfolge die Gottheit.

Lassen Sie mich noch mit einem Worte sagen, daß, was uns hier im Wahne des Messerschmidt entgegentritt, in unser aller Vorstellung als archaisches Erbe fortlebt. Überblickt man die Geschichte der sozialen Stellung des bildenden Künstlers in der Gesellschaft, so zeigt sich immer wieder, wie ambivalent wir ihm begegnen; mit Scheu und Bewunderung, die seiner Kunst, die der Macht des Zauberers gilt, mit gedämpfter Verachtung, die den „Asozialen" als Gefährder der Satzungen immer wieder in das Verließ der Bohême zu verweisen geneigt ist.

---

1) Und hier scheint sich ein Kreis zu schließen, denn was er bildet, sein eigenes Antlitz, gilt ihm als weiblich.

BESPRECHUNGEN

Aus der Literatur der Grenzgebiete

Becker, Friedebert: Die Instinktpsychologie William McDougalls.
Versuch einer kritischen Darstellung. Schriften der Deutschen Wissenschaftlichen Gesellschaft in Reichenberg. Im Auftrag herausgegeben von
Erich Gierach. Reichenberg, Gebr. Stiepel, 1933. 87 Seiten.

Die Instinktpsychologie McDougalls versucht auf Grund einer Reihe von
spezifischen Grundtrieben, den vierzehn „primären Instinkten", das gesamte tierische und menschliche Verhalten als Aufbau dieser Elemente zu erfassen. „McDougall
würde zustimmen, wenn man feststellte, daß er dieses Prinzip des Instinktes ebenso
zum Hauptgesetz des Psychischen macht wie der Physiker das Kausalitätsgesetz
zum Urprinzip der anorganischen Erscheinungen." — Die vorliegende Arbeit stellt
eine mit großer Sorgfalt und Respekt vor der Leistung McDougalls durch-
geführte Kritik dar. Sie basiert ganz auf den psychologischen Anschauungen
Lindworskys. Die dadurch bedingte Einseitigkeit kommt in erster Linie dort
als Mangel zur Geltung, wo man eine prinzipielle Methodenkritik vermißt. Im
Rahmen aber der Gegenüberstellung McDougall-Lindworsky ist die Kritik erschöpfend und zwingt den Leser, mit dem Verfasser einig zu gehen. Auch uns
erscheint, wie ihm, die empirische Basis McDougalls äußerst schmal und der
theoretische Aufbau entsprechend wenig berührt von dem vielgestaltigen psychischen Geschehen, das durch ihn erklärt werden soll. Wir gehen einig mit dem
Verfasser, wenn er schreibt: „Uns dünkt schon der Ausgangspunkt des McDougall-
schen Forschens bedenklich: der Instinkt ist selbst für den kühnsten Psychologen heute noch ein Wunder der Natur, in das tiefer einzudringen uns die
exaktesten Experimente noch nicht erlauben. Ist es ratsam, von einem solchen
Erlebnis — und selbst die Annahme ‚Erlebnis' ist bereits ein . . . kühner Ansatz — auszugehen, um Erklärungen zu suchen für unendlich komplizierte
seelische Vorgänge, die uns aber trotz ihrer Kompliziertheit soviel näherstehen?"
„McDougalls Erklärung ist abstrakt, eine theoretische Konstruktion, die dem
eigenen Erleben fremd bleibt und es immer bleiben muß."   G. Bally (Zürich)

Bouvier, R.: *Sur la Psychanalyse*. Revue de Synthèse. Tome VI,
N° I, Avril 1933. 18 Seiten.

Eine kurzgefaßte Darstellung der grundlegenden analytischen Lehren, die
sich hauptsächlich auf die französische Übersetzung von Stefan Zweigs
„Heilung durch den Geist" (Studie über Sigmund Freud) und auf R. Allendys
Schriften beruft. Unmittelbare Kenntnis des Werkes Freuds und vollends
praktische analytische Erfahrung scheinen dem im großen ganzen positiv eingestellten Verfasser zu fehlen. Gegen die Freudsche Traumtheorie spielt er
bezeichnenderweise die Arbeit einer Madame Combes „Le Rêve et la Person-
nalité" aus. Die Freudschüler werden als eine Art Sekte bezeichnet. In dem
letzten, den Anwendungen der Psychoanalyse auf die Soziologie gewidmeten
Abschnitt wird bloß eine Abhandlung von Allendy „Capitalisme et Sexualité"
und Freuds „Avenir d'une Illusion" besprochen.   A. Winterstein (Wien)

Büch, Ernst: Albrecht Dürers „Melencolia § 1" und die Pest. Die Medizinische Welt, ärztliche Wochenschrift, Nr. 2. Berlin, Nornen-Verlag, 1933. 11 Seiten.

Der schier unerschöpfliche Inhalt des Dürerschen Melancholiestiches hat eine neue Deutung auf den Plan gerufen: Dr. Ernst Büch, ein Arzt aus Essen, unternimmt den Versuch, der psychoanalytischen Auffassung, die im Stich eine künstlerische Reaktion auf den Tod der Mutter erblickt (Winterstein), eine andere zur Seite zu stellen. Die Pest (als Erinnerung an frühere Epidemien in Nürnberg wie auch als Furcht vor einer erneuten Katastrophe) soll das Phantasiegebilde Dürers entscheidend beeinflußt haben. Ein historischer Exkurs über die Pest zu Dürers Zeit dient als Stütze dieser Deutung. Wer die Stimmung der damaligen abendländischen Menschheit berücksichtigt, die in einer an *Dementia paranoides* gemahnenden Weise angstvoll auf das Weltende harrte, und wer anderseits am Grundsatz der mehrfachen Determiniertheit jedes künstlerischen Produktes festhält, wird der Betrachtungsweise Büchs seine Zustimmung nicht versagen dürfen, mag auch die Interpretation mancher Einzelheiten nicht gerade zwingend erscheinen.   A. Winterstein (Wien)

Christiansen, Broder, und Carnap, Eli: Neue Grundlegung der Graphologie. München, Felsenverlag, 1933. 96 Seiten.

In der Erkenntnis, daß die bisherigen Versuche, der Graphologie eine wissenschaftliche Grundlage zu geben, unzureichend sind, fordern die beiden Autoren den Anschluß an Biologie und Gestaltspsychologie. Für die Verwirklichung dieses vom Standpunkt der Psychoanalyse zu begrüßenden Programms wird jedoch nichts geleistet. Die Ausführungen des Buches bewegen sich im Stil der physiognomischen Betrachtungsweise Spenglers und bringen weder in graphologischer noch in charakterologischer Hinsicht wesentlich Neues. Die unter Zugrundelegung von vier gänzlich heterogenen Gegensatzpaaren (Spannung — Lösung, langwellig — kurzwellig, Außentyp — Innentyp, maskulin — feminin) konstruierte psychologische Typenlehre der Autoren hat nichts Überzeugendes und ist weit davon entfernt, biologisch oder gestaltspsychologisch zu sein.   W. Marseille (Wien)

Clemen, Carl: Urgeschichtliche Religion. Die Religion der Stein-, Bronze- und Eisenzeit. Bonn, Ludwig Röhrscheid Verlag, 1932. 140 Seiten.

Das Tatsachenmaterial zu dem Thema, das sich der bekannte Bonner Religionshistoriker gestellt hat, wird von der Urgeschichtsforschung in Form von Artefakten dargereicht, sodann von ihr entweder selbständig oder im Bunde mit der Völkerkunde (Ethnologie) einer ersten Sinndeutung an der Hand religionsgeschichtlicher Begriffe unterzogen und müßte schließlich nach diesem ersten ordnenden Prozeß noch einmal in die Ebene des Unbewußten transponiert, das heißt eben psychoanalytisch behandelt werden. Der Verfasser hat sich der

Aufgabe der Sammlung des religionsgeschichtlichen Materials der menschlichen Urgeschichte, insbesondere der Steinzeit, mit der größten Umsicht unterzogen und sich in der Deutung der größten Behutsamkeit befleißt. Gerade diese nahezu asketische Beschränkung auf das erweislich Wahre läßt die Lücken unseres Tatsachenwissens wie auch die Unzulänglichkeit aller bloß ethnologischen und bewußtseinspsychologischen Versuche zur Erschließung verschollener geistig-seelischer Zusammenhänge nur um so offenbarer werden. Dies ist alles eher als ein Vorwurf, vielmehr ein Hinweis auf ein Verdienst: jenes nämlich, wider Willen gezeigt zu haben, daß es nötig ist, den Sprung zu tun, der ins Bereich des Unbewußten führt. Dieses Verdienst sei dem Verfasser auch dann vorbehalten, wenn er es selbst als stilwidrig empfinden sollte, den Sprung für seine eigene Person zu tun.

Der psychoanalytische Forscher auf dem Gebiet der Ethnologie und Völkerpsychologie wird durch das Studium dieses Werkes davor bewahrt bleiben, vorschnelle Identifikationen vorzunehmen oder — wozu ja freilich der Mythos eher verführt — gleichsam raubbauartig „Belege" oder „Parallelen" aus der Urgeschichte zu beziehen. Er wird es vielmehr lernen, die fraglichen Dinge einmal in ihrem nüchternen Alltagszusammenhange zu erkennen, genau so, wie wir auch dem Neurotiker nicht helfen könnten, wenn wir uns über diese Art von Gegebenheiten hinwegsetzen wollten.   E. Lorenz (Klagenfurt)

Dembo, T.: Der Ärger als dynamisches Problem. Untersuchungen zur Handlungs- und Affektpsychologie. Herausgegeben von Kurt Lewin. Psychol. Forschg. XV, 1 u. 2.

Das technische Problem von Dembo war, experimentell starke Ärgeraffekte zu erzeugen. Dies wurde durch eine geschickte Versuchsanordnung erreicht: man stellte die Versuchsperson vor unlösbare Aufgaben. Die Unlösbarkeit der Aufgabe war aber nicht voraus feststellbar. Die Versuchspersonen gingen an die Aufgabe heran, mußten aber bald einsehen, daß es ihnen nicht gelingen kann, die Instruktion des Versuchsleiters zu erfüllen. Die Versicherung des Versuchsleiters, die Aufgabe sei zu lösen, veranlaßt sie zu immer weiteren Bemühungen. Die Versuchsperson wird z. B. vor die Aufgabe gestellt, aus einer beträchtlichen Entfernung auf zwei Flaschen zehn Holzringe zu werfen. Die Entfernung ist so gewählt, daß ein zehnmaliges Treffen der Flaschen praktisch unmöglich ist.

Die theoretische Aufgabe, die diese Arbeit sich stellt, ist freilich mit dem Gelingen dieses Versuches noch nicht erschöpft. Denn es kommt nicht darauf an, Ärgereffekte zu erzeugen, sondern die Gesetze der Genese des affektiven Geschehens zu finden. Diese Gesetzlichkeit kann sich nicht auf Feststellungen beschränken, daß nach einem bestimmten Geschehen a immer ein bestimmtes Geschehen b folgt. Denn eine solche Gesetzlichkeit besteht nicht. Einem lebhaften affektiven Ausbruch geht das eine Mal eine schwächere affektive Äußerung, ein anderes Mal ein scheinbar ganz ruhiges Verhalten voraus. Unter gesetzmäßiger Erfassung psychischer Vorgänge wird in dieser Arbeit etwas anderes verstanden. „Der Fortgang des Geschehens hängt davon ab, welche Verände-

rungen in der Gesamtsituation das jeweilige Geschehen mit sich bringt und
welche Folgen diese Veränderung der Gesamtsituation hat. Verstehen und be-
greiflich ableiten läßt sich das Geschehen nur aus den dynamischen Eigentümlichkeiten, einerseits des inneren Zustandes der Person, anderseits des Umfeldes,
in dem das Geschehen vor sich geht." (S. 18.)

Gemäß der Zielsetzung der Arbeit soll die Dynamik der Situation, die im
Ärgeraffekt gipfelt, studiert werden. Die inhaltliche Grundtatsache dieser Situation
kennzeichnet D. folgendermaßen: „Die Versuchsperson wird vor eine Aufgabe gestellt, die sie willig übernimmt. Sie ist nun bestrebt, ein Ziel zu erreichen,
oder anders ausgedrückt: es besteht für die Versuchsperson ein Vektor in der
Richtung eines positiven Aufforderungscharakters." Nun ist die Versuchssituation
in ihrem weitern Verlauf dadurch ausgezeichnet, daß das Ziel, d. h. die Lösung
der Aufgabe nicht direkt zu erreichen ist. Vor dem Ziel befindet sich ein
Hindernis: die mit der Aufgabe gesetzte Schwierigkeit. Dieses Hindernis vor dem
Ziel nennt D. „Barriere", und zwar ist die Schwierigkeit, die vor der Lösung
der Aufgabe aufgerichtet ist, die „Innenbarriere". Wie eine Barriere steht etwa
die Bedingung: aus dieser Entfernung die Ringe auf die Flaschen zu bringen.
Die Versuchsperson kommt erst im Augenblick eines Fehlschlages zum deutlichen
Erlebnis der Barriere.

Vor dem Ziel steht also ein Hindernis, die Schwierigkeit, die Aufgabe zu
lösen. Je stärker diese Schwierigkeit bewußt wird, um so deutlicher wird die
Tendenz, von der Barriere und damit vom Ziel wegzugehen. Die Versuchsperson möchte den Versuch abbrechen. Aber daran hindert sie ihr Pflichtgefühl
und alle jene Momente, die sie veranlaßt haben, die Versuchsbedingungen anzunehmen. Also stößt auch diese Fluchttendenz, den Versuch abzubrechen, auf
einen Widerstand. Diesen Widerstand nennt D. „Außenbarriere". Auch die Außenbarriere wird erst durch das reale Anstoßen, d. h. beim Versuch fortzugehen,
deutlich spürbar. Erst durch das Anstoßen an die Außenbarriere wird die eigentliche Dynamik der Situation deutlich. Die Versuchsperson kann die Außenbarriere nicht durchbrechen. Von allen Seiten von einer Barriere umschlossen,
muß sie im Versuchsfeld bleiben. Bleibt sie aber im Versuchsfeld, so muß sie
auch den hier maßgebenden Feldkräften entsprechend handeln. Die Versuchsperson befindet sich in einer sich steigernden Konfliktsituation, d. h. es sind
entgegengesetzt gerichtete und zugleich wachsende Kräfte vorhanden. Es entsteht ein sich steigernder Spannungszustand. Aus dieser Spannung entspringt die
Unruhe, die Versuchsperson wird hin und her gezerrt. Dieses unruhige Hin und Her
ist bereits der Beginn des affektiven Geschehens, stellt vor allem aber den Boden
dar, auf dem die verschiedenen affektiven Ausdrücke und Erlebnisse sich aufbauen.

Von den Erscheinungen, die im Laufe der Versuche zu beobachten waren,
interessieren den Psychoanalytiker vor allem das Abgleiten in die Irrealität und
das Auftreten von Ersatzlösungen. Wenn die Schwierigkeiten der Aufgabe der
Versuchsperson deutlich werden und gleichzeitig der Wunsch, dieser Schwierigkeiten Herr zu werden, sehr stark ist, kommt es öfters vor, daß sich phantastische Einfälle einstellen. Eine Versuchsperson sagte in einem Versuch, wo
es galt, eine Blume aus einer allzu großen Entfernung zu greifen: „Ich werde

das Zimmer voll Wasser lassen und zu der Blume schwimmen.'' Mehrere Versuchspersonen äußerten den Wunsch, die Blume zu hypnotisieren. Eine Versuchsperson sieht halluzinatorisch ihren Arm vom Körper abgetrennt sich auf die Blume hinbewegen. Die Versuchsperson hat sich aus der Ebene der Realität in eine irreale Sphäre begeben. Sie bewegt sich in einem Felde, in dem die Bestimmungen der Wirklichkeit nicht mehr voll gelten, in dem man wunschgemäß handeln kann. Es ist bezeichnend für die Stärke des Druckes, den die Versuchssituation ausübt, daß die Sphäre der Realität verlassen wird und die Allmacht der Gedanken die Herrschaft erlangt. Wahrscheinlich werden bestimmte, charakterologisch gut kennzeichenbare Versuchspersonen besonders zu solchen Phantasien und magischen Vorstellungen neigen. Leider erfahren wir über diesen Punkt aus der Demboschen Arbeit nichts näheres.

Eine andere interessante Beobachtung bei den Versuchen ist das Auftreten von Ersatzlösungen. Beim Ringwerfen steht außer den beiden Zielflaschen noch eine andere Flasche auf dem Nebentisch. Obwohl die Instruktion genau angibt, daß die Ringe auf die andern Flaschen geworfen werden sollen, kommt es vor, daß die Versuchspersonen diese Flasche, die leichter zu erreichen ist, als Ziel wählen. Oder die Versuchsperson wirft die Ringe auf ein in der Nähe stehendes Stativ. D. bemüht sich sehr um eine Theorie dieser Ersatzlösungen. Für die Erklärung des Ersatzes ist der wesentlichste Gesichtspunkt, daß das Ersatzgeschehen immer zugleich eine Aktion auf das Ziel hin und eine Flucht vor dem Ziel ist. Das Zustandekommen von Ersatzlösungen wird außerdem erleichtert durch die Umbildung des Wahrnehmungsfeldes, die während des Versuches, wie die Verfasserin meint, zustandekommt. Beginnt die Versuchsperson nach der Lösung zu suchen, so bekommen alle Gegenstände des Zimmers eine mehr oder weniger ausgeprägte Beziehung zur Lösung. Die Versuchsperson sieht die Gegenstände in der Richtung des Zieles, d. h. als mögliche Hindernisse, Störungen usw. D. meint, daß auch Ersatzgeschehnisse, also Aktionen, die nicht mehr die Richtung auf das eigentliche Ziel, sondern auf ein anderes Ziel zeigen, auf eine analoge „allgemeine Gerichtetheit" des Handlungsfeldes zurückgehen. Gegenstände, die nicht als Werkzeuge zum Erreichen des ursprünglichen Zieles in Frage kommen, bekommen dank der Zielgerichtetheit des Gesamtfeldes einen Zielcharakter. Nach dieser These braucht das Ersatzziel garnicht im eigentlichen Sinne eine Substitution für das ursprüngliche Ziel zu bedeuten, ist vielmehr die allgemeine Gerichtetheit sehr stark, so kann es nicht nur zur Einbeziehung „sinnloser" Hilfsmittel kommen, sondern es kann auch ein dem Sinn der ursprünglichen Aufgabe nicht entsprechendes Ziel Aufforderungscharakter bekommen. Die Verfasserin meint, man fände in den Theorien Freuds, wo der Begriff des Ersatzes eine so große Rolle spielt, im Grunde genommen keine andere Erklärung als die Ähnlichkeit des Ersatzes mit dem eigentlichen Ziel. Wir glauben aber nicht, daß die Theorien der Psychoanalyse, die D. im Auge hat, sich mit Phänomenen befassen, die mit den Ersatzlösungen, die in diesen Versuchen beobachtet wurden, viel Gemeinsames hätten.

Wenn die Spannung in den Versuchen wächst, die Unsicherheit und Aussichtslosigkeit der Situation, in der sich die Versuchsperson befindet, offenbar wird, dann kommt es schließlich zu jenen Geschehnissen, die man im täglichen Leben vor allem meint, wenn man von Ärgerausbrüchen spricht. Die Gruppierung der verschiedenen Ärgeräußerungen ist sehr schwierig. Denn ruhiges Dasitzen kann ebensogut eine Ärgeräußerung sein wie unbeherrschtes Umherlaufen, Lachen ebenso wie Weinen, Gehorsam ebenso wie Trotz, und man muß D. recht geben, daß es letzten Endes fast für jede Äußerung eine Situation gibt, in der sie die Bedeutung eines Ärgerausdruckes hat. Dann ist der Zusammenhang der äußeren Erscheinungsform des Affektes mit der inneren Affektlage der Person keinesfalls einfach und eindeutig. Auch die Intensität der Affektäußerung geht keineswegs mit der Stärke der inneren Affektlage parallel. Als Hauptgruppen der Erscheinungsformen des Ärgers unterscheidet D.: Reine Affektäußerungen, Affekthandlungen, affektive Tönung andersartiger Geschehnisse. Die Abgrenzung der reinen Affektäußerungen von den anderen Formen des Affektes ist nicht leicht. Man könnte sagen, manche Aktionen der Versuchsperson, wie Kampfhandlungen, das Vernichten des Zieles u. dgl. m., haben eine deutliche Beziehung auf ein Ziel, sind auf die Umwelt bezogen. Die reinen Affektäußerungen, etwa Weinen oder unruhiges Herumlaufen, erscheinen dagegen zunächst als Äußerungen der inneren Erregung, ohne Beziehung auf ein bestimmtes Ziel. Doch betont D. mit vollem Recht, daß diese Charakterisierung nicht ganz zutreffend ist. Denn das Aufstampfen mit dem Fuß auf den Boden oder das Schimpfen enthalten z. B. schon eine Komponente gegen den Versuchsleiter, gegen die Versuchsanordnung, gegen die unangenehme Situation. Selbst das Schreien, sagt D. ausgezeichnet, ist nicht nur ein Aufschreien, sondern auch ein „Hinausschreien". Was die Ärgeräußerung als Ärger auszeichne, hänge gerade mit diesem Moment der Umweltbezogenheit zusammen. Es handelt sich bei dieser Frage nicht bloß um ein spezifisches Problem des Ärgers, die Umweltbezogenheit der Affekte ist ein Grundproblem der ganzen Affektpsychologie. Am Schluß der Arbeit versucht die Verfasserin eine allgemeine Charakterisierung des ärgeraffektiven Geschehens zu geben, ihre Ausführungen dürften aber auch manche Wesenszüge der Affekte überhaupt treffen. So die Feststellung, daß es sich bei dem affektiven Ausbruch um eine „Auflockerung der Schicht, die die innerseelischen Bezirke zugleich trennt und verbindet", handelt. „Aus dieser Auflockerung der Grenzen im Gesamtfeld, d. h. also der Barrieren im Umfeld, der Wände der innerseelischen Systeme und der motorischen Grenzschicht zwischen innerseelischen Systemen und dem Umfeld, lassen sich . . . die verschiedenartigen Affektgeschehnisse ableiten." (S. 117.) „Diese Vereinheitlichung zu einer primitiven und dabei aufs äußerste gespannten Ganzheit ist es, die die Stärke und Schwäche, die Kraft und die Unvernunft des Affektes ausmacht. Die Auflösung der Feinstruktur und die Vereinheitlichung des Gesamtfeldes gibt dem Affektgeschehen den charakteristischen Zug des Unbedingten, Wuchtigen und Allergreifenden. Die Auflockerung der Wände zwischen Außen und Innen, zwischen Oberfläche und Tiefe erzeugt (trotz aller Selbstbeherrschungstendenzen) eine eigentümliche Verkettung und ungewöhnliche Verschmelzung von Getriebenwerden und aktivem Wollen und zugleich von Wunsch und Aktion." (S. 118.) Die Autorin stellt fest, daß diese zeitweilige Primitivierung im Affekt, in vieler Hinsicht mit der Primitivität des Kindes verwandt ist. Der Affektzustand läßt sich in gewissem Sinne mit einem Zurückgeworfenwerden in einen kindlichen Zustand vergleichen. Es treten im affektiven Geschehen viele Verhaltungsweisen auf, die man sonst als charakteristisch für das Kind ansieht: geringe Trennung von Realität und Irrealität, leichtes Übergreifen der Erregung von einem seelischen Bezirk auf einen andern, geringere Gebundenheit an die festen, sachlichen Eigenschaften der Dinge, magische und animistische Vorstellungen u. ä. m. Trotzdem, meint die Verfasserin, bestehen zwischen dem Erwachsenen, der von einem Affekt beherrscht ist, und dem kindlichen Zustand Unterschiede. „... Es bleibt etwas wesentlich anderes, ob wie beim Kinde eine ursprüngliche Undifferenziertheit der Systeme und eine allgemeine Weichheit und Plastizität des seelischen Materials vorliegt oder ob wie im Affekt des Erwachsenen bereits bestehende Differenzierungen beseitigt, vorhandene Wände und Barrieren aufgelockert oder durchbrochen werden." (S. 119.)

Was diese Arbeit auszeichnet, ist die ungewöhnliche Sauberkeit der Begriffsbildung und der Methodik. Außer der Analyse des Ärgers liegen in diesen Untersuchungen Ansätze zu einer Theorie des affektiven Geschehens vor.

G. Gerö (Kopenhagen)

Driberg, J. H.: At Home with the Savage. London, Routledge, 1932. IX, 267 p.

Obgleich dieses Buch auf die psychoanalytisch gerichtete Völkerkunde so gut wie gar nicht Bezug nimmt, wird es der Analytiker, der im Reiche der Ethnologie Laie ist, mit Nutzen lesen. Der Verfasser ist mit Methoden und Zielen der modernen Völkerkunde wohl vertraut; seine Kenntnis der Primitiven ist eine unmittelbare; das Buch ist lebendig geschrieben. Ich ziehe es vor, daß Ethnologen die Psychoanalyse ganz bei Seite lassen, wenn sie mit ihr nicht wirklich vertraut sind, als daß sie einige jener Mißverständnisse vorbringen, denen man in diesem Zusammenhang zu begegnen gewohnt ist.

Der Verfasser scheint der Ansicht zu sein, über Freuds Theorie von der Urhorde nach einer beiläufigen Bemerkung über das „phantastische Bild eines von Ödipus beherrschten Gemeinschaftslebens" verfügen zu können (S. 78). Die Bedeutung psychologischer Gesichtspunkte in der Völkerkunde beurteilt er richtig (S. 10), obwohl er anscheinend unter Psychologie intensives Wissen um das Wesen der „Wilden" versteht. Er selbst ist ein in diesem Sinne guter Psychologe und ich begrüße besonders seine Bemerkungen über die Sprache der Wilden und die Zahl der in der Umgangssprache verwendeten Worte. „Wir in unserer Zivilisation finden, daß etwa achthundert Worte unseren täglichen Bedürfnissen genügen, weil alle unsere Wissenschaften und Künste in den Händen von Spezialisten ruhen, die ihren eigenen Wortschatz verwenden ... Nach einer groben Schätzung meint der Primitive etwa zweitausend Worte zu brauchen, um sich auszudrücken, da alle Zweige des Wissens der ganzen Gemeinschaft gleichmäßig zugänglich sind" (S. 44).

Auch die Bemerkungen des Verfassers über die kulturelle und praktische Bedeutung der Ethnologie sollten nicht übersehen werden. Verfasser betont, wie verfehlt es sei, außereuropäische Stämme als primitive anzusehen, weist aber doch darauf hin, daß wir in der Ethnologie die einzige Annäherung an eine Disziplin besitzen, die man als Sozialbiologie bezeichnen könnte (S. 17).

Wo es zur Frage nach den grundlegenden Antrieben im Leben der Primitiven oder spezieller Kulturen kommt, muß der Verfasser versagen; denn nach allem, was wir von der Struktur der menschlichen Psyche wissen, sind diese ursprünglichen Motive notwendigermaßen unbewußt. Das eben habe ich in meinen letzten Untersuchungen an dieser Stelle nachzuweisen versucht — die besondere Formel nämlich für eine spezielle Kultur, eine spezielle Neurose. Aus demselben Grunde — d. h. aus dem Mangel an psychoanalytischer Einsicht — sind die Kapitel über das Individuum und die Religion eher enttäuschend. Des Verfassers Stärke liegt in der Beschreibung dessen, was er aus Beobachtung weiß, und in der Kritik einiger sonderbarer Ansichten, die von anderen vorgebracht wurden. „Die Umgebung ist wirksam ... nur als Echo eines kulturellen Bedürfnisses oder sofern sie Gelegenheit zu kultureller Entwicklung bietet" (S. 47). Er weist auf den Widersinn von Levy-Brühls Ansicht über die grundsätzlich andersartige Struktur der Primitiven hin (S. 38).

Er ist zwar ganz im Recht, wenn er betont, daß wirkliches Verständnis für die primitive Menschheit nur durch eigene Erfahrung und an Ort und Stelle zu gewinnen sei, aber es scheint mir doch als sei seine ironische Beurteilung der am Schreibtisch entstandenen Arbeiten etwas unfreundlich und undankbar, wenn man etwa an Frazers „The Golden Bough" denkt.

Der Verfasser überspitzt seine These auch, wenn er erklärt, daß Geschichte und Entwicklung der Heiratssitten von keinerlei Bedeutung seien (S. 79). Er ist entschieden gegen Verallgemeinerungen eingestellt und meint, ein geschulter Beobachter sollte das Wort „Totemismus" nicht verwenden (S. 29). Sollen wir denn bei den Arandas von *Knanindja*, bei den Normanbyinsulanern von *manua* sprechen? Den Vorteil einer so komplizierten Nomenklatur vermag ich nicht einzusehen. Vielmehr möchte ich darauf hinweisen, daß der Verfasser selbst die allen Menschen gemeinsame Tendenz zu eiliger Verallgemeinerung nicht überwunden hat und daß diese Verallgemeinerungen durch seine eigenen Erfahrungen in der ethnologischen Praxis und durch die zufälligen seiner persönlichen Freunde gefärbt sind. In einer primitiven Gemeinschaft benehmen sich Männer und Frauen sehr ähnlich wie unsere Bauern in einer ackerbauenden Gesellschaft (S. 55). Verfasser schildert, wie unter den Lango die Institution der Vielweiberei durch die Frauen gestützt wird, da die neuen Frauen an der Arbeit teilnehmen, und weil, wenn ein Mann nur ein Weib hätte, die Leute denken würden, daß diese eine böse Sieben sei, die nicht bereit sei, andere Mitweiber zu dulden (S. 81). Aber in Zentralaustralien ist die Lage gänzlich anders, und Vielweiberei ist, wie wir erwarten durften, eine ausschließlich männliche und männerrechtliche Institution.

Da in einigen wohlbekannten Fällen die Befruchtung einem übernatürlichen Wesen zugeschrieben wird, sind wir nicht berechtigt zu behaupten, daß „bei allen Primitiven" (von mir gesperrt) „die Geburt des Kindes sowohl als ein gewöhnlicher physischer Prozeß angesehen als auch mit dem besonderen Walten der Vorsehung in Zusammenhang gebracht wird" (S. 72).

Aus ethnologischen Handbüchern finden solche Verallgemeinerungen ihren Weg zu psychoanalytischen und anderen Theorien mit oft erstaunlichen Ergebnissen.   G. Róheim (Budapest)

Elkan, R.: Über die Orgasmusunfähigkeit der Frau. Archiv für Frauenkunde, 19. Bd., 1. Heft, 1933.

Der im Norden Europas lebende Autor leugnet, daß es eine natürliche Eigenschaft der Frau sei, einen dem des Mannes entsprechenden Orgasmus zu haben. Er meint, man müsse hier eine entwicklungsgeschichtliche Untersuchung, nicht eine statistisch-kasuistische Betrachtung in den Vordergrund stellen.

Nun gibt es nur ganz wenige exzeptionelle Fälle im Tierreich, in denen auch beim weiblichen Tier ein Orgasmus nachweisbar ist, während er beim männlichen Tier schon auf sehr niedrigen Stufen festgestellt ist.

Nur beim Männchen sei ein Orgasmus vorgesehen, als ein psychosensorischer Fixationsreflex, neben Organen, die das Weibchen festhalten: denn der Koitus des Männchens darf eben nicht vor der physiologischen Beendigung, der Deponierung des Spermas, abgebrochen werden.

Das weibliche Tier kann, durch das Männchen fixiert, den Koitus gar nicht abbrechen, hat keine zu entleerenden Sekrete, — ein weiblicher Orgasmus sei also teleologisch unverständlich, sei *a priori* nicht zu erwarten.

Nur wo auch vom Weibchen etwas entleert würde oder wo das Fehlen genügender Fixationsorgane die Notwendigkeit des Verbleibens des Weibchens durch seine Lust verständlich machen würde, wäre ein weiblicher Orgasmus nötig: und es wird nun tatsächlich nachgewiesen, daß bei den zwei einzigen Tierarten, wo diese Bedingungen vorliegen, Knochenfischen und Schwänen, der weibliche Orgasmus allein zu beobachten ist.

Die bisherige willkürliche Annahme, der weibliche Orgasmus sei im Tierreich überall vorhanden, nur nicht beobachtbar, sei zu verlassen: die Annahme, er sei eben (außer in jenen beiden Ausnahmefällen unter so extremen Begattungsverhältnissen) nicht vorhanden, liege näher.

Durch zahlreiche Bilder aus der Zoologie beweist der Autor das ubiquitäre Bestehen genitaler oder extragenitaler Fixationseinrichtungen beim Männchen und will so aufzeigen, daß es einer sensorischen Reizung des Weibchens nicht bedarf; sobald in der Tierreihe Extremitäten, welche das Weibchen festhalten, auftreten, sind die Fixationsorgane nur rudimentär oder geschwunden.

Der heutige Stand der Biologie läßt also (von den ganz vereinzelten Ausnahmen abgesehen) entwicklungsgeschichtliche Vorstufen des menschlichen weiblichen Orgasmus nicht entdecken.

Schon in einem 3400 Jahre alten Liebeslehrbuch der Inder finde sich eine geradezu raffinierte Aufzählung von Mitteln und Praktiken, die der Mann anwenden könne, um seine Frau zu befriedigen, wenn ihm dies nicht auf natürlichem Wege gelänge; und selbst bei Primitiven seien reizverstärkende Suffixe am Penis in Verwendung. Auch aus diesen Tatsachen glaubt sich der Autor be-

rechtigt, seine These abzuleiten, **ein dem Orgasmus des Mannes entsprechender Orgasmus der Frau sei gar keine natürliche Eigenschaft der Frau.**

Es verlange aber die durch die ganze Sexualgeschichte der Menschheit und
bei allen Völkern der Erde wahrnehmbare Orgasmussehnsucht der Frauen eine
Erklärung.

Gestützt auf Sätze jenes alten indischen Liebesbuches Kamasutram, wie Gedankengängen von B. Götz folgend, führt E. das Auftreten des jeder morpho-
logischen Grundlage wie jeder physiologischen Notwendigkeit oder teleologischer
Verständlichkeit entbehrenden weiblichen Orgasmus auf den in diesem Belange
erfolgreichen **sexuellen Geltungskampf der Frau** zurück. Der Erfolg bestehe
in der Entwicklung eines Reflexes, des Orgasmusreflexes, der ein typisches Beispiel dafür abgebe, wie beim Menschen neue Eigenschaften entstehen.

Darauf beruhe es, daß der weibliche Orgasmus ein äußerst tangibles, lose
verankertes, leicht verdrängbares Gebilde darstelle, das sich — wenn überhaupt — nur bei dem seltenen Zusammentreffen vieler günstiger Umstände
offenbare. Während — im Gegensatz dazu — der männliche Orgasmusreflex,
eine von weither vererbte Funktion des Organismus, in phylogenetisch uralten
zerebrospinalen Zentren verankert und dementsprechend stark automatisch und
in seinem Ablauf (beim Gesunden) unerschütterlich ist. Soweit E., der damit
eine „biologische Tragödie der Frau" bloßzulegen scheint.

Wenn in diesem Aufsatz auch nur der Orgasmus behandelt ist und von
den Libidoverhältnissen nicht die Rede ist, soll doch hier auf die Verhältnisse
beim menschlichen Weibe aus psychoanalytischer Erfahrung eingegangen werden.

Die Häufigkeit der sexuellen Frigidität des Weibes scheint tatsächlich eine
Zurücksetzung desselben in ihren natürlichen Ansprüchen auf Befriedigung zu
bestätigen. Dies hat auch nach Freuds Vermutung seinen Grund darin, „daß
die Durchsetzung des biologischen Zieles der Aggression des Mannes anvertraut
und von der Zustimmung des Weibes unabhängig gemacht worden ist".[1]

Immerhin ist aber die Frigidität in der großen Mehrheit der Fälle als
psychogen aufzufassen und der Beeinflussung zugänglich. Fälle, welche die Annahme einer konstitutionellen Bedingtheit, selbst den Beitrag eines anatomischen
Faktors nahelegen (Freud), sind die Ausnahmen.

Im allgemeinen handelt es sich doch nur um **Ungewecktheit** oder **Unter-
worfensein einer Reihe von Hemmungen.**

Gibt es doch Mädchen, die den spontanen Orgasmus der nächtlichen Pollution
kennen, und der Orgasmus bei der Klitorisonanie steht vielen Frauen zur Verfügung, die ihn bei dem Koitus vermissen (Klitoris = männliche Leitzone).

Zur normalen Empfindung im Koitus scheint am ehesten die Frau disponiert,
welche die Befriedigung in passiver Funktion begehrt (Abraham), die mit ihrer
Situation als Succuba einverstanden ist. Peniswunsch und -neid, Männlichkeits-
wunsch, Identifizierung mit dem Mann, seinem Tun *in coeundo*, sind die
häufigsten Hemmungen für Friktionslust in der Scheide und angeschlossenen

---

1) In „Neue Folge der Vorlesungen zur Einführung in die Psychoanalyse", Wien 1933.

Orgasmus. (Scheide = weibliche Leitzone). Diese Hemmung ist leicht heilbar, obwohl sie unbewußte Homosexualität — deutlich in Incubaträumen — verrät. Inversion und Perversion sind weitere nur fakultative Orgasmushemmungen. Bekanntlich kann ein zweiter, ein anderer Typus Mann Orgasmus auslösen, wo es dem ersten nicht gelungen ist; einen Spezialfall hat Freud in seinem Aufsatz „Tabu der Virginität"[1] beschrieben.

Natürlich müssen auch alle Angst- und Schuldgefühle wegfallen, wenn ein Orgasmus zustande kommen soll.

Im übrigen ist es ein offenes Geheimnis, daß die Potenz des Mannes, Dauer und Wiederholung des Aktes und seine mit Verständnis gepaarte Geübtheit es sind, welche den Orgasmus der Frau im Koitus erreichen.

„Aber", sagt Freud, „jedes Stück Kultur kostet ein Stück männlicher Potenz."

Der Psychoanalyse als warnender, verhütender und heilungbringender ist hier ein wertvoller Wirkungskreis eröffnet. Zunächst ist freilich noch weitere Forschung zur Klärung manches Unsicheren am Platze.   E. Hitschmann (Wien)

Feller, F. M.: Psychodynamik des primitiven Denkens. Leipzig und Wien, F. Deuticke, 1933. VI und 58 Seiten.

Eine weitschweifige Schrift, in der über die Geistesverfassung des Primitiven und die prähistorischen Ereignisse in der Urhorde spekuliert wird. Den Hauptinhalt machen Gedanken von Freud aus, welche der Autor durch Verkoppelung mit der Wundtschen Assoziationspsychologie zu einem Zerrbild einer „psychoanalytischen" Theorie gestaltet. Im einzelnen ist auf dieses unzuständige und in anspruchsvollem Ton abgefaßte Buch nicht einzugehen. Die von Feller ständig erneuerte Berufung auf die Psychoanalyse ist ein Mißbrauch. Das Buch bleibt weit unter dem Niveau der „Psychodynamik der Reklame" desselben Autors, wo zwischen überflüssigem Beiwerk und Entgleisungen doch einige diskutable Funde zu entdecken waren.   W. Marseille (Wien)

Henning, Hans: Psychologie der Gegenwart. 2. durchgearbeitete Auflage. Leipzig, Kröners Taschenausgabe, Band 89, 1931.

Dieses durch klare Diktion ausgezeichnete, für weite Kreise bestimmte Büchlein des bekannten Experimentalpsychologen enthält reiche Literaturangaben und einen bibliographischen Apparat, der dem Außenstehenden wertvoll und auch dem Fachmann gelegentlich nützlich sein wird.

Die Abneigung des Verfassers gegen die Psychoanalyse hat auch in dieser Schrift nichts an Schärfe verloren; er verschmäht es weder sich auf Maylans Pamphlet zu stützen noch auch zu versichern, daß Freuds Lehre die Familie zersetze. Was über die psychoanalytische Psychologie ausgesagt wird, verrät Mißverständnisse, die zu grob sind, als daß es irgend anginge sie zu zergliedern: „Sagt das drei- oder vierjährige Mädchen zum Vater ‚Nicht wahr, wenn die Mutter gestorben ist, heiratest du mich', dann sollte die Psychoanalyse das

---

1) Ges. Schriften, Band V.

nicht so auswerten, als ob eine Siebzehnjährige es fragt. Denn von Tod und Heiraten weiß dieses Kind ungefähr soviel wie von Astronomie, wenn es wünscht, der Vater solle den Mond herabholen." (S. 90.) Ähnliche Mißverständnisse aber finden sich auch in anderen Abschnitten, etwa da, wo der Verfasser auf die Fruchtbarkeit geisteswissenschaftlicher Aspekte hinweist: „... die Renaissance bevorzugt die seelischen Eigentümlichkeiten des kräftigen Mannesalters, das Barock lebt mehr die Eigenheiten des Alters aus und pudert sich sogar künstlich zum Greis, wie auch das Kleinkind nach Art Erwachsener angezogen (z. B. in den Stichen Chodowieckis) und behandelt wird ..." (S. 155.) Daß Bernini und Borromini oder gar die großen Deutschen, daß Fischer und Schlüter „Eigenheiten des Alters ausleben" werden wenige einsehen, daß aber Chodowiecki (1726 bis 1801), der Illustrator der deutschen Klassiker, zum Barock gerechnet wird, ist zu kühn, als daß es Nachfolge finden könnte; das „nach Art Erwachsener" angezogene Kleinkind endlich findet sich in der abendländischen Kunst immer wieder, so etwa — um nur das Bekannteste zu erwähnen — bei dem größten niederländischen Künstler der Renaissance, bei Pieter Breughel d. Ä. (gest. 1569), in dessen Werken wir doch die seelischen „Eigentümlichkeiten des Mannesalters" zu suchen, angewiesen wurden. Diese Beispiele sollen die — auf seinem Arbeitsgebiete unbestrittene — Kompetenz des Verfassers dort kennzeichnen, wo er den festen Grund der Erfahrung verläßt. Daß die Psychoanalyse außerhalb dieser Erfahrung liegt, muß nicht nochmals betont werden.

E. Kris (Wien)

Kankeleit, Otto: Die schöpferische Macht des Unbewußten, ihre Auswirkungen in der Kunst und in der modernen Psychotherapie. Berlin, Walter de Gruyter, 1933. 89 Seiten, 17 Abbildungen.

Das für weite Kreise bestimmte Büchlein fußt im wesentlichen auf der Psychologie C. G. Jungs. Einer Wesensbestimmung des „Unbewußten" sollen ein reichhaltiger Zitatenschatz aus der deutschen Literatur seit dem „Sturm und Drang" Beispiele von Entspannungs- und Versenkungsübungen und die Interpretation der in diesem Zusammenhang vorgeführten graphischen Phantasien einiger Patienten dienen. Beinahe die Hälfte des Umfangs ist einem Anhang gewidmet, indem zahlreiche Dichter, Musiker, bildende Künstler und Gelehrte — etwa Hans Grimm, Kubin, Graf Keyserling, Emil Abderhalden — in zum Teil ausführlichen Selbstdarstellungen im Anschluß an einen Fragebogen des Verfassers ihre Erlebnisse bei der schöpferischen Arbeit schildern.

E. K. (Wien)

Klages, Ludwig: Graphologie. »Wissenschaft und Bildung«, Nr. 285. Leipzig, Quelle und Meyer, 1932. 89 Seiten und 81 Schriftproben.

Wie man weiß, hat Klages niemals Anlaß gefunden, an dem was er lehrt eine Korrektur vorzunehmen. So bringt auch das vorliegende Buch im wesentlichen nichts anderes als eine formal noch weiter durchgearbeitete, inhaltlich unmodifizierte Darstellung der Grundlagen seiner graphologischen Lehre. Der

Leser lernt die Entwicklung der Graphologie in der egozentrischen Auffassung
von Klages kennen, und er erfährt von den neueren Ansätzen zur Ausbildung einer
experimentellen naturwissenschaftlich orientierten Graphologie ebensowenig wie
von den Bemühungen, der Graphologie durch den Anschluß an die „Tiefenpsychologie" ein anderes Fundament zu geben. Allerdings muß man zugestehen,
daß die „deduktive Graphologie" von K. hinsichtlich ihrer methodischen Klarheit
und systematischen Konsequenz unter allen „Graphologien" immer noch die
erste Stelle einnimmt und daß sie am meisten in wissenschaftlicher Hinsicht
leistet, nämlich in der rationalen Durchdringung der intuitiven graphologischen
Deutungen.

Die Lehre vom „Formniveau", welches nach K. der Handschrift wie allen
anderen Lebensäußerungen eignet, kann ein Interesse nur insofern erwecken,
als die Wertgebundenheit der K.schen Charakterologie bei dieser von ihm selbst
immer in den Mittelpunkt gerückten Doktrin unverhüllt hervortritt. Keinesfalls
kann man das Formniveau, welches die „Teilhaberschaft" an einer nur scheinbar biologisch, in Wirklichkeit romantisch-metaphysisch verstandenen Lebenskraft bezeichnen soll, als eine wissenschaftliche Begriffsbildung anerkennen.
Dagegen haben sich zwei andere Begriffe: „Antriebserlebnis" und „Leitbild"
als sehr fruchtbar erwiesen. Die beiden Kapitel, in denen sie zur Sprache
kommen, sind die instruktivsten, und nach der Meinung des Referenten darf
die Möglichkeit wissenschaftlicher Handschriftdeutung als erwiesen gelten, soweit
die Wirksamkeit von Antriebserlebnissen und Leitbildern empirisch sichergestellt
ist. Bei Affekten wie Freude oder Wut kann man gewiß von spezifischen
Antriebserlebnissen sprechen und die Erwartung hegen, daß sie charakteristischen
Ausdruck in der Handschrift finden. Ebenso wird man das Vorhandensein eines
bestimmten persönlichen Leitbildes annehmen dürfen, wenn jemand in seiner
Handschrift alle sogenannten offenen Formen vermeidet und sie durch geschlossene
oder eingerollte ersetzt. Es wird zwar problematisch, aber doch diskutabel erscheinen, wenn man bei Eigenschaften wie etwa dem Ehrgeiz von einem
charakteristischen Antriebserlebnis und einem ihm zugehörigen Leitbild spricht.
Erst gegen die Ausweitung der beiden Begriffe zu universalen Deutungs-
prinzipien, wie sie K. vornimmt, sind grundsätzliche Einwände geltend zu
machen. Vor allem ist zu sagen, daß Antriebserlebnis beziehungsweise Leitbild
nur an einigen Exempeln empirisch aufgewiesen, nicht systematisch an konkreten
Einzelfällen studiert, sondern im allgemeinen immer nur postuliert beziehungsweise
aus bloßen Eigenschaftsnamen deduziert wird. An diesem Punkt hätte nach
Meinung des Referenten die wissenschaftliche graphologische Forschung einzusetzen; sie könnte die Unterstützung durch die Erkenntnisse und die Methode
der Psychoanalyse nicht entbehren.

K. hat zwar frühzeitig erkannt, daß die Graphologie, sofern sie wissenschaftlich werden will, vom Stand der Charakterologie abhängig ist; aber diese Erkenntnis konnte nicht fruchtbar werden, weil er den Charakter immer als
etwas anlagemäßig Gegebenes angesehen hat. Seine Auffassung vom Charakter
ist prinzipiell ungenetisch und somit der psychoanalytischen diametral entgegengesetzt. Daher kommt es auch, daß die in unseren Augen entscheidend wichtige

Frage nach dem höchst komplexen individualhistorischen Tatbestand „Aneignung einer persönlichen Handschrift" von ihm nur gestellt wird, um hinter der („bloßen") handschriftlichen Erwerbung wieder die „eigentliche" Handschrift des Betreffenden aufzudecken, nicht aber um den psychologischen Prozeß der Ausbildung einer Handschrift zum Ausgangspunkt für alles graphologische Verstehen zu machen — was ohne Analyse des Unbewußten auch nicht möglich ist.

Wir haben heute noch keine wissenschaftliche Charakterologie; darunter müssen alle Bemühungen um wissenschaftliche Begründung der Graphologie leiden. Aber es kann auch kein Zufall sein, daß wir bei den Graphologen fast ganz allgemein das Verständnis für die genetische Betrachtung des Charakters zu vermissen haben; das wird vielmehr seinen Grund haben in der besonderen Richtung des psychologischen Interesses, welches zur Graphologie führt. Eine mit Charakteranlagen rechnende Psychologie wird immer in Gefahr sein, in unwissenschaftliches Moralisieren zu verfallen. K. definiert das, was die Psychoanalyse im weitesten Sinn „neurotisch" nennen würde, folgendermaßen: „ . . . die Anlage zu solchen Selbstwerttäuschungen . . ., die unaufheblich sind, weil ihre Aufdeckung für den Träger Minderwertigkeitsgefühle zur Folge hätte, die sein Selbstschätzungsbedürfnis nicht ertrüge" (S. 84).

W. Marseille (Wien)

Mendelssohn, Anja: *Schrift und Seele, Wege in das Unbewußte.* Leipzig, E. A. Seemann, 1933. 148 Seiten.

Nach dem vielversprechenden Vorstoß, den A. Mendelssohn zusammen mit ihrem Bruder in der Richtung auf eine psychoanalytisch orientierte Graphologie unternommen hat („Der Mensch in der Handschrift", 1928), bedeutet die neue Publikation eine Enttäuschung. Die Autorin ist nicht darangegangen, die größtenteils bloß programmatischen Ausführungen des ersten Buches in konkrete Untersuchungen umzusetzen und den Charakter der Vorläufigkeit, welcher verständlicherweise all ihren damaligen Aufstellungen anhaftete, durch die Bemühung um Bestätigung und Begründung zu überwinden. Sie tritt vielmehr neuerdings mit einem Programm hervor. Inzwischen hat sie sich von der Psychoanalyse abgewendet (sie schließt sich dem Argument des Pansexualismus an) und ist Schülerin C. G. Jungs geworden. Dessen „analytische Psychologie" soll das Fundament der neuen Graphologie werden. Der Versuch, den von Jung aufgestellten psychologischen Typen Handschrifttypen zuzuordnen, und das Bestreben, von allgemeinsten psychischen Einstellungs- und Reaktionsweisen statt von isolierten Charaktereigenschaften auszugehen, wird dem Graphologen fruchtbare Anregungen geben, besonders auch dadurch, daß die Abhängigkeit der Graphologie von der Psychologie klar hervortritt. Für den Graphologen ist ferner wertvoll, daß der von der Psychoanalyse herausgearbeitete und für alle charakterologischen Fragen prinzipiell wichtige Zusammenhang von Charaktereigenschaften und neurotischen Symptomen Beachtung findet. Die „Wege in das Unbewußte", welche die Handschrift nach dem im Untertitel gegebenen Versprechen öffnen soll, werden nicht gezeigt. Der erst zu er-

weisende beziehungsweise zu untersuchende Zusammenhang der Handschrif
mit dem Unbewußten wird vielmehr ohne weiteres vorausgesetzt auf Grund
der Jungschen Annahme einer Tendenz der Libido zur symbolischen Selbst
darstellung. Entsprechend soll der Graphologe verfahren: „Die deutende Analyse
wird immer vom Bilde ausgehen, nicht von der Kenntnis der Entstehungs
bedingungen" (S. 25). Das ist eine Absage an die Wissenschaft. Damit entfaller
alle den Psychoanalytiker eigentlich interessierenden Fragen, insbesondere die nach
der libidinösen Bedeutung, welche die Schreibtätigkeit als solche mit ihren verschiedenen Komponenten haben kann und nach den Folgen, welche sich im
einzelnen daraus für die Gestaltung der persönlichen Handschrift ergeben.
Behauptungen wie die, daß typisch Extravertierte rechtsläufig, groß, weit und
schräg schreiben oder daß dem Zwangscharakter eine kleine, enge und regelmäßige Handschrift „entspricht", sind zwar plausibel aber wenig belehrend,
solange die behaupteten Zusammenhänge nicht aufgeklärt werden.

M. begnügt sich jedoch wie fast alle Graphologen in ihrem theoretischen
Denken mit der vagen Vorstellung des physiognomischen Zueinanderpassens
von Charakter und Ausdruck. Eine solche Denkweise hat in der Psychoanalyse
keine Stützen. Dagegen ist es nur zu verständlich, daß sie Anschluß finden
konnte an die Lehre Jungs, welche ihr mit der Annahme eines kollektiven
Unbewußten und einer universalen Symbolisierungstendenz der Libido entgegenkommt und überdies ebenso wie alle graphologischen Systeme dem Bedürfnis
nach Klassifizierung und Bewertung der menschlichen Charaktere Rechnung
trägt.   W. Marseille (Wien)

Poppelbaum, Hermann: Mensch und Tier. (Fünf Einblicke in ihren
   Wesensunterschied.) Basel, Rud. Geering, 1933.

Hier wird der Versuch gemacht, die Ergebnisse der Biologie und der biologisch orientierten Anthropologie in Einklang mit den „geisteswissenschaftlichen" Erkenntnissen der Anthroposophie zu zeigen. Die Erkenntnisse Rudolf
Steiners „entstammen seinen eigenen Einblicken in die den gewöhnlichen
Sinnen nicht zugänglichen Vorgänge und Dinge der Welt". — Der Verfasser
lebt in der Gewißheit dieser von Rudolf Steiner geschauten Welt, deren Daseins-
formen gewissermaßen abgestufte Ausdrücke des Geistes sind, der in den höheren
Lebensformen immer reiner zum Ausdruck kommt. Trotz des reichen Materials
ergibt sich in der Schrift nirgends eine Basis, auf der man sich mit den vertretenen Ansichten wissenschaftlich auseinandersetzen kann. Es geht hier um
Bekenntnisse, nicht um Erkenntnisse.   G. Bally (Zürich)

Rorschach, Hermann: Psychodiagnostik. 2. Aufl. Herausgegeben von
   W. Morgenthaler. Bern und Berlin, Hans Huber, 1932. Bd. I, 230 Seiten,
   Bd. II, 10 Tafeln.

In neuer Auflage als Band II der „Arbeiten zur angewandten Psychiatrie"
wurde von Dr. W. Morgenthaler, Bern, das einzigartige Werk des leider so
früh verstorbenen Psychiaters und Psychoanalytikers Rorschach herausgegeben.

Die neue Auflage ist bereichert durch ein Bildnis des Verfassers und einen Nachruf aus der Feder des Herausgebers sowie um die von dem geistigen Erben Rorschachs, Dr. Emil Oberholzer, nach dem Tode des Verfassers herausgegebene wertvolle Arbeit „Zur Auswertung des Formdeutversuchs", welche seinerzeit in der „Zeitschrift für die gesamte Neurologie und Psychiatrie", Bd. 82, 1923, erstmals erschienen war. Am Schlusse des Buches findet sich ein Verzeichnis der Publikationen Rorschachs und ein Literaturverzeichnis der wichtigsten Arbeiten über die Rorschachsche Methode (die sich inzwischen bereits wieder vermehrt haben). Charakteristisch für das Rorschachsche Werk ist, daß eine große Anzahl dieser Arbeiten aus der Feder von Psychoanalytikern stammt; ich erwähne hier Bänziger, Behn-Eschenburg, Binswanger, Christoffel, Furrer, Löpfe, Müller, Oberholzer und (im Verzeichnis noch nicht angeführt) Boss. Eine jüngste Arbeit von Zulliger: „Der Rorschachsche Testversuch" erschien in der Sondernummer für Erziehungsberatung in der „Zeitschrift für psychoanalytische Pädagogik", Jg. VI, Nr. 11/12, 1933.

Das Rohrschachsche Buch wurde von L. Binswanger im Band IX der Internationalen Zeitschritt für Psychoanalyse (S. 512 ff., 1923) eingehend besprochen, mehr unter Würdigung des Interesses, das die nichtpsychoanalytische Psychologie dem Werk entgegenbringt. Im Band X (S. 311 ff., 1924) der Internationalen Psychoanalytischen Zeitschrift wurde die dem Buch angegliederte letzte Arbeit des Verfassers durch Dr. A. Weber (Waldau, Bern) ausführlich rezensiert. Es besteht kein Zweifel, daß diese Arbeit gerade für den Psychoanalytiker das größte Interesse beanspruchen darf.

Wer sich einmal in die Rorschachsche Methode eingearbeitet hat, ist immer von neuem erstaunt, welche Fülle von praktischen Einsichten und wissenschaftlichen psychologischen Ausblicken der Versuch bietet, und bei der Lektüre des Buches bewundert man stets von neuem den Reichtum und die Reichweite der psychologischen Ergebnisse, die der Verfasser in sicherlich genialer Weise aus einem Experiment erarbeitet hat, das in einem Deutenlassen von Zufallsformen besteht.

Der Versuch erfaßt die psychische „Konstitution" der Versuchsperson in topischer und dynamischer Hinsicht, aber gleichsam auf einer andern Ebene oder in einem andern Querschnitt als die analytische Topik und Triebdynamik es tut. Aus der Unterscheidung kinästhetischer und farbbezogener Faktoren in den Deutungsantworten kristallisiert sich ein für das Individuum charakteristischer „Erlebnistypus" heraus. Dieser Erlebnistypus stellt „dispositionelle Momente" dar, Erlebnismöglichkeiten, die erst durch libidinöse Besetzungen zu aktiven Tendenzen werden. In der Gegenüberstellung (nicht als Gegensätze) von kinästhetischer und motorischer Stabilisierung und Reaktionsmöglichkeit finden sich zahlreiche Parallelen in der durch Freud in der Traumdeutung niedergelegten Auffassung des seelischen Apparates, seinem Erregungsablauf in progredienter oder regredienter Richtung und der Endigung aller psychischen Tätigkeit in „Innervationen". Auch zur Libidotheorie lassen sich viele bedeutungsvolle Brücken schlagen. Ich erinnere nur daran, daß die analytisch eruierten Bedingungen zur libidinösen Objektbesetzung aufs engste zusammenfallen mit den

im Rorschachschen „extratensiven Adaptionstyp" verkörperten Eigenschaften
(agnoszierbar im Versuch durch den Farbzufluß in den Antworten). Im Gegensatz dazu steht bei Freud wie bei Rorschach der Hypochonder, der seine Libido
von den Objekten abgezogen und im Ich zur verstärkten Besetzung von Körperteilen verwendet hat. Rorschach charakterisiert ihn in seinem Versuch als
introversiven Typus, der sich durch ein Überwiegen kinästhetischer Zuflüsse
zu den Deutungen auszeichnet. In der Mitte liegt nach psychoanalytischen
Auffassungen der zwangsneurotische Libidobesetzungstyp, der auch im Rorschachschen Versuch die gleiche Mittelstellung einnimmt (als sogenannter koartativer
Typ), während die dilatierte Form dieser Ambiäqualität eine Art Idealtypus
darzustellen scheint. Die Neurosenform des objektiv-libidinösen Besetzungstyps
respektive des extratensiven Adaptionstyps nach Rorschach wäre dann die
Hysterie.

Dies seien nur einige wenige Momente, welche die reichen Beziehungen
der Rohrschachschen Psychodiagnostik zur Psychoanalyse illustrieren sollen. Auf
die große Bedeutung der im Buche enthaltenen, von Oberholzer herausgegebenen
Arbeit für die Psychoanalyse kann nur erneut hingewiesen werden.

Was die praktisch-diagnostische Verwendung des Experimentes betrifft, so
ist sie nicht nur eine sehr vielseitige sondern auch eine vielsagende. So hat
sich der Versuch z. B. neuerdings bewährt in der Frage der Differentialdiagnose
zwischen organisch-enzephalytischen und (unfall-) neurotischen Symptombildern
nach Schädeltraumen (vgl. Oberholzer, Z. Neur. 136, 1931). Ferner stellt der
Versuch eine der besten Intelligenzprüfungen dar (vgl. das Kapitel: Die „Intelligenz"), da dabei das angelernte Gedächtniswissen völlig ausgeschaltet bleibt.
Der Versuch zeigt uns daher nicht, was die Versuchsperson weiß, sondern
wie sie Aufgaben intellektuell angeht. Da das Experiment uns zudem verrät,
wie (nicht was) die Versuchsperson erlebt, so ist es auch zur Lösung praktischer
Fragen der Berufsberatung usw. (vgl. Zulliger, loc. cit.) ausgezeichnet geeignet.

Zum Schlusse sei darauf hingewiesen, daß der Verlag Huber das Werk in
seiner neuen Auflage sehr gut ausgestattet hat. An Stelle des broschierten Buches
ist ein stattlicher Leinenband getreten. Die zugehörigen Testtafeln sind ihm,
auf Karton aufgezogen, in einer separaten Mappe beigegeben.   E. Blum (Bern)

Schick, J.: Das Glückskind mit dem Todesbrief. Europäische Sagen
des Mittelalters und ihr Verhältnis zum Orient. Corpus Hamleticum.
Hamlet in Sage und Dichtung, Kunst und Musik. 1. Abt., 2. Bd. Leipzig,
Otto Harassowitz, 1932. X und 405 Seiten.

Dieses Buch ist für Spezialforscher auf dem Gebiet der Mythologie und
Legendenforschung bestimmt. Es ist das Werk eines Gelehrten und zeugt für
einen großen Arbeitsaufwand und für Hingebung in der Materialsammlung.
Leider läßt sich kaum feststellen, was der Autor bezweckt. Er setzt die Kenntnis
des früheren Bandes voraus, der, lange vor dem Krieg erschienen, mir nicht
zugänglich ist. Offenbar hat der frühere Band das Thema der Untersuchungen des
Verfassers näher umrissen, und ich empfinde es als bedauerlich, daß er versäumt

hat, dies in einem einleitenden Abschnitt des vorliegenden Bandes zu wiederholen. Das Buch enthält weder Register noch Inhaltsverzeichnis. Es beschäftigt
sich offenbar hauptsächlich mit Versionen der Byzantinischen Konstantinsage
und der Deutschen Kaisersage, über den Inhalt dieser Sagen aber wird in dem
Buche selbst nicht berichtet. Es ist ein Buch, das ohne Rücksicht auf den Leser
verfaßt ist und mehr das Interesse des Autors an einem besonderen Forschungsgebiet bekundet. Ungeachtet des Titels läßt sich keine Beziehung zwischen dem
Inhalt des Buches und einem der Themen der Hamletgeschichte feststellen.

E. Jones (London)

Schrenck-Notzing, A. Frh. v.: Die Entwicklung des Okkultismus
zur Parapsychologie in Deutschland. Aus dem Nachlaß herausgegeben von Gabriele Freifrau v. Schrenck-Notzing. Leipzig, Verlag
O. Mutze, 1932. 123 Seiten.

Das Buch enthält ein Referat über die deutsche Literatur des Okkultismus
von den Schriften du Prels an, die vor fünfzig Jahren, beeinflußt von den Ideen
Kants, Schopenhauers, des jüngeren Fichte sowie von Carus und Fechner, den
Reigen der Veröffentlichungen für und wider die Parapsychologie begannen.

Von psychoanalytischen Publikationen wird nur v. Winterstein: „Zur Psychoanalyse des Spukes" (S. 50) referiert, die Arbeiten von Freud („Die okkulte
Bedeutung des Traumes", „Traum und Telepathie", Ges. Schriften, Bd. III) und
von Helene Deutsch („Okkulte Vorgänge während der Psychoanalyse", Imago XII)
sind übergangen, während dafür der Begriff der Psychoanalyse bei den religions-
historischen Untersuchungen von Prof. theol. Dr. Rist über hellseherische Visionen
(S. 114) und über die Aufklärungen von Prophezeiungen (S. 116) angewendet
wird, wo er kaum am Platze sein dürfte.

Der Verfasser hat sich so wohl den wichtigsten Weg zum wissenschaftlichen
Verständnis der okkultistischen Phänomene selbst versperrt.

A. Kielholz (Königsfelden-Aargau)

Steinberg, Wilhelm: Die seelische Eingliederung in die
Gesellschaft. München, Ernst Reinhardt Verlag, 1933. 126 Seiten.

Eine von konkreter psychologischer Fragestellung weit entfernte Erörterung
von soziologischen Definitionen und Gebietsabgrenzungen. Die subtilen begriff-
lichen Unterscheidungen, zu denen der Autor gelangt, erscheinen um so weniger
fruchtbar, als sie von ungeklärten Wertungen durchsetzt werden und sich auf
wenig objektivierte Vorstellungen, wie z. B. „Totalität der Innerlichkeit", „aus
dem-Wesenskern-heraus-Leben", „Hemmung des den Tiefenschichten entquellen-
den Lebens", gründen. W. Marseille (Wien)

Vleugels, Wilhelm: Soziologie und Psychologie in der Massenforschung. Zentralblatt für Psychotherapie, Bd. V, 1932, S. 13 ff.

Der bekannte Soziologe, der 1923 einen bemerkenswerten Aufsatz zur psychoanalytischen Theorie veröffentlichte, gibt in der vorliegenden Arbeit weitere

Beiträge zum Verständnis des Wesens und der Wirkung der Masse. Sowohl die eigenen Darlegungen, in denen er dies ausdrücklich erklärt, wie die kluge und maßvolle Polemik zeigen, wie fruchtbar die psychoanalytische Betrachtungsweise für den Autor geworden ist. Er spricht uns aus dem Herzen und aus dem Hirn, wenn er Geiger gegenüber darauf hinweist, daß die prinzipielle Einsicht in das Wesen und die praktische Bedeutung der Sublimierungsprozesse, die in der soziologischen Literatur als so wichtig erkannt werden, vornehmlich Freud zu verdanken ist und fortfährt: „Daran wird grundsätzlich nichts geändert, wenn man es vorzieht, solche Grundbegriffe der Psychoanalyse aus dem Gesamtgefüge der psychoanalytischen Theorie herauszulösen. Tut man auch diesen Schritt, dann kann man zwar nicht mehr sozusagen im Namen der psychoanalytischen Theorie sprechen, man darf deswegen aber nicht verkennen, daß man hier noch mit einem ihrer Werkzeuge arbeitet". Vleugels zeigt auch dort, wo eine weitgehende Übereinstimmung der Analyse mit den Ansichten der älteren Massenforschung zu konstatieren ist, wieviel tiefer die theoretische Begründung ist und daß die Rückführung der Phänomene der Massenpsyche auf die seelischen Grundtatsachen zu viel befriedigenderen Resultaten führt. Die Hilfsmittel der Freudschen Theorie bieten sich bei der Klärung des „psychologischen Tatbestandes Masse" als besonders glücklich dar, weil sie eine gleichzeitig plastische und exakte Darstellung gestatten.

Ist die Polemik gegen Geiger, Spann und andere Soziologen bemerkenswert, so erweckt die gegen Bumke Respekt durch die durchaus zutreffende und mutige Haltung gegenüber einem Anspruch autoritativer Vernünftigkeit. Der Widerspruch, der da zu Worte kommt, ist bescheiden und energisch, er ist vorurteilsfrei in einem schönen Sinne und läßt sich von pompösen wissenschaftlichen Argumenten nicht einschüchtern.

Nur in manchen Punkten gibt der Autor zu, von Bumke eine Bestätigung eigener Bedenken erfahren zu haben. So erscheint ihm auch ein Protest gegen die verschwenderische Anwendung der Sexualsymbolik in der Analyse besonders notwendig. Er schließt sich dem Schreckensruf des französischen Soziologen Achille Ouy an: „A quoi rêvent nos jeunes filles!" Auch wir wollen gerne in einen solchen Ruf einstimmen, der freilich eher Staunen als Schrecken ausdrücken würde. Die Analyse hat ja nachdrücklich behauptet, daß die Sexualsymbolik eine Ausdrucksweise des Unbewußten, des Traumes, des Wahnes usw. ist. Eine solche Besonderheit unbewußter gedanklicher Betätigung verträgt sich gut mit einer völlig verschiedenen Aktivität des Bewußten.   Th. Reik (Haag)

Yerkes, Robert M.: Genetic aspects of grooming, a socially important primate behaviour pattern. Journ. of soc. psychology, IV, 1, 1933. S. 3—25.

Die Säuberung (Lausen, *grooming*) bildet eine besonders bei den Schimpansen und den kleineren Affen der alten Welt sehr verbreitete „soziale" Tätigkeitsform. Als Grundtypus wird die Säuberung der Schimpansen angenommen und folgenderweise beschrieben: „ . . . die wesentlichen Züge sind visuelles Beobachten, Absuchen und Bearbeitung der Haut und Haare eines Kameraden mit Fingern und Lippen, Entfernen von Schmutz, Schorf, Parasiten und anderen äußeren Gegenständen und deren Zuführung zum Mund des Säuberers; dessen Lippen, Zunge und Kinnladen können unterdessen bewegt werden, begleitet von Lautproduktionen, als ob vorausgeahnt würde, daß es etwas zum Schlucken geben werde. Gewöhnlich folgt auch das Verschlucken, wenn nur der Gegenstand nicht unangenehm ist.“ In der Säuberung entladen sich unverständlich starke Affekte; die beiden, die sich gegenseitig säubern, stehen zueinander in einem Vertrauensverhältnis, der eine leistet einen Dienst für den anderen.

Yerkes, der sich auf Köhler und Zuckerman beruft, sieht in dieser Tätigkeit eine eminent sozial-altruistisch eingestellte Gewohnheit und legt eben darum Gewicht auf die Erforschung ihrer Phylo- und Ontogenese. Er kommt zur Hypothese, daß die Säuberung hereditär verankert, eine „natürliche“ und keine „kulturelle“ Tätigkeit sei, wenn auch Erfahrung bei ihrer Ausgestaltung mithelfen kann. Einst mußte, meint Y., diese Tätigkeitsform von besonderer Wichtigkeit gewesen sein. Sie könne mit sexueller Betätigung verknüpft sein, sei jedoch ihrem Ursprunge nach davon frei. Y. hat hier anscheinend nicht den erweiterten Freudschen Begriff der Sexualität vor Augen; er beruft sich zwar auf meine ältere Hypothese, das Lausen bedeute das (aktive und passive) Wiederbeleben des Mutter-Kind-Liebesverhältnisses, verknüpft sie aber nur äußerlich mit der Zuckermanschen Hypothese vom sexuellen Ursprung. Doch in der Verfolgung der Phylogenese findet er den Neuwelts-Brüllaffen Alouatta, bei dem das Säubern nur ein einziges Mal beobachtet wurde, und zwar das Säubern des Kindes von seiner Mutter. Auch in der Phylogenese könnte also, wie mir scheint, das Mutter-Kind-Verhältnis als auslösende, noch vollverständliche Situation angesehen werden.

Für den Psychoanalytiker ist wohl die Frage von besonderem Interesse, ob die Säuberung auch beim Menschen zu beobachten sei. Y. gibt hier folgendes an: Der menschliche Säugling unter einem Jahr soll ein lebhaftes Interesse für Hautauswüchse, Hautkrusten, Wunden seiner Mitmenschen bezeugen, und auch der normale Erwachsene der Kulturvölker zeigt unter ungewöhnlichen Verhältnissen einen Impuls zur Bearbeitung der Haare und Haut eines intimen Freundes, z. B. bei Vorhandensein von Bläschen, Schabsel, kleinen Geschwüren. Der normale Säugling führt seinen Impuls aus, beim Erwachsenen wird der Impuls gehemmt. (Ein Beispiel aus meiner Erfahrung: Ein sehr intelligenter und angesehener Herr beanspruchte fast täglich an der Kopfhaut gekratzt zu werden. — Das In-den-Mund-Nehmen der eigenen Nasensekretskruste u. dgl. ist möglicherweise eine „onanistische“ Form derselben Tätigkeitsgestalt.) Bei Naturvölkern gibt es sodann eine Gewohnheit des „Lausens“. So beruft sich Y. auf den Bericht von A. L. Kroeber: „Lausen und Läuseessen ist als Kulturphänomen im primitiven Leben sehr verbreitet. Ich glaube, es ist immer mit Lustgefühlen verknüpft. Alle amerikanische Indianer, so weit mein Wissen reicht, folgen dieser Gepflogenheit.“ Malinowski gibt von den Trobriandern die folgende Beschreibung: „Sie beobachten gegenseitig ihre Haare nach Läusen und essen diese, — eine Gewohnheit, welche uns Abscheu einflößt und schlecht zu passen scheint, wenn ein Mann einer Frau den Hof macht, die aber bei den Eingeborenen eine natürliche und beliebte Beschäftigung zwischen zwei Liebenden und ein bevorzugter Zeitvertreib von Kindern ist.“ — J. Frank Stimson schreibt: „Diese Tätigkeit ist zu beobachten zwischen zwei Personen nicht notwendig entgegengesetzten Geschlechtes. Sie wird nicht geübt zwischen Fremden, doch — wenn auch gewöhnlich zwischen Mitgliedern derselben Familie — erscheint sie auch zwischen Freunden ... Ich vermute, ohne dessen sicher zu sein, daß das Zwischen-die-Zähne-Nehmen unter nahen Verwandten, das Zerdrücken zwischen den Nägeln eher unter Freunden geübt wird.“

Yerkes befürwortet die Hypothese, Säuberung der Schimpansen und „Entlausung“ bei den Primitiven seien funktionell dieselben Tätigkeiten. Von dieser Tätigkeitsgestalt aus wären folgende menschliche Tätigkeiten verständlich:

a) Haarpflege, Hautputzen und Haarpflege durch Entfernen fremden Materials.

b) Entlausen, Auffinden und Zerstören der Ektoparasiten und Entfernen der störenden Unregelmäßigkeiten der Hautoberfläche.

c) Wundbehandlung, Entfernen von Splittern usw. von der Oberfläche der Haut oder auch von tiefer her.

Ich glaube mit der Hypothese, welche ich auf Grund der Zuckermanschen Beobachtungen entwickelt habe (Imago XIX, 1, 1933), in der Säuberung der Affen sei nicht nur das glückliche Mutter-Kind-Verhältnis, sondern auch die schmerzhafte Trennung von der Mutter dramatisiert, auch hier weiterkommen zu können. Die von Y. zusammengestellten, auf Entfernen tendierenden Tätigkeiten entwickeln, wie mir scheint, den Grundtypus der Säuberung von dieser Grundlage aus.   I. Hermann (Budapest)